POPULAR CULTURE IN LATE IMPERIAL CHINA

中华帝国晚期的大众文化

（美）罗友枝 黎安友 姜士彬 主编 赵世玲 译 赵世瑜 审校

Evelyn S. Rawski, Andrew J. Nathan, David G. Johnson

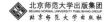

北京师范大学出版集团
BEIJING NORMAL UNIVERSITY PUBLISHING GROUP
北京师范大学出版社

中译本序

赵世瑜

摆在读者面前的这本书的英文原本是1985年出版的，距今已有35年之久。读者也许会心存诧异，在学术飞速发展的当下，这样一本老书是否还有翻译成中文出版的必要?

我最初读到本书是在1993年，彼时我正在美国明尼苏达大学历史系做为期10个月的访问学者，在学术上正在经历从政治制度史研究向社会史研究的转向。在那期间，我完成了《吏与中国传统社会》一书的撰写，以此告别了早期的研究；与此同时，开始阅读一些英文的论著，特别是有关民间信仰的研究，如韩书瑞、于君方主编的《进香与中国的圣地》(*Pilgrims and Sacred Sites in China*，1992)，以及一些讨论欧洲中世纪和早期现代的民间宗教的研究，开始撰写关于明清庙会的论文。在此前两年，我赴加拿大不列颠哥伦比亚大学拜访了本书的作者之一欧大年教授，因此听说了本书，它也自然成为我在美国的必读书之一。

我并不知道别的同行是否会有同感，就是在自己的研究以及有关思考没有达到某种深度的时候，即使读过某本重要的书，对它的体会、理解和感悟也不会有多深，甚至还会不准确。本书各位作者的研究涉及民间文献、地方戏曲、民间教门、通俗文学、圣谕宣讲、近代报刊等主题，本书出版以来，国内外学界在这些领域都有大量成果出现，但是研究者所用的方法和提出的问题，是否超越了本书作者们的贡献呢？我在20多年后重读本书时，对作者们当时提出的许多真知灼见不禁感慨万分，而对自己所做工作感到汗颜。

本书中华琛的《神明的标准化》一文在前几年曾引起一些学者的讨论，这说明，在大约30年之后，人们对本书的主题仍然兴趣浓厚。本书作者的基本观点是，尽管中国各地的文化传统千差万别，但在帝制晚期呈现出一种高度整合的样态，这个高度是早期现代的欧洲未能达到的，从而构成中国与欧洲历史发展特征的巨大差异。本书的其他作者如姜士彬等也试图指出造就这种文化的高度整合的机制，其重要因素是统一的文字，或即费孝通所说的“文字下乡”，事实上本书讨论的各种民间文献、戏曲演出、宗教仪式、宝卷宣讲，也即书名中的“大众文化”，都是在说明“文字下乡”的各种方式，或是前述文化的整合方式。换句话说，本书的“大众文化”只是一个认识中国文化发展历程的不同寻常的切入点。

一些学者认为华琛所说的国家和士绅共谋造成的“神明标准化”并未真的消除各种文化多样性，甚至表面上“标准化”了，实际上却是另行其道，所以是“伪标准化”，这些无疑都是对的。但是，华琛通过讨论天后神话的不同甚至矛盾的版本，已经说明天后的形象和神格在不同的人群那里是不同的，也就是说，正如神明本身是一种象征一样，“标准化”也是一种象征，即宋怡明所说的“说辞”。另一些学者则认为，华琛的研究应该是新研究的起点，但这个新的起点还是本书的中心议题：中国的文化整合是如何发生的。

也不止如此。罗友枝在书末的结论中说：“为了具备长远的历史观照，我们必须及时回顾与前瞻。我们如果不加深自己目前对宋元社会动力的理解，就无法充分评价明代发展的重要性。很多学者现在认为，中国的宗族组织在宋代就达到了我们在帝制晚期所见到的形态。城市化、印刷业和戏剧都根源于宋元时代。”联系到我们与宋史学者甚至中古史学者的最近几次对话，动力似乎是完全一样的，表述也颇相同，只是罗友枝的想法早了35年。在此期间，虽然有一些学者关注了“宋元明变迁”，但更多地体现在制度的层面——即便如此，也只是凤毛麟角，而以社会文化史或社会经济史视角进行审视，我们还有很多工作要做。

在方法的层面，罗友枝也总结道：“看来历史学家必须向人类学家学习，着手利用当代分析作为寻求历史事实的出发点。而对于人类学家来说，他们可以阅读相关的历史文本，将对特定村庄的研究同中国悠久的文化传统联系起来，使自己的历史意识变得更加敏锐，将自己的眼界拓宽到观察整个社会，将村庄视为社会的一部分。”显然，中国的历史人类学者今天还在不断声明的这个观点，在35年前便由我们的美国同行提出来了。在这个问题上，即使是今天认同历史人类学的中国同行，也未必做出了多少实践。但作为一位更具新文化史视角的历史学者，罗友枝显然对与人类学家的合作持谨慎态度：“这种建议很有益处，只要我们能够成功地避免与之相依相伴的危险：在没有证据的情形下，不能假定目前的条件流行于以前的时代；也不能假定，在香港和台湾地区对当地文化的观察可以用来概括其他地区或是整个中国。”她说的都没错，但她所担心的以今测古或是以偏概全并不是历史人类学赞同的做法。

因此，必须承认，除了人类学家华琛和华德英，本书作者中的历史学家和文学家的主要关注点在于文字材料的作用，包括许舒也关注日用杂书，即使华琛的这篇文章由于重视了朝廷和官绅的努力也较多使用了文献，欧大年和韩书瑞对宝卷的研究也是如此，主要通过这种宗教文献而非对宣卷活动进行观察，来了解教门的日常行为，特别是利用国家档案发现教门成员的心态。这是历史学家工作的常态。比如，本书中涉及的蒙学识字课本乃至教育普及的问题至今没有得到太多社会史研究的重视，这实际上是真正认识“文字下乡”的重要问题，也是有助于我们回应学术界对“民间文献”的“民间性”的质疑的问题。虽然研究教育史的学者对此有所涉及，但兴趣和关注非常不同。我们所见到的20世纪上半叶的识字课本数量很大，当然由于是印刷品而有许多相同版本，但就关注程度和收集现状而言，远远比不上契约文书、书信、日记、账簿，甚至科仪书。其实，只有识字的问题解决了，我们才能更加准确恰当地认识后面这些民间文献的价值。

本书的作者显然摒弃了传统的精英文化与民间文化的二元对立，不仅采用“大众文化”（popular culture）这个具有跨越性和穿透性的概念，而且在各自的个案研究中始终关注国家、包括士绅在内的地方精英与普通民众在大众文化的创造和传播过程中各自所起的作用，最后不同人群从各自的目的出发共同造就了一个“各美其美，美美与共”的整合的文化，或者叫作“文化大一统”。因此这个“文化大一统”就不是我们传统上认为的那样，是由王朝国家独自建构起来的、自上而下的“文化大一统”，而是恩格斯所说“历史的合力”造成的结果。[1]在我看来，这个文化大一统是与政治大一统乃至地理版图意义上的大一统相辅相成、不可分割的。而且，本书的价值在于告诉读者，这样一种“宏大叙事”是如何在不同地方、不同族群的生活世界中具体地实现的，而不是那种云里雾里、人云亦云的研究。它告诉我们，对于真正的社会史研究来说，那种躲躲藏藏的“碎片化”批判是多么无的放矢和可笑。

姜士彬在他的一章中提到了1982年参加亚洲研究协会(AAS)会议的科大卫、吴伦霓霞等香港学者的研究，那时，社会史研究，特别是区域社会史研究还没有在全中国铺开，我刚刚从大学毕业，更不知社会史研究为何物，大约过了五六年，我才初步接

1　恩格斯指出：“历史是这样创造的：最终的结果总是从许多单个的意志的相互冲突中产生出来的，而其中每一个意志，又是由于许多特殊的生活条件，才成为它所成为的那样。这样就有无数互相交错的力量，有无数个力的平行四边形，由此就产生出一个合力，即历史结果，而这个结果又可以看作一个作为整体的、不自觉地和不自主地起着作用的力量的产物。……每个意志都对合力有所贡献，因而是包括在这个合力里面的。”（《马克思恩格斯选集》第4卷，697页，北京，人民出版社，1995）

触到这个领域，无论在理念上还是方法上都没有什么见识。直到1991年和1992—1993年我两度去北美访学，以及1994年开始跟随钟敬文先生攻读民俗学的博士学位，才算是对这个领域初窥门径。通过从那以后至今的研读，以及与师友们在田野和学术会议上的切磋，在年过花甲之际，才能对本书的中译做一些专业上的审校工作，并写下这篇简短的、迟到了35年的读后感，如有浅陋不当之处，尚乞学术界同行与读者批评指正。此外，需要特别感谢香港城市大学的程美宝教授，她对本书有关香港章节的一些用词的翻译提供了很好的修改意见，这样的帮助是不熟悉本地历史文化的人所无法提供的。

写于庚子年正月初一日暨新冠肺炎肆虐全国之时

致 谢

美国学术团体理事会中国文明研究委员会（Committee on Studies of Chinese Civilization of the American Council of Learned Societies）对孕育本书的会议给予了资助，此机构还帮助支付了本书的出版费用。檀香山东西方中心东西方传播研究所（the East-West Communications Institute of the East-West Center，Honolulu）提供了其他支持和会议设施，哥伦比亚大学东亚研究所和加州大学伯克利分校历史系提供了行政协助。 vii

1979 年 1 月召开的计划会议拟定了会议方案，会议的参加者有孔迈隆（Myron L. Cohen）、李欧梵（Leo Ou-fan Lee）、孟旦（Donald J. Munro）、欧大年（Daniel L. Overmyer）和本书编辑。大会上的讲评人有朱谦（Godwin C. Chu）、艾伯华（Wolfram Eberhard）、林培瑞（Perry Link）、约翰·麦考伊（John McCoy）、孟旦、施坚雅（G. William Skinner）、杜维明（Tu Wei-ming）和尤金·韦伯（Eugen Weber）。作为与会者中唯一的非中国问题专家，尤金·韦伯的贡献更难能可贵。夏威夷大学的郭颖颐（Daniel Kwok）、马幼垣（Y. W. Ma）和苏海涵（Michael Saso）也参加了部分会议讨论。朱谦和梅格·怀特（Meg White）代表东西方传播研究所成为我们热情的东道主。

在完成她那章的定稿之后不久，华德英（Barbara E. Ward）便告别了人世。她刚刚发表了几篇重要的论文，手头还在进行重要的研究项目。学术界遭受的损失是巨大的，但那些了解其能力、聪慧，以及她给每次相聚带来无比愉悦的人，也会懂得我们所深切感受到的个人损失。

前　言

本书的主要目的之一，是将对非精英（non-elite）文化的研究纳入对传统中国学术讨论的主流。没有人认为只关注位高权重者和博学多识者就可以了解中国，但因为现存文献绝大多数是这些人撰写，所以在过去以及现在，他们持续吸引了历史学家的注意，其受关注的程度之高，与他们的人数远不成比例。对精英（elite）人物的过分关注严重歪曲了我们对中国历史和文化的看法，只有靠对统治阶级之外的世界进行严肃认真的系统性研究，才能弥补这一缺陷。 ix

这样的研究并不像人们时常想象的那样不可思议。对于不能识文断字的大众来说，我们对他们的态度和价值体系只能形成最模糊不明的见解。但是正如本书中的论文所指出的那样，在帝国后期的非精英阶层中，已经有很多人不仅能够阅读，甚至可以写作。所有同大众文化研究直接相关的现存文献的作者和读者们，正是来自这个人数众多、形形色色的群体。很多这类文本出现在以下的文章中，比如经文、教化故事、历书、手册以及类似文本等，还有用通俗易懂的语言对《圣谕》正统意识形态所做的解释，对地方神祇创造奇迹的讲述，戏曲表演的脚本，甚至还包括为普及一种新宗教所写的小说。这些是文字资料，但同时它们并未远离目不识丁的人们。有些文字资料是为了对听众高声朗读而撰写，另一些是为了让识字的人阅读，以便这些人据此指导并规劝那些不识字的人。对于再现前现代时期非精英大众的精神世界来说，这类资料是我们工作的基础。

除了作为重要的原始资料，这些故事、经文、戏剧等本身也非常引人入胜，令人愉悦。同政治精英和知识精英所撰写的复
x 杂艰深的作品相比，它们往往具有更直接的吸引力。帝制晚期的统治阶级所出版的大量面向公众的文字揭示出他们的精神和感情世界，具有一种正式、自觉和克制的特性，因而使得非自觉、充满活力、丰富多彩，具有直截了当风格的乡村演出、说唱和说书人演绎的故事等，显得格外引人入胜。很多研究中国的学者立刻感觉到同大众文化领域息息相通，认为从事这类工作是一种激励人心，甚至于解放思想的体验。我们希望读者们可以感觉到这一点。

大众文化囊括形形色色、为数众多的现象，从家庭建筑到对千年盛世的信奉，从灌溉技术到皮影戏。这本书仅仅力图讨论，甚至仅仅力图涉及其中几种现象。我们通过两种方式缩小讨论的范围。第一，此书局限于帝制晚期（大约 1550—1920 年）；第二，此书集中讨论“价值体系及其交流传播”（values and their communication）（借用首次提交这些论文的那次会议的主题）。

由于商业性印刷的出现和发展，大众文化在宋元时期发生了变化；在今天，因为收音机、电影，尤其是电视日益深入人心，

大众文化正再次发生变化。那么我们为什么选择研究帝国晚期呢？首先在于我们认为大众传媒在发展过程中所引起的变化是如此深远，所以现代的大众文化理应是另外一本书的主题。因此我们决定致力于前现代时期中文献最多、最容易发掘，当然也离我们最近的时期。这也是传统中国文明中最高度分化的阶段，解释说明前现代时期文化交流和整合的最为复杂的过程。在其开篇之作中，罗友枝（Evelyn S. Rawski）指出，帝国历史的最后阶段开始于大约 16 世纪中期，延续到 20 世纪初。这个时代同以前的不同之处在于，地主同佃户之间形成新型关系，经济活动强化，出现新的教育机构，商业性刻书业具有新的发展，社会制度更为开放，竞争性更强。

那些祖父母和父母生活在清朝统治之下、本人体验过帝制晚期大众文化的人今天仍旧健在。在帝国的政治体制消亡多年之后，大众文化仍旧延续。之所以选择帝制晚期作为本书重点的另一个原因是，我们能够利用人类学家和其他专家的发现，因为对于许多人来说，此书的主题现在是或曾经是活生生的现实，而这些专家是与他们生活在一起的，很多我们需要了解的大众文化材料无法在现存的文献中找到，所以这类可以亲眼看到的证据具有最高的价值。当然，在使用当代材料解释过去时需要当心。例如许舒（James Hayes）指出，他在香港搜集的很多书籍首次出版于清朝末年；他引用 19 世纪传教士留下的资料告诉我们， xi
自那时之后，影响这些文本传播和使用的社会状况变化不大。华德英认为，港英政府官员允许中国戏曲的传统多样性存在，而这种方式为当时中国内地的制度所不容。此外，她的文章关注节庆演出，她认为同其他表演相比，这类演出自清朝末年以来变化不大。华琛（James L. Watson）在依据文献资料重构天后崇拜的历史演变时，亦将其从香港田野工作中搜集的资料置于这一演变的情境中。

我们选择在一个清晰界定的历史时段之内进行工作；同样，我们致力于只关注一些限定的主题。如前所述，这些主题列在“价值体系及其交流传播”的总标题之下。如果不了解行为者的行为准则、思想意识和信仰——他们的精神世界，就无法懂得行为者的所作所为。为了明了价值体系等，就必须研究它们如何在个人之间和群体之间运行，研究在运行时它们如何发生变化。当然，非精英生活的很多其他方面也很重要，值得研究，我们立刻可以想到人口统计、物质文化和经济状况。但是我们认为，为了了解中华帝国晚期，关注价值体系及其交流传播是一种尤为有效的方式。

在我们所研究时期的开端，中国人口已经超过 1 亿。到 18 世纪的最后 25 年，中国人口接近 3 亿。[1] 在那时，欧洲最大的国家法国同中国第三大省份面积接近，英国的面积相当于中国最小的省份，只比边远省份云南、贵州和广西略大。[2] 就人口统计数字而言，中国既不是相当于英国，也不是相当于法国，而是相当于欧洲。但是欧洲划分成众多国家，各自在语言、经济、社会和文化上日益迥然相异。中国却是个单一的政体，自从 6 世纪以来就是如此（五代和南宋时期除外）。这两个事实的直接后果是，

在帝国统治的后几个世纪中，中国文化既极端多种多样，又高度
融合统一。多样化不难理解：中国广阔的地域显然造成了这个
特征。存在各式各样的大众文化，或称之为非精英亚文化，反映
出权力、声望、教育和财富上的区别，也反映出地区、方言和职
业的差异。精英文化同样显示出重要的内部变异。当然，大众文
化和精英文化彼此非常不同。但是，很难解释的一点是，这些各 xiii
不相同的要素被整合到了一个单一复杂的文化体系之中。在帝制
晚期，士大夫的思想和精神世界并非同农民或劳工的世界格格不
入，但也并非全然相同。所有中国人的精神世界中都存在共同的
要素。关于这些要素的性质，我们还远远不能做出满意的解释；
但是在我们看来，它们的存在不言自明。否则，中国文化这个整
体概念便分崩离析了，“中国”便在语义学上被降格为“亚洲”
的细枝末节。

我们如何解释这些极不相同的文化之间的整合呢？我们的切入点是，由于明确而且可识别的人类行动，在社会背景、地理区域和经济地位上极不相同的人们能够分享共同的行为准则、理念、设想和参照点。因此，我们所关注的要点之一是传达语言和象征结构的动力和机制。从一开始，我们就力图了解，当信仰和态度传达给不同的受众时，它们如何被修正，以及形形色色社会群体的精神世界如何各不相同。本书中的所有文章都以不同的方式关注这些问题。

本书的前两篇文章为其他文章提供了背景性介绍。罗友枝所撰写的一章讨论晚期帝国时期的特征，尤其关注经济和文化因素

图解决矛盾，但并不完全成功。显然，在中华帝国晚期文化的多样性中，发现共同成分是一个重要的概念性问题。

贝琳（Judith A. Berling）的文章所讨论的是寓教于乐。贝琳描述、分析了一部 17 世纪初期的小说，小说的目的是传播创始于 16 世纪后期的三一教教义。小说充分证明，那些力图劝谕或
xv 是指导百姓的人必须使用能吸引其对象的手段。《三教开迷归正演义》的作者是为识文断字的人写作此书，但是这些人却既非官宦，也非学者。所以并不奇怪，作者写了一本小说来传播他的观点。为了暴露并纠正不相宜的行为举止，小说必须对其一一列举，所以这本书格外充分地揭示出紧张情绪、焦虑心态和冲突争斗，这是 17 世纪初长江下游地区民众生活的一部分。

利用通俗小说和歌曲来普及宗教教义的作品有很多，《三教开迷归正演义》只是其中之一。这类作品中最重要的一个文类是宝卷，这是欧大年文章的论题。欧大年先叙述各式各样的宝卷，然后简要介绍它们的历史。接着他详尽、系统地阐述了宝卷教诲的教义。欧大年强调指出妇女在宝卷受众群中的重要作用，并十分详尽地讨论了《刘香宝卷》，这部宝卷主要关注“妇女的勇气、自由和得救”。韩书瑞（Susan Naquin）的文章也讨论帝国晚期的民间教派。但是欧大年主要关注教门经卷所传播的行为准则，而韩书瑞的重点是阐明白莲教各教派宣传其信仰的方法。她指出，在清朝中期存在两类主要的白莲教教派。在一派中，经书文本和集体背诵至关重要；而另一派的信众似乎都是没有受过多少教育的村民，所以宣传教义的特定方式是口头传播简短的咒语真言。

正如韩书瑞所示，这两个教派的教义也多有不同，但是这两派均接受白莲教的基本思想。所以韩书瑞的文章也点出主题及其变异，对于这个题目何谷理和华德英以不同方式进行讨论。

中华帝国实际上是个神权政体：皇帝贵为天子，是人间和神界的中介。所以世俗政权对人民的宗教信仰极其关注，持续不断地干预民间宗教。地方和中央的官员不仅经常批评，有时还暴力打击欧大年和韩书瑞所讨论的教派。华琛指出，有些民间崇拜以普通社区为基础，同白莲教截然不同，但是它们也受到官府的严密审查和频繁操纵。他详尽描述了一个最初只受到福建沿海小镇居民信奉的地方女神“林大姑”，如何由于官府的提倡而信众日广，最终变身成天后（天庭的皇后），成为民间神殿中最重要神祇的过程。然后以这种改变了的形式，对“林大姑”的崇拜又重新凌驾于缔造这位女神的那些集镇乡村之上。华琛认为，在此过程中，天后同所有重要的宗教象征物一样，对不同的人具有不同 xvi
的含义。同华德英和何谷理不同，华琛的结论是，正是象征的模糊性，使中国文化得以整合起来。

除了力图修正土生土长的民间崇拜的内容，官府还采取各种手段直接宣传正统行为准则。梅维恒（Victor H. Mair）讨论了一种别具特色的方法，即由官员或学者著书立说对所谓《圣谕》的含义进行诠释。《圣谕》是康熙皇帝（1662—1722 年在位）御笔亲书的 16 条简短准则或训示。由于《圣谕》的原文用言简意赅的文言文写成，其义不易理解，所以需要准备用浅显的文字撰写的诠释。此外，如果只是高声照读原文，绝大部分百姓是无法听懂的，所以每月两次举办《圣谕》宣讲已成定规，在大小不一的村落集镇中，用俗言土语为百姓讲解这16条。宣讲使用的材料是以上提及的文字诠释，这些文本保留至今。梅维恒发现，也存在非官方的《圣谕》宣讲人，他们更像是说书人，而不是传道人。这些人所讲的故事至少在形式上是为16条训示做出诠释。梅维恒的文章提供了格外翔实的资料，说明正统意识形态传达给一般百姓的方式方法，也说明在此过程中如何对正统思想加以修正。

李欧梵和黎安友（Andrew J. Nathan）的文章结束了本卷的主要部分。他们讨论从传统大众文化向现代群众文化过渡时期的新闻报刊和小说写作。他们指出，迎合民间趣味，同时灌输认可的行为准则，并提供实用的社会信息非常困难；同清代和以前的朝代相比，在群众传播交流时代，这更是困难重重。与此同时，他们为价值体系和交流传播的相互依存提供了另一个例证。

在本书中，我们力图集中探讨对研究中国大众文化具有特殊重要性的题目，并解决在研究、写作和讨论过程中出现的一些主要概念性问题。但是有很多重要的研究领域还只是浅尝辄止，或者无人问津，困难的概念性问题还有待于解决。在总结性的一章中，罗友枝概括了这些主题和问题。对于文化程度不高的读者来说，哪类文本最容易阅读？如何界定文本的含义？文化整合的本质是什么？罗友枝对这些和其他问题的讨论自然而然便指出了有待于将来研究的领域，其中包括民间宗教和戏曲的相互关系；仪式以及仪式专家在大众文化中的作用；许舒所讨论的各种文化行家们，妇女、妇女文化，以及妇女在中国文化大一统中的作用；

家庭建筑和物质文化的其他方面；等等。正如罗友枝的文章所示，中国的大众文化是一个格外有兴味的重要领域，人们才刚刚开始对这个领域进行发掘探索。我们希望本书能够鼓舞其他人加入其中，也希望能够为他们的工作提供一些有益的指导。 xvii

——编者

注释

1. Ping-ti Ho（何炳棣），*Studies on the Population of China*，*1368-1953*（Cambridge，Mass.：Harvard University Press，1959），pp. 264，281.
2. Ho，*Studies*，p. 283；Pierre Goubert，*The Ancient Régime*：*French Society 1600-1750*，trans. Steve Cox（New York：Harper Torchbooks，1974），pp. 33-34；E. A. Wrigley，*Population and History*（New York：McGraw-Hill [World University Library]，1969），pp. 78，153.

目　录 / Contents

| 第一部分 |

介绍性观点

第 01 章

/ 帝国晚期文化的社会经济基础

罗友枝（Evelyn S. Rawski）

本文关注两个问题。为了回答第一个问题，即为什么我们 3
将晚明和清朝作为一个历史单元进行研究，我们的观点是，晚期帝国时代（16 世纪至 19 世纪）同以前历代具有本质性区别，但是就关键性机构和社会经济结构而言，又表现出相当程度的延续性。在考察延续性时，我们探讨三个主要的现象：首先是经济增长和变化，这引起精英阶层的构成和性质发生变化；其次是经济增长部分导致了教育制度的扩展；最后是由于经济繁荣和教育扩展的刺激，大规模刻书业兴起。这三个因素都同我们的第二个问题（这也是本书中很多章节所关注的问题）休戚相关，即在明清时代，民众在何等程度上分享共同的思想意识、行为准则、设想假定，并使用相同的参照体系。在本文最后一节中，我简短探讨长期社会经济潮流同文化融合及文化多样性力量之间的关系。

/ 帝国晚期的经济

尽管中国、日本和美国的历史学家对于如何勾勒历史景观轮廓的看法迥然相异，然而对一件事他们似乎所见略同：都同意中国社会在明朝经历了重要的变化，这些变化造就了中华帝国后期的政治、社会和经济体制。

在明朝时，一种主要的经济发展是白银成为主要货币。16 世纪的财政改革实施“一条鞭法”，反映了这一发展；改革简化了
4 税收，改为征收货币。货币流通基于扩大的市场体系，将沿海地区和长江流域连为一体，使这些地区卷入长途贸易，甚至国际贸易。新颖之处并不是这类贸易的存在，而是贸易的规模。其规模之大，足以使贸易重心在 16 世纪从中亚转移到中国东南沿海。正如欧文·拉铁摩尔（Owen Lattimore）所论，从陆地向水路的转移至关重要：“即使是一条小帆船从广州驶往伦敦，它一次所装载的货物也比在古代或是中世纪，一连串商队从中国长途跋涉到地中海市场所运的货物更多，所需要的时间更短，所获得的利润更高。”[1] 明代平底帆船并不开往伦敦，它们驶到日本的港口、西班牙殖民地马尼拉以及东南亚，但是影响相同：在 16 世纪和 17 世纪初，当贸易重心从中国的内陆边界转移到东南沿海时，贸易量剧增。

对外贸易的最初影响是白银从日本和墨西哥流入中国。艾维四（William Atwell）将国内生产的白银同进口白银加以比较，指出在 16 世纪末和 17 世纪初，新流入中国经济的白银主要是由

于对外贸易。他的结论是：“日本和美洲的白银很可能是促使中国经济蓬勃发展的最重要因素”；但是由于西班牙着手限制马尼拉贸易，也因为日本（在 1638 年之后）禁止葡萄牙人在日本经商，从而大大降低了贸易量，导致通货紧缩；中国的经济扩展在 17 世纪 30 年代告终。[2] 虽然通货紧缩可能大大加剧了明末的种种危机，但对于中国在世界贸易中的活动来说，这只是暂时的倒退。在其后的世纪中，中国更大规模，也更深入地卷入世界经济体系之中。

依施坚雅之见，16 世纪的经济高涨是中国历史上第二轮大周期的上升阶段，经济高涨促进了农业商品化，进一步发展了乡村和城镇的手工业生产；东南沿海、长江下游和毗邻大运河的北方地区涌现出更多的乡村市场。16 世纪，在福建沿海和宁波，乡村市场增加。在福建，葡萄牙、日本和西班牙商人提供了新商机，当地人种植经济作物甘蔗，扩大棉花栽种面积，并增加瓷器生产。在长江下游，人们在 16 世纪继续发展手工业，尤其是棉纺织业，这是乡村工业。在北方的大运河沿线，棉花种植专业区发展扩大，这间接表明手工业部门的规模：众所周知，这里栽种的 5
棉花卖给来自长江下游的商人，用于在江南地区纺纱织布。[3]

因此，16 世纪见证了三个市场核心大区——大运河沿线的中国北方核心区、长江下游核心区和东南沿海核心区的市场发展和农业商品化进程。我们对岭南地区的经济了解不够透彻，但是 16 世纪时葡萄牙商人开始在澳门做生意，而且那里的私人书院数目增加，说明那个地区也经历了经济增长和繁荣。

由于农村市场建立的速度快于人口增长，中心地的等级结构（hierarchy of central places）发生了变化。施坚雅认为：

> 中古时期所发展的区域性城市体系既不成熟，也不平衡：都会城市与市镇以一种很不完善的方式连成一体，城市人口总的来说集中在最大的那些城市中。与此相反，帝制晚期的城市体系更为成熟，也更羽翼丰满：都会城市与市镇更充分地融入一个单一的等级体系，城市总人口更均匀地分布在各级城镇之中。

各级城镇充分融为一体，城镇和乡村之间联系加强，这促进了都市文化向乡村地区的扩散，刘子健（James Liu）称之为“辐射性扩散”，这是造就明清时期大众文化轮廓的重要因素。[4]

市场发展和经济增长也促使政府放松对经济的直接控制。明朝的开国君主延续了元朝的户役制度，对某些从事特殊职业的编户，如灶户、军户和匠户进行登记。可是到16世纪这个制度已分崩离析，取而代之的是以银代役。明初强征劳役为宫廷提供物
6 料，现在将工程外包给私商，雇工付酬。政府也不再直接控制水利工程，而是让地方筹措资金，进行管理。[5]清朝延续了这个趋势，中央政府不直接参与经济，也不直接控制经济。

明朝后期，农业生产力提高。在中国南方和中部地区的水稻产区出现了永佃权和多重地权，这最清楚地说明经济发展对农业的影响。日本的学术成果认为，这些变化是由于庄园制对农民和

佃户的控制瓦解了；不论我们是否同意他们的观点，这些权利显然说明，相对于地主来说，佃户的地位有所提高。福建的一些地方志于 16 世纪初次记载了这类现象。18 世纪和 19 世纪，永佃权也出现在江苏、江西及中国的其他水稻产区。[6]

官府放松干预经济，市场繁荣增加社会流动，以及租佃权的改善，这些都标志着一个不断积累的过程。欧洲的例子使我们对这个过程了然于胸：市场间接控制取代了对个人的直接控制。毋庸置疑，晚明和清朝经济还不是市场经济，广泛应用于各种交易的契约出现在明清之际，但是并非无处不在；就契约义务相对于地位权势的重要性而言，各地之间差异很大，而且差异无疑持续存在。但是这些发展之所以重要，不是由于它们发生的频度，而是由于它们表明一个渐进的长期趋势，这个趋势最终导致市场经济的胜利。

在长江下游核心区、中国北方核心区和其他存在农业商品化 7
的地区，农民比以往任何时候都更强烈地受到市场的影响。参与市场经济提高了生产力，促进了手工业生产，有助于改善佃农的状况。人们日益参与市场化，基层乡村市场出现了，于是小贩、农民、地主和其他人聚集在周期性集市中，城镇和村庄之间的交流日渐频繁。增强了的贸易流动和更深入地参与市场活动，肯定影响了中国文化在乡村和城市中的形态。[7]

为市场生产的人们要冒价格波动的风险。在今天，丰收可能导致某种作物价格下降，对某些农民来说并非喜事。而灾年歉收可能使价格上涨，那些收成不坏的农民能从中受益。受制于市场力量使各家各户要进行更为复杂的精打细算，使个体农户的福利同村以上力量的运作息息相关，参与市场使有关更广阔世界状况的知识升值，参与市场所带来的风险和利益肯定也加剧了村民们所身处环境的竞争性。由于参与市场影响了农民的心态，所以伊懋可（Mark Elvin）评论说：“社会变得躁动不安，分崩离析，竞争激烈。”[8]

经济增长以数种方式影响中国的社会结构。它促进了社会分层的进程，我们可以在中国社会的各个层面上观察到这种变化。学者们认为在明清之际，农村社会高度分化。雇佣劳动日益取代类似农奴的家庭劳力。随着在外地主制（absentee landlordism）的发展，一个新的经营地主阶层出现了。乡村社会中现在有在外地主、经营地主、自耕农、佃农和雇工。士人的分化也表现在各个方面，在精英家族中，兴旺发达的房支排挤败落的房支，将他们从族谱中抹去，阻止他们享受家族利益。此外，居乡小农同新兴的在外地主之间关系紧张，因为二者的利益并不一致。有时面对乡村的抗租运动，乡村地主和城市地主之间彼此对立。那些追逐本县社会领导权的精英也在分化，一部最近的著作断言，在一县之中，精英并不团结一致，至少存在两个——甚至更多——不同的精英阶层，他们互不通婚：一个是地方精英群体，他们同本
8 县类似家族通婚，维护坚实牢靠的社区纽带；另一个群体是更雄心勃勃的家族，他们向往县境之外更大的官僚精英世界，与朝廷官员结亲联姻，通常对当地社区不屑一顾。[9]

晚明和清朝时，在长江下游核心地区，社会分层可能最显而

易见，这一地区的在外地主制获得了令人瞩目的发展。在诸如长江下游核心区那样的经济发达地区，契约关系而非人身强制使得富有的土地所有者能够对都市氛围所提供的经济文化机会做出回应，开始从村庄搬迁到城镇之中。都市生活改变了精英的投资和消费模式。城镇地主们开始将剩余资金投入当铺、商业和城市房地产中。这类投资比购置田产带来更高的回报，但也要承受更大的风险。同乡村的族人们相比，都市地主和文人家庭的经济前景缺乏安全性，这不仅因为他们同市场更息息相通，也由于一旦搬到城里，消费支出就直线上升。城镇提供更多的书籍和思想上生机勃勃的都市文化，但是也有美酒、声色这类难以抵御的诱惑，往往使学子们偏离为科举取士而苦读的崎岖小径。张英所著《恒产琐言》是基于他对都市生活的感受；此书写于 17 世纪末，赞美乡村传统，历数了中国的精英在都市生活中会遇到的种种危险。[10]

追根溯源，精英阶层的缺乏安全感和忧心忡忡产生于同经济增长相关的另一发展，即明朝时出现的一种灵活变化的身份制度，基本上没有法律能有效阻止身份的变化。16 世纪的经济繁荣 9
刺激了学校制度的扩展，并因此增加了参加科举考试的人数。为获取功名而展开的竞争日益激烈，拥有精英身份的家庭也变得更焦虑不安。由于较低阶层地位上升的可能性增加，精英们认为这会威胁到自己的子孙后代永葆功名。对于精英家族来说，这并不是唯一值得忧虑之事，更多商机的出现和投资土地的吸引力的相对下降，都表明了商业和土地财富与精英身份之间日益复杂的关系。

很多古老家族的后代，如方以智，可能对挣钱营利不屑一顾。但是很少有人能够忽略新社会环境造成的后果，现在有钱的商人跻身于在传统上是精英所热衷的活动，他们搜集书籍，赞助艺术，并精心营造园林和豪宅。由于财产继承法，在每一代家长死后，都要进行析产。如果下一代未能取得功名，或是为准备科举花费时间过长，那么这个家庭保持显赫地位的前景就微乎其微了。何炳棣有关社会流动的个案研究指出了解决困境的常用方法：让儿子们各尽其才，分工合作，一个挣钱，以便另一个专心读书。然而这个策略能否生效，却取决于个人才智和政治经济条件。不过毋庸置疑的是，随着为科举及第而进行的竞争日益激烈，精英家庭所承受的心理压力也大大加强。[11]

我们对晚明和清代社会的看法就是基于上述社会经济发展。贸易增长推动了农业商品化和手工业发展，使乡村市场扩大。各级中心地在更大的程度上整合起来，更大程度地参与市场活动，这些因素促进了城市和乡村之间的思想和商品流动。主要在长江下游核心区，部分精英迁入城市居住，这个潮流刺激了城市文化。

经济增长也刺激竞争。当经济发展诱使商人们走出当地流通体系，进入新市场，地方性会馆就出现了。商人们发现，建立同乡组织使他们可以在一个激烈竞争的都市环境中最有效地追求自己的利益。日后这些会馆也接纳来应试的同乡举子和当地的官吏，并成为在都市中进行地区性竞争的中心。17 世纪后期，宗
10 族进一步发展，在一些农村地区，竞争围绕宗族组织起来。在那些传统的社会控制机制由于商业经济的渗透而被削弱的地方，宗族被用来推动围绕地方的集体利益，也被用来加强精英对地方

的控制。[12]

竞争性环境使这类集体性策略应运而生，也造成前文所述的焦虑和精神紧张，即对个人地位和对家庭财产安全的忧虑；就传统精英而言，是对延续自己支配地位的忧虑。

如前所述，社会经济秩序中的重要变化开始于明代晚期。明朝在 1644 年灭亡，但经济发展却没有结束。确实有理由认为，改朝换代对这些主要的社会经济潮流影响不大。正如史景迁（Jonathan Spence）和卫思韩（John Wills）评论的那样，重要的社会潮流包括商业增长、都市化，以及因为教育机会增加，越来越多的人参加科举考试；当清朝征服明朝时，这些潮流只受到了“暂时的干扰”。[13]

在长江下游核心地区，虽然有些地方对清军的抵抗十分激烈，但在大多数地区，政权更迭是个平和的过程。虽然经历了政权交替，在 1661 年，江南“奏销案”又代表了清廷对士绅（gentry）特权的攻击，但是长江下游地区的社会秩序仍然得以延续。17 世纪后期，长江下游的经济也迅速恢复。清朝实行海禁并在打击郑成功的过程中实行“迁海”，这确实沉重打击了东南沿海地区，尤其是福建。但是 18 世纪，在福建人移民到台湾，在那里开荒种地，并且在台湾和福建的港口之间发展了贸易联系之后，情形大为改观。岭南地区从东南沿海的劫难中受益，广东汕头和福建南部的移民如潮水般涌到岭南。1840 年之前，广州是对外贸易的中心港口，岭南地区也从中获利匪浅。17 世纪晚期，中国北方开始了另一轮增长周期，一直延续到 19 世纪 50 年代，农民起义才

中断了经济发展。长江上游和中游地区（尤其是四川）在明末曾遭到惨烈的内战摧残，但在清朝初年这些地区也接受了大量新移
11 民，移民帮助复兴了当地经济。对于中国的很多大区来说，18 世纪同 16 世纪一样和平昌盛。[14]

/ 教育

明朝时，经济繁荣促进了学校体系的扩展。虽然我们无法估算入学率，但各种逸事见闻和间接证据表明，16 世纪时很多地区受教育的人数增加。明代社学和清代社学一样，是在国家支持下由城镇乡村自发建立的义学。一项研究指出，明朝的 472 个行政区划中共有 3 837 所社学，平均每个行政区学校超过 8 所。这些学校只为一小部分学龄人口提供教育。在明朝和清朝，入学的男童主要就读于族学、村学（需要缴纳学费），以及富裕人家所开设的私塾。因为关于私塾普及程度的记录十分少见，而且散见于各处，所以我们顶多只能推测入学率的大致数据。在另外的书中，我的统计表明，到清朝后期，私塾和义学足以为三分之一至二分之一的学龄男子提供基本的启蒙教育。[15]

逸事见闻和间接证据支持我们关于明清时教育规模扩大的观点，因为饱读诗书的年轻人有望入朝做官，那些粗通文墨的人也能得到些许社会经济利益，所以教育是获得名望、权力和财富的关键。科举考试是为官僚集团招贤纳士的主要途径。世袭（荫）

特权逐渐受到限制，起初只有一子可以世袭官位，后来只惠及三 12
品以上、入朝为官达到一定年限的官员，所以科举取士的重要性加强。[16]

世袭特权缩小，能够参加科举考试的群体却扩大了。除了极少数因为民族和职业而被排除在外的人，所有男子都有资格参加科举考试。直到 1729 年，不准应试的人包括脱籍奴仆，出身倡优、皂隶的人，还有“贱民”。但是据何炳棣之见，这些群体总共还不到全部人口的 1%。[17]

如果说金榜题名的诱惑使中国人对入学读书“深表崇敬”，那么识文断字也为日常生活带来相当的便利：可以阅读不计其数的政府告示、规章和文献，可以填写、备案和草拟各种商业交易合同，如为购买和出售房地产、租赁土地、借贷和售卖儿童。明清的治安制度（保甲）和税收制度（里甲）要求记录存档，晚明时转归地方经管的水利系统也需要记录在案。17 世纪后期持续扩展的宗族要将族产的管理和宗族成员登记在册。[18] 因此读写能力“不仅对于学术研究和官方行政至关重要，而且对于成功经营田庄和商业来说也必不可少；对于那些渴望对邻里或村庄事务发挥超乎寻常影响的人们来说，文化即便并非不可或缺，也是极有用处的”[19]。读写能力也保护家庭不上当受骗。何炳棣提到中国东部的一个佃农家庭，由于在土地交易时受到一个村民的蒙骗，这家人把一个儿子送进学堂，“因为家里没有识字的人，将来就不能防备当地的奸猾之徒”[20]。因此不仅是想入朝做官的人渴求教育，农民和做生意的人也渴求教育。

对于帝国晚期社会来说，教育扩展具有几重后果。依据科举取士制度的构架，规定在不同等级的行政区划录取一定人数；对于较高级别的考试，也规定了在不同地区的录取人数，这就确保受教育的精英分布在国内的不同地区。由于攻读同样的经典，不同地区接受同文同种的统治阶级价值观。在前现代的交通和交流条件下，这是维系幅员辽阔的统一帝国的重要因素。中国书写文
13 字是整合精英文化的重要因素之一，就此而言我们如何估计它的重要性都不为过。

由于教育扩展，参加科举考试的士子们面临更为激烈的竞争，他们遭受的挫折大大激发了城市文化中的创造力。尤其是在长江下游核心地区的城市中，16 世纪不仅见证了蓬勃的经济发展，也是一个思想激变的时期。由于在考试竞争中所遭遇的失败以及朝中党争所造成的政治风险，很多饱学的年轻人脱离正统仕途，转而关注其他领域中有意义的活动。裴德生（Willard Peterson）描述了晚明时代的文人典型：

> 这些人很少参与朝政，或者根本不问政事，对他们而言，艺术不仅是消遣娱乐……就最积极方面而言，这类“文人”为了致力于文学艺术而对发财做官退避三舍……有些人寄情寄性于文学、书籍、书法、绘画和收藏鉴赏，正如其他人可能兢兢业业于道德哲学或是政治。[21]

这类文人典型也存在于更早的朝代，但是在晚明时变得更引人注

目，成为那些生在明朝，却在清朝统治下长大成人的文人们的写照。对于康熙一代的士人来说，做遗民的压力使他们不愿在征服者手下谋取一官半职，从而加强了对入朝为官所持的暧昧不明的态度。而且正如司徒琳（Lynn Struve）所指出的，清廷在 17 世纪的政策为年轻汉人提供的机会寥寥无几，在政治雄心被挫败之后，这一代中很多人投身于文化领域。[22]

何谷理研究了 17 世纪的小说，它们显然是这些转向文人活力的成果。何谷理叙述了小说如何兴起，成为一种严肃的文学形式，一种政治抗议和审视知识分子所面对的切身问题的工具。写小说不是为了逃避，而是为了表达那些无法在官场中实现的儒家理念。[23]

何谷理告诉我们，小说吸引了一个狭小的读者圈子，这是一些衣食无忧、饱读诗书的人。但是精英们探求生活意义的个人活动却产生了远为广泛的影响。有些文人以撰写小说和戏曲（同小说相比，戏曲的观众来自更加多样化的社会阶层）为业，另外一些投身于宗教或是改革民间习俗。

在 16 世纪后期和 17 世纪，躁动不安的知识界孕育着佛教的 14
复兴，有四位高僧领导这个潮流。其中一位是袾宏（1535—1615 年），此人是于君方的研究对象。袾宏体现出很多以上提及的特点，他出生于杭州府的精英家庭，为科举考试而苦读，在前 32 年的生活中追求的是有闲阶级成员认为理所当然的目标。但是当他在科举中屡次失败，并且连续失去几位近亲之后，他摒弃了以前的生活，遁入空门。[24]

袾宏的主要建树是促进了佛教在俗人信众中的传播。鉴于他所受的儒学教育和他的社会背景，他顺理成章地致力于使佛教适应儒学。有众多弟子皈依在他的门下，其中很多像他一样，来自上层社会。袾宏包容了儒家学说，他劝导佛教徒首先尽到孝悌之责，他认为佛家信仰同官员尽忠守责（包括处决罪犯）并不矛盾，这种观念反映出明朝晚期有助于佛教信仰传播的潮流，即强调此生的道德行为，并相信个人在承担社会义务的同时也可以得到救赎。[25]

袾宏对佛学的宣传不涉及组织活动。他害怕卷入诸如白莲教会党（这些是欧大年和韩书瑞研究的题目）这样的异端邪教，并且攻击很多同佛学教派主义相关的活动。袾宏不赞成俗家团体接收妇女，认为女人应该在自己家中烧香拜佛。他指责那些充当风水先生、神媒、药师的僧侣，也反对他们给女人治疗疾病。他将使用扶乩方式进行“降笔”称为迷信之举。[26]在这些问题上袾宏持一种全然正统的立场，这有助于解释为什么佛教教派运动的领导者不是僧侣，而是俗家信众。

袾宏的社会背景同16世纪的其他宗教领袖颇为相似。他的同时代人林兆恩（1517—1598年）和袁黄（1533—1606年）同样努力促进对不同宗教的融会贯通。二者也出身于显贵之家，为科举考试而苦读，不仅精通儒学，而且对道家和佛家思想了解透彻。在那个时代的文人墨客中，这种知识上的广采博收似乎十分常见。[27]
15 虽然袁黄中了进士，并曾入朝做官，但是林兆恩同袾宏一样，在家中亲属死后皈依佛门。袁黄和袾宏同样居住在繁荣的长江下游三角洲，这里不仅是明朝佛教复兴的中心，而且是17世纪小说的繁荣之地。16世纪时林兆恩的家乡福建处于贸易发展的鼎盛时期，同葡萄牙人、日本人和西班牙人做生意，其繁荣程度可能足以形成帝国内的另一个思想中心。林兆恩的家乡莆田县同晋江县（属泉州府）一样，走私贸易兴盛。晋江县是与林兆恩同时代的著名人物李贽（1527—1602年）的故乡，李贽以攻击传统观念而闻名。[28]

因此，出于同样的动机，一些饱学之士著书作画，另一些却皈依宗教。应将宗教复兴视为晚明教育扩展的另一产物，文人们致力于宗教活动，这不仅同宗教领袖（以及一些信众）的社会背景和教育有关，也是他们追求贤人名号的替代手段。

如上所述，在经济领域内开始了一种长期的发展趋势，即避免对个人进行直接操纵，而是倾向于通过市场间接控制。在经历现代化的社会中，这是一系列复杂变化中的一个基本要素。在文化领域中我们也发现了类似趋势，这反映在善书中，这些书籍强调将行为准则内化并获得道德自主性。我们可以为善书在明朝的出现列举数种理由，就其着重指出人控制自己命运的能力而言，可将善书视为对经济变化的表达，经济发展创造了机会，可以使人暴富，也能让人迅速败光家产。此外，由于这些书具体指明不同社会阶层所应有的行为举止，我们也可以将它们视作给上升阶层提供的指南，指导他们承担新的社会角色。[29]此外，这些书假定道德行为同物质成功息息相关，这可以解释为反映了长江下游和东南沿海核心区的焦虑心态，在这些地区，加速的社会流动使人们忧心忡忡。依赖于宗教信仰，善书提供了应对社会变化所引起精神不安的办法。最后，老辈的精英对地位的忧虑也促使他们撰写善书，以便遏制新兴的社会经济显贵所引起的道德沦丧。晚明和清初的善书体现了私人对官府向同一方向积极努力的补充，
16 在本书第 11 章中，梅维恒讨论了《圣谕》宣讲，强调指出了官府的努力。[30]

16 世纪时善书颇为流行。袁黄和袾宏都热情地推崇其中一本，即 12 世纪后期问世的一部道家典籍《太微仙君功过格》。袁黄见证说，当一位禅宗僧侣将这本书给他看后，他的全部生活都为之改观。袾宏对此书是如此热衷，以至于他将书翻印多本，无偿分赠众人。[31] 袾宏后来以《太微仙君功过格》为蓝本，撰写了自己的善书，名为《自知录》。同宋代善书相比，《自知录》的新颖之处表现为一种格外引人瞩目的约束方式。约束不再基于诸神的力量，而是遵从宇宙间的因果报应原则，认为个人行动影响自己的命运，现在人们能够主宰自己的命运，而且对他们的评判依据不再是行动，而是更加难以捉摸的标准，即他们的愿望或动机。[32]

一般来说，晚明善书对行为举止和愿望动机加以区分。新近对道德内化的关注是当代宗教、思想和社会发展的产物。王阳明强调，每个人都具有成为圣贤的潜质，他的思想鼓励人们相信，虽凡夫俗子皆可为圣贤；宋代之后，佛教强调有感知的芸芸众生都可能得救，二者的发展不谋而合。与新儒学和佛教乐观主义精神相依相伴的是更大程度的社会流动，其根源是经济繁荣、教育

扩展和大规模刻书业的发展。[33]

因此，教育的扩展和增强的社会流动对中国文化和社会具有各种影响。那些沿社会阶梯攀缘而上的人和那些对家业败落心怀恐惧的人都向宗教寻求安慰，也将宗教视为社会控制的工具。灌输道德原则和伦理规范成为文人和官府的头等大事，社会流动性使平民百姓易于容忍这类灌输。教育的扩展促进文字资料在中国社会中流通。在分析对百姓灌输适当价值观所产生的后果之前，我们需要先概述刻书业的状况和分布，其扩展也是16世纪经济浪潮的副产品。

/ 刻书业

就印刷技术而言，明朝有四项进步：发明了套色印刷，用于 17
出版多色插图、地图或是课本；改进并增加使用木版画；使用铜活字；对以前的版本进行木板拓印。

尽管有这些进步，然而明朝的主要印刷技术同以前历代大同小异。中国的刻书使用一种非常简单廉价的方法，即雕版印刷术或是木刻术。利玛窦（Matteo Ricci）形象地描述了这种技术：

> 书的正文用很细的毛制成的笔沾墨写在纸上，然后反过来贴在一块木版上。纸干透以后，熟练迅速地把表面刮去，在木版上只留下一层带有字迹的薄薄的棉纸。然后工匠用一

> 把钢刻刀按照字形把木版表面刻掉，最后只剩下字像薄浮雕似地凸起。用这样的木版，熟练的印刷工人可以以惊人的速度印出复本，一天可以印出一千五百份之多。[34]

雕版印刷术需要的资本很少，不需要铸造厂铸造铅字，也不需要印刷机和装订机。工人可以把工具打包，扛在肩上；主要的消耗是原料（纸张、墨汁、板材）和劳力。雕版印刷可以循序渐进，不需要一次印很多本。利玛窦评论说：

> 他们的印刷方法有一个明确的优点，即一旦制成了木版，就可以保存起来并可以用于随时随意改动正文。……而且用这种方法，印刷者和文章作者都无需此时此地一版印出极大量的书，而能够视当时的需要决定印量的多少。……正是中文印刷的简便，就说明了为什么这里发行那么大量的书籍，而售价又那么出奇地低廉。[35]

当然，利玛窦是根据欧洲情况对中国刻书业进行评价的。在印刷术初现于欧洲的数个世纪中，欧洲书籍远比中国书籍昂贵。欧洲印刷行使用活字，这对字母有限的拼音文字来说显然更为简便易行，但是对中文却益处不大。一本中文书中使用的生僻文字可能达数千之多。

18 活字印刷比雕版印刷需要更高的技术和更多的教育。印刷工是学徒出师的金属工匠，早期的印刷工还颇有文化修养。他们需要粗通拉丁文以便能正确排版。[36]但是在中国，刻书工却不必有文化，因为写在薄纸上的文本贴在板材上。可能雕版需要技术，但是像涂墨汁和揭下纸张这样的活儿实际上所有人都可以做。广东珠江三角洲有个刻书中心叫马冈，当地的方志提及："妇孺皆能为之，男子但依墨迹，刻画界线，余并女工，故值廉而行远。"[37]在其他刻书中心，诸如佛山（广东）和许湾（江西）的刻坊，也雇用没有技术的女工。[38]

活字印刷也比雕版印刷要求更大规模的资本投入。根据16世纪初欧洲印刷行的固定资产目录，这里的主要设备是一台或数台印刷机和几套活字，活字通常比印刷机贵上数倍。[39]中国刻书业省去了所有这些费用。

欧洲的运营成本也要高些。纸张是印刷业的主要原料，但是欧洲缺少纸张。吕西安・费弗尔（Lucien Febvre）和亨利 - 让・马丁（Henri-Jean Martin）评论说："如果只能用吃墨差的皮革来印刷，而且只有价格最昂贵的小牛皮才足够平直柔软，能够上印刷机，那么活字又有多大用呢?"[40]

中国发明的纸在12世纪流入欧洲，逐渐从意大利传到西欧其他国家。到15世纪时印刷已使用纸，但是因为欧洲用碎布造纸，所以纸张价格昂贵。当固定成本占总成本很高比例时，经济规模便至关重要。但是高价的碎布纸张限制了欧洲的印刷规模。从14世纪至19世纪，欧洲造纸业用碎布作为主要原料，碎布供应不足使造纸业无法扩大生产。当印刷业发展起来，对纸张需求飙升，碎布变得更加稀缺。在16世纪和17世纪时出版一本书，

19 纸张经常要占总成本的一半以上。无疑由于纸张昂贵，出版商必须为印刷工提供纸张。[41] 中国用竹子纤维、树皮和其他植物纤维造纸，所以墨汁、板材和纸张在总成本中只占相对小的份额。[42]

狭小的书籍市场和生产技术进一步限制了欧洲印刷业的潜在经济规模。费弗尔和马丁总结说，虽然开设印刷行所需资本不算太多，但出版成本却很高。印刷工和书商可能希望每版书印得越多越好，以便降低每本的成本，但是狭小的市场限制了印数，因为“出版商为一本特定书籍所印刷的本数绝对不需要超过市场在一定时间内能够吸纳的数量。如果将这一点置之脑后，就会有很多书卖不出去，或者说得好听些，是把大量资本套在一件出售缓慢的商品上”[43]。至于一本书会卖得何等之慢，弗洛伦斯·德·鲁佛（Florence E. de Roover）研究了一个名叫吉拉莫·迪·卡洛·迪·马可·斯特洛奇（Girolamo di Carlo di Marco Strozzi）的意大利旅行书商，据此提供了一些线索。1476 年，斯特洛奇委托出版商用意大利文出版了两部佛罗伦萨史。每部印刷 600 本。他将其中各 550 本寄到佛罗伦萨出售。直到 7 年之后，到 1483 年时，“几乎所有书”才得以售出。[44] 依费弗尔和马丁之见，在欧洲印刷业的早期阶段，出版商“持续不断地耗费时间精力”去寻找零售渠道。[45]

为了风险均担，避免出版一本完全没有销路的书籍，欧洲出版商和印刷行通常几本书同时生产；换言之，他们从来不把资本和精力孤注一掷在一部书上，而是几部书同时印刷。所以印刷每部书费时很长：将一页书的铅字排好付印，然后拆开为另一页书排字。虽然金属活字可以印刷的数量不计其数，但是每版的实际印刷量却很小。在 15 世纪 70 年代，一版印几百本已算相当不错；10 年之后，每版印数上升到 400~500 本，到 16 世纪初达到 1 500 本。从 16 世纪到 17 世纪，只有宗教书籍或是教科书的印刷量才会通常超过 2 000 本。18 世纪时，每版的印数在绝大多数时候仍旧不足 2 000。费弗尔和马丁指出，像路德所译德语《圣经》这类通俗读物广为传播，但这不是由于每版的大量印刷，而是通过多次印刷，而且承印者是不同的印刷行。[46]

20

因此在印刷业初期，金属活字扩大生产规模的优越性在欧洲出版商和印刷行手中基本上无法实现。当某本畅销书要求再版时，还需要重新排字。中国的雕版印刷则与此不同，书版一旦刻好，便可以储存起来供将来之需。

在技术上，一块用标准用木，即梨木或是枣木刻好的书版可以印刷 16 000~26 000 页。我们对中国每版书的实际印数所知甚少。政府资助的书籍一版刻印几百部到几千部不等。对于商业性书坊一版的印数，我们一无所知。伊维德（W. L. Idema）抱怨说，根据我们的证据，或许除了“那些很好卖的书籍，比如说蒙学课本和历书”，最高技术限量很少达到。[47] 不过就所耗成本来说，在中国一版的印数不太重要，因为在欧洲每印一版都要为整本书重新排版，而在中国可以将雕版储存起来供将来使用。据我们所知，书坊彼此之间出售刻好的雕版。至于自行出版书籍的个人，比如说 18 世纪诗人袁枚，他将储存的书版视为自己的家产，留给子孙后代，成为将来收入的来源。[48]

从 15 世纪到 18 世纪，欧洲印刷业的发展在供求两方面都受

到严重制约，而这些制约因素在同时代的中国并不存在。同中国
相比，欧洲在训练、设备和原材料（尤其是纸张）诸方面成本都
要高些。因此在这一时代，从经济规模中受益的是中国刻书业，
而非欧洲印刷业。书籍购买量过低在欧洲也是个更为严重的问
题。欧洲人口少，所以其前现代社会精英群体相应不大。15 世
纪中期，当拉丁语仍旧是欧洲受教育人士的通用语言时，出版商
在国际市场上售书。但是在宗教改革运动之后，各国民族语言兴
起，书市相应退回新近发展的各民族国家的疆域之内。此外，同
中国相比，欧洲贵族社会截然不同地划分为农村和城市两部分，
所以识文断字的人基本住在城市，只有城镇人口购书。伊丽莎
21 白·爱森斯坦（Elizabeth Eisenstein）指出，在铁路进入乡村地区
之前，欧洲大片乡村从未接触过印刷物；她的结论是，由于存在
为数众多的农民人口，也由于在乡村持续使用方言土语，在欧洲
人中，可能只有极其微小的一部分受到新发明的印刷术影响。[49]

我们已经讨论了为什么在明清时代，中国刻书业成本比欧洲要低。[50] 就书籍购买而言，我们可以引用人口统计学、语言和社会结构诸因素来解释为何形势有利于中国刻书业。中国显然人口众多，在晚明时代估计达到 1.5 亿。中国的精英阶层所占人口比例同欧洲贵族大致相当，所以中国书籍市场远比欧洲市场广阔。[51] 而且在晚明和清朝时教育扩展，这增加了对书籍的需求。

帝国各地使用统一的文字，因此中国书籍市场并未受到不同方言土语的影响。科举考试制度为各地规定录取名额，这使读书人罕见地广泛分布于全国各地，从而确保各个地区都需要书籍和文

字资料。读写能力和书籍购买也并不局限于城镇之中，在一个与欧洲不同的国家，城乡差异并不明显，又怎会如此呢？在中国，读书人住在乡村和城镇两地，书籍出版也兴盛于农村和城镇。[52]

对中国刻书业和欧洲出版业的比较研究指出，中国的印刷技术和市场条件更有利于这个行业的发展扩大。如前文所述，明朝刻书业中的技术进步并不是刺激行业扩展的首要因素，首屈一指的动力来自始于 16 世纪并贯穿于清朝统治之下各时期的教育发展和经济繁荣。

那么谁是刻书人呢？刻书业的结构又如何与刻书对大众文化的影响发生关系呢？雕版印刷使中国刻书业得以广泛分布：只要能找到刻工，就能够开业印书。我们绝大多数研究只关注刻书业 22
中生产量最少（就印数而言）却最为人知的刻书人，即官府和士大夫，却忽略了行业中生产普及读物的部门，这个部门出版蒙学读物、历书和宗教小册子。

官府、私家、机构和刻坊都从事刻书。官府长期以来就刻印大量官方文献、历史记录和儒家典籍。官府致力于出版真实可靠的儒学经典，这是刺激刻书业发展的主要动力。上至宫廷，下到县衙，所有政府部门都刻印出版。[53]但是，虽然明朝和清朝皇帝们赞助出版了著名的宗教和世俗典籍汇编，但在我们研究的时代，官府并不是出版业扩展的主要原因。

在晚明时期，由于教育扩展，对不同水平教科书的需求量上升，士绅文人和机构刻坊都加强了出版活动。书院和诸如黄丕烈、毛晋、鲍廷博这样的版本学家们主要满足对高水平典籍的需求；这些人搜集并翻刻珍本善本书籍，如此便刺激了日后成为清朝历史学术的一个主要领域——版本校勘学的发展。这些精刻书籍显然是为一个有钱的小读者群生产的，这些出版人是文人，大多住在长江下游核心地区，他们也为人数有限的都市读者生产质量上乘的戏曲集、短篇话本和小说。[54]

商业性刻坊也刻印教育性书籍和小说。有些出版商颇为著名，比如说安徽歙县黄氏，以技艺上乘的木刻插图而享有盛名；还有福建建阳县刘氏，早在元朝和明朝就是首屈一指的刻书商。我们对这些刻坊的商业组织只有极粗浅的了解，清朝时卖书同时也刻书的做法是从明朝延续下来的还是新近的发展，我们不得而知。清朝时书坊兼刻坊设立地区分号，这是另一项组织性进展，可能在明朝时已现端倪。[55]

23 商业性刻坊刻印的书籍在质量上参差不齐，既有版本价格昂贵的小说、历史和儒学典籍，也有其他价格可能更低廉的版本，字迹模糊，校订草率。校订粗糙的廉价盗版儒学经典惹怒了官员，正如在 17 世纪的苏州，一部书在后记中指出：

> 书坊和私人无所顾忌，通常为谋利而翻刻……[文学典籍]，所用雕版刻制粗滥，正文讹漏，内容不实。……远方书商屡屡上当，儒生因此被误导。[56]

在晚明时期，对所有学术性辅助读物均有大量需求；但是，由于接受一两年初级教育的学生远远超过为参加科举考试而长年苦读的士子，受教育扩展影响最大的是蒙字课本。识字课本在明末清初激增，其中包括韵书和字书（《杂字》）。[57]

商业性刻坊还为市场刻印许多其他种类出版物。比如说通书大全，内容五花八门，有家常建议、数学辅导、合同表格以及对日常生活颇有益处的种种信息。这类书籍刻印量比过去增加。还有历书，杨庆堃（C. K. Yang）认为，在传统中国，历书是流传最广的印刷品。除了文字印刷品，还有为各家各户准备的众多祭祀用印刷品。据队克勋（Clarence Day）所述，在浙江，不论贫富，“实际上在各种各类的宗教仪式中”都使用这些纸神（马张）。马张是一种木版画，通常上面写着寥寥数字，有时写着长些的题词，印在廉价纸上，在宗教仪式中往往将它们付之一炬。中国刻印业在最初阶段就开始生产祭祀品，在此后的各朝各代中，这类产品无疑都持续畅销。但是，虽然祭祀品可能构成传统中国最广为流行的印刷物，但我们对它们的生产却所知甚少。另一种广泛使用的相关印刷物是祭拜用的纸钱，对此值得做更多研究。[58]

如果说商业性刻坊的活动似乎同受教育程度不高的消费者的实际需要更密切相关，那么文人刻印的印刷品却并不只是影响 24
博学多识的社会阶层。刻印和发行宗教小册子被视为一种虔诚行为，《自知录》和其他善书对此都列出积累“功德”的特定数目。19 世纪时，外国传教士发现这类宗教小册子无处不在，所以它们一定广为流传。[59]

刻印出版也波及社会中的其他团体。例如，宗族介入刻印活动，17 世纪晚期时族谱的刻印量日益增加。上海慈善机构早在 19

世纪初就已出版文献，表明慈善机构也开始刻印出版活动报告。[60] 此外，正如欧大年和韩书瑞在本书第 08 章和第 09 章中所述，虽然官府压制阻挠，但佛教教派团体还是设法刻印传播其经卷。

同此前相比，在晚明和清代不仅刻印物数量增加，而且文人、机构和刻坊的刻印活动更加频繁。博学的精英主宰刻书业，他们不仅著书立说，也是主要读者；但是刻书业的扩展反映了读写能力的增长，影响到远为广泛的社会阶层。到清朝末年或者还要早些，即使是那些目不识丁的人也基本上生活在读写文化的氛围之中。许舒对他在 20 世纪新界乡村所发现的文字资料进行研究（本书第 03 章），在他的文章中，这一点一目了然。

刻书业的扩展是否改变了刻书中心的地理分布呢？绝大多数关于刻书业的第二手文献资料只关注长江下游地区的刻印地，在明清时期它们主宰着国家优质书籍的市场。实际上，除了欠发达的云贵大区，各地都有自己的刻印中心。正如一位 16 世纪学者所述：

> 凡刻［书］之地有三。吴也，越也，闽也。蜀本宋最称善，近世甚稀。燕、粤、秦、楚，今皆有刻，类自可观，而不若三方之盛。其精吴为最，其多闽为最，越皆次之。其直重吴为最，其直轻闽为最，越皆次之。[61]

所以 16 世纪时，在中国的 8 个大区中，有 7 个都拥有充分发达的刻书中心。与此同时，存在出售精刻书籍的国家市场。官府的刻书中心是帝国都城；因而在明朝时是都城南京和北京，到清朝时，

都城北京首屈一指，但是各地各级行政区都存在官办刻书机构。[62] 25

长江下游城市是文人刻书业的荟萃之地，很多活跃一时的学者、书商兼作者都居住在那里。明朝时南京是当地最重要的大都市，到晚明时，苏州取代南京，成为江南的中心城市。南京和苏州吸引了为数众多的作家文人。17 世纪的戏剧家、诗人和小品文作家李渔在南京度过大半生，开办了城中著名的芥子园书屋。文人冯梦龙祖籍苏州，很可能是城里一家书坊的老板；冯梦龙和短篇小说家兼学者凌濛初同当地出版界联系密切。黄丕烈也住在苏州，他翻刻了很多宋代典籍。长江流域的其他刻书中心还包括常熟和杭州，常熟的毛晋及其子毛扆刻印出版了大约 600 种书籍；在杭州，南希·斯万（Nancy Swann）所研究的藏书家们也涉足刻书。[63]

在明清两朝，福建建阳县是商业性刻书数量最多的地区。建阳的麻沙镇和书坊镇以刻印劣质出版物而著名。清朝时长江中游和岭南大区也有大型商业刻书中心。根据长泽规矩也（Nagasawa Kikuya）的研究，

> 就刻书规模而言，江西和广东首屈一指，江西刻书业位于金溪县的许湾，广东的中心是顺德县的马冈。两地均因大量刻书而兴旺发达。[64]

许湾和马冈是建阳的竞争对手，雇用妇女和儿童生产质劣价廉的出版物。江西南昌、湖南长沙和广东佛山也有类似的刻印中心。

清朝时广州也是主要的刻印中心。[65]

同以上所讨论的刻印地不同，长江下游城市的商业性书坊
26 以生产优质价昂书籍见长，不过南京、苏州和杭州也出版各种其他资料。例如，在清朝时，南京的李光明庄是蒙学读物的最大出版商；苏州席氏家族经营的扫叶山房是最大的商业性刻书坊，因而享誉国内。有些长江下游的书坊兼刻坊开设了地区分号。根据柳存仁的研究，善成堂在苏州、杭州、浙江和福建开设了分号。[66]

表 1　明清书籍出版地区

大区	明		清	
	书籍数	明朝时各地所占比例（%）	书籍数	清朝时各地所占比例（%）
长江下游	88	49.2	51	42.8
中国北方	36	20.1	39	32.8
东南沿海	14	7.8	0	0
中国西北	11	6.1	3	2.5
长江上游	8	4.5	3	2.5
长江中游	7	3.9	7	5.9
岭南	7	3.9	7	5.9
云贵	7	3.9	5	4.2
帝国之外	1	0.6	4	3.4
总数	179	100.0	119	100.0

资料来源：北京图书馆编：《中国印本书籍展览目录》，编号 349–720，57~94 页，北京，中央人民政府文化部社会文化事业管理局，1952。

在明清时期，刻印出版中心在各地涌现，但长江下游城市主宰着物美价昂书籍的国家市场。我们在对明清时期出版的一些现存藏书的产地进行分析时，找到了关于刻书业在这两方面的地区分布状况的证据。表 1 根据 1952 年时北京图书馆所展出的几百套明清图书，指出了它们的出版地。这次书展以非杜撰文学为主，包括史书、诗词、农业和技术类图书、地方志、学者的文集以及宗教著作。展出的出版物来自所有地区，以北京为首，出版书籍 58 部；南京次之，出版 28 部；苏州位列第三，出版 23 部；杭州出版 7 部。

根据北京图书馆书展所示，北京是官府的刻书中心，地位首 27
屈一指。对小说类书籍的研究表明，东南沿海和长江下游的刻印中心有着举足轻重的地位。根据现存版本，《三国志通俗演义》在明清出版 24 种版本，有 10 种可以确定刻印地，福建刻印其中 6 种，苏州 3 种，南京 1 种。[67]

柳存仁对伦敦两家图书馆所藏中国通俗小说的出版地进行了分析，指出广州在岭南书市中地位重要。这些图书馆所藏的 130 多部书来自 90 家书坊，其中 56 家的所在地已确定。这 56 家中，28.5% 位于广州，9% 地处佛山，5% 在香港，所以藏书的 42.8% 来自岭南大区。正如柳存仁所解释的，藏书的出版地包括长江下游、东南沿海和中国北方诸地区，其中广东的出版物首屈一指，这说明在香港所在的大区中，广州是市场中心。[68] 然而，孙楷第对日文和中文藏书的普查却得出了不同的结论，就地区分布而言，他的研究强调指出，藏书中东南沿海和长江下游的出版物占据主宰地位，二者的差异显示了伦敦藏书的区域特点。

可能只有那些为博学而富裕的读者群出版的书籍才会远销外地。小说、史书以及以上分析的藏书中的其他种类，也大多是为一小群精英读者出版的。精品图书的高昂售价使商人在支付长途运输的成本之外，仍旧能够获得利润。从事长途书籍贩卖的商人大多来自长江下游和江西的主要刻书中心。我们见到苏州书商将苏州的出版物运到广州，然后购买马冈的廉价读物到江南出售。从 18 世纪直到 19 世纪后期，来自苏州、湖州和江西的书贾几乎垄断了北京著名书市琉璃厂的生意。[69]

随着声名的下降和价格的下跌，出版物所流通的距离也相应缩短。如果可以得到相关资料的话，我们便能够依据特定地区的人口密度和经济发展程度，来勾画市场和生产中心的等级结构，
28 上至大区都邑，下至地方中心或是居间城镇。据利玛窦记载，历书“出售量是如此众多，以至于成为每家每户的必备之物”，而纸神似乎在村里就可以买到。如果我们考察诸如历书和纸神这类印刷品，很可能会发现它们的产地就处于各中心地等级结构的最底层市镇或是略高之处。[70] 不过在讨论这类最常见的刻印物的产地以及促进其流通的书市和书贩网络机制之前，我们还需要做进一步的调查研究。

/ 社会经济发展及其对文化的影响

经济发展、教育扩展、读写能力的提高以及印刷文化对乡村的渗透，这些因素都对大众文化影响甚大。我们已经阐述了其中一些影响。

对于农民来说，日益参与市场活动拓宽了他们的眼界，使读写能力同日常生活更息息相关，而且为各家各户提供教育资金。商品经济也使个人处于更激烈的竞争环境之中，失败的危险同潜在的利益相依相伴，更大程度的社会流动也意味着不安全感加强：晚明时期的小说和善书反映了这种双重紧张情绪，这些书的新颖之处是强调个人行动决定个人命运，并假定义行善举会得到物质回报。善书中的“积功意识”是一种类似于市场交易的心态；我们可以将这个时期中出现的功过格视为精神账簿，其中的“储蓄目标”表现出一种信念，相信在积满一定数目的功德之后，好报会自然而然从天而降。于君方对袁黄的研究为我们提供了见证：袁黄取得举人和进士功名，并喜得久盼贵子，他将这种种成功都归之于行满了特定数目的义行善举。[71]

加剧的社会流动导致变化无常，积功意识可以解释为人们对世事无常的反应。精神账簿的概念揭示出，一种商业性心态和理念已渗透到伦理宗教的范畴。

经济进步和教育扩展改变了精英文化。长江下游是晚明时中国最先进、最城市化的地区，也是人口最密集的地区之一，那里的大地主从村庄搬到城镇之中，从而刺激了城市文化的发展。南 29

京这样的长江下游最大都市成为思想和艺术生活的中心。由于科举考试竞争日益激烈，灰心丧气的年轻人力图在私人领域获得满足。但是从公众领域转向私人活动并不意味着放弃儒学价值观和生活目标，精英们日益关注道德沦丧，这本身就是社会变化的结果，他们的关注在明清之交刺激了小说创作和善书出版。

教育扩展以几种其他方式影响文化发展。同以往任何时候相比，有更多人至少能够阅读简单的文字资料，于是促进了在社会中更广泛地运用书面交流方式。教育扩展在蒙学阶段最为显著，统一的课程和统一的书写文字使识字课本变成大众知识。通过简略讨论识字课本和课本内容，我们可以探讨这一发展的结果。

明清蒙学课程以三种识字课本为基础:《三字经》《千字文》《百家姓》。《三字经》是绝大多数男童的蒙书，成于宋代，在明清时版本众多。全书共有大约 356 行，三字一行，共包括 500 个不同的汉字，经过不断重复后学完。著名的开篇之句“人之初，性本善。性相近，习相远。苟不教，性乃迁”体现了孟子的观点。[72] 这本识字课本将实际知识、历史知识同对父子、师生和长幼之间的相互义务的约束融为一体。

历史最悠久的识字课本是《千字文》，它编纂于 6 世纪。此书将 1 000 个生字编成八字对句。所传授的知识同《三字经》非常相似：有季节和动植物名称，但也包括朝代名称、值得效仿的英雄。有些段落谆谆告诫，指出儒生君子应有的适当举止：行为要恭谨，服饰不张扬，言辞要谨慎，精神要自律，行事要谦卑。同《三字经》一样，《千字文》的编纂方式强调朗朗上口（因而易于记忆）。所学习的生字是日后要攻读的四书五经中的常用字，以易读的结构编排成行。在明清时，《千字文》有很多不同版本，广为流传。

第三种识字课本是《百家姓》，包括400个姓氏。但是因为 30
有些姓氏超过一个字，所以书中包括的生字实际上超过400。

总括起来，这三种识字课本为蒙童教授大约2 000个生字，这是富裕之家男孩在正式入学拜师之前要求掌握的基本词汇。它们以“三、百、千”而广为人知，也是村学和义学使用的课本，要在一年内学完。正如明代学者吕坤所记：

> 初入社学，八岁以下者，先读《三字经》，以习见闻；《百家姓》以便日用；《千字文》，亦有义理。[73]

对这三种书在明清文化中的深入人心，如何强调都不会夸大其词。《千字文》和其他课本不仅有中文版，而且有蒙汉对照版和满汉对照版。由于用字不重复，而且流传甚广，《千字文》成为各行各业中进行排序的实用体系。道教圣职的授任顺序按《千字文》中的文字“排列”，木匠按照同样的体系将拆散运输的家具重新组装。根据宫崎市定（Ichisada Miyazaki）的研究，南京乡试贡院中的号房排列成一排排窄巷，每一巷按顺序从《千字文》中取一字为名。每个号房又按号码编排，所以这种排列方法使人能够识别整个贡院中的每个号房。商业账簿和当铺的当票也使用同样的排列系统。即便每个月换一字，一间当铺也有83年之久不会开出两张同样字码的当票。[74]《千字文》广泛应用于各种实际操作，表明此书在不同社会阶层和不同行业中广为人知，包括工匠、账房先生、生意人、僧侣和学者儒生。张志公的著作指出，《三字经》也同样广泛流传，因为有很多入门课本使用这个名称，比如说《地理三字经》《西学三字经》等。[75]

31 学校章程、个人回忆以及上述关于实际应用的文献都证实，这三种识字课本在明清社会中流传甚广。根据这些证据得出的结论是，在明清帝国各地和不同社会群体中，人们都熟知蒙学课程。

识字课本讲授什么内容呢？在很多前现代社会中，识字课本为宗教服务，在欧洲的新教国家情形便是如此，当时这些国家的教育的主要动力是宗教，在欧洲天主教国家和伊斯兰世界也是如此。[76]在中国，《三字经》和《千字文》是传授我们可以称之为儒家学说的工具：信仰人性的完美，强调教育是教人向善的基础，解释儒家社会的基本行为（三纲五常），以及君子或是完人所应有的价值观——仁（仁慈）、义（正义）、礼（礼仪）、智（道德知识）、信（言而有信）。这些课本也讲授合乎中华帝国晚期经济氛围的行为准则：勤奋努力，坚持不懈，雄心勃勃。用《三字经》的语言，便是“扬名声，显父母，光于前，裕于后”，或是“勤有功”。[77]

因此，蒙学中所传授的价值观不仅符合中国社会的儒家传统，也顺应明清之际增长的社会流动。这些行为准则以及表达这些准则的课本都不是新奇之物，如前所言，《三字经》和《千字文》编纂于宋代或是宋代之前。所不同的是以上所讨论的社会经济变化。教育扩展使更多男童能够入学读书，他们在学堂中背诵识字课本；兴旺发达的刻书业发行了大量“三、百、千”，以及其他很多向蒙童传授相同行为准则的识字课本。加上乡约这类官府赞助的活动以及士人在百姓中促进道德教育的努力，在全社会进一步巩固和发扬了课堂上传授的行为准则。

由于将教育视为道德灌输的重要手段，朝廷、官员和文人都对教育极为关注。在大多数社会中都是如此；不过同很多其他前近代社会相比，在中国，公共秩序和灌输行为准则（相对于简单强制）之间的联系可能更为清晰可见。学校课程设置和教科书受到严格审查，由于非正式和正式规定，统一的蒙学课程形成了。官员和文人经常支持编纂发行适宜的识字课本，清朝档案就记载了官员向辖区内的义学赠送免费课本。[78] 不过教育的定义非常广 32
泛，包括向民众口头传播行为准则。梅维恒所研究的清朝《圣谕》，以及明太祖洪武皇帝在 1388 年和 1399 年所颁布的《圣谕》就表达了这样的意图（见第 11 章）。正如萧公权所说，《圣谕》将“儒家伦理压缩成最实质性的寥寥数语”。明朝的《六谕》与清朝立国之君顺治皇帝在 1652 年颁布的《圣谕》如出一辙，一共只有 6 句：“孝敬父母，尊敬长上，和睦邻里，教训子孙，各安生理，毋作非为。”洪武皇帝下令将这 6 条张贴在学校墙上，并刻在立于孔庙和贡院前的石碑上。此外，每月要对村民们高声朗读 6 次。[79]

《圣谕》的目的是将儒学的核心价值观传授给那些未能入学的文盲百姓。对村民念诵的是蒙学识字课本中课文的简约版，同四书五经更是相去甚远。为提倡德行，还会举办其他活动，以此来弥补乡约宣讲的不足，比如说对耆老、节妇和孝子加以表彰。还有颁布支持儒家的家庭制度的详尽刑律，通过惩戒来贯彻正确的行为。[80]

与政府灌输行为准则的努力彼此呼应，文人们在世俗和宗教两方面从事同样的活动。他们捐助义学，为了便于教授规范化行为准则，他们编写押韵的白话识字课本；他们也资助俗家佛教和其他宗教团体，撰写、刻印并发行宗教册子和善书。所有这些活动都有助于传播社会行为准则，在我们所研究的时期意义深远。

在帝制晚期，中国文化日益整合，这不仅由于官府政策刻意提倡，而且也由于市场交流频繁，所以农村和城镇联系加强。强化的交流网络促使精英的观念体系与农民传统更趋于一致，即使那些明确反对正统的群体也接受朝廷认可的行为准则，这表明了这些社会准则的最后胜利。韩书瑞在本书第 09 章中研究了白莲教，白莲教的经文表达了与《圣谕》相同的核心行为准则，只不过这些道德伦理原则使用宗教语言，表现为得救和死后重生。

33 正如精英和国家所希望的那样，文化的整合导致社会稳定。于是刘子健总结道：“正是由于这个联系密切的社会经济和思想网络，如此庞大的帝国政府才可能将正式机构主要设在城市之中，利用社会机制对农村进行控制。”[81]

当然，文化整合与加剧的社会分化和社会冲突齐头并进，产生整合的社会经济条件也造成分化和冲突。经济进步促进社会流动和社会分层，贸易发展和市场化进程使人们更加明了地区差异和族群的文化差异。小说和善书开始强调努力奋斗，这反映了在晚明和清朝，有雄心的中国人所面对的竞争性社会环境。华琛在本书第10章中研究了广东的天后崇拜。他的研究表明，自然而然，文化不仅成为共同语言，而且变成传播交流权力关系的工具，文化象征物传达大量信息，对于社会中的不同个人，它们具有不同含义。

在帝制晚期，文化整合与文化多样性的发展相依相伴。二者孰重孰轻视我们的侧重而定。就宏观社会而言，当我们考虑明清时代的前现代通讯交通技术时，我们必须将帝国的文化统一视为主要成就。同很多前现代欧洲国家——例如法国——相比，中国的文化同质性看来达到了更高程度，至于分裂成众多小城邦的德意志和意大利就更不用说了。本书中的几篇文章首开先河，从这个角度考察中国为何以及如何达到如此高度的文化整合。

当我们试图了解帝制晚期社会在家庭、村庄和地方层面如何运作时，文化整合与文化多样性均为极其重要的分析研究题目。我们研究信仰调和运动，研究异端与正统崇拜，我们也分析戏曲和小说；这些分析研究为我们提供线索，使我们接触到在不同时期和不同地区中国文化里隐而不现的行为准则，使我们窥到，社会经济环境同指导个人行为的思想规范之间存在着强劲的互动现象。我们正在开始进入一个相对来说少有人问津但是却引人入胜的领域。

注释

1. Owen Lattimore，引自 William S. Atwell，“Notes on Silver，Foreign Trade，and the Late Ming Economy”，*Ch'ing-shih wen-t'i*（《清史问题》）3.8：30（1977），n. 59.

2. Atwell，“Notes on Silver”.

3. 本文将不断提到大区，关于对大区的详尽说明，见 G. William Skinner，“Regional Urbanization in Nineteenth-Century China”，in *The City in Late Imperial China*，ed. G. William Skinner（Stanford：Stanford University Press，1977）。亦见 G. William Skinner，“Urban Development in Imperial China”，同上书，p. 28；Yoshinobu Shiba，“Ningpo and Its Hinterland”，同上书，pp. 399，401；Mark Elvin，“Market Towns and Waterways：The County of Shang-hai from 1480 to 1910”，同上书，pp. 470-471；E. S. Rawski，*Agricultural Change and the Peasant Economy of South China*（Cambridge：Harvard University Press，1972），pp. 64-88；片岡芝子（Kataoka Shibako），《明末清初之華北に於ける農家經營》，《社会経済史学》25.2-3：77-100（1959）；Mark Elvin，*The Pattern of the Chinese Past*（Stanford：Stanford University Press，1973），pp. 269-284。

4. Skinner，“Urban Development”，p. 28 将唐宋称为帝国中期，明清称为帝国晚期。James T. C. Liu（刘子健），“Integrative Factors through Chinese History：Their Interaction”，in *Traditional China*，ed. James T. C. Liu and Wei-ming Tu（杜维明）（Englewood Cliffs，N.J.：Prentice-Hall，1970），p. 14.

5. Ping-ti Ho（何炳棣），*The Ladder of Success in Imperial China*（New York：Columbia University Press，1962），chap. 2；Michael Dillon，

"Jingdezhen as a Ming Industrial Center", *Ming Studies* 6: 39-41 (1978); Tsing Yuan (袁清), "The Porcelain Industry at Ching-te chen 1500-1700", *Ming Studies* 6: 47-48 (1978). Skinner, "Urban Development", p. 25 指出，这是开始于唐代之长期趋势的一个阶段，"此时官府介入地方事务的程度稳步降低，这不仅体现在营销和商业上，也体现在社会调控上……在行政管理本身亦如此。这是帝国疆域不断扩大而被迫做出的减缩"。

6. Elvin, *The Pattern of the Chinese Past*, chap. 15; Mi-chu Wiens (居蜜), "Lord and Peasant: the Sixteenth to the Eighteenth Century", *Modern China* 6.1: 3-39 (1980), 这两部作品使用了中文和日文文献，不过二者都没有研究永佃和一田多主的地区性分布及其初次出现。小山正明 (Oyama Masaaki),《明清社会経済史研究の回顧》,《社会経済史学》31.1-5: 281-293 (1966), 综述了日本有关永佃的众多学术成果。新近出版的中国著作包括傅衣凌:《关于明末清初中国农村社会关系的新估计》，载《厦门大学学报》，1959 (2): 57-70; 李文治:《论清代前期的土地占有关系》，载《历史研究》，1963 (5): 75-108。

7. G. William Skinner, "Chinese Peasants and the Closed Community: An Open and Shut Case", *Comparative Studies in Society and History* 13.3: 270-281 (1971).

8. Elvin, *The Pattern of the Chinese Past*, p. 235; Wiens, "Lord and Peasant", pp. 8, 15; 小山正明,《明清社会経済史研究の回顧》, p. 283; 李文治:《论清代前期》，92~93、95~96、106 页；傅衣凌:《关于明末清初中国》，58、62~70 页。

9. 关于乡村中的分层，见 *Ming and Qing Historical Studies in the People's Republic of China*, ed. Frederic Wakeman, Jr. (Berkeley: Center for Chinese Studies, 1980), pp. 96-103; 关于精英阶级的分化，见 Jerry Dennerline, *The Chia-ting Loyalists: Confucian Leadership and Social*

Change in Seventeenth Century China (New Haven: Yale University Press, 1981), chaps. 3, 4; 森正夫 (Mori Masao),《十七世紀の福建寧化県における黄通の抗租反乱》,《名古屋大学文学部研究論集》21: 13-35 (1974)。

10. 对有关在外地主和地方精英这个题目的众多日文第二手资料的评论，见 Linda Grove and Joseph W. Esherick, "From Feudalism to Capitalism: Japanese Scholarship on the Transformation of Chinese Rural Society", *Modern China* 6.4: 397-438 (1980); 傅衣凌:《明清农村社会经济》, 64~65 页，1961，香港，实用书局再版，1972; 傅衣凌:《明代江南市民经济试探》第二、三章，上海，上海人民出版社，1963。《恒产琐言》的英译本收入 Hilary J. Beattie, *Land and Lineage in China: A Study of T'ung-ch'eng County, Anhwei, in the Ming and Ch'ing Dynasties* (Cambridge: Cambridge University Press, 1979), pp. 140-151。

11. Willard J. Peterson, *Bitter Gourd: Fang I-chih and the Impetus for Intellectual Change* (New Haven: Yale University Press, 1979), chap. 4; Ho, *The Ladder of Success*, pp. 267-318.

12. 关于会馆，见 G. William Skinner, "Introduction: Urban Social Structure", in *The City in Late Imperial China*, pp. 538-546; 何炳棣:《中国会馆史论》, 台北，学生书局，1966。关于世系宗族，见 Rubie S. Watson, "The Creation of a Chinese Lineage: The Teng of Ha Tsuen, 1669-1751", *Modern Asian Studies* 16.1: 69-100 (1982); Dennerline, *The Chia-ting Loyalists*, pp. 98-103。

13. *From Ming to Ch'ing: Conquest, Region and Continuity in Seventh-Century China*, ed. Jonathan Spence and John Wills, Jr. (New Haven: Yale University Press, 1979), p. xvii; Frederic, "Introduction", 见 *Conflict and Control in Late Imperial China*, eds. Frederic Wakeman, Jr. and Carolyn Grant (Berkeley: University of California Press, 1975), p. 2.

14. 关于清廷对江南的征服，见 Frederic Wakeman，Jr.，“Localism and Loyalism during the Ch’ing Conquest of Kiangnan：The Tragedy of Chiang-yin”，in *Conflict and Control*，pp. 43-44；Hilary Beattie，“The Alternative to Resistance：The Case of T’ung-ch’eng，Anhwei”，in *From Ming to Ch’ing*，pp. 250-251，256，262。关于江南奏销案和迁海，见 Lawrence D. Kessler，*K’ang-hsi and the Consolidation of Ch’ing Rule，1661-1684*（Chicago：University of Chicago Press，1976），pp. 33-45。关于台湾地区的移民，见 Johanna Meskill，*A Chinese Pioneer Family：The Lins of Wu-feng，Taiwan，1729-1895*（Princeton：Princeton University Press，1979）。Tilemann Grimm，“Academies and Urban Systems in Kwangtung”，in *The City in Late Imperial China*，pp. 475-498，此文指出了地区繁荣的三个时期：16 世纪，18 世纪末到 19 世纪初，以及 19 世纪晚期。Skinner 在收入 *The City in Late Imperial China* 一书的文章里讨论了各大区增长周期的时间，见该书 pp. 16-17，27，219。
15. 王兰荫：《明代之社学》，载《师大月刊》，5.4：42-102（1935）；Evelyn S. Rawski，*Education and Popular Literacy in Ch’ing China*（Ann Arbor：University of Michigan Press，1979），pp. 24-41，81-95，183-193。
16. Ho，*The Ladder of Success*，pp. 149-153.
17. 同上书；Chung-li Chang（张仲礼），*The Chinese Gentry：Studies on Their Role in Nineteenth-Century Chinese Society*（Seattle：University of Washington Press，1955），pp. 10-11。
18. Rawski，*Education*，pp. 9-11.
19. Myron Cohen，“Introduction”，in Arthur H. Smith，*Village Life in China*（1899；reprint ed.，Boston：Brown，1970），p. xv.
20. Ho，*The Ladder of Success*，p. 314.
21. Peterson，*Bitter Gourd*，p. 32；亦见 pp. 5，8。

22. Peterson, *Bitter Gourd*, pp. 32-33; Lynn Struve, "Ambivalence and Action: Some Frustrated Scholars of the K'ang-hsi Period", 见 *From Ming to Ch'ing*, pp. 321-365。

23. Robert E. Hegel, *The Novel in Seventeenth Century China* (New York: Columbia University Press, 1981), chaps. 1-3.

24. Chün-fang Yü (于君方), *The Renewal of Buddhism in China: Chu-hung and the Late Ming Synthesis* (New York: Columbia University Press, 1981).

25. 同上书, chap. 4。

26. 同上书, pp. 46, 76-78, 185-186。

27. Judith A. Berling, *The Syncretic Religion of Lin Chao-en* (New York: Columbia University Press, 1980), chaps. 3, 4; *Dictionary of Ming Biography, 1368-1644*, eds. L. Carrington Goodrich and Chaoying Fang (房兆楹)(New York: Columbia University Press, 1976), Ⅱ, pp. 1632-1635; Yü, *The Renewal of Buddhism*, p. 94.

28. Berling, chap. 4; *Dictionary of Ming Biography*, Ⅱ, pp. 1632-1635, Ⅰ, pp. 807-818; Yü, chap. 2; 关于16世纪时的东南沿海, 见 John Wills, Jr., "Maritime China from Wang Chih to Shih Lang: Themes in Peripheral History", in *From Ming to Ch'ing*, pp.201-238。

29. Yü, *The Renewal of Buddhism*, pp. 136-137. 根据 W. L. Idema, "Storytelling and the Short Story in China", *T'oung Pao*(《通报》)59: 34-35(1973), 晚明小说也表现出一种对个人掌握自己命运的新关注。

30. Hegel, *The Novel*, pp. 106-107 给出了不太相同的解释。他认同精英从传统的角色中解放了出来, 这个角色是混乱和焦虑的根源之一, 于是刺激了17世纪小说探讨个人要求和社会要求之间的冲突。

31. Yü, *The Renewal of Buddhism*, pp. 118-124.

32. 同上书, pp. 106-118。

33. 同上书, pp. 113-116。

34. Louis J. Gallagher, *China in the Sixteenth Century*: *The Journals of Matthew Ricci*, *1595-1610*（New York: Random House, 1953）, pp. 20-21.

35. 同上书，p. 21。

36. B. A. Uhlendorf, "The Invention of Printing and Its Spread Till 1470 with Special Reference to Social and Economic Factors", *The Library Quarterly* 2.3: 230-231（1932）.

37. 《顺德县志》（1853 年）卷三，50a 页。

38. 長澤規矩也（Nagasawa Kikuya），《和漢書の印刷とその歷史》（東京：吉川弘文館，1952），87~88 页；叶德辉：《书林清话》（第三版，无页码，1920）卷七，13b~15a 页。

39. Lucien Febvre and Henri-Jean Martin, *The Coming of the Book*: *The Impact of Printing 1450-1800*, trans. David Gerard（London: New Left Books, 1976）, pp. 110-111.

40. 同上书，p. 30。

41. 同上书，chap. 1 以及 pp. 112-113。

42. Rawski, *Education*, pp. 120-121; Sung Ying-hsing, *Tien-Kung K'ai-Wu*: *Chinese Technology in the Seventeenth Century*（宋应星：《天工开物》）, trans. E-tu Zen Sun（孙任以都）and Shiou-chuan Sun（孙守全）（University Park: Pennsylvania State University Press, 1966）, chap. 13.

43. Febvre and Martin, *The Coming of the Book*, p. 217.

44. Florence Edler de Roover, "New Facets on the Financing and Marketing of Early Printed Books", *Bulletin of the Business Historical Society* 27: 222-230（1953）.

45. Febvre and Martin, *The Coming of the Book*, p. 216.

46. 同上书，pp. 217-220; D. F. McKenzie, "Printers of the Mind: Some Notes on Bibliographical Theories and Printing-House Practices", *Studies in Bibliography*（University of Virginia）, 22: 14-16（1969）。

47. W. L. Idema, *Chinese Vernacular Fiction*: *The Formative Period*(Leiden: Brill, 1974), pp. lvi-lviii.

48. Arthur Waley, *Yuan Mei*: *Eighteenth Century Chinese Poet* (Stanford: Stanford University Press, 1970), pp. 108-109, 200.

49. Elizabeth Eisenstein, *The Printing Press as An Agent of Change*: *Communications and Cultural Transformations in early Modern Europe* (Cambridge: Cambridge University Press, 1979), I, p. 62; Febvre and Martin, *The Coming of the Book*, pp. 178-197, 224-239.

50. Thomas F. Carter, *The Invention of Printing and Its Spread Westward*, rev. L. C. Goodrich (New York: Columbia University Press, 1955), pp. 1-6; Sung, *Chinese Technology in the Seventeenth Century* (见注 42), chap. 13.

51. P. T. Ho, *Studies on the Population of China 1368-1953* (Cambridge, Mass.: Harvard University Press, 1959), p. 264; "Population in Europe, 1500-1700", 见 *The Fontana Economic History of Europe*, ed. Carlo M. Cipolla (Glasgow: Collins, 1974), pp. 2, 38。这一统计包括波兰、俄国和巴尔干国家等，它们并未完全融入欧洲图书市场。

52. Frederick W. Mote, "A Millennium of Chinese Urban History: Form, Time, and Space Concepts in Soochow", *Rice University Studies* 59: 35-65 (Fall 1973); Skinner, "Chinese Peasants and the Closed Community" .

53. K. T. Wu (吴光清), "Ming Printing and Printers", *Harvard Journal of Asiatic Studies* 7: 203-225 (1943); 刘国钧:《中国书史简编》, 75、77、83~87 页，北京，高等教育出版社，1958; 孙毓修:《中国雕版源流考》, 13~22 页，上海，商务印书馆，1926。

54. Cheuk-woon Taam (谭卓垣), *The Development of Chinese Libraries under the Ch'ing Dynasty, 1644-1911* (Shanghai: Commercial Press, 1935),

pp.15-17；刘国钧:《简编》，13~22 页；Hegel，*The Novel*，pp. 11，50，120，185。

55. Wu，“Ming Printing”，pp. 209，234-235；Ts'un-yan Liu（柳存仁），*Chinese Popular Fiction in Two London Libraries*（Hong Kong：Lung Men，1967），pp. 38-39.

56. 引自 Wu，“Ming Printing”，pp. 230-231。（按：因资料所限，译者未能将吴光清先生所引史料回译成原文，敬请读者谅解。）

57. 张志公:《传统语文教育初探》第2版，11~12 页（前言），11~20、28~30 页，上海，上海教育出版社，1964。

58. C. K. Yang（杨庆堃），*Religion in Chinese Society*（Berkeley：University of California Press，1961），p. 17；Rawski，*Education*，pp. 114-115；Clarence B. Day，*Chinese Peasant Cults*：*Being a Study of Chinese Paper gods*，2nd ed.（Taipei：Ch’eng Wen，1974），pp. 3-5；Ching-lang Hou（侯锦郎），*Monnaies d’offrande et la notion de tresorerie dans la religion chinoise*（Paris：Collège de France，1975）.

59. Mrs. E. T. Williams，“Some Popular Religious Literature of the Chinese”，*Journal of the Royal Asiatic Society*，*China Branch*，n. s. 33：11-29（1900-1901）；Yü，*The Renewal of Buddhism in China*，p. 235.

60. 见多賀秋五郎（Taga Akigorō），《宗譜の研究》（東京：東洋文庫，1960），60~61 页图表；Rawski，*Education*，pp. 121-122。

61. 胡应麟（1551—1602 年），引自刘国钧:《简编》，78 页。

62. 刘国钧:《简编》，77、86~88 页；長澤，《印刷史》，86~87 页。最近（按：1967 年）在上海发掘的一处古墓中出土了 15 世纪在北京刊印的说唱和传奇刻本，说明北京也存在商业出版机构，见汪庆正:《记文学、戏曲和版画史上的一次重要发现》，载《文物》，1973（11）：58-67。

63. *Dictionary of Ming Biography*，Ⅰ，pp. 930-931，450-453；*Eminent Chinese of the Ch’ing Period*，ed. Arthur W. Hummel，（Washington，D. C：U.S.

Government Printing Office，1943-1944），vol. I，pp. 340-341，565-566；Nancy Lee Swann，"Seven Intimate Library Owners"，*Harvard Journal of Asiatic Studies* 1：363-390（1936）；Wu，"Ming Printing"，pp. 239-243.

64. 刘国钧：《简编》，78~79 页；Wu，"Ming Printing"，pp. 232-236；長澤，《印刷史》，87 页。

65. 長澤，《印刷史》，87~88 页，孙：《中国雕版》，38~39 页。

66. 关于李光明庄，见张志公：《初探》，插图 3；关于扫叶山房，见孙：《中国雕版》，35 页；Ts'un-yan Liu，*Chinese Popular Fiction*，pp.38-39。

67. 北京图书馆编：《中国印本书籍展览目录》，北京，中央人民政府文化部社会文化事业管理局，1952；孙楷第：《中国通俗小说书目》，20、24~37 页，北京，作家出版社，1957。

68. Ts'un-yan Liu，Chinese Popular Fiction，pp.39-42.

69. 《顺德县志》卷三，50a 页；王冶秋：《琉璃厂史话》，21、41 页，北京，生活·读书·新知三联书店，1963；叶德辉：《书林清话》卷九，26b、32b 页。

70. Gallagher，*China in the Sixteenth Century*，pp. 82-83.

71. Yü，*The Renewal of Buddhism*，pp. 121-124；Philippe Ariès，*The Hour of Our Death*（New York：knopf，1981），pp. 103-104，154 讨论了 13 世纪欧洲这种同中国类似的发展。

72. 译文见 Herbert A. Giles，*Elementary Chinese*：*San Tzu Ching*(《三字经》)（Shanghai：Kelly and Walsh，1910）。对这些识字课本的描述主要参见张志公：《初探》，6~27、154~159 页。

73 引自张志公：《初探》，25 页。

74. Yoshitoyo Yoshioka，"Taoist Monastic Life"，in *Facests of Taoism*：*Essays in Chinese Religion*，eds. Holmes Welch and Anna Seidel（New Haven：Yale University Press，1979），p. 235；H. A. Giles，"Thou-

sand Character Numerals Used by Artisans", *Journal of the Royal Asiatic Society*, *China branch* 20：279（1885）; Ichisada Miyazaki, *China's Examination Hell*: *The Civil Service Examinations of Imperials China*, trans. Conrad Schirokaurer（New York：Weatherhill，1976），p. 44; T. S. Whelan, *The Pawnshop in China*（Ann Arbor：Center for Chinese Studies，University of Michigan，1979），pp. 42-43；张志公：《初探》，8页。

75. 张志公：《初探》，19、159页。

76. Lawrence Stone，"Literacy and Education in England，1640-1900"，*Past and Present* 42：79（1969）；Jack Goody，"Restricted Literacy in Northern Ghana"，in *Literacy in Traditional Societies*，ed. Jack Goody（Cambridge：Cambridge University Press，1968），pp. 222-223.

77. 见 H. A. Giles 翻译的 *San tzu ching*，*Elementary of Chinese*（《三字经》），lines 345-348，353。

78. Kung-chuan Hsiao（萧公权），*Rural China*：*Imperial Control in the Nineteenth Century*（Seattle：University of Washington Press，1960），p. 241；Rawski，*Education*，pp. 49-52.

79. Hsiao，*Rural China*，p. 186；*Dictionary of Ming Biography*，I，p. 389.

80. Hsiao，*Rural China*，chap. 6；T'ung-tsu Ch'ü（瞿同祖），*Law and Society in Traditional China*（Paris：Mouton，1961）.

81. Liu，"Integrative Factors"，pp. 14-15.

第 02 章

/ 中华帝国晚期的传播、阶级和意识*

姜士彬（**David G. Johnson**）

在本书绝大部分章节中，起主要作用的并非特定的个人、机 34
构，或是引人注目的事件，而是文本——小说、戏曲、讲演、手册、经文和布道。几乎所有这些文本都为那些没有受过高深教育，也无特殊权势的中国人撰写。之所以对这些资料深表关注，是因为它们帮助我们更好地理解中国百姓（这些人不属于全国性

---

* 本文的数篇初稿写于我担任哥伦比亚大学人文学研究会 (Columbia University's Society of Fellows in the Humanities) 资深研究员期间，在这一年中我得到美国学术团体理事会的资助。我在此对这两个典范机构表示感谢。在檀香山召开的会议上，本文的一版初稿得到了讨论，我很高兴正式承认，讨论对我具有深刻的影响。我对本书的其他两位主编黎安友和罗友枝尤其深表感谢，因为他们对每一稿的批评指正都难能可贵。我也对华琛、孔迈隆、戴福士 (Roger des Forges) 和吉尔伯特·罗兹曼 (Gilbert Rozman) 表示感谢，承蒙他们阅读了最后一稿，并加以评论。

精英）对自己及其周围世界的所思所感。行为准则可能包含在非文字象征物中，也可能通过行为举止来体现，但是为了准确地传播，或者清楚解释，则必须用词语来表达。正是出于这个原因，关注信仰、态度、思想意识以及其他这类因素的历史学家，即本书的作者们，自然要从研究力图表达这些因素的语言形式入手。

然而，我们如果不知道自己所感兴趣的小册子、旅行指南或是唱本出自谁人之手，便很难正确诠释文本，很难理解它的实际意思。此外，要想恰如其分地评价任何文本的社会历史重要性，我们都需要了解文本的传播范围，看有多少人受到影响，读者是什么人。最后，如果我们关注的是一整套思想体系所发挥的影响，
35 而非某个特定文本，我们就必须考虑这套体系为不同受众所准备或是出自不同阶级成员之手的不同版本，以及版本之间的区别。简言之，研究行为准则也需要研究传播和社会结构。本书的主旨之一是更好地体会帝制晚期中国文化中这三方面的相互关系，尤其是超越统治阶级的局限，深入观察广泛的社会阶层。本文的目的是初步分析传播结构和统治结构对明清意识的影响。

/

只有当信息从此人传达给彼人时，想象力和智力所创造的语言形式才具有社会意义。交谈、说书、闲聊、布道、写信和读书这类活动延续不断，并在人们之间建立了各式各样的关联；这

些关联可以被视为一个极其复杂的网络，实际上将一个文化的所有成员囊括在内。在中华帝国后期，这个网络的某些特征显而易见。首先，它具有口头和书写的成分，口语又细分成不同方言。讲到此处，我们已经从显而易见的领域开始接触模糊不明的领域。在明清时期，不同的方言土语给交流造成了多大障碍？存在多少种彼此不相通的方言？使用不同方言的群体有多少人口？（只有寥寥数人使用的方言显然对我们了解整个文化而言无足轻重）如果方言土语确实造成严重的交流障碍，那么又出现了新问题：在不同方言的交界处，是否人们通常能够操不同方言？如果方言区转换突兀，而且能说两种方言的人为数不多，那么这样的个人在地区之间的文化交流中确实至关重要。是否这样的人更可能从事某种特定职业，承担某种特定社会角色？是否他们主要来自某个阶级？就此而言，朝廷文武官员在多大程度上能操两种方言？对这些问题的回答将在很大程度上影响我们理解传说和神灵崇拜（除其他事物之外）的传播，以及理解官员和百姓关系的性质。

在明清时期，亚精英阶层的成员中似乎形成了相对高度的文化整合，方言土语的差异也直接左右我们对这种现象的理解。总的来说，在不同社会阶层和地区之间共享的行为准则和思想意识来自两个过程的结合。在第一个过程中，神话、传说、故事、诗歌以及类似等从人到人，口耳相传，其中包含的行为准则便缓慢扩散，直到为数众多的人都烂熟于心。在第二个过程中，社会统治集团或是僧侣阶级为了自身利益，为了使信众得救，或是两个 36

目的兼而有之，有意识地灌输某些行为准则。在第二种情形下，所传播的行为准则几乎总是基于某类文本。对于确保意识形态的延续性和统一性来说，书面文字远远超出口头传播，是最为有效的手段。

本书中的很多文章为自上而下地灌输价值观提供了证据。但是我们也知道，诸如中秋节、梁山伯与祝英台的故事、祭拜灶神这类民间信仰和传说在中国很多地区流传的版本大致相同。粗看之下，似乎官府或是佛僧道士不会关心这类东西，所以正如我们所料，扩散看来也发生作用。不过我们还不清楚，口头信息在不同方言区之间传播会遇到多大困难。即使是对于民间节日和崇拜来说，传播越是困难，文字中介物所起到的作用便必定越是重要。如果方言土语严重阻碍交流，那么我们可以预见，大众文化中最广泛传播的要素将会是那些最可能具有意识形态重要性之物，这是文人们参与传播过程，作为中间人所留下的遗产。

虽然明清时代的口头文化自然而然地被地域分割，以地区为界，但是毋庸置疑，在一个方言区内，每个当地人都能说这种方言。与此相反，虽然中国各地都有识文断字的人，但在任何特定地区这样的人都只占人口的很小部分。[1] 此外，虽然文化水平高低大不相同，但是文化水平的差异却不会中断交流。只要能较为流畅地进行书面表达，一个粗通文墨的人至少能就某些题目同有文化的人用笔交流。一个饱读诗书的文人也可以“屈尊”为一群身份不高的读者写作，并使人明了自己的意思，不过他可能感到有些大材小用，而且无法打动这些读者。

顺理成章的是，由于那些不会写字的人无法撰写和传播文字信息，所以只有能读会写的人才能参与文字交流网络。因此交流网络这个比喻可能更适用于口头交流，而非书面表达。互相进行书面交流的能力确实对个人意识影响匪浅，但是远为重要的是能够接触文字传统，能够阅读数个世纪积累下来的大量文本。一个只能有限接触文字传统的个体同一个能够无限接触文字传统的个体相比，二者的意识肯定不同。接触的程度取决于个人教育、阶级地位和与生俱来的智力；将这些因素合在一起，便决定一个
人接触文本的数量、阅读文本的时间以及理解文本的能力。因 37
此，对文字交流领域的恰当表述不是一个网络（a network），而是一个等级结构（a hierarchy），能够阅读和理解文字传统中所有知识的人相对来说寥寥无几，可以阅读除最晦涩难懂书籍之外的大部分典籍的人稍多一些，视文本困难程度或个人理解能力向下类推。我们得出的结果同表示社会分层的图表极其相似，理应如此，因为阶级地位和受教育程度（二者密切相关）是决定阅读和理解传统典籍能力的主要因素。实际上，对文字交流领域分门别类主要依据阶级，正如划分口头交流领域时主要依据地域。

对这个领域的分门别类和各方言区的界线造成的交流障碍并不相同，因为文字领域内的障碍是单向的，并非二者无法理解对方。一个只是粗通文墨的人无法看懂文人学者所研究的深奥文本，但是学者可以轻而易举地——即使不是欣然愉悦地——阅读教育程度不高的雇佣文人写的书。因此，为了克服文字领域内的障碍，关键之举是将复杂的文本改写成“普通读者”能够理解的

文字。梅维恒的文章讨论了一个《圣谕》普及本，即梁延年编写的《圣谕像解》，此书的写作目的似乎正是如此（见下文，边码页 330~335）。贝琳（本书第 07 章）讨论了小说《三教开迷归正演义》，这本书是为了在识字人中传播明代宗教改革家林兆恩的思想。许舒的文章（本书第 03 章）研究了他所说的当地的“仪式专家”，我们可以假定，在这些人使用的文本中，至少有一部分是为了那些受教育程度有限的读者，特意对复杂思想加以简化。实际上在文人中，有不少人热衷于普及文本内容以及文本体系，以便使受教育不多的读者能够理解，否则后者便无法读懂那些书籍。对于这种“改编”工作的重要性，如何强调都不会过分。这是本书的关注之点，在将来的研究中应该优先考虑，我下面也还会讨论这个题目。

但是如果我们将识字的人们置于一个等级结构中，我们要如何来划分这个结构中的不同阶层呢？区分不同文化水平的等级界限是个无比精细的活儿。此外，理解力本身可以分成不同程度，从透彻明了到“得其要旨”。在教育水平较低阶层中又存在不同的职业性读写能力，但是我们对此几乎一无所知（见下文，边码页 63~64）。因此，我们所做的划分似乎会被指责为有些武断，而且在任何情形下，各文化层次之间的界限都不会截然分明。尽管如此，有两点还是相当清楚。第一，我们可以假定，通过院试（取得生员资格）或是完成应试准备的人能够阅读文字传
38 统中的所有典籍。第二，必定有相当数目的人受教育程度有限，他们能够懂得很多书籍的含义，却无法轻而易举地动笔撰文，也

写不好文章。这些人阅读了文字传统中的部分篇章，所以超越了当地口头文化的界限，但是他们不能用文字归纳或是记录自己的思想。这些只是粗通文字，却不能或不习惯动笔撰文的人与那些时常舞文弄墨的文人之间的区别，是文字领域内最为重要的划分之一，或许相当于无限接触文字传统者和有限接触者之间的区别。因此有关文字领域的任何模式都应该包括这个划分。但是由于我完全不知道有多少人可被归入这个虽然粗通文墨却不动笔者的范畴，此时我只能提请注意这些人可能具有的重要性，并希望今后的研究能够为这个题目提供足够的资料，以便将这些人纳入研究模式。[2]

到目前为止，我都在力图表明在口头领域和书写领域内何为最重要的划分，这些划分如何影响交流传播过程，因而影响意识形成的过程。现在我将讨论一切之中的最基本区别，即区分口头领域和书写领域本身的界限。

不识字的人无法超越民间故事、布道、传说、闲谈和传闻的世界，这是一个虽然丰富多彩，但是仍然有所局限的领域。仪式性经文的教义、《三国演义》中的英雄们的豪侠义举、反对邪教的最新敕令，甚至一封家信，所有这些都要靠识字的人进行讲解。口述领域中的传播发生在一个面对面相会者的复杂网络中。信息如果无法引起在场者的兴趣和关注，便会被置之脑后，永远遗忘。未被遗忘的信息在讲述和重述的过程中发生变化，直到最终面目全非，众说纷纭。每一次讲述实际上都是为新听众进行再创作，其中最引人入胜的说法自行传诵。所以对于典型的文盲来说，存在两类双重障碍。首先，他无法懂得其他方言区的口头信息以及所有文字信息；其次，如果环境要求他使用另一种方言，或是进行文字表达，他就无法同其他人进行交流。

但是口头领域和书写领域并非互不相通。正如依靠双语中介人的帮助，故事和信仰可以从一个方言区传到另一个方言区，信息也可以跨越这两个领域之间的鸿沟，不过这一过程非常复杂，涉及很多不同类型的中介。对于理解至少从宋朝之后的中国历史来说，目不识丁者同文人之间的整个交流体系绝对是关键所在，
39 值得研究中国文化史各个领域的学者们密切关注。

在这个相互交流的过程中，将文本改编成文盲百姓可以理解的口语形式可能是最为重要的部分。本书后面的文章提供了很多这类改编的范例：官员们（和一个说书人）解释《圣谕》；罗教和弘阳教的信徒们对农民群众背诵经文；村中的算命先生、风水先生和仪式专家为自己的顾客或朋友讲解手册和通书大全里的内容；戏子们在小镇登台演出，台下的观众无疑大部分目不识丁，但是戏文的作者却是妙笔生花的文人。[3]

同样，各种各样的口头创作被压缩成文字，从而进入书写领域。据说大量重要的文学流派就是这样产生的，包括词、诸宫调、变文等。毋庸置疑，当口头作品转变成文字资料时，说唱的原文必然发生了重要变化（正如书写文本的口头版本必然同原文大相径庭）；但是无论如何，从口头向书写的转化毕竟发生了。

不过我们所感兴趣的并非只是语言材料从一种形式向另一种形式的单纯易位。我们主要关注信仰、思想意识、行为准则及诸

如此类从一个群体向另一个群体的运动。这可能采取比较微妙的方式，如王艮在对大众演说时，他可能会对听众解释自己在同王阳明讨论时所听到的种种。这向我们表明，不通过书写文字，满腹经纶的学者的思想如何传达给没受过多少教育的人们，成为后者意识的一部分。当然，不通过文字资料，口头文学的要素也能够设法进入一个文人的意识。由于每个人都能够充分参与自己方言区的口头文化，当他还是孩童时，他吸收了很多口头信息，在一生中他还会继续得到这类信息。虽然此人确实既熟悉书写文化也熟悉口头文化，但是我不赞成彼得·伯克（Peter Burke）的见解——他认为受过教育的人都具有“二元文化”（bi-cultural）[4]，尽管此人听到当地传说或是敬神故事时，他的感受会与农民不同。文人和农民脑中储存了不同的思想意识和行为准则，他们所接受的新思想要通过这些库存加以阐释评价。此位文人在童年时所接受的口头文化要素无疑扎下根来，但是当他长大成人并接受了经典教育之后，他会对很多这类要素产生怀疑，甚至不屑一顾。即使他仍 40
旧偏爱口头文化的某些方面，他的同侪也可能并不这样想。这促使他在感情上同这些材料保持距离，甚至完全摒弃口头文化。

/

在上文中，我既力图追溯在传统时代后期，故事、格言谚语、布道、历史和所有其他语言创造物在全国传播时的最常见途径，也描述它们遭遇的障碍。虽然所形成的传播方式自有其迷人之处，但是至关重要的是信息本身。人们用来表达自己思想和感情的词语是证实他们意识的最佳证据，而本书的最终目的是懂得人们的意识。

但是一个文本到底揭示怎样的“意识”呢？如果我们坦诚地面对自我，我想我们必须承认，我们认为有些文本反映作者的意识，却假定其他文本出于某种原因表达或是体现整个群体的意识。手法上富于文采，思想上复杂艰深，不人云亦云，或是风格特殊、显然展示出作者自觉的著作，还有著名思想家和文学家的作品，面对这样的文本，我们不假思索就会认定它们揭示出作者的意识。至于那些匿名的，那些以习以为常的方式讨论毫无新意的题目的，那些在艺术或思想上直白浅显的，或是以一种似乎全然不自觉的方式撰写的，并具有像《教理问答》或是谜语那样简单明显功用的作品，面对这样的文本时，我们倾向于将其视为表现整个群体意识的证据，而非表现某一位作者的精神世界的证据。

某些极有创见的著作可能提供了确凿证据，证明这只代表作者的精神世界；而在另一个极端，诸如神话传说之类的传统材料确实反映了群体而非特定个人的行为准则，因为经过代代相传，它们成为集体创造。不过绝大多数口头和书写文本既传达著者本人的意识，也表现较大群体的意识。

本书所关注的一个主题是群体意识或者集体心态，因此我们需要对这个概念进行格外仔细的思考。我认为在阅读和思索的一般过程中，我们倾向于假定，根据欧大年所讨论的教派经文或是贝琳所研究的《三教开迷归正演义》这类文本，可以证实两类人或是其中一类人的心态，第一类是与作者同一社会圈子的人，第二类是文本的受众。我们需要仔细论证这两种假定。

每一种意识都是独特的，因此严格说来我们绝不应该根据一 41
个作者的心态来推论一个群体的心态，这是老生常谈了，这样做十分正确。作者的著作帮助我们理解他自己的社会圈子的行为准则和态度，不过当我们试图断定应该把哪些人包括在作者的群体时，重要的问题出现了。这是那些与作者同属一个经济阶层的成员，还是同一个行业或是专业的人？抑或那些同一教育和文化层次的人，那些住在同一个城市或是地区的人？对这类问题不可能提供确切答案。某些问题似乎要求我们以一种方式来界定这些团体，而另一些问题却需要另外的方式。但是一般而论那些最强烈左右个人意识的因素应该成为我们的指引。我认为有两类因素最为重要：一是个人在我以上所概括的传播体系中所处的位置（包括接触文字传统）；二是个人在我所说的统治结构中所处的位置。以下我将较为详尽地讨论这两类因素。

人们认为文本也揭示、反映或是以某种方式表达另一个群体的集体心态，即受众的心态。这里存在很多混淆不明之处。首先，我们必须将实际受众，或者所谓一部作品的读者大众，与它的目标受众加以区分。后者是作者存心为之写作的一个人或是一些人。实际上当然不可能得到有关明清时代绝大多数作品实际受众的资料，但是有时候我们能够合情合理地进行推断。例如，一部 15 世纪的《说唱词话》是一位官员妻子的陪葬物品，这肯定是她和与她同一阶级妇女的读物[5]；甘博（Sidney S. Gamble）及其助手们所搜集的民间唱本用于为定县的村民们演出[6]；在山西搜集到的民间故事在当地不识字的农民中流传；酒井忠夫（Sakai Tadao）在关于明代善书的文章中讨论了四书版本[7]，可以设想，那种加点评讲解但是朴实无华的文本在非精英阶层中广为流传；等等。但是关于一部书到底一次刻印多少本，到底重印多少次，我们一无所知。我们可能也无法知道每本的售价，因此不知道谁
42 买不起这本书。[8]对于在一个特定地区中，到底有多大比例的人口所受教育足以阅读和理解这本书，我们的了解也并不尽如人意。不过就这一点而言，我们起码有罗友枝的开创性著作可以借鉴。[9]由于对这些问题一无所知，我们实际上不可能信心十足地谈论明清时代任何书写文本的实际读者。因此在假定某个特定文本影响或是体现某个特定社会群体意识时，我们应该小心谨慎。只有当我们非常肯定这本书确实在那个群体的成员中广为流行，因此以某种重要方式达到他们的期望或是满足他们的需要，或者影响他们观察世界的方法时，我们才能如此判断。

我们还需要明了“目标受众”这个概念，在谈论中国文学时，“读者”这个词通常表达这个意思。有时在一部著作的序言或是其他地方，作者会清楚指出他希望影响的人群。[10]在其他文本中，如个人信件或是官府文献，目标受众一目了然。但是通常我们必须猜测。巧妙猜测的关键是懂得口头和书写交流的网络结构。没有人会为不识字的受众（除非在罕见情形下专为口头演讲写的

稿子）撰写文本。关于治国之道或是文学理论的学术论文当然知识渊博、旁征博引，文章的目标读者不会是那些村学尚未毕业的人，而一本满纸广东方言的书当然也不会为北京读者而写。

在得出这些显而易见、极有帮助的推论之后，我们还需要提出更精细微妙的方法。必须记住娱乐文学和教化、发蒙作品之间的区别。后者的意识形态和说教成分通常使作者的目标受众一目了然。既然娱乐文学的作者的目的是取悦读者，那么其作品的字里行间就会清楚地流露出他们有关读者心态的看法。但是这里我们遇到了“目标受众”这个概念所具有的基本问题。虽然我们可以精确锁定作者为之写作的读者群，但他的著作告诉我们的并不是这个群体的心态，而是作者对这个群体心态的设想。因此，为了知道某部特定文本的目标读者群是什么人，最重要的是明了读者同作者是否属于同一个社会群体，作者是否希望自己的著作被一个同自己截然不同的群体所接受。

如果作者和读者在传播网络和统治结构中占据大致相同的位置，那么文本就能告诉我们读者的心态，因为作者的心态类似于 43
或是反映读者的心态。但是如果作者力图跨越社会界限影响读者呢？如果一个满腹经纶、身为统治精英的文人为一群非精英的读者写了一本小说，我们能以这本小说作为说明非精英心态的证据吗？如果我们知道小说确实在这个阶层的读者中极为流行，我们当然可以这样说。可是在通常情形下，我们对读者的实际情况所知甚少，只知道作者为什么人写作这本书，那么一切就取决于作者对目标读者心态的了解程度。显而易见，我们不能总是假定作

是粗通文墨者的信件会确切显示出自己特有的不足之处。至少在理论上，中国所有历史时期中的一切现存文字资料都对受过经典教育的人开放，因此在正常环境中，他所接触的各类语言资料大大超过不识字的说书人或是粗通文墨者。此外，不仅就意识内容，而且就思维方式本身而言，文人也同目不识丁的农民大不相同。一个人能够并确实着手写下自己的思想意识，便会深刻影响其思想，使之复杂化和抽象化。写作需要润色和改错，也需要认真研究自己的文字；由于这个过程，书写习惯也促进思想上的自我意识。正如易卜生（Ibsen）所说，“写作意味着坐下来进行自我审判”。这个题目过于复杂，无法在此探讨，但是值得认真研究。[11]

45 因此，一个人懂得的方言和他理解的文本在很大程度上决定他的知识和他的表达方式，即此人意识的内容和风格。这两点转而又影响他的书写和谈话，并在其中表达出来。不论他属于富于创见的少数还是模仿他人的大多数，当他用文字表达自己的思想和感情时，在有意或无意之间，他都不能不大量引用他过去听到或是读到的东西。所以至少在理论上，有可能重新建构一个人思想上所受的影响，或者更确切地说，重新建构某一特定文本的源流。每个人都不断根据自己所听所读之物形成对世界或多或少条理清晰的看法。每个人将自己在生活中接触到的几乎无穷无尽的、各种各样的语言材料编织在一起，这本身就是一个文化整合的过程，或许也是最为重要的一个。虽然就定义而言，每个人的综合都独一无二，但是对于那些处于交流体系中特定位置的人来说，他们的综合在形式和内容上自然有很多共同之处。这是交流和意识之间直接的必然联系。

可是意识并不仅仅受到语言影响。一个人的见闻和阅读必须同他在世界中的生存体验融会贯通。两个同受经典教育的文人，一个有钱有势，另一个靠为富商的儿子当塾师维持朝不保夕的生活，难道我们不指望二者的文字会揭示十分不同的态度和行为准则吗？一个富裕的农户和他的佃户同观一场乡村演出，当戏台上痛骂贪婪的地主时，我们会指望富裕农户同他的佃户一样兴高采烈吗？当然，很多社会经济和心理因素相互作用，产生意识上的差异，但是我以为绝大多数因素直接涉及一个人在我所说的统治结构中所占据的位置。有各种各样的统治，因此“统治结构”可能表示不同的东西。由于在真实世界中一个人全方位地看待自己的处境，并不使用像财富和名望这类在分析上简便易行的范畴，这个词的力量就在于此。对此我在这里不做详细解释；在讨论的过程中，我赋予这个词的含义将会逐渐清晰。[12]

统治结构中的位置如何影响意识是一个极其复杂的问题，只 46
有在面对具体历史特例时才可能恰如其分地解释。在目前简短的纲要性讨论中我只希望为将来的调查研究提供一个清楚的概念基础。但是在进入正题之前，我想要检验一个极为重要的现象。乍看之下，这个现象似乎同目前的主题休戚相关，但实际上却有很大区别。我说的是在社会中传播统治精英认为适宜的行为准则，即尤金·韦伯（Eugen Weber）所说的“官方文化”（“official culture”）。[13]

正如本书中很多文章所指出的，明清文化的主要特点之一，是有利于统治阶级利益的准则和信仰格外深入民间意识之中。在一定程度上，这归功于朝廷官员和其他统治精英的努力，在数个世纪之中，他们致力于用意识形态上可以接受的要素取代大众文化中“腐朽”或是“迷信”的成分。如此一来，祭拜杭州大潮（按：即钱塘江大潮）变得同尊崇伍子胥息息相关，儒家的历史学者在早期阶段就将伍子胥从一员武将塑造成一个忠君事主、自我牺牲的典范[14]；在华中和华南地区，人们在仲夏时节向河神和瘟神献祭，这个习俗在一定程度上转变成对“忠君的屈原”的崇拜[15]。地方传说被改编得符合传统道德。[16]本书中华琛的文章生动详述了清朝官府如何利用并促进对天后和其他神明的崇拜。华琛写道：“朝廷显然以微妙的方式进行干预”，“将某种统一性强加于地区和地方性崇拜之上”（见下文，边码页 293）。

在很多时期和地区我们都观察到类似过程。例如，基思·托马斯（Keith Thomas）在其著作《巫术的兴衰》（*Religion and the Decline of Magic*）[17]一书中说明了一个广为人知的过程，他解释正统基督教的代表如何努力铲除英国乡村中的古代习俗和信仰，并在中世纪的欧洲将泉眼、洞窟这类异教圣地改造成基督教朝拜中心和大教堂，还使用恰如其分的传说和神迹使这一转变得以完
47 善。[18]正如诺思洛普·弗莱（Northrop Frye）所说，“核心神话区（即指解释一个社会主要关注之物的‘故事’群，该社会的成员认为这些故事极为重要，需要认真对待）具有特殊的权威，因为有权势之人将它据为己有”[19]。一种文化的核心神话（按照弗莱的看法）

便被利用并加以重新解释，变成信仰、行为准则和思想意识体系的核心部分，逐渐在整个社会中渗透扩散。这些体系无一例外都包含论证现存社会秩序的成分，但是如果将它们仅仅视为统治阶级确保自身特权和权威的存心设计，便是一种片面之见。确实有人灌输意识形态，但是也存在接受灌输的愿望，即人们相信应该相信的东西。在普通百姓眼中，统治阶级的行为准则和信仰闪烁着真理的光彩。正如乔治·吕德（George Rudé）在《意识形态和民众反抗》（*Ideology and Popular Protest*）一书中所说，“人民自愿参与，造成自己的服从地位”[20]。

以上所引源于吕德对安东尼奥·葛兰西（Antonio Gramsci）的“霸权”思想的简短总结。他的总结虽然没有表达葛兰西的全部含义，却指出一个要点。吕德写道，对于葛兰西来说，霸权是“统治阶级以一种基本平和的方式，将一种共识，将它对思想意识领域的支配强加于人的过程。在国家中他称之为‘市民社会’的领域，霸权通过统治阶级所操控的舆论工具来实现：通过报纸（对于明清时代的中国，我们应该说通过‘出版，尤其是出版戏曲和小说’）、教会和教育”[21]。

葛兰西将“市民社会”[22]的私人体制和国家的公共体制加以区分，这种区分对于中国毫无意义；因为在中国，单一的精英阶层控制着所有的国家机构。但正是有鉴于此，霸权便具有了惊人的力量和权限。但并不仅止于此。在明清时代，由于中国在那时 48
已成为文人统治的国家，一个劳心者治人的社会，所以统治阶级对“舆论工具的控制”格外严密。根据法律和习俗，统治阶级由那些擅长文墨并精通文字传统的文人构成。而且，由于高深教育的一切目的就是为科举考试做准备，由于这些考试（在其他要求之外还）检验意识形态是否正确，文人们一般而言只是在所接受的传统和主流意识形态内部有所区别，而不会发展激进的异端。即使蒙学教育也大量充斥着意识形态内容，不过由于统治精英没有完全垄断蒙学，在那里还有可能出现背离主流的形式。[23]最后，官员们负责捍卫公共道德，如果可能的话，还负责加以提高。他们不仅有权力，也运用权力审查书籍、演出和他们治下的百姓可能接触到的其他东西；如果任何人表演或是散布他们认为对公共道德有害之物，他们就会施以严惩。

这种方法不仅产生文化整合，而且产生以特定意识形态为基础的文化整合；这种文化整合不是人们彼此之间，以及人同传统之间相互作用的自然结果，而是特定阶级意愿的产物。这提醒我们，虽然传播体系是文化景观的一部分，虽然同物质景观一样，它们也变化缓慢，但是那些为完成任务能够调动和部署足够资源的群体可以使之像河流和山岭一样，服务于特定社会目的。在明清时代人们所听所读的东西中有一部分，有时候有很大一部分，认同统治阶级的行为准则和思想，因为这些书籍、演出或是其他材料由统治阶级成员或是那些受其影响的人创作。这就是为什么应该将这个题目归入传播的标题之下。但是同样确切无疑的是，如果不明了统治与服从的等级结构，我们就无法懂得这个过程。因此自然而然，这是我们转入以下讨论的契机。

以下我要论证，在统治结构中所处位置“本身”对意识具有决定性影响；就分析和历史而言，这种影响同在传播体系中所处位置的影响有所区别。如上所言，这是个极为复杂的题目，可能过于复杂，因此不能视为一个单独的“问题”；当然它也太过复杂，以至于不能简单回答。然而我们不可能否认，统治结构中的位置影响意识。为了解释为何如此，我将再一次引用葛兰西以及几位受他影响的英国当代马克思主义历史学家和理论家的话。

葛兰西认为，早期马克思主义理论家们严重低估了民间意识 49
的重要性。他不接受有关知识分子的流行观念，否认知识分子是一个单独的社会群体；他坚持认为，虽然并非所有人“在社会中行知识分子之责”，但是“所有人都是知识分子”。[24] 每个人都有自己的“‘自发哲学’（spontaneous philosophy）……这包括：（1）语言本身，语言是确定的概念和见解的总体，而不仅仅是语法上缺少内容的词语；（2）‘常识’（common sense）和‘健全的见识’（good sense）；[25]（3）民间宗教，因此也包括在信仰、迷信、观念、观察事物以及行事方式在内的一整套体系中，总而括之用‘民俗’来概括”[26]。“常识不是一个单一的独特概念，在时间和空间上无所变化。常识是哲学的‘民俗’，而且同民俗一样，常识有不计其数、千变万化的形式”；这些形式“取决于一般人道德个体发展的不同社会文化环境”，是对“现实所提出的某些特定问题”做出的回应。[27]

雷蒙德·威廉斯（Raymond Williams）在其所著《马克思主义与文学》（*Marxism and Literature*）中对葛兰西有关这个题目的零星思想进行总结，并做了生动的阐释：“具有决定性的不仅是一套有意识的思想和信仰（在传统马克思主义政治理论中被称为‘意识形态’，是对统治阶级利益的表达和反映），还包括由特定与主导性含义和行为准则所实际组织的、整个活生生的社会过程。”意识形态这个概念忽略了“在（特定）时期和社会中活生生的人所表达的相对混杂、含混、不完全，或是未清晰表达的意识”[28]，这是吕德在解释葛兰西时所说的“那些在普通人中所流传的、没有条理的思想形式，它们充满矛盾，含糊不清，混合着民间传说、神话以及俗民的日常经历”[29]。威廉斯声称，葛兰西的方法，

> 当然并不排除统治阶级所发展并宣传的那些表达清晰与规范的含义、行为准则和信仰。但是并不……将意识压缩成上述种种。相反，“霸权”概念将有关统治和服从的种种关系看作实际意识的形态，看作实际上渗入当下生活的整个过程……渗入已经存在的个体和关系的全部实质，达到如此深度，以至于对我们绝大多数人来说，那些最终可被视为特定经济、政治和文化体系的压力和局限似乎成了简单经验和常识造成的压力和局限……如此一来，对于社会中的绝大多数
> 50 人来说，（霸权）就具有了现实意义，具有了绝对性。因为对于绝大多数社会成员来说，他们在生活的绝大多数领域中都很难超越经验现实。[30]

汤普森（E. P. Thompson）或许是最引人注目的英国马克思主义历

史学家，他讲述了一个很说明问题的例子，表明服从对意识的影响：

> 笛福（Defoe）笔下虚构的织布工被地方法官叫去解释为什么违约，织布工（说）："我不是自己的主人，恳请阁下，我希望我是自己的主人。"织布工拒绝顺从他的雇主，但是他"恳请阁下"的用语流露出曲意奉承。他希望摆脱直接日常的依附造成的屈辱。但是更大的权力的轮廓、生活中的身份地位和政治权威似乎像天和地一样不可避免，无法逆转。这类文化霸权恰恰造成如此心态，认为现存权力结构，甚至于剥削方式似乎都是天经地义的。[31]

我同意以上概括的基本主张，即每个人浸润其中的现实存在强烈影响人的意识，那些最基本的现实与统治和服从关系息息相关。以下我将力图表明，这为研究中华帝国晚期社会提供了强有力的分析性切入点。不过首先我需要说明一点。我将讨论的是集体心态，而不是马克思主义所说的阶级意识。我所关注的是特定社会群体成员所特有的信仰和行为准则，而不是具有共同利益的人们形成的、以集体行动捍卫或是促进共同利益的群体意识。我引用了威廉斯、吕德和汤普森的看法，这不是因为我认同他们的全部立场和观点——本文上半部分清楚地说明并非如此，而是因为他们提供了我所见到的最有说服力的解释，说明统治结构中的位置如何影响意识。

帝制晚期农村统治结构的主要特点广为人知。[32] 每个村庄
51 都有一些家庭和个人没有土地或是土地太少，无法为生。为了糊口，这些人租种土地，扛活打工，制作小物件或是从事家庭手工业。在迫不得已的情况下他们借贷、乞讨，甚至于像裴宜理（Elizabeth Perry）所详细描述的那样，靠偷盗为生。[33] 这些人当然深深依附于出租给他们土地的地主、借钱给他们的债主、他们为之打工的雇主和他们手工制品的买主。不可能确切估算出这个最依附于人、最软弱可欺的群体在农村人口中所占的比例。他们的人数在不同时期和不同地区各不相同。但是大多数学者认为在 19 世纪末 20 世纪初，这个群体为数众多。周锡瑞（Joseph Esherick）在最近发表的调查中总结说，在 20 世纪 30 年代，不同省份中农村人口的 40%~80% 无法自给自足。[34] 这些人是整个统治结构的巨大基础。

那些占有土地较多，除自己耕种外还有富余的人，或者雇工耕种，或者将土地出租，抑或二者兼而有之，他们是乡村世界中最有权势的人。按照中国共产党的阶级分析，这个群体包括“富农”和“乡村地主”，在 20 世纪 30 年代，其人数大约占中国农村人口的 10%。[35]

因为乡村统治结构极其复杂，所以结构中的一些其他要素值得在此一提。比如说有些佃农实际上对大片土地拥有永久租赁权，因此十分富足。不过我们应该尤其关注处于显然贫苦无依和

显然富足群体之间的人群。这个群体中的人们无力积累多余的土地，但是他们拥有足够的土地或是靠其他可靠来源获取足够的收入，所以可以被称为独立或是自给自足的农民。据周锡瑞之 52
见，在 20 世纪 30 年代这些人占农村人口的 22%。[36] 实际上很难明确划分依附和自给自足之间的界限，总是有介乎二者之间的农民，我们无法将他们明确划归其中任何一个范畴。但是我所设想的区分是根本性的。一边是那些直接依附于社区成员的人，他们可能每天见到这些人，熟悉他们的面孔，了解他们的习惯；另一边是那些摆脱了这种直接依附的人，用皮埃尔·古贝尔（Pierre Goubert）的话来说，就是能够“靠收成中由自己支配的部分养家糊口的家庭”[37]。自给自足群体的最下层可能过着朝不保夕的日子，因为只要几次坏收成就可以使他们沦为贫困者。但是在我看来，受制于无法控制、难以预见的自然变化同依赖同村人在心理上有着深刻的区别。确实，自给自足的人们在法律上服从士绅和官吏，在实际上服从当地豪强，但是这种服从同完全仰人鼻息有着质的不同。出于这些原因，我将这个过渡性群体划入乡村社会两大群体中比较独立的一边，即划归地主群体，而非穷苦人群体。[38]

景苏与罗仑撰写了《清代山东经营地主底社会性质》一书，书中深刻总结了中国乡村中的统治与服从关系：

> 地主阶级还有权干预地方事务，他们经常是赈灾、修城、造桥、铺路、修庙宇、盖祠堂等事务的“领袖”人，他

> 们是族间、村间一切纠纷的调解人。他们的发言常常带有法律的作用。……这种广泛的社会作用往往深刻地涉及到村中所有自耕农和贫雇农的身上。因此，在经营地主土地上从事直接生产的依靠出卖劳力为其一部或全部生活来源的各个农民阶层（包括短工、长工），为了谋得生活出路不得不威慑于地主阶级的这种权力之下，地主阶级要求他们唯命是从。[39]

53 在统治结构中，位于乡村地主之上的是那些广有田产，却并不自己经营的家庭。这些在外地主靠当地管家或是代理人协助，将土地出租，自己住在市镇或是较大的城市中，靠地租或是各种生意买卖的收入为生。所以他们同城镇的联系比同乡村更加密切，不过他们在田产所在地自然是颇有权势。

城镇有自己的统治结构，在较低等级上与乡村结构十分不同。（本书中贝琳的文章简短但是生动地展示了明代晚期城市的社会结构。见下文，边码页 193~194。）城市中的贫困阶级包括苦力、拾荒者、小贩和类似人等，当然，城市也有一个富裕阶层，其成员自己经营作坊和店铺，雇用他人做工。在二者之间是一个具有都市特征的雇员群体，这个群体必然十分庞大，下至没有收入的学徒，上至有权有势的经理主管。因为雇员随时可能失去工作，就我所赋予这个词的含义而言，他们完全依赖他人为生，不过有些人的收入远比其他人高（对后者需要特殊关注）。将雇主和雇工连为一体的统治与服从关系往往通过行会明确表现出来，在学徒身上表现得尤其明显。在讨论清朝行会规章时，彼得·戈拉斯（Peter Golas）写道：

> 一般灌输给学徒的观念是对在他之上的人一概服从……对伙计们都要求按他们的身份和年纪使用亲属的称呼……满师之后，仍要像儿子报答其父亲一样地报答他的师傅。[40]

不论在城镇还是乡村，统治结构的上层都是被称为士绅的群体。士绅的统治不仅来自财富和权势所造成的客观现实，而且由法律规定并强制实施。通过科举考试所取得的功名头衔使之依法拥有特权，包括免缴各种捐税，在所有司法程序中享受优待，并有权按官位高低穿戴不同品级的服饰。[41] 还有很多习俗所赋予的特权和士绅地位带来的其他利益，同法律特权混同并存。所有这些都使这个人数不多的小群体在中国社会中毫无异议地高人一等。

虽然就细节来说存在颇多争议，但是现在绝大多数学者都同意，明清时代士绅群体的核心成员包括在任和致仕官员，还有那些有任官资格者：文武进士、文武举人、考中的和花钱捐来的贡
生，以及在明朝叫作监生的那些人。[42] 在这个群体中，举足轻重 54
的成员是在任官员，他们当然也是中国社会中最有权势的人。瞿同祖和张仲礼的著作均指出，在清朝获得生员和监生功名的人享有士绅群体的法律特权，但是他们在统治结构内占据的位置显然较低。[43] 因此生员（和清朝时的监生）是一个过渡性群体，法律和习俗将他们置于一般百姓之上，但是低于士绅阶层的主体。[44]

在县官、致仕官员和县里那些获得较高功名者的眼中，生员处于从属地位；但是在一般百姓看来，他们地位显赫，他们的房屋外面旗杆高竖，大门上悬着朱红横匾。[45] 正如孔飞力（Philip Kuhn）指出：“这些功名较低的人……在贫穷落后的农村地区，仍有可能轻易地操纵社会生活。”[46]

生员、监生群体有助于说明，在统治结构的较低层，财富和权势是决定地位的主要因素；在统治结构的顶层，通过科举考试获得的官位和法律特权是决定因素。生员的位置颇不寻常，因为在统治结构中他们处于两种不同决定因素的转换点。科举获得的功名带来声望，但是并不一定带给他们统治地位。[47]（同样的原因，那些非常富有，却没有花钱买得功名的商人也占据类似的不寻常的地位。）总而言之，在统治结构的这个部分，决定性的划分是将那些由于官阶或科举成功而享有法律特权的人划在一边，另一边则是所有其他平民百姓。

妇女们很少涉足家庭生活之外的领域，所以不能轻易将她们归入我以上简述的统治结构范畴。但是如果我们将每个家庭视
55 为统治和服从关系运作的舞台，那么显而易见在任何社会群体中妇女都可以被单独视为一个服从性亚群体——因为在中国的家庭中妇女很少占据支配地位。这说明在任何社会群体中，妇女和男人至少会具有些许不同性质的心态。（关于男女宗教信仰的区别，华琛在他的文章中做出了争议性的评论，见边码页 320~321。）这个事实对我们理解明清文化的内部运作极为重要，以下我将力图展示这一点。

中华帝国晚期统治结构的主要成分可表述如下：在最底层的是一个如果不依附有财有势者，本人和家庭就无法生存的群体，即少地或是无地的农民、城市中贫穷的雇工以及类似人等，再加上世袭佃户、卖身家仆、奴隶，以及其他所有在法律上低于一般良民百姓的人。高踞众人之上的是一小批士绅，官位和功名使他们享有法律特权。在中间的是所有那些至少占有足够土地（或者其他财产），得以自给自足或者丰衣足食的百姓。但是同士绅不同，他们没有法律特权。他们虽然免于承受依附所导致的最令人屈辱的后果，但无法摆脱依附所产生的焦虑和仇恨。中间群体和依附性最强的下层群体既包括农村百姓，也包括城市居民。行会制度表明，对中间群体中的城镇居民，比如说手工工匠、店主等，还可以通过数种方式继续细分。最后，女人们几乎无一例外地服从于她们的丈夫和公婆，被禁止参与家外事务。

统治与服从的概念在很大程度上取决于一个人的活动环境。一个在村里说一不二的头面人物到了州府便无足轻重。但是他明白这一点。即使通常只亲身经历其中几种，人们对统治和服从的整套关系也了如指掌。一个没有功名、可能还目不识丁的乡村土财主如果对官府或是士绅不心存惧怕，如果对秀才不言听计从，那必是罕见的特例。这就是为何在统治等级结构中的位置影响人们的意识，顺理成章的是，统治等级结构中每一个重要的次阶层的成员们必定发展了特有的意识或是集体心态。

如上所述，统治结构中的地位和传播网络中的位置均影响意识。但是个人存在状态的这两个方面不可分割，每个人都同时受
56 到二者的影响。此外，在一个结构中的位置影响此人在另一个结构中的地位。为了识别那些真正具有重要性的社会群体的意识，我们必须既考虑统治等级中的位置，又考虑交流体系中的地位。比如在口头领域中方言至关重要，但是此人是依附他人（在我们这里所说的意义上）还是自给自足也很重要。在每种方言中，贫穷雇工或交实物地租的佃农所讲述的故事同衣食无忧的人们所讲的相比，必定表达不同的行为准则和态度。同样，如果有两个富足的农民，一个目不识丁，另一个（根据传记的说法）受过经典教育，那么二人的意识必然大不相同。

在统治和服从等级结构中，三个最重要的阶层是依附他人者（dependent）、享有法律特权者（legally privileged）和处于两个极端之间的那些自给自足（self-sufficient）的平民百姓；在交流领域中，如果将不同的方言排除在外，那么三个最重要的层次是目不识丁的人（illiterates）、受过经典教育的人（classically educated），以及那些在不同程度上识文断字（literate），却没有受过经典教育的人。如果我们将这些范畴汇总起来，那么如图 1 所示，我们可以见到 9 个不同的社会文化群体。

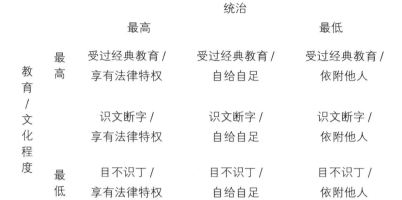

		统治		
		最高		最低
教育 / 文化程度	最高	受过经典教育 / 享有法律特权	受过经典教育 / 自给自足	受过经典教育 / 依附他人
		识文断字 / 享有法律特权	识文断字 / 自给自足	识文断字 / 依附他人
	最低	目不识丁 / 享有法律特权	目不识丁 / 自给自足	目不识丁 / 依附他人

图 1　中华帝国晚期的主要社会文化群体

一个理想的图表还应该将同上两个轴线相交的第三条轴线包括在内，指明不同的方言区，并继续细分成农村和城市的不同成分。如果这样做的话，那么划分不同方言区以及农村和城市地区的界限就在最高一层，尤其对于受过经典教育 / 享有法律特权的群体来说便会模糊不清；而在最低一层，尤其对于目不识丁 / 自 57
给自足群体和目不识丁 / 依附他人群体来说，便格外分明。原因在于，虽然说闽南方言的士大夫们必定同说吴语的同僚们具有某些不同的态度和信仰，但依我之见，同两地穷苦农民所表现的不同心态相比，其差异必定微不足道。此外，乡村口述文化同城市口述文化之间可能区别甚大，但是文人文化在乡村和城市可能十分相似。[48] 然而由于我们对不同语言区中口述文化的区别所知甚少，所以在评估差别的真正重要性之前，还有很多工作要做。至少有些戏曲使用地区方言，因此深入研究地方戏传统，看来是研究这个问题的有效途径。[49] 此外，欧达伟（R. David Arkush）建议比较研究不同地区的格言谚语[50]，还应该比较民间故事。但是在进行这些相关研究之前，对于不同语言区之间的文化差异，我们只能进行老生常谈式的讨论。

如果我们仅限于讨论图 1 所示的 9 个社会文化群体，那么至少在概念上，我们站立在较为坚实的基础之上。有些群体，比如说受过经典教育但却依附他人的群体，可能在历史上的作用微不足道（但是如果认为这个结论理所当然，也不太明智）。其他群体，诸如那些受过经典教育 / 享有法律特权群体和那些目不识丁 / 依附他人群体却非常重要，人们长此以来就如此认为。另外的群体，如目不识丁 / 享有法律特权和受过经典教育 / 自给自足的群体也很重要，但是几乎无人研究。以下我简短讨论每个群体，指出各自较为重要的特点。

至少对于男人来说，两个结构中的位置密切相关。这个看法之所以正确无误，是因为教育和接受文字传统几乎一贯取决于财富，而财富又同统治结构中的位置紧密相连，不接受经典教育便
58 几乎不可能跻身于统治结构的顶层。每个人都想在统治等级结构中向上攀升，或至少维持现状，因此所有家庭尽财力所及教育子孙。只有出身贫困之家的男子才会被完全排除在学堂之外。而且在传统中国，学问本身是统治的关键因素。依据儒学正理，学识使统治言之成理；有学问的人理所当然统治他人。就实际而言，平民百姓一般来说服从有学问的人，不仅因为这些人通常比一般

百姓更有钱有势，而且因为他们擅长文墨，并且精通礼仪。在中国文化中，书写文字具有近乎魔法般的力量；在中国社会中，实际上所有人都赞同，通晓并遵从得体的行为方式极为重要。

享有法律特权群体的成员是士绅，顾名思义，这个群体受过经典教育。在我所勾画的权力和教育结构中，这个群体最为人熟知。在帝国晚期社会中，这个群体是目前被研究得最为透彻的，所以无须强调它的重要性，也无须描述它的主要特征。

那么图表上端所示的其他两个群体，即受过经典教育 / 依附他人和受过经典教育 / 自给自足的群体又如何呢？在这些所受教育足以参加院试的人里，很少有人会在统治结构中沦落到贫农和苦力的境地。当然，我们在书中可以读到潦倒的文人，如穷困的村学塾师之类，但是绝大多数受过经典教育的人必定出自富裕之家，或者至少得到富裕之家（按乡村标准）的资助。像李颙（1627—1705 年）那样确实出身贫寒，却能精通四书五经的青年，必然像圣人一样凤毛麟角。李颙为何炳棣所讨论的社会流动提供了非常有吸引力的例证，何书中为这些人撰写的简短传记里确实有一些类似的圣人小传。[51] 因此这个群体中的大部分人必定是在安逸环境中长大成人，并接受了良好教育，不过出于这样或那样的原因他们后来落魄了。但是我认为这样的人为数不多，而且十分肯定，受过经典教育 / 依附他人的群体着实无足轻重。可能有不少受过经典教育的男人自视清贫，他们有钱的朋友们也如此认为。但是这种“贫穷”通常与无地农民和城市苦力之穷完全不可同日而语。

在图表上层处于中间位置的是受过经典教育 / 自给自足群体。这些人在促进中国文化整合上起到了非常重要的作用，因此值得进行最深入细致的研究。关于这个饱读诗书的平民群体，一个饶有兴味的问题是他们人数的多寡。实际上所有读完必读典籍之人的目的都是通过科举考试，因此受过经典教育的人数必定同参加
59 院试（为取得生员资格）的童生人数大致相等，此外还要加上那些因屡试不第而不再应试的老童生。院试只是最初级的考试，或者称之为资格考试，因此过了一定年纪的人就不宜参加。事实上，张仲礼所出示的证据表明，通过院试的人很少超过 30 岁。[52] 根据他的估算，士绅阶层成员的平均寿命略低于 60 岁。[53] 如果我们假定前士绅（为方便起见，以此称呼那些接受了经典教育，但是没有取得士绅地位的人）人群也能活到同样年纪，我们可以得出结论，那些前童生的数目约为应试童生数目（有 15 年应试年限，然后还有 30 年的平均寿命）的 2 倍。张对“一地”童生人数的估算是 1 000~1 500；由于他估算的显然只包括那些还在参加初级考试的童生 [54]，所以我们应该乘上 3。张仲礼所说的“一地”当为“县”和“州”，清朝时全国大约有 1 400 个州县 [55]，所以在 19 世纪末之前的任何既定时期，清朝童生和前童生的总数当在 420 万 ~630 万。张仲礼的另外一项统计数据也支持这个结论。他指出，在所有应试童生中，只有 1% 或 2% 通过院试（可是他没有解释如何得出这个比例）。[56] 在太平天国起义之前，全国生员录取名额大约是 2.5 万人 [57]，所以在任何既定时期，应试的童生约在 125 万 ~250 万。将这个数字乘以 3，得出 375 万 ~750 万应试

童生和前童生，这恰恰支持了第一个估算。所以我认为可以肯定，
在清朝至少有 500 万受过经典教育的男性平民，占 19 世纪初成年
男子总人口的 5%，18 世纪初成年男子总数的 10%。[58] 在士绅家 60
庭之外，还有为数不多的妇女受过经典教育，因此（起码在清朝）
有相当数目的平民百姓受过经典教育。可能实际上在每一个小镇
和很多村庄中都可以发现这样的人。清朝人口登记中有个表明身
份的词叫“耕读”，显而易见指的是受过教育但是以务农为生的人。
虽然我不太清楚为了标署这个区分性的身份，此人在学业上必须
达到的造诣，但似乎有理由认为必定达到相当程度。确实，对耕读
的另一个表述可以是“受过经典教育的平民”。[59] 不论是否为官方所
认可，受过经典教育的平民在集镇或是乡村中都当然属于文化精
英，可能也跻身于社会贤达之列。有些是社区领袖或者族长，另
一些是宗教改革的倡导者，如林兆恩（1517—1598 年）。《三教开
迷归正演义》宣传林兆恩的教义，此书可能出自另一个受过经典
教育的平民之手（见本书中贝琳的文章，下文边码页 189~190、
196）。罗清（活跃于 16 世纪初）撰写了几部广为传播的通俗经文，
并创立了以罗教而知名的教派；他可能也属于这个群体，不过罗
同样可能应被归入识文断字 / 自给自足者之列（见本书中欧大年
的文章，边码页 231 及以下诸页）。佛教高僧和道教名流也属于
这个群体，他们也是满腹经纶，对百姓的行为准则和信仰一般来
说影响匪浅。这个群体中也有一些人成为塾师（人们可能过分关
注这个事实）、仪式专家、私人幕僚、书手、代书、郎中、算命
先生、风水师，等等。他们是地方上必不可少的专家。许舒在本

书的文章中讲述了他们的重要作用（尤见边码页 93~96、98~99）。我们基本上可以肯定，正是这些人——受过经典教育的平民以及高僧道士，为非精英读者们撰写了绝大部分文本，包括善书、廉价通俗小说、日用类书和书信大全。他们极其重要的作用在于普及复杂的思想和信仰，尤其是传播儒家精英的行为准则；他们对非精英意识的重要影响无法估量。

到目前为止我们了然于心的是，将明清时期所有受过经典教育的人混为一谈，是个严重的谬误。有些受过经典教育的人拥有士绅身份，另一些只是平民百姓。所有人都接受同样的思想灌
61 输，都在同等程度上接触文字传统，但是通过科举考试的人寥寥无几。其余的人要或多或少地服从他人，而且无力自保。其中有些人一定还继续同士绅阶层保持一致，并支持宣扬他们的行为准则，但是其余很多人必会依据自身体验和生活环境，比典型士绅们更同情平民大众，毕竟他们自己也是平民。比起志得意满的士绅们，这些饱读诗书却对仕途失望的文人们或许更愿意满怀同情地倾听，甚至于支持那些不太受人尊崇的思想信仰。对于前者来说，哪怕是表面上的离经叛道也会贻害无穷。所以显而易见，受过经典教育的人们并不属于一个具有特殊集体心态、团结一致的群体。的确，绝大多数用文言撰写，看上去出自饱读诗书的文人之手的明清文本可能都表达约定俗成的统治阶级世界观（见下文，边码页 69），但也有些表现出模糊不明的心态，甚至对统治精英阶层及其行为准则满怀仇恨。[60]（特权群体的核心成员同处于群体边缘的生员、监生之间可能存在类似区分。）

图表的下一层同样分成三个部分，包括那些至少识文断字，或许还读书很多，但是并没有通读儒家经典的人。如果士绅身份完全取决于科举考试，那么这个层次的第一类，即识文断字 / 享有法律特权群体，便毫无实际社会意义。但是晚明和清朝实行捐纳制度，所以能够捐得士绅身份。[61] 捐纳功名的典型可能是个来自富裕家庭，接受了常规的经典教育的男人，但是他没有能力背诵典籍、撰写文章以便通过考试。但这却是个未经证实的看法；如果实际上很多用钱购买特权士绅身份的人并没有受过经典教育，那么这个群体便十分重要。

我们对识文断字 / 享有法律特权群体的另一个特征却较为明了，即这个群体包括众多妇女。毫无异议，即使是上流社会的女人，按照法律和习俗也要服从丈夫和公婆，然而同样毫无异议的是，在家庭之外的统治等级结构中她以各种方式分享丈夫（或是父亲、儿子）的地位。但是受过经典教育的女人寥寥无几，因此士绅身份的男子所娶的妻室至多只是识文断字，还很可能目不识
丁。所以同男子相比，这个特权阶层的妇女通常对文字传统接触 62
较少，这一点不可避免地造成二者在世界观上的重要差别。只举一例，士绅阶层的妇女必定更为接近非精英文化的主流：她们没有学会欣赏伟大文字传统中的扛鼎之作，品味古典学术的精妙之处，以及赞赏著名哲学家们所构造的体系。这些有文化、家境富裕的女人必然构成通俗文学的重要读者群。[62] 她们为娱乐而阅读《新刊说唱包龙图断曹国舅公案传》和以上所述那些刊印于 15 世纪的词话（见上文，边码页 41），受到《刘香宝卷》和其他民间

宗教书籍的启迪教诲。欧大年的文章讨论了这些宗教文本（见下文，边码页 228~230）。出身巨富的上层阶级妇女们很可能购买印制精美但是内容粗浅的话本和道德手册，这个现象往往使文学史家们颇为迷惑。[63] 因此并不令人惊讶的是，无论如何就我的经验而言，中国真正的民间文学，其标志之一是勇于行动的女主人公，她推动故事情节的发展，不是听命于人，而是正好相反，她奋力抗争，反对传统家庭道德的束缚。

与此同时，上层阶级的妇女们可能在致力于使宗教信仰和诸如传说、说唱这类口述文学永存于世这件事情上发挥了重要作用。这并不是某类“妇女文化”（当然，我们可以肯定也包括这类成分），而实际上是我们称之为中国大众文化的一个重要部分。妇女们所相信的东西、知道的格言谚语、讲述的故事，以及其他等等，必定也会被她们的儿子和丈夫熟记于心。上层社会的母亲们（如前所述，她们不大可能受过高深教育）自然而然地将非经典文化成分，甚至于民间文化成分灌输到儿子的意识之中，当儿子长大成人之后，他们的妻妾又确保他们不会将幼时在母亲膝头所学的东西置之脑后。终身随侍这些士绅左右的仆从们也起到完全相同的作用。

因此显而易见，享有法律特权的群体中有相当一部分人没有接受经典教育，这些人发挥重要作用，将非精英行为准则和信仰持续不断地灌输到士绅们的意识之中。简言之，接受经典教育的男子通常与受教育程度低很多的女子成婚，这个事实创造了中国
63 文化整合的一个基本机制，它的作用同文化整合的另一个重要手

段——士绅霸权——正相抵触。对于研究传统中国的学者来说，他们所面对的重要挑战是探讨精英文化中这个基本上隐而不现的侧面。

图中这个层次的第二类是识文断字 / 自给自足群体，这个群体必定人数众多，成分庞杂，而且也非常重要。（很可能在以上提到的具有“耕读”身份的人中，至少有一部分应该归入此类。）由于我们对明清社会非精英各群体中有文化者所占比例所知甚少，所以无法估计这个群体的规模。但是依我之见，一个村里识文断字的成年男子必定大致相当于或是略少于前一代农户里“中农”和“富农”之家所占的比例；一个地区的农村总人口中也大致如此。勉强糊口的农家无力将儿子送进村学，但是所有那些略有积蓄的家庭可能都会设法至少使家中有一个儿子受些教育。因此在20世纪初，农村人口中大约有15%~45%的成年男子识文断字，在各省比例不同。[64] 这个人群中肯定包括一些妇女。但是依我之见，只是粗通文墨的男子所娶的妻室一般来说受教育程度更低（因为人们通常在本阶级内通婚，除了最下层阶级，每个阶级中的男子总的来说比妇女受教育要多）。因此在统治结构的中间部分，有文化的妇女可能寥寥无几。许舒的文章简述了一个妇女的宣卷圈子，这证明了我的看法。农村妇女聚在一起，听人宣卷，唱者使用“专门为妇女朗读或是唱诵而编写”的小册子或是印单（见下文，边码页89）。只有当绝大部分听众都是文盲时，才需要这样做。

在大些的市镇和城市里，很多店主和不少工匠可能都在不

同程度上识文断字，不过没有受过全盘经典教育，所以他们也属
于目前所讨论的范畴。[65] 香港中文大学组织了一个研究中国历史
64 上民间读写能力的大型项目，参与者包括李弘祺（Thomas Lee）、
科大卫（David Faure）和吴伦霓霞（Alice Ng），他们最近提交的
报告强调各种专门性行业文化的重要性。科大卫和吴伦霓霞所讲
述的一本《杂字》课本生动地说明了文化水平的专业化程度。课
本中包括所有的鱼类名称，以押韵对句的形式编排，以利于背
诵，还包括数字。这本书可能是供鱼行学徒用来学习记账、写收
据等事宜。[66] 毋庸置疑，如果一个人只认识 300 种鱼的名称，那
么他无论在哪种意义上都称不上识文断字。但是这个例子指出，
除了最简单易行的买进卖出，文化水平在所有商业中都至关重
要。虽然我们对明清时期中国城市人口的文化程度不甚了了，但
是其肯定比农村人要高。[67]

总而言之，在识字的人口中，识文断字 / 自给自足群体人数众多。这些自耕农和市民处于一个极为有利的位置，在精英文化和民间文化之间协调沟通。他们生活在目不识丁的农民和城镇劳工周围，往往以同样的方式谋生，可能也喜欢同样的娱乐活动。但是他们识文断字，因此可以直接接触至少一部分书写文本。他们同《三教开迷归正演义》中的处士极其相似，贝琳认为这些人是小说“最精心撰写的中心人物”。确实，处士中有些人拥有秀才功名（所以属于生员），但是这部小说中的“大部分处士似乎并没有参加朝廷的科举考试，也没有入过官学。这个词的含义似乎只是‘乡绅’，是当地（非国家 [即不享有法律特权]）市镇中

的名流。他们可能粗通文墨，却不是凭借金榜题名而成就的精英阶层”（见下文，边码页194）。这些“经营土地和商业的识文断字的男人，热衷于在祭拜的标准化中同朝廷合作”。他们协助建造朝廷所许可的庙宇。华琛在他的文章中讨论了这些人，我们可能也应将他们归于识文断字/自给自足的范畴（见下文，边码页293、294）。在许舒所撰写的一章中我们也见到这个群体中的一些人，他们在自己拥有和自己能读到的书中读到有关合乎礼仪和黄道吉日的知识，于是同目不识丁的邻人共享（见下文，边码页102）。梅维恒的文章讨论了《圣谕》宣讲人，这些人向对此深感兴趣的村民们朗读故事。他们可能也属于这个范畴。这些人巡游四方，所以不是“自耕农”或者“市民”，但是作为有文化者同文盲之间的桥梁，他们的贡献并不比那些更受人敬重的财产所有者少。

这个群体中的一般成员只是小康之家，并非大富，因此他 65
们不太可能购买价格昂贵的书籍。不过他们当然会买较廉价的读物，如批语简单易懂、版本廉价的四书五经，历书，较短（因此价格较低）的宝卷、善书，唱本印单，诸如广东出版的“木鱼书”之类小册子（如前所述，其中有些专为妇女编写），等等。[68]这个群体肯定也构成伊维德称之为“廉价读物”（chapbooks）的主要读者群。[69]伊维德认为这类小说使用一种“沉闷、重复、单调的‘描述方式’”，很少引用文言经典（在为更高雅、老练的读者所写的文学作品中，这样的引文比比皆是），除了“最直白通俗的比喻，很少从历史文学作品中引经据典”。[70]此外，这类小说的“主题通常追随流行戏院”，作者几乎总是隐名匿姓，显然针对非精英读者，而且往往发行廉价版本。[71] 显而易见，这类书的受众同我所讨论的识文断字 / 自给自足群体极其相似。那些曾经教授了我们祖师辈的中国学者们，对这些小说和所有为非精英读者所撰写的其他廉价读本不屑一顾，而且他们的态度代代相传，所以对这类书少有研究。而且我们很难找到这类书，因为对这类“废料”感兴趣的书籍收藏家确实鲜为人知。但是在中华帝国晚期，所有书籍中远为畅销的必定是这类读物。很多人只读这类书。这类作品不仅为那些没有受过高深教育的读者规划思想信仰，而且很可能深深影响到各种各样的口头资料，上至礼仪规范，下至包公断案，这些资料在中国各地不识字人群中流传，所以它们对中国文化产生的累积性影响确实非常巨大。这些文本处于书写和口述文化的中介点，在将精英的书写文化要素改写成文盲大众能够理解的语言的复杂过程中，发挥了关键性作用。

66 图表第二层的最后一类是识文断字 / 依附他人群体，至少在农村人口中，这个群体不可能人数众多。我们可以断定，既然最穷的农民无力教育自己的后代，那么任何识文断字的穷苦农民都可能因为上学时家境败落而落入穷困之境。这样的人不可能对现有社会秩序不置可否。从小康家境滑入穷困深渊会孕育焦虑和仇恨。因此可能从这个人群中产生了就人口比例来说众多的造反者和千年至福运动的参与者。识文断字使这些人的眼界超出村子之外（如果他们这样选择），而生活体验则促使他们仇视现状。他们甚至没有钱租书，但似乎有很多小册子和印单免费赠送，或是张贴在公共场所。我们可以肯定这些不全是道德教化的读物。最近我注意到这些粗通文墨的受压迫者可能阅读的一类读物，这是一本天地会手册，于 1811 年首次发现，最近重新出版，科大卫在一篇饶有兴味的文章中讨论了这本手册。[72] 在名为“半文盲传统中的书写文字”一节中，科大卫富有创见地指出，像手册这类文本介乎书写文字和口述文字之间。本书中韩书瑞和欧大年的文章讨论了白莲教的一些文本，提供了另一些可能的例证。在我看来，这个领域中的勤奋研究几乎肯定可以迅速产生重要成果，但是目前我们对这个题目所知太少。

现在我们开始讨论图表中的最后三个群体：目不识丁 / 享有法律特权群体、目不识丁 / 自给自足群体和目不识丁 / 依附他人群体。理论上第一个群体中不可能包括成年男子，不过必定有一定数目的妇女。这些妇女首先作为母亲，然后作为妻室，同那些识文断字的女人一样，协助将口头文化灌输到士大夫阶层的男人们的意识之中。

第二个群体可能人数较多，不过我们没有关于各阶级文化程度的数据，所以不可能下断言。例如，识文断字的商人和富裕农民可能通常娶不识字的女人为妻，这些女人属于这个范畴。此外，很多所谓“中”农大约没有文化，有些从未入学读书，另一些由于多年劳作，把在学堂学的一点儿文化彻底忘掉了。

但是在三个群体中，至关重要的是目不识丁 / 依附他人群体，
其重要性远超前两个群体；他们在传统中国位于社会底层，不论 67
在乡村还是城市都是众人皆知的“文盲大众”。在帝制晚期，他

们很可能占农村人口的半数，所以在我讨论的所有社会群体中，这是人数最为众多的一个。他们不仅是统治结构的基础，而且对于传统民间文化各类区域性版本来说，也是最为重要的储存库。

重要的是提请大家注意，比起受过经典教育的人，目不识丁的人——或是受众——也并不是一个更具同质性的群体。显而易见，不同方言的亚文化之间存在着差异（可是如前所述，我们不太清楚这些差异的重要性），此外，这个群体中还存在其他重要差异。首先，很多不识字的妇女在统治等级结构中位于中间层次甚至上层，她们所传播的口头传说同目前流传在赤贫农民中的相比，就所谓意识形态内容而言，不大可能相同，这两种人也无法接受完全相同的说唱和表演。不过在我看来，由于所有阶级的妇女都服从她们的丈夫和公婆，这些材料之间颇有一些共同之处。其次，并非所有目不识丁的男子都是贫穷的农村雇工或城市苦力。有些无疑占有足够的田产供养家庭，另一些则更为富足。虽然都无法进入文字世界，但是拥有田产的文盲同赤贫文盲必然相当不同。简言之，除了方言群体，还存在数种不同的口头文化。

/

根据对影响意识的主要因素以及晚期帝国社会特殊性质的设想，我划分了明清时代存在的 9 个社会群体。正如我在前文中所希望的，我确信自己对这些群体主要特征的论述有助于“使我们（关于文本及其社会情境）的直觉知识更加可靠”。这里没有足够篇幅来详尽讨论集体心态，即使篇幅不成问题，我的知识也不足以胜任这个任务。但是，本文所推荐的分析模式是同时运用传播和阶级标准来确定社会群体并诠释文本，这个模式具有其他效用和影响，对此值得在结论中进行讨论。

首先，现在应该很清楚，为什么过去学者们对清晰界定“大众文化”和“精英文化”深感困难。毕竟至少有三种非常不同的人通常被含糊地认为属于“精英”阶层：受过经典教育、享有法律特权、拥有士绅身份的男子；他们受教育程度较低的妻室和母亲；受过经典教育的平民。如果我们设法限制这个词所包括的范 68
围，用“统治阶级”来定义“精英”，那么我们就会将那些随时可以接触文字传统的普通人排除在外，而这些人可能是极富创见的作家哲人。如果我们以另一种方式来缩小“精英”这个词的范围，即根据受教育程度或是掌握文字传统来界定这个阶层，那么我们必须将一些在社会和政治上无足轻重的男人包括在内。“大众文化”这个词当然提出了更难解决的问题。在它之下包括 4~5 个群体，如果将地区差异考虑在内，还会更多。我并不是说，应该将“大众文化”和“精英文化”这两个词废弃不用——实际上它们可能必不可少。但是如果在使用时不充分了解它们所包含的复杂社会现实，便只能造成混乱。

那么，如果我们仅限于讨论单独一个群体成员为自己所创造的语言结构，那么显然我们可以使用交流手段（口头语言相对于书面语言，粗浅直白相对于高雅文学风格）对语言结构的起源进行初步评价。但是我们不能止步于此。受过经典教育的人为受过经典教育的读者撰写的文本会表达一系列观点，不仅仅是因为每一种意识都独一无二，而且是因为饱读诗书的男人在统治结构内并非占据相似的位置：有些属于享有法律特权的士绅，大部分是前士绅平民。我们不能假定所有用文言撰写的文本都出自享有法律特权的精英之手。正相反，我们应该认为出自明清时代的大量文言范本表达了不同观点。

关于口头材料可以提出同样的论点，不过由于不识字的群体为自己准备的材料很难留存，也很难获得，所以在这个领域中，只能大致基于假设来讨论。然而我们知道，所有那些受欢迎的说书人、戏子、说唱的、传道的以及其他口头文学艺人，不论他们是否和观众属于同一个阶级，都对观众的期望和爱好极其关注，当然会为适应观众而改编自己的“本子”。他们的表演已成过往烟云，但是通过仔细研究，我们也许不仅可以辨识出中国民间故事、说唱以及其他艺术形式的地区类型（或许还有城市和乡村类型），而且可以辨识出至少两个同阶级相关的文学类型，即人口中最依附他人群体的口述文学和至少温饱有余群体的口述文学：雇工的故事和地主的故事，苦力的说唱和师傅的说唱。

因为作为一个群体，识文断字者散布于统治结构中不同的等级，所以为这些人的阅读而专门准备的文本也可以用这种方式进行研究。但是由于自耕农不大可能为其他自耕农写作，所以我们遇到了本文上半部分讨论的问题（见上文，边码页 42~43）。当一
69 个作者力图为本阶级之外的社会群体写作时，如果要用文本作为

论证目标群体心态的证据，我们就必须对实际读者群有所了解。否则，文本只能证明作者对目标受众心态的设想。但是，即使处于这种不太乐观的境地，以上我所总结的方法论仍然可以有所帮助。如果我们研究的是比较复杂的通俗文本，如本书第 07 章中贝琳所讨论的《三教开迷归正演义》，或是本书中欧大年翻译并分析的《刘香宝卷》，由于这两本书的作者对书写文字资料均有较深的造诣，所以我们基本可以肯定，其作者属于士绅阶层还是读过四书五经的平民。在诠释明清文学作品时，我认为不言自明的是，那些享有法律特权、受过经典教育的精英，几乎毫无例外地信奉被称为新儒学的哲学宗教正理，当然根据的是对这个词的最广义理解，所以通常文本的主题足以使我们确认作者属于哪个阶层。在准备科举考试的过程中，士子们完全浸润在一种特殊的世界观中，此后，他们作为朝廷命官，行使准教士职责，致力于纠正意识形态的异端，铲除邪说。当然存在例外，但是总的来说，我认为比较保险的是，假定在帝制晚期受过经典教育的作者中，那些具有前士绅或是非士绅背景的作者们往往表现出如下特征：支持新的或是不同寻常的宗教思想（尤其是如果它们具有佛教或是道教的鲜明色彩），或是反对妇女现状，或是拥护平均财产，或是支持其他瓦解现存社会政治秩序的学说。

毋庸置疑，依附他人和无权无势的群体并非总是因自己的体验而产生憎恨和仇视心态——远非如此。绝大部分穷人并不奢望改变自己的命运，所以他们通常尽量接受自己所处的环境。就此而言统治阶级坚持不懈地鼓励这些穷苦人这样，其主要目的之一是使人民“心甘情愿地居于服从地位”。指望在统治结构的最底层只发现愤怒和绝望是一种天真的想法。部分由于上层的压制，也由于不计其数贫穷无助的父辈们所传授的经验，在他们中更常表现出的是屈服和顺从。

因为这是人们生活体验的核心部分，所以关于服从（或是统治）这个本质事实的意识总是以这种或那种方式表现出来。因此我们在故事和小说中经常能发现“社会观点”。作者如何看待平民百姓？主人公来自哪个阶级？主人公如何对待不同阶级的人物？我们见到不同社会群体代表的频率有多高，在何等程度上他
70 们影响情节发展？即使主人公往往是个官吏或者文人，故事也仍然可能表达非精英观点（正如张心沧 [H. C. Chang] 翻译的精彩故事《三现身包龙图断冤》[*The Clerk's Lady*] 所示）。[73] 此外，不论持何种态度，一个人在交流体系中所处的位置，大致决定他以何种方式表达他对生活遭遇的态度。简言之，以上所界定的每个社会群体中的成员，他们对自己在统治和服从总体结构中所处的位置具有特定的感觉，而且用与众不同的风格来表达反映这种感觉的意识形态。因此一个群体的心态是内容和风格的独特结合，这个结论直接而不可避免地依据一个事实，即经验和词语左右人们的意识。所以归根结底，这说明为何以上总结的方法论合理论证了应将文本同其语境密切相连，这对于正确诠释任何文献都至关重要。

本文所阐明的分析方法还具有其他优越之处，可以将它同施坚雅的区域体系分析结合运用。例如，在一个富裕地区，文化程

度和一般教育水准显然通常比贫困地区高，其结果是二者之间的语言和思想文化会有显著不同。清代晚期“江苏和浙江地区格外众多的女诗人”必然反映出一个事实，即在这些富庶省份，有文化的妇女所占比例较高。[74]

此外，一个地区的边缘地带很可能比核心区域有更多的穷人，因此有更多不识字的人。按照施坚雅的标准，贫穷的淮北基本上是边缘地区，因此那里的教育水平很低。[75] 而且核心区的传播网络也比边缘区更加稠密。[76] 住在核心区的人所接触的口头和书写信息远比遥远边地的人更五花八门，数量也更多。所以就不同的受教育程度和文化水平而言，似乎存在“核心”心态和“边缘”心态的系统性区别。苏堂栋（Donald Sutton）在最近发表的一篇文章中宣称，在 19 世纪晚期和 20 世纪初叶，用巫术治病的现象在一些地区的边缘角落比在核心区更为常见，这便证明了不同的心态。[77] 这类分析也直接导致一个结论，即都市心态大大有别于 71
农村心态。虽然施坚雅对此尚心存疑虑，但实际上所有 20 世纪中国都市知识分子的见证都在有意无意之间一致支持这个观点。[78] 饶有兴味的是，韩书瑞的文章中所讨论的两个白莲教派与这个问题有关。其中一个是“诵经派”，主要在都市活动，另一个是“打坐运气派”，信众主要在农村。“诵经派”更依赖经文，教派中有文化的信众比“打坐运气派”中多（见本书第 09 章）。

本书着重关注的问题之一，是明清时期思想意识和行为准则在中国的传播方式，本文中运用的社会文化分析方法也有助于我们更清楚地理解这一方式。所有人都承认，说服力或是娱乐以同感纽带为基础，在统治结构中占据类似位置和具有相似文化水平的人群中，同感纽带发展远为迅速。[79] 当我们谈到一个作者、一个说书人或是一个传道人，说他理解自己的受众时，我们的意思通常正在于此。一个与他们在生活中同甘共苦，受到类似教育，因此明了他们的需求和期盼的人，远比不熟悉他们的生活，而且在受教育程度上相差甚远的人更能打动他们。因此当行为准则和信仰从图 1 中的一个群体向另一个相距甚远的群体传播时，几乎一定需要位于两个群体之间的人作为中介。例如，如果我们想明白一个佛教概念如何在数个世纪中，从对梵文经典的文言翻译进入普通农民的意识，就像阎魔罗阇（Yama）转化成阎王，那么这个人物可以揭示这个变迁可能经历的某些途径。同样，民间宗教中的一些要素转化成精英宗教行为的一部分，比如说对无所不在的土地神的祭拜。

另外，从我的主要假说中还可以直接推论出另一个远为重要的论点，这个论点关注的是思想意识和行为准则在中国社会中的流动。一套思想体系，一个宗教启示，或是任何人类语言想象的
72 产物在中国社会流传时，必定存在不同的版本，每个版本都由一个重要的社会文化群体创作，或是为了这样一个群体而创作。致力于人类存在中最恐怖但是也最引人入胜方面的主要信仰和主宰性思想意识——传说体系、箴言信息、神感（我们称之为宗教）、法律、医学、历史编纂、科学等——几乎一贯通过彼此相连的一系列版本（口头和书写）进行阐述，包括农民的谚语和故事、博学的论文和精妙的叙事，并通过不同版本进行传播。为了领会像

新儒学这样的一套复杂的思想体系（或是诸如罗教教义这样一种不太繁复的思想，甚或是一个概念，如一个叫作妈祖的神灵）对中国历史所确实具有的重要性，至关重要的是研究为它创造的所有版本。我们可以依据历史发展顺序进行研究，或是关注某一时间点。通过在广泛的传统中追溯次传统在时间过程中产生的差异与融合，我们可以得到关于中国思想史和宗教史发展的最真实画面。同样，只有通过对既定时代中成熟的思想潮流体系——比如说宋代佛教——不同版本之间的相似和区别进行研究，我们才能懂得佛教对于当时中国人的真正含义。

一套思想体系、一组故事、一种宗教思想以及其他之中存在变异，这些变异之所以重要，还有另一个原因：它们是我们了解主要社会文化群体心态的关键。通过对某一群体所特有的语言资料进行研究，并发现为这个群体准备的种种意识或是思想体系的不同版本，发现不同版本之间在形式和内容上的共同之处，我们便能够逐渐深入理解那个群体的集体心态。当我们对各种集体心态的见解日益清晰，我们对它们之间共同之处的理解便日臻完善，并最终开始明白什么是成为中国人的关键之物。

注释

1. Evelyn S. Rawski，*Education and Popular Literacy in Ch'ing China*（Ann Arbor：University of Michigan Press，1979），pp. 8-20.
2. 关于对这一主题的进一步讨论，见下文边码页 44 所述。
3. 虽然没有在后面的章节中进行讨论，但是对于将文字资料改变成口语形式来说，发挥重要作用的是那些对少数亲眷或朋友高声朗读的人。
4. Peter Burke，*Popular Culture in Early Modern Europe*（London：Temple Smith，1978），p. 28.
5. 见 David T. Roy，"The Fifteenth-Century *Shuo-Ch'ang Tz'u-hua* as Examples of Written Formulaic Composition"，*CHINOPERL Papers* 10：97-128（1982）。亦见 W. L. Idema，*Chinese Vernacular Fiction*：*The Formative Period*（Leiden：E.J. Brill，1974），p. xxxv 及以下。
6. 见 *Chinese Village Plays*，ed.，Sidney S. Gamble（Amsterdam：Philo Press，1970）。应参考中文文本阅读 Gamble 的英译本；中文文本见李景汉、张世文编：《定县秧歌选》，全四册，台北，东方文化书局，1971（重印 1933 年版）。
7. "Confucianism and Popular Educational Works"，in *Self and Society in Ming Thought*，ed. Wm. Theodore de Bary（New York：Columbia University Press，1970），p. 336.
8. 关于这些问题和相关事宜的一些饶有兴味的推测，参见 Idema，*Chinese Vernacular Fiction*（见注 5），pp. xliv-lxiv。
9. 见注 1。
10. 酒井忠夫提供了一些例证，见他的文章"Confucianism and Popular Educational Works"（见注 7），p. 334；亦见本书中 Victor H. Mair 的文章。
11. Jack Goody 的 *The Domestication of the Savage Mind*（Cambridge：Cam-

bridge University Press，1977）一书对书写的发明如何影响前文字时代的意识所做的思考十分激动人心，可惜此书对于诸如中国这类传统文化的研究者启发不大，这类文化的特点是文字与非文字传统共存。关于 Ibsen 的引文，见 Robertson Davies，*The Manticore*（New York：Penguin Books，1976），p. 73。

12. 似乎是 Antonio Gramsci 在著作中最先使用“统治”（domination）和“服从”（subordination）这样的词语来解释阶级关系，但是我在两位当代英国马克思主义学者 Raymond Williams 和 George Rudé 的书中初次读到它们（见下文，边码页 47、49，以及注 22）。Gramsci 有关统治阶级和从属阶级的概念对于 Carlo Ginzburg 的著作也至关重要。Ginzburg 精彩地再现了一位 16 世纪末意大利北方磨坊主的精神世界：*The Cheese and the Worms*，trans. John and Anne Tedeschi（Baltimore：Johns Hopkins University Press，1980），pp. xiv，129-130。

13. 见 1981 年 1 月，ACLS 主办的檀香山“明清大众文化中的价值体系及其交流传播”大会（Conference on Values and Communication in Ming-Ch’ing Popular Culture，Honolulu，January，1981）上的评论。所有对从属阶级和中央集权化国家权威感兴趣的人都会从 Weber 的杰作 *Peasants Into Frenchmen：The Modernization of Rural France，1870-1914*（Stanford：Stanford University Press，1976）中受益匪浅。

14. 见我的文章“The Wu Tzu-hsü Pien-wen and Its Sources，Part Ⅱ”，*Harvard Journal of Asiatic Studies* 40.2（December 1980）。

15. 见 Wolfram Eberhard，*Chinese Festivals*（Taipei：The Orient Cultural service，1972），pp. 77-104。

16. 在对城隍崇拜的起源和早期发展所做的研究中，我发现了这类精英操控民间传说的一些例证，我的文章将发表在下一期 *Harvard Journal of Asiatic Studies* 上。

17. New York：Scribner’s，1971.

18. Jacques Le Goff 对欧洲在中世纪初期的这个过程做了饶有兴味的概括，见 Jacques Le Goff，“Clerical Culture and Folklore Traditions in Merovingian Civilization”，in *Time，Work，and Culture in the Middle Ages*，trans. Arthur Goldhammer（Chicago：University of Chicago Press，1980），pp. 153-158。Peter Burke 主张，现代早期的欧洲存在着对“大众文化的改革”，这是一些“文化人所做的系统性努力……力图改变其他人的态度和价值观，或者如维多利亚时代的人习惯说的，‘改进’他人”。*Popular Culture in Early Modern Europe*（见注 4），p. 207.

19. *The Secular Scripture：A Study of the Structure of Romance*（Cambridge，Mass.：Harvard University Press，1976），pp. 6-7，27.

20. New York：Pantheon Books，1980，p. 23. 此书的第一部分格外激发想象。

21. *Ideology and Popular Protest*，p. 23.

22. 他所说的“市民社会”（civil society）是“一般所说的”相对于国家公共设施的“‘私人体制’的总和”；“即诸如教会、工会和学校等这类所谓私立组织”。见 Antonio Gramsci，*Selections from the Prison Notebooks of Antonio Gramsci*，eds. and trans. Quintin Hoare and Geoffrey N. Smith（New York：International Publishers，1971），pp. 12，56 n。

23. Rawski，*Education and Popular Literacy*（见注 1），pp. 49，128-139.

24. *The Prison Notebooks*，p. 9.

25. 译者对这些词作了有用的注解：“总的来说，‘常识’（common sense）指的是一个既定社会所共同具有的、松散的设想和信念，而‘健全的见识’（good sense）指的是英文这个词所指的，切实可行的经验性常识。”（p. 323，n. 1）

26. *The Prison Notebooks*，p. 323.

27. 同上书，pp. 419，324。

28. Oxford：Oxford University Press，1977，p. 109.

29. *Ideology and Popular Protest*（见注 20），p. 23.

30. *Marxism and Literature*，pp. 109-110.

31. “Patrician Society，Plebeian Culture”，*Journal of Social History* 7.4：387-388（Summer 1974）.

32. 重要的是指出，关于中国社会结构，我们对于 18 世纪，尤其是 19 世纪，所知比明清时代初期远为清楚，我的解释自然反映了这种不平衡性。我的分析基本上局限于一个特定历史时期，因此给人的印象是，19 世纪的状况流行于整个明清时代。事实当然不是如此，正如 Rawski 的历史介绍所阐明的那样。但是以我之见，这并没有削弱我的论点；不论各种社会群体的人数有多少，都可以运用本文中所概括的方法。

33. *Rebels and Revolutionaries in North China*，*1845-1945*（Stanford：Stanford University Press，1980），chap. 3.

34. “Number Games：A note on Land Distribution in Prerevolutionary China”，*Modern China* 7.4：404，table 7. 就全国而言是 68%。对于我的目的来说，Esherick 的数字显然并不理想（正如他所承认的那样）。这些数字所依据的资料并不充分，而且关注一个并不典型的时期。但是在有关明清社会史的第二手文献中我没有找到更好的，或者甚至是类似的数据。在思考 Esherick 的结论时，读者应该记住以下段落，这出自仍旧在世的一位最伟大的欧洲乡村生活史家之手：

> （在 17 世纪的博韦 [Beauvais]）任何小于 12 公顷的田地都无法保障农民的任何经济独立。然而我们的文献充分说明，绝大多数农民——四分之三或者更多——占有的土地远不足此数。那么是否他们注定要挨饿，甚至于饥饿至死呢？答案是确定无疑的。

接下来，Pierre Goubert 极其有力地证实了这个令人不寒而栗的结论。见“A Regional Case Study of the Seventeenth-Century Peasantry”，in *The Peasantry in the Old Regime*：*Conditions and Protests*，ed. Isser Woloch（New York：Holt，Rinehart & Winston，1970），p. 37。

35. Esherick，“Mumber Games”，pp. 405，408 n. 11.

36. 同上书。

37. “A Regional Case Study”（见注 34），p. 35.

38. Jerome Blum 在其著作 *The End of the Old Order in Rural Europe*（Princeton：Princeton University Press，1978）中进行了地方行政普查；他虽然强调农民社会结构的多样性，但是实际上似乎赞成我以上概括的三分法。有“兴旺发达”的农民；还有“中等”农户，他们所占有的土地“刚够大，或是出产刚够供给一家”；以及那些“土地很少的农民，他们必须靠其他来源维持生活”（p. 105）。但是 Blum 并不强调前两类农民和第三类农民之间的区别。

39. Jing Su and Luo Lun，*Landlord and Labour in Late Imperial China*（景苏、罗仑:《清代山东经营地主底社会性质》），trans. Endymion Wilkinson（Cambridge，Mass.：Council on East Asian Studies，Harvard University，1978），p. 210. P'eng P'ai，*Seeds of Peasant Revolution*：*Report on the Haifeng Peasant Movement*（彭湃:《海丰农民运动报告》），trans. Donald Holoch（Ithaca：China-Japan Program，Cornell University，1973 [Cornell East Asia Papers，number 1]）中的第一部分对农村中那些最贫困无依农民的状况做了生动的描述。这份报告讲述了 20 世纪 20 年代时广东的农会组织。

40. “Early Ch'ing Guilds”，in *The City in Late Imperial China*，ed. G. William Skinner（Stanford：Stanford University Press，1977），p. 566.

41. Chung-li Chang（张仲礼），*The Chinese Gentry*：*Studies on Their Role in Nineteenth-Century Chinese Society*（Seattle：University of Washington Press，1955），pp. 32-43.

42. Philip Kuhn，*Rebellion and its Enemies in Late Imperial China*（Cambridge，Mass.：Harvard University Press，1970），pp. 3-4；Ping-ti Ho（何炳棣），*The Ladder of Success in Imperial China*（New York：Columbia University Press，

1962), pp. 24-41；Jing and Luo，*Landlord and labour*（见注 39），p. 11.

43. *The Chinese Gentry*，pp. 6-8；T'ung-tsu Ch'ü（瞿同祖），*Local Government in China under the Ch'ing*（Cambridge，Mass.：Harvard University Press，1962），pp. 173-175.

44. Ho，*Ladder of Success*，p. 35.

45. T. C. Lai（赖恬昌），*A Scholar in Imperial China*（Hong Kong：Kelly and Walsh，1970），p. 2.

46. Kuhn，*Rebellion and its Enemies*，p. 4.

47. 在社会谴责类小说《儒林外史》和《老残游记》中，落魄秀才（对通过生员考试者的流行称谓）的形象影响很大，他们是轻蔑和嘲弄的对象；《三教开迷归正演义》中也提到了他们（见下文，边码页 202）。但是对于这个题目我们还需要更为客观的证据。（参见 Ho，*Ladder of Success*［见注 42]，pp. 36-37。）在明清时代的某个地区和某个时代中，到底有多少生员贫穷无依，受人轻蔑？那些使生员扮演有些不光彩角色的文人们可能无意识地接受了上层士绅的观点。

48. F. W. Mote 在"The Transformation of Nanking，1350-1400"一文中反对在中国文化中将城市和乡村笼统地一分为二，但是他认为，"在社会的较下层民众中，也许能够更清楚地分辨出城市人和乡村人，在这些人的日常生活中（比起精英的生活来说），无疑城市和乡村的区别具有更大的意义"。而且，"当然有同城市相关的态度和（意识）特征"（*The City in Late Imperial China*［见注 40]，pp. 117，106）。

49. 见 Colin MacKerras，"The Growth of Chinese Regional Drama in the Ming and Ch'ing"，*Journal of Oriental Studies*（University of Hong Kong）9.1：58-91（1971）。

50. 见他的论文"Economic Calculation and Social Morality as Seen in Chinese Peasant Proverbs"，提交于 ACLS-NEH 主办的 Orthodoxy and Heterodoxy in Late Imperial China 大会（Montecito，California，August 20-26，1981），p. 5。

72. “The Heaven and Earth Society in the Nineteenth Century”，提交于 Montecito Conference on Orthodoxy and Heterodoxy in Late Imperial China（见注 50）。

73. *Chinese Literature*：*Popular Fiction and Drama*（Edinburgh：Edinburgh University Press，1973），pp. 184-204.

74. Mary B. Rankin，“The Emergence of Women at the End of the Ch’ing：The Case of Ch’iu Chin”，in *Women in Chinese Society*，ed. Wolf and Witke（见注 62），p. 41.

75. Perry，*Rebels and Revolutionaries*（见注 33），p. 38.

76. Skinner，*The City in Late Imperial China*（见注 40），pp. 261，281-282.

77. “Pilot Surveys of Chinese Shamans，1875-1945：A Spatial Approach to Social History”，*Journal of Social History* 15：39-50（Fall 1981）.

78. *The City in Late Imperial China*，pp. 253-269. 亦见 F. W. Mote 在这个问题上的立场。以上注 48 中对此进行了综合。

79. Judith A. Berling 的文章提供了一个有趣的事例，解释了传道人力图跨越过宽的文化鸿沟时会发生的情形。她描述了当一个名叫内光的佛僧设法对一群村民讲解“智慧达道”（prajñā-pāramitā）（一个村民以为这个梵文词是一种方言）和“观自在”的含义时，村民是如何反应的（见下文，边码页 199~200）。Victor H. Mair 的文章提到了《圣谕》说书人，他们对乡村听众的了解显然远为深入（见下文，边码页 354~355）。彭湃饶有兴味地叙述了他自己，一个出身于当地地主家庭并受过高等教育的青年，在 20 世纪 20 年代向农民宣传关于农会的想法时，所遇到的困难以及他如何克服了这些困难。*Seeds of Peasant Revolution*（见注 39），pp. 19-26，尤其是 p. 22。

| 第二部分 |

具体的研究

第 03 章

/ 乡村社会中的仪式专家和文字资料*

许　舒（James Hayes）

过去，在香港新界工业小镇荃湾的中心，在毗邻市场的街道 75
上，可以见到几个代写书信的人。他们的顾客是那些需要写私人

---

* 我要对本书的三位主编致以深切的谢意，他们在会议召开之前、期间和之后，帮助我识别仪式专家在中国社会中的作用；尤其因为在香港，人们持续需要他们的服务，所以他们的作用在此地延续。我也非常感谢华德英，她帮助我规划本文；我同样感谢林恩·怀特三世（Lynn White Ⅲ），他为我找到在香港无法得到的资料；感谢马若孟（Ramon Myers），他一如既往地做出透彻有益的评价；感谢理查德·斯密斯（Richard J. Smith），他同我一样迷恋这个主题，对较大范围的研究贡献匪浅。我尤其感谢我已故的岳父黄君沛，他在 1979 年 10 月逝世，享年 81 岁。正是他加深了我对唐宋伟大诗人同平民百姓之间联系，以及百姓对中国文化依恋程度的理解。我的岳父身体欠佳，但是对我的研究极感兴趣；他提供了可贵的协助和宽容、慈爱的鼓励，我深深地怀念这一切。

在本文中我没有讨论郎中和他们的文本。考虑到香港书市中有关于这个题目的众多印刷资料和手稿，这是一个很大的遗漏。我为香港大学亚洲研究中心的广东档案馆搜集了这类材料，但这是个专业领域，对于这个题目我没有资格撰写，其在大众文化中的位置必须留待他人来决定。（转下页）

商业信件或是需要写信给政府机构，但是却不会写字，或是不懂得恰当书写格式的人。[1]

76 这些靠代写书信为生，或是以此赚点外快的人是一个古老服务传统的残存者。他们同一个并不遥远的过去息息相通，那时我们在香港地区的每个集镇和村庄都能见到代写书信的先生和社会礼仪的行家。他们也是本文所描述的各种仪式专家群体的一部分。在将中国文化的关键成分代代相传并确保中国宇宙论中的不同要素和谐共存这件事情上，这个群体起到了重要作用。

本文的主题是这些行家和他们所遗留的文字资料，既包括印刷本，也包括手写本。本文的写作遇到了很多不利因素。自清朝被推翻后的 70 年间，尤其是在过去 40 年间，不利于保存档案记录的事件包括下述种种：1941—1945 年日本人对香港实施军事占领[2]；香港政府在战后进行了规模宏大的重建新界规划；在重建规划没有涉及的地区，很多房主修缮或是翻新了自己的老旧房屋。就整个中国东南部地区来说，1911—1949 年的战争和地方动乱，以及 1949 年之后各个时期伴随政治运动所发生的巨变和破坏，必然使遗留的文字资料有所减少。[3] 最后，在这个地

（接上页）有兴趣的读者可以参见我有关本文所讨论题目的其他三个成果："Popular Culture in Late Ch'ing China：Printed Books and Manuscripts from the Hong Kong Region，" *Journal of the Hong Kong Library Association* 7：57-72（1983）；此文所附的中文书单，发表于 *Journal of the Hong Kong Branch*，*Royal Asiatic Society*（以下简称 JHKBRAS）20：168-83（1980）（published 1983）；专著 *The Rural Communities of Hong Kong*：*Studies and Themes*（Hong Kong：Oxford University Press，1983），其中包括以前和新近通过田野工作搜集的资料。

区的所有地方，气候条件和昆虫的侵袭肯定也使众多书籍和文稿荡然无存。[4]

手写文本当然同印刷物一样无法抵御这些风险，对我来说重
要的是它们居然能够存留至今。这只能感谢主人的精心收藏。通 77
过对这些文稿以及撰写它们的仪式专家进行思考，本文只是初步
介绍了一个非常广泛并具有潜在重要性的探索领域。如果我们能
搜集到足够数量和足够种类的写本，那么它们便能代表一类新的
研究资料，大大增加我们对传统中国乡村社会及其社会政治组织
的理解。我非常高兴地告诉大家，我在香港中文大学的一群朋友
正在深入细致地搜集这类文献。[5]

本文的资料来自我所进行的田野工作，对当地老住户进行的访谈，以及一般的搜集工作。在此似乎应该对我调查研究的主要地区加以说明。如以下所详述，我选择以前的小集镇中心荃湾和周边村庄进行田野工作是基于以下十分实际的理由。

/ 荃湾和新界

荃湾位于新界西部，靠近目前的都市区九龙。荃湾地区包括周边的葵涌，还包括附近有人居住的岛屿青衣和马湾。[6] 在 1911 年英国政府对香港进行人口普查时，荃湾区的人口数为 2 982[7]，其中 2 249 人是客家人，530 人是讲粤语的和本地人。除了居住在村墟的人外，其余所有人都是农业居民，散居在 20 个彼此隔

绝、自行管理的社区中，有的村为同姓村，有的村由不同姓氏的宗族组成，每村人口从数十到数百不等。这些村子有自己的机构设施，包括祠堂（不论多小，每个定居的宗族都至少有一个祠堂），在荃湾分区下属的 4 个地理区域中有村庙、十几所学校和为数众多的控产机构。

78 在晚清，这个地区的村民靠农业和渔业为生，他们一年种两季稻米，在海岸附近划小船打鱼，并在岸边设置刺网。为补充生计，人们割草砍柴，然后到香港岛和九龙去卖，很多户人家磨豆腐、制豆干去城里卖。农村工业包括酿酒、水果储藏、制鱼酱、造酱油、为建筑业生产石灰，以及生产末香。市镇街上有百货店和一些手艺人，比如说盖房修房的工匠、造农具的师傅和其他为当地百姓提供各种服务的人。

所有这些村子都是新界地区十分典型的聚居地；但是在香港地区，聚居地类型多有差别。荃湾是一个较小、较新的分区，既无法同新界北部的元朗和大埔分区中较大的中心集镇周边相比，也无法与长洲和大澳一带的海岸集市中心和船港相比。在 1911 年普查时，这两个地区的陆地居民和水上居民数分别是 3 964 和 2 248，4 422 和 5 413。整个新界地区（不包括新九龙）登记在册的陆地居民是 80 622 人。[8] 很多男人到海外谋生，或是在海船上做工。

/ 对相关资料的分门别类

根据我在新界和其他地区所注意到的大批资料，在香港地区的村庄和墟市中，从各家各户可以得到的书籍和各种文字资料主要分为三大类：第一类是各类书籍和手册，第二类是为仪式专家撰写或是他们本人撰写的书籍，最后一类是为日常生活中的文化社交场合所写的资料。正如我将力图表明的，最后一类包括所积累的原始资料，因内容丰富和主题集中而引人注目。总括起来，这三类文字资料构成“文字”影响的主体，其存在和作用在不同程度上同晚清广东地区的乡村和集镇生活息息相通。

书籍和手册

以下诸种属于书籍和手册的范畴：

1. 族谱

2. 家用和社会实践用的手册

3. 历书

4. 应用于各种场合的对联汇编 79

5. 课本，包括四书五经、识字课本和学习读写的其他辅助读物

6. 书信写作指南：简明类和书面语言类

7. 契约格式指南

8. 日用通书，包括以上所列各项中的各种资料

9. 唱本（歌册）

10. 流行诗词

11. 有关行为举止及其带来好运和厄运的小说、故事

12. 善书（包括民间宗教中祭拜神明的书籍）

虽然上述资料很多刊印成书，但是日益增加的证据表明，不少是未付印的稿本。现在我简述以上所列各类如下：

族谱

广东有很多宗族都编写族谱，绝大多数是未经刊印的稿本。新界的荃湾分区是个十分典型的例证。长期定居此地的 50 个宗族，如今人口多寡不一，少者不足百人，多者 600~700 人，其中超过半数宗族有族谱。还有 12 家说，直到 1941—1945 年日本占领香港之前，他们都有族谱，但是在日本人来之前或是日据期间，他们或遗失或毁掉了族谱。根据现存和记得的族谱，除了两份之外，都是手写本。至少就初稿而言，很多显然历史悠久。最长的手写本有 136 页，最短的大约 10 页。[9]

族谱通常由各房支的老人保存，不供日常查阅。但是可能本族所有成员都有所耳闻。所以在 1901 年，英国领事、汉学家庄延龄（E. H. Parker）才能够声称（虽然稍有夸张），“哪怕是最最普通的中国人都能够凭记忆将自己的家世追溯 200~500 年，如果查阅家里的‘族谱’，甚至可以回溯到更久远的过去”[10]。

编纂族谱的主要目的是提供基本参考资料，以便通过祭拜祖先将宗族成员组织起来。这些记录将有关宗族成员和宗族财产的

各种资料汇集起来，其中包括或多或少的人名和祖先世系，记载关于过去各代（主要是）男性祖先或详或简的资料。族谱中还包括其他信息，如有关祠堂和族产、宗族主要成员坟墓的位置和有 80
关风水的资料、祭拜仪式和要求、宗学、考中或是捐纳的功名、历代祖先的官位或头衔，以及规范族人行为举止的族规。[11] 因此族谱的作用是提高对宗族作为机制的总体认识，并强化宗族伦理。很自然，富有宗族刊印的大部头族谱内容繁多，通常非地方宗族单薄的手写本可比拟，不过族谱的内容确实五花八门，无法完整、精确地进行概括。

很多族谱包括约束族人行为举止的族规。族规被认为对宗族的延续极其重要，所以有些家族对此极为关注，单独出版，编入有关这个题目的资料汇编。一个著名的早期范例是出版于 6 世纪的《颜氏家训》。[12] 较近的一个例子是清初朱柏庐（朱用纯）所撰《治家格言》。有时此书的内容被压缩成百字短文，在留存至今的轴卷书画中屡屡可见。《颜氏家训》的英译者邓嗣禹在对此书的介绍中也列出了其他类型的文本。[13]

对于祖先崇拜来说，无论怎样强调这类资料的重要性都不过分。它们的目的是对家族和个人灌输伦理道德观念和顺从，进而鼓励并维系与各级官府的一致，不论是在私下里还是在公开的场合。[14] 这种重要作用有助于解释为什么编撰了如此众多的各类族谱；虽然社会环境发生了巨大变化，但有些族谱一直留存至今。

但是规范行为并不是编纂族谱的唯一原因。各种事例指出，

81 生者的幸福也是促使这个习俗长期延续的强大动力。类似于族谱的一个饶有兴味但是鲜为人知的习俗可以解释人们的这种愿望。这种习俗十分普遍，现在仍流行在种田和水上的一些普通人家中。拿一块红色方布，上面用墨汁写上家中所有成员的出生日子和时辰。在一对新人成婚时在红布上写下这对夫妻的名字和生辰，其子女出生时也要在上面添上名字和生辰。我听到几户有这种红布的人家称其为庚谱，口语叫名字谱或是记名。[15]然而，在结婚和其他需要这类信息的场合协助批生辰八字，无疑是庚谱的主要目的。就本文来说，有趣之处在于这类东西保存在极其普通的人家，很可能被视为最简易的族谱；对于那些晚来后到的小宗族来说，这可能是正式族谱的开端。

家用和社会实践用的手册

描述家庭和社会实践活动的手册是各种名目的“家礼”和“礼仪”。它们一般分为两个主要部分，分别讲述同婚姻和死亡有关的仪式和程序，前者通常称为“喜事”，后者称为“丧事”。这些内容也可能包括在标题为“交际”的书中，加上“大成”和类似词语构成完整的题目。

这类指南的刻本十分常见。较新的手册具体解释过去和新近引进的仪式；据编者说，年代越是久远，仪式越是复杂烦琐。[16]未刻印出版的稿本也很常见，家族有自己的写本指南。这类写本甚至在小村庄里一般也可以找到，可能由几个人保存，用来为诸如婚姻、死亡等场合编制必要的柬帖和提供记录。对写本的详细调查可以告诉我们，这手册是抄本，还是描述当地特定家族的习俗。从随机翻阅的乡村手册来看，如何欢迎举人或更高功名的士绅是一件不太可能发生的事情，手册中不少内容都是不加选择地照抄各种刻本，这和我想的不同。 82

文字资料用于各种家庭场合：葬礼、婚礼、长者的生日和庆祝男婴满月的仪式。为这些场合所编制的单子列出参加仪式的人名，注明他们所送的礼品或是礼金数目。我在荃湾农村见过这类单子。为士绅、商人以及一些乡村头领去世的家人办葬礼时，有时要准备刻印的祭文，这也属于同类范畴。[17] 偶尔在二手书摊可以见到这类文献，不过因为这属于分赠他人的私人刻印品，不供出售，所以通常存放于家中。同所有的印制材料一样，在环境迅速变化时它们往往被毫不在意地弃若敝屣。

历书

葛学浦（Daniel Kulp）声称："在当今乡村所有印制的书籍中，黄历是最重要的一种。"[18] 在地方集市和村子里，历书无疑是最常见的书籍，我在铺子和老屋中屡屡见到它们。我在当地所访谈的村民对历书的发行和购买众说纷纭。有的人说"实际上每户人家每年都要买一本"，有的人说"只有几家人会买历书"。有的人说在过旧历年时店主们对常客免费赠送。绝大多数人补充说，不论是买的还是送的，人们都把历书同他人分享。所以书中比较简单的内容基本上众人皆知。[19] 历书的主要目的当然是指出黄道吉日和凶日。

卫三畏（S. Wells Williams）在他写于19世纪中叶的重要著
83 作《中国总论》(*The Middle Kingdom*）一书中声称，

> （历书）每年在北京编写，由隶属于礼部下的一个衙门主持。通过将伪造或是非法翻印历书定为刑事犯罪，朝廷的历官在有关每日每刻是凶是吉的问题上，对百姓的迷信垄断管理……。为百姓的便利而发行两三种版本，每本三文至十文不等。没有人甘冒不用历书的风险，否则可能面对最大的厄运，因为在大凶之日从事重要事务会立刻灾祸临头。[20]

尽管有这样的说法，但是我在香港的墟镇和村里见到的历书并不是卫三畏所描述的那种官方编写发行的版本。这些历书每年在广东、佛山或是香港本地编纂出版。除了包括常见的占星预测，还有关于符咒的内容、“二十四孝”、朱柏庐所撰《治家格言》（上文提到）和《百家姓》等内容。地方的历书可能也刊登实用性建议。比如，1905年佛山的一本历书中包括“行业学徒手册”。杨联陞在他题为《帝制中国的作息时间表》（“Schedules of Work and Rest in Imperial China”）的文章中全文翻译了这本手册。[21] 葛学浦也将历书称为“村庄中的科学教科书”[22]。

对联

有很多印刷物专门登载对联或联语，对联的主题极其广泛，所有的指南和通书大全中都有关于对联的章节，在手写的乡村手册中常常可以见到对联汇编，在佛寺、庙宇、陵寝、住家、船舶和店铺中通常张贴对联。以上种种都证明，作为一种文字资料，对联在日常生活中非常重要。了解了我的兴趣之后，我的一位当地教师朋友讲述了对联在晚唐和五代的起源，然后为我写了如下文字：

> 后来（对联）用于庆祝、悼念、馈赠礼品，用途日益广泛。关于所用字数多少或是风格难易没有定规。一副好对联
> 不仅使人愉悦，而且导人向善。一副劝人向善的对联延续传 84
> 统，既教育社会也有利于个人。

我在荃湾见到的乡村手册中列出了在很多不同场合所使用的对联。其中一个典型对联集锦中包括 313 副对联，每行四言、五言、七言，或是十一言不等，以七言最常见。主要用于农历新年（110）、婚礼（56）、葬礼（20）、各种寺庙道观（37）、新房落成（24）、学堂（16）、店铺（12）；其他的在唱戏和演傀儡戏时张贴在戏台上，也用于为新房上梁时和新盖的祠堂第一次使用时。在荃湾其他地方和新界其他分区所发现的手抄册子也涵盖上述各种各样不同种类的对联，使我们明了对联在香港地区的广泛使用和流行。

到目前为止我所搜集的手册都来自村庄，但是可以肯定它们也存在于集镇，那里可能有些刻印成书。

对联集成的印本和写本密切相关。二者之间内容类似或者雷同。不过我的乡村朋友一致认为，写本可能依据的是更老的手册，而不是直接抄写印本。而且手写本中往往包括专为当地使用的对联，比如用于各地的村庙，用于祭拜村里的名人义士（称为乡义勇烈士）。[23]

课本和学习读写的辅助读物

根据今天仍旧存在的数量和种类判断，似乎四书五经不加评注的廉价红皮简装本曾随处可得。这种版本显然是用来在先生的教诲下死记硬背，然后凭记忆按照久已闻名的“背书”程序（学
85 生背对先生，凭记忆诵读）大声背诵。也有为程度更高的学生准备的加评注的刻本；其他像《三字经》《千字文》《百家姓》这类重要的课本也一样有不同的版本。在不同时期都出版实用的识字入门和词汇表，在清末民初还出版了近代综合版，同样是非常廉价的版本。实际上，这类课本的所有各式版本在广州或是香港都有印制。罗友枝最近的著作详尽讨论了这类出版物。19 世纪时曾访问中国的西方作者对这些课本也颇为关注，不过他们没有提到词汇表。[24] 我所访谈的人们说，这些课本主要供学校使用，当时在荃湾市场街就可以买到，当然在香港也能买到。[25]

书信写作指南

根据所发现新旧书信写作指南的数目，这类指南曾极为普遍。过去写信必须根据收信人的年龄、性别以及同写信人的关系而使用各种适当的格式。哈迪神父（Reverend Hardy）回忆的古伯察神父（Abbé Huc）提到的一件事，清楚说明了这一点。在中国南方传教时，古伯察神父打算派一个信差到北京去。他知道当地学校先生是北京人，所以古伯察问他是否打算给母亲写封信。先生指示一个男孩去写这封信，当古伯察表示惊讶时，学校先生回答说："在一年以上的时间里，（这孩子）一直在学习书写技巧，他对数种文雅的套语已经得心应手；难道他还不会写一封儿子给母亲的信吗？"[26]

书信指南汇集了很多书信格式，应用于男方或是女方亲属、 86
三代不同辈分、朋友之间和商业伙伴之间往来。主题有出生、婚姻、死亡和生日。所提供的书信样本有出外念书的儿子写的家信和父母的回信。书信范例还包括借贷、求职、学徒以及其他五花八门的题目。指南还列出了供收信人和写信人使用的称呼。出乎意料的是，这类书籍十分重视女方的通信。

书信指南的典型样本是《新增尺牍称呼合解》，1895 年在广州出版。不过看来是在 1886 年首次刻印，有 167 个双面印刷页，用雕版印制。我的藏本从头到尾用朱笔做出标记，说明曾被人仔细研读过。到目前为止在我的藏书中，最早在广东出版的指南是《江湖尺牍分韵撮要合集》，曾刻印多次，序言写于 1782 年。[27] 通书大全和综合性指南中也有相关章节提供类似资料。

在这一时期和更早的时候，书信写作显然高度格式化并且详尽而烦琐。民国初年的潮流是反其道而行之。同“家礼”指南类似，新书信指南的编纂者们针对早期繁复的格式，提倡简易直白的风格。[28]

除了通俗性指南，还有各个时代著名学者文人们留下的众多文章，主要是书信（尺牍，即“范文”）。这些是文学作品，引经据典，风格高雅，往往十分难懂，但是提供注释。这些文章虽然文学造诣很高，但仍是大众文化的一部分。有些学校先生使用这些范文，即便只是要求程度较高的学生挑着背诵其中几篇。这样一来，有些文人的名字和他们那些较为著名的辞赋诗词的篇章在平民百姓中变得广为人知。

契约格式指南

在各种手册中都可以发现应用于各种情形的空白契约格式，
但是仍有汇集所有契约格式的大全出版。我收藏的一本《书契便
87 蒙》在 1895 年印于上海，包括 84 种不同的契约格式。此书于
1923 年再版，使用同一书名，不过内容有所改动。在 20 世纪 30
年代，上海的其他书局发行了更新更全的契约汇编。

人们大量需要有关契约格式的广泛知识。根据可见的这类文件的数量和种类，在清代时绝大多数社会经济交易显然都有文字依据。[29] 在很多情形下，拟定契约的人不是交易的双方，正如引见买主和卖主的中人一样，立约人是花钱请来的。我的调查指

出，立约人很可能是交易双方的同村人、族人或是同镇人。在拟定文书时，此人要以当地习俗和以前的范例为依据。[30] 如此一来，在这个广阔而重要的领域中，契约指南（不了解在多大程度上）和以前的文件（通常要转给新买主）均有助于传播基本知识。有时关于某些财产的簿记包括购买文件，便于查询。我在笔记本、家谱和其他手册的空白页上，见过潦草写就的空白契约格式，这表明了契约的广泛使用。

日用通书大全（一般手册）

清末民初时印制的手册类日用通书大全显然随处可见，其目的是为各种活动事宜提供公认颇有效用的基本知识。我在当地书铺里搜集到的日用通书中，最早的发行于乾隆年间；但是根据图书馆的收藏，我们得知明代就刊印这类书。[31] 6 册本《酬世锦囊》
（序言写于 1771 年）出版于乾隆年间，此书似乎广为流行，因此 88
直到 19 世纪末，上海的书局还在重印。我从三个不同书局买到的那时的版本，为当时对书籍盗版的谴责提供了证据！[32] 另一部 8 册本《应酬便览》同前书长度和风格类似（序言写于 1896 年），由第四家上海的书局在次年刊印。这部书似乎没有更早（或是没有提及）的版本。还存在其他这类书籍。所有这些日用通书都同民国时以新名称发行的类似指南大同小异，涵盖了新出版物中的所有主题。显然由于政体变更，民国时也涌现出一批新型指南。受过西方教育的上流社会年轻人持不同的社会观念，有不同的文学口味，他们又影响到部分城市人口，所以这些传统书籍的一些章节需要修改。[33] 上海每个主要书局都出版自己的日用通书，通常每隔数年就要修改补充再版。[34]

唱本（歌册）

艾伯华撰写了一本饶有兴味的著作，讨论慕尼黑国家图书馆自 1840 年以来所收藏的唱本。艾伯华对这些唱本描述如下：

> 这些唱本像诗一样，七言一行。偶尔一行多于七字，在这种情形发生时，将两字念成一字以便不打乱韵脚。广州城内或是附近的知名书坊刻印这些唱本。大多一式开本，很小，今天的唱本规格仍旧如此；印刷使用劣质纸张，雕版刻印；时常字迹模糊，难以辨认。这类唱本通常不长，只有两三页。有些较长的唱本刻成一套短小的册子出版。有时两首很短的印在一本小册子里。直到今天台湾地区还以这种方式出版唱本。[35]

根据今天香港所见唱本的数目，也根据其中许多书被翻旧的程度，
89 可得知它们曾广泛流传，读者甚众。确实，有一个广州书坊在英治香港也设立了分店。[36]

女人们尤其喜欢唱本。葛学浦声称在凤凰村（广东东北部），“妇女们喜欢聚集在一起阅读和听一个人‘唱歌册’。这种歌册是简单的、通俗的韵律，尤其是按妇女能阅读和唱的程度所创作的”[37]。在中华帝国晚期，即使在农村中，似乎普通男女也互

不交际来往。程天放于20世纪20年代写道（仍旧主要就广东而言）：

> 村里男人和女人之间没有社交。根据中国习俗和伦理教育，除非是一家人，男女应尽量互不相见；所以即使是同一个阶级的男女也不一起参加聚会、宴席或是庆祝仪式。在互相拜访、表示祝贺或是表示安慰时，男人找男人，女人找女人。[38]

手册中关于社交形式的文字也反映出相同的性别划分。

流行诗词

葛学浦使用“流行诗词”专指《唐诗三百首》和《千家诗》（一部宋代诗集）。根据我所见到这类书籍的册数，唐诗的廉价本在19世纪的广州十分常见，它们在当地印制，似乎销路很广；甚至在今天，这种廉价版的诗词也很畅销。在荃湾和香港新界的其他地方，老人说当他们是孩童时就记得这些书，在很多遗留的老祠堂、房屋和学校中，还能见到墙上写的诗词。据林语堂说，流行诗词同以上第四小节中讨论的对联之间存在密切关联，因为“在一首唐诗……的八句中，中间四句必定是两联对句。此外（他补充说），优美的诗句应该广为流行，因为就像谚语，除了思想之外，每一行完美的诗句还应该有旋律和一定的表达方式”[39]。

小说和短篇故事

90 据说，至少在较大的集镇和城市里，话本和短篇故事十分常见。卫三畏将它们称为“沿街可见的主要图书”[40]，这很可能指的是沿街叫卖的小贩们出售的图书。同其他各类工人一起，这些小贩出现在描述中国商贸的早期西方图书和图画中。[41] 虽然在城市的二手书摊和商店中比比皆是，但是到目前为止我在村中还没有发现任何小说和短篇故事。年长的村民们确实提到诸如《三国演义》《水浒传》《西游记》《封神榜》等众人皆知的书名和类似著名小说。[42] 但是在收藏这些书的地方，它们似乎成为战争、气候和变化的牺牲品。故事小说（廉价本）比手册更易受损，更可能被人忽略。

91 村民们没有提到其他小说，尤其没提到那些以广东家乡为背景的故事。在书摊上见到的小说中，故事通常设定在一个特殊的时间和地点，以此为手段加强故事的现实意味，吸引读者。我收藏了一本短篇故事集《俗话倾谈》，出版于 20 世纪初年，以中国各省为背景，其中广东省内的故事有如下内容：兄弟们为争夺死去父亲的田产而争吵，上堂诉讼（见故事“七亩肥田”）；善行义举如何改变了所预言的厄运（故事题为“邱琼山”，人物涉及海南岛的明朝著名文人邱濬 [1420—1495 年]）；兄弟不应该受损友挑拨，反目成仇，忠实的妻子使二人和解（见故事“骨肉试真情”）。另一部雕版印刷的故事集名为《循环鉴》。故事发生在广东各县，所表达的主题是恶有恶报，善有善报，或是善行使人苦尽甜来。[43]（我还没有时间调查我访谈的人和其他人中是否有人知道这些故事，或是知道多少，这是一个值得尝试的任务。可能凑巧有些故事，尤其是发生在当地的故事，应列入善书之列。故事的目的显而易见是教诲读者，劝人向善。）

善书

被称为善书的读本包括有关民间宗教神祇的书籍，它们的数量可能多于各类日用指南，甚至也可能比廉价小说为数更多。寺院、庙宇和仪式专家们刻印并分发有关民间宗教、道教和佛教的书籍和小册子。那些广有资财、为积德而在晚年皈依宗教的善男信女们资助出版善书。根据过去欧洲人和美国人对中国的各种记载，这类善书似乎为数众多。[44]走街串巷的书贩们通常出售善书；早在中国宗教书商们在19世纪为西方教会兜售《圣经》和其他宗教手册之前很久，他们就已在沿街叫卖。

除了宣传佛家和道家学说教义的善书，还有一类善书主要关注民间神祇，它们的神像至今还立在当地的庙里。这类善书讲述民间神祇的历史和灵验，通常告诫读者们要举止得当，行善仗义。今天在地方书店和卖旧书的书摊上常常可以见到这类书。[45]可 92
能同当代一样，庙祝或是庙主有时分发印单，传递类似信息。在我看来，由于善书对民间宗教意义重大，在广东的很多村庄和小集镇中仍然可以见到它们。

仪式专家和他们使用的文献

如果正确无误的话，我称之为仪式专家的一大批人在中国社会中起到了尤其重要的作用。天主教传教士赖嘉禄（Charles Rey）的著作提供了范例。在广东东北部汕头附近的乡村传教多年后，他得以完成对客家话的研究。在书中的一些章节里，赖引用这些仪式专家和他们的专业知识；所以并不奇怪，读者在他的书中可以见到占卜打卦先生、盲算命师（偶尔还有不学无术的郎中）这类人，书中所讨论的主题是他们同主顾的交谈以及他们自己的谈话。我们所读到的是一个贴近人民的敏锐观察者对农村生活的描述。[46]

在今天的香港地区，我们仍旧可以见到这些人。在清末和民国时期他们可能遍及这个地区。在各种各样的情形下他们代表群体或者个人施展自己的才干。如果最近的观察再加上书籍和访谈资料足以为凭的话，我们了解到他们有些人以此为业，另外一些人另有谋生之道，这只是他们的副业。

两类主要的仪式专家在地方上起到关键作用，第一类是保护性仪式的专家，他们操控那些公认影响人类命运的力量；第二类通晓社会礼仪和礼尚往来的交往形式。据荃湾的年长访谈对象说，当地村民和镇上人了解自己赖以为生的生意或职业，可是对举行仪式典礼并不精通。然而人们认为保护性仪式不仅对今世的平安幸福至关重要，而且关系到来世，而礼仪和睦邻是维持中国式生活的基础。[47]

处理运道的仪式专家 93

民国学者兼官员蒋梦麟在自传中有一段话，讲述他父亲的信仰；这段话或许是对于处理运道的仪式专家的最佳引文：

> 他相信风水和算命。同时他又相信行善积德可以感召神明，使行善者添福增寿，因此前生注定的命运也可以因善行而改变。[48]

这种思想或许对于文人阶层来说十分典型，但是根据我的观察，今天在老一代村民中很多人很可能也如此认为；他们需要在有关将来命运的方方面面咨询仪式专家们。

因为人们常常生病，因为世事无常，也因为人们普遍相信有邪恶的鬼神，相信鬼神带给人好运也带给人厄运，所以关于逢凶化吉和改变命运的文字资料必然连篇累牍。[49] 确实，所有这些因素综合起来，主宰人们的需求，要求这个或是那个仪式专家为之效力。我现在分成几个主要题目讨论这个主题：观风水；备符以及对符的各种应用；占卜和算命。

风水

坟墓在香港的乡村随处可见，人们告诉我，在选择埋葬棺椁的地点时通常需要风水师；此后为墓葬或是骨灰坛修建马蹄形的正式砖石坟墓时，实际上必须请人看风水。人们认为风水

具有极大的现实重要性，因为风水给宗族和个人在此生和后世
94 带来好运或是厄运。[50] 风水先生又各有专长，领域不同。有的专为挑选墓地（阴宅）看风水，有的为人选择房屋宅地（阳宅）看风水。有的专观城市建筑，有的长于看农村的地势水流。另外一些专门勘选井址。在香港地区——无疑也包括香港之外——人们对各种风水先生的需求频繁；不仅为了像选址、改址或是重建这类比较简单的事宜，而且为了改变风水，甚至为了危害或是抵制另一家庭或是另一个宗族。这里的操纵性愿望同使用符咒时一样强烈。[51]

风水强调各代祖先坟墓的方位和祠堂的地点，因为这是现世的家人和后世子孙平安幸福的关键。以重建或是搬迁宗族祠堂为例，在过去，这不仅发生在旧建筑损毁塌陷之时，也由于为了提升家族运势，风水师建议搬迁或是改变现存建筑面积和朝向。我最近注意到两个这样的事例，它们代表很多类似的典型，可能能够说明目前的问题。这两个事例记载在手稿中，一个在族谱中提到[52]，另一个题为“修改风水记”，载于家族私人笔记[53]。第一个事例发生在 1925 年，关于一个长期定居在新界荃湾青衣岛上的宗族，缩小现存房屋面积并改变房屋朝向。第二个事例于 1907—1908 年发生在顺德县，讲述一个何氏宗族在 1450 年建了一座祠堂，但是在此后的 300 年间家族子孙命运不佳。1808 年，作者的三位曾祖把祠堂迁到另一个地方，尽管还改变了附近溪水的流向，然而这家人的运势并没有明显提升。此时这个家族接受了另一个风水师的提议，又计划重建祠堂。

墓碑上往往会提到风水师的姓名和籍贯，有助于在当地调查时找到他们。我调查了当地风水先生后发现他们大致分成两类：一类是来自其他地方的风水师，他们走乡串村，因为灵验而被请到当地；另一类通常是本地学校先生和小乡绅。这些人因为兴趣和打发闲暇而为人看风水；当然，在接到亲朋邀请时，也出于人情往来和责任义务。 95

靠观山望水和占卜吉凶，这个行业产生了众多文字资料。除了为各式各样的风水学问所出版的大批手册之外，我们还必须加上可能为数更为众多的手写资料，其中很多可能现在已荡然无存。在一生的实践中，绝大多数风水师肯定要撰写笔记，有些人抄写罕见或是权威的著作以及自己师傅的手稿，其他人根据自己的研究和实践而撰写笔记。其中有些资料会传给他们的弟子。有时候这类文献，包括个人笔记或者一整批手写和印刷的资料，会流入市场。但是同所有仪式专家的材料一样，我们在市场上见到的并不说明其流行的广泛程度，只表明它们的性质和内容。

我们无法估算这类手稿存世的数目，原因是讲授不同技艺的资料大多不供传阅。这是私产，其中包含的信息可能严格保密，不传外人，只供风水师本人使用，只有深得先生之心的徒弟才可继承或是抄录。就此而言，这些资料同本书中韩书瑞所讨论的白莲教“诵经派”的经文极其相似。确实，包括家人在内的圈外人可能都对这类手稿敬畏有加。[54] 这类文件还包括风水师为个人和家庭提供建议的书面文本，这也属于隐私性资料，主人严防泄密。尤其是因为人们相信，如果落到不应接触者手中，其他术士就能逆转吉祥预言。[55]

96 至于风水师的一般主顾（有时甚至是行内人）能够懂得多少笔记中的内容，则确实是另一个问题；不过比起稿本的存在、传播和实施来说，这个问题微不足道。对于百姓来说，这些文献的价值主要在于风水师的专业性知识提供了令人安心的保障，保证他们的家运持续兴旺或是转衰为盛。

关于符箓的知识、文字以及备符

比起看风水，村民们在日常生活中甚至更需要关于符箓的技术。正如以上所说，人们普遍相信存在凶神恶鬼，它们使人祸患临头，因此在灾难危机时期人们尤其热衷于这类知识。阿诺德·福斯特（Arnold Foster）夫人曾说道："中国人懂得使用一种带有恶意的符箓。如果他们憎恨某人，希望他大祸临头，他们便找到某种可以使他死亡或是至少使他得病的符箓……另一个办法是到庙里买凶符。"[56]她也提到可以以符化符，这就是以上所提到的一种操纵性行为。[57]一位后来的传教士斯图尔特（J. L. Stewart）描述了道士所提供的符箓："符上写着普通的文字，通常歪七扭八或是写成象形符号，有时候在上方有神祇的画像，下面是他的名号。"[58]他还说，佛家的符箓和咒文"通常依据古老的梵文，原文毫无意义，但是神秘得足以欺骗众人"[59]。

佑护性符箓通常保存在乡村仪式专家的手册里，当地人称他们喃呒佬。被一些人称作茅山师傅的拳脚师[60]也存有符箓，不过他们的咒语也会写在绉绸或是布上，像腰带或是胸围那样戴在身上，作佑护之用。很可能这类符箓由过去的符师传下来，由师傅传给弟子，代代相传。[61]

备符是为村庄和个人提供的重要服务。当村里人畜患病时， 97
村民们认为是凶神恶鬼在威胁他们的性命，于是便请来仪式专家。在这种众人惊慌失措的时刻，乡村首领负责寻找仪式专家，为全村人主持保护性仪式，使众人转危为安，平安健康。仪式中有一道众人皆知的程序，在当地称为趸符，即画符并举行适当仪式，将符咒安放在每一个需要保护的地方。[62] 大约每 6 个月需要延续符的功用，这种仪式名为“暖符”，是为了延续符咒的效力。

从目前所发现的资料看，在绝大多数的区里，甚至在不少较大的村里，都可以找到举行仪式和画符的仪式专家。在信息传播有限、缓慢的时代，仪式专家们需要广泛分布；这不仅是为了近在咫尺，易于寻访，而且还由于村人希望用当地方言土语举办仪式。新界的仪式专家们往往是客家人或是福佬，也有说广东话的。

同前文所述的风水师和下节要讲的占卜师相比，这些备符并举行保护性仪式的仪式专家们无疑身份低一些。很多似乎是集市居民或是村里人，文化不高，社会地位也不高。不过他们广为人知，并在业内为人认可。但是政府和上流社会都反感这些伎俩。
法律条文给官员权力严厉制裁那些哄骗、刺激群众，或是以任何 98
方式破坏良好秩序和纪律的人。[63] 正如对符师一样，这些法律适用于所有仪式专家，包括风水师、算命先生和占卜师。

占卜和算命

占卜和算命是这类乡村仪式专家活动的另一领域。原因是人们在传统上相信人类的命运同宇宙中的冥冥力量相通，这些力量主宰人类的生活和活动。斯图亚特（Stewart）说占卜起源于《易经》，并且描述了占卜所需要的各种古代和现代的辅助工具。他还补充说，中国另一部最古老的经典《书经》的第7章中讨论了古代的占卜仪式。他也谴责所有这类把戏，评论说："使用蓍草和龟甲选定黄道吉日，这种办法导致了各种迷信、神迹和占星术。"[64] 但斯图亚特没有提到古代占卜师高贵的出身和地位[65]，也并不同意自从远古时代，占卜术就广为流传，为众人所信奉。不过他颇有用地将占卜术分成两类，一类是求助于占卜术士，另一类是人们通过不同方式在庙里问凶算吉，即通常使用胜杯、珓杯，或用竹筒摇签（求签），从而得到写下的"凶吉"。[66]

在传统中国社会，各个阶级都需要求助于算命先生和占卜
99 师。在结亲联姻时要搞清男女双方的生辰八字，由媒人为双方交换庚帖。正如以上提到的，对于一般百姓来说，红布名字谱至关重要，因为上面包括家庭成员的生辰属相，需要测算这些资料，确定结亲的双方八字相合。另外一个众人需要算命的场合是当有人生病时，需要确定在冥冥万物中是什么力量引起疾病，以便医治。[67]

占卜术还用来决定什么人不应该参加求神仪式，不应出席婚礼、冠礼以及其他仪式。通常劝诫特定年龄的人不要出席，因为

他们的生辰八字出于种种原因与这类场合不合，所以不宜莅临，否则会为他们本人带来灾祸，并且削弱仪式的效力。[68]

总而言之，不仅在生活的进程中，甚至在操办有关死亡的事宜中，选择时间都至关重要。很多活动需要开个好头和一帆风顺地进行，所以需要事先占卜，算定良辰吉日；算命先生和占卜师因此十分忙碌。[69]所有能找到的有关文献都强调算命的重要性，表明占卜师和算命先生的顾客为数众多。

我们发现，很多算命先生和占卜师来自受人尊敬的社会阶
层。同风水师一样，有不少看来是文人，闲暇时涉猎此事，为家
人或是亲朋好友算命打卦，然后写作文稿，出版新书或是为旧作
增添评注。这可能解释了为什么有关这类主题的书籍为数众多，
每个题目都历史悠久，随者甚众。比如说，康熙时期的《钦定古 100
今图书集成》中就包括算命卜卦的内容，这进一步证明这类活动
受人敬重。在此书有关技艺、行业和专业的部分（第十七卷）中
讨论这类题目，列出著名从业者的生平。[70]就占卜师和算命先生
而言，我当然并不认为他们都来自同一社会阶层；但是既然这种
职业需要能读会写，而且需要具备有关中国占星术和宇宙论的基
本知识，所以在老百姓眼中，他们的地位着实不低。[71]

通晓社交礼仪和礼节的专家

现在我开始讨论第二大类乡村仪式专家，他们通晓社交礼仪和礼节，擅长操办此类仪式。家庭和个人一生中的所有大事都要举行仪式，还要举行祭祖庆典。专家们也参与村庄首领们在村庙

里为所有村民和死去的乡村英雄们举行的公共典礼。

就礼仪事宜来说，所有阶级都需要指引和教导。中国人认为举止得当极为重要，因此也认为有关礼仪的规定极为重要。一位伦敦传教士协会的工作人员在1908年写道：

> 确实，人们花费很多时间和精力使文人们熟悉关于礼节的规则。似乎每个学校孩童都知道在各种场合如何表现。看
> 101 他们在家中如何招呼客人，如何在过新年时以及类似场合履行社交职责，给人的印象是……对于如何举止得体以及何时做何事，一个有教养的少年确实了如指掌。[72]

这种事例不胜枚举，它们有助于解释所出版的大量手册，这些手册的内容包括书信格式、各种场合中的称呼形式以及形形色色的对联，最常见的是用于出生、婚姻和死亡诸种场合的。然而重要的是，书信格式和正确称呼的编者们能够声称，文人和没有文化的人同样需要指导。一位编者在序言中写道，如果没有这本书，“甚至文人学者也会手足无措”；另一本书的作者补充说，文人们“也未必明了所有仪式的细节”[73]。我们的问题是，这到底是事实还是推销的说辞？

毋庸置疑，人们普遍向老师、代书人和其他通晓社交礼仪的行家寻求指导。我在荃湾所访谈的年长村民们说，在战前，村民们严守社交礼仪。其中一人说：“人们非常重视正确的称呼形式，对不同辈分和长幼尊卑关系了如指掌，这反映在口头和书面称呼

中。”另一个补充说，在他村里被邀请参加“红”“白”喜事的人会收到送来的请柬。不论被邀请人住在村里、村外还是另外的村子，都一视同仁。无须赘言，人们所说的不尽相同。但是书面证据和口头证据都表明，就整体而言，甚至住在较小较新村落里的人们也很遵守礼仪。必须顺带提及另一个要点。我所访谈的人们强调说，在帮忙写信和写请柬时通常并不收费。因为所有交易据说都以互惠互利为基础，每个村民的头脑中都有关于义务与受惠的强烈意识。

正如以上所述，家庭需要手册；此外，村里的仪式专家所使用的手册可以为我们提供资料，指出一个村或区的特点和社会联系，从而加深我们对清代地方社会的理解。当地手册通常包括关于本地仪式的材料，表明加强群体凝聚力的因素。手册也记载了在村庙中念诵的祷告词，以及适用于特定庙宇的对联。一本荃湾的手册中记载着在天后庙一年两度的祭拜中由领头的长者们念诵的悼词，该仪式是为了那些在 19 世纪 60 年代与邻村的械斗中死 102
去的村民而举行的。[74]好像为了证明械斗和祭拜都时常发生，临近地区的另一本手册也列出了类似的悼词，但是没有提到具体的庙宇。[75]

那么手册归谁所有？谁懂得在社交仪式和社区事务中指导乡村操作的书面规程呢？根据我访谈的村民所说，在有些村里是学校的教书先生，在另外的地方是才智、能力高出众人的村民。一些当地的例子有助于解释说明这两类人。在清朝末年，香港地区的学校先生可能是当地人，也可能外聘。很多来自本村或是本乡的其他村子。本乡本土的先生由于联姻和长期定居而同当地住户联系密切，比外来者更热衷于传达信息、满足社会需求。有些人只是教书，另一些人不仅执教，还在宗族中、村里和乡里担任管理之责。另外一类传达者是并不教书的能干村民。有一本荃湾的手册归上葵涌的一个64岁老人所有。[76]此人属于一个不大的宗族，这个宗族已在本村以及荃湾区的其他几个村中定居达300年之久。虽然他受教育不多，只进过村学，但他是个受人敬重的人。他的房屋同其他村民的房屋相差无几，他的田地也同其他自给自足的农户的田地不相上下。可是他是那种承担社区庶务，被村人尊为首领的人物。他的父亲和他是同类人，他从父亲手里继承了手册，他有个叔叔曾是教书先生。[77]见多识广的访谈者们告诉我，正是这类德高望重的村民成为维系老一代教书先生、仪式专家同当代村民的纽带。发挥这类作用的人本人确实也是仪式专家，他
103 们受过教育并为社区服务。一直到20世纪40年代末，他们都构成杨庆堃所说的“少数文化人”中的一部分，“很好地满足了……”乡村民众“对传统文化的需求”。[78]

我们不太确定的是，到底由何人主持并念诵记载在上述人所掌管的手册中的仪式和祷告词呢？我从荃湾人那里能够打听到的是，有些他们认识的教书先生以及受人敬重的耆老参加需要礼仪师在场的婚礼、葬礼和其他类似场合，他们念诵祷告词并献上祭品。一般来说，这些人来自本村，但是如果本村无人可以胜任的话，便从外村或是其他地方邀请。同以前相比，如今在荃湾更常外请礼仪师，通常是当搬迁或是重建后的宗族祠堂重新开放时。[79]

为日常生活提供社会和文化情境的文字资料

除了以上各类文字资料，在市镇和乡村中还存在同样连篇累牍的辅助性文字，对于村民、市民和研究者来说，这些文字的重要性在于它们创造了中国人生活其间的文化情境。说中国人生活在书写文字之中十分恰如其分。我们可以将这些文字资料分门别类，分成永久性的、半永久性的和转瞬即逝的三类。在公共建筑或私人建筑上，商店招牌和一些书写资料成为或多或少长期存在的结构或装饰的一部分。半永久类包括写在易损材料上的卷轴和对联，我对此已简短提到。最后一类包括通知、招贴和公共报道等，这些东西贴在墙上或是建筑物外部的其他地方，确实无法久留。其他的存在于百姓的家中。我先讨论永久性材料，然后解释易逝的部分。

实际上所有机构设施和上乘房屋的特色之一，是使用中国书写文字进行内部和外部装饰。甚至在今天，这类铭文和装饰性文字还是香港地区乡村生活的重要部分。如果观察以上所提及的那类昔日遗留的较老较大建筑，我们总是可以发现在柱子上书写或是雕刻的对联。绝大多数当地的庙宇将对联凿在花岗岩石柱上，或是刻在木柱上。我们在其他大型宗教建筑上也可以发现对联和 104
铭文，往往刻在进门的入口和庙内的亭台上。[80] 甚至在街头和村里的小庙上，这类书写也屡见不鲜。除了街头村尾的小庙，在所有宗教建筑中，铭文碑刻同室内悬挂的刻字匾额交相辉映。此外，在祠堂、学校、庙宇和上乘房屋的墙上还写着大量装饰性文字，因为广泛存在而十分重要。正如以上所述，这类文字大多取材于唐诗。其中也包括用于房屋装饰的很多中国艺术象征物，使用特殊书写文字，并表达吉祥含义。[81]

除了建筑物本身，在所有城镇和大小不一的市场中，实际上每个店铺都有油漆的招牌和题字的灯笼。詹姆斯·斯科特（James Scott）生动地描述了19世纪80年代时越南堤岸（西贡）"彻头彻尾中国式"街景，这是在中国的每座市镇中都可以见到的景象：

> 在临街的地方是狭窄、纵深的房屋，挂着红色、黑色和黄色的巨大灯笼以及轻快摆动的招牌，这一切都使人想到中国。粮食零售商、饭铺老板、蔬菜水果店主、药商、裁缝、鞋匠、金银匠、五金商、家具商和糕点师都在门上用金字书写自己的姓名，悬挂招牌推荐自己的货物。招牌根据自己的喜好涂成红色、蓝色、金色或是黑色。在白天，伙计们赤膊坐着，没精打采地摇着扇子；到了夜晚，各种尺寸、各种颜色的灯笼把这个地方照得透亮，展示出商行的名称和贩卖的货物。[82]

显然这同中国南方和昔日的香港极其相似。

现在我来讲短暂存在的文字。在建筑物上众多的装饰和五花八门的商店招牌之外，还必须加上无数张贴的广告和告示。买房租房的布告、售卖灵验药丸的招贴、舒筋接骨大夫和草药医生的广告争奇斗艳。即将举行宗教庆典或是各式各样戏曲演出的通告比比皆是，它们同征订通知和价目表一起，张贴在公众场合以便所有人都可以看到。

我没有关于乡村的资料，但是在城镇中，书写文字比比皆 105
是，其中也有来自地区政府的。卫三畏写道：朝廷谕旨通常以大号字印刷，盖上官印，张贴在公共场所[83]；重要的法律判决或是公告刻在石碑上，竖立在重要场所或是人来人往的公共建筑之内，供众人阅读。此外，官方惯例是为轻罪犯戴枷，即将沉重的木板置于犯人肩头，木板中间有一孔可以伸出头来。枷板上写着犯人姓名、年龄、居住地、罪行和判决供众人观看。[84]同样的原因，那些因犯罪而被判游街的人也要戴上写有姓名、罪行的牌子，村民们的地方惩罚机构显然沿袭了这种做法。[85]哈迪解释了另一种更严酷的示众方式，即把人吊在木架上，与此同时似乎也要列出犯人的罪行。[86]

在讨论这个题目时，我们不能不提到那些尤其在人口稠密的城市中张贴的告示，这些告示在战时与和平时期用来激起众怒，反对官员、传教士和普通外国人等。魏斐德（Wakeman）在他对 19 世纪中叶的广东的叙述中举出这类事例；副主教慕雅德（Archdeacon Moule）也讲述了一份直接针对他的布告，这发生在杭州附近的诸暨："诸暨骁勇居民们对太平天国劫掠者的顽强抵抗传遍了世界，所以绝不允许这个野蛮的外国人侵者（传教士慕）在他们的城中立足。"[87]

除了街头的招贴，我们还可以在户内发现这类短期使用的文字。葛学浦在对广东东北部一个村庄的叙述中提到人们对艺术的喜好，说“人们欣赏艺术的证据无处不在”，并在书中用一章探讨这个题目。[88] 不论是过去还是现在，这种爱好在过年时都引人注目。人们在大门两侧和门楣上张贴用毛笔写的对联和年画，过年前它们在市镇街头和集市中心随处可见。年画内容各式各样，
106 包括历史小说《三国演义》和《水浒传》故事，表现长寿、男娃和其他传统艺术主题，还包括（现今）现代西方艺术和图画印单。描绘男娃是个经久不衰的流行主题，正如中华人民共和国 1956 年木刻版画目录所指出的，“这反映出人民对多子多福的渴望”。主要目的是帮助营造出一种愉悦、安逸和舒适的感觉，一种背景氛围；尤其在家庭团聚的幸福场合以及主要节庆时节，这对各种受教育程度的中国人来说都极为重要。[89]

就总的方面而言，我们必须考虑人们对书写文字的重要性的高度认知。在中国传教达 42 年之久的赖发洛（L. A. Lyall）写道：“虽然有文化的中国人寥寥无几，但人们对学问极为尊崇。”[90] 这种尊敬延伸到文字以及书写文字的纸张；有不计其数的协会致力于寻找丢弃的字纸残页，然后焚毁或以恭敬的方式处理。19 世纪 60 年代，卢公明（Justus Doolittle）将对文字材料的尊崇描绘为一种“国民性”[91]；罗友枝注意到，这种尊崇深入宗教体系，“甚至最底层也使用文字资料”[92]。在古老的村庄中，即使今天，祈求好运的纸条还贴在房屋和农舍上，贴在农具上、树上、神龛上，遍及房外和屋内。

作为文化专家的艺人

如果不简短提及乡村艺人，这一节便不算完整。虽然并不 107
直接使用文字工具，但他们是另一个对乡村和市镇生活的文化情境贡献匪浅的专业人员群体。正如华德英在本书（第 06 章）中所述，民众深深依赖这些人的视觉和口头表演传达历史“事实”和文化准则。通过村庄、氏族、家庭和团体经常举办的定期演出，村民们看大戏或是木偶戏；他们听村人或是走街串巷的说书人讲故事；听瞽师说唱，这些人到村民家中和茶馆演出；在延长的旧历年庆祝期间活动很多，有猜谜游戏、猜灯谜和年画，不论年长还是年幼的居民都在娱乐中受到教化。[93]

各种形式的娱乐活动所具有的文化灌输作用力量无穷。正如民国时期的教育学家蒋梦麟在他的自传中所说，“我们利用一切可能的方法，诸如寺庙、戏院、家庭、玩具、格言、学校、历史、故事等等，来灌输道德观念，使这些观念成为日常生活中的习惯”[94]。像约翰·法兰西斯·戴维斯（John Francis Davis）这样的欧洲观察者注意到了这种社会灌输及其后果，他在 19 世纪 30 年代评论道：“同其他大多数国家相比，中国的下层阶级受到了更好的教育，或至少得到了更好的训练。”[95]

/ 书籍和仪式专家的比较

书籍和仪式专家对这些“下层民众”的影响孰轻孰重，有必要对此进行估量。根据对前现代化时期香港乡村的观察，我认为当时很多乡村和城镇居民家中没有书籍。在一般的村落中，当时那里较旧的房屋可能都是百年老房。屋里是泥地，内部阴暗狭
108 窄，家具简陋——只有板床、折叠桌或是搁板桌、粗糙的条凳和凳子。这说明居民生活贫穷、简朴。[96] 尽管能收到海外汇款（似乎人们大多用这些钱盖新房），而且有些人家能将产品卖到香港城里，但我想老一代的荃湾人确实有理由强调，在战前人们仍旧“非常穷困”。

但是以我之见，尽管贫穷显而易见，仅仅贫穷（导致没有文化）并不是造成我们这个地区中很多甚至绝大多数乡村缺少书籍的主要原因。除了必须上学，绝大多数村民可能并不需要读书受教或是娱乐，他们在日常生活中不会出于社会经济和宗教原因而读书，遇到灾难或是特殊情况时也不求助于书。我的印象是，即使书籍唾手可得，以上提及的各种印刷的手册也无法——很可能实际上也并没有——取代仪式专家和他们为数众多的手写资料。在乡村、城镇，尽管在很多世纪中都存在廉价印刷的流行指南和实用通书大全，但很可能人们仍旧依赖仪式专家在社会中的活动，依赖他们手写和搜集的资料，其依赖程度可能远比我们根据罗友枝博士的概括所做出的推论要高，罗概括指出了高度的文化生活以及广阔地域中存在的大众读写能力。[97]

依我之见，社会复杂性和普遍的繁文缛节可能促使人们依赖仪式专家；我们可以认为，这种现象显然同社会自身性质相关。由于在中国旅行传教，塞尔比（T. D. Selby）对这种现象了如指掌。他在 1900 年写道：

> 中国生活确实复杂，劳动分工达到极其专门的程度。一个中国人听到传教士谴责偶像崇拜后回到家中，他不是去思考反对祭拜偶像的种种理由，而是去统计如果听从传教士的话，有多少行业会受到影响。他写下 170 个行业，第二天回去询问他如此辛勤统计的单子是否正确。[98]

塞尔比脑中想的可能是广州附近的佛山镇，在他写下这些话时，他的传教机构在那里有个小教堂。但他会在第一时间赞同，
乡村的情形也同样烦琐。20 世纪 50 年代中期，我初次见到香港 109
新界南区很多村庄中显然长期存在贫困生活，当时我很奇怪在这种情形下，人们却并不自己动手满足生活所需。甚至最小的村子也雇石匠和木匠修房建屋，走乡串村的铁匠每年来制造和修理农具，就像过去织工来织布缝衣。后来，当我对此地了解日深，我明白这种差异划分深入社会礼仪生活的方方面面，包括民间宗教在内；我也注意到人们依赖现金交易满足需要，在重要的时候出售土地以弥补不足。最终，我了解到村里和集镇中心居住的各式各样的仪式专家，见到他们为百姓效力，村民们设法用现金或实物的方式酬谢他们的服务。虽然贫穷，但这是一个老于世故的社

会。在新界，村庄生活和农村机构日趋衰落已有数代之久，所以我认为在清朝末年时，情形更是如此。

令人感到奇怪的或许是，百姓为何会有如此各不相同的需求。由于根深蒂固的儒家伦理，也由于在一个大家都是本家的村里，社交生活非常繁忙，村民们对家庭典礼仪式的期望确实很高。人们极为强调社会义务和互利互惠，而且正如我们从各种资料中得知的，就一般种田人的收入而言，开销确实很大。[99] 至少在一个中国人类学家看来，答案在于普通农民“认真模仿士大夫阶层所确立的生活模式”[100]。此话写于 1923 年，那时还可能根据生活进行考察。若是果真如此的话（根据我所做的观察研究，我当然同意这个观点），便有助于解释为什么在收入大不相同的社会各阶层中，所有人都为同样的目的寻求仪式专家的服务。有所区别的不过是依据不同财力，使用服务的范围和花费不同。无疑，在各个领域都有为有钱人服务的索价高昂的高级仪式专家，也有专门满足穷人虽然低微却同样迫切的需求的其他仪式专家。为了带给人吉日佳运，扭转或抵制厄运，观风水和算命处理深奥的专业问题，民间宗教举行繁复的仪式，而社交和社区生活提出的要求更为平凡易行，为满足不同的需求，仪式专家成为中国社
110 会的核心人物。所有这些技艺都或多或少依赖于一个不大的群体，依赖于他们手中的书写文字。这个群体各司其职，在最广泛的意义上确保文化的传承。

/ 结语

本文在文化背景的情境之内对仪式专家以及他们所使用的资料进行粗略概括，尤其关注中华帝国晚期的乡村生活。我的初步结论是，这些仪式专家是面包的发酵剂，通过这些人，我们所了解的中国文明和社会的核心要素得以在民众中延续和丰富。尽管对整个社会文化程度估计颇高，尽管有大量印制的资料（或许分布并不那么广泛），由于观察到对各式各样仪式专家的广泛依赖，我的印象是：尤其在较低的社会阶层中，这是一个“被服务的”社会，人们不必事事亲力亲为；这是一个“一应俱全”的社会，人们无须事事张罗。

在村庄中发现的手稿同印制的书籍长期并存，延续不绝，在有些地方手稿甚至取代了印刷品，这便是中国文化遗产一致性的明证，这也证明人们如何高度重视遗产的文字基础，遗产如何广泛传播、深入渗透。我们没有理由认为这种现象只是广东所独有。王世庆对有关台湾的类似资料做了分类编目[101]，它们显然构成一种主要的新资料证据，使我们理解至少在19世纪时，如果不是更早的话，中国文化渗透到众多农村人口中的方式和方法。虽然我们的探索还不够充分，但是对农村中手书笔记的研究揭示出仪式专家们所发挥作用的真实程度，对中国社会的性质具有重要意义，迟早会直接有助于对晚期帝国时代的情形进行重新估量。[102]或许在其他可能的贡献之外，这类探索是关键所在，揭示出使中华传统帝国一直延续到20世纪的神秘力量。

111 中国生活的丰富多彩和强大的凝聚性力量为世人有目共睹；或许正是由于这些因素，香港大学已故教授林仰山（F. S. Drake）在为出生于上海的伟大博物学家苏柯仁（Arthur De Carle Sowerby，1885—1954 年）所撰写的讣告中，反思了“中华帝国谢幕之年的阔大无垠—— 一种使所有亲历者无法忘怀的经历”[103]。我在通过基层理解当年的形势时，发现仪式专家们和他们的资料代表晚期中华帝国社会中一种巨大但尚未被人认知的社会文化力量；我们尚未充分了解他们对这种阔大无垠的贡献，他们既提供了一致性，也增加了多样性。

注释

1. 资料来源于新界政府荃湾民政事务署职员在 1981 年进行的普查。除了写给内地的家信，数量最多的信件是写给香港政府房屋部门的，关系到为大量人口提供住房工作的方方面面。
2. 人们指责战时日本占领军毁灭一切，包括香港政府战前的文件、各种私人文件，甚至村庄中高大、历史悠久的树木。人们最容易将各种珍贵资料的遗失怪罪到日本人头上；不过我怀疑能够直接指责日本人的证据不多。而对日本人的恐惧确实间接导致人们销毁资料，正如以下注 4 所示。
3. 例如，见 Lo Hsiang-lin（罗香林），“The Preservation of Genealogical Records in China”，in *Studies in Asian Genealogy*，ed. Spencer J. Palmer（Provo：Brigham Young University Press，1972），pp. 50-51，55。

4. 我的朋友兼前上司彭德（香港政府政务职系 1933—1989，民政事务专员 1954—1958）在给我的信中专门提到日本战时对香港的占领："很多新界的家庭害怕保存书写记录。在清水湾地区，罗（Lraw [Lōh] ）氏和梁（Lreonq [Leūng]）氏宗族把族谱埋在地下，罗氏族长挖出族谱时我在场，湿气和虫子腐蚀了文本。族谱夹了几张一百美元的纸币，编号尚能辨识，我还能到银行兑换，但纸币本身已经霉烂，四周如花边一样。"（罗马字使用广东话的 Barnett-Chao 注音法，括号中使用 Meyer-Wempe 拼音法。）金文泰（Cecil Clementi）在 1906 年 7 月 6 日递交香港辅政司（Colonial Secretary of Hong Kong）的长篇会议纪要中对新界一个政府席棚办公室中影响文件的不利条件进行了生动描述（辅政司办公室 [CSO]，藏于香港历史档案馆 [Public Records Office]，1624/06）。

5. 搜集文献的努力开始于 1978 年，最先调查的是历史碑铭：见 *Journal of the Hong Kong Branch of the Royal Asiatic Society* 19：192-194（1979）。我最先搜集写本，在有乡村朋友的地区继续调查。不过在我的两位民政事务专员同僚的协助下，（沙田的 Patrick Hase 博士和西贡的陈瑞璋先生），香港中文大学的科大卫（David Faure）博士和他的同事们大大扩展了研究工作，并加强了工作力度。很快就有材料送来付印，有些加以装订，存入香港市政府的公共图书馆。

6. *A Gazetteer of Place Names in Hong Kong*，*Kowloon and the New Territories*（Hong Kong：Government Printer，无日期，不过是在 1960 年），pp. 148-154；关于昔日荃湾的庞杂资料，见我发表的笔记：*Journal of the Hong Kong Branch of the Royal Asiatic Society* 16：282-283（1976）；17：168-179，183-198，216-218（1977）；19：204-216（1979）。亦见我的文章 "Chinese Clan Genealogies and Family Histories：Chinese Genealogies as Local and Family History"，in *Asian and African Family and Local History*（Salt Lake City：Corporation of the President of

the Church of Jesus Christ of Latter Day Saints，1980），vol. 11。

7. *Sessional Papers 1911*（呈送香港立法局文件，103）（21，26，36）。对普查结果的进一步审查增加了上述数字，因为在澳头名下列为 29 和大埔区名下列为 35 的村庄人口应该加上。

8. *Sessional Papers 1911*:103（26，38）. 大澳的水上人口包括在大屿山的数字之内。

9. "Chinese Clan Genealogies and Family Histories"，pp. 4-5.

10. E. H. Parker，*John Chinaman and a Few Others*（London：John Murray，1901），p. 70.

11. Hsien-chin Hu（胡先缙），*The Common Descent Group in China and Its Functions*（New York：Viking Fund，1948）；Hui-chen Wang Liu，*The Traditional Chinese Clan Rules*（New York：J. J. Augustin，1959），尤其是 pp. 7-13 和 chap. 2。

12. *Ssu-yü Teng*（邓嗣禹），*Family Instructions for the Yen Clan*，*An Annotated Translation with Introduction*（Leiden：Brill，1966）.

13. 同上书，p. x。

14. 为死者刻在墓碑上的文字可能最为有力而且言简意赅地表达了这种态度。我在荃湾地区找到了一块咸丰年间（1851—1862 年）的碑，上面所刻的 120 个字可作为这类证物。正如 Sir George Staunton 在 1810 年声称的那样，重视家庭和服从父母权威是"中国政府重要而四海皆同的工作原则"，"直到今天这个原则仍旧靠成文法和公意而强有力地贯彻实施"。引自他所著 *Ta Tsing Leu Lee*；*being the Fundamental Laws*，*and a Selection from the Supplementary Statutes of the Penal Code of China*（reprint ed. Taipei：Ch'eng-wen，1966），pp. xviii-xix。

15. 见到庚谱的人们来自港岛、大屿山和荃湾。

16. 陈琴生所辑《家礼帖式集成》的 1842 年序（更早的序写于 1770 年）由一位无名氏所撰，序言暗示了这一点。成书于中华民国早期的一本关于礼仪的新式指南更为直截了当。书中说很多人仍旧使用清朝时旧式烦琐的庆典仪式，由于仪式非常重要，现在政府正在力图制定（新式）标准化的婚礼、葬礼和社交制度，目的是取缔铺张浪费、欺骗和迷信。这显然暗示这些缺陷为旧式仪式所特有！《国民日用百科全书》卷四，1页，上海，广益书局，1930。

17. 这些被称为“讣文”（foô mān），广东话是“哀思录”（noî sz lûk）。

18. Daniel H. Kulp Ⅱ，*Country Life in South China，The Sociology of Familism*（New York：Columbia University Press，1925），pp. 278-279. 在广东，历书被称为“通胜”。严格说来应该叫“通书”，但是在民间使用时改成“通胜”，因为“书”的读音与“输”相同（在赌博时不说这个字），尤其是在新年伊始，绝不说这个字。

19. 我所访谈的大部分是荃湾村民。关于历书的内容见 Adele M. Fielde，*Pagoda Shadows，Studies of Life in China*（Boston：Corthell，1884），p. 79；Mrs. J. G. Cormack，*Everyday Customs in China*（Edinburgh：Moray Press，1935），chap. 1；Juliet Bredon and Igor Mitrophanow，*The Moon Year：A Record of Chinese Customs and Festivals*（Shanghai：Kelly and Walsh，1927），pp. 13-17；Robert K. Douglas，*China*，2nd ed.，rev.（London：Society for Promoting Christian Knowledge，1887），pp. 299-310。人们也使用历书为孩子挑选发蒙的黄道吉日；见 Irene Cheng（郑何艾龄），*Clara Ho Tung：A Hong Kong Lady，Her Family and Her Times*（Hong Kong：Chinese University of Hong Kong，1976），pp. 66-67；K. M. A. Barnett，“The Measurement of Elapsed Time in Hong Kong：The Chinese Calendar；Its Uses and Value”，in *Some Traditional Chinese Ideas and Conceptions in Hong Kong Social Life Today*，ed. Marjorie Topley（Hong Kong：Hong Kong Branch，Royal Asiatic Society，1967），pp. 36-53，尤其是 pp. 48-50。

20. S. Wells Williams，*The Middle Kingdom，A Survey of the Geography*，

Government，*Literature*，*Social Life*，*Arts*，*and History of the Chinese Empire and its Inhabitants* rev. ed.（London：W. H. Allen，1883），vol. Ⅱ，pp. 79-80.

21. Lien-sheng Yang（杨联陞），*Studies in Chinese Institutional History*（Cambridge，Mass.：Harvard University Press，1963），pp. 36，38-42. 我在香港的书店中找到了一本类似的刻本，是单独出版的廉价本，虽然没有日期，但大约属于同一时期。
22. Kulp，*Country Life in South China*（见注 18），p. 279.
23. 对联经常体现当地传统和历史。以下是一个很好的例子：另一位生于 1898 年的学校先生写了如下的文字："当我年轻时，有一天我注意到位于屏山（香港新界青山附近）维新堂家庙大门上贴的一对立轴。上联是'门环碧水观龙跃'，下联是'地枕屏山听鹿鸣'。当时我有个叔叔，我问他这些文字是真有其事，还是为了表现文学风格而引经据典。他说：'一个有举人功名的文人……写了这副对联。'然后他讲了以下的故事……"见登载于 1962 年 3 月 24 日《新界周刊》上的文章，在文章中作者解释了关于对联的传说。

    香港南海沙头同乡会 36 周年公报在 101~110 页上刊登了广东南海县沙头镇分区在房屋建筑上搜集到的饶有兴味的清代对联。公报发表于 1964 年。
24. Evelyn S. Rawski，*Education and Popular Literacy in Ch'ing China*（Ann Arbor：University of Michigan Press，1979），pp. 46-52，125-139；Wells Williams，*The Middle Kingdom*，vol. Ⅰ，pp. 526-541，572-577.
25. 荃湾市场街并不很大。1911 年左右，约有 30 家各种商社店铺营业，其中有一家百货店售卖儿童阅读的简单书籍，主要是教育类。不过香港似乎是个兴旺的书籍中心。港英政府在 1891 年所进行的普查中列出了 57 个刻书坊，122 个书籍装订社，见"Occupations in Victoria and Villages"，*Sessional Papers 1891*，Table XV，p. 394。

26. Rev. E. J. Hardy，*John Chinaman at Home，Sketches of Men，Manners and Things in China*（London：T. Fisher Unwin，1907），p. 205. Wells Williams，*Easy Lessons in Chinese or Progressive Exercises to Facilitate the Study of that Language Especially Adapted to the Cantonese Dialect*（Macao：Office of the Chinese Repository，1842），pp. 210-220中可以找到很多中文的以及翻译为英文的书信格式。亦见 James Summers，*A Handbook of the Chinese Language Parts Ⅰ and Ⅱ Grammar and Chrestomathy*（Oxford：University Press，1863），part Ⅱ，pp. 32，89-91。其他类型的书信样本的译文，包括为了孩子的婚事写给媒人的信和媒人的回信，写给那些通过捐纳和考试得到功名的人的信和他们的回信，见 Mrs. Arnold Foster，*In the Valley of the Yangtze*（London：London Missionary Society，1899），pp. 45-46，62-63。在上海和香港这类港口城市，对书信指南的强烈需求也进入了英文领域，在这些城市中，希望在洋行中求职的聪明男孩需要这类指南；见 Carl Crow，*400 Million Customers*（New York：Pocket Books，1945），pp. 72-77。

27. 后来又出版了一本名为《改良增广写信必读》的书信指南，包括此书的很多内容，《改良增广写信必读》在广州、香港和上海诸地发行，出版日期为宣统年间和民国初年。但是我直到最近才发现《改良增广写信必读》同正文中所提到这本书的相似之处，S. Wells Williams 在其著作 *Tonic Dictionary of the Chinese Language in the Canton Dialect*（Canton：Office of the Chinese Repository，1856）使用正文中的书作为基础，pp.xi-xii。

28. 见《改良增广写信必读》一书中题为“修订增补本原则”的前言（未注明日期，但是可能同“序”一样写于 1913 年）。该书虽然重复了很多以前的内容，但是其修正和增补也体现了新式风格。

29. 例如，见 Fu-mei Chang Chen（张陈富美）and Ramon H. Myers，

"Customary Law and the Economic Growth of China during the Ch'ing Period", *Ch'ing-shih wen-t'i*（《清史问题》）3.5 and 3.10（November 1976 and November 1978）。经再三思考，似乎显而易见，由于中国社会经济关系中的多样性和复杂性，即使是普通社会阶层也必须使用大量的文字材料。将女婴送到佛堂要有红色遗弃契约为凭据，不同家族间男人结拜为兄弟要有文件证明此事，家族复杂的分产事宜或是变卖田地也要有文件证明，所有财产转让都需要中人证明，以防止意外发生。

30. James Hayes，*The Hong Kong Region 1850-1911：Institutions and Leadership in Town and Countryside*（Hamden，Conn.：Archon-Dawson，1977），pp. 124-135.

31. 在《哈佛大学哈佛燕京学社图书馆藏明代类书概述》一文中，裘开明描述并分析了四库全书目录中的 65 部明代通书大全和参考书，载《清华学报》，新版，第 2 卷，第 2 期，93~115 页，1961 年 6 月。他对另外 46 部没有载入四库全书目录中的明代通书大全和参考书也进行了类似分析，见《四库失收明代类书考》，载《香港中文大学中国文化研究所学报》，第 2 卷，第 1 期，43~58 页，1969 年 9 月。

32. 见一位高官就这个题目的声明，印于《策学备纂》这部多达 32 卷的综合百科大全的扉页，此书由上海点石斋在 1900 年刊印。

33. 最经常的修订是针对讨论婚姻和死亡的章节进行的，其中往往包括旧式和新式两种称呼、格式、礼仪，以供读者根据家庭所需来选择。

34. 见 *Journal of the Hong Kong Branch of the Royal Asiatic Society* 20：168-183（1980）中列出的中文书单。

35. Wolfram Eberhard，*Cantonese Ballads*（*Munich State Library Collection*）（Taipei：Orient Cultural Service，1972），p. 1. Leung Pui-chee（梁培炽），*Wooden-Fish Books：Critical Essays and an Annotated Catalogue Based on the Collections in the University of Hong Kong*（Hong Kong：Centre

of Asian Studies, University of Hong Kong, 1978)一书对广东说唱中以“木鱼书”而得名的一类做了详尽考察。

36. 关于五桂堂书坊，见 Leung，*Wooden-Fish Books*，pp. 253-256。

37. Kulp，*Country Life in South China*（见注 18），p. 279.

38. Cheng Tien-fang（程天放），*Oriental Immigration in Canada*（Shanghai：Commercial Press，1931），pp. 17-18. 男女间的授受不亲也反映在对中国传教组织的设计和安排上。J. A. Turner，*Kwang Tung or Five Years in South China*（London：S. W. Partridge，c. 1894），p.38 写到广州增沙街的卫斯理公会小教堂（Wesleyan chapel），说“根据中国人举止得体的观念，在教堂中间设一隔断，使男人无法见到女人”。

39. Lin Yutang（林语堂），ed.，*The Wisdom of China and India*（New York：Random House，1942），p. 1092. 这解释了为什么要像《日用百科全书》（王言论等撰，两卷，上海：商务印书馆，1919—1920）这样，将为数众多唐宋诗人的联句列在标题下，供各式各样的场合使用，见卷一，篇十五，20~30 页。

40. Wells Williams，*The Middle Kingdom*，vol. Ⅰ，p. 692.

41. George Henry Mason，*The Costume of China*，*Illustrated by Sixty Engravings with Explanations in English and French*（London：Printed for W. Miller，1800）一书中包括走街串巷的书贩。亦见 M. Bertin and M. Breton，*China*：*Its Costumes*，*Arts*，*Manufactures etc. Translated from the French*（London：J. J. Stockdale，1812），vol. Ⅱ，p. 10：“同欧洲一样，中国也有书商的铺子和仓库：这幅图片的主角是摊贩或者沿街叫卖的书贩，他不出售经典书籍，他为较下层人们提供故事和唱本。”亦见 Jules Arène，*La Chine Familière et Galante*（Paris：Charpentier et Cie，1876），p. 5；以及 Rawski，*Education and Popular Literacy*（见注 24），pp. 11-12。

42. Sidney D. Gamble，*Peking*：*A Social Survey*（New York：George H.

Doran，1921）一书的 appendix 7，p. 475 以比较的方式，列出了一份有意思的单子，包括 23 本书；北京的说书人使用这些书中的故事。Stewart Culin 有关 19 世纪 80 年代在美国的一般中国人生活的三篇文章（均由 Lynn White Ⅲ为我提供），列出了与他们的阅读资料、习惯和娱乐有关的信息，这些资料很有用处，特抄录如下："Popular Literature of the Chinese Laborers in the United States"，*Oriental Studies：A Selection of Papers Read before the Oriental Club of Philadelphia，1888-1894*（Boston：1894），pp. 52-62；"Customs of the Chinese in America"，*Journal of American Folk-Lore* 3.10：191-200（July-September，1890）；以及"The Gambling Games of the Chinese in America"，*Publications of the University of Pennsylvania，Series in Philology，Literature and Archaeology*，1.4：1-17（1891）。这三篇文章中的第一篇指出，"在美国华工中最流行的中国文学是传奇、戏剧和唱本，其余还有民间文学，包括关于占卜和其他形式的算命书籍、'白鸽彩票'，还有使用算盘的书、医药书、学校课本、历史书、词典和书信写作指南"（包括注 27 中提到的书籍）。亦见 Alvin P. Cohen，"Notes on a Chinese Working class Bookshelf"，*Journal of the American Oriental Society* 96. 3：419-430（July-September 1976）。

除了手册之外，历史项目团队还发现了两个"图书馆"。一个（1981 年）位于西贡北部的海下村，归此地一个边缘小村中的"富农"类村民所有。另一个（1982 年）归荃湾海坝集市村中的一家人。第一家的收藏有 300 多本书，第二家的收藏有 100 多本。Patrick Hase 博士对海下图书进行了编目，计划出版；海坝图书的所有人将图书捐赠给了市政总署（Urban Services Department）；见 1982 年 5 月 27 日香港中英文报纸带插图的叙述。

43. 我只有本书的卷三和卷四。

44. 见 Hardy，*John Chinaman*（见注 26），p. 206；Field，*Pagoda Shadows*

（见注 19），p. 280；Wells Williams，*The Middle Kingdom*，vol. I，p. 577；以及 Samuel Beal，*Buddhism in China*（London：Society for Propagating Christian Knowledge，1884），pp. 4，96-97，186 及以后诸页，247-248。关于所接受的基督教小册子，见 Hannah Davies，*Among Hills and Valleys in Western China*，*Incidents of Missionary Work*（London：S. W. Partridge，1901），pp. 68，210，275；以及 W. T. A. Barber，*David Hill*，*Missionary and Saint*（London：Charles H. Kelly，1903），pp. 115-116。

45. 两个典型事例是关于华南民间神祇天后和金花夫人的编纂物。关于出版物的标题，见 *Journal of the Hong Kong Branch of the Royal Asiatic Society*）20：183（1980）。

46. Charles Rey，*Conversations Chinoises*：*Prises sur le vif avec Notes Grammaticales*：*Langage Hac-Ka*，reprint of 1937 ed.（Taipei：Chinese Association for Folklore，1973），pp. v，244，414 及以后诸页，540 及以后诸页，588 及以后诸页。

47. 莱斯大学的 Richard J. Smith 评论说："到帝国晚期，'礼'已经囊括宗教和世俗仪式的各种形式，全部社会惯制、仪式以及主宰中国人际关系的规定、传统和规范。"见他的文章"The Cultural Role of Ritual in Ch'ing China"，提交于 ACLS-NEH Conference on Orthodoxy and Heterodoxy in Late Imperial China：Culture Belief and Social Divisions（Montecito，California，1981）。

48. Monlin Chiang（蒋梦麟），*Tides from the West*，reprint of 1947 ed.（Taipei：China Cultural Publishing Foundation，1957），p. 29. 这种宿命论的态度显然在悠长的儒学时代都十分普遍。见 C. K. Yang（杨庆堃），"The Role of Religion in Chinese Society"，in *An Introduction to Chinese Civilization*，ed. John T. Meskill（Lexington，Kentucky：D. C. Heath，1973），pp. 662-663。

49. 例如，见 J. J. M. de Groot，*The Religion of the Chinese*（New York：

Macmillan，1910），p.32：“中国人的教义、信条、公理和根深蒂固的信念都认为神灵存在，它们同活着的人保持最活跃的交流——几乎同人与人之间一样亲密。在每一方面这种交流都很活跃。不仅带给人好运，也带给人厄运。神灵因此有效地主宰着人类的命运。人希望神灵赐福于他，但也害怕神灵加害于他。很自然，在中国人们的宗教活动围绕鬼神进行，唯一的目的是转移它们的愤怒和愤怒带来的邪恶，确保获得它们的好心和帮助。”还有 Mrs. Cormack 在“*Everyday Custom*”（见注 19）中的两章，一是“The Influence of the Spirit World”，二是“Spectres and How to Deal with Them”，见 pp. 231-256。亦见她在 p. 231 所述：“所有住在中国并研究中国人的人都知道这种影响有多么强烈和真实……事实是他们充满对神灵、鬼怪和恶魔的迷信式恐惧；他们认为鬼神无时不在，无处不在。”

50. 见 Stephen D. R. Feuchtwang，*An Anthropological Analysis of Chinese Geomancy*（Vientiane：Editions Vithagna，1974）；M. Freedman，“Geomancy”，in *The Study of Chinese Society*，*Essays by Maurice Freedman*，ed. G. William Skinner（Stanford：Stanford University Press，1979），pp. 313-333。

51. Hugh Baker 在他所著 *Chinese Family and Kinship*（London：Macmillan，1979）一书 appendix Ⅱ中引用了一个关于“风水纠纷”的精彩例子。R. F. Johnston 在他所著 *Lion and Dragon in Northern China*（London：John Murray，1910），pp. 118-120，264-270 中详细说明了风水先生和同行阴阳先生的活动。

52. 见香港青衣涌美陈氏族谱；副本收藏于香港大学中文图书馆和犹他家谱学会图书馆（耶稣基督后期圣徒教会）（the Library of the Genealogical Society of Utah [Church of Jesus Christ of Latter Day Saints]）。

53. 原始笔记包括在香港大学亚洲研究中心所藏的广东资料中。

54. 我有一个熟人是个住在大屿山贝澳咸田村的 70 岁的喃呒佬；他的家人

在他死后焚毁了他所有的书籍笔记，我未能在事前得知。

55. 这尤其适用于对个人和祖坟的占星术预测；由于其高度的私人目的，这些资料通常以手稿的形式保存。算命师的预测可能简短，也可能详尽。短的称为“小排”，长的称为“大排”。这些记录通常不告诉其他人。因为如果另外一个人知道详情，并且此人存心不良，他 / 她就可以通过对风水做手脚，如将他 / 她家附近的树砍倒，掘一条沟，竖一个柱子等，从而为当事人带来厄运、疾病，甚至死亡（我要感谢我在香港的朋友萧国健 [Anthony Siu Kwok-kin] 提供了这些信息）。此外，对坟墓的描述是有关个人、各房乃至整个宗族的私人文件。这是风水师为特定坟墓或是数座坟墓的风水特征所撰写的文件。我在搜集的过程中只见过几件，但是有充分理由相信还存在很多。

56. Mrs. Arnold Foster，*In the Valley of the Yangtze*（见注 26），pp. 99-100.

57. 同上书，p. 100。

58. James Livingstone Stewart，*Chinese Culture and Christianity*（New York：Fleming H. Revell，1926），p. 180. 历书中通常有一部分讲述符箓。

59. 同上书，p. 250。

60. 见 Michael R. Saso，*The Teachings of Taoist Master Chuang*（New Haven：Yale University Press，1978），pp. 128-132。

61. 一个在荃湾施行保护性仪式的喃呒佬使用他师傅留给他的手写本，此书写于光绪年间。在位于大屿山东涌的一个叫上岭皮的村子里，70 岁的村代表给了我（1980 年）一张折起来的红纸条，上面的字是他抄自 25 年之前，用于在寺庙中所举行的、一种当地称为开光神子的奉献仪式。字条的第一部分邀请很多乡村神祇来参加仪式，第二部分是将他们送回天上（我要感谢田仲一成教授所做的解释）。仪式专家们在各地都要同很多神明打交道。新界荃湾分区下葵涌的村代表告诉我，当他的村子在 1964 年搬迁时，他曾召集 46 位神灵共同居住到一座新庙去（但是在庙外没有标志表明供奉的神祇）。

62. 我的专著 *The Rural Communities of Hong Kong*：*Studies and Themes*（Hong Kong：Oxford University Press，1983）chap. 13 "Occasional Protective Rites" 中描述了这类仪式。农村社会认为这些仪式极其重要。

其他常见的集体行动的形式还有从田野中驱逐害虫和疾病的巡游，以及在干旱时的求雨仪式。仪式专家和普通百姓均参加这些活动。在一封写于 1877 年 7 月 7 日的信中，英国传教士 David Hill 描述了湖北广水的一个求雨队列："人们一直在求雨。他们从临近的庙宇中排成队列，队伍中抬着一个巨大的、难看的神像，一两个男人举着燃烧的香火，一个道士声嘶力竭地念着某种咒语。队伍中主要是农民，每个人手中举着一根竹枝，上面系着一个三角形的纸片，上书祈祷词。祈祷词几乎都是四言，如'速降甘霖，以救苍生'。" Barber，*David Hill*，p. 140.

63. 有关法律条文，见 Staunton，*Ta Tsing Leu Lee*（见注 14），pp. 175，179，273，310，548-549。亦见 Derk Bodde and Clarence Morris，*Law in Imperial China Exemplified by 190 Ch'ing Dynasty Cases Translated from the Hsing-an hui-lan*（Philadelphia：University of Pennsylvania Press，1967），pp. 272-273，288-290。在这类事上存在双重标准，一方面体现在公众和政府持不同的态度，另一方面在于实际情况。因为不论哪个社会阶层，几乎所有人都求助于上述三类行家方士。（见 Parker，*John Chinaman* [见注 10]，p. 284；以及 J. O. P. Bland and E. Backhouse，*China under the Empress Dowager* [Peking：Henri Vetch，1939]，pp. 119-120，123，见 1878 年监察御史吴可读之例。）我们可能应该对那些学有专长的术士和那些教育水平很低、专事欺骗百姓的人加以区分。否则我们无法解释为什么朝廷任命专家编纂官方历书，而另一方面却对其他非官方编纂但是在各省广为流行的历书加以限制。

64. Stewart，*Chinese Culture*（见注 58），pp. 123-129，218.

65. 例如，见 Jacques Gernet，*Ancient China from the Beginnings to the Empire*（London：Faber and Faber，1968），pp. 65，115。

66. Stewart，p. 128. 因为 Stewart 将第一类称为"卦"（Kwa [kua]），但对其他没有给出名称，所以我对占卜板和竹签用罗马文字写下广东话发音。对文武（Man Mo [wen-wu]）庙中所使用算命单的最饶有兴味的翻译刚刚在香港发表。见 S. T. Cheung 根据传统著作所编 *Fortune Stick Predictions Man Mo Temple*（Hong Kong：Tung Wah Group of Hospitals，1981）。我的老师兼朋友 Francis S. Y. Sham 编写了有关观音庙的类似著作，也由东华三院在 1983 年出版。

67. 见 Edward H. Hume，*Doctors East Doctors West*：*An American Physician's Life in China*（London：George Allen and Unwin，1949），p. 77。

68. 在 *In the Valley of the Yangtze* 一书中，Mrs. Arnold Foster 写道："人们有时说（因为不相宜或是仇恨的影响），在有些婚礼或是葬礼时应对某种动物属相的人心怀恐惧，因而回避他们，所以这些属相的人不应参加仪式。"（p. 68）据我所知，在不同社区定期举行保护性仪式，或是为特殊原因而不定期举行仪式时，人们仍遵从这一惯例进行安排。就一般知识而言，见 Theodora Lau，*The Handbook of Chinese Horoscopes*（New York：Harper & Row，1979）。

69. 香港新界西贡墟的天后古庙中有一座碑，记录了庙宇于 1916 年重建的情形："天后元君吉向庚山甲兼申寅。正座兴工拆卸，择丙辰年四月十五癸丑日酉时初刻；架马修料，择四月十八丙辰日酉时吉；正座升梁，择四月廿三辛酉日辰时正一刻五分吉；……封龙口，择七月三十丁酉日巳时正初刻吉；进火开光崇升，择八月十六癸丑日丑时正初刻吉。"

70. Lionel Giles，*An Alphabetical Index to the Chinese Encyclopaedia Ch'in Ting Ku Chin T'u Shu Chi Ch'eng*（London：British Museum，1911），

列在恰当的题目之下。有一部出版于 1895 年的书信写作汇编，但是可能实际上远为古老，此书被称为《增新详注》，卷四“技艺类”中包括医药、占星术、占卜、风水、相法、写作、艺术和印刷。这本书的开篇章节列出了书名“（增新详注）三百六十行尺牍”中所包括的职业。C. Campbell Brown 给了我们一个有用的提醒，他说这些行业或是职业可以兼任。见 C. Campbell Brown，*A Chinese St. Francis or The Life of Brother Mao*（London：Hodder and Stoughton，1911），p. 199，此书关注 19 世纪后期的福建省，提到一个信徒的父亲集“风水师、郎中、灵媒和算命先生”于一身。

71. Holmes Welch 在 1948 年评论杭州灵隐寺的一位算命先生说:（他）坐在桌前，身边围着各式各样的助手，他似乎“是个受过教育、多才多艺的人。在中国占卜可以是个受人尊重的职业”。见 *The Buddhist Revival in China*（Cambridge，Mass.：Harvard University Press，1968），p. 131 与 p. 132 之间的一幅照片的标题。Skinner 教授提出的理论指出，“中华帝国晚期地区性社会制度以特殊人才出口作为利益最大化策略”，饶有兴味的是发现这一理论是否可以应用在微观（当地）层面，用于这里所讨论的各种各样的行家方士。尤其是关于风水先生，我们需要做进一步研究。见 C. William Skinner，“Mobility Strategies in Late Imperial China：A Regional Systems Analysis”，in *Regional Analysis*，ed. Carol A. Smith（New York：Academic Press，1976），pp. 327-364。

72. Rev. Bernard Upward，*The Sons of Han*，*Stories of Chinese Life and Mission Work*（London：London Missionary Society，1908），pp. 42-43.

73. 第一本引自手稿汇编《吉礼录》，小标题为“嫁娶便览”，显然来自广州，出版于癸亥年（1923 年）。第二本引自广州出版的一本书，书名为《新订帖式简要》，修订版，1920 年。

74. 这些手册没有标注页码，它们正处于被图书馆收藏和使用的准备过程中。这本特定手册曾属于上葵涌曾氏宗族的一个成员（*Gazetteer of Place Names*，p. 150）。所提到的村庄械斗见我的笔记，“A Village War”，*Journal of the Hong Kong Branch of the Royal Asiatic Society* 17：185-186（1977）。

75. 这本手册目前属于荃湾大屋围的张氏宗族，但在当地居民因为 1956 年修水塘搬迁以前，这家人住在大榄涌附近的关屋地（*Gazetteer*，p. 156）。

76. 见注 74。

77. 我访谈人的叔祖曾光玉（1851—1933 年）也值得一提。他出身于主村上葵涌的一个小支村，称为油麻磡，他的祖父在嘉庆年间就定居在那里。他家的房屋比村人要好。正如精明强干的人通常做的那样，他掌管着某种宗族信托基金。而且他在城里工作，是九龙城巡检司衙门中的书办。两重身份合二为一，使他在当地德高望重。有意思的是，他的宗族最近重修祠堂时，展示出武城曾氏一族自古以来所有的著名人物作为装饰；以孔子主要弟子曾参（公元前 505—前 436 年）为始，包括曾国藩（1811—1872 年），最后便是此人！

78. C. K. Yang，*Chinese Communist Society*：*The Family and the Village*，paperback ed.（Cambridge，Mass：MIT Press，1965），p. 182. 绝大多数乡村教师的工资很低。J. Campbell Gibson 记载说，在广东东北部的潮州地区，教书先生们靠代写书信、算命、写对联，甚至于为打官司的人代写状子来补充收入的不足。见 Gibson，*Mission Problems and Mission Methods in South China*（Edinburgh：Oliphant，Anderson and Ferrier，1902），pp. 132-133。

79. 我的专著 *Rural Communities of Hong Kong*（见注 62）的 appendix 2 “Moving Ancestors” 中对荃湾区祠堂重建后的开放仪式有两段简短的说明。

80. 在 T. C. Lai（赖恬昌），*Chinese Couplets*，2nd ed.（Hong Kong：University Book Store，1970），pp. 7，17，28，37，40，54，以及全书中都可以

找到一些这类永久性装饰的例证。在 Ernst Boerschmann 所著 *Picturesque China，Architecture and Landscape*（London：T. Fisher Unwin，c. 1920）一书中，在为建筑所摄的近照上可以见到很多其他这类装饰。

81. 见 Francess Hawley Seyssel 所附 160 幅“Chinese Art Symbols”，见 W. M. Hawley，*Chinese Folk Designs*（reprint ed. New York：Dover，1971）。其中列出的很多图案出现在香港地区较老的房屋上，以及在室内和个人物品上。C. A. S. Williams，*Outlines of Chinese Symbolism and Art Motives*，3rd rev. ed.（1941；reprint ed. New York：Dover，1976）一书中包括对这个主题有关资料的有用概括。亦见 Schuyler Cammann，“Types of Symbols in Chinese Art”，in *Studies in Chinese Thought*，ed. Arthur F. Wright（Chicago：University of Chicago Press，1953），pp. 195-231。

82. James George Scott，*France and Tonking*，*A Narrative of the Campaign of 1884 and the Occupation of Further India*（London：T. Fisher Unwin，1885），pp. 319-320.（按：关于 Further India 这个概念，Hugh Clifford 的同名著作中涵盖了缅甸、马来亚、泰国和印度支那，书中还涉及了中国云南，因为正是在 1884 年中法战争后越南成为法国殖民地。参见 Hugh Clifford，Further India [New York，1904]。）

83. Wells Williams，*The Middle Kingdom*，vol. Ⅰ，p. 469.

84. 同上书，vol. Ⅰ，p. 509。E. Bard，*Les Chinois chez Eux*（Paris：Librairie Armand Colin，1904），p. 179 描述了枷。亦见 Charles Commeaux，*La Vie Quotidienne en Chine sous Les Mandchous*（Paris：Librairie Hachette，1970），p. 165 和 p. 250 注；T. L. Bullock，*Progressive Exercises in the Chinese Written Language*，3rd ed.，rev. by H.A. Giles（Shanghai：Kelly and Walsh，1923），此书同 Bard 书相反，说枷通常在夜间被取下。

85. Wells Williams，*The Middle Kingdom*，vol. Ⅰ，p. 511；Hayes，*The Hong*

Kong Region，p. 146.

86. Hardy，*John Chinaman*（见注 26），p. 232.

87. Archdeacon Moule，*New China and Old*，*Personal Recollections of Thirty Years*（London：Seeley，1891），p. 150；Frederic Wakeman，Jr.，*Strangers at the Gate*：*Social Disorder in South China 1839-1861*（Berkeley：University of California Press，1966）.

88. Kulp，*Country Life in South China*（见注 18），chap. 9.

89. 双周刊《乡土》杂志中也充满这种强烈的情绪，此杂志出版有关节日、民俗和习俗的一般资料和当地资料，丰富多彩，尤其关注广东东北部，有时也涉及福建（此杂志于 1957 年 1 月在香港由新地出版社开始出版，出版年代长短不详）。*China Reconstructs* 月刊中刊登了很多各种各样的关于文化背景的有趣短文，从中也可以体会到这种感情。

90. L. A. Lyall，*China*（The Modern World Series）（London：Ernest Benn，1944），p. 96.

91. Rev. Justus Doolittle，*Social Life of the Chinese*，*with some Account of their Religions*，*Government*，*Educational*，*and Business Customs and Opinions*，*With Special but not Exclusive Reference to Fuchau*（New York：Harper Brothers，1865），vol. Ⅱ，pp. 167-170. 见 Hayes，*The Hong Kong Region*，pp. 96，233，注 44；Rev. H. J. Stevens，*Cantonese Apothegms Classified*，*Translated and Commented Upon*（Canton：E-shing，1902），pp. 9-10，30-31。

92. Rawski，*Education and Popular Literacy*，p. 14. 关于旧历新年时所张贴的吉祥对联和红纸，正如 Johnson 在关于威海卫的记载中所说，“一般百姓（他们很少识字）认为它们具有符箓的效力”。见 R. F. Johnson，*Lion and Dragon*，p. 194。这种态度也延伸到了历书上，就此 Kulp 在 *Country Life in South China*（见注 18）一书中如此道来：“如果不能阅读指示和建议，人们便选择下面有长篇文字的日子，因为他们认为长篇大论或是印成红字的段落尤其适宜从事重要事宜。”(p. 186)1980 年，在讨论 20 年前有多少人购买或是使用历书时，荃湾区一个村子中的耆老们对我也说了完全相同的话。在 *In the Valley of the Yangtze*（见注 26）一书中，Mrs. Arnold Foster 称：“当你将某些中国典籍在夜里放在枕头下，它们应该能驱逐恶鬼……”（p. 98）废弃的纸币也具有这种避邪作用。“盖房的人将一张纸币系在房子的主梁上，因为他们相信这类避邪物可以使家人免除各式各样的灾难。”（Bertin and Breton，China，Vol. II，p. 105）

93. 见 Hayes，*The Hong Kong Region*，p. 55，p. 216 注；Monlin Chiang，*Tide from the West*（见注 48），p. 34；以及 Douglas，*China*，pp. 254-265 关于新年娱乐的描述。盲说书先生和传奇说唱先生很受欢迎，“一个训练有素的女人最多能背几百本书，所有书的讲述长度都在 1 小时以上，大多数要用 3~4 小时，有的需要 6~9 小时讲完”（Mary Darley，*Cameos of a Chinese City* [*Chien-ning*，*Fukien*] [London：Church of England Zenana Missionary Society，1917]，p. 114）。关于戏曲，见 Barbara E. Ward，“Readers and Audiences：An Exploration of the Spread of Traditional Chinese Culture”，*ASA Essays in Social Anthropology*（Oxford：Association for Social Anthropologists，1973），vol. II，pp. 181-203。

94. Monlin Chiang，*Tide from the West*（见注 48），pp. 8-9.

95. John Francis Davis，*The Chinese*，*A General Description of the Empire of China and its Inhabitants*（London：Charles Knight，1836），vol. II，pp. 29-30.

96. 当然，在香港新界地区的 600~700 个村庄中，无疑也在广东的其他地方，可以发现各式各样的房屋，质量各不相同。（例如，骆克 [Stewart Lockhart] 在走访了当地很多较大村庄后，于 1899 年写出报告，对房屋情形评价是较好。）但是我所说的是更大量的较贫困、较小、较边远的乡村，这些乡村代表着更典型的农民大众。（骆克的报告刊登于 *The Hong Kong Government Gazette*，8 April 1899。骆克说一共有 423 个村庄，但是据我所知，村庄数量远远超过此数。）

97. Rawski，*Education and Popular Literacy*（见注 24），p. 140.
98. Thomas G. Selby，*Chinaman at Home*（London：Hodder and Stoughton，1900），p. 178.
99. John Lossing Buck，*Land Utilization in China*（Shanghai：Commercial Press，1937），pp. 467-470. 一个关于新界的事例（1950 年），见 D. Y. Lin，"Report of a Trial Survey of the Economic Conditions of 60 Families in the New Territories"，见 Thomas R. Tregear，*Land Use in Hong Kong and the New Territories*（Hong Kong：Hong Kong University Press，1958），pp. 61-65 和 appendix。
100. Sing King Su 引 自 Shu-ching Lee，"China's Traditional Family，Its Characteristics and Disintegration"，*American Sociological Review* 18：272 （1958）。
101. Shih-ch'ing Wang（王世庆），"Contracts and Other Old Documents as Sources for Family History and Genealogy in Taiwan"，in *Asian and African Family and Local History*），vol. 11，World Conference on Records，Salt Lake City（Corporation of the President of the Church of Jesus Christ of Latter Day Saints，1980）. 亦见他的三卷本 *Taiwanese Historical Documents in Private Holdings*，文献资料系列 Nos. 2，4，5 号（中文）（Taipei："National" Book Company，1977，1978，1980）。
102. 一般来说，似乎直到最近人们才开始使用或是搜集手写或手抄的手册和笔记。正如我的一位当学校校长的中国朋友所说，它们被忽略的原因是，那些对学术研究有兴趣的人并不认为这类资料有任何重要性，所以在中国，人们一般对这类文献视而不见。看看这是否也一直是研究中国的日本学者的看法，可能会是一件非常有意思的事情。

103. *Journal of Oriental Studies*（University of Hong Kong）II：145（1955）.

第 04 章

/ 明清不同层次的白话文学受众：个案研究

何谷理（Robert E. Hegel）

在中华帝国晚期，不同文化层次受众的行为准则之间存在区 112
别，这是个复杂且难以捉摸的主题。首先，我们必须根据为他们所提供的文本，来确定不同文化层次的读者；其次，我们要着眼于文本内容中清晰可辨的意识形态区别，以便对照比较这些文本。两个任务均不简单。因而在讨论这两个问题时，虽然我们至少可以尽量减少假设性陈述和推测，但是却无法完全杜绝。因此无可否认，本文既是对社会中文化差异的分析，也是对这类研究方法的解释；读者必须记住，我在每一阶段的结论都只是尝试性的。

为了进行个案研究，我挑选了一系列在明清时期撰写的白话小说和戏剧。但是这里所研究分析的文本数量太小，只构成对进一步研究可得出结论的建议。同样，一些文学作品和手法表现出行为准则上的区别，但是由于这些区别可能基于不同时间和地区，而非基于社会中的文化层次，所以我试图将它们排除在外。[1]
113 这个问题也很困难，单单靠这篇文章无法完全解决。但是根据我们目前对中华帝国晚期的精英文化与相对之大众文化的了解，我相信本文所得出的结论言之成理。等待将来的研究推翻、证实或是修正本文的结论。

/ 有关受众的初步考虑

区分中国白话文学作品读者的依据，充其量也只是寥寥无几。没有已知数据资料表明任何特定著作的印量，书籍往往也不会明确指出是为谁人而作。因此，中国文化的研究者们通常不得不依靠一种很成问题的方法，即对文本的语言风格进行评价，以便判定特定著作是为何人而写。[2] 显而易见，高度含蓄、引经据典、文言风格的文学作品是面向社会中最饱读诗书的阶层，他们是文化精英，通常也是社会精英；口头叙事，即一种半文半诗的讲唱文学（现在称为说唱文学）和白话戏剧，必定是为文盲听众量身定制；在二者之间的是第三种流派，即为识字的一般读者写作的白话文学。但是这些“一般读者”是什么人呢？可想而知，这类人包括上流社会的妇女、年轻人，商贾，朝廷中的下级官吏，店主之类，他们虽然粗通文墨，却没有受过充分的经典文学训练。但是，这种划分虽然道出了几分实情，却使人误入歧途：

语言风格本身不足以作为决定读者的标准。尤其是我们对白话风格的了解并不充分，所以它无法作为一种可靠的尺度。白话文学包括各种复杂程度不同的语言、各地方言和受大众影响的文字媒介。白话文字叙事和戏剧作品中的一些是为中国的文化精英而撰，一些是为目不识丁、受人欺压的百姓而作。

由于我们还不能根据白话文学的语言媒介来判定读者，我 114
以下试图只使用非语言证据，即文本自身的内在和外在形态，来进行判断。这类资料包括有关作者的生平传记、某种流派流行的社会环境、文学形式，以及诸如诗句和一般对话的作用之类内部特征。虽然，即使将所有这些加在一起，也并不如我们所希望的那样应有尽有，但是这些材料却可以支持（或是质疑）我们以前对明清文化层次所做的概括，以前的依据是更纯粹的假说。目前的证据显示，白话文学和戏剧的受众范围广泛，其中既有文化精英，也有识字的非精英，还有目不识丁的百姓。我所使用的“受所众”（audience）一词指的是社会阶层或是群体，某本特定著作“特意”为他们编写；确定“真正”的受众需要不易获得的证据，如果这类证据确实存在的话。

/ 关于李密生平的故事梗概

为了对受众和行为准则进行个案研究，我挑选了一个故事综合体（story complex）的一部分，这个故事在很多世纪里在中国社会的所有阶层中广为流传。[3] 这是李密（581—618 年）的故事，是有关隋朝覆灭和李世民（600—649 年）建立唐朝的故事系列中的一个。李密在争夺天下的纷争中败北。本文所讨论的是所有能够得到的关于李密失败的存世明清各类白话文本，包括明朝初年的戏曲三部曲，一部 16 世纪中期的通俗编年史（popular chronicle）和一部改编的说唱叙事，两部 17 世纪的历史传奇，一部 18 世纪的战争演义（military romance），以及晚清的一出京戏。李密故事之所以满足本文研究的要求，是因为关于他的故事始自精英文本，然后扩展成群众性形式。明清白话文学通常取材于精英所撰写的著作，而非反之[4]，这就确保了故事的各种文本代表更多不同层次的受众。（李密故事的发展进程因此与刚正不阿的官吏包拯或者武松十分不同。包公是一个长故事系列的中心人物[5]；
115 同李密一样，武将武松是水浒故事系列中的一个重要陪衬人物。[6]）同样，所有文本对事件的总体刻画十分一致，所不同的只是重要的细节，尤其是对人物为何如此行动所做的解释。这些区别当然直接点出不同文本所体现的不同行为准则，这是本文的决定性主题。

有关唐朝建立的故事综合体以有案可查的史实为依据，所以历史记录可以作为李密传说的标准文本。为了确定每种文学或是戏剧文本的历史真实性，我们必须将它们同《旧唐书》和《新唐书》中对李密的记载加以比较，这两部史书中都有李密的传记；还应同编年史《资治通鉴》中记载李密鼎盛之年的段落进行比对。至于为何需要确定文学戏剧作品的真实程度，以下将做出解释。

至少在文人圈子中，《旧唐书》和《新唐书》这两部史书在明清 116
时期流通有限，而《资治通鉴》节选本却是学生、文人最为常见的参考书。（还存在为数不少的关于隋唐时期的非官方历史著作，但是这些书只在富有的藏书家之间流通。[7]）

对一些相关历史片段进行概括，将使我们的比较更加清晰。李密出身于中国西北部的贵族世家，为隋朝高官杨素所宠信。当隋朝统治开始动摇之际，李立刻加入由杨素之子所率领的叛军。但不幸杨素之子很快败落，李于 613 年投奔农民军首领翟让率领的瓦岗军。从此时起，民间叙事开始依据正史对事件的讲述（二者对这些事件的叙述一致）：起初，李密联合翟让，翟将领导权让与李密。但是当翟后悔自己的决定后，李迅速将翟杀掉了。到 616 年，李密控制了洛阳地区的反隋联盟，随后李军征讨杀死隋炀帝的宇文化及。在两军对垒的阵前，李辱骂宇文背信弃义弑杀如此信赖并有恩于他的隋炀帝，致使宇文氏顿失士气，被李密打败。不久宇文氏战死。此时只剩下三股力量争霸天下：李渊、王世充和李密。李的军队缺少军服，于是李密不顾谋臣们的反对，用粮食同王世充交换布匹。在粮草充足之后，王袭击李密并大败李军。李密不明智的军事策略使王世充军力大增。此时对于正统史家来说，忠诚成为至关重要的问题。李密先前的自高自大已荡然无存；因为愧对将领们的尊重，他试图自尽。众将之一王伯当阻止了李密，发誓永远效忠于李。于是李密决定投降大唐，以使自己和众部将有机会东山再起。起初像对其他投降的群雄一样，大唐皇帝李渊厚待李密，甚至将皇后家族的一位年轻女眷独孤公

117 主许配给李密。但是很快李密开始失去唐朝皇帝的宠信。不久李渊派李密去安抚他昔日辖下的百姓，但是当李密启程后，李渊改变心意，将李密召回。李密对皇帝改变主意的动机疑虑重重，决定反戈一击。在劝阻无效之后，忠心耿耿的王伯当至死追随李密，直到他们中了唐朝军队的埋伏。李密被俘后遭处决，时年 37 岁。

具有讽刺意味的是，历史上的李密对于其他人应该遵守的义务和责任如此了如指掌，却不愿奉行自己的主张。他在战场上对宇文化及的斥责，王伯当对主人至死不渝、热情洋溢的誓言，甚至于唐朝皇帝赐他妻室、封他爵位的恩惠，都未能打动这个明显刚愎自用的人。对于正统史家来说，这些都只是摆姿态；他们将李密归为盗匪之流。毫无疑问，对于历史学家来说，李密的失败是他自己造成的。虽然能够识别其他人的才干，并具有领导才能，但李密时常对甚至是最诚心诚意的劝诫也置若罔闻。[8] 其结果是，他完全不具备一个称霸天下的豪杰不可或缺的品质。现在我们来考虑李密故事的各种白话文本，以便比较为明清中国各种文化层次的人所提供的行为准则。

/ 小说和戏剧变体

将李密传说文学化的最早白话文本是一系列 14 世纪杂剧。在元代这种艺术形式获得了很大的商业性成功；在北方都市戏院中，杂剧独领风骚，观众包括社会中的各个阶层。它的唱段中时常引经据典，所以听众中的三教九流可能无法完全听懂，但是过后通常对每个唱段的大意用散文进行概括。教育背景不同的听众们必定都能够听懂散文部分。就社会背景来说，元代杂剧最初的 118
受众包括那些只粗通文墨，尤其是目不识丁的百姓。[9]对于有关李密的戏剧，我们有理由得出同样的结论。

在元朝和明朝初年，关于唐代豪杰的短篇杂剧数目众多，内容各异，因此唐代立国之时南征北战的事件必定在当时的戏院观众中十分流行。对于一长串有关唐朝创立的杜撰故事，现存戏曲只能捕捉重要的主题，展现数位言过其实的英雄——以及奸贼——彼此关联的冒险，于是民间传说发展演变，填补了历史中人物传略留下的空白。在这些故事中，李密变成了一个十足的奸贼。

在这种集唱段和对话于一体的形式中，为了易于理解，出现在杂剧舞台上的都是程式化人物。每个人物的道德品行一望便知。这种结构紧凑的艺术形式不易展示道德上的隐晦不明，所以义行壮举和秽行劣迹是关注的中心。杂剧强调指出李密不忠不义的行为和动机，比如他亵渎神圣，捣毁了纪念忠心耿耿的周公的庙宇，而且背弃了对一位神祇立下的誓约。李密的背信弃义从理性的政治舞台转移到神异的宗教领域，这表明了学术性历史记载同民间历史剧之间的重要差距。在所有这些戏中李密都不是男主角（正末），而是被降格为配角（外）。这些戏关注的是王伯当、秦叔宝和谋士们，这些人物的忠勇、智慧因李密的在场而受到检验。

在所有这些早期杂剧中，难以置信的力量比比皆是。在这些戏中李世民是个强大干练的首领，但也很莽撞。在一出由郑德辉在 14 世纪编写的戏曲《老君堂》(祭祀老子的庙宇)中，李世民不听谋士有关厄运的劝告，到离李密营地不远的地方去打猎。虽然他实际上是打算窥测李密的动向，但是当他看到一头白色小鹿时，捕杀的冲动使他贸然接近敌人。李密的将领程咬金单枪匹马将李世民逐入一座庙里；在那里李密的另一个部将秦叔宝阻止程杀掉李世民。李密不听劝阻，坚持囚禁对手李世民，还扣押唐朝派来求告释放李世民的使臣。这种行为使李密的部将们——包括秦叔宝、魏徵和徐世勣——相信，同李世民相比，李密是个小人。李密因此不应统治天下，而唐朝显然受命于天。所以程秦二人伪造了李密赦免李世民和唐朝官吏的诏书，此后他们得以逃
119 脱。在戏的结尾，李世民在赦免曾想取他性命的程咬金时，又提到李密的失败。这位唐朝皇子的结论是，“岂不闻桀犬吠尧，非尧不仁，皆各认其主”。[10]

一出较晚的杂剧《魏徵改诏》写于明朝初年。开场时李世民的部将们宣誓对他的忠诚，其中一位预告灾难将临。李世民声称“这阴阳数术，也不可殢于面上”。可是他还是带领不少人去窥测李密的据点。当李世民劝秦叔宝倒戈时，秦严词拒绝。不过秦在庙中阻止程咬金杀掉俘虏，理由是唐朝皇子德行过人，而且李密是命令捕获而不是杀掉李世民。当李被关押时，魏徵一手策划，改写诏书，使他得以逃脱。在戏的结尾，徐、魏、秦投奔唐朝，并受到优待。[11]

在这一系列戏剧中，《四马投唐》是在明朝初年由无名氏所写的另一部作品。在这出戏里，当王世充因缺粮草向李密求借时，由于王是李的外甥，李密不顾徐世勣的反对而欣然同意。王因之大悦。王得知李密毁掉了祭拜周公的庙宇时，更是信心大增。周公是公元前 11 世纪时辅佐周朝开国之君的圣贤式人物，李密亵渎神圣会导致神兵降罪，这对王来说无疑是助力。紧接着发生了短暂的战斗，李密意识到自己的失败是罪有应得。当李密决定投唐时，王伯当责备他判断错误；对李密最不利的是他曾囚禁李世民，所以后者必会对他怀恨在心。但是李密别无出路，所以李密、王伯当和另外两位将领一起降唐。一开始李密在唐朝的都城颇受优待，但是李世民为报复而不断羞辱李密。李密无法忍受当众受辱，很快又叛唐。他和对他忠心耿耿的王伯当逃入崇山之中。走投无路之下，李密在山神庙中求签，可是以前他因妄用神剑而冒犯过这位神祇！由于无人相助，李密跳入峡谷自杀；虽然唐朝劝王伯当投降，但王置之不理，追随主人自尽。[12]

明朝中期的长篇历史叙事《隋唐两朝志传》（约 1550 年，以 120
下简称《两朝志传》）详细叙述了隋朝的覆灭以及大部分的唐代历史。在依次描写争霸天下的群雄时，同短篇杂剧相比，这部长篇大作对李密这个人物的刻画远为丰满。尽管力图模仿正史，然而这部书的匿名作者对历史学家关于李密失败更为理性主义的解释置之不理，却对传说性和离奇成分津津乐道。这些成分在以上提及的戏剧作品中比比皆是，可能也在口头传统中颇为流行。

在《两朝志传》中，当李世民躲在老君庙的供桌下时，空中有一条龙在这位唐朝皇子的头顶盘旋；秦叔宝认出这条龙预示“真主”（按：意为“真命天子”），所以阻止程咬金杀掉李世民。在这本书中李密的行为更加狂暴：他要以奸细的罪名处决李世民，魏徵好不容易才劝他罢手。李密唾弃唐朝皇帝要用土地交换皇子的提议，并痛打唐朝使臣。同样，魏徵伪造了李密的敕令放走李世民；魏徵、徐世勣和秦叔宝为不得不侍奉这个毫不足取的主公而扼腕叹息，他们发誓要尽快投奔大唐。发现俘虏逃走，李密暴跳如雷。当徐坚持说李密应同唐朝结盟时，李密更加愤怒，决定杀掉内部的反臣。

最后李密做出让步，释放了魏、秦、徐。当王世充求助粮食时，李密发现他的粮仓里长满了通体鳞片的带翅老鼠，这很不吉利。李密借给王世充粮食，但是，狡诈的王世充却以袭击李密作为回报。起初王世充在战争中失利，后来因为李密毁坏了周公的庙宇，周公托梦派神兵袭击李，帮助王复仇。结果是李密转胜为败，他开始感觉到四周都是恶鬼。李密认定上天已不再保佑他的事业，于是试图自杀。王伯当阻止了李密，并建议降唐。唐朝皇帝为了国家的兴盛而压下对李密的怒火（注意这里对李渊性格所做的重要修正）。但是李密因为李世民屡屡斥责他而感到羞辱，心情沮丧，遂欣然接受了王伯当的劝告，伺机叛唐。他对自己的新娘说了这个计划，新娘却唾弃他的不忠不义，暴怒的李密将她砍倒在地。如此一来李密、王伯当和一小群侍从只得逃走。李密和他信任的部将一起死在唐军冰雹般的箭矢之下，对于他们的叛逆不忠，这是理所当然的惩罚。[13]

不容易确定《两朝志传》是为什么样的读者而作。这部通俗编年史（志传）[14]的匿名编者（显然以14世纪罗贯中的文本为基础，在16世纪由林瀚修改）力图叙事完整、逼真，使人认为此书具有历史真实性。为此，他仔细列出参与行动的所有重要人物的姓名，注明每一卷中事件发生的年代；他显然是模仿正史中附加在传记后的“赞”，每一章以“评”为结语。《两朝志传》的第三十八回有一个结语短评，比较李密和项羽的区别，这似乎是根据新、旧《唐书》改编的[15]，不过写在这里似乎同书中人物毫无关联。我们在书中也发现一个号醴泉的不知名诗人写的咏史诗，赞美王伯当忠诚不渝，这位诗人的做法就像历史学家一样。[16]仅仅在一定程度上，《两朝志传》遵循理性主义叙事，将李密的失败归结为他自己行为的结果。这本书认为李世民受命于天，所以除非李世民证明自己不配继承大统，否则李密就无法逆转成命。作为天佑李世民的证据，天派龙去佑护李世民，却将老鼠和噩梦送给李密。尽管独孤公主吵吵闹闹，但在这个故事中，基本的忠诚只是多余之物。如《两朝志传》所述，李密的悲剧在于他企图同自己的命运抗衡。一旦失败，这本志传就将他置之脑后，永不再提。[17]这部凌乱的散文叙事取材于口述传统，尤其是舞台剧，将传说人物李密及其毫无希望的命运载入供人阅读的书写文本。 121

早期评话式历史叙事流行于元朝和明朝初年，这种通俗志传是其派生或延续；似乎像评话一样，它们为那些文化水平不足以阅读正史的人提供娱乐和教诲。这两种白话形式都以同样的手法使用甚至同一些诗人的诗词；元代评话和明朝志传一般都是章回体。在这些方面而且就使用语言而言，志传似乎代表一个进化阶段，衔接中国最初的长篇历史小说和17世纪充分发展的
122 历史演义。[18] 随后的观察将确认，这部著作确实是为粗通文墨的读者而作。

同《两朝志传》几乎同时出版的还有《大唐秦王词话》(以下简称《秦王词话》)，目前的版本于1550年左右问世。[19] 此书被认为是现存最早的鼓词，或是大鼓书，虽然此书的现代编者们承认，书写文本和口头表演的稿本之间存在着相当的差距。[20] 此书性质上的含混不明是由于散文加诗词，以及诗词所起的作用。
123 该书没有发展小说手法，书中五言、七言和十言诗句以及词不仅描述场景和服装等，而且也用散文的形式进行叙事。甚至有些对白也是韵文。很显然，《秦王词话》一书向说唱传统借鉴了这些形式特点，因此自然而然，它展示出的行为准则同为百姓上演的杂剧类似。在概括内容之后，我将继续讨论这本书的读者。

拥有秦王封号的是李世民。这部叙事记录他如何建功立业，并且在他的治下最终统一帝国。所有其他的人物都是陪衬；李密被描写成一个同秦王截然不同的失败者。伊维德恰当地赞扬了此书的中心冲突，即李世民效忠父亲（唐朝创立者李渊）的义务和对自己忠实追随者们——他们因他的个人德行而拥戴他——所负责任之间的冲突。这一冲突使这部著作具有贯穿始终的主题，这是结构上更为粗糙的《两朝志传》所缺少的。此外，通过屡屡穿插咏叹世事短暂无常的诗词，此书使秦王争夺权力的争斗具有了

悲剧性的讽刺意味。[21]

但是有一些场景同理性主义的倾向南辕北辙。《秦王词话》一书将李密描述成一个骄傲自大和背信弃义的人，所以他争夺天下的野心功败垂成，但是超自然的力量也参与其中，导致他万劫不复的厄运。生活在公元前 11 世纪的周公派飞鼠去毁灭李密的谷仓；由于他违背了禁止使用神剑的三项禁令，神话中的西王母收回了他拥有神力的宝剑。[22] 后一情节完全基于民间传说，同将李密的灾难归咎于本人行为的历史叙事全然不符。李世民同样成为本人无法认知、反复无常力量的牺牲者。在同另一个争霸天下的敌手激战之前，李世民所信任的谋士李靖警告说，秦王一不可游山玩景，二不可打围射猎，三不可开弓走马，否则有百日灾悔。唐朝军队正在取得胜利，敌人已被围困。为了消磨时间，李世民想到附近的北邙山上去瞧一瞧汉代帝王陵寝。卦师李淳风再次预言说，如果他不相信阴阳占卜，不在午时前返回，那么会厄运临头。正当李世民要回去时，一只鹿奔逃而过。李用箭射它，然后尾随受伤的鹿来到一座陵墓。墓墙的浮雕是一只腿上中箭的鹿，旁边是预示不祥的诗句，表明厄运临头。

临近正午时，李世民看到一座城，便拍马上前察看。城池的统帅李密命令部下将领前往攻击。程咬金上前，秦王李世民射出另一箭，射中程的腿后逃走。虽然在老子庙里的祈祷使李世民暂时逃脱，但他的灾难不可逆转：程咬金命令一个樵夫爬到树顶 124
上搜寻秦王。此人发现一条龙在秦王头顶盘旋，但是假装一无所见。可是惊慌失措的李世民一箭射中这个不幸家伙的喉咙，如此一来便暴露了自己。在秦叔宝的协助下，程咬金生擒李世民。当秦王被关在李密的牢中时，叙事者再次写诗责备李世民，虽然星象预示了他将来的帝王之尊，但他却不相信阴阳占卜。[23]

书中屡屡提到造成恶果的童话式无知。在第九回，由于李密无法杀尽谷仓中的飞鼠，一群老鼠在他眼前嗖嗖乱飞。他注意到其中一只通体金黄，硕大无朋。秦叔宝射中这只老鼠，所有老鼠立刻消失不见，留下一纸预言火灾的告示。这是鼠王的宣言。仓房的门口突然一再出现一张蛛网，李密被蛛网激怒，遂下令烧掉蛛网。突然神秘地刮起一阵风，火星四射，迸入仓房，甚至落到李密储藏黄金的金银库里，将一切都付之一炬。[24] 后来，争夺帝位的王世充使用手段收买李密的将领单雄信。他灌醉单，然后让自己的小妾睡到单的床上。因为和王的小妾同睡而冒犯了王之后，单面临两种选择，投降王或是死亡。他选择了前者。当李密开始担心为什么单还不返回时，他是如此轻信，只派去三个使臣向王打探单的下落。如此一来，同诡计多端的王世充相比，李密证明了自己是个彻头彻尾的傻瓜；王怀着恶魔般的喜悦对李密张开陷阱。[25] 同样，虽然忠诚的王伯当坚信，反叛唐朝是死路一条，李密却听从一个无足轻重的仆从，此人提出最不合情理的反叛建议。在书中，李密在死到临头时完全失去了能力，无法像个尊贵的统帅一样行事，甚至忘掉了基本的军事策略。[26] 但是理性同样也背弃了李世民。通过将无知的愚蠢同思想的理
125 性不连贯地融为一体[27]，此书使我们得到证据，证实作品结构所揭示的倾向。《秦王词话》一书既取材于供口头表演的民间说唱

文学，也得益于发展中的散文体历史叙事小说。虽然后来的版本具有自觉老练的文学光彩，但至少就其初期纯粹的词话形式而言，这部书的受众必定是基本上不识字的人群。我们所讨论的现存版本必定为读者群中较低阶层所撰，即那些虽然识字却不是精英的人。

不同背景和不同倾向的学者们将成熟的明清小说分成两大类，一类是有名有姓的文人作家为其他饱学的读者所写的作品，另一类是虽然识字却不精通典籍的作者匿名为粗通文墨、文化上不太高雅雕琢的读者所写的故事。现代的中国编辑们将前一类称为“古典小说”，重印了一些仔细点校、加以评注的文本。对另外一类往往大加删改，去掉其中的“封建思想”和“迷信成分”，称之为“通俗读物”。伊维德使用“文学小说”（literal novel）和“廉价读物”（chapbook）对二者加以区分。虽然夏志清坚决反对伊维德进行区分的标准，但他仍然认为应该分门别类。各持己见的原因是难于决定言之成理的标准。伊维德倾向于同意中国人的观点，将匿名作品，尤其是历史小说和“武侠小说”归入第二大类。

对于伊维德来说，语言风格是重要的衡量尺度，但夏志清轻而易举地质疑了它的可信度。[28] 伊维德还使用生产成本作为尺度，他认为价格昂贵、大开本、有很多精美插图的图书为有钱的读者所准备；廉价版本出售给不太富裕的人。虽然这是不言而喻的事实，但夏再次质疑它的相关性。夏指出有钱人并不一定在文化上高出常人，而且昂贵的版式并不一定只出版最伟大的艺术品。此外，以后的版本可能比第一版大为廉价（所以后来的读者可能同小说家最初锁定的受众不同）。为了对中国古代小说分门别类，伊维德寻找客观标准，而夏志清坚持认为，只有依据艺术复杂性
126 才能区分不同作品的读者群。[29] 两种方法各有千秋，合为一体便可以揭示我们力图发现的受众。

一般而言，当社会精英中饱读诗书的文人们专为其他文人写作时，他们通常在自己撰写的白话小说上署名。这些作品往往印刷精美，插图众多。而且总的来说，文人小说使用一些明显的文学手法，并赋予人物复杂的动机，因而与众不同。这类小说中最重要的一系列特点现在通称为“故事讲述者手法”（story teller's manner）。和 17 世纪那些成熟的话本短篇故事类似，这些小说通常使读者同叙事者进行虚拟对话，常常打断叙事，解释情节和人物塑造中所具有的含义。与此相反，为非精英读者所撰写的小说仅仅描述情节，凭情节自身打动读者，而不使用技巧拉开距离。文人小说也在每一章的结尾提供评论，从某种不同的角度继续对话：虽然评论者可能无非就是作者本人，但新的立场使他得以讨论从叙事者角度不宜探讨的问题，如小说结构、叙事技巧和历史真实性。为文人士绅而撰写的成熟作品中，经常穿插叙事者所撰写的诗词，或是他“引用”通常由无名的前人所作的诗词，有意放慢情节发展节奏。这些诗词描述人物、环境，或是对事件进行道德评价。[30] 文人小说家，或是夏志清所说的学者小说家，使用小说形式来满足特殊的思想需求：评论社会，议论朝政，哲学探索，自我表达，甚至于为了他们自己和朋友的娱乐。[31] 通俗作品

似乎以娱乐受教育程度不高的读者为主要任务。

在李密故事的各种形式中，同文本有关的[32]是两部 17 世纪 127
的文人小说，一部是诗人和戏剧家袁于令（1599—1674 年）所作的《隋史遗文》（1633 年）；另一部是学者兼出版人褚人获（约 1635—约 1705 年）所撰写的《隋唐演义》（约 1675 年，1695 年第一版）。两位作者都认为撰写小说是严肃的文学事业。袁于令认为文人应该能写出像《西游记》一样的流行经典文学。[33]他重编了至少一部早期历史小说，但是在《隋史遗文》中他倾注了自己的心血。在这本书的序言中，他假作打趣地说，当他还年轻而且默默无闻时，他就希望描述一位著名人物的早年岁月，用以补充正史编纂。袁书所展示的是一种成熟的戏剧观念，浸透感悟和幽默感，却充满对社会状况和君主制刺耳的警示。[34]褚人获是个出版家，编纂各种文集。作为出版人，他刻印了一部 16 世纪的神怪传奇小说《封神演义》，直到今天这还被视为标准版本。褚刻印的图书质量上乘；他的《隋唐演义》是第一流雕版印刷艺术的典范。它采用大开本，使用优质纸张，邀请一位艺术家绘制插图，并且在插图上签名。作为编者，褚显示出自己的博览群书；他编的逸事集中常常引用数百部作品。《隋唐演义》也表现出类似的学者风格。在书中，褚经常逐字逐句从数十本有关隋朝和初唐的文学作品或是野史中抄录片段。显然他是为那些像他一样熟悉史料的读者（即文人们）写作的。此外，小说的总体结构是实验性的，遵循当时精英阶层中流行的文学潮流。[35]像袁一样，他的著作只能是为博学雕琢的读者所提供的读物。

在这两部文人小说中，李密似乎只是无足轻重的角色。《隋史遗文》致力于讲述武将秦叔宝的早年经历，《隋唐演义》眼界
128 开阔，描述了200年间各派政治力量的崛起和覆灭。[36]《隋史遗文》将一个考验书中主角忠诚的片段引入李密故事：李密在势力很大时，雄心勃勃地试图占领整个天下。王伯当劝阻主人不要进攻唐，认为李渊的军队过于强大，所以无法击溃。结果是秦叔宝和谋士魏徵代表李密到唐朝宫中，建议双方联合。李世民欣赏秦叔宝的勇猛，劝他改弦更张，效忠唐朝。虽然并不心甘情愿，但秦还是拒绝了李世民；理由是他必须履行自己对李密的承诺。[37]

在《隋唐演义》中，褚人获关注的是上天在唐朝崛起中所起的作用。为此他在李密故事中引入一个新因素。当西魏诸将领们争论如何帮助李世民从李密的牢中逃脱时，他们认为改写诏书的办法过于简单，不足为信。所以狱卒和他迷人的女儿以换监狱为名，使李世民逃脱困境，转危为安。[38]

在故事的精英文本中，解释更接近于理性主义的历史，但是仍然具有神秘主义色彩。袁于令关注的中心是英雄秦叔宝的性格，他的日臻成熟和他在世人眼中建功立业的正确方法。为了给社会上的英雄豪杰塑造一个榜样，主角秦叔宝必须能够敏锐地感觉出那些表现高尚道德和统治能力的素质。同李世民相比，李密在这些方面相形见绌。为了补充历史，而不是取代历史，作者甚至为秦的早期生涯编造了一段颇为可信的传记。[39]所以袁于令对李密的看法更接近历史学家，而非明朝的专业戏剧家和通俗志传作者。褚人获所重视的是造成历史变化的重要动力，是上天的作

用和政治机构的内在弱点，所以他不愿将主要人物程式化地定性为好人或是恶人。在《隋唐演义》中李密不是一个奸贼。李世民也不是一个完美的道德典范。像书中大多数皇帝一样，他耽于肉欲。结果他荒废朝政，国家因此受到损失。[40] 虽然书中有奇思怪想，但是褚人获的李密是因为自己的过错而失败的，上天只是做出回应。

《说唐演义》是一部长篇叙事作品，它对李密败北的描述最 129
接近于娱乐性杂剧。一个世纪之后人们编写了续集，所以此书更名为《说唐前传》。基于下列种种特点，我们有理由认为，这部作品的目标受众是没有受过高深教育的非精英读者：这部小说在 18 世纪初由无名氏撰写，在文本上借鉴了以前有关隋唐的小说和戏剧，但是在情节紧凑的章回中可以发现一些创造性内容。新内容中包括一个新人物，即李渊的第四子，名为李元霸。在历史上这个人物幼小夭折，但是在这本小说中他是个彻头彻尾的神童。在 12 岁时，他就远比一般成年男人高大强壮。他单打独斗可以击败任何数目的士兵，对他夸大其词的描述远远超出在文人小说中偶然使用的夸张手法。

书中描述了李密后来的生涯。根据《说唐演义》（以下简称《说唐》），李密之所以率领反隋联军讨伐宇文氏，完全是为了获得帝王的象征物传国玉玺，以便使自己合法地登上帝位。程咬金指挥讨伐，除了武力之外，他靠魔法神威赢得指挥权。李密的军队起初节节获胜，但是李元霸出现了。他单枪匹马就制服了各路反军，索取玉玺并且要求李密的联军向唐投降。当一个反军首领拒绝投降时，李元霸赤手空拳把此人撕成两半。[41]

由于这个情节发展，《说唐》中此后针对大唐的军事行动主要受复仇的欲望所驱使。在这部传奇小说中，文人小说中所有那些复杂的人物刻画都被置之脑后，只剩下取之不竭的粗俗动机支配人物的行为，诸如恐惧、贪婪、复仇和盲目的怒火；虽然不能说《说唐》肯定这些情绪是支配行动的正当理由（当人物的英勇行为受这些动机支配时，他们遭到失败），但这部书以粗糙的形式表现原始情绪，因此轻易打动读者的是这类表述和纯粹的体力，而不是互相冲突的道德义务和精心策划所造成的错综复杂。书中甚至揭示了李密的肉体欲望，使之成为更直觉性的人物：当他战败了弑君者宇文氏之后，他高兴地用珍宝换取萧皇后，并且被她迷得昏头昏脑。[42] 同文人小说中的人物不同，《说唐》中简单明了的英雄豪杰和奸贼恶棍一看便知。虽然使用
130 不同的方法，但夏志清和伊维德得出了同样的结论，认为同《隋史遗文》和《隋唐演义》相比，这本书的读者是不太老练雕琢的读者群。[43]

至少从元代开始，华夏大地上开始盛行地方性或是区域性戏曲。虽然使用不同方言进行表演，但是这些戏曲的主要不同之处在于所融汇的音乐传统。这些不同的音乐传统往往表现大致相同的故事素材。近几个世纪中北京地区发展了最为著名也最重要的戏曲形式，称为皮黄戏（使用西皮和二黄伴奏的戏曲）或是京戏（京剧）。在一个布置简单的舞台上，演员们表演不同的传统角色类型，每人有相应的服装、扮相、道具和唱腔。约定

俗成的装扮和姿态极为复杂，但是象征着角色的道德水准和美学口味。虽然形式的设计显然是为了给人视觉享受，不过北方各个社会阶级的观众通常说去“听戏”，因为唱是最重要的因素。为了充分领会京戏艺术，可能需要泡戏园子的经验，但文化并不是先决条件。我们有理由总结说，这种商业性娱乐是为了吸引大量目不识丁的观众。由于这是一种以演员为主而非以剧作家为主的艺术形式，在由于偶然机会或是学术努力把演出记录在案之前，脚本变化不定。现在流行的文本是 19 世纪或是 20 世纪的舞台脚本。[44]

京戏的编辑者们为李密的失败进一步添加了新因素。在《双投唐》中，主角是老生（著名而且正直的上年纪男角）王伯当。在出场时，他捉拿谋士徐世勣和魏徵未果，刚刚返回；徐和魏已弃李投唐。王伯当同徐、魏二人是结拜弟兄，所以他宁愿对主公李密说谎也不愿伤害他们。当王伯当说自己没有追上他们时，李密看穿了王的谎言。但是在李密的所有得力部将中，除王之外， 131
其他人都已投奔李世民。王劝说李因兵弱将寡不要怀疑唯一忠实的部下，对此李预言式地回答说：“孤王要把良心昧，乱箭攒身死不回！”王伯当遂建议投唐，为了生存而放弃荣誉和独立。王伯当称，江山自有兴和废，哪个男儿不受欺?

在这场戏中，李世民要为自己被囚而报复李密。在打猎时李世民射中一只大雁，却找不到它。李密和王伯当捡到死去的雁，王遂借机求见大唐的统帅。李世民声称他本人愿意冰释前嫌，但是需要平息他父亲的愤怒。为了确保李密的忠诚，唐朝皇帝赐给李密一位公主为妻。当李密试图劝她帮助自己叛唐时，她拒绝听从，所以李密手刃公主和她所有的侍女，并以仇恨前世注定来为自己的行为开脱。为了能够继续服侍李密，此前王伯当曾拒绝宣誓效忠大唐；现在他严词责备主人忘恩负义。王甚至悲叹自己的命运，怨自己错保了无义的王。尽管如此，王还是去迷惑追兵以便使李密能够逃脱。在失败后，王与自己的主人一同葬身于箭雨之下。但是王将为此受到褒奖；李世民命令厚葬王伯当，却对李密只字未提。[45]

在这个故事的文本中，较次要的义务取代了社会等级结构中的忠诚。在戏中对结拜兄弟的誓言和对个人的忠心高于对事业和国家的忠诚。确实，王为自己的主人而死，但是他显然认为保护自己的朋友比对自己的主人诚实更为重要；王坚持说徐和魏逃脱了他的追捕，直到李密最终信以为真。在这出戏中，李密的信任因此具有讽刺意味，揭示出戏剧对人类动机十分简单化的处理。同《说唐》一样，这出戏屡屡提到命运、轮回和简单的因果关系，从而强调直截了当的关联。虽然戏剧的要求解释了这出戏同文人小说的某些差异，但是当对具体个人的效忠掩盖了对抽象事业或是朦胧政治实体的忠诚时，这只能是剧本作者的有意而为。在戏中，个人的考虑和上天的力量远胜于出以公心的考量；对于理解这类艺术形式所表现的行为准则，这个事实当然至关重要。

这个简短概括说明，显然有关李密失败的白话叙事为不同的
132 受众群体而撰写，有为丰衣足食的社会精英中饱读诗书的人所写

的小说，也有为吸引不识字百姓而特地编排的戏曲。如果将这两种形式视为一个序列的两极，那么其他三种通俗叙事位于二者之间：当我们将形式特征考虑在内时，改写的《秦王词话》接近于戏曲，而《两朝志传》则类似文人小说。至于《说唐》，此书的匿名作者和快节奏情节表明读者是不太老练雕琢的，因此这本书同《秦王词话》类似，在李密故事序列中接近戏曲。下图表示出作品同读者的关系：

精英	非精英	
饱读诗书	粗通文墨	基本上目不识丁
《隋史遗文》《隋唐演义》	《说唐》《秦王词话》《两朝志传》	明代戏曲《双投唐》

在讨论李密故事的不同文本时，我按年代顺序进行分析，关注作品之间的差异，尤其是后来的文本如何参照以前的文本。根据作品的含义，我所建议的一个衡量标准是在多大程度上作品对诸如李密、王伯当、秦叔宝和程咬金这类中心人物的行为进行合理解释，抑或是用奇异或超自然力量说明人物的动机。我们可以再次使用这个标准对作品进行归类排列；在序列中作品对动机所做的解释对应于它的读者。依据这个衡量尺度，没有作品占据两极的位置。然而由于这个标准所确认的以上其他证据，归之于人物的不同动机为我们提供了得以继续调查向特定受众展示的行为准则的一个途径。

对动机进行理性解释						对动机进行超自然解释
《隋史遗文》	《隋唐演义》	《两朝志传》	《秦王词话》	《说唐》	明代戏曲	《双投唐》

/ 内容、行为准则和受众之间的关系

133 当我们关注有关李密失败的不同文本之间的差异时，我们便忽略了这些故事中重要的雷同之处。表 1 根据 7 部（全部明代戏曲算作一部）作品中的事件，按统一年代顺序对它们进行编排，假设性地展现李密失败的“完整”故事，注明那些由不限于一个文本所描述的事件。通过比较这些文本，我列出了 60 个不同事件。当作品对同一事件有不同说法时，注明编号，分项列出（如 29a，29b，29c）。为了易于比较，我根据以上所确认的作品受众，对文本分门别类。在这里“历史”指的是正史《旧唐书》《新唐书》和编年史《资治通鉴》。虽然以上讨论的一些作品可能引用了非官方出版却可靠可信的史料，但是我在此处不将这些史书包括在内。因为根据这三部历史已足以对各种通俗文本进行明确的区分。

表 1 列出为不同受众撰写的关于李密失败的白话文本；只是粗粗一瞥，就能看出它们之间有众多雷同之处。所有文本都同历史记载有显而易见的差异，加入了那些在正史中只是一带而过或

是从未提及的谈话、战争，甚至人物。显然，明清历史小说和戏曲的作者同其他国家和时代的作者一样，力图用戏剧性细节为干巴巴的事实添枝加叶。仅仅提到诸如项羽这样的人物作为（在消极意义上的）例证是不够的，为不同读者写作的作者们都认为，需要使用具体方法，通过（在字面意思上或是象征性地）描述那些导致李密失败的重大事件和力量，来诠释他们对这个历史人物的理解。表 1 也表明，在李密故事中，有些事件只出现在那些为普通读者以及文盲所提供的白话作品中，其中包括明清戏曲，而其他情节只有文人小说《隋史遗文》和《隋唐演义》才加以描述。在总共 78 个事件和事件变体中有 37 个，即 47%，只出现在较为通俗的作品中。有 9 个事件，或是总数的 12%，只出现在文人小说中。其余的情节在两大类中为至少各一部共有。正是通过故事中的这些不同之处，我们可能发现对不同受众所传达的行为准则中的差异。

首先，在将新事件融入故事时，那些为非精英读者和目不识丁的观众写作的作者们似乎更富于创新精神，抑或是文人小说家们不太情愿对士绅受众展示传说性或是非理性内容。我认为所观察到的这两点在一定程度上都是准确的；不论所增加的内容取材于何处，基于这一点我们都可以对白话文学进行基本分类。归根结底，根据这一尺度，越接近低受教育程度和目不 137
识丁的读者群，作品中表现出的无逻辑和超自然成分便越是比比皆是。在为非精英受众撰写的作品中发现了事件 10~12，33~34，39b，47~48，49a，56，57a，57b 和 58；其中被至少两部非文人

134~136 作品的匿名作者所引用，但是却未被两位文人小说家所采纳的杜撰成分有 49a，56 和 58。（虽然所有事件可能在 17 世纪之前都由说书人广为传播，就事件 58 而言，京戏作者可能取材于《说唐》。49a 和 56 的材料所出现日期也大大早于文人小说。）所提到的事件并不仅限于使用超自然力量；创造的场景使同样傲然于世的李密同李世民针锋相对，在意志和文采上互争高下；使王伯当说出感人肺腑之言，最后一次劝阻李密叛唐；使王最后试图掩护主人李密不被敌人的箭矢射中。所有这些场景都刻画彻头彻尾的英雄主义或是十恶不赦的大奸大恶，是瞬间发生并且高度戏剧化的行动，因此很可能吸引在文化上不太雕琢成熟的读者。

表 1　根据历史和白话文学所列李密失败大事表

号码、事件	原始资料:史书	文人小说		非文人叙事			戏曲	
		《隋史遗文》	《隋唐演义》	《两朝志传》	《秦王词话》	《说唐》	明代戏曲	《双投唐》
1. 李密投翟让，成为瓦岗军首领（A3[①]）	X	X	X	X		X	X	
2. 李密杀翟（E3）	X	X	X	X				
3. 李密部将叛李投唐（C3）			X					
4. 王伯当劝阻李密进攻唐，主张联合（A3，F）		X						
5. 秦叔宝和魏徵投书于唐（A3，F）		X						

① 关于对 A_1，A_2，A_3 等的说明，见表 3。

续表

号码、事件	原始资料:史书	文人小说		非文人叙事			戏曲	
		《隋史遗文》	《隋唐演义》	《两朝志传》	《秦王词话》	《说唐》	明代戏曲	《双投唐》
6. 大唐邀秦叔宝加入被拒（A2）		X						
7. 李密考虑大唐的答复（G1）		X						
8a. 李密率军讨伐宇文氏（A3，E2）[1]						X		
8b. 李密参与讨伐宇文氏（A3）	X	X	X	X				
9. 宇文氏部下叛主投李密（A2）		X		X				
10. 李密获得皇位象征物传国玉玺（E1）						X		
11. 李元霸夺走玉玺，讨伐军降李（A3，G1）						X		
12. 李密得到萧皇后（G5）						X		
13. 李密亵渎周公庙（G1）				X			X	
14a. 李世民向王世充宣战（A3[戏曲]，E6）			X	X	X		X	
14b. 王世充向大唐宣战（E6）					X	X		

① 对一个事件的细分（即 8a，8b；14a，14b；等等）表示的是在李密整个故事中对基本上同一事件的不同说法。

续表

号码、事件	原始资料：史书	文人小说		非文人叙事			戏曲	
		《隋史遗文》	《隋唐演义》	《两朝志传》	《秦王词话》	《说唐》	明代戏曲	《双投唐》
15a. 李密向王世充供应粮米（D）[①]	X	X					X	
16. 李世民喝醉酒尾随鹿/雁来到李密营地（G6[戏曲]，C2）			X	X	X	X	X	
17. 李密不愿追赶李世民（F[《志传》]，E1）			X	X				
18. 程咬金追赶（E7[戏曲]，E5[《志传》《演义》]，E6[《说唐》]，G2[《秦王》]）			X	X	X	X	X	
19. 秦叔宝拒绝李世民的邀请（A2）							X	
20. 程咬金将李世民驱入庙宇			X	X	X	X	X	
21. 神祇将李世民藏起（C2）			X		X			
22. 龙预示李世民的未来（C2）			X					
23a. 龙保护李世民（C2）			X	X		X		
23b. 李世民射中樵夫（E1）					X			

① 我将对这个事件的两种说法 15a，15b 分列入表的不同部分是为了说明情节关系：在两种文本中，这个事件是其他事件的后果；而在非文人叙事中，这个事件是其他种种事件发生的原因。

续表

号码、事件	原始资料:史书	文人小说		非文人叙事			戏曲	
		《隋史遗文》	《隋唐演义》	《两朝志传》	《秦王词话》	《说唐》	明代戏曲	《双投唐》
24. 秦叔宝保护李世民（C3，E7[戏曲，《秦王》《说唐》]，E4[《志传》《演义》]）			X	X	X	X	X	
25. 李密打算处决李世民（E6[《说唐》]，A3，E1）			X	X	X	X		
26. 李密监禁李世民（A2[《说唐》]，F，G2）			X	X	X	X	X	
27a. 魏徵使计使李密善待李世民（C3，E4）					X			
27b. 狱卒之女梦到救李世民的办法（C2）			X					
28. 魏徵、徐世勣、秦叔宝被李世民打动（C3）			X	X	X		X	
29a. 李密的诏书被魏徵所改（C3，E3，E4）			X	X				
29b. 李密的诏书被魏和徐世勣所改（C3，E3，E4）						X		
29c. 李密的诏书被魏、徐、秦叔宝所改（C3）					X		X	
30a. 由魏徵一手操办（B）							X	

续表

号码、事件	原始资料:史书	文人小说		非文人叙事			戏曲	
		《隋史遗文》	《隋唐演义》	《两朝志传》	《秦王词话》	《说唐》	明代戏曲	《双投唐》
30b. 秦叔宝给李世民一匹马					X			
31a. 李密关押徐和魏（G4）			X	X		X		
31b. 李密放逐魏徵（G4）					X			
32. 徐和魏逃走投唐（E3，G3）						X		
33. 王伯当放走徐和魏（B）								X
34. 王伯当对李密说谎（B，E3）								X
35. 因没有捉住徐、魏，秦和罗成要被斩首（G4）						X		
36. 在被李密免职后，秦、罗、程叛李（E3）						X		
15b. 李密为王世充提供粮草（F，B[《秦王》]）				X	X			
37. 李密为饥民分发粮食（E2）		X				X		
38a. 李密的粮仓被老鼠所毁（C2）			X	X	X	X		X
38b. 大火烧毁李密的金银库（C2）					X			
39a. 李密被王世充击败（C3，C2[《说唐》《秦王》]，F[《秦王》《演义》]）	X	X	X	X	X	X	X	

续表

号码、事件	原始资料:史书	文人小说		非文人叙事			戏曲	
		《隋史遗文》	《隋唐演义》	《两朝志传》	《秦王词话》	《说唐》	明代戏曲	《双投唐》
39b. 单雄信背叛李密（G7）					X			
40. 李密在幻觉中见到恶鬼（C1）				X				
41. 部将叛逃使李密丧失希望（C2）								X
42. 王伯当建议新策略			X					
43. 李密表示悔悟（《遗文》），试图自杀（E5，C2）	X	X	X	X				
44. 王伯当发誓忠于李密（D7）	X							X
45a. 王伯当建议投唐（A1[《志传》]，E1[《说唐》]，G2[《双投唐》]）				X		X		X
45b. 饶君素建议投唐（F）					X			
46. 李密率部投唐（E1）	X	X	X			X	X	X
47. 王伯当、李密承认报应（C1，C2）					X			X
48. 王伯当试图讨得李世民欢心（A1，E1）								X
49a. 李密在同李世民争吵时颜面尽失（G1）					X		X	X
49b. 李世民怠慢李密，使后者丧失颜面（G1）			X	X	X			

续表

号码、事件	原始资料:史书	文人小说		非文人叙事			戏曲	
		《隋史遗文》	《隋唐演义》	《两朝志传》	《秦王词话》	《说唐》	明代戏曲	《双投唐》
50. 李渊接受李密(A3)		X	X	X	X	X		X
51. 王重申对李密的忠诚		X				X		X
52. 大唐赐婚李密	X		X	X	X	X	X	X
53a. 李密伺机叛唐(E5[《演义》],E5,F[《志传》])			X	X				
53b. 蔡建德造成李密叛逃(G2,G3)					X			
54a. 李密杀死新娘(E6,C2[《双投唐》],E6,G7)			X	X	X	X		X
54b. 李密被遣出征,又被召回(F)	X	X						
55. 李密叛唐(E1[历史],E5[戏曲,《演义》],G1[《遗文》]F,G2[《秦王》])	X	X	X	X	X		X	X
56. 王伯当反对叛唐(A3,C2)	X				X		X	X
57a. 李密求签,希望尽失(G2)							X	
57b. 李密毁灭自己的本像星(C1,C2)					X			
58. 王伯当力图保护李密(A1)					X	X		X
59a. 唐朝军队射杀李密	X	X	X	X	X	X		X
59b. 李密自杀(E5)							X	

续表

号码、事件	原始资料：史书	文人小说		非文人叙事			戏曲	
		《隋史遗文》	《隋唐演义》	《两朝志传》	《秦王词话》	《说唐》	明代戏曲	《双投唐》
60a. 唐招募李密旧部（C3）				X	X		X	
60b. 徐和魏悼念李密，然后投唐（A2）		X	X			X		

只出现在文人小说中的事件有 3~7，22，27b 和 42。3~7 所列出的事件阐明李密和大唐首领之间存在的道德对立，说明李密的部将明白，同李世民相比，李密没有能力争霸天下；这些事件也见证了李密部将在道德上的刚正不阿。比如说秦叔宝在面对更合个人心意的明君之邀时，并没有背弃李密。事件 21~22 说明褚人获在讲述朝代更迭时，着眼于上天的干预（见《隋唐演义》）；只有事件 21 出现在《秦王词话》中。在事件 42 中，王伯当建议使用新的军事策略，试图在失败后鼓舞李密的信心，这说明王伯当勤恳侍奉自己所选择的主公。这些行为背后存在复杂的动机；这些行为也表明对道德责任的了如指掌，对世间的道德秩序的了如指掌。读者从中甚至可以发现，作者关注文人在社会中的政治作用；同对道德进行简单化处理的作品不同，文人的作用不是提防世上的“大人物”，而是诠释时代，诠释国家的命运，诠释臣下对君王的责任，从而维护社会秩序（文人受教育就是为了承担这个责任）。因此，我们得出结论，这些作品更适合于相对来说更为雕琢成熟的读者。此外，同那些更直截了当、更注重情节的

大众化作品相比，文人小说在感情上不太戏剧化，在思想上更发人深省，可以设想是为了吸引那些在思想和哲学层面上习惯于较正式的文学作品、诗词和古典辞赋的读者。

138 **表2　关于李密失败的各种文本中的历史性和“独创性”材料**

材料来源	事件数目	也包括在史书中		材料来源不明	
		数目	百分比（%）	数目	百分比（%）
史书	13	（13）	（100）		
《遗文》	19	9	47	7	37
《演义》	31	9	29	4	13
全部文人小说	50	18	36	11	22
《志传》	31	8	26	7	23
《秦王》	34	5	15	19	56
《说唐》	30	5	17	8	27
全部“大众”作品	95	18	19	34	38
明代戏曲	22	7	32	15	68
《双投唐》	18	6	33	4	22
全部戏曲	40	13	33	19	48

无须赘言，就取材于史书和杜撰而言，各类作品的差异不大；而且我们区分差异的方法可能不够客观，不足以提出真正足以服人的论据。同样，在整个故事所涵盖的所有事件中，有接近半数既出现在文人小说中，也出现在戏曲中。所以就其本身来说，这些发现只是建议性的，而非决定性的。不过对数据进行表格式排列，确实肯定了到此为止我们尝试为每部作品所确定的读

者。首先，我们来比较基本取材于历史记载的和取材于目前不存在、假定为口述或是独创材料的事件数量；历史记载包括断代史和《资治通鉴》，所有作者都可以读到它们（不将那些非官方的、私人编纂的史书包括在内）。

依据对行动和事件进行理性解释，相对于用奇谈怪想和超自然力量进行解释的程度，在表 2 中我尝试按照读者来排列作品。表格确认排列大致合理：同为非士绅读者所写的作品相比，文人小说中包含的史实要多些。反之，思想上不太复杂的叙事比文人小说显示出更高程度的“独创性”。当然，这种独创性必定既包括取材于民间传说、口述叙事和现在已经失传了的白话文本的成分，也有对故事货真价实的创新。可以想见，在这两类来源不明的材料中，为百姓口头演出而创作的戏曲中展现的“独创性”大多来自前一类。《秦王词话》也是如此，因为这是根据口述作品改编而成。而戏曲作品中包含较大比例历史事件这个现象，则可能十分矛盾地肯定了如下观察：由于通俗剧场所演出的是听 139
众们已经耳熟能详的故事，所以匿名剧作家们可能比那些为平民读者写作的、更富于想象力的作者们更忠实于史料记载。我们当然需要对戏曲和通俗文本叙事之间的关系做进一步考察。在作者中可能只有文人小说家们阅读了有关李密的非官方历史，但因为本文的主题，我们无须提及这些作品。因为即使我们只考虑最著名的历史著作，文人小说中所引用的历史记载也已超过通俗作品。表 2 因此肯定了我们将这些作品按照受众性质进行分类的办法。

在解释人物的行动时，作者是否一如既往地为精英读者和非精英读者做出不同的解释？为了确定这一点，我在表 3 中记录了每个行动的动机或是事件的原因，当然这只有在文本清楚地说明了因果关系时——也只有在这种情形下——才能如此。为不同受众所撰写的作品之间存在相似之处，这可以解释为不同社会阶层之间文化融合的证据；而不同之处则指出，社会群体和阶级之间存在行为准则和兴趣上的差异。

总而括之，这些文本一共提到 23 个不同的原因，来说明所叙述的行动。为了减少主观理解对所做分析的影响，当文本没有清楚解释时，我不推测动机。为便利起见，我将原因和理由归纳成 7 大类。当然这只是初步分析；我们可以参考本研究范围之外的社会科学工作，从而完善这个分类规划。表 3 分门别类列出各种不同动机，指出文本引用每种动机的频度。根据这个表格，在以上表 1 的事件之后绘出标志。在表 3 中，我再次将文本归类，以便对文人小说和非精英 / 非文人作品进行比较。纵行 1 是史书，纵行 2 和 3 是为老练雕琢读者所撰写的文人小说；纵行 4 和 6 是为非精英读者所撰写的散文体叙事；纵行 5 是说唱本；纵行 7 和 8 是戏剧。读者可以注意到，没有任何文本对人物动机做出始终如一的解释；23 种原因来自有关李密故事的几乎每一个文本，虽然有些理由比其他更常见，不过即使如此也有规律可循，这使我们可以对文人作品和非文人作品加以区分。

文人小说和非文人作品都将献身于一个国家或是寻求建立正义政体这样的霸业视为最寻常的动机。这两类作品也往往使用自我保全来解释行动。但是不知从何而来的好运，有时被称为上天的眷顾，常常被非文人作品，包括戏曲和《秦王词话》，视为合理的解释。在《隋唐演义》中，作者因为关注终极动力，所以也认同上天的力量，但另一部文人小说《遗文》并未使用这样的 140
解释。在思想性不强的作品中，推测的、对上天偏爱的识别通常被用来解释行动的理由，但是在文人小说中并非如此。在历史记载、《秦王词话》、《两朝志传》和文人小说中，策略性计划和在策略问题上听取建议（表 3 中的 F）成为动因。对个人荣耀的渴望驱使历史人物李密行动，但是在更普及性的作品中，这种动力却只属于同李密争霸天下的对手。

我们可以根据表 3 编排不同读者感兴趣的动因和理由。

1. 更常为精英文人读者所提供的理由：

   a. 为失败和犯错感到耻辱（E5）

   b. 策略性计划和有关策略的建议（F）

2. 更常为非精英读者所提供的理由：

   a. 对首领的个人忠诚（A1）

   b. 利他主义；对朋友的献身（B）

   c. 上天的偏爱，或是天赐好运（C2）

   d. 对上天偏爱的识别（C3）

   e. 为受辱而进行的报复（E6）

   f. 对个人荣耀的渴望（G2）

以上所列一览表再次指出，精英读者们更关注大问题，如那些影响政治、社会或是军事群体的问题。这些作品中往往提到耻辱，说明他们在意他人对自己的看法。在另一方面，为受教育程度不高的读者所提供的小说和戏曲更关注个人：献身于自己的首领、自己的朋友、自己的名誉、自己的地位和自己的舒适。非精英文学也描写远远超出微薄人力所能达到之物，如上天令人费解地选择某个王室统治天下。我们也可以推断，为平民受众所提供的作品注重百姓亲历亲为的情节，对政治和军事规划不感兴趣，不过这类作品却对甚至使社会权贵也不敢为所欲为的事件——上天的作为——津津乐道。同样，第二大类行为的动因更一目了然，且易于理解，读者无须具有强烈认同感，也不用深思熟虑。因此，对动因的分类支持我们的直觉判断，即受教育程度相对不高的读者和不识字的听众不易对社会中另一个阶级的所思所想做出回应，却会对超自然的征兆和个人行为做出回应。

有些动机在李密故事的文人本和非文人本中都屡屡出现。骄傲自负（G1）在历史和白话叙事中都导致个人行动；在所有这些故事中，人物可能都会因此而有不明智的举动（G3）。自我保全（E1）对所有受众也都至关重要。令人惊讶的是，献身于高尚的事业，不论是为了国家还是仁政的原则，在故事的所有文本中都
141 促使人物行动。这个对儒家政治理想来说如此至关重要的原则似乎具有普遍的吸引力，所以可能是一种蓄意训导；不论为何人写作，这都是所有作者共用的手法。如果可以根据所使用的少量材料进行合理归纳的话，那么历史小说强调对国家生死攸关的行为
142 准则，以便使明清社会融为一体，而在不太重要的事情上，则允许百姓中的不同受众各取所需。超出这一点，有关受众所关注的

行为准则都纯属推测。我们需要对其他类型的相关文本做进一步研究，以便对这几条初步结论加以检验。

表 3　对李密失败中事件动机和理由的解释及其在文本中所引用的频度 141

动机或理由	原始资料	文人小说		非文人叙事			戏剧	
	史书	《隋史遗文》	《隋唐演义》	《两朝志传》	《秦王词话》	《说唐》	明代戏曲	《双投唐》
A. 忠诚								
1. 个人献身	1	1	1	1		2		3
2. 报恩的义务	2	3	1			2	1	
3. 忠于国家或是霸业	2	5	3	5	3	4	3	2
B. 对朋友利他主义式的忠心					1		1	2
C. 命运								
1. 因果报应		1		2	2		1	1
2. 上天的偏爱或所赐好运			7	3	7	3	1	3
3. 识别上天的偏爱（一位“真主”）			3	3	4	3	4	
D. 对家庭的义务							1	
E. 个人利益或是需求								
1. 自我保全	2	2	4	2	1	3	1	3
2. 自我辩护		2	1			2	1	1
3. 为证明本人正直、谴责他人卑劣	2		1	1		3		1
4. 为伺机叛变做准备			3	3	1	1	1	1
5. 为失败或是犯错而感到耻辱	1	1	3	3				
6. 为受辱而报复				2	3	4	2	1
7. 服从命令					1	1		

续表

动机或理由	原始资料	文人小说		非文人叙事			戏剧	
	史书	《隋史遗文》	《隋唐演义》	《两朝志传》	《秦王词话》	《说唐》	明代戏曲	《双投唐》
F. 信任者建议的策略或是策略性劝告	1	4	1	3	4			
G. 个人缺点								
1. 傲慢自负	1	2	1	2	1	1	2	1
2. 渴望权势和荣耀	1			2	2		1	2
3. 错误的抉择或失败的策略	1	1	2	1	2		3	
4. 抗上			1	1	1	2		
5. 耽于肉欲						1		
6. 不相信预兆					1		1	1
7. 蓄意背叛他人的信任					2			

总括起来，对有关李密失败的各类白话文本的考察提供了一个虽然烦琐但是行之有效的方法，使我们能够区分为不同受众提供的作品。非语言性标准包括外在证据——比如一部作品如何流通，以及在哪个社会阶层中流通，还有关于已知作者的生平材料和其他重要匿名作者的材料。内在证据包括种种形式特点——诗词类型、运用以及传统叙事者——这些特点确定了文类，并因此提示了受众，表明了每部作品中所包含的理性主义、历史事实和明显创新的程度。这类证据不是为了质疑通常

的分类，即将明清中国社会划分成精英受众、非精英受众和民间受众；而是为了说明，白话文本中包含了为所有这些受众提供的内容。

最后需要重申的是，尽管我们不能将所讨论的作品在序列中确定无疑地各归其位，但是白话文学的受众群体构成了一个特点重叠的序列。在所讨论的文本中，序列两端的文本有着各自共享的行为准则，但它们并非如我们所预期的那样彼此截然不同。除了以上提到的其他特点，这个事实再次表明，在明清社会中为不同社会阶层所传达的意识形态具有基本的统一性，这种统一性超越了文学形式和受众之间的差异。这个看法当然确认了甚至于那些最具商业性的文学作品也具有教化作用；它们汲取了正统学问中的儒家内容，这些内容最终表达在各式各样的历史小说之中。

注释

1. 除了受众社会等级差异，地理区域和年代的差异也许能解释这些文本中所表达的行为准则。然而，几乎所有的白话文学在语言风格上都具有相对的延续性——通常基本上使用各种北方方言，不使用吴语（中部方言）、闽南语（东南方言）或是粤语（南方方言）——所以几乎无法确定特定文本的地理来源。同样，至少在通俗作品中，某篇故事可能因文学流派的惯例，而非撰写时间而产生变异。我在下文中讨论这些作品存在的空间环境；它们可能只来自中国的两个地区：北京（明代早期戏曲和京戏）和长江下游地区。我认为，文类和文学形式对这里讨论的作品中所表达的行为准则影响甚微。不过为了确认这一点，我们需要考察更大量的文本；见以下注 5 和注 6 所引文本。有关这些问题的卓有创见的评论，见 Patrick Hanan，*The Chinese Vernacular Story*（Cambridge，Mass.：Harvard University Press，1981），pp. 8-15。

2. David G. Johnson 最近有关民间文学的文章讨论了语言和民间文学读者的问题；见“The Wu Tzu-hsü Pien-wen and Its Sources：Part I”，*Harvard Journal of Asiatic Studies* 40.1：95，特别是 n. 1（1980），还有，尤其是“Chinese Popular Literature and Its Contexts”，*Chinese Literature：Essays，Articles，and Reviews* 3.2：225-234（July 1981）。关于教育和文化水平——分为“功用性”和“一般性”，1982 年 4 月 2 日香港中文大学的 H. C. Lee 和 Bernard H. Luk 在提交给亚洲研究协会芝加哥大会（Association for Asian Studies meeting in Chicago）的一份研究报告中，进行了最富洞见和最具说服力的讨论。不同读者共享作品的证据很容易找到。例如，只是粗通文墨的中国人也读众所周知的文人小说《隋唐演义》，虽然他们可能无法完全理解小说的内容，也不能完全欣赏它的美学风格。见下文，以及 Alvin P. Cohen，“Notes on a Chinese Workingclass Bookshelf”，*Journal of the American Oriental Society* 96.3：425（1976）。Cohen 笔下的“劳工阶级读者”（workingclass readers）在 20 世纪 50 年代收集了这些书；由于在 20 世纪初年的帝国末期，中国工人受教育机会有限，他的发现同本文关系不大，但是他的文章确实支持了我所观察到的情况，即在现实生活中不同读者群经常阅读同样的作品。

3. Hanan 在他所著 *Chinese Vernacular Story*，pp. 7-8 中卓有成效地使用了“故事综合体”（story complex）这个概念。

4. Hanan，*Chinese Vernacular Story*，pp. 13，21，24，55.

5. 在明清时代的中国，公案故事，或是犯罪故事，似乎十分流行；包公是众人喜爱的主题。包拯生活在北宋时期。到元朝时已有包公戏；见

George Hayden, "The Courtroom Plays of the Yuan and Early Ming Periods", *Harvard Journal of Asiatic Studies* 34：192-220（1974），以及他所著 *Crime and Punishment in Medieval Chinese Drama*（Cambridge, Mass.：Harvard University Press，1978）；Ching-Hsi Perng（彭镜禧），*Double Jeopardy：A Critique of Seven Yüan Courtroom Drams*（Ann Arbor：University of Michigan Center for Chinese Studies，1978）。有关明代散文叙事的文本研究和其他研究，见 Wolfgang Bauer，"The Tradition of the 'Criminal Cases of Master Pao' Pao-Kung-An（Lung-t'u kung-an）"，*Oriens* 23-24（1970-1971），以及 Y. W. Ma（马幼垣），"The Textual Tradition of Ming Kung-an Fiction：A Study of the Lung-t'u kung-an"，*Harvard Journal of Asiatic Studies* 35：190-220（1975），Ma 的文章"Themes and Characterization in the Lung-t'u kung-an"，*T'oung Pao*（《通报》）59：179-220（1975），尤其是 Patrick Hanan，"Judge Bao's Hundred Cases Reconstructed"，*Harvard Journal of Asiatic Studies* 40.2：301-323（1980）。这个系列所包括的清代小说——《龙图公案》，1775年；《三侠五义》，1879年（上海：上海文化，1956，此版中有赵景深所写序言）；《七侠五义》，1889年——见 Liu Ts'un-yan（柳存仁），*Chinese Popular Fiction in two London Libraries*（Hong Kong：Lung Men，1967），pp. 292-293，以及 Susan Blader，"San-hsia wu-yi and its Link to Oral Literature"，*CHINOPERL Papers* 8：9-38（1979）。Leon Comber 所著 *The Strange Cases of Magistrate Pao*（Rutland，Vt.：Tuttle，1964）一书"重述"了所选的包公故事。同这个故事系列相关的著作有最近出版的《明成化说唱词话丛刊》（上海：上海博物馆，1973）；在重印的16个故事中，有8个是关于包公判案的。这些故事发现于一个15世纪的墓葬中；见赵景深：《谈明成化刊本说唱词话》，载《文物》，1972（11）：19-22。

6. 有关水浒故事的综合体，见 Richard G. Irwin，*The Evolution of a Chinese*

Novel: *shui-hu-chuan* (Cambridge, Mass.: Harvard University Press, 1953);胡适:《水浒传考证》,见《胡适文存》第二集,500~547 页,台北,远东图书公司,1971;C. T. Hsia(夏志清),*The Classic Chinese Novel* (New York: Columbia University Press, 1968), chap.3,尤其是 pp.76-82。William O. Hennessey 的 *Proclaiming Harmony* (Ann Arbor: University of Michigan Center for Chinese Studies, 1982)一书是对小说早期版本《宣和遗事》(台北:世界书局,1958)的翻译;Sidney Shapiro 的 *Outlaws of the Marsh* (Bloomington and Beijing: Indiana University Press and foreign Languages Press, 1981)是这部小说的最佳英译本。现存版本包括郑振铎所编《水浒全传》,这是包括一百回的集注本,所增补的后二十回是根据明代修订本(北京:人民文学出版社,1954);《水浒传》,1610 年版,也是一百回(北京:人民文学出版社,1975);1641 年金圣叹七十一回本《水浒传》(上海:中华书局,1934)。有关这个故事综合体的戏曲收入傅惜华等编:《水浒戏曲集》,北京,中华书局,1962;最近的口头版本是一出扬州评话,录制于 20 世纪 50 年代;见王少堂说:《武松》,南京,江苏文艺出版社,1959。

7. 关于隋唐历史的非官方著作有:柳埕:《常侍言旨》(8 世纪晚期);李德裕(787—850 年):《次柳氏旧闻》;无名氏:《大唐传载》;刘悚(活跃于 8 世纪中叶):《隋唐嘉话》;李肇(活跃于 820 年):《国史补》;韩偓(活跃于 900 年):《金銮密记》。所有这些资料都收入陈莲塘编:《唐代丛书》第一集,无出版地,连元阁,1869。关于这些资料的论述,见 Evangeline D. Edwards, *Chinese Prose Literature of the T'ang Period, A.D. 618-906* (London: Probsthain, 1937)。褚人获在写作历史小说时使用了这些作品中的最后三部以及其他作品作为史料;见 Robert E. Hegel, *The Novel in Seventeenth-Century China* (New York: Columbia University Press, 1981), pp. 239-240。

8. 有关李密生平的史料包括《旧唐书》第 7 册,卷五十三,2207~2224 页,北京，中华书局，1975；《新唐书》第12册，卷八十四，3677~3686页，北京，中华书局，1975；《资治通鉴》卷一百八十四至一百八十六。有关李密生平的最后两年，见李宗侗、夏德仪等编：《资治通鉴今注》第10册，401~536页，台北，商务印书馆，1966。读者可能希望参考有关这一时期的当代学术研究。Woodbridge Bingham，*The Founding of the T'ang Dynasty*：*The Fall of Sui and the Rise of T'ang*（1941，reprint ed.，New York：Octagon，1971）和 C. P. Fitzgerald，*Son of Heaven*：*A Biography of Li Shih-min*，*Founder of the T'ang Dynasty*（1933；reprint ed.，Taipei：Cheng Wen，1970）是西方研究中的先驱性著作；较为近期的著作有 Arthur F. Wright，*The Sui Dynasty*（New York：Knopf，1978） 和 *The Cambridge History of China*，Denis Twitchett，ed.，*Sui and T'ang China*，*589-906*，part Ⅰ（Cambridge：Cambridge University Press，1979），pp. 158-159，161-162，165-166。

9. 对中国戏剧演出的综述，见 William Dolby 的精彩著作 *A History of Chinese Drama*（London：Paul Elek，1976），尤其是 pp. 40-70，以及 Colin Mackerras，ed.，*Chinese Theater*：*From Its Origins to the Present Day*（Honolulu：University of Hawaii Press，1983）中的文章。对杂剧的最近研究，尤其见 Chung-wen Shih（时钟雯），*The Golden Age of Chinese Drama*（Princeton：Princeton University Press，1976）和 James I. Crump，*Chinese Theater in the Days of Kublai Khan*（Tucson：University of Arizona Press，1980）。
10. 《老君堂》剧本见隋树森编：《元曲选外编》，530~544页，北京，中华书局，1959；引文出自543页。郑德辉又名郑光祖；他曾是杭州的一个小官。
11. 《魏徵改诏》剧本见赵元度编：《孤本元明杂剧》第4册，2061~2096页，北京，中国戏剧出版社；引文出自第一场，2065页。
12. 《四马投唐》剧本见赵元度编：《孤本元明杂剧》第3册，2127~2167

页。此剧一笔带过地提到李密在叛唐前杀死了自己的新娘，见2151页。剧中徐世勣名徐懋功。

13.《隋唐两朝志传》据说为林瀚所作（约1550年，现存版本于1619年印于苏州），第三十一回至三十八回，卷四，1b~51b页。此书为善本；已知的复本存于东京的尊经阁文库（Sonkeikaku Library），本文使用的是这个复本的影印本。

14. 用英语写作的中国小说研究者们使用"通俗编年史（志传）"（popular chronicle）一词来将这类早期作品同诸如《隋唐演义》一类后来的、更成熟的历史小说加以区分；也同军事传奇和自命为历史的杜撰小说加以区分。见C. T. Hsia，"The Military Romance：A Genre of Chinese Fiction", in *Studies in Chinese Literary Genres*, ed. Cyril Birch(Berkeley：University of California Press，1974），pp. 339-390，尤其是pp. 339-346。

15.《隋唐两朝志传》卷四51b页同《旧唐书》第7册2225页和《新唐书》第12册3687页类似。

16.《隋唐两朝志传》，卷四，51页。

17. 书中人物不断讨论这种美德，可见作者在一定程度上关注忠诚；见《隋唐两朝志传》卷五，4b~5、13、30页，卷六，28b、33页，等等。

18. 对评话的讨论，见Wilt. L. Idema，*Chinese Vernacular Fiction*：*The Formative Period*（Leiden：Brill，1974），pp. 69-120；张政烺：《讲史与咏史诗》，载《中央研究院历史语言研究所集刊》，1948（10）：601-645；James I. Crump，"P'ing-hua and the Early History of the San-kuo chih"，*Journal of the American Oriental Society* 71：249-256（1951）。Liu Ts'un-yan在他的文章"Lo Kuan-chung and His Historical Romances"中讨论了《两朝志传》，见*Critical Essays on Chinese Fiction*, eds. Winston L. Y. Yang and Curtis P. Adkins（Hong Kong：Chinese University Press，1980），pp. 99-108。Hsia，"Military Romance"，p. 350

认为熊锺谷（约 1550 年）是个通俗文学作家，大多数这类志传为他所作。

19. 确认这些叙事的先后顺序以及它们与福建建阳书商熊锺谷所作《唐书演义》（约 1553 年）不同版本之间的文本关系，涉及很多相当复杂的问题。我希望在另外的地方对这些问题进行阐述，就此文而言，有理由认为《秦王词话》早于《唐书演义》。与这些作品相关的评论以及它们在文本上的联系，可参见孙楷第：《日本东京所见中国小说书目》，32~34 页，香港，实用书局，1967；郑振铎：《中国小说提要》，见《中国文学研究》第 1 册，351~353 页，香港，中文书局，1961；Liu Ts'un-yan，*Chinese Popular Fiction*，pp. 100，255-262；Hsia，"Military Romance"，p. 359 及以后诸页；Idema，*Chinese Vernacular Fiction*，p. xxxvi，n. 47。虽然同几部最近发现的词话（见注 5）一样，这部词话供人阅读，但是正如 Hanan 在"*Judge Bao's Hundred Cases Reconstructed*"中所说，《秦王词话》在很大程度上体现了口头流派。Liu Ts'un-yan 所著"Lo Kuan-chung"，尤其是 pp. 88-99 提到了这部作品和罗所著其他作品之间的重要雷同之处。

20. 孙楷第：《词话考》，1933，见《沧州集》，99、103 页，北京，中华书局，1965；诸圣邻编：《大唐秦王词话》，北京，文学古籍刊行社，1955，再版时有未署名的解释性评论作为序言；郑振铎：《中国俗文学史》第 2 册，385 页，北京，文学古籍刊行社，1959；Idema，*Chinese Vernacular Fiction*，pp. xxxvii，119 认为这可能是一部"实验小说"（experimental novel）。叶德均在他所著《宋元明讲唱文学》（上海：古典文学出版社，1957）的 40~49 页中讨论了（虚拟）词话形式的发展。他承认自己的解释常常前后矛盾。David Roy，"The Fifteenth-Century shuo-ch'ang tz'u-hua as Examples of Written Formulaic Composition"，*CHINOPERL Papers* 10：124，n. 6（1982）总结说，在这些作品中，词话不过是"用来叙事或是描述的浅薄拙劣的诗句"。

21. 同在其他早期白话历史叙事中常见的陈词滥调的咏史诗截然不同，该书中的诗句相当重要，也十分感人。见 Idema，*Chinese Vernacular Fiction*，pp. xxxvi-xxxviii。例如，见卷三的开篇诗词段落。

22. 见《秦王词话》第十六回，第 1 册，364~368 页。

23. 《秦王词话》第二至五回，第 1 册，82~132 页。除了可以预见未来，李靖还像《三国演义》中的诸葛亮一样可以呼风唤雨；见《秦王词话》第 1 册，165~168 页。

24. 《秦王词话》第九回，第 1 册，229~232 页。

25. 《秦王词话》第九、十回，第 1 册，235~243、245~249 页。在第一回（第 1 册，48~49 页）中，我们已见到这类卧房中的欺骗，当时李世民使计促使他的父亲李渊叛隋。后来发生的诡计可能在细节上借鉴前者，出现在之后的历史小说中。

26. 见《秦王词话》第 1 册，340~355 页。

27. 关于李密丢失自己的剑，见《秦王词话》第 1 册，366~368 页；这里没有讲述他从西王母手中得到这件武器。与此相同的是，此书虽然详述周公报复李密的情形，却没有提到为什么李密应当受到惩罚，也没有叙述李密毁坏了祭拜这位贤明辅臣的庙宇。很可能李密故事较早的真正说唱版本包括所有这些事件。或许是目前版本的编者诸圣邻认为，这些故事在明代中叶的口头传统中仍旧尽人皆知，所以无须提及。但他的失误却更清楚地表明唐朝立国者的故事系列是何等广为流传。

28. Idema 认为文学小说倾向于创造性地运用白话语言，而廉价读物则使用一种不具有文学的优美的简单古文体，见 *Chinese Vernacular Fiction*，pp. xi-xii。但是 Hsia 却指出了不符合这个原则的例外情形：使用北方方言的“廉价读物”以及两本假定为文人作品的文本都使用古典风格的优雅形式；见 Hsia，“The Scholar-Novelist and Chinese Culture：A Reappraisal of Ching-hua yuan”，in *Chinese Narrative：Critical and Theoretical Essays*，ed. Andrew H. Plaks（Princeton：Princeton University

Press，1977），pp. 267-270，尤其是 notes. 4-5。我并不认为这些例外推翻了 Idema 的一般性结论，但是我们需要对结论做进一步思考。

29. 见 Idema，*Chinese Vernacular Fiction*，p. lxi；Hsia，“The Scholar Novelist”，p. 269，n. 6。Cyril Birch 在最近对两部明代晚期传奇戏曲所做的研究中，根据以下 6 条对它们加以比较——音乐、抒情诗、神话性、模拟性、喜剧性和惊人场面。他的发现是，特别为精英受众所撰写的戏剧强调前几条，而通俗戏剧相形之下表现出更强的喜剧性和场景奇观。这类观察并未对为不同观众所撰写的作品做出结论性划分，但是确实支持我在下文中的论断。见 Cyril Birch，“The Dramatic Potential of Xi Shi：Huanshaji and Jiaopaji Compared”，*CHINOPERL Papers* 10：129-140（1982）。

30. 对明清小说中“故事讲述者手法”的讨论，见 Idema，*Chinese Vernacular Fiction*，pp.70，122；Hanan，*Chinese Vernacular Story*，pp. 20-22。Andrew H. Plaks 在他所著“Full-length Hsiao-shuo and the Western Novel：A Generic Reappraisal”一文中极富洞察力地描述了使小说家同所述事件之间保持具有讽刺意味的距离的方法，载 *New Asia Academic Bulletin* 1：163-176（1978），尤其是 pp. 171-173。亦见 Plaks 最近的文章，“Shuihu chuan and the Sixteenth-Century Novel Form：An Interpretive Reappraisal”，*Chinese Literature：Essays，Articles and Reviews* 2. 1：3-35（January 1980），以及我在 *Novel* 一书中对文人小说的讨论。

31. Hsia，“The Scholar-Novelist”，pp. 269-271.

32. 虽然这里文本问题并非至关重要，但我们不能对此置之不理。褚人获在他为《隋唐演义》所写的序言中，承认他的作品以《隋唐两朝志传》为蓝本。在其余部分，他加入了几乎全部的《隋史遗文》，有些地方是逐字逐句，有些地方只是概括；他还汲取了另一部晚明小说《隋炀帝艳史》中的很多内容，以及各类较短的散文叙事。详情见 Hegel，*Novel*，appendix Ⅰ，pp. 239-240。

33. 见袁为李贽所编辑的那一版《西游记》的题词，引自孙楷第:《日本东京所见》，77 页。

34. 见 Hegel，*Novel*，pp. 112-139；尤其是 pp. 129-130。

35. 见 Robert E. Hegel，“Sui T’ang yen-I and the Aesthetics of the Seventeenth-Century Suchou Elite”，in *Chinese Narrative*，尤其是 pp. 126-139，141-142，145-153。Liu Ts’un-yan 在他的著作 *Chinese Popular Fiction*，pp. 25-29 中讨论了小说中的插图。

36. 两部作品的基本差别最明显地表现在对秦叔宝的处理中；见 Robert E. Hegel，“Maturation and Conflicting Values：Two Novelists’ Portraits of the Chinese Hero Ch’in Shu-pao”，in *Critical Studies on Chinese Fiction*，eds. Yang and Adkins，pp. 115-150。

37. 袁于令:《隋史遗文》第四十九回，338~342 页，台北，幼狮月刊社，1975。

38. 褚人获:《隋唐演义》第五十一回，389、392~393 页，上海，古典文学出版社，1956。

39. 见《隋史遗文》序，3~5 页。

40. 见 Hegel，“Aesthetics”，pp. 124-159。

41. 《绣像说唐演义全传》第四十二回，第 2 册，16 页，上海，锦章图书局，约 1915。这是包括六十八回的完整版；其他最近的版本压缩成六十六回，甚至是六十四回。李元霸出现在第三十五回，第 2 册，10b 页。

42. 《说唐》第 2 册，16b 页。在这本书中，似乎李元霸因为诅咒上天，所以雷电突然降在他的头顶，于是李元霸被奇迹般地杀死了!

43. 在此，Hsia 再次使用艺术作为标准。他的证据是《说唐》完全没有能够以令人信服的方式展示出历史上军师们卓越的战略策划。恰恰相反，这本军事传奇同明代的戏曲和说唱文学一样，将这些谋士描述成巫神式的人物。不过此书将人物改变了，使之归入发展中的军事传奇文类的角色类型：他们是星宿下凡，师从不同门派，各有终生不渝的朋友；见 Hsia，“Military Romance”，pp. 359-362。同样，几乎可以肯定，《说唐》根据上述文人小说改编而成；见 Hsia，“Military Romance”，pp. 379-389，尤其是 n. 55。据我所知，以前的版本没有像《隋史遗文》或是《隋唐演义》这么高的艺术性，可能也没有这么高的价格。

44. 关于对京戏的详细叙述，见 Dolby，*History*，pp. 157-196，216-230；Colin P. Mackerras，*The Rise of the Peking Opera，1770-1870*（Oxford：Clarendon Press，1972）；以及 Mackerras，*The Chinese Theatre in Modern Times from 1840 to the Present Day*（Amherst：University of Massachusetts Press，1975）。除了这些精彩的历史综述，更早的著作中值得一提的有 L. C. Arlington，*The Chinese Drama*（Shanghai，1930；reprint ed. New York：Benjamin Blom，1966）和 *Famous Chinese Plays*，trans. and eds. L. C. Arlington and Harold Acton（Peking：Henri Vetch，1937）。

45. 此剧文本见张伯谨编:《国剧大成》第 5 册，359~372 页，台北，“国防部”印制厂，1969；引文出自 361 页。

第 05 章

/ 明清地方戏曲的社会历史情境

田仲一成（Tanaka Issei）

在全中国的乡村市镇中上演的戏曲，构成了明清大众文化的 143
重要组成部分。在这篇文章中，我将尽量指出，表演这些戏曲的特定社会环境——尤其是演出捐助人或者组织者的社会地位——如何帮助决定上演哪些剧目，甚至于影响特定表演的语言。戏班为迎合捐助人和观众的要求而修改表演；而且，根据戏班成员的才智和训练，也根据看客的社会经济地位，戏班有高下优劣之分，戏班的等级地位同样影响演出内容。

明朝初年的民间戏曲逐渐被转化成为上流阶级演出的文人戏，但是在清朝时，民间戏曲以传统地方戏的形式得以复兴。统治阶级将大众文化的创造据为己有，此后却又出现了新的大众文化形式，这就是中国历史的主要特征，也是本文的另外一个主题。

可以根据组织者或是捐助人将乡村戏曲分门别类。最古老的村戏可追溯到宋元时期。操办演出的村庄可能属于同一个市场区，或是因为水利灌溉这类农业互助活动而彼此联系。这类戏曲的演出场地是大村中的庙宇或是作为周围村落之市场中心的小镇。由专事操办演出的包头人负责捐助和组织事宜，这些人属于当地的秘密会社。在每年为当地神诞而举办的节庆以及在抚慰孤
144 魂的仪式上都要演戏。[1]演出也是为了吸引村人参加在这类场合举办的集市。[2]所以戏曲具有仪式和经济的双重功用。虽然当地地主精英颇有势力，但是集市上人口众多，鱼龙混杂，无法严密控制。游手好闲的混混、乞丐、赌徒、算命先生、卖草药的……各色人等聚集在集市上，其中很多并不是当地人，而且同秘密会社过从颇密。地主精英们认为这里所上演的戏曲放荡不羁，颇具反抗性。[3]所以实际上，在当地市场中心的庙会上演的剧目可能反映了一般民众而非地主的态度和行为准则。

不是市场中心的较小村庄中也演戏。同在市场中心一样，在每年为祭拜当地神灵举办的节庆和祈祷风调雨顺的仪式上要演戏[4]，在为抚慰村中孤魂和佑护村庄免遭洪水旱灾而举办的仪式上也要演戏[5]。演出也具有经济功用，不过这是为了保佑丰产，而不是为了促进商品交流。上演戏曲的小庙也是村民的汇聚之所，他们每两三年聚在一起，讨论村规民约，重申服从约定。村规民约主要是对诸如河流、池塘和树林这类公共资源进行适当管理，拟定条例，禁止不加限制地砍伐林木[6]、污染饮水[7]、纵容牲畜践踏庄稼[8]和偷盗[9]。在村民大会上演的戏曲成为在神灵面前庄重立约的
145 手段。违背约定者往往需要为一场“惩罚性演出”支付费用，与

此同时，还要重申遵守村规的誓言。[10]

整个村庄社区组织戏曲演出，所以经常选择贫穷农民和佃户喜闻乐见的剧目。但是村中的地主也轮流筹集资金、搭建戏台，并挑选戏班。[11] 因此可以说与非精英因素支配的市场中心不同，在这类乡村舞台上，普通百姓和地主同样发挥影响。

第三类乡村戏曲演出由宗族或是其他亲族群体组织筹办。绝大多数村庄包括数个大姓，我们可以将这些大姓视为村落共同体的分支组织。宗族通常有某些公共土地，土地收益用于举办仪式和其他实际目的。宗族通常也有祠堂，里面供奉家族祖先的亡灵。在祠堂中举行的祭祖仪式很重要，有助于在精神上团结整个家族。在 16 世纪之前，祭祖仪式遵循正统儒学规范。族中那些占有地产的士绅力图以这种方式延续在家族中的权威。但是到 16 世纪以后，可能因为在村庙中演出的戏曲深得人心，中国南方的一些宗族开始在庆典仪式中表演戏曲。在诸如元宵节、清明节、春祈秋报这样重要的节庆日，祠堂中要上演精心准备的演出。[12] 这类场合上演的戏曲由整个宗族操办，但是在其他场合，族内各房资助演出。最先由各房支操办的演出同葬礼有关。[13] 后来他们也操办演出庆祝婚礼、成丁、金榜题名以及其他。[14] 演出奉献给祖先的亡灵，感谢他们佑护本族。宗族及其房支中有财有势的族 146
人操办演出，较穷困的宗亲很少过问。因此在三类演出中，宗族戏剧可能最为保守。

操办演出的三种不同出资方——市场中心、村庄和宗族——一般是请不同类型的戏班。戏班分为三个等级。下等班子在特定的市镇里没有永久住所，而是游走于市场之间。这种班子可能历史最为悠久，兴起于北宋年间。[15] 它们同秘密会社联系密切，所以在专业包头人的保护下，即使地方衙门企图禁止，也照演不误。包头人通常组织市镇里和庙会上的演出，他们邀请这类戏班。

中等戏班通常靠在小城市（主要是镇）中为有钱观众演出谋生，但是在春祈秋报的节庆期间也在附近走乡串村。村中的头面人物害怕游走四乡的班子引起混乱，所以请来中等戏班。因为中等戏班住在当地城里，受到地主和地方官的管制，所以更对观念保守的乡村长老的胃口。

高等戏班常驻地方城镇，光顾并庇护它们的是有钱的地主、商人和地方官吏。[16] 这类戏班的艺人技艺精湛，一般村民无缘一睹其风采。住在城镇的有钱的族中长老邀请这类班子登台表演。

虽然走乡串村的草台班子和短期下乡的中等戏班技艺不精、默默无闻，但它们在民间戏曲的发展中却发挥主要作用。例如，在 19 世纪中叶，广州的高等戏班通称为外江班，他们的公所位于广州城内。中等和下等班子叫作本地班，公所设在一个叫佛山镇的下级城市市场。在太平天国起义时，隶属于佛山镇行会的艺
147 人们参加了太平军。战乱结束后他们遭到报复，公所被地方衙门捣毁。由于外江班的艺人们同太平天国没有牵连，衙门没有对广州公所动手。不过下等和中等班子（草台班子和短期下乡的班子）很快又重整旗鼓，发展了一种新的民间戏曲，即粤剧。高等戏班虽然受到有钱有势者的庇护，却逐渐失去观众，最终湮灭无踪。[17] 在整个明清时代，高等戏班和其他班子在创新上发挥截然不同的

作用，这成为地方戏曲的特征。

我们已经了解到，当演出场地从小集镇移到村庙，再从村庙移到宗族祠堂时，地方精英和较贫苦民众对演出发生的影响有所不同，邀请不同类型的戏班在不同场所表演。这些不同因素如何影响上演戏曲的类型呢？不可能对这个问题给出确切答案，但是三个晚明文本提供了一些重要线索。

李玉在大约 1630 年写了一出名为《永团圆》的戏，据此我们能够对集市演出的剧目有所了解。戏中有一场描写村坊集镇举行元宵灯会的队伍。[18] 附近村镇的农民和商贩会出现在队伍中，他们杂扮成不同戏曲人物。如此装扮的男女主角可以设想是这类集镇居民所喜闻乐见的人物。由于我们明了集市演出通常不是由士绅所操办，所以李玉的游神队伍可能使我们窥到当地一般民众的趣味。根据晚明著名戏剧评论家吕天成对戏剧分门别类的纲要，我将队列中的人物分为 6 类。吕大致是李玉的同代人，他在所著的《曲品》一书中提出这个分类法。[19] 这场戏的每个人物都用一两句话加以说明，我在每一类中挑选一个人物，译出相关的说明词。为了便利起见，我举出一个最广为人知的戏曲的标题，剧中人物出现在队列中，表演所描绘的情节；但是我无法肯定，明代晚期那些草台班子的艺人们在庙会集市和类似场地实际表演时，是否使用我们现在所见的本子。

吕天成列出的第一类是“忠孝”戏，所包括的剧目描述忠臣的忠节和孝子的自我牺牲。这类剧目中有一个人物出现在队列中，这就是关羽，解释语为“独行千里，羡云长义高”（《古城 148

记》)。第二类的题目是“节义”，其中剧目描写忠贞的妻子或丈夫，这类戏中有一个人物是刘咬脐，解释语为“咬脐郎真年少”(《白兔记》)。第三类是“风情”戏，所包括的剧目是浪漫主题。列出了7个戏曲人物，其中一个是陈妙常，解释语是“妙常姑，必正如胶”(《玉簪记》)。[20]第四类是“豪侠”戏，列出勇敢正直的武将。也包括7个人物，其中有尉迟恭，形容为“小秦王逃奔，尉迟恭勇骁”(《金貂记》)。[21]吕天成所列6类中的第五类是“功名”戏，赞扬戏中人物足智多谋和坚忍不拔。有三个戏中人出现在行列中，其中之一是吕蒙正，形容语为“看彩球星照，书生投破窑”(《破窑记》)。[22]6大类中的最后一类是“仙佛”戏，包括那些描述超凡神力的剧目，有9位戏中人走在队列中，其中一位是东方朔，题词是“会偷桃东方朔”(《蟠桃记》)。[23]

根据以上所述，我们可以得出几点结论。首先，在游神场景中所出现的28位男女主角中，只有5位出自最富于说教性的戏曲类型(第一类、第二类、第五类)。更为有趣的是这一事实，即吕天成认为这些是村人最喜闻乐见的戏目。[24]另一方面，28个人物中有23个同浪漫爱情、盖世武功和超凡神力类戏曲有关。因为害怕这些戏会败坏百姓道德，朝廷对它们心怀疑虑。有时
149 朝廷甚至降旨禁演像《西厢记》和《玉簪记》这类“放荡”和“异端”的剧目，而正如我们所见，这些戏中人物却出现在游神行列中。[25]由于小集市上的绝大多数戏班被同秘密会社联系密切的包头人操纵，朝廷可能有充分理由加以防范。这个事实可能说明了武功戏在这些地方很受欢迎的缘由。无论如何，李玉的《永团

圆》说明，同在村庄中以及为亲族团体所表演的戏曲相比，那些在小集镇和庙会上演出的剧目由草台班子的下等艺人表演，较少受到当地精英控制，更可能侧重于表现浪漫爱情、冒险和仙佛主题，而较少关注代表忠诚、孝顺、忠贞的典范人物。

一本名为《鳌头杂字》的日用通书大全提供了关于在村庄中上演剧目的类型；这本书是曾楚卿所编，大约在 1630 年刻印。此书在“谢神戏联”的标题下，收录了 35 副对联。[26] 根据其中一些主题判断，可能它们是在诸如春祈秋报、祈雨和当地主要神祇诞日这类社区仪式场合，被贴在村庙里的戏台前方的柱子上的。有 30 副对联显然提到戏中人物，可以设想是用于在上演这些戏时张贴。因此，这些对联使我们了解到晚明时期各村庄在重要的仪式场合所上演的戏目。

如果我们按照吕天成的 6 类戏曲，将这些对联中所提到的人物加以分类，那么可以得到非常有兴味的结果。有 10 个人物出自“功名”类戏，其中包括薛仁贵：“三箭定天山，伟绩堪夸牧马客；只身扶社稷，异勋还属白袍人”（《白袍记》）。[27] 7 个人物出自“忠孝类”，其中包括苏武：“仗节牧羊群，肯把丹心降犬豕；帛书维雁足，争夸白首绘麒麟”（《牧羊记》）。[28]9 个人物出自“节义类”，其中包括王十朋：“物色自尘埃，眼底有睛钱氏老；江水垂峻节，天公肯负状元妻”（《荆钗记》）。[29] 同浪漫爱 150
情故事有关的只有 4 个人物，其中有梁山伯与祝英台：“兄弟岂适然，百岁姻缘从此结；夫妻谐不偶，一年交契已兹期”（《同窗记》）。[30] 没有对联提到“豪侠”戏和“仙佛”戏。

似乎村庄为庆典仪式选择上演的剧目同集市百姓所欣赏的截然不同。30 个人物中有 26 个出自前三类，主角是英雄典范、忠臣孝子、烈女节妇之类人物。只有 4 个人物出自“风情”戏，没有任何对联提到盖世武功或者是奇异神灵。与此截然相反的是，在李玉节庆游神中的 28 个戏剧角色中，有 23 个出自“豪侠”戏和“仙佛”戏。尤其引人注目的是，没有对联提到《水浒传》中的人物。这支持了我的论点，即村庄中通常由中等戏班所表演的剧目反映了农村头面人物更保守、更约定俗成的趣味，这些乡村精英负责挑选剧目和戏班。

一部于 1600 年左右编纂的戏曲选段集锦《乐府红珊》提供了一些证据，使我们了解到那些由宗族或是其他亲族团体资助的演出。[31] 在为诸如诞辰、婚礼和庆祝金榜题名等家庭场合筹划娱乐活动时，宗族领袖们显然使用这本书。在这种时候，惯例是衣食不愁的人家从各类剧目中选择一些单出戏上演，不演全本戏。《乐府红珊》从 66 部全本戏中挑选了 100 出单场戏，依据 16 个主题按内容分门别类。我将 16 个主题排列如下，给出所列每一类单场戏的数目，以及集锦中每类戏曲说明语的样本和戏曲名称，只要可以找到，也列出单场戏的场次。[32]

151 1.“庆寿类”（每出戏都庆祝一位长者的寿辰）。总共 8 出。范例：“八仙赴蟠桃胜会 [八仙赴蟠桃大会]（为王母娘娘祝寿）。”剧目：《升仙记》（场次不明）。

2.“伉俪类”（在每出戏中男女主角都在合家老小面前行成婚大礼）。总共 5 出。范例：“蔡议郎牛府成亲。”剧目：《琵琶记》（第

19 场）。

3.“诞育类”（每出戏都庆祝男性继承人的诞生）。总共 5 出。范例：“李三娘磨坊生子。”剧目：《白兔记》（第 27 场）。

4.“训诲类”（在每出戏中父母都告诫子女注重德行，出人头地）。总共 7 出。范例：“汉寿亭侯训子（关云长训子）。”剧目：《桃园记》（场次不明）。

5.“激励类”（在每场单出戏中妻子劝勉丈夫或是母亲勉励儿子）。总共 5 出。范例：“秦雪梅断机教子。”剧目：《三元记》（第 26 场）。

6.“分别类”（在每出戏中男子都为出人头地而告别妻室母亲，踏上漫漫征途）。总共 10 出。范例：“班仲升别母应募。”剧目：《投笔记》（第 8 场）。

7.“思忆类”（在每出戏中夫或妻都思念离人）。总共 9 出。范例：“钱玉莲姑媳思忆。”剧目：《荆钗记》（第 22 场）。

8.“捷报类”（在每出戏中妻子都得到丈夫在外金榜题名的喜讯）。总共 6 出。范例：“高文举登第报捷（王金真忆夫得捷）。”剧目：《米烂记》（第 12 场）。

9.“访询类”（在每出戏中主要人物都求教于挚友谋士）。总共 3 出。范例：“宋太宗雪夜访赵普。”剧目：《黄袍记》（场次不明）。

10.“游赏类”（在每出戏中主要人物都欣赏自然美景）。总共 8 出。范例：“王商挟妓游西湖。”剧目：《玉玦记》（第 12 场）。

11.“宴会类”（在每出戏中主要人物都应邀赴宴，与朋友即席赋诗）。总共 9 出。范例：“楚霸王军中夜宴。”剧目：《千金记》(第 14 场)。

12. “邂逅类”(在每出戏中男女主角都偶然相遇，一见钟情)。总共 4 出。范例：“蒋世隆旷野奇逢(蒋世隆旷野遇王瑞兰)。”剧目：《拜月亭》(第 19 场)。

152 13. “风情类”(在每出戏中有情人都不顾种种阻挠，设法相见或是互通音讯)。总共 5 出。范例：“崔莺莺锦字传情。”剧目：《西厢记》(第 9 场)。

14. “忠孝节义类”(在每出戏中都刻画一位忠孝或是节烈人物)。总共 7 出。范例：“刘娘娘搜求妆盒。”剧目：《金弹记》(第 29 场)。

15 “阴德类”(在每出戏中都有一个人物偷偷做善事，因而受到上天的褒奖)。总共 4 出。范例：“裴度香山还带。”剧目：《还带记》(第 9 场)。

16. “荣会类”(在每出戏中都有长期离别的家人团聚)。总共 3 出。范例：“苏秦衣锦还乡(苏丞相衣锦还乡)。”剧目：《金印记》(第 40 场)。

《乐府红珊》的分类可能提供了可靠的证据，指出那些适于家庭和宗族所上演的剧目。值得注意的是，将 16 个主题综合起来，便反映出高度传统的生活观念：告诫子女要有德行，勤勤恳恳；妻子、母亲规劝丈夫、儿子努力出人头地，自己在家中独守空房，耐心期盼离家的男人归来；男人们为建功立业而出门在外，最终向翘首盼望的家人寄回报喜的信函；将孝顺的子女和忠诚的朋友树立为美德的典范；成功的男人为安享荣华而攀附权贵，广交友朋，并为此求助上天的眷顾。确定无疑的是，在为重要家庭场合挑选戏曲选段上演时，不单纯是为了娱乐聚在一起的亲朋，还有教诲的愿望和道德主义动机。实际上，可以将挑选的过程视为编选民间戏曲的手段，从而使这些剧目符合宗族或是家庭中有权势成员的道德和教育目的。戏曲演出成为家庭教育体系的一部分。

如上所述，同在村庙和祠堂中的表演相比，庙会或是小集市上演出的剧目更可能包括浪漫爱情、盖世武功或是仙佛之类，而这些主题是遭到精英阶层非议的。此外，宗族或是亲族团体所筹办的演出一般只包括单场选段，而不演全本戏，如此便可能对演出进行更严密的控制。因此我认为，在明清时期地方戏表演的三类场合中，小集市最欢迎那些不对地方精英口味的剧目，家族祠堂位于另一个极端，而村庙在二者之间。

由于戏曲演出的特定场地显然影响对演出剧目的选择，我们有理由怀疑是否演出场地也影响戏曲内容。是否会在戏曲演出脚本中做出修改使表演更适于特定场地？由于很多改动可能只是在 153
口头上，并没有被记录下来，这是一个难以回答的问题。由于没有办法证明某个特定类型的戏班或某个特定场地使用某出戏的某个文本，即便是那些记录在案的文本修正，我们也无法确定无疑地将其同特定表演场地联系起来。

然而，如果可以在不同版本的那些戏曲中发现显然同阶级相关的区别，就能支持我们的论点，即特定戏曲的内容会因表演给不同的观众而发生变化。为了看是否此点言之成理，我检验了明代最流行的著名戏曲《琵琶记》的 17 种版本。这些文本之间确实存在可能反映不同阶级观众或是编者趣味的差别。

《琵琶记》以汉朝为背景，是关于蔡伯喈和妻子赵五娘的故事。在他们成亲仅一月之后，蔡听从父命离家赴京赶考。他高中状元，并成为朝廷命官。但是他寄往家中的书信却没有到达家人手中，所以他的家人对此一无所知。与此同时，牛丞相看中蔡前程远大，强迫他同自己的女儿成亲。然后蔡家乡所在地区发生了饥荒。由于蔡捎回家的银两也没有寄到，他的妻室、父母陷于贫困。赵五娘费尽力气为公公婆婆寻找粮食，但二老终因食不果腹而病倒身亡。此后赵五娘启程到京城寻找丈夫，一路上靠沿街弹琵琶卖唱养活自己。最后当她终于找到自己的丈夫，才发现他已娶了另外的妻室。但是牛丞相的女儿知道实情之后，自愿让位作二妇，此戏以皆大欢喜告终。

我所研究的《琵琶记》早期版本分属三类。第一类（类Ⅰ）包括 8 个文本，均在苏州或者嘉兴刻印（包括一个抄本）。[33] 第二
154 类（类Ⅱ）有 3 个文本，其中两个在福建建安刻印出版。[34] 第三类（类Ⅲ）包括 6 个文本，除了一个外，均在南京刻印。[35] 对 17 个文本的比较，揭示出众多不同之处。这些区别可归纳为 6 大类，以下为每一类各举一例。

1. 对粗糙语言和低俗玩笑加以润色。在第 33 场，牛丞相府吩咐仆人李旺到蔡伯喈家乡去接蔡妻赵五娘，但是李旺不愿前往，因为他怕两个妻室聚在一起时会因争座次而争斗。在类Ⅰ文
155 本中，李旺说“[只怕取得他小娘子来时，] 娘子又要争大小。厮

打时节，不赏李旺了！”但是类Ⅱ和类Ⅲ的文本不同：“[只怕取得他小娘子来时，]夫人又要和她争大争小。到那时节，可不埋怨李旺?”（见表1）这里更为正式的称呼“夫人”取代了类Ⅰ文本中的“娘子”，删去了可能发生的实际打斗，李旺只提到落埋怨，而没有说得不到赏赐。类Ⅰ文本的整体效果更为粗鲁低俗。

2. 将方言改成官话。在第三场，牛府的一个丫头同另一个丫头说她们应该出去玩耍时，类Ⅰ文本中使用了吴语表达（在另一个类Ⅰ文本中吴语“歇子”相应改成北方方言“则个”）。类Ⅱ和类Ⅲ中删去了方言，改用官话表达。（见表2）

3. 用道德主义取代现实主义。在第21场中，当女主角赵五娘无法为公婆筹措食物时，她描述了自己的绝望心情。在类Ⅰ文本中她说“几番要卖了奴身己”。可是在类Ⅱ和类Ⅲ中她说“几番（要）拼死了奴身己”。（可能由于对原文改动草率，这句话读来十分别扭。）（见表3）

4. 删去对当今朝政的批评。在第二场，蔡伯喈的母亲想劝阻他离家赴京赶考，在类Ⅰ文本中她说：“听剖，真乐在田园，何必当今公与侯?”在类Ⅱ和类Ⅲ中改成“何必区区公与候?”如此一来便消除了原文措辞中可能包含的隐晦不明的社会批判。（见表4）

5. 更密切关注正确使用等级身份用语。在第31场近结尾时，当蔡所娶的牛丞相女儿宣布她要去丈夫家乡祭拜他父母时，除了一例之外，在类Ⅰ的所有文本中她都自称“他孩儿的妻”。但是类Ⅱ和类Ⅲ的文本十分迂腐地将这句话改成“他孩儿的次妻”，表明她的确切身份。（见表5）

6. 严格的伦理纲常取代了情绪的天然流露。在第 23 场中，当蔡父劝告赵五娘忘记显然把他们都置之脑后的蔡伯喈，另嫁他人时，在类Ⅰ（和类Ⅱ）文本中，她回答说“只怕再如伯喈”。但是在类Ⅲ文本中，她声称改嫁不是适当之举。所以类Ⅲ文本改动了在这种情形下自然表达的愤世嫉俗和幻灭情绪，代之以高度道德主义却难以令人信服的回答。（见表 6）

156 **表 1***

文本类Ⅰ.1	娘子又要 争大 小 厮打时节，不赏李旺了
Ⅰ.2	" " " " " " " " " " " ，" " " " "
Ⅰ.3	
Ⅰ.4	
Ⅰ.5	
Ⅰ.6	
Ⅰ.7	
Ⅰ.8	" " " " " " 争"，" " " "， " " " " "
Ⅱ.1	夫人" " 和他" " "，到那" "，可" 埋怨李旺
Ⅱ.2	" " " " " " " " "，" " " "，" " " " " "
Ⅱ.3	" " " " " " " " "，" " " "，" " " " " "
Ⅲ.1	" " " " " " " " " "，" " " "，" " " " " "
Ⅲ.2	" " " " " " " " " "，" " " "，" " " " " "
Ⅲ.3	" " " " " " " " " "，" " " "，" " " " " "
Ⅲ.4	" " " " " " " " " "，" " " "，" " " " " "
Ⅲ.5	" " " " " " " " " "，" " " "，" " " " " "
Ⅲ.6	" " " " " " " " " "，" " " "，" " " " " "

* 没有标记处说明文本中没有文字。（按：引号表示重复上文，余表同）

表 2*

文本类 Ⅰ.1	今日能勾得在此闲戏歇子
Ⅰ.2	” ” ” ” ” ” ” ” ” ” ”
Ⅰ.3	
Ⅰ.4	
Ⅰ.5	
Ⅰ.6	
Ⅰ.7	
Ⅰ.8	” ” ” ” ” ” ” ” ” 则个
Ⅱ.1	” ” ” 来” 花园游嬉
Ⅱ.2	” ” ” ” ” ” ” ” ”
Ⅱ.3	” ” ” ” ” ” ” ” ”
Ⅲ.1	” ” ” 彀 ” ” ” ” ” ” ”
Ⅲ.2	” ” ” ” ” ” ” ” ” ” ”
Ⅲ.3	” ” ” ” ” ” ” ” ” ” ”
Ⅲ.4	” ” ” ” ” ” ” ” ” ” ”
Ⅲ.5	” ” ” ” ” ” ” ” ” ” ”
Ⅲ.6	” ” ” ” ” ” ” ” ” ” 戏

* 没有标记处说明文本中没有文字。

表 3* 157

文本类 Ⅰ.1	几番要卖了奴身己
Ⅰ.2	” ” ” ” ” ” ” ”
Ⅰ.3	
Ⅰ.4	
Ⅰ.5	
Ⅰ.6	
Ⅰ.7	
Ⅰ.8	” ” ” ” ” ” ” ”

续表

Ⅱ.1	" " 拼死" " " "
Ⅱ.2	" " " " " " " "
Ⅱ.3	" " " " " " " "
Ⅲ.1	" " " " " " " "
Ⅲ.2	" " " " " " " "
Ⅲ.3	" " " " " " " "
Ⅲ.4	" " " " " " " "
Ⅲ.5	" " " " " " " "
Ⅲ.6	" " " " " " "

* 没有标记处说明文本中没有文字。

表 4*

文本类 Ⅰ.1	何必当今公与侯
Ⅰ.2	" " " " " " "
Ⅰ.3	
Ⅰ.4	
Ⅰ.5	
Ⅰ.6	" " " " " " "
Ⅰ.7	" " " " " " "
Ⅰ.8	" " " " " " "
Ⅱ.1	" " 区区" " "
Ⅱ.2	" " " " " " "
Ⅱ.3	" " " " " " "
Ⅲ.1	" " " " " " "
Ⅲ.2	" " " " " " "
Ⅲ.3	" " " " " " "
Ⅲ.4	" " " " " " "
Ⅲ.5	" " " " " " "
Ⅲ.6	" " " " " " "

* 没有标记处说明文本中没有文字。

表 5* 158

文本类 Ⅰ.1	他孩儿的　妻
Ⅰ.2	" " " "　"
Ⅰ.3	" " " "　"
Ⅰ.4	" " " " 次"
Ⅰ.5	" " " "　"
Ⅰ.6	" " " "　"
Ⅰ.7	" " " "　"
Ⅰ.8	" " " "　"
Ⅱ.1	" " " " " "
Ⅱ.2	" " " " " "
Ⅱ.3	" " " " " "
Ⅲ.1	" " "　" "
Ⅲ.2	" " "　" "
Ⅲ.3	" " "　" "
Ⅲ.4	" " "　" "
Ⅲ.5	" " "　" "
Ⅲ.6	" " "　" "

* 没有标记处说明文本中没有文字。

表 6*

文本类 Ⅰ.1	只怕　　　再如伯嗜
Ⅰ.2	" "　　　" " " "
Ⅰ.3	
Ⅰ.4	
Ⅰ.5	
Ⅰ.6	
Ⅰ.7	

续表

Ⅰ.8	" " 嫁了人呵" " " "
Ⅱ.1	" " " " " "
Ⅱ.2	" " " " " "
Ⅱ.3	" " " " " "
Ⅲ.1	那些个不更二夫
Ⅲ.2	" " " " " " "
Ⅲ.3	" " " " " " "
Ⅲ.4	" " " " " " "
Ⅲ.5	" " " " " " "
Ⅲ.6	" " " " " " "

* 没有标记处说明文本中没有文字。

159 类Ⅰ和类Ⅲ的文本之间一如既往存在差异，类Ⅱ通常与类Ⅲ相近。差异之处表现出明确的倾向，即类Ⅰ的文本中那些现实主义、愤世嫉俗、发自内心，甚至于有些粗俗的段落在类Ⅲ和类Ⅱ文本中被改得更富于教诲性，更道德主义，更“体面高尚”。由于类Ⅲ的文本在时间上晚于类Ⅰ的文本，我们无法不得出这样的结论，即不论是由于观众的要求还是因为编辑者的趣味，取材于一个或数个《琵琶记》版本的类Ⅲ文本经过编辑改动，变得更为符合精英的行为准则。[36]如果甚至像《琵琶记》这样经典的剧目，脚本都会因为意识形态而被增删修改，那么不太出名的戏曲可能会受到更严重的改动。

在本文中，我根据演出的主办形式对中国地方戏曲进行分类。但是关于这个主题，我们也需要着眼历史。在明清时期，中国整个戏曲界的重要变化影响地方戏曲，在戏曲界中，通俗戏相对于文人戏孰轻孰重受制于更为广泛的社会经济发展。只有在地方文化和地方权力普遍关系的背景之下，我们才能理解明清时代中国地方戏的演变发展。当村民们生活在基本平等的状态下，民歌、舞蹈、戏剧和其他形式的大众文化由一般百姓创造并蓬勃发展，但是当地方权力开始集中在几个人手中——当土地被少数人垄断——土地占有者阶级便将原来的大众文化据为己有；在他们的影响之下，大众文化向更高雅的文人形态转化。然后，当普通民众的抵制削弱或是摧毁地主阶级的权力，当村庄又恢复比较平等的状态，大众文化便恢复生命力，产生出新的表现形式，于是开始又一轮循环。

在古时的《诗经》时代，我们已见到这一发展格局。当所有百姓平等地参加乡村节庆时，民歌（《国风》）兴盛一时。但是当村民中出现贫富差别，当贫富差距日益加剧，原有的村庄节庆便被富家的氏族仪式所取代，民歌就被宴饮歌唱(《大雅》《小雅》)和氏族祖庙中表演的礼仪性歌曲（《颂》）所取代。[37]

我们在明清时期的戏曲发展中也见到同样的发展格局。明 160
朝初年同元朝时类似，村戏和集镇戏兴盛一时。在北方兴起的是今天称为“元曲”的表演，在南方叫作“南戏”。这些戏的流行主题是浪漫爱情、武功盖世的英雄和仙佛一类，在李玉所著《永团圆》的游神队伍中，大多数戏中人扮演的主角正是来自这类戏曲主题（见上文，边码页 147~148）。从明朝中期开始，土地兼并日益集中，地方社会日益分化。当地方精英的势力在农村地区上升，地方戏的发展便受到压制。地主和其他人急于阻止不合习俗、非主流和异端行为准则的传播，急于将这类思想从地方戏曲中清除出去。他们控制了绝大多数村庄和宗族祠堂中上演的戏曲，因此他们有权力阻止他们不喜欢的剧目上演。如此一来，明朝初年的民间地方戏便逐渐被当地精英据为己有，转化成更为保守的宗族戏。当一种称为“传奇”的精雕细琢的戏剧形式出现之际，这个发展趋势达到了顶峰。

传奇戏得名于称为“传奇”的唐代中篇文言小说，以这类小说为蓝本。（例如，明代戏曲《邯郸记》和《南柯记》，就是根据唐代传奇《枕中记》和《南柯太守传》编写而成的。）明代文人们发现了这些为当时的精英阶层所写的故事，在思想情绪上与之志趣相投，很欣赏根据故事编写的戏曲。虽然被创作出来的传奇戏有很多，但它们从未成为一种流行的娱乐形式。传奇戏的资助者和观众是官吏、文人和其他有权有势、饱读诗书的人。从这类戏曲的主题可以看出，它们通常描写官员生活的宦海沉浮，或是评论、批评时政。

然而与此同时，社会下层阶级中正在发生变化。晚明时期民众奋起反抗当地地主豪强，斗争四处蔓延。当时的动乱在很大程度上削弱了地主阶级在乡村的势力。所以民间地方戏再度繁荣兴盛。包括著名的京戏在内的各类新戏曲形式迅速发展。当平民百姓从土地所有者阶级的霸权下解放出来时，他们再次展示出强大的创造力。

注释

1. 田仲一成(Tanaka Issei),《中国祭祀演劇研究》(東京：東洋文化研究所，1981)，36~64、292 页。(按：为将田仲先生所引史料回译成原文，译者查阅了该书的中译本《中国祭祀戏剧研究》[布和译，北京，北京大学出版社，2008]，无法找到文中所引。但是很多内容在田仲先生另外一书的中译本《中国戏剧史》[云贵彬、于允译，北京，北京广播学院出版社，2002] 中可以查到。)
2. 《汤阴县志》（1738 年）卷七，“会记”。(有关段落载入《中国祭祀演劇研究》，266 页，注 30。)
3. 陈宏谋:《培远堂偶存稿》(1745 年) 卷二十一，“陕西查禁市会聚赌檄”。原文见《中国祭祀演劇研究》，330 页，注 79。
4. 《湖南省例成案》(1743 年)，“刑律”，卷十，“晓谕健讼保甲逞凶恃强轻生囤积各款”;《抚豫宣化录》(1725 年)，“劝喻各崇节俭以裕民财事”。原文见《中国祭祀演劇研究》，263 页，注 8。
5. 陈龙正:《几亭全书》(1614 年) 卷二十四，“同善会讲话”。原文见《中国祭祀演劇研究》，264 页，注 9。
6. 《锦里黄氏家谱》(1769 年) 卷一，“祀典”;《茗洲吴氏家记》(万历稿本)卷七,“条约”。原文见《中国祭祀演劇研究》,325 页，注 58；319 页，注 27。
7. 《镇西蛟河村陈氏宗谱》(1898 年) 卷一，“凤池碑记”。原文见《中国祭祀演劇研究》，264 页，注 11。
8. 《卢阳邢氏宗谱》(1791 年) 卷二，“重申禁约”。原文见《中国祭祀演劇研究》，264 页，注 10。
9. 《白洋朱氏宗谱》(1884 年) 卷五，“嗣古原禁约”。原文见《中国祭祀演劇研究》，264 页，注 12。

10.《怀宁詹氏宗谱》(1768 年)卷十七，“旺家山禁约”。原文见《中国祭祀演劇研究》，326 页，注 59。

11.《中国祭祀演劇研究》，280~292 页。

12.《兰风沈氏家谱》(1832 年)卷一，“祀祖源流记”(1784 年)；《长巷沈氏宗谱》(1893 年)卷三十四，“宗约”(1741 年)；《义门陈氏宗谱》(1920 年)卷三，“释慧山为本生祖先设立祀产碑记”(1796 年)；《史村曹氏宗谱》(1848 年)卷一，“祀祖演剧昼夜规式”。原文见《中国祭祀演劇研究》，264 页，注 15~17。

13. 周旋：《畏庵文集》(成化年间 [1465—1487 年])卷十，“疏稿”。原文见《中国祭祀演劇研究》，265 页，注 22。

14.《同安县志》(1616 年)，《清白堂稿》本，“风俗志”；冯时可：《冯元成选集》(17 世纪初)卷二十六，“礼说”；《大港赵氏族谱》(1779 年)，“祀规”；《芳村谢氏族谱》(康熙年间 [1662—1722 年])，“人主文”。原文见《中国祭祀演劇研究》，265 页，注 22；264 页，注 18；533 页，注 1。

15. 在那个时期有一类走村串乡的班子，称为“河市乐人”；见《中国祭祀演劇研究》，29~30 页。亦见李啸仓：《宋金元杂剧院本体制考》，见《宋元伎艺杂考》，上海，上杂出版社，1953。

16. 冯梦祯：《快雪堂日记》，见《快雪堂集》卷四十九、五十六、五十七、五十九、六十、六十一；见《中国祭祀演劇研究》，356~363 页。

17. 俞洵庆：《荷廊笔记》，见《番禺县续志》(1910 年)卷四十四。原文见《中国祭祀演劇研究》，614 页，注 2。

18. 李玉：《永团圆》，“会衅”。原文见《中国祭祀演劇研究》，394 页，注 53。

19.《中国祭祀演劇研究》，334 页。

20. 其余 6 位剧中人物是王昭君(《和戎记》)、红娘(《西厢记》)、杜丽娘(《牡丹亭》)、钱万钱(《望湖亭记》)、织女(《天河配》)

和西施（《浣纱记》）。

21. 其余 6 位剧中人物是张飞（《三国记》）、赵匡胤（《风云会》）、李存孝（《雁门关》）、晁盖（《水浒记》）、李逵（《水浒记》）、十二寡妇（《杨家将传》）。

22. 其余两位剧中人物是薛仁贵（《白袍记》）和朱买臣（《渔樵记》）。

23. 其余 8 位剧中人物是老子（戏名不详）、严子陵（戏名不详）、唐玄宗（《天宝遗事》）、达摩（戏名不详）、唐三藏（《西游记》）、观音菩萨（《香山记》；这是第 08 章中 Overmyer 所述宝卷故事的戏曲形式）、钟馗的妹妹（《钟馗嫁妹》），以及“七红鬼和八黑鬼”（《七红记》）。

24. 《曲品》（1610 年），见《中国古典戏曲论著集成》第 6 册，卷 B，223 页，北京，中国戏曲出版社，1959。

25. 见陶奭龄的评论，引自《中国祭祀演劇研究》，388 页，注 2。

26. 《中国祭祀演劇研究》，335~352 页。

27. 其余 9 位剧中人物是韩信（《千金记》）、曹彬（《三星照》）、班超（《投笔记》）、苏秦（《金印记》）、刘知远（《白兔记》）、吕蒙正（《破窑记》）、朱买臣（《渔樵记》）、薛登山（戏名不详）、杨正卿（戏名不详）。

28. 其余 6 位剧中人物是苏英（《鹦鹉记》）、凯文（戏名不详）、杨显（戏名不详）、姜诗（《跃鲤记》）、刘殷（戏名不详；刘殷是二十四孝典范人物之一）、刘锡（《沉香太子》）。

29. 其余 8 位剧中人物是蔡伯喈（《琵琶记》）、杨氏（《杀狗记》）、五伦全和五伦备（《五伦全备记》）、孟道（戏名不详）、文俊（戏名不详）、玉箫女（《两世姻缘》）、文显（戏名不详）、李彦贵（《卖水记》）。

30. 其余 3 位剧中人物是王瑞兰（《拜月亭》）、陈三（《荔镜记》）和傅春卿（戏名不详）。

31. Patrick Hanan, "The Nature and Contents of the *Yueh-fu Hung-Shan*", *Bulletin of the School of Oriental and African Studies* 26.2：346-361（1963）（除了一个之外，下文中的 16 类名称均根据 Hanan 的翻译）；《中国祭祀演劇研究》，498~500 页。

32. 同前两个文本不同，《乐府红珊》实际上提供了所列的每出戏名。我列出了能够找到的场次。

33. 类一的 8 个文本是：

I.1.《新刊巾箱蔡伯喈琵琶记》。两卷。明嘉靖年间（1522—1556 年）（按：当为 1522—1566 年，原书误）印于苏州。约 1930 年诵芬室重印。这是现存《琵琶记》中最老的版本。

I.2. 新刊元本《蔡伯喈琵琶记》。两卷。清陆贻典根据 1550 年以前苏州印本手抄。重印本见《古本戏曲丛刊初集》，上海，商务印书馆，1954。

I.3.《琵琶记》唱段选自徐迎庆、钮少雅编:《汇纂元谱南曲九宫正始》。一卷。可能是根据 1550 年之前的版本，约于 1630 年印于苏州。1936 年重印于北京。

I.4.《琵琶记》唱段选自蒋孝编:《旧编南九宫谱》。十卷。明嘉靖年间印于苏州。重印本见《玄览堂丛书》。

I.5.《琵琶记》唱段选自沈璟编:《南曲谱》。二十二卷。明万历年间（1573—1619 年）印刷。重印本见《啸余谱》，1662 年。目前收藏于内阁文库（Naikaku Bunko）。

I.6.《琵琶记》选场引自"梯月主人"（笔名）编:《吴歈萃雅》。四卷。明万历年间印于苏州。目前收藏于内阁文库。

I.7.《琵琶记》选场引自凌初成编:《南音三籁》。四卷。约 1600 年印于嘉兴。（重印于上海：上海古籍书店，1963）。

I.8. 瞿仙藏《琵琶记》。四卷。约 1600 年凌初成重印于嘉兴。约 1930 年上海蝉隐庐重印。

34. 类Ⅱ的 3 个文本是：

Ⅱ.1. 古临朱冲怀（笔名）修订：《三订琵琶记》。两卷。余会泉（笔名）约 1600 年印于福建建安。目前由植村秀浩二（Umura Kōji）教授收藏。这是类Ⅱ中的最老版本，虽然并不是所刊印文本中最老的版本。

Ⅱ.2. 《重校琵琶记》。四卷。约 1600 年福建建安集义堂印。目前收藏于蓬左文库（Hōsa Library）。

Ⅱ.3. （明）陈邦泰校订：《重校琵琶记》。四卷。1598 年金陵（南京）继志斋印（内阁文库有收藏）。

35. 类Ⅲ的 6 个文本是：

Ⅲ.1. （明）王世贞、李贽评：《元本出相南琵琶记》。三卷。约 1590 年南京起凤馆印。目前收藏于静嘉堂图书馆（Seikadō Library）。

Ⅲ.2. （明）李贽评：《李卓吾先生批评琵琶记》。两卷。明万历年间（1573—1619 年）南京虎林容与堂印（按：当为杭州容与堂印，“虎林”即“武林”，为杭州别称，原书误）。重印本见《古本戏曲丛刊三集》，北京，1965。

Ⅲ.3. （明）陈继儒评：《陈眉公批评琵琶记》。两卷。重印本见刘世珩：《汇刻传奇》，南京（？），1919。

Ⅲ.4. （明）汪廷讷编：《袁了凡先生释义琵琶记》。两卷。约 1600 年南京环翠堂印。目前收藏于京都大学文学部（Faculty of Letters，Kyoto University）。

Ⅲ.5. 《琵琶记》。两卷。见毛晋汲古阁印《六十种曲》，南京，约 1630 年（重印于北京：文学古籍出版社 [按：当为文学古籍刊行社，原书误]，1955）。

Ⅲ.6. （明）孙旷批订：《朱订琵琶记》。两卷。约 1630 年印于南京。目前收藏于静嘉堂图书馆。

36. 《中国祭祀演劇研究》，398~437 页。亦见田仲一成，“A Study on P’i-pa chi in Hui-chou Drama：Formation of Local Plays in Ming

and Ch'ing Eras and Hsin-an Merchants", *Acta Asiatica* 32: 34-72 (1977)。

37. 《中国祭祀演劇研究》, 498~499 页；松本雅明（Matsumoto Masaaki），《沖縄の歴史と文化》（東京：近藤出版社，1971），223~224 页。

第 06 章

/ 地方戏曲及其观众：香港之例*

华德英（Barbara E. Ward）

人们常说民间戏曲是传播中国文化和行为准则的一种最重要 161
的媒介。令人遗憾但易于理解的是，绝大多数研究中国传统戏曲的学者们感兴趣的是戏曲本身，是表演者和演出技巧，而非欣赏戏曲的观众。虽然可以在字里行间发现令人感兴趣的零星暗示，但是确凿的证据却难以一见。有鉴于此，恰当的方式似乎是研究

* 支持本文的大部分资料来自对香港社会经济变化所做的一项长期渐进性研究，研究工作从 1950 年至 1981 年间断性进行。财政支持由方方面面提供，对此我永志不忘。其中包括英国经济财政部（海特委员会［Hayter Committee］）、联合国教科文组织（UNESCO）、香港中文大学、伦敦—康奈尔规划、康奈尔大学、斯姆茨纪念基金（Smuts Memorial Fund［剑桥大学］）和克莱尔厅（Clare Hall［剑桥大学］）。1975 年诺汉学院（Newnham College［剑桥大学］）的校长和同人颁给我吉布斯旅行奖金（Gibbs Travelling Fellowship），指定用作戏剧研究。我也感谢香港中文大学对我有关粤剧社会学研究的慷慨支持。

当今的传统戏场的观众，并且发掘尚在人世的清末戏迷们岁月久远的记忆，以便对这个极其重要却相对少有记载的主题做由今至昔的逆推的解释。

似乎令人惊讶的是，为再现昔日场景，香港是搜集资料的一个最佳地点。这不仅因为在香港可以得到资料，也由于在这个城市中，至少三种地方戏——粤剧、潮州戏和惠州戏——在传统的情境下实际上毫无间断地蓬勃延续。在此我们需要解释一下英国统治的这个有些出乎意料的伴生物。

英国统治包含一个常见的吊诡之处，即英国政府往往对本地政府可能试图控制甚至抹杀的一些文化习俗听之任之（有时实际
162 上进行鼓励）。英国政府从未感到自己在政治上受到中国戏曲演出的威胁；但是中国政府在历史上肯定不时感受到威胁，并据此采取对策；中国内地在 1949 年之后对戏院的管理在此不作讨论。在香港，港英政府并不管制中国戏曲，而且据我所知，中国戏从未受到审查。

在此可能同样重要的是，香港缺乏一种强烈的改革主义公共意识，这种意识可能设法影响政府采取行动，反对某些民间宗教活动。对此我们也可以推测，这一吊诡现象可能有助于确保留存和延续。在几乎所有的英国殖民地中，除非当政府官员认为，当地宗教活动具有显而易见的政治威胁，危害公共秩序，或是当英国人所信奉的“天然公正原则”岌岌可危时，否则他们对这类活动完全不闻不问。所以在香港，虽然对秘密会社的仪式强力镇压，官员们却对民间宗教节庆听之任之。他们绝不想将这类节庆

称为迷信、浪费，或仅仅是因循守旧，相反，认为这是欢乐有趣的庆典；只有在妨碍交通、可能引起火灾，或是导致危害公众以及违背法律的行为时，才设法阻止。由于绝大多数大型民间宗教节庆包括一套中国戏曲表演，这一政策间接有助于旧式剧场在一个传统环境中延续；就观众人数众多而言，这可能自始至终都是个最重要的传统场所；改革开放前的中国大陆不存在这样的环境，台湾地区的情形也并不乐观。而在 20 世纪 80 年代初，香港地区节庆表演的场次实际上比 50 年代初更多。

以下的讨论分成 4 部分：第一部分概括中国戏曲在香港的现状，虽然并不仅限于此，但是尤其关注戏曲在宗教节庆中的作用。第二部分考虑延续性和中断性问题，将戏曲分为世俗场合和宗教场合的演出，当代演出和昔日演出，以及在不同社会阶级、地理区域、乡村和都市环境中的演出。第三部分力图描述分析香港的当代观众。第四部分简短探讨一个问题，即这种大众传媒到底传达“何样”的信息。

/ 当今香港的传统戏曲

演出场次和场合

20 世纪 80 年代，香港有超过 500 万人口居住在不足 400 平方英里（按：1 平方英里约合 2.59 平方千米）的土地上，绝大部

分地区是陡峭贫瘠的山地。在这块不大的土地上，每年都要为戏
曲演出搭建 200 座临时性的戏棚，绝大部分位于乡村。几乎所有
163 的临时性的戏棚都为民间宗教节庆而搭建。虽然我不肯定在拆卸
之前，在多少戏棚中有超过一个地方戏班登台表演，不过数字可
能是 50~60。按较高数字计，那么一年到头总共上演 280 档节庆
戏。如果一档演出包括 9 场不同的全本戏，那么一年上演的节庆
戏有大约 2 520 场。其中大多数（超过 65%）由粤剧戏班上演，
另外 25% 为潮州班表演，所占比例最小（大约 10%）的是惠州
班。[1] 所以粗略估算，在城镇和乡村庆典期间临时搭建的“戏棚”
戏院中[2]，每年上演 1 600 场粤剧、650 场潮州戏和 400 场惠州戏。
相应估算指出，在城市主要戏院中的非宗教场合，所上演剧目的
场次远远不能与之相比：粤剧 90 场，潮州戏 50 场，惠州戏和京
戏大约各 10 场。如果算上那些在娱乐园中的非宗教表演，并假
定一年到头都有夜间演出（几乎可以肯定有所夸张），我们可以
再加上 730 场演出，大多为粤剧。这样根据我们的最高估算，一
年总共上演的纯粹世俗戏可能接近 900 场，绝大多数是在城市的
固定戏院中。

节庆戏曲不仅表演场次超过所有其他演出的总和，而且看戏
的观众也最多。由于“戏棚”戏院通常三面开放，观众免费入座，
所以我们不可能确定观众的确切人数，不过这也说明观众确实人
数众多。如果是在人烟稠密、交通便利的地区，如果戏班一流、
164 名角登台，那么每场观众可能会多达三四千人。节庆演出被众多
受过现代教育的社会名流贬低为守旧、下流、吵闹、低俗、传播

迷信，但它们始终是香港地方戏曲的基石。当香港的两所固定戏院在 20 世纪 60 年代初关门之后，如果没有节庆演出，甚至粤剧可能也无法在其后的年代中幸存于世。

/ 延续和中断

世俗场合和宗教节庆

对于本文讨论的所有戏曲表演，我们必须明了两个初步要点：第一，不论戏曲在何处以及什么样的场合上演，它们都是专业性表演；第二，我所称的“节庆”戏和世俗戏之间的区别主要在于表演场合，而不是演出本身。[3] 对这两点我们还需要进一步详尽阐释。

由于几篇有关中国其他地区的研究[4]中讨论了由村民自行演出，或是其他至多可称为半专业性玩票演员表演的戏曲，我必须阐明，本文所讨论的“民间”演出并非这类表演。不论在城镇还是乡村，在仪式庆典还是世俗场合，在临时搭建的戏台上还是永久性戏院中，在 20 世纪 80 年代的香港，为大批观众上演的所有戏曲都是专业演出；根据我的访谈者所说，同样的结论也适用于 20 世纪初叶广东省的一般情形。[5] 重要的是指出，同一些班子的
专业艺人们（虽然不一定是全职艺人）既在节庆典礼表演，也在 165
世俗场合表演。此外，在这两种场合表演的绝大部分戏曲一般无

二，不过宗教节庆的剧目中总是包括某些仪式性短剧，它们不一定在世俗场合上演。

绝大多数世俗演出是商业演出。少数为慈善目的举办，有些由官方（通常是市政）赞助举行。声名卓著的演出名角云集，通常演出档期较短，一周已是大胆地超出惯例。绝大多数在固定戏院（目前通常在为此目的而改造的电影院或是社区会堂）上演，有售票处卖票和预订座位。观众大多来自中上等阶级。不太出名的演出通常在某个当地娱乐园中设备简陋的固定小戏院举行，通常夜夜连演。登台的通常是三、四流角色和乐师，门票低廉，通常不接受订位，看客主要是中下层和下层阶级的观众。

同世俗表演不同，节庆演出的主要目的既非营利也非艺术，而是取悦于一位或是数位神灵。在一座专为演出而搭建的戏棚中表演，由专门为此目的而挑选的地方委员会组织。在人们心中，一档节庆演出是为某个特定神明或是数位神明所奉献的现场演出，所以通常不出售门票。演出场合一般是每年为庆祝一位庙神的所谓诞辰而举行的庆典，每年阴历七月为“饿鬼”所举办的仪
166 式，以及不太经常却按期举办的道家打醮仪式。广东话通常将节庆演出称为神功戏（字面意思是“敬神戏曲”），如此便清楚地证明，演戏是在这种场合向神明所做奉献的一部分（社会意义上最重要，当然也最昂贵的一部分）。

节庆演出的戏台位置清楚地表明演出的祭拜作用。正如在有些中国庙宇建筑群中仍然可以见到的永久性戏台一样，临时戏台通常搭建在正对庙宇的主要入口处的地方，使演员们直接面对

（通常是朝北）神像。有时候将神像外移，置于庙宇入口前，“以便让神灵观看”。当由于地形或是其他原因而无法以这种方式在庙前搭建戏台时，有两种解决办法可供采纳。更常用的办法是为神像搭建临时性神棚。神棚总是面对戏台而立，在头场演出开始前不久，举行仪式，列队将神像请出，安置在神棚中。于是临时搭建的神棚便成为宗教节庆仪式的关注焦点。

然而有时候，主要庙宇仍旧是庆典的中心，不过以同样方式请出的神像并不是安放在临时神棚中，而是放在一个我在另文中称为“贵宾席”的小台或是架子上，台架高出观众的头顶，有席棚作顶，面对戏台。[6] 在这两种情形下，整个节庆演出期间神像都被置放在它们的临时住所，只有在最后一场演出结束，闭幕仪式之后，才举办仪式将神像护送回庙宇各归其位。毫无疑问，这种安排方式表明作为奉献的一部分，戏曲具有宗教重要性。绝大部分节庆演出的观众都明了这一点，并愿意加以讲解，有人暗示自己对此难以置信，觉得十分可笑，有人似乎完全信以为真。这使我们回想起对 6 世纪雅典戏剧节的描述，尊贵的席位保留给酒神狄俄尼索斯（Dionysius）的雕像，将它护送到前排中间的座位；在剧终后以同今日香港类似的方式列队送回庙宇，回归所居之地。

典型的粤剧节庆戏档期通常延续 5 夜 4 天。开场戏于晚间 7 点半或是 8 点开始，演到午夜甚至更晚。第二场于次日下午 2 点开始，在大约 5 点半或 6 点结束；第三场在当晚上演，以此类推，一共演出 5 个晚场，4 个下午场。每场上演一本全台长戏——爱 167

情故事、战争情节、孝子孝女、忠义臣下、廉吏能臣（抑或贪官污吏）或是传奇内容。观众通常对情节耳熟能详。演出纯粹是娱乐性的，一般没有特定的礼仪内容。除了约定俗成要求戏曲必须是皆大欢喜的结局，而且在整个节庆档期不能上演相同的娱乐性戏目，没有其他规定。通常由班主选择戏码。没有固定要求说必须上演某些剧目；甚至在那些名称相同、基本情节类似，并由相同演员表演的戏曲中，唱词、音乐和动作也可能相去甚远，因为很多时候演员即兴发挥。观众们为看这些戏而来。在商业性和其他世俗表演场合，这通常是唯一上演的剧目。

然而在节庆表演中，必须上演一些附加剧目。这通常是同娱乐戏具有种种区别的短剧小戏，其中最重要的差别可能是这些戏的可预见性。有些是所有节庆表演的必演戏目，有些只是在这类场合十分常见，还有一些只在特定情形下演出。每个小戏使用自己的固定音乐，主要用打击乐器和管乐器。绝大多数小戏是哑剧，既无唱腔也无念白，说话时则需按照固定“文本”，通常使用某种戏棚官话。表演高度程式化，主要包括一套套例行的做手和动作。名称永不改变，情节简单固定。观众中的每一个人都对绝大部分小戏烂熟于心，也知道它们在整个演出中何时出现。虽然有些小戏可能受人喜爱，但是它们的重要性主要不在于娱乐，而在于象征性含义。人们认为绝大多数小戏至少具有一定的典礼功能。由于这个原因，也由于同灵活机动的娱乐戏截然不同，这些戏不断重复，在人意料之中，因此我将它们称为“仪式戏剧”。[7]

168 就本文的目的而言，不需要对仪式戏剧的功用和含义作详尽分析。观众们对小戏的大致吉祥寓意了然于心，不过很少有人能超出最一般含义，解释它们的象征性内容。此外，除了那些最长也最精彩的片段（它们恰恰最缺少宗教含义），绝大部分观众似乎认为这类表演索然无味。就像很多其他仪式一样，重要的是以适当方式完成仪式；没有人认为观众的参与和理解对于完成仪式来说是必不可少的附加之物，或者会对仪式功效有任何影响。

今与昔

在20世纪80年代的香港，人们一般认为节庆表演“较为传统”，而商业性和其他类型的演出“更为现代”。所以不言而喻，节庆演出更可能为昔日表演提供有用的线索。但是问题并非这样简单。比如说，当代香港的商业演出和其他表演要买票入场，而节庆演出却不要票。我们不能据此得出结论，认为买票看戏是现代发明。13世纪有一篇名为《庄家不识勾栏》的杂剧故事，以第一人称写一个快活的农民：

> 来到城中买些纸火。正打街头过，见吊个花碌碌纸榜，不似那答儿闹穰穰人多。见一个人手撑着椽做的门，高声的叫“请请”，道“迟来的满了无处停坐”。……要了二百钱放过咱。[8]

600年之后——大约100年之前——在清末的民间戏园子（仅在

北京就有超过 20 个之多）里，看客按位置和舒适程度支付价格不等的“座钱”，或者买“茶票”，包下可坐十几人的包厢。[9]

商业性戏院分成不同等级的现象也并不新鲜。杜为廉（William Dolby）关于 19 世纪剧场的描述将演出场所分成“酒楼剧场”和“戏园子”。在酒楼中，少数富人权贵设宴待客，席间穿插着戏曲、舞蹈、歌唱和音乐；戏园子是平民大众的主要听戏
169 场所，那里只招待茶水，不供应酒饭，众多的观众来自各个社会阶层。在香港的大酒店餐厅和茶楼中，类似于“酒楼剧场”里的私人娱乐延续至今，不过提供消遣的艺人们更是五花八门，有当代流行歌手、各式各样的表演、爵士乐、迪斯科和舞厅舞。虽然某些著名戏曲明星可能会应邀在这类场合清唱，但是从没听说过有整个戏班在这里演出。[10]

对于中国戏曲史来说，远为重要的是正宗商业表演中目前存在的不同类型或者等级差别，对此我们已经提及：上等演出在少数声名远播的城市中心某处剧场举行，下等演出是在娱乐园中拥挤的小场子里，有时在临时性的戏棚里。前一类演出收费昂贵，演出场次相对不多，沿袭西方化的中产阶级惯例，剧场管理通常对观众行为作出一些约束。一般这类表演要大做广告，事先订位，前来看戏的人数必然很少，绝大多数属于中上等阶级。简言之，这类演出在很大程度上局限于（虽然以不同方式，而且不太严格）经常光顾 19 世纪“酒楼剧场”的那类有钱观众。无须赘言，在这里登台的是名角云集的上等戏班。

娱乐园剧场中的观众是三教九流各色人物，除了人数和阶级

成分，他们同杜为廉描述的“戏园子”看客类似。虽然著名戏班和名角并非从不光顾，但是这里的大多数演出水平不高。不过虽然剧场不大，但因为票价不贵，经常演出，位置临近一些人口最为稠密的平民区，所以来这里看戏的人比大名鼎鼎的市中心剧场远为众多。此外，没有规定禁止看客随意走动、抽烟、吃东西、交谈、照相、录音，以及带孩子挤坐一处。由于这些原因，也因为娱乐园其他设施本来就吸引上层阶级以下的各色人等，所以毫不奇怪，比起更气派的商业演出，这类剧场在大批平民观众中很得人心。与此同时，由于在那些习惯于光顾旧戏院的看客中，受过教育的社会上层人士很少到当代娱乐园剧场去看戏，于是就阶级利益而言，可能发生了某种形式的两极分化。（确定无疑的是， 170
在诸如香港大会堂这类场所里通行的当代正式礼仪规范，在任何等级的中国老式戏院中都闻所未闻。）然而重要的是记住，除了要求买票，当代香港娱乐园剧场中的观众同看节庆表演的观众类似；除了在节庆表演中必须上演典礼戏之外，观众在这两个地方看到的演出也非常相似。换言之，“较为传统”和“更为现代”的演出之间的区别并不等同于“商业场合”和“节庆场合”的区别，而是显然跨越了二者之间的界限。

我们可以继续对表演提出类似问题。如果说有少数观众花了大价钱买票，到市中心剧场中去观看那些不时上演的剧目，如果说就这些观众表现出更“现代”的行为举止而言，他们可谓“新”，那么是否我们可以顺理成章地说，他们观看的演出也更“现代”呢？当然有些演出包含创新，加入新情节，穿着新式服装，使用更大胆创新的音乐、西式的灯光效果和布景等，但是很多其他因素，尤其是当较老的顶级演员登台表演时，不容忽视地展现出传统主义。所发生的似乎是这样一种情形，即在人数有限的观众面前所上演的高水平演出，似乎往往成为以一种更自觉的艺术方式处理中国戏曲的场合——在京剧表演中，梅兰芳和其他一些人长此以来就使这种方式为人所知；但是在中华人民共和国以外，绝大部分地方的戏剧却较少采用。这一概括表述过于笼统，不能恰如其分地描述所有事实（尤其就我们将要讨论的粤剧和潮州戏而言），为讨论这个观点需要另写一篇文章。此外，区别并非界线分明，因为在大会堂为上层观众在世俗场合表演的绝大多数演员（以及很多相同的剧目），也在宗教节庆中搭建的戏棚中登台，他们有时也出现在娱乐园戏台上。然而我的观点是，在香港目前的舞台上，艺术上的自觉表演已成为特色。虽然仅凭这一点，我们并不能声称，上等商业性演出的方方面面无法代表昔日，但是同默默无闻的商业演出和节庆戏相比，上等剧院的演出在很多方面确实同昔日表演相去甚远。我们已经知道，在现今的香港，昔日的两三座大型商业戏院已不再营业，正是低水平商业演出和节庆戏继承了它们的传统，虽然是以一种相形见绌的方式。[11]

社会阶层

171 关于“戏园子”中观众的阶层的讨论已足以使我们明了，至少在清代中后期，这些人极为类似 16 世纪末 17 世纪初伊丽莎白时代伦敦环球剧场的观众。在这些地方，不同社会阶层的观众济济一堂，廷臣、买廉价座位的看客，以及二者之间的各色人等欣赏相同的表演（虽然他们无疑以不同的方式理解演出，并被演出的不同侧面所打动）；甚至当表演场合或是场地对观众有所限制时（如在皇家觐见礼或是私人宴会上），照旧由同一些艺人上演同样的剧目。

在香港，这种情形一直延续到20世纪50年代中期，那时还有两座旧式戏院营业，没有为新兴上等阶层专设的演出，电视尚未发展起来，电影院和电台每日还放映、广播很多粤语节目。以上所提到的两极分化只是从大约60年代以后才日趋发展，但是在80年代初仍旧处于早期阶段，将来如何还难以预料。[12] 正如杜为廉所说，

> 为富人所演的戏和为穷人所演的戏并没有严格区别，二者可以轻易互补并复兴对方。正如我们所见，从宋代甚至更早的时候开始，在街头、市场和村庄表演的艺人们以及粗俗的民间戏曲欣然奉旨入宫演出，然后又回到来处，与此同时宫廷的好恶也迅速影响民间戏曲。[13]

粗看之下，本书第05章田仲一成教授的论点似乎否定了以上结论。田仲教授对同一戏曲不同文本所做的详尽考据揭示出，可能因为不同社会阶层的观众，尤其是因为不同阶层的筹办人，文本发生了语言变化。戏曲受到筹办方和观众要求的影响这个论点可以找

到众多论据，但是我们不能据此就推翻“为富人所演的戏和为穷人所演的戏并没有严格区别”这个笼统的论题。

过去，中国戏曲艺人们并不需要一丝不苟地按照脚本唱戏。确实，脚本往往只是指导性纲领，而不是照本宣科的文本；至少有些地区性习俗明确要求唱者在曲词说白和唱腔方面能即兴发挥。有时根本就没有脚本，只有提纲。[14] 显而易见，由于这
172 种灵活性，变化几乎数不胜数；正如今天在英国，哑剧表演的灵活性允许演员根据当时在场的观众，以他们认为适宜的方式即兴发挥。但是（这是问题的关键）由于这个特点，便出现了所有中国戏曲研究者们所形容的借鉴和反借鉴的一般过程，这也与哑剧相似。简言之，中国戏曲表演结构本身既解释了可能发生的变化，也说明了融会贯通的过程。至于孰重孰轻要看个人兴趣所在。

无论如何，当“相同”的戏曲在私人场合、公共场合，或是多少加以限制的不同观众面前表演时，不论各类文本之间有何种语言差别，两个互为补充的事实十分重要：第一个我们马上就要讨论，是关于戏曲情节及其所体现的行为准则的普遍传播；第二个是，正如在当代香港，明清时代中国的绝大多数演出都在公共场合举行（不论是“戏园子”一类商业性场合还是举办宗教节庆的地方），对观众不加限制。他们同 16 世纪英国观众一样来自三教九流，不过人数远为众多。

地区

所有历史性证据都指出，关于阶层差别相对不太重要的观点也适用于地区差异。这里我们再次引用杜为廉的话：

> 地方形式和国家形式融为一体，适应于新的条件，并互相借鉴汲取……最终结果是个令人眼花缭乱的万花筒……当地流行戏或是音乐时尚会迅速产生全国性效应。[15]

各地的脚本作者互相借鉴。对某个特定情节或是文本形式不存在版权或是所有权概念（更没有法律），反正所有戏曲故事都来自同一个大家分享的历史、传说和小说库。其结果是，同样的情节确实在各处出现，异体杂交屡见不鲜。各种地方风格的区别主要在于音乐唱腔，部分在于服装和舞蹈编排。在当代现实主义戏剧中习以为常的人物刻画不是中国戏曲的特色，各种中国戏曲都以非常类似的程式化角色分类为基础。最迟到明代中期，戏曲已经在中国发展起来，成为本国独特的群众媒介；音乐唱腔和剧种的地区差异并没有削弱戏曲所传达的全国性信息。

在香港搜集的证据支持这个论点。本文主要讨论当地戏班表 173
演的三种地方戏，除此之外，当外地班子进行访问演出时，现代香港的戏迷们还有机会时常欣赏京剧表演和其他地方戏。虽然在大约 300 个中国地方剧种中只是沧海一粟，但这里上演的剧目至少提供了相互比较的机会。此外，虽然在服装、舞蹈编排和整体表演上，差异足以引人关注，但经验证明区域性差异主要表现在音乐（尤其是唱腔）上。至于叙事内容、所传达的行为准则和态度，以及对人物刻画的大致轮廓，各地戏曲都颇为相似。

城市和乡村

目前香港的形象基本上是个西方化城市，具有 20 世纪人口最为稠密的都市景观，城市中钢筋混凝土高楼大厦林立。能够用从香港得出的任何结论来说明前现代乡土中国的历史吗?

针对这样的观点我们可能提出几点反驳。我们既不能忘记香港周围的农村世界，也不能忘记直到 20 世纪五六十年代，香港的农村还基本上到处种着传统的水稻。当然在今天，甚至新界最遥远的村落也同城镇密不可分，而且通过移民同欧洲联系密切，于是同香港多数城市居民相比，那里绝大多数村民的眼界更富于世界主义色彩。简言之，可以说如今很多香港村民比绝大部分城镇居民更温文有礼（经常也更富有）。城乡之间的区别变得模糊不清。

但是除了纯粹的现代因素（诸如电力、高质量道路、飞往欧洲的航班等），我们的疑问是，就传统戏院和观众而言，到底在多大程度上所谓城乡差别确实是一种新现象? 就其他问题而言呢? 将乡村和城市截然划分的社会学模式本质上来自西方，施坚雅的市场研究，再加上杨庆堃和杨懋春（Martin C. Yang）的著作，都充分表明在帝国晚期，空间划分、规模和生产功能的区别并不意味着中国村庄同城镇截然分割；村庄在各个方面——包括经济、行政、婚姻、教育、礼仪、医药以及娱乐在内的各种社交活动——都依赖当地集镇以及更大的城市中心。[16] 因此我们需要分析在何等程度上，不同的活动环境使中国不同地区的村民和城 174 镇居民发生联系。

就此而言有三个相关论点。首先，施坚雅和其他学者已清楚指出，人们赶集不仅仅是为了买进卖出。不应忽略的是，村民们并不只是逢集时才进城。在中国很多地区，向城镇，甚至于向海外移民，是一种年代久远的习俗。我们还应该记住，在铁路时代之前，同世界上任何其他地方相比，中国内地的交通联系起码不相上下，甚至于远胜一筹。

其次，村庄和城镇的联系绝不是单向的。虽然有更多的村民进城，但城镇居民有时也下乡。除了诸如衙役和收税收租人之类，同 19 世纪和 20 世纪时他们的英国同行一样，有些小工匠和小商贩在传统中国走村串乡。此外，也同英国一样，艺人们，包括说书人、耍把戏的，就本文而言尤其重要的是专业戏班演员们，也游走于乡村之间。同在西方国家一样，中国的专业剧场是都市产物；但是正如欧洲和北美的马戏团以及密西西比河上的水上舞台一样，这一都市产物也光顾乡村。

最后要指出的是，虽然施坚雅注意非市场因素，但他的市场模式不可避免地使人忽略市场框架之外所发生的事情。这绝不是要诋毁他的模式。戏曲演出正是如此。在描述本文所说的“宗教节庆”的场合时，以前的西方作者通常使用“庙会”这个词。重要的是不要因为使用这个词而使问题含混不明。虽然庙会具有经济作用，但庙会同集市十分不同。集市的基本经济功能要求它们的间隔周期很短，一年到头举办，每次只有一天；而庙会通常每年只组织一次，在典礼日举行，延续数日。此外庙会不一定在中心集市举行，即使在中心集市，即使与定期的赶集日重叠，也完全是偶然性所致。这些都是显而易见的，但还有另外一个相关之点。施坚雅的市场模式告诉我们，每个标准集市区一般是彼此孤立的。而庙会区与此不同，虽然庙会由地方委员会组织，而且以特定庙宇为主，但是赶庙会的人和看戏的观众往往来自周边很大地区。

对于当今香港的庙会和其他节庆来说，肯定都是如此。除了戏曲演出，这类节庆提供其他吸引人的活动，引来城镇居民和
175 乡村居民；确实，不论在何地举行，这些节庆的总体形式都颇为相似。例如，在正日要举行特殊的祭祀，披红挂彩的队列行进其间；还要操办令人兴奋的道教和佛教仪式；至少有几天要品尝佳肴美酒，并开设赌局；人们借此机会拜会旧友亲朋，保持联络，闲话家长里短，处理私人和生意事务。简言之，节庆日是假日，人们因享受假日而理所当然喜欢过节，所以蜂拥而至，为过节而不去上工。正如以上所述，并不只是本村和本地区的人们参加。只要交通较为便利，所有负担得起的人可能都会前往。有些节庆在市镇庙宇举办，有些在乡村庙宇举办，另外一些庆祝场地设在城镇或是乡村的任何一片便利的开阔地上，如现代九龙的运动场，或是昔日安徽的干涸河床上，罗伯特·福臣（Robert Fortune）在他的关于 19 世纪 40 年代安徽省的著作中描述了在干

涸河床上举办的节庆。[17]不论在何地举行，都要搭建戏棚，竖起华丽的旗帜和精心制作的红白告示牌，悬挂五颜六色的灯盏，用扩音器播送音乐。戏棚牢固地搭建在临时或是永久性庙宇的前方，庙中香烟缭绕，道士和佛僧拿姿作态，口诵经文；许多小型队列前来为个人或是团体奉献祭品，他们献上整只烧猪、水果、鲜花、糕饼、红蛋、酒和茶，领头的是喧闹舞动的狮子和麒麟，尾随的是红色或五颜六色的高大纸糊神龛。不论是临时性还是永久性的茶馆都生意兴隆；数十个小摊出售食物和饮料；可能还有很多小摊售卖宗教用品和儿童玩具。即使城镇人和乡村居民分别参加节庆，他们也有十分相同的体验。

当然，这并不是否认中国存在城乡差别，我只是主张，在某些地区以及在一些最普遍、最典型的戏曲演出场合，这类区别并不重要。我相信对于珠江三角洲的绝大部分地区来说，清末或者可能更早些时候便是如此；我认为在中国很多其他地区，比如说施坚雅所说的所有核心地区，可能从来都是如此。[18]实际上，这必定意味着在这些地区，众多城镇居民和乡村农民观看同一些艺人表演相同的戏曲，与相同或是同类的观众混杂相处，济济一堂。

/ 香港的当代观众

在这一节中我着重讨论节庆演出，因为根据我以前提出的论 176
点，节庆演出（以及娱乐园剧场演出）同晚清以及甚至更早些时候的戏曲表演最为相似。我首先提供少许有关座位设置和组织方面的细节，然后依次对三种当地戏曲的观众进行简短的讨论。

座位设置

绝大多数节庆演出都不收门票，免费就座；除了前面的戏台，剧场三面开放，观众来去自由。非当地观众假定为已经或即将为庙宇做出奉献的家庭的亲属，看戏时他们也为庙宇捐助或多或少的香油钱。除此之外，在当地观众中，一家之主（或者他们之中较为富裕的家庭）可能已经捐助或是允诺承担相当数目的额外款项。通常的解释是，因为演出是为了取悦神明，所以不需要为看节庆戏付钱。人类看演出是一种奖励，就像在节庆正日向庙宇所供奉的猪肉、糕饼和其他食物一样，此后将食物在所有供奉者之间分配食用，所以看戏也是对供奉的分享。

演出“天光戏”更为清楚地表明，演出是对神明所做的奉献。[19]“天光戏”通宵演出，在夜戏结束之后开演，一直演到拂晓。通常由戏班中的年轻演员登台，他们只是草草穿戴，粗粗上妆，台下几乎没有观众，只有几个乞丐和来自外地、无处过夜的小贩躺在座位上。是否在特定节庆演出中上演“天光戏”由当地习俗而定。当我问到此事时，我所访谈的人几乎总是表现出一种会意的兴趣，毫不迟疑地解释说，“天光戏”是演给神明，而不是演给人看的。

演出档期、演出时间和观众人数

节庆戏演出档期有长有短，最常见的是以上所说的“5 夜 4 天”，一共上演 9 场普通戏曲（当然都各不相同），在节庆正日之前两三个夜晚开场，每天演一个下午场和一个晚场。如果还演天光戏，那么演出的总场次要多些。通常在最后的晚场戏和表明演出档期结束的庆典短剧结束之后，全体戏班收拾行装，戏棚工人立刻开始拆卸戏台和戏棚。

有些节庆戏档期比通常的 5 夜 4 天要短些，只有两三天（“2 177
天 3 夜”），有些长些。很长的戏档有两三周，一般在人口密集的城镇举行，往往上演粤剧。然而一种比较近期的惯例是不同地方戏班依次使用同一个戏棚。例如，在整个 20 世纪 70 年代期间，新界西贡的天后（也称为妈祖）诞时，先演一周左右粤剧，然后潮州戏班在同一个戏台上唱 5 夜 4 天潮州戏。在九龙市区不止一个人口最为密集的新兴地区，在演过惠州戏后，通常以类似的方式再上演一档粤剧。

一般而言，晚场戏比下午场的观众远为众多，除了节庆正日，下午场通常由班子里的二流演员和乐师登台，为一批妇女儿童演出。下午场观众席很少坐满。晚场戏或是节庆正日下午场由一流乐师伴奏，名角上戏，看戏的有各色人等，人数众多。在节庆正日前夜、正日下午和晚间由名角演出最流行剧目，吸引最多的观众。此时座无虚席，要添加一排排座位（通常在前面），一般还有几排男人们挤站在后面和旁边看戏。

在正日下午演出之前（或者中间），通常要在台上举行非宗教性社区仪式：有人讲话；向主要艺人、演出主持人、地方名人政要献上特地绣制的锦旗致谢；同庙宇的某些供奉相关，要举办幸运号码大“抽彩”活动[20]。在仪式前或是仪式后常常要上演一
178 出或是更多短小的典礼戏。在整个节庆中，大批观众密切关注敬献锦旗，尤其关注“抽彩”活动，与此截然相反的是，人们通常对这些小戏缺少兴趣。

由于前来庙宇上香的外地游客，欣赏正日下午、前一日夜场和后一日夜场演出的看客剧增。即使是在一个只有数百居民的小村落中，只要有座古刹名寺和一个上乘的粤剧班子，节庆期间就会引来多至 2 000~3 000 的游人。在有著名庙宇的较大市镇，外来游客很可能至少有此数的两倍。[21] 不是所有人都要看戏，但是可想而知，有相当人数至少要看部分演出。

族群和看戏

不仅因为在节庆演出档期中上演不同剧目，以及演出场地不同，也因为上演不同类型的地方戏，观众人数和成分有所差异。在说广东话居民聚居的香港，粤剧看客人数最众，这一点不足为奇。那些在市镇中举行、由地方资助的粤剧节庆表演，现在通常在多层公寓间的运动场、清除干净的建筑工地或是平整好的空场上搭建戏棚，可以连演三周甚至更长时间，场场爆满。潮州戏和惠州戏吸引的看客人数依次下降。很少有广东人欣赏这些戏，他

们也不愿尝试。但是，不仅当地大部分人说广东话，而且广东话还是通用语言，所以能听懂粤剧的人远为众多。因此，虽然潮州戏和惠州戏观众往往只限于说这些方言的人，但粤剧看客却不太受地区限制。[22]文化精英们认为只有京戏才值得一提，除他们之外，香港大多数戏迷们将粤剧视为“上品”；只有少数人欣赏潮州戏和惠州戏。

惠州戏及其观众

香港同其他移民众多的地方一样，某些移民族群或多或少来自同一个阶级。这并不是说特定族群的所有成员都属于同一社会阶级，但是大多数成员确实如此。惠州戏得名于广东东北部城市惠州。表演使用福建话，这是一种闽南方言，通行于来自那个地 179
区和沿海的香港移民。广东话将这些人贬称为“福佬”。他们大多是工人，或者属于中产阶级下层。惠州戏观众因此在族群和阶级上颇为统一。观众相对人数不多，通常来自联系密切的社区，为了娱乐自己（也为了娱乐他们同样与众不同的庙宇神明），他们举办与众不同的戏曲演出。不论有意还是无意，这也是坚持族群团结的象征性姿态。

香港有两个专业惠州戏班。在一年中的某些时候，尤其是——但并不仅限于——农历七月，请他们演戏的人络绎不绝。[23]这些都是宗教场合，加在一起，戏班实际上是为所有说福建话的人表演。他们所表演的剧目每晚截然分成两半。前半场从晚上7点半或是8点开场，一直到临近午夜，总是上演“武戏”，通常是取材于《三国演义》的长篇连台戏。在演出中关公、曹操和众将士不断在台上摆姿作态，指挥着挥舞旗帜的军队前进后退。戏中很少有女角，几乎没有唱段。表演非常过时，动作程式化但是并不精致，更像华丽的队列而不是戏曲。没有杂技动作。观众屏气凝神观看每个动作。座无虚席，大约半数看客是不同年龄层的男人。旁观者完全可以确定，这些人被演出牢牢吸引。在戏结束后，人们立刻松一口气，咳嗽、站立、走动、谈笑，并且大多数人离开剧场。

在午夜开始下半场。不再和着唢呐、钹和鼓点表演雄赳赳的武打动作，台上是女角上演的“文戏”。没有打斗，很少念白，只有轻声打击乐和着长篇唱段，伴随着丝弦笛子。故事情节围绕着以唱工见长的女角，通常是有关孝悌和母性献身的主题。此时观众不多。或许只有 20 来人从头看到尾。其他人来来去去，随意聊天或是听戏，讨论唱段或是谈论新鲜的流言蜚语，吃零食，喝饮料，坐立不定。到第二天晚上，按同样顺序周而复始，虽然表演的故事不同，但是也演两类戏，看戏的也是两类不同的观众。[24]

180 潮州戏及其观众

据我所知，在二战前的香港，即使有潮州戏节庆演出，可能也为数很少。如今在香港，潮州人是第二大族群；虽然他们喜欢聚居一处，但是几乎在各地都可以见到他们的身影。像其他移民一样，香港的潮州人倾向于从事某些职业，但是由于他们人口众多，而且所从事的职业中包括几种极为成功的商业活动，所以潮州人分布在当地社会经济阶层的各个层次。同讲福建话的惠州人不同，潮州人保持了一种极为引人注目的族群形象，不仅在只对潮州人重要的场合，而且在直到不久之前还由当地广东人和客家人组织的一些节庆上，他们也表现出族群团结。其结果是，除了一些广为宣传、众人皆知的演出由市政和企业资助，香港现在每年都有很多潮州节庆演出。

潮州演出将矫揉造作的老练雕琢同现实主义的面部表情加以结合，在一方面同惠州武戏的古风截然不同，在另一方面也同层次繁多、富于创新的粤剧迥然相异。潮州戏老练雕琢的一点是，和其他地方戏不同，有几出潮州剧目出版了唱腔和剧本。这些出版物中包括几场演出的文本，经过一批有天分艺人的切磋打磨，这些戏已臻于完美，目前存在的形式基本固定，观众对它们耳熟能详，能够进行批判性欣赏。就像在欧洲古典音乐会中的学生那样，有时看潮州演出的观众们阅读自己的曲谱。

好在潮州戏保留剧目（至少是当代香港所能见到的）不多，这使逐字逐句的鉴赏比较易于接受。我所访谈的广东话看客做出了两种虽然不同但是相关的解释。第一点是配乐。广东人常常用十分刻薄的语言，将在香港最常听到的潮州戏的那种独特音乐暗示为刺耳（除了其他特点）。这说明它不适于武打戏。实际上大多数潮州戏是轻喜剧。这一特色据说也同表演潮州戏的特殊艺人类型有关。过去演戏的大多是十几岁以下的男孩，如今主要是女人和女孩。不论是过去还是现在，都很少有成年男演员，所以剧目绝大部分是“文戏”，即以上所说的轻喜剧。就好像潮州戏脚本作者将惠州戏目拿来，将前一半完全弃之不顾，专心致志将后一半打磨润色成更轻松愉快的演出。那些喜爱武打戏，愿意见到男人主宰舞台的广东人对潮州戏嗤之以鼻，将其称为“细路仔戏”（字面语言）。

181 看潮剧演出的观众当然几乎是清一色的潮州居民，加上一些说闽南话（主要是福建话）的看客，或许还有一些来自台湾地区和南洋的观光客。听不懂潮州方言的广东人通常不喜欢潮州戏。所以如果在粤剧之后上演一档潮州戏，可以看到主办人移走很多排座位。观众中的潮州女人和那些谙熟并喜爱本乡戏的潮州男人专心看戏，我的印象是，那些往往说广东话比本乡话还要流利的年轻男人并不参与。正如今日香港很多年轻人一样，他们很可能声称自己不喜欢任何旧戏，而喜欢电影和电视。

按照社会阶级，可以将潮州戏观众大致分成三类：第一类是那些中年和上年纪的男女看客、年轻女人和女孩，他们来自中产阶级、中产阶级下层和工人阶级，大多数属于这个范畴的下层。第二类是少数受过良好教育的中产阶级和中产阶级上层的年轻人，他们往往成双成对，有的携带自己的曲谱，认真地边听边读。第三类是那些坐在观众席边上的人，他们不时瞄上几眼，边谈话，边吃东西，边赌博，怀着度假的心情四处闲逛，但是并不真正在意演出。他们大多是中产阶级下层以及更低阶层的男人，有些年轻，有些不太年轻。他们因各种原因到剧场去，看戏只是其中之一。

粤剧

通过同香港各行各业的人们闲谈，我得出的印象是粤剧的流行程度正在下降，现在只有老人、中年以上的人（尤其是妇女）、穷苦人，以及新界那些没有其他娱乐的村民才看戏。亲眼所见得到的印象却并未证实这个众口一词的看法。如果是在都市地区由著名戏班上演的晚场戏，会吸引数千看客；戏棚中座无虚席，两边还要站上五六排，后面站上20多排。都市之外地区的晚场戏也看客众多，观众包括各种年纪的男人、无法在白天离岗的工作女性，以及那些已经看过下午戏的妇女儿童。为了这类演出，公共汽车和轮渡可能要增加特殊班次；小巴和出租汽车生意兴隆；茶馆、吃食摊和其他小贩都对顾客应接不暇。粤剧一如既往拥有人数最为众多、身份最为相异的观众群。

粗略说来，看客主要来自工薪阶层和中产阶级下层，可是中产阶级观众可能也人数不少（护士、小学老师、政府机构的低级职员等）。如果演员是名角，而且场地交通便利，时常也会见到小群中产阶级上层的观众，偶尔甚至有上流社会的看客，他 182
们是粤剧戏迷，所以来看戏。看晚场演出的人男女大致相等，确实包括各个年龄段（从一个月的婴孩到90多岁的曾祖）。虽然一般认为年轻人不喜欢中国戏曲，但观众中却有一半可能在25岁以下。[25]

在绝大多数地方，尤其是那些处于偏远地区而且演出不收门票的小地方，晚场观众主要是当地居民以及他们的亲朋好友，主要是女人、女孩、婴儿、小童和上年纪的男人，这是核心观众，他们坐满尽量靠前和中间的位置。外围座位（两边和后面）是中年和年轻男人的地盘，同女人们相比，他们十分坐立不安。除了演出中较为引人入胜的瞬间，他们很容易分神，或是谈话，或是应邀外出吃喝赌博。男人常常坐在靠外的座位或是站立，不时换地方，进进出出。孩子们，尤其是男孩，在通道中跑上跑下，拼命挤在台前凝神仰视，或是爬到台上从台侧观看，或是窥视后台的化妆间。除了达到剧情高潮，或是演唱广为流行的唱段时，大家吃东西，聊天，探讨发展的剧情，交流新近的流言蜚语，用闪光灯照相，用录音机录音，总是活动不断，没有片刻安静。主要演员们对面前的嘈杂混乱视而不见，自顾自地继续演唱，这充分体现出他们完全彻底的专业精神。无怪乎节庆演出的常客们认为，大会堂演出的严苛规矩有些令人胆怯！

即使在观众席中散布着中产阶级看客，观众仍以中产阶级下层和较低社会阶层为主体，他们的总体受教育程度不高，不过在当代，绝大多数可能都识字。但是缺少学校教育却不一定意味着对粤剧茫然无知。所有成年男女不仅在过去都看过很多戏曲演出，而且都熟知广播、电视和电影；而且正如在现代媒介出现之前的年代那样，绝大多数人熟知保留剧目中的大多数故事。

/ 内容：文化和行为准则

习惯根据情节发展和人物刻画来评价戏曲的读者们需要记住，绝大多数中国戏曲都使用同样程式化的角色分类，依据以历史、传说和小说为蓝本的相同的民间故事，这些故事是全国各地说书人、傀儡戏艺人、说唱艺人和其他艺人们所共享的保留题材。毫无疑问，至少从明朝上半叶末期开始，这些传统媒介就对 183
中国民众传达着基本相同的信息。与本文相关的问题是，这是些“什么样”的信息呢？信息传播在“何等” 程度上是成功的呢？

情节：历史和文学传统

中国作者们将传统戏分成武戏和文戏，前者的主题是盗匪、战争和国家事务，后者描写爱情故事以及社会和家庭事务，但是这种划分并不绝对，有时两种类型混杂交错。武打戏通常要求阵容强大、类型各异的演员，精心制作的戏服，复杂的动作编排。故事一般取材于《三国演义》和《水浒传》。其他还有著名故事《西游记》——在英语观众中这出戏以《美猴王》而为人熟悉——以及一大批其他历史和半历史性演义和传说。有些文戏取材于至少从唐朝以来就为人所知的故事，以及元朝初年的杂剧和明朝有贵族气派的昆曲。像《红楼梦》《金瓶梅》等这样的伦理小说，神鬼故事，道教、佛教传说，以及民间故事，都被一再重复使用，成为戏曲素材。很明显，在这个共享的库存中可供使用的故事情节确实为数众多，涉及传统历史、民间传说和文学的方方面面。需要再三重申的是，说书人对目不识丁的公众所讲的和文人学者（虽然是私下里）阅读的是同样的故事。对此林语堂在将近50年之前概括如下：

> 除了教会中国人热爱音乐之外，它还通过众多的戏剧角色来赢得男女老少的心灵与想象力，教给人们……惊奇然而又很具体的历史知识、民间传说和历史的、文学的传统，因而，对历史人物栩栩如生的概念，任何一个老妈子都比我强得多……而我本人却因为自幼受教会教育，观剧受约束，只是从冰冷的历史书上获得了一些零零碎碎的了解。[26]

当然顺理成章的是，正因为中国戏曲的情节重复概括中国历史和文学传统的一般库存，所以不同戏曲一再重复中国伦理道德的主题，情节毫无例外地追随忠勇和奸恶的划分。而且，通过将行为准则表现在舞台上，通过人物角色加以展示，观众或是认同他们或是同他们拉开距离；同只是口述或仅仅阅读相比，戏曲
184 对观众的影响几乎肯定更为强烈。林语堂同样清楚地阐释了这个论点：

> 实际上所有典型的中国标准，比如忠臣、孝子、勇士、贤妻、贞女和伶俐女仆等，都反映在……剧目中。在剧中人物身上，他们看到了自己，看到了自己所喜欢的和厌恶的

人；在观剧的同时，他们也深深地陷入了道德与良心的沉思。曹操的奸诈、闵损的孝悌、文君的浪漫、莺莺的痴情、杨贵妃的豪奢、秦桧的卖国、严嵩的贪婪残暴、诸葛亮的智谋、张飞的暴躁、目连宗教意味的圣洁，都在人们心目中同伦理道德的传统联为一体，成为中国人评判善恶之举的具体观念。[27]

数代中国作者有关戏曲的深思熟虑的见解，在这里由林语堂用英语概括了出来。

以上我们讲述了香港观众的体验，它们证实了林语堂的观点。比如说滘西小渔村的村民们，每年为庆祝他们所谓庇护神明的诞辰，要上演 9 场粤剧全本戏和 5 场“天光戏”。整个档期包括 3 场或 4 场武打戏以及五六场伦理戏。看武打戏的观众云集，但是尤其当宣传说有名角登台时，文戏的看客也十分踊跃。如果从台上向观众席望去，只见一片密密麻麻抬起的面孔，除了当剧情达到高潮或者表演最流行唱段时，都可以听到持续不断的嗡嗡交谈。如果细听谈话，很快可以发现谈的主要是演出本身。人们在批评表演、唱工、服装等，但是最主要的话题是剧情：“现在在干什么呢?”“那个人是谁?”“然后要发生什么呢?”虽然通常为人熟知，但是情节极为复杂，故事通常很长，人们需要帮助才能理解。人们也进行道德评价：“干的事太坏了，她肯定要遭报应！”“太不公平了，判官根本不听；他被收买了！”“哎呀，她在酒里下毒了！”（观众常常与剧中人感同身受：“注意！他拿着剑站在你身后！”）简言之，虽然人们可能已经看过很多遍故事，而且音乐、唱功和表演风格确实极为重要，但是这并不说明，这些观众对剧情本身和故事的道德含义未感受到最深切的兴趣。

令人兴奋的场合和全景戏

滘西村孤零零地坐落在滘西洲小岛之上。直到大约 1950 年，才有个村民得到了一台收音机。在此之前，在村庙中表演的节庆戏和其他四五个附近地区的类似表演，是人们知道的唯一专业性
185 演出。据我统计，滘西村的一般渔民家庭一年要看 20 出以上娱乐戏，有时更多。到 40 岁左右，很多人至少看了上千出戏，这是他们唯一的娱乐，因此戏曲的影响不容忽视。

今天村里 4 户人家有亲属移民英国，几个村民到那里拜访过他们；本地旅行快速便捷，几乎所有人早就看过电影；每户人家都有了彩电；但是即使在今天，五光十色、激动人心、富于魅力的节庆日与单调无趣的日常生活之间形成的强烈反差，也只有亲眼看见才能令人相信。30 年前，当我初次住进渔村时，这是一种压倒一切的体验。突然，几乎在一夜之间，靠水边一带排列的不到 20 所房屋变成了露天市场，货摊和赌馆林立；凭空出现了临时茶馆，摊贩带来异地风情的器皿出售，人口突然增加到好几千；戏棚拔地而起，鹤立鸡群，旗帜飘扬、彩灯闪烁、扩音器喧闹。如果说戏曲演出是集市的亮点，那么节庆本身也衬托了演出。1975 年时，我在香港访谈了一位老者；他对我回忆

了一个必然十分相似但是规模更大的场合。那是在将近 70 年前，当他还是一个 10 岁孩童，父亲带着兴奋的他去顺德县看粤剧：

> 我父亲是粤剧迷。他过去常带我去附近的所有庙会看戏。那年月当然所有艺人都是男人，他们通常坐着红船沿江旅行。看戏的人非常多，为了看清楚，我通常挨到戏台近前。有时我甚至爬到台上，从边上看。我父亲买给我串在棍上的荸荠吃，有一两次还给我买木剑。我当然记得所有故事，后来我在书中又读到这些故事。

此外，虽然很难找到一种方法对这种体验加以测量，但兴奋之感并不仅仅发生在世俗演出场合。庙“会” 是“神庙”祭典。庆祝周期以宗教为中心。以“神诞”前夜的仪式为开端，通过正日的奉献、队列和宴席向高潮推进，演出是奉献的一部分。引人注目的是，不论个人口头声明信还是不信，在滘西村都没有任何人缺席正日在庙里举行的祭拜，所有年轻男人都参加前一日的仪式，所有新生儿的家庭（即使远在英国）都要尽力以适当的方式铭记庆典，向当地神灵献上合乎时宜的礼物——染红的鸡蛋。令人愉悦的戏曲表演在这种激动人心的宗教性场合发挥礼仪作用，我们至少可以说，它们所传达的信息起码永远不会被人遗忘。

我们还需要考虑另外一点。正如我在其他地方指出的，中国戏曲是“全景戏”。一场精彩演出将各种可能因素合为一体，采 186
用颜色、动作、音响、感觉等，不仅震撼观众，也吸引观众，在同一时间满足数种不同层次观众的理解力。在最好的情形下（根据当地情况判断，可能与西方和现代情形相同，也可能不同），中国戏曲使观众在很大程度上参与其中，但是这很容易被外来人忽略，他们常常被听不到喝彩的掌声，以及看客们等不及落幕就赶回家休息或是跑去茶馆这类现象所误导。有鉴于此，我们认为，演出内容会在节庆之后很久还让人们记忆犹新。此外，人们在来年，或许很快，可能就会再次体验同样的庆典。

不仅是像林语堂这样的学者和作家，还有演员本人深谙戏曲演出的影响力，而且历朝历代的中国官府始终为了公众的秩序和循规蹈矩而设法控制戏曲演出。马克林（Colin Mackerras）研究了京剧之兴起，正如他指出，官府的所作所为表明他们很明白，“戏院并不仅仅是娱乐和休闲的场所；戏曲也是重要的社会力量，它的影响深入人们的生活之中”[28]。清朝政府对戏曲演出的控制似乎格外严密；存在不少证据说明他们有理由疑虑重重。戏曲是灌输行为准则的重要工具，但是这一事实完全不能保证，即所灌输的必定是正统观念，或是在政治上无害。可能情况正好相反。在反满情绪充斥的时代可能确实如此。演员们坚持在台上穿明朝服装并非出于偶然；太平天国起义之后，对粤剧的持续镇压也绝非无的放矢。但是正如杜为廉所指出的，对戏曲的全面镇压，似乎“会引起严重甚至可能危险的混乱，比起断定戏曲会招致的恶果来说，这样的局面更加难以收拾”[29]。不论事实如何，并没有实行全面镇压。

然而即使是考虑进行镇压也表明，当时的中国官府类似于日后中华人民共和国的领导层，也类似于曾面临类似情形的英国伊丽莎白和詹姆士一世，都确信戏曲是重要的道德力量。在香港所搜集的证据证明，他们是对的。

对于明清时代的广大百姓来说，娱乐性媒介，尤其是节庆戏演出，是一种最重要的信息来源，告诉人们过去时代令人信服的历史、精英阶层的价值观和行为举止、不同社会地位的人们之间的态度以及他们的关系，还传达善（通常最终胜利）恶（通常被击溃）观念。简言之，戏棚的一般观众对浩瀚的中国文化和行为
准则复合体的所知所闻——不论正统还是异端——大多来自戏曲 187
演出，他们日常生活所经历的狭小世界只是复合体中的小小片段（正如观众们也理解）。大约 5% 的人（绝大多数为男性）实际上操纵着上层文化；除了他们之外，对于所有人来说，戏曲都是中国文化和行为准则的真实体现。戏曲是极为成功的老师。

注释

1. “粤剧”用普通话读起来容易与绍兴的越剧相混，但与京戏颇多相似，尤其同样有两种主要的唱腔，即西皮和二黄。在另一方面，粤剧的伴奏更为多种多样。在过去的 60 年间，粤剧持续不断努力，进行现代化和变革。粤剧用广东方言演唱，一般上演全本戏需要数小时。潮州戏起源于广东北部城市汕头，使用汕头方言。同粤剧相比，潮州戏更类似于福建戏。惠州戏也一样。因为惠州人说福建话，一般在香港称为“福佬戏”，用福建方言演唱。惠州位于广东省更北部的沿海地区。

在非中国学者中，很少人研究地方戏。不过现在有一部著作介绍这个主题：Colin Mackerras，*The Chinese Theatre in Modern Times*（London：Thames and Hudson，1975），尤其是第二部分。

2. 感谢香港皇家警察好心提供1975年的数字。搭建临时剧场使用中国杉木、竹子和锡板。（锡板取代了传统使用的棕榈叶，由于棕榈叶，所有这类建筑在英语中被通称为“matsheds”[戏棚]。）为了控制人群和火灾危险，席棚剧场必须向香港皇家警察和消防部门注册登记。有些席棚剧场可容纳3 000多人，但是这种剧场大小不一。通常可能有1 000个座位。见B. E. Ward，“Temporary Theatres in Hong Kong”（手稿）。
3. 在当代香港，可以见到的主要专业舞台戏曲类型，可根据主办方和演出场地概述如下：

①社区主办的席棚剧场演出：节庆演出；粤剧、潮州戏、福建戏。

②私人主办，在饭店、私宅举办：粤剧、其他（在目前极为罕见）。

③官府和市政主办，在公共礼堂、戏棚（偶尔）和公园（露天演出）：商业性演出；主要是粤剧，有一些潮州戏，偶尔有惠州戏，有时是来访戏班和木偶戏。

④企业主办，在戏院（现已停业）、改造的电影院、公共礼堂、游乐园剧场和戏棚（偶尔）：商业演出；主要是粤剧，有一些潮州戏，偶尔有惠州戏、来访戏班（各类）。

4. 见 William Dolby，*A History of Chinese Drama*（London： Paul Elek，1976），chap. 11，尤其是pp. 229-230；亦见S. D. Gamble，ed. *Chinese Village Plays*（Amsterdam：Philo Press，1970）。Dolby的书中列出了有关地方戏的中文著作的综合书目。
5. 如今香港戏班按照水平分成不同等级（第一等、第二等、第三等，等等），但是愿意出高价的村民们能够请到顶尖名角。三、四流戏班最经常光顾的地方是城里的娱乐园剧场。有关过去戏曲演出的证据彼此冲突。一方面，像“落乡班”（字面含义：“下乡的戏班”）和“过山班”（字面含义：翻山越岭的戏班）这类用语可能说明这些戏班水平低，只在乡下表演。另一方面，人们读到过，也听说过在晚清和民国期间走遍整个三角洲地区的“红船”，红船班子里有名角，也有不太著名的艺人。一些访谈者告诉我，所有粤剧戏班过去无一例外都要不时下乡，因为在广州城里没有足够的演出场次来让他们一年到头都有事可做。不论在其他地区情形如何，至少在珠江三角洲的农村地区，人们有机会经常欣赏来自戏班云集的省城和佛山的精彩专业戏曲演出。见 B. E. Ward，“The Red Boats of the Canton Delta： A Chapter in the Historical Sociology of Chinese Opera”，in *Proceedings of the International Conference on Sinology*（Taipei： Academia Sinica，1981）。从大约 1970 年起，在市政总署的资助下，香港电台的一些有才华的雇员们组成一个剧团，他们在九龙和港岛的公园中进行定期露天演出。这个剧团也在大会堂演出。他们的演出使用广东话，表演的戏曲是粤剧风格，不过有所改变（例如，使用京戏的面部化妆）。从 1978 年起，在香港八和会馆（包括粤剧演员、乐师、功夫演员、服装师和舞台人员在内的专业性协会）的领导下，一个学员剧团也参与对大众进行义演。文章中所列举的统计数字不包括这些半专业性演出。香港也有业余演出，观众主要是表演者的亲朋好友。香港有很多人业余爱好戏曲，尤其是唱戏，但这主要流行于都市。有才华的票友和优秀专业艺人之间通常差距很大，不过极有天分而且坚持不懈的票友有时也能跨越界限，成为专业演员。这在现在和过去都有例可循。

6. B. E. Ward，“Not Merely Players：Drama，Act，and Ritual in Traditional China”，*Man* n.s.14.1：18-39；“Red Boats”，参见 chap. 5。

7. 目前在广东话中对仪式戏剧有几种称呼，其中最常用的是“例戏”（“定规的表演”）。关于它们的内容和在粤剧中的作用，见 Alan L. Kagan，“Cantonese Puppet Theater：An Operatic Tradition and Its Role in the Chinese Religious Belief System”，Ph.D. thesis，Music，Indiana University，

1978。潮州戏和惠州戏节庆演出也上演仪式戏剧。在香港，不论哪种演出场合，所有戏班都要在后台放置自己保护神的神龛。整个戏班代表众人定期上香，个别演员也为自己上香。每种地方戏都有不同的神灵佑护自己。见以上所引 B. E. Ward 的文章；参见田仲一成的重要研究《中国祭祀演劇研究》（東京：東洋文化研究所，1981）。文中所说的古典语言被称为“戏台官话”，据说以桂林发音为基础，在 20 世纪初年以前是所有广东话戏曲的通用语言。1911 年辛亥革命之后，似乎广东话迅速流行。我所访谈的年长者们提到，他们在童年时无法听懂戏台上所有的念白唱词。

8. Chung-wen Shih（时钟雯），*The Golden Age of Chinese Drama*：*Yuan Tsa-chü*（Princeton：Princeton University Press，1976），pp. 198-199.

9. Dolby，*History*，p. 191.

10. Dolby，*History*，p. 154-196. 1951—1952 年，我在港岛海边见到将两艘平底中国帆船连在一起举行的私人聚会，聚会上演粤剧，不过只有几个演员。

11. 大型商业性戏院是专门的剧场，而不是改装的电影院或是多功能公共礼堂。据说从 20 世纪 20 年代中期到 50 年代中期（除了日本人占领时期），每晚都座无虚席。这类戏院确实类似 Dolby 所说的“戏园子”。Dolby 在书中同样提到，那里缺少泾渭分明的划分：“大戏班通常占据大戏院，逊上一筹的戏班在较小的、不太舒适体面的戏院演戏，但是并没有严格的划分。戏班会在不同的剧场登台表演。”（*History*，p. 189）

12. 有证据表明在香港的年轻人中，对粤剧的兴趣明显上升。

13. Dolby，*History*，p. 184.

14. Bell Yung，“The Role of Speech Tones in the Creative Process of the Cantonese Opera”，*CHINOPERL news* 6：157-167（1975）；见以上所引 B. E. Ward 的文章。

15. Dolby，*History*，p. 101.

16. G. William Skinner，“Marketing and Social Structure in Rural China，Part I”，*Journal of Asian Studies* 24.1：32-43（1964）.

17. Robert Fortune，*A Journey to the Tea Countries of China*（London： John Murray，1842），pp. 74-76，以及 *A Residence Among the Chinese*（London：John Murray，1872），pp. 256-257，转引自 Dolby，*History*，p. 186。

18. G. William Skinner，“Cities and the Hierarchy of Local Systems”，in *The City in Late Imperial China*, ed. G. William Skinner（Stanford： Stanford University Press，1977），pp. 275-351，以及他所著“Urban and Rural in Chinese Society”，见同书 pp. 153-274。

19. 广东话：天光戏。

20. 在香港的绝大多数庙宇庆典中，广东称之为花炮会的团体列队供奉祭品。祭品包括高大的红色和五彩神龛，用竹子和纸制作，悬挂着小雕像。每座神龛中有一个小小的玻璃盒子，里面是庙宇神灵的塑像。神像按号码编排。在庙中奉献之后，所有神龛一起放置于庙外，成为精心排列的五颜六色的展品。然后，每个花炮会购买很多编号的彩票。在台上所举行的仪式中，邀请当地名人抽出同供奉神龛相同数目的幸运票号。这样便将神像重新分给所有神龛会，由它们保留 12 个月。在期限之末，将神像放置在用新纸糊好的神龛里，再抬回庙宇重新供奉，重新分配。在绝大部分地方，抽彩在最近才取代了过去的习俗，以前是用小花炮将编号的竹签送到空中，然后由神龛会的年轻男子争相抢夺。这种更为激动人心却往往十分危险的活动在 1967 年之后便终止了，因为政府禁止各种烟花火炮。关于对神龛会的描述，见 C. Fred Blake，*Ethnic Groups and Social Change in a Chinese Market Town*（Honolulu： University Press of Hawaii，1981），pp. 94-97。

21. 1980 年在粉岭和 1981 年在林村谷，为举办打醮仪式而搭建的戏棚各有 2 200 个和 3 200 个座位。有数百移民为了上述场合从海外返乡（绝大多数来自英伦三岛），停留数周。

22. 据我所知，香港的客家人为数众多，却没有专门上演客家戏的剧团。客家人一般看粤剧，但是来自福建方言区，尤其是来自惠州市的客家人也看惠州戏。

23. 香港所有的华人社区都在阴历七月过所谓鬼节（按：即盂兰节或中元节），说福建和潮州方言的人尤其热衷。

24. 这里所描述的第二类惠州戏同精致雕琢、略具女性魅力的明代昆曲之间有相似之处，这支持了一个论点，即文人们所挚爱的昆曲可能一直只在少数人中流行。

25. 基于 1980—1982 年非正式统计所得证据。当代香港引人注目地重新焕发了对粤语文化的兴趣，对粤剧的兴趣只是证据之一。

26. Lin Yutang（林语堂），*My Country and My People*（London：Heinemann，revised ed.，1939），pp. 251-252.

27. 同上书。

28. Colin Mackerras，*The Rise of the Peking Opera 1770-1870*（Oxford：Clarendon Press，1972），p. 218.

29. Dolby，*History*，p. 141.

第 07 章

/ 宗教与大众文化：《三教开迷归正演义》中对道德资本的管理

贝　琳（Judith A. Berling）

1612—1620 年，南京一个有些名望的书坊出版了一部名为《三教开迷归正演义》的小说。中国的书目和图书馆目录中，注明此书“已佚”，所以不见这本书的踪迹。感谢泽田瑞穗（Sawada Mizuho）在著作中提到他在天理大学图书馆中发现了它[1]，我们才知道这本书的存在。在那些搜集虚构文学并编写书目的人看来，这本小说并不成功；我们可能永远都不会知道此书是否在读者中曾经流行过。虽然我们无法断定此书的读者群，但是它对研究通俗文学来说却是重要的史料。据作者潘镜若本人说，他选择置身于国家精英之外，有意为一般读者写作。这本小说以中国东南部高度商业化、都市化的地区为背景，刻画地方精英的生活，有关宗教的内容是对那个地区实际运动的写照。潘镜若描述了当 188

地中等阶层大众文化中存在的心态和独特的宗教态度，他的叙事
189 方法得以加深我们对晚明宗教发展的重要意义及其特殊社会文化基础的理解。

潘镜若的著作并不是历史记载，所依据的也不是对特定宗教组织的态度所做的记录文献；他将书称为“演义”，一般说明这是历史小说。[2] 但是与同时代的出版物相比，这部小说高度写实。它描写当地当代（晚明），以书籍出版地为背景。此书不像《三国演义》那样，叙述有关国家兴亡的大事件，而是描写普通人的日常问题。虽然包含一些稀奇古怪和超自然的主题，但此书关注的是一般百姓，而不是《水浒传》中那些超凡出众的英雄，或是《西游记》中那样的妖怪和神仙。《三教开迷归正演义》描述社会力量和历史变化对当时社会中真实人物日常生活的影响：就此而言，小说前承《金瓶梅》的写实主义，后启《儒林外史》的现实主义主题。[3] 潘镜若的作品不能归入中国小说的杰作之列，但是对于研究晚明时代中国东南部大众文化精神来说，却是难能可贵的资料。

/ 大众文化作品《三教开迷归正演义》

作者

根据这本小说，作者潘镜若的先祖曾随明太祖攻打中原，进驻南京，先祖中至少有一位是仙游了的道士（卷十五，1121~1122

页）。[4] 小说对潘镜若有寥寥数笔的介绍，描述他“年近五旬，乃都城内一个武解元”（卷一，30 页）。他很可能是驻扎在南京地区 190
的一介武夫，形象引人注目：

> 浓眉秀目，
> 厚背耸肩，
> 两耳垂朝海口，
> 麻衣相他太公八十遇文王。
> ……
> 三停修伟，一貌轩昂，
> 带一顶四方平定巾，
> 穿一件六云细纻袄。（卷一，30 页）[5]

一见之下，一位处士感叹说潘镜若必定因为身为武夫而受人轻视：“以先生仪表高才，何乃左武，只今文风太盛，武吏权轻，已蹈羞称之辙，难免匏弃之嗟。”（卷一，30~31 页）潘尽管饱读诗书，器宇轩昂，却未能通过科举考试取得最最重要的进士功名，未能跻身精英阶层；对于出人头地而言，中进士是高于一切的正途。在精英阶层以及社会中绝大多数人看来，武将功名和军队职位不入上品，不受重视。

武官的边缘性地位是小说中屡屡出现的主题。当一个卑微的马圈汉子轻慢武人时，一位武官暴跳如雷，叫家丁将其捉拿责治；只因三教主人劝导说，效仿文臣的德行礼貌才能受人敬重，此武官方才罢手（卷十四，1027~1028页）。因为在自己的生日宴席上雇戏子唱戏，武官万守遭到文职贡守的嘲笑，这个文官无法忍受如此低俗的娱乐。在大儒的劝告下，贡守才没有离席而去；大儒劝他说，万守乡俗，诞日以演戏为祝，更欲多演，以为添寿之意（卷十五，1139~1140页）。这一时期的其他撰述指出，甚至于豪门大族也在家中唱戏娱乐，所以这段描写十分令人惊讶。显要的看客们可能会担心题材、戏剧语言以及表演风格太过粗俗[6]，但是在这个故事里，问题在于戏剧演出本身。作者在故事中嘲讽在他看来某些官宦所持的过分严苛的态度，这些人对各式各样的民间娱乐形式都疑虑重重。不过作者准确地指出，虽然精英阶层
191 可能欣赏诸如小说和戏曲这类大众娱乐，但他们中的很多人对那些文化水准局限于这类娱乐的人持屈尊俯就的态度。

武官在社会中不受重视，精英阶层中的某些人对未加雕琢的粗俗（即通俗）口味轻视有加，作者潘镜若对此耿耿于怀。但是当这位武官撰写这部通俗话本时，他声称此书具有最高尚的道德目的。他在小说之前的“凡例”中写道：

> 本传独重吾儒纲常伦理，以严政教。而参合释道，盖取其见性明心、驱邪荡秽、引善化恶，以助政教。

他为自己撰写世俗题材辩护，认为这符合道德目的：

> 本传通俗诗词吟咏，欲人了明。而俗中藏妙，浇处和

淳，自未可以工拙论。

小说中不仅引用民谣，而且语言简明；使用简单文言，杂以官话，即官方使用的标准白话。官话虽然同南京地区口头方言并不相似，但对于那些出门在外，跨越不同方言区的人来说，是一种实用通行的语言。此外，书中使用格言谚语，而不对文学作品或是古籍引经据典，来对道德风尚加以说明；并一再扼要重述，使读者不至于忘记故事的主线。由于害怕读者会漏掉重要之处，作者对重要段落逐字加圈加点。潘镜若以各种方式努力使小说易于理解。

潘为他的写实主义（描述众人熟悉的日常生活）手法以及所包含的离奇古怪成分进行辩护：

本传叙事虽琐屑，生平见履者过半。发论若正，固以开迷，是良药苦口之喻。寓言若戏，亦以开迷，是以酒解酲之说。

小说中的故事力图通过道德自我反省，为读者提供自我完善的例证。

域人果能略其虚诞，就其警语，检点旦夕所为，退太过而进不及，自是一心朗照，五体安舒，进乎明矣。

很多虚构文学作品只是敷衍了事地认同正统道德风范，然后直奔

俗民生活的主题描述，这部小说却是关于现实生活中的道德自我
192 反省。谆谆教诲是此书的中心思想。潘镜若是一位试图改革社会的老师。他宣称自己同那些为四书五经撰文作解的精英文人们一样，具有崇高的道德义务。正如我们将会见到，潘认为对于一般百姓的道德教育来说，精英们引经据典，却见效甚微。写这本小说是为了表明，以虚构文学为手段，他可以更有效地教育百姓。所以他在“凡例”中说，“自未可以工拙论”。

因为宝卷中也包含因果报应的劝谕故事，所以在这里将小说同文学宝卷加以比较可能颇有裨益。[7] 虽然文学宝卷中有些主题和行为准则同《演义》所述如出一辙，但这是两种十分不同的流派：

1. 直到 19 世纪晚期，文学宝卷才形成一个单独的流派，这是在潘镜若小说出版的 250 年之后。

2. 这部小说远比一卷宝卷篇幅长。

3. 虽然这部小说和宝卷都交叉使用散文和诗词，但同宝卷相比，小说的散文部分篇幅更长、更多；诗句较短，有时用于概括从故事中引出的道德教训或是为一个场景奠定基调。

4. 这部小说的故事发生在当下，而文学宝卷所设定的背景是久远的过去。

5. 这部小说中的人物是一般百姓，而宝卷讲述的是官宦之家或者富商巨贾。

6. 这部小说通过一系列较短的故事描绘形形色色的人物，而（据欧大年说）文学宝卷的戏剧性情节围绕一个家族的成员发展。

7. 同文学宝卷相比，小说少些虔诚，也不太强调过一种明白无误的宗教生活。三教主人在真实生活的情境中强调实际和实用主义信仰，从而灌输道德和宗教态度。宝卷强调宗教虔诚，以黑白分明的方式解释行为准则，赞美那些为德行受苦的人，教诲说佛祖最终会奖励一心向佛的人。虽然将这本小说称为世俗之作有些夸张，但是小说的教诲具有强烈的现世实际倾向。

社会的视角

小说对社会的观察反映出书中人物在这个地区旅行时的所见
所闻。小说开始于一个虚构的市镇崇正里（正统城镇），也结束 193
于此地；崇正里位于小说出版地金陵（南京）以南秣陵县境内，秣陵是个真实的地方。小说的主人公儒、道、佛三教主人外游破迷，他们先乘船沿当地水路航行，在去武林（现代的杭州）的途中，在江苏太湖中一个称为洞庭山的岛上停留；从那里继续，到达浙江境内的嘉善，再向南到崇德。众人至武林，得知所访林兆恩已北行，于是返回金陵。然后离开金陵到江苏中部的维扬，西行到安徽天长，继续往西至安徽徐州。自此之后他们离开了熟悉的长江下游地区，穿越陌生的北地奔赴北京。取道山东德州以及河北南部的景州，至河北新城，这是京城北京南面的门户。在京城众人没有久留，因为不属于国家精英，他们对那里的雄伟壮观心存畏惧。一行人遂设法乘海船回到福建。途经福建莆田然后回到崇正里。

小说的主要故事大多发生在长江下游核心区，这是一个兴旺发达的都市地区，水路上挤满了商贩。正如罗友枝在她的一章中所说，虽然早在宋代以来就发生了变化，但一直到16世纪，东南部成为沿海贸易重地之后，才大大促进了这个地区的发展。流入的白银、日益发展的国内市场和海外市场对商品的需求，刺激了东南部和长江下游的经济。随着经济的增长，城市发展起来，市镇和乡村市场日益融入城市等级结构。都市化鼓励农业商品化，刺激手工业发展，促进奢侈品专业化生产，引起一种高度竞争的氛围和快速的社会流动。都市形态和机会表现为奢侈品消费、娱乐、教育、经济专业化和书面契约，它们逐渐取代古老的乡村社会交流方式，古老的方式以稳定、长期的个人义务纽带为基础。[8]

三教主人沿长江下游核心区的商业化水路和北京与福建之间的沿海运输航道旅行。他们在途中所停留的城镇反映出这个地区的都市生活。小说将市镇描述为兴盛的商业中心：店主们知晓所有家长里短，市场上的高声叫骂为他们提供了足够喋喋不休谈论的题材。小旅店、茶馆、妓院和赌窟为所有旅人提供住处和都市性娱乐。在这个都市环境中，年轻的浪荡子因嫖赌将家产挥霍一空；溜须拍马者诈骗有钱人；冒牌的文人们吟诗作词，打发时
194 日，可事事都使他们难以为继；骗人的艺人、扒手的同伙和讼棍忙着干他们的勾当。小说中的市镇住满商贾和贩浆卖酒之流，上到有钱的盐商，下到沿街卖包子水果的摊贩，中间是形形色色的三教九流：银匠、走街串巷和坐店的酒商、旅店掌柜、珠宝店

主、编草鞋工人、棺材匠人、药铺老板、招牌匠人、屠户等。城镇里也存在一个下等人的世界，包括因衣食所迫而行窃的小偷、专以偷窃为业的职业扒手、乞丐、拐子、船户、渔民、妓女、逃跑的佣人、船工和当地的恶棍。不论贫富，所有人都在这个激烈竞争的都市社会中拼搏，力图活得更好。

罗友枝评论说，在这一时期朝廷不再控制经济，将资助和管理权转移到地方手中。[9] 这可能解释了为什么在小说中官府作用不大，相对消极。书中只描述了地方衙门，代表官府的是两个地方官、一个武官和一些差人衙吏。对于纠正社会弊端，官府的作用微乎其微。

然而小说最精心撰写的中心人物是一群处士。“处士”一词通常指一些地方文人，一般取得进士功名，却并未入朝为官，而是闲居乡里。不过在这本书中，这个词却并不包含如此崇高的意味；除了两个地方官之外，书中无人得到高于秀才的功名。在晚明，秀才并未跻身于国家精英阶层，他们属于一般百姓。[10] 小说中的大部分处士似乎并没有参加朝廷的科举考试，也没有入过官学。这个词的含义似乎只是“乡绅”，是当地（非国家）市镇中的名流。他们可能粗通文墨，却不是凭借金榜题名而成就的精英阶层。

在传统中国后期，地方精英的地位是基于财富、教育、权力，或是足以使之发挥领袖作用的能力。领袖作用意味着组织宗教节庆或是集市，资助戏剧演出，在诸如宗族、商会或是宗教组织中发挥举足轻重的作用。[11] 小说开篇时提到的一批“乡绅”，无 195

疑对地方精英这个名号当之无愧：

> 且说这崇正里中，有十余家处士，往常也到庙中闲坐，却都不甚明白玄门道理，偶相谈及庙中来了一个三教先生，众人乃约齐到庙探望。却是那几个处士，一个姓辛名德，字本虚，却是个忠厚诚实的处士；一个姓萧名闲，字无事，是个磊落不拘的处士；一个姓蔺名啬，字鄙夫，是个刻薄贪财的处士；一个姓费名用，字不经，是个奢华好胜的处士；一个姓吴，名明，字大亮，是个浅薄狭度的处士。（卷一，8页）

这些“乡绅”热衷于庙中事务；闲时在庙里打发光阴，为修缮庙宇筹集资金（卷一，16页），资助游方僧道讲经说法（卷一，14页），组织重大礼仪庆典。他们既不精通儒学佛理，也不擅长吟诗作文；既不懂道家学理，也不谙四书五经。虽然上过学堂，却不因学识过人而引人注目。他们只是在自己窄小的乡间一隅可称为士绅名流。

小说正是透过这些“乡绅”的眼睛来观察晚明的生活。处士们对（以地方衙门为代表的）官府颇有微词，认为官府腐败，过分严酷。[12] 在另一方面，他们对社会中目无法纪分子（恶少地痞、逃亡奴仆、宗教骗子）心存恐惧。他们认为自己身为地方名流，有义务资助讲经说法，作为一家之主，有责任管理财产、排解家庭纷争。但是在一个变化的世界中，他们缺乏信心和手段来承担自己的责任和义务。从妻妾奴仆、后代子孙和邻里亲朋那里，他们得不到自认为自己的地位所应得的尊重，所以他们忧心忡忡。（以乡村为基础的）陈旧关系模式正在变得支离破碎，但是还没有诞生适于都市社会的新型模式。地方贤达不像国家精英阶层那样德高望重，人脉广泛，身负重任；他们所关注的是自己家周围最基本的问题。

教诲性内容

《三教开迷归正演义》中的道德内容受到林兆恩（1517— 196
1598年）所创立三一教的启示，三一教寺庙分布在小说所描述的地区各处。[13] 虽然出身于福建莆田的名门望族，但林兆恩在取得秀才功名后，因屡试不第，“于督学道前，望门四拜以谢，遂焚青衿，野服而归”。自此林弃科举正途专心悟学真道，并身体力行。他以平民百姓自许。10年之后，他在幻觉中见到一位得道的祖师（一说为孔子本人），传给他一种瑜伽式一步步自我修炼的方法，将道家成分、佛教打坐运气技巧和儒学关于道德修养的观念融为一体。这套方法不仅提供了培养圣贤的具体方案，而且在每一阶段，身体和头脑都体验到实际成果。门徒完全明了自己所达到的境界。取得进步的第一个标志是获得治愈疾病的能力。得道祖师教导林兆恩以祛病解痛象征“道”的力量。他治病疗伤的名声引来众多信徒。其中包括统帅戚继光（1528—1587年），戚可能出现在《三教开迷归正演义》中，不过姓名不同。[14]

在早年间，林兆恩只是一个默默无闻的传统儒学先生。不过在16世纪60年代初，他积极参与善行义举，举行仪式，超度数年中在倭寇劫掠时丧生之人的游荡亡灵，因此声名远扬。做善事和行法事使他成为宗教祖师。此后他的三一教发展壮大，在各个社会阶级中开办香堂，传播教义；他沿路对围观者边讲道边行医，听众中有不少是穷人；为了使更多的人读懂他的教理，他用白话写作简单的传教短文。虽然没有可靠的数字，但他的信众可能相当不少。香火日盛，出版物迅速增加。林兆恩的三一教吸引了一些商贾和并不狂热的寻求宗教信仰之人，这些人的姓名出现在地方志中。林兆恩设法吸引民间信众，即那些类似这本小说中的人物；不过无人知晓他到底有多么成功。[15]

小说的情节和结构

197 小说的基本情节如下：林兆恩前往拜访朋友兼门人，此人姓宗名孔（尊崇孔子），字大儒（意为伟大的学者）；与林一样，是个秀才。大儒却和友人道士袁灵明（天然得道；由于“灵明”即明澈的灵魂或是清明的法事，是他法力的来源，所以我将此人称为“灵能”）外出，往崇正里的混元庙（无宗无派的庙宇）去了。林遂来到庙里，引来四川峨眉山游脚僧人，法名宝光（在小说中他通过参禅幻象破迷去邪，所以我叫他“内光”[按：在引文中，仍以“宝光”译出]）。城镇中的众处士请林兆恩留下来讲道，但是林不得空，所以他留下三教主人——大儒、灵能和内光——代他布道。

三教主人对众人谈教论经，但当地听众似乎完全无法领悟。在讲道之后，众人发现城中一班少年不务正业，终日饮酒、赌博、嫖妓。他们中穷的诈骗阔友的钱财，有钱的从父母手中顺手牵羊。大儒请他们吃午饭，欲诲其改过，但是浪荡公子怒极暴跳，推翻一块镇狐古碑，放出一个被长久镇压在碑下的狐妖。狐妖开始作怪害人，偷窃美酒，淫人妻女，并变化人形，勾引当地年少男女。三教主人试图捉拿狐妖不得。此时恶少蔺豸挥霍无度，致老父蔺啬忧郁成病，老人躺进一个权作棺木的画匣，将自己活活闷死（他相信由于儿子的挥霍，他会死于穷困）。一个法名真空（就此而言他应叫真蠢！）的来访禅僧同情老人。但由于法术不精，当真空作法裂开地狱，超度老人的亡灵时，开裂的阴司导致一万迷魂逃离黑暗地狱的无明底层。真空害怕冥司差人将自己捉去，于是入定禅关，直到小说末尾，等他造成的混乱被清除后才再次出现。迷魂的亡灵游走世间，附在那些同样迷茫之人的脑中，入侵的魂灵使被附身者的性格缺陷加剧，迷醉于某事而不能自拔。[16]

三教主人对自己布道无力感到懊悔。他们启程寻找林兆恩求教，发誓说在途中要救治迷魂病人，捉住逃走的迷魂亡灵，将它们送回阴曹地府。一个改过自新的当地年轻人也随他们前去，他原名辛放（头脑癫狂），后改名知求（求知者）。[17] 知求代表众人：他对三教主人一行身临的环境加以评说，并慢慢学会控制自己因贪欲而动荡不安的心灵。一路上，三教主人逐渐学会如何诊断并 198

医治迷魂病人。

在书的结尾，三教主人破了那群迷，镇了那狐妖，交与一神将掌控。一行人回到崇正里，终于找到林兆恩，和他商讨对亡灵的妥善处置办法。对五刑十恶等迷，奉律永不赦除，其他故作误为轻小等迷，悉听开导，通过打醮作法得以超度。[18] 混元庙得到修整，施主们捐助铸造了一口新钟，建成了一座三一教堂，镇子重归兴盛快乐。

/ 民众教学法

当三教主人被邀请讲"道"解惑时，他们每人选择讲解自己教派中的一部经典。"道"之规范和真理毕竟记载在经典之中，因此经典是所有教育的根本。然而他们在崇正里的听众有各色人等，镇上所有居民都被动员来参加这次盛会。所有人家不论穷富，都捐钱赠物修整混元庙，并为传道解惑修建一座三一堂。大堂完工之后，

> 乡村众信男女都来随喜，只见老的、小的、村的、俏的、贤愚不等，又见那妇女成群，张姑姑、李姨姨、王大娘、赵大嫂，黑的黑，麻的麻，长的长，矮的矮，花鞋大脚，重粉浓胭，一个丑似一个，来来往往，挨挨擦擦，真是热闹。（卷一，16 页）

大儒第一个上台，他要求听众发愿，接受并遵守三教主人们 199
将要解释的“道”，然后第一个开讲。

> 大儒不辞，随取了一本《大学》展开，就讲个“大学之道，在明明德”二句。[19]
>
> 只见一个乡村人问道：“怎叫做大学？”[20]
>
> 大儒答道：“是大人之学。”村人问道：“是戴帽子的大人？是肥胖长大的大人？”
>
> 大儒笑道：“是大人君子之称。”（卷一，19 页）

大儒接着讲解后半句“在明明德”。听众们议论纷纷，说如果人们根本不认识自己的谬误，那么他们如何能弘扬光明正大的品德呢。例如，有的人（他们说的是蔺啬）认为自己是节俭的模范，实际上他们就是小气。大儒讲解说即使是节俭也需要持中庸之道，但是蔺啬只看到过度花费的危险。反怪大儒词直，所论闻所未闻（卷一，22 页）。

大儒之后轮到佛僧内光：

> 只见宝光登了法座，展开一卷《心经》，讲道“般若波罗”四字。
>
> 一村人便问道：“波罗是甚物事，人便不惹？”[21]
>
> 宝光笑道：“这是释门梵语。”
>
> 又一村人道：“想就是乡谈，但求直说，我们听罢。”

宝光说道："此比喻那人心智慧达道。就如舟船到彼岸一般，度脱了生死。"

只见萧闲问道："如何称做观自在？"[22]

宝光答道："人心私欲横生，便非本来真性。惟大圣佛祖，真性常明，浑然自在，故能觉然反观，比那世间人不做亏心短行，不贪迷邪欲。这心地无惊无恐，安然不动，乃称自在。若邪念一生，便如外出不在一般，就是在也惊惶不
200 安，何得有自在？人若能观见这自在，就得了般若样的法船道筏，度了波罗样的江河道岸，这都是见性明心的道理。"（卷一，22~23 页）

只见蔺处士说道："我们这心肠，一日到晚，只在那家计上，连夜里也睡不着，还有甚工夫，观甚么自在？"不过其他人愿意试试。

宝光说道："闭目一想，自在见前，检点所为，一彻万彻。"

只见吴明把眼闭上，半瞬挣开了道："前前后后，倒不曾见甚自在，只见那平日有恩的也来了，有仇的也来了。到惹的乱纷纷的。"

众村人都笑起来。（卷一，24 页）

在本段末尾作者写道："释教广大宏深，众村人那里觉悟，却也不敢私议，各各信心，合掌称扬而退。"（卷一，25 页）

道士灵能也不成功。因为当人们听到道家学说时，他们无法

克制，笑个不停（卷一，26 页）。[23]

尽管听众们彬彬有礼地交口称道，但他们就连三教典籍中最简单、最基本的用语也搞不明白，传道解惑所用的专业术语对他们来说如同鸟语。不仅来自乡下的“无知”乡愚不懂，就连“乡绅” 蔺啬和吴明也不明就里。当三教主人无法改变恶少的行为举止时，他们的失败更加显而易见。对于民间教育来说，上层文化传统中抽象的教义和经典用语作用不大。当教授《圣谕》时，官员们也遇到类似的问题。[24]

随着故事的发展，三教主人们逐渐学会了使用更有效的道德训谕方法。他们掌握了说服和温和嘲讽的手段。在小说中说服劝告并不是对世间伦理学说之大义做理性的争辩，或是引经据典，而是使迷失心智的人看到，他们的行为造成了何等不幸的长期后果。嘲讽意味着对他们展示，他们的行为使自己看来如何滑稽可笑，如何使自己“颜面扫地”，他们愚蠢的举止如何使自己和家人窘迫不堪。温和的说服和嘲讽以道德因果报应的学说为基础，诉诸开明的自我利益。当理性不起作用时，也使用非常规方法，灵能会作法进入人们的睡梦，在梦中进行教诲；或者内光可能通过参禅造出幻象，使得在特定环境中做工的神力视觉化、戏剧化。大儒为三位一体的合作进行辩护： 201

> 殊不知我儒立了个万古纲常伦理，生人的命脉，只恐政教有不能尽化的去处，释与道又帮助着些道理，所以说理合。（卷十三，997 页）

神力作法和魔力幻术总是支持故事所传达的理性信息；它们提供了简便易行的方法，以强有力的手段来戏剧化道德迷失的影响。对于小说中的人物和读者来说，神迹是教诲的辅助工具。

《三教开迷归正演义》中迷失的世界

《三教开迷归正演义》的故事是关于医治世上的迷魂。尽管在开篇之卷中，小说赞美明朝的荣光，然而显然在一万迷魂逃离地狱之前，世上就到处都是迷茫。晚明社会中有腐朽糜烂之物，所以崇正里的居民们叹息过去的好日子已一去不返：

> “今昔异时岂独文武？[25] 就是风俗也更变多了。当初乡村坐下，便说那个孝，那个弟，那个做官与朝廷出力，行些爱民实政。如今开口便夸那家有钱，那家有势，那家做官，赚了多少田产，遗与子孙。”
>
> 只见一个训蒙的先生点头说道：“如今岂但风俗，就是名教也坏了。当初重道，东家上门拜请先生，如今多是先生反上门请学生了。那甜言美语哄东家的，又不知那里传授。”
>
> ……
>
> 只见一个做生涯卖布帛的说道：“如今岂止五行差了，世情也变了。当年贫穷的买布穿，富贵的买绸穿，如今富家节省买布，贫的找架子，赊也赊一匹绸穿。”
>
> 只见一个裁缝在旁笑道：“正是古怪。当初衣服绸绢有

里，纱罗没里。如今只凭钱势，有里的做了没里，没里的做了有里。”

众处士村人多笑起来，个个叹息。（卷一，31~32 页）

这些人认为，在他们生存的世界中，习俗已面目全非；金钱和权力将传统美德取而代之，成为指导一切的准则；教师仅仅是受雇之人，不再享有昔日受到的尊敬；铺张浪费博得有钱的名声；勤俭度日使丰衣足食者积蓄日增；钱财受人艳羡，炫耀于世人。 202

在旅途中三教主人治愈了形形色色的迷误，传统道德的沦丧和物欲横流使这些人不能自拔。小说篇幅很长，使用章回体，可以讲述各式各样的故事。以下所列是大致的概括，指出小说所讨论问题的范围和类型：

金钱的力量和危险（42 个故事）

对宗教信仰、仪式和活动的正确运用和误用（37 个故事）

生意经营中的紧张关系（25 个故事）

受野心驱使所采用的策略和造成的危险（23 个故事）

婚姻中的冲突和嫉妒（19 个故事）

地方衙门中的腐败（14 个故事）

对教育的运用和滥用（12 个故事）

一般的性格缺陷（12 个故事）

与婚姻无关的家庭争执（11 个故事）和世仇（2 个故事）

公开场合的争吵（10 个故事）

罪行（8 个故事）

金钱和个人形象

在小说所描绘的社会中，人们想方设法发财致富，竭尽全力保住钱财，或是假装有钱。这种对金钱的念念不忘造成很多迷误，影响人们的自我评价。

根据传统，在中国学识渊博的有德之人受到敬重，因为他们体现社会的最高行为准则。而现在，一个通过艰难的科举初试，饱读诗书的有德秀才忧郁难耐：

> 灵明见秀士愁眉攒锁，腼面含羞，身似雨打之鸡，状如丧家之犬。（卷四，252 页）

他因为穷而受到邻居朋友的嘲笑。在另外一个故事中，甚至目不识丁的舟子也对一个穷书生极端轻蔑（卷十九，1437 页）。学问一钱不值，金钱和地位高于一切。

书中其他人物虽丰衣足食，却忧心忡忡。他们无休无止地劳作，不眠不休，唯恐不能衣食无虞（卷十四，1053 页）。他们也害怕自己积累的家产会毁于洪水或是火灾（卷十一，805~806 页）。

所有人都对金钱梦寐以求。钱是包治百病的良药，是打开所有门户的钥匙。穷人也有宏图大略，想方设法一本万利。

203 只见又一个民人说道："小子叫做吉佐。一月前，想起家计，思量得百两银子用度，半月间没有；思量怎得五十两也勾了，十日内没有；思量怎得二三十两也勾了，三五日边没有；思量怎得五七两也勾了，如今连五七两也没有；这心思却怎过得去，丢的下。”

宝光笑道：“足下且莫想五七两银子，目前有一宗事，落得个干净身子，过日子也罢了。”

吉佐道：“便没有银子，也是个干净身子，只是这心中不放得闲。”（卷十五，1094 页）

吉佐有宏大的计划，却没有赚到第一桶金的手段。

金钱导致挥霍无度，市镇文化为想花钱的人提供很多诱惑：歌台舞榭，赌窟酒馆，等等。有钱人无所事事却日日享乐。有鉴于此，野心勃勃的人们有时受到诱惑，追求个人成功或是冒险的浪漫梦想，为扬名于世或是发财致富而放弃养家糊口的责任（卷十三，937 页；卷十六，1198~1199 页）。

在另一方面，金钱也造成贪婪。因为锱铢必较，蔺啬成为笑柄。当崇正里计划为三教主人塑像时，他建议在纸上绘像，因为铜像、木像和泥塑都太过昂贵（卷一，29 页）。他得病不请郎中，因为求医太费钱（卷二，104 页）。他不给长大成人的儿子钱花，所以儿子不得不从家里的钱柜中偷钱。他虽然十分富裕，却认为自己随时会陷入贫困之中，所以他很吝啬。

人际关系的败坏

金钱无孔不入的影响不仅歪曲了个人形象，也扭曲了人与人之间的关系。一个名叫傅饶的大富翁对传统的诗书礼仪嗤之以鼻，所以他同其他人的关系完全被他的钱财左右和扭曲。

> 此人田连百顷[26]，居累千章，但不事诗书，不明礼义，专恃阿堵之多，轻傲村乡之众。与他交友的非帮闲匪类，便附翼歪朋。（卷四，261~262页）

204 傅饶对三教主人们是如此傲慢无礼，所以灵能忍不住要刺他一下，就问他认识多少当地的士绅名人。傅饶冒汗了，有些坐立不安，设法回避这个问题，于是请三教主人们讨论富和贵孰高孰低。[27] 灵能看出傅饶因为受到地方士绅的嘲笑，故而希望他们说富高于贵。于是他和内光便奉承他，说他喜欢听的话，直到他“欣欣有得色，那一团的骄傲气，却也看不得”（卷四，265页）。此时大儒插进来说：

> 灵明讲贵不如富，也太迂，宝光说富要贵不难，也太易。依小生计较，富贵相敌。常见富也敬贵，贵也敬富，只是富的骄肆违法，就受贵的亏，贵的自虞不足，便受那富的辱。彼此各有不如，所以相敌。
>
> 看来小生也阅人多，相逢富者却也不少。到底不如孝

顺父母，尊敬长上，读尽诗书，深明义礼。便贵也相敬，贱也相钦，乡村钦仰，亲朋爱重。他岂是虚奉你？（卷四，265~266 页）

最后的话一语中的；傅饶意识到他处于阿谀奉承和溜须拍马之辈的重围之中。当他命令狐朋狗友们走开时，其中一个帮闲打躬作揖，哭诉说如果没有“傅饶取之不尽的慷慨馈赠”，他便无法度日。灵能设法治愈此人的自轻自贱，为了得到几件微不足道的小馈赠他曾忍受过傅饶不计其数的当众羞辱。灵能警告说，如果他不能摆脱这种受人凌辱的关系，便永世无法找到诚实谋生的办法（卷四，268~269 页）。

人们一旦利用友谊谋取利益，便很容易抱怨人际关系。一位老者诉苦说，他的朋友拿了他的钱财馈赠，后因言语不合，便把恶言伤他，面是背非（卷八，537~538 页）。另一个人哄烦闷的朋友博弈赌博，消愁解闷，实际上他是为了赢回赌输的家产而骗取友人的钱财（卷六，419~422 页）。虚伪的佛僧道士、江湖庸医、算命先生和占卜术士都佯作同情关心，借机从无知百姓的希望和恐惧中谋取利益。

在竞争性都市环境中，对他人动机的怀疑导致相互支持和慷慨施舍的传统纽带分崩离析。一位老者坦承，他未能帮助陷于穷困的儒士参加科考（卷十一，796 页）。卖包子的小贩为他不对乞 205
丐施舍做出如下辩护：

三位说俺老汉不施这个包子与乞丐，你不知俺辛苦做出这包子，怎肯与他无功而食，纵是哀贫能哀的几个包子有限，丐者频来，这方便门不如谨闭。若三位施他，不过是一时的仁心，遇便而行。老汉终日卖包子，如何行得？（卷十四，1049页）

因为穷人源源不绝，所以在都市中施舍行善是困难之举。在小村庄里，按照关系和义务等级结构划分责任界限；与村庄不同，城镇是一片“穷人”的汪洋大海。市镇生活的相对非个性化和规模推动了人际关系的分崩离析。[28]

此外，城市环境中的竞争氛围使和谐共存的传统理想变得令人啼笑皆非。拼命拉生意的小旅店派出店伙去“邀请”客人，诓设外来士客的财物（卷十六，1276~1277页）。小扒手和街头是非引起争吵和大打出手（卷十六，1170页）。在这些口角争执中，旁观者们或是哄然发笑，或是退避畏缩，却似乎不存在有效机制调解争端。在理论上，长老和互相担保（保甲）所构成的机制应该处理争端，但是在这些市镇中这个机制运作不良；实际上这个机制很少有效运作。三教主人们劝告百姓避开衙门捕快，为了得到公正裁决，行贿花费的银钱过于高昂，还搞得自己心力交瘁（卷四，282~283页）；衙门是如此腐败，以至于诚实的官员几乎无法生存（卷十，739页）。[29]解决争端需要新的机制。

家庭是战场

如果说市场街头因为口角争执而喧闹不堪，那么家中的情况也并不乐观。在小说中，为了自己的丈夫儿女得到更多家产，妇道人家撺掇兄弟反目成仇。她们对理想中的和睦大家庭漠不关心。[30]
知求天真地试图调解，他对女人们温言软语，解释家庭和睦的理 206
想。一个妇人针锋相对，直言骂道："讲什么道理，有道理也要分家，没道理也要分家！"（卷十五，1144 页）[31]

很多人将婚姻制度视为谋利的手段（卷八，582~583 页）。在以出美女而著称的地区，一些家庭将女儿卖与远方人做妾。灵能问一个盐商，这些父母如何能"把个骨肉活活卖了"，盐商回答说：

> 先生不知，这维扬繁华胜地，四方辏集去处，那里是扬州人家养的女子，都是那四方外州外郡贩买来的，或是躲债的，避官讼的，做生理的，也不是他自己生的。探听穷民之家，生的女多不肯养育，便抱为己女，抚养长大。还有教他琴棋书画，把当奇货可居，卖与人家为妾，成了个风俗。却就有那心狠的父母，把亲生的女儿，只图财帛，听信媒婆出嫁远方，真是忍心害理。（卷十，693~694 页）

大儒补充说，那些高价购买妾妇的人也应受到指责，此举剥夺了一些穷人娶妻的权利，导致他们无法传宗接代。

在一个竞争性社会中，当更优越的追求者出现，当事人就会毁弃前定的婚约（卷八，587~591 页）。但是新娘也会因为嫁给一个除了钱之外一无可取的男人而感到有失身份。在一个故事中，有个女人抵制这种婚姻，不愿与粗鲁的丈夫同房，并毫无怜悯地戏弄他（卷八，595 页）。一群年轻女子被列队出示给寻找妾妇的媒人，这些女子怒火中烧，于是秘密结拜为姐妹；她们在夜间相会，为抗拒父母而寻求浪漫私会的机会（卷十，710 页）。

为利益而结合的夫妻几乎从未对所得所获心满意足，市镇生活和旅行为不安分的眼睛提供了很多机会。这并不仅仅限于男人。一个妇人见到一个打扮风流的骗子，当场同意助他谋害自己的丈夫（卷十七，1286~1287 页）。另外一个妇人迷上个年轻的后生，从此便不能忍受自己丑陋愚笨的丈夫（卷一，57 页）。一对夫妇幻想对方死亡，梦想自己再婚后的生活比现在甜蜜（卷十七，1302~1303 页）。

天地间父慈子孝；不知父母之爱的儿女如何懂得孝悌之理?（卷十二，889 页）愚笨的丈夫也得不到敬重。一个汉子一辈子打老婆，并为此辩解说：

> 俺常叫他做件衣服，短了，做双布鞋，小了。他骂俺
> 207 当长不长，长在身子；当大不大，大在脚根。这等可容得不打？（卷十三，985 页）

部分由于丈夫粗鲁暴力，妇人也十分蛮横。像小说中的其他夫妇一样，他们的生活陷入辱骂、嫉妒、抱怨和暴力的恶性循环，直

到家庭变成战场。

畸形教育

心心念念于财富地位扭曲了人们对教育的观念。有些人错误地认为炫耀于世比教育更加重要；他们花在嫁娶上的费用超过了教育儿孙的费用（卷九，629~630 页）。在一个只有官位才能带来真正富贵的世界中，这是一种错误的投资。

在另一方面，地区繁荣使更多人有钱接受教育。[32] 在新近念书识字的阶层中，很多人对学问夸大其辞，对其局限性不切实际得可笑。书中一个人物叫米水田，他这样形容一个坐在晒谷场上读历史书的朋友：

> 娘子叫他看着牛，莫要吃了稻子。娘子入屋去，那牛便吃稻子。这朋友放下书卷，上前分付那牛莫要吃稻子。那牛那里听他分付。
>
> 只见娘子出屋见了，拿一根大棍打牛，那牛飞走过去。这朋友笑道："我达周公之礼，读孔圣之书，到不知你这畜生怕老婆。"（卷九，621 页）

李惟一（唯一原则）如此热爱自己的学问，所以他在湖光山色中全心全意焚香阅史（卷七，528 页）。他将三教先生介绍给油蒙心（蠢蛋）。油蒙心的父母望子成龙心切，将他锁在房里三年之久，鼓励他奋发读书。最近他们见他频频点头，所以认为他有所成就。

> 老者大喜，便把锁匙开了屋门，放了那油蒙心出来。你看他摇摇摆摆，见了众人，真像个饱学秀才一般。老者忙问道："儿子，你在屋中读书三年，昨见你对着书史频频点头，必是明白道义，故此请了这位先生来考校你一番，也见我养得个受教训的儿子。"
>
> 那油蒙心欣然说道："果是儿子得意，方才频频点头。"
>
> 老者问道："儿子却得了那样意味？"
>
> 油蒙心笑道："三年前我只道这书史都是纸笔抄写，如今看来都是刻板印的。所以点首。"
>
> 208 众人听了，哄然一笑。老者也笑将起来，说道："儿子你闭户三年，得了这个颖悟，却也不枉了我做父母的教训。"（卷七，531~532 页）

老者要派家仆到府县衙门去为蠢蛋登记下一场科举考试。他真心相信儿子会当大官。

三教主人们意识到尽管男孩十分蠢笨，但是坚信儿子能金榜题名的父亲才是迷失了心智。因为私塾先生们不愿意教他愚钝的儿子，他早就把他们统统打发走了。依老者之见，"鹊鸟儿教会了说话，山猴儿也教会了舞跳，岂有一个人教不会读书？"（卷八，535 页）内光于是解释说，学习基本知识是一回事，掌握科举考试所要求的高度文学技巧是截然不同的另一回事（卷八，536 页）。

/ 答案：宗教作为对道德资本的管理

虽然三教主人们怀念过去美好的时日，但他们却懂得了，单靠引用古书和念诵昔日的道德观念无法为人破迷纠误。迷来自日常生活的争斗和紧张；如果宗教要成为与实实在在的人们生活相关的因素，它便需要直接面对金钱、竞争、冲突和社会期望的力量。

在神学层面上，小说关注“仁义”同“利欲”之间的对立和紧张关系。[33] 小说中佛僧道士的故事用传统宗教的措辞将人类灵魂中这种冲突的动力加以戏剧化：他们的神力和法力直接来自摆脱了贪婪淫欲的纯净心灵。当心智纯净时，内光指引智慧的辨别力，于是精神的力量得以征服所有邪恶之力。

小说使用具体实际的词汇对“仁”和“义”加以解释。“仁”的含义是对不太幸运的人慷慨、施舍、容忍。“义”意味着诚实、正派、礼貌。“仁义”也被视为道德资本，像金钱一样获取和积累。对于子孙后代来说，道德资本（积累的功德）是同地产金钱一样重要的遗产。实际上对财产的长期成功管理取决于对道德资本的管理，二者不可分割。

关于金一锄（财迷）的故事中总结了这个观点。金一锄在后院里发现了一窖金子，所以他陡然暴富。后来他梦到有个男人要求他连本带利偿还他“借去”的钱财。由于他在灵界的财产（功德）不够偿还债务，这些人绑架他的子女一直到还清债务。他醒来之后，发现孩子们确实神秘地一病不起。

209 灵能便将自己的魂魄送到阴间，问一个赤衣大吏为何财迷受到惩罚。赤衣吏笑道：

> 天地间钱财关乎生人的福享，一个贫窭之子，抖然起得金赀，享那福祉。人不知，便道他命运所招，那里晓是他祖父积德所致。他祖父积了功德，自己寿数不齐，岁月难候，便流到他的子孙。子孙知道平日贫窭，今日一旦富贵，小心谨饬，更积善行仁，自代代相承，富可常保。乃若不想平日贫窭，一旦富贵，便狂妄骄傲起来，止可保一身，以尽了他祖父的德荫。若是凶恶太甚，祖父德不能胜，夺福减算。乃归贫窭。（卷十九，1395~1396 页）[34]

财迷发财不是因为他撞到好运，也不是因为他自己的努力，而是因为他祖父积德行善。祖父的善行是一种资本，是财迷所发掘钱财背后的道德抵押。财迷的债务在灵界，但是子女生病使他在现世还债。

赤衣吏给灵能机会细看账簿中财迷欠债的详情：

> 1. 祖某埋金五千两。
> 2. 祖某无德承受。
> 3. 父某无善可承。
> 4. 金一锄贫无怨，能守分，应受祖遗，利加三倍。
> 5. 挖金后，过动土木[34]，伤害湿化生命过多。应追其一。

6. 挖金后，放债取利过多，致坑陷贫命。应追其二。

7. 挖金后，恃富生骄，凌辱仆婢，致抑郁绝灭人后，应追其三。

8. 挖金后，不报天地先祖之恩，不报皇王水土之恩，不报日月照临之恩，开道父母养育之恩，终日沉酣曲糵，纵欲荒淫，应追其四。 210

9. 挖金后，大秤小斗，明瞒暗骗，托名假贷孤寒，实是蚕吞田产。应追其五。

10. 挖金后，为富不仁，不睦六亲，不济贫困，为克口腹，过杀生命。应追其六。（卷十九，1397~1398 页）

对财迷的指控绝不含糊其词或是抽象难懂，也不只是一般性列举他生活中的善行劣迹。账簿概括说明他所发现的钱财如何败坏了他的品行；他变成了放高利贷者、残忍的主人、不知感恩的儿子、放纵的吸血鬼、不诚实的生意人和小气鬼。他挥霍了所得的赐福，于是花光了作为财富抵押的道德资本。

这不仅仅关系到他个人。财迷的罪孽不仅影响他本人，而且波及他的后代。当灵能问“何不毙其一身，留与其子女”，大吏道：“一者一锄冥数未绝，二者不当以富产遗其积恶之后”。（卷十九，1397 页）中国人的看法（体现在关于面子的概念里）是，个人行动影响群体的名誉；根据这个观点，不论善行还是劣迹都不是孤立的个人行为，而是家产。这强调了中国人的观念，将个人视为更广泛的人际关系的一部分。

这个故事所讲的最后一点是，财迷可以改过自新，发誓改变自己的所作所为，于是开始重新积蓄功德（卷十九，1399 页）。这个故事不仅是说明神义论观点，也不仅是解释为什么他和他的子女必须受苦受难。财迷面临的挑战是为自己的行为承担责任，学会像管理钱财一样精打细算地管理自己的道德资本。

当宗教对道德资本进行管理，于是涉及承担责任：学会安排自己的生活和人际关系，以避免耗尽道德抵押。在一个故事中，两个家庭力图解决他们之间的争端，从而了结世代恩怨。灵能一行发现两家的争执因为一个叫两面刀的好事之徒而愈演愈烈，此人在两家之间搬弄是非。三教主人解释说有三种办法来去除两面刀身上的迷鬼：（1）运一个掌心雷或是烧一道灵符；（2）到官府公堂，使他自投法网；（3）他们自行了断，开导他自悔从前，洗心涤虑。最后一个办法比较可行，得种些方便善果，消灭这刁唆迷鬼。大儒便设计，使已经言归于好的两家人在两面刀面前仍假做仇人，两面刀定然添些是非。将他的言语写明录在纸上。待聚
211 了几宗三面一证，他自知错。（卷八，554~555 页）。通过推荐最后一个办法，三教主人建议人们既不要听命于神灵的一时兴起（如设坛作法），也不要让官吏来断是非（如去衙门）。他们要绕过僧侣、官吏，由自己解决问题。[35] 他们要运用自己的读写能力写下事实，并在非正式听证中学习组织和调解技巧。他们将成为自己生活中主要的行为人和仲裁者。

明代善书和功过格发展的后果之一是将宗教视为对道德资本的管理手段。起初，善书根据佛教转世轮回的法则来解释道德

因果报应，尤其注重虔心向佛：亵渎神圣会遭到可怕的惩罚，献身佛陀则大受奖励。到明代时，善书增加了完全不同的特征。虽然仍旧讲述十全十美的圣人和堕落罪人的故事，但是适用于各行各业人们日常工作活动的实际说教冲淡了献身于佛祖的道德观念。[36] 明代善书对因果报应具有新的神学理解。以前的善书认为，羯磨（业或是命运）是世世代代所产生的果，人前世的负担太过沉重，一生的善行义举无法消除。信徒必须虔心向佛，将自己托付于菩萨的怜悯，菩萨使用超凡的力量帮助受羯磨所累的罪人。明代善书不再强调多次转世轮回的业障和菩萨的怜悯，而是传授修身养德的实际学问。人在出生之日历史清白（没有在前世造孽）或是继承了父辈的遗产，自此之后，人的善行劣迹便记录在案，赚取（或是偿还）福分避免祸患。[37] 虔诚的举动和献身算作善行，而不是另分一类，记作特殊的神功。

明代善书的背后是一种信贷心态；一个人通过善举的“钞票”赚取或是支付一生中获得的福分。正如袾宏（1535—1615 年）所论，行为被按照善恶大小分门别类，有时还标出了行为所值的善过数目。[38] 善行义举也指定用作特殊目的；袁黄（1533—1606 年） 212
许愿说为得一子做善事三千件，为中进士行善举一万件。[39] 由于人们为自己每日功过记载账目，所以能够目睹为达到目的所逐渐积累的功德。

《三教开迷归正演义》使善书的账簿意味更加清晰，并对簿记体系有所发展。财迷的故事并非将善行仅仅视为一般性道德资本，做简单分类并标明善举所值的数目。故事也根据道德术语分析对财富的经营不善。从反面教育人们，道德管理是财产管理的基础。

财迷因为滥用钱财而到处树敌：其中包括因为他收取利息过高而家破人亡的借贷人；受他虐待的仆人；被他嘲笑的父母；受他欺骗的穷人；他拒绝帮助的亲属。他和他的子女不得不生活在这些人中，他们将要出来抓到他。财迷没有发展人类的良好意愿，以此作为保障财富的基础，避免遭到危险的憎恨。愤怒的不仅是神灵，对财富的滥用使他的家庭处于仇恨的包围之中，最终导致家庭的灾难。

总而言之，对道德资本的经营有两个方面。其一，这是一门教授经营管理的课程：（1）采取主动决定自己的生活，为自己的行为承担责任；（2）分析自己行为的长期后果，以便更有效地计划与行动。在长江下游地区竞争性都市环境中，经营管理的一面强调群体和个人的进取性活动。其二，这是一种脚踏实地的道德观念：（1）承认在人类关系的网络中保持善良愿望的必要性；（2）遏制四处蔓延的贪欲，包括那种牺牲人际关系，满足一己私欲（个人主义）和迅速获利的愿望。虽然管理和事业经营有积极因素，但是它们一定不能同社会的基本行为准则背道而驰。

/ 正确管理的例证

在高度竞争、迅速变化、日益都市化的长江下游核心区，生活的各个领域都要求经营管理和负责任的道德反思。三教主人们力图使人们看到解决生活问题的更切实的道德手段。

在小说中，对教育的负责任管理意味着将它视为具有短期和长期收益的重要投资。在中国社会中，教育的最终目的是学而优则仕，即通过科举考试获得官职。但是由于能够金榜题名的人寥寥无几，重要的是懂得如何在一般场合运用教育。[40] 使用教育的例证之一在上一节的故事中做了解释，即写下证据，进行调解，从而解决争端。具有读写能力便能更有效地管理财产和解决冲突。 213

在晚明时期，朝廷科举考试中竞争极端激烈，文风过分雕琢迂腐，国家精英阶层的成员们对此深表不满和愤怒。[41] 但是根据这部小说，很多穷人认为自己可以通过念书平步青云。自从见到一位穿袍戴冠的朝廷命官之后，巴高就心心念念想要做官。当灵能告诉他做官需要“命里有根基”，他反驳说：“白屋出公卿，根基在哪里?”灵能对他解释说，根基不是财富，而是“积阴德行方便，或乃忠臣孝子之裔”。灵能劝他“急早去教子读书”，这样他或许能生活在美妙的官宦世界中。（卷十五，1092~1093 页）巴高肯定意识到实现这个雄心壮志是个长期规划，需要积累道德资本并对儿子们的教育进行投资。如果他本人不能一展宏图，他可以长期投资教育，通过儿子们间接实现这个愿望。

另一个需要进行道德管理的领域是性行为。小说描写了对性关系的利用和扭曲败坏了家庭生活：出售女儿为人妾妇；为嫖妓、买妾而一掷千金，导致为人妇者醋海生波；举止粗鲁，导致父权制的权威被削弱。所以为人夫为人父者，需要为了家庭和谐和受人尊重而节制贪念，控制性欲。

市镇生活也给不安分的女人可乘之机，她们和人通奸，可能生出不合法的子嗣。吏动的妻子受到变化成吏动形貌的狐妖诱惑；设坛作法也未能捉住狐妖。最终是夫妇二人打败了它。他们立誓暂将那云雨之事断却，使妻子得以分辨出真假丈夫（卷三，177 页）。故事引出的教训并不是说道德管理意味着禁欲。而是夫妻同心克制欲望以便先解决摧毁婚姻的危机。此外，丈夫表现出对妻子的信任，所以同意遵守誓约；当她说她并非有意不忠，而是受到欺骗时，丈夫并不怀疑。他愿意与她携手戳穿这个恶棍。
214 夫妻之间的互敬互爱与互助击败了不忠的威胁。[42]

管理道德资本的另一个方面是工作。工作医治贫困这种疾病。小说中的穷人抱怨说当地有钱的居民或是富有的亲属拒绝伸出援手，对他们嗤之以鼻。三教主人们告诉他们，只要心中有“道”，有骨气的人就能居贫乐道。一个穷人问，但是如果饥寒病身呢？大儒回答说：

> 先生意见如何不敏，世人也只为这饥寒，怕冻馁了身体，便劳心役行，去谋衣食，苦谋之不得，忧愁困苦，把个身体的主人伤害，连身体也不能保。若是知道理的，便晓的天地生人，必不使你冻馁。只把这心神安静，听其自然。惟知修德立业，乐这性分中有的，则心自广，体自胖。方且悲哀那富有的太过，则流连荒亡不及，则经营劳扰未见享福，而灾害抖生。（卷十九，1445~1446 页）

为生存勤奋做工是人类本能；人们总是能发现生存之道。但是为自己的贫困而悲叹是另一个问题；自哀自怜使人丧失精力和正确判断。人必须工作以便生存，如果积聚了功德，这将成为今后发达的基础。

即使是对于有钱人来说，工作也至关重要；人生在世间，若不用心做些事业，终日早一食，晚一食，与养犬马者何异（卷六，426 页）。工作是人类之根本。由于认为工作极其重要，所以三教主人们主张，君子用头脑工作同小人的体力劳作一样有用。[43] 大儒如此形容三教主人们的所作所为：“那游方僧道，若不劳心，将何修持?”（卷十八，1344 页）当他论证三教主人为人师表的作用时，他并不是根据智慧或是道德典范的价值；他们的工作是旅行、谈话、为他人破迷纠误。

最后但是并非最不重要的一点是，小说讨论对财产的管理。
不仅谴责为取乐和摆阔而骄奢淫逸，也批评过分节俭。在小说所 215
描述的竞争性都市社会中，家族扩充财产的机会比比皆是。所以关键是使结婚成家的儿子们积极参与经营家族财产。那些对家财锱铢必较的父亲们对家族有害无益。当灵能面对一个反对把家产分给儿子们的老者时，他假装同意他的见解，取以热攻热、以酒解酲之道：

> 必定如处士不分的是，若是分析了三分，其中能充拓的，便起富饶；能守的，犹不失先业；倘有一个花费的，不但自己受分的不存，且把那能守的争害。怎如不分的，终从

即背景各异的人们现在联合起来追求共同目标并寻求共同的意识形态。可能因为地方贤达们长此以来主要在寺庙活动中培养了自己的领导组织才干，所以实际上所有新兴组织都具有宗教因素。[48]但是这些群体也关注世俗事务，有些(如商业性行会和船工组织)变得日益世俗化。[49]然而宗教被视为一种工具，在被认可的行为准则的指导下，宗教促进团体利益（和个人利益）。

就广义而言,《三教开迷归正演义》阐明了王阳明（1472—1529年）思想中一些隐晦不明的行为准则，尤其是他的大众化泰州派门徒所发展的观点。王阳明关于天赋良知的理念认为，所有人的头脑中都存在道德真理。而且他提倡知行合一，这帮助他摆脱了传统和经院哲学过分雕琢的束缚。满腹经纶、深思冥想的儒生体现最难能可贵的文化理想；而根据王阳明学派，并不是只有这些人才能实现儒学关于圣贤的理想。现世的积极行动和日常生活中的道德活动同样表现圣贤之道。这两点看法使新儒学普遍传播；王阳明的弟子们确实走上街头，传播众人可学圣人之道的道理。[50]

王阳明有关知行合一的概念以及他对日常生活中积极行动的肯定，含而不露地将各行各业的诚实工作置于圣贤之道的范围之内，而《三教开迷归正演义》一书明白解释了这个道理。在这本书中，自我修养是通过承担道德责任的行为——包括工作在内——达到自我完善。虽然王阳明本人强调学问的重要性，但他的良知理论似乎并不认为正式的经典教育是成为圣贤的先决条件。他的信徒李贽（1527—1602年）反对传统；李贽进一步论证，对于学习真正的行为准则来说，小说比四书五经或史书更胜一筹。[51]潘镜若似乎接受了李贽的说法；所以他写了一部关于日常生活中的道德冲突的小说，作为改变世界的手段。而且小说认为，以儒学经典作为民众教育的直接基础收效甚微；为了教育平民百姓，宗教必须以易于达到民众的方式，处理现实生活中的问题。

最后，正如我们所见，《三教开迷归正演义》支持用宗教来管理道德资源，这既反映也发展了明代的善书运动。通过阐明和 218
发展关于管理道德资本的类比，《三教开迷归正演义》一书揭示了善书运动背后的心态及其在东南部高度商业化都市文化中的深刻根源。在此我们发现了一种以宗教为基础的工作伦理的萌芽，它同西方加尔文教派的伦理十分类似。

《三教开迷归正演义》认为，工作是自我完善和自我修养的工具。小说支持脚踏实地和仔细规划的策略，通过家庭和人际关系的网络进行发展。小说鼓励在财产问题上家族合作，尤其是使长大成人的子孙有机会为家族的未来贡献力量。故事讲述竞争和冒险的代价，劝谕人们如何在暴富和失败时不忘记传统的行为准则。小说也鼓励在不背离家庭与邻里义务的条件下节约开支、挣钱获利。在个人和家庭义务之间，在财富和传统行为准则之间，在个人利益和慷慨行善之间，小说寻找着平衡点。

小说的宗教态度肯定了中国的基本行为准则，与此同时也鼓励能够应对高度竞争性都市环境的行为和策略，视宗教为管理道德资本的手段。小说强调了宗教的实际具体作用，使古代的行为准则适用于晚明中国大众文化中特定人群所表达的概念、态度和关注。

注释

1. 澤田瑞穗,《三教思想と平話小説》, *Biburia* 16：37-39（1960）。数年之后，他发表了另一篇文章讨论此书的出版、年代和作者，见《仏教と中国文学》（東京：国書刊行会，1975），163~167 页。到目前为止在英语世界中还没有关于这本小说的学术讨论。

   天理大学的版本有中文 800 页，再加上前言、绪论；正文为一百回，分成二十卷，40 页一卷。前言部分使用优雅的文言，一篇序言用草书刻版。小说其余部分为楷书木刻大字，没有插图。书中没有文字指出，这本书是一群施主为积累功德所做的奉献或是为此编辑而成；这本书或是由私人投资，或全然是商业性出版。

2. Andrew H. Plaks 使我们注意到中国传统中历史和小说的密切联系。他写道：“因为演义流派跨越历史和小说的分界，所以它能够描述公众人物的私生活……以及那些不会被历史著作吹毛求疵的人的公众事务。” 引自“Towards a Critical Theory of Chinese Narrative”（p. 320），in *Chinese Narrative：Critical and Theoretical Essays*，ed. Andres H. Plaks（Princeton：Princeton University Press，1977），pp. 309-352。

3. Ian Watt 认为，早期英国小说中的现实主义（时间按照日常事件的顺序，环境特定，情节松弛，没有很多比喻象征和奇谈怪想的主题）反映了 18 世纪英国城市的资产阶级生活。见 Ian Watt，*The Rise of the Novel：Studies in Defoe，Richardson，and Fielding*（Berkeley：University of California Press，1962）。我认为这本小说也是如此，不过它的现实主义有限。书中存在比喻象征和奇谈怪想的成分，Watt 会认为属于前小说之列。但是中国流派并非同西方现实主义小说完全一致。这是一本非常早的中国小说，就此书对现实主义道德问题的讨论而言，它的位置在《天路历程》（*Pilgrim's Progress*）和《鲁滨孙漂流记》(*Robinson Crusoe*) 之间。

4. 澤田瑞穗也使用这个段落来说明作者的背景；见《仏教と中国文学》，166 页。括弧中是引用的小说。见以上注 1。15.21a-21b 指卷十五，21 页正反面。以下引用小说之处也以同样形式在括弧中标出。（按：译文引自《三教开迷归正演义》，见《古本小说集成》第一辑第 108~110 册，上海，上海古籍出版社，2016。页码数与作者所引版本不同。）

5. 太公和文王是周朝初期黄金时代的道德典范，他们在民间戏曲中是英雄圣贤。这首诗具有一种戏曲韵味，描述潘引人注目的形象，就好像他是戏中的英雄人物。

6. 见本书中田仲一成所著第 05 章的前半部分中关于这些问题的讨论。

7. 见本书中 Daniel L. Overmyer 所著第 08 章，尤其是他讨论的第四类宝卷。我对宝卷流派的叙述在很大程度上得益于 Overmyer 以及他对第四类宝卷样本的考察。

8. 我在很大程度上依据本书中 Rawski 所撰写的第 01 章。

9. 见本书中 Rawski 所著第 01 章。

10. 他们并不是穷苦农民那样的“平民”，而是与身着官服的官员不同的布衣百姓。何炳棣在 *The Ladder of Success in Imperial China*：*Aspects of Social Mobility*，*1368-1911*（New York：Columbia University Press，1962），pp. 26-43 中评论了秀才和那些取得更高功名的人之间的巨大差距。T'ung-tsu ch'ü（瞿同祖）根据清代文献中对“绅衿”和“绅士”的具体应用（这些词在英语中翻译成“gentry”“ruling class”“scholar-officials”“gentry-officials”等不同词语，但是都清楚地表明他们属于精英阶层），认为这些人中包括低级功名取得者，见 T'ung-tsu ch'ü, *Local Government in China under the Ch'ing*（Cambridge, Mass.：Harvard University Press, 1962), p. 318, n. 22。Philip Kuhn 强调，秀才处于一种中间位置，是地方精英，而不是国家精英；见 *Rebellion and its Enemies in Late Imperial China*（Cambridge，Mass.：Harvard University Press，1970），pp. 3-4。Paul S. Ropp 讨论、评价了关于这个

问题的争论，见他所著 *Dissent in early Modern China*：*Ju-lin wai-shih and Ch'ing Social Criticism*（Ann Arbor：University of Michigan Press，1981），pp. 11-15，尤其是 pp. 21-26。亦见本书中 David G. Johnson 所著第 02 章。

11. 关于地方精英，见 James Hayes，*The Hong Kong Region*，*1850-1911*：*Institutions and Leadership in Town and Countryside*（Hamden，Conn.：Archon Books，1977；Hilary J. Beattie，*Land and Lineage in China*：*A Study of T'ung-ch'eng County*，*Anhwei*，*in the Ming and Ch'ing Dynasties*（Cambridge：Cambridge University Press，1979），pp. 1-22。

12. 关于造成衙门和地方社区之间紧张关系的制度性原因，见 John R. Watt，"The Yamen and Urban Administration"，in *The City in Late Imperial China*，ed. G. William Skinner（Stanford：Stanford University Press，1977），pp. 353-390。

13. 林兆珂编：《林子年谱》，1610 年，现存于日本名古屋浩沙文库（Hōsa Bunko）；书中列出了到 1610 年为止，即林去世 12 年之后，所建的三一教庙宇。莆田县有超过 20 座，远至南京的各个地方还建立了 10 个三一教中心（几个中心有数个庙宇）。（除了南京之外）所列出的庙宇并不位于三教主人们所造访的任何市镇。

14. 书中说武职安边昔日平倭有功（卷十四，1027 页），而戚继光便是因为在福建成功剿灭倭寇而声名鹊起。见 Ray Huang（黄仁宇），*1587*，*A Year of No Significance*：*The Ming Dynasty in Decline*（New Haven：Yale University Press，1981），pp. 156-186。

15. 关于林兆恩的生平、著述和宗教组织的更多资料，见 Judith. A. Berling，*The Syncretic Religion of Lin Chao-en*（New York：Columbia University Press，1980）。

16. 对这本小说中的中文字"迷"，"dulusion"并不是一个完全恰如其分的译法。中国人并没有原罪的概念，认为所有人生来善良，在生活中善良的本性会迷失或是忘记，但是并不会完全丧失。最轻微程度的“迷”是迷惑、小错、背离了与生俱来的智慧。但是这种迷惑有一种晦暗不明的影响，会蒙蔽心智，于是在将来不易做出正确的决定。迷惑会蒙蔽道德本性，扭曲一个人的自我形象，造成一种或是多种性格缺陷。错误或是迷惑的思维不可避免地导致错误的行为，所以“迷”具有社会的一面，在个人同他人的交往中表现出来。在小说中“迷”的反面是“诚”：意为真实、不越正轨，或是产生正确行动的正直态度。就正中目标而不是偏离目标而言，“诚”意味着正确。在故事中，迷上相反东西的人常常被聚在一起，以便帮助他们互相发现自己态度和行为的愚蠢之处；偏离目标的两种极端相互作用，指出正确的中庸之道，表明成熟和平衡的观点。

17. 引自《孟子·告子上》第 11 节：“放其心而不知求，哀哉!”
18. 关于打醮仪式，见 Michael Saso，*Taoism and the Rite of Cosmic Renewal*（Pullman，Wash.：Washington State University Press，1972）。
19. 这是《大学》中的第一句,《大学》被新儒学祖师朱熹列入四书之一，日后在儒学典籍中名列榜首。
20. 这是朱熹对第一句的标准评注。见朱熹:《四书集注》，1 页，香港，太平书局，1968。大儒是从基本儒学典籍的开篇之作讲起。
21. 这里村民问的是经书所论，在智慧达道之境便不受感觉思绪的困扰。
22. 观自在是菩萨的一个名字,《般若波罗蜜多心经》中讨论了菩萨智慧达道的方法。村民听到这个名字，却不知是个菩萨，所以问这个词的意思。
23. 典出《道德经》第 41 章：“下士闻道，大笑之。不笑不足以为道。”英译本见 Lao Tzu，*Tao Te Ching*，D. C. Lau，trans.（Harmondsworth，Eng.：Penguin，1963），p. 102。
24. 见本书中 Victor H. Mair 所著第 11 章。
25. 这一段紧接在前文所引辛德感叹说潘镜若必定因为跻身军中而受人轻视的叙述之后。

26. 标准的一亩地是 6 000 平方英尺，一顷地是 100 亩，或者略多于 15 英亩。然而度量在各地不同。见 Ray Huang（黄仁宇），*Taxation and Governmental Finance in Sixteenth-Century China*（Cambridge：Cambridge University Press，1974），pp. 40-41。

27. “贵”意味着“尊贵”或是“高贵”，但是在这段中指的是只有身居官位或是有官衔才能得到的荣誉或地位。

28. Keith Thomas 认为，在英国，当庄园制衰落之后，传统互助网络的崩溃引发罪行，造成民众通过巫术进行谴责；人们认为那些得不到帮助的人非常愤怒，于是他们以诅咒进行报复。见 Keith Thomas，*Religion and the Decline of Magic*（New York：Scribner's 1971），pp. 555-567。Thomas 认为社会下层所爆发的力量有助于在 18、19 世纪的英国产生一种有关宗教的新概念；他的讨论提出了很多问题，对于传统晚期的中国，我们也可以提出这些问题。

29. 关于保甲制度的崩溃，见 Kung-chuan Hsiao（萧公权），*Rural China：Imperial Control in the Nineteenth Century*（Seattle：University of Washington Press，1960），pp. 43-83，184-258。关于导致腐败的因素，见 John Watt，“The Yamen and Urban administration”。

30. 见 Margery Wolf，*Women and the Family in Rural Taiwan*（Stanford University Press，1972），尤其是 pp. 32-41。

31. 关于引起纷争的分家过程，见 Maurice Freedman，*Lineage Organization in Southeastern China*（London：Athlone Press，1958），pp. 18-27。

32. 关于教育的扩展，见本书中 Rawski 所著第 01 章。

33. 关于仁义和利益的对立，可回溯到《孟子·梁惠王上》第一节。一般表述为纯净心智和欲望的对立，在中国宗教中这是一个屡见不鲜的题目。

34. 土和木是五行中的两大要素。财迷在挖金子的时候，用锄头（木）翻起土壤（土）；如此一来，他的不计后果的过分行为便扰乱了自己内在的道德平衡（内部宇宙体系中五行的和谐）。

35. 我感谢 David Jordan 的建议，他认为反教权主义可能是关键因素，解释了小说对于设坛作法的态度。他的建议引出了有关拒绝官府调停的更重要主题。Arthur P. Wolf 详细阐述了一个主题，即祭拜者对神明的态度受到他们在文化中社会地位的影响，反映了他们对官僚机构的态度。见 Arthur P. Wolf，“Gods，Ghosts and Ancestors”，in *Religion and Ritual in Chinese Society*，ed. Arthur P. Wolf（Stanford：Stanford University Press，1974），pp. 131-182。

36. 酒井忠夫，《中国善書の研究》（東京：国書刊行会，1960），各处。

37. 见 Wm. Theodore deBary，“Individualism and Humanitarianism in Late Ming Thought”，in *Self and Society in Ming Thought*，ed. W. T. deBary and the Conference on Ming Thought（New York：Columbia University Press，1970），p. 176。

38. 见 Yü Chün-fang（于君方），*The Renewal of Buddhism in China*：*Chu-hung and the Late Ming Synthesis*（New York：Columbia University Press，1981），pp. 120-121。于简短地叙述了善书的历史，并讨论了善书在明代的发展；她强调，明代善书“更重视道德内在化和伦理意向”（p. 113）。我进一步认为，财迷的故事已超出了计量化加意向，而是分析对以前所赚取的福分管理不善。

39. 酒井忠夫，《中国善書の研究》，p. 320 及其他页。

40. C. William Skinner，“Social Mobility Strategies in Late Imperial China：A Regional Systems Analysis”，in *Regional Analysis*，ed. Carol A. Smith（New York：Academic Press，1976），pp. 327-364，尤其是 pp. 336-343。

41. 见 Paul Ropp，*Dissent in Early Modern China*，pp. 91-119。

42. 宋代以来，关于节妇烈女的思想变得日益严格，因此这个故事尤其引人注目；寡妇不得再嫁，妇人宁肯一死也不得委身于另一个男人。不忠的妇人可以简单地休掉，有时可以被丈夫处死。这至少是精英阶层的理想观念，不过可能无法深入社会下层。由于后来吏动的妻子怀了狐妖的双胞胎私生子，所以吏动对她的信任更引人注目。

43. 引自《孟子·滕文公下》："劳心者治人，劳力者治于人。"人们常常引用这句话来证实儒家精英们的阶级偏见，以及他们对体力劳动的轻视。

44. 关于分产所引起的激烈争执，见 Freedman，*Lineage Organization* 和上文注 26。Jonathan K. Ocko 在他提交给 ACLS 主办的 Orthodoxy and Heterodoxy in Late Imperial China：Cultural Beliefs and Social Divisions 大会（Montecito，California，Augest 20-26，1981）的论文"Family Disharmony as Seen in Ch'ing Legal Case"中，描述了几个有关家庭财产分割的诉讼案件。这个段落中所说的包管文券可能反映出晚明时大宗族组织的发展，有文字条例处理财产争端以及处理内部争端。Charlotte Furth，"The Orthodox Family and Its Discontents：The View from Household Instructions"，同样提交于"Orthodoxy and Heterodoxy"大会。

45. 有关发展宗族内部合作的事例，见 Fu-mei Chang(张陈富美)、Ramon H. Myers，"Customary Law and the Economic Growth of China during the Ch'ing Period"，*Ch'ing-shih wen-ti* 3.10：4-27 (1978)。

46. 见 Berling，*The Syncretic Religion of Lin Chao-en*，p. 110。

47. 在本书第 08 章中，Daniel L. Overmyer 讨论了佛教千年盛世组织如何反映了同样的潮流。

48. 见 Hayes，*The Hong Kong Region*，各处。

49. 见 David E. Kelley，"Sect and Society：The Evolution of the Lo Sect among Grain Tribute Fleet Boatmen，1700-1850"，提交于 Orthodoxy and Heterodoxy in Late Imperial China 大会。

50. 见 deBary，"Individualism and Humanitarianism"，pp. 171-179。

51. 见 deBary，"Individualism and Humanitarianism"，p. 196。

第 08 章

/ 中国教门文献中的价值体系：明清宝卷

欧大年（**Daniel L. Overmyer**）

家家有路透长安。

——《金刚经科仪宝卷》

/ 引言

在各式各样、名目繁多的中国白话文学中，有一个流派主要在民间教门中发展演变。元朝（1271—1368 年）时，这些自愿组成的宗教团体初次呈现为后期传统形式。它们具有以下特征：团体成员大多是俗家信众，具有自己的领导形式、等级组织结构、经书文本、神话传说和典礼仪式。就起源和倾向而言，现存有关这些团体的最早文献属于佛教，不过加入了道家和儒家因素。这些文本始于明朝（1368—1644 年）前半叶。

然而从一开始，教派团体就受到一种民间宗教传统的强烈影响，强调凭借神力治病、打卦占卜、驱鬼逐妖和其他注重实效的价值体系和仪式。根据现存的 16 世纪中叶的文本，注重实效的价值体系在书中更加显而易见，来自道教的神话主题也更一目了然。[1]

明清教派经文通称为宝卷，即“宝贵的经卷”，不过还使用几个不同名称。就体裁而言，宝卷文白相间，散文和七言或十言韵诗交替使用。诗句总结每个散文章节，并介绍下面一节。典型的宝卷开篇是神仙佛祖或书中重要人物的画像，祈求佑护皇王和疆土的短诗；有一篇或是数篇序言，以及目录。正文开头是第一章的标题，一篇“献香赞美诗”，以及一节散文。宝卷分为一卷
220 或两卷，有些分成二十四“分 ”或“品”。结尾可能注明是重印本，并列出资助印刷的施主姓名以及每人施舍款项。虽然在这个结构框架中有所变化，但是存在足够的不变之处，使各个时期的宝卷类书易于识别。

无须赘言，这种结构上的延续性并不一定意味着内容上的相似性。那些力图对民众传播教义或是讲授伦理道德的人运用宝卷体裁。虽然这些作者明了并有意遵循宝卷风格，但是任何有关“宝卷文献发展” 的讨论当然只反映我们的观点，同这个传统的参与者并无关联。

对宝卷可以进一步细分，大致根据内容以及 / 或者问世时间分类。最早期的宝卷文本至少在某些版本的题目中包含“宝卷”字样，用俗言白话讨论正统佛教教义，讲述佛教英雄的故事。但是就结构而言，这些文本并不完全符合以上的概括。这类宝卷现

存文本的问世年代不太清楚，不过据我们所知，16 世纪初的宝卷引用了这些文本，所以它们出现在 1500 年之前，作者是佛僧。

第二类宝卷的创始人是教门首领罗清（1443—1527 年）。他使用宝卷体裁陈述自己的教义。在讲述过程中对早期佛教经文引经据典。第三类宝卷最早出现于 16 世纪晚期，就风格和倾向而言，这类文本显然是在学习罗清，但是展示出不同的宗教内容。很多这类晚明文本的主题是母性造物主神话，而罗清的教义不包括这样的内容。罗清宝卷从其他文本中大量旁征博引，但是第三类宝卷很少引用其他书籍。这些宝卷奠定了明代以来教派经文所独具的风格和内容。本书中韩书瑞的文章讨论了“诵经派”，此派便使用这类文本。

第四类宝卷更富于文学色彩，主要是讲述有德之人斗争和胜利的长篇故事，主人公最终得道成佛。无疑直到 19 世纪末，大多数故事才以宝卷形式初次出版。它们代表宝卷发展中的一个新阶段，这类宝卷开始同教门历史分道扬镳，成为兼顾娱乐的教诲性文学形式。很多这类书籍由当地书坊为营利而刻印出版。但是，并非所有故事宝卷都问世很晚。在有些书中，故事的主线回溯到中国早期戏剧史和白话文学史；就另一些而言，它们问世的时间远远早于 19 世纪，诸如以下所讨论的《香山宝卷》和《刘香宝卷》。就所传达的价值观来说，这类宝卷同本书中贝琳分析的 17 世纪道德主义小说十分类似。但是那部长达一百回的小说《三教开迷归正演义》当然在体裁上截然不同，而且看来比故事宝卷更具有儒学倾向。

221 到19世纪时，又出现了另一种用来讲解神灵意图和伦理训诫的文本形式，人们认为通过扶乩或是请仙在沙盘中写出的文字是神灵的直接启示。民间教门仍旧十分活跃，但是现在，他们的一些书籍通过扶乩请仙写作，为数众多的伦理训诫来自特定的神明。扶乩传统始自宋代（960—1279年），操作者既有文人也有俗民百姓。到17世纪时，扶乩成为撰写道德教诲书籍的手段。

零散的资料提到在19世纪之前，教派使用扶乩来表达神灵意图，但是只用作占卜和开药方，并不作为撰写书籍的手段。据我所知，最早通过扶乩写作的教派著作是《玉露金盘》，这是一部神灵启示的汇编，出版于1880年，不过书中提到了19世纪早些时候的扶乩活动。由于台湾地区的民间宗教团体将此书当作顶礼膜拜的经文，也由于书中教义基于晚明时期一位救苦救难母性神明的教门神话，我将它称为“教门”文本。如果不是在此书之前，那么自从《玉露金盘》之后，通过扶乩请仙写作的文本就成为传播教门学说的重要手段，在台湾地区仍旧发挥这样的作用。

虽然教义内容五花八门，但自明代以来，教派文学中的伦理准则却相当一致。这些书在因果报应的框架之内，将通俗化的佛学原则同儒学大义加以结合。所以书中一目了然的伦理训诫基本上遵循正统和传统。就此而言，宝卷和扶乩文本彼此一致。但是我们可以认为，在这些文本中，有些含蓄表达的价值观并不完全符合以家庭为中心的约定俗成原则。尤其是早期宝卷根据“无限”或是人类“无生老母”的超验社会观点，认为男女平等、贫富平等、尊贵和卑贱平等。应该记住的是，我们所讨论的宝卷文本是自愿性团体的文学表达，这些团体超越了宗族组织。

有些晚明的宝卷具有乌托邦式主题，鼓励这类教门组织以未来佛弥勒的名义建立自己的国家或是安全区，如果必要便使用武力。但是在扶乩文本中，末世来临的紧张关系已经解决；因为在这些书中弥勒佛已经降临于世，世界已经见到第三纪的曙光。新纪元的主要征兆便是来自神灵的直接启示。

在晚明宝卷中，除了平等主义思想和乌托邦式希望，中国教门文学所表达的价值体系十分保守。在今天的台湾地区，教门文献在一个迅速变化的世界中持续传承昔日的原则、理想和语言。当我们力图理解过去和现在的中国时，我们应该认真考察这些表达民间态度和信仰的文字。

本文讨论宝卷中所表达的价值体系——作者将它们描述为人类正常生活中重要和有价值之物。在大多数情形下，书中的伦理 222
训诫，以及对趋善避恶、功德惩戒的评论清楚阐明这些价值体系。此外，宝卷中也包括含蓄表达的价值观，这是并未明言但认为很重要的观念。本文力图探讨直言不讳与含蓄表述的两种价值体系。

本文关注的是价值体系，因此对这些通俗文本的历史、语言和风格并不过多评说。我以前的研究讨论了这些问题；就宝卷而言，泽田瑞穗对此已做了长篇论述。可是由于大部分这类书籍还鲜为人知，所以我会对所提到的每部宝卷就内容、基本思想或故事主线做一些介绍。

本文首先概括两部前教派宝卷类经书，关注书中表达的价值体系，以便表明罗清著作产生的直接文本背景。接下来的一节阐述宝卷文学的社会背景，并详尽讨论以上提及的第二类、第三类和第四类宝卷所传达的价值体系，既包括教门宝卷，也包括文学宝卷，每一类用一个代表性文本加以说明。

/ 教门宝卷：文本的背景

同中国民间宗教团体相关的最早现存文本是《太平经》，2 世纪时，一些早期道家团体使用这本经书。[2] 石秀娜（Anna Seidel）讨论了其他反映民间运动理想的道教文本。[3] 虽然在中国佛教历史的最初世纪中，已出现了一些由俗家信众主导的团体，但是我还没有见到清楚的证据，说明他们撰写了自己的典籍。然而根据一篇 12 世纪初的文字记载，民间摩尼教团体已有了题目与众不同的经文。[4]

223 在一篇最近发表的文章中，我指出，形式独特的近代初期教派团体是元代的白莲宗。这一团体中与下层民众相契合的支派将佛教和道教中的各种实践融为一体，关注健康、性活力和长寿。一位名叫优昙普度（卒于 1330 年）的佛僧于 14 世纪初撰写的文字中，比较详细地描述了教派追随者的信仰，并且提到这个派别编纂的两部经文，即《真宗妙义归空集》和《达摩血脉金沙论》。在一定程度上，普度的讨论是以这两部经文为依据，尤其根据的是《真宗妙义归空集》。他的描述强调生命的循环、预兆、治疗实践和信众反对佛僧道士的态度。[5]

在现代早期教门的现存文本中，最古老的写于16世纪的头10年，作者是一位名叫罗清的俗家佛教徒。这些著作成为罗教或是无为教的经书。罗清著作的文本渊源可以追溯到明代初期关于苦修的佛教经文、对经书的扩充解释以及宗教勇士的故事。他所引用的一些书籍叫作“卷”或是“宝卷”，但它们似乎是正统佛僧为阐述发挥佛学教义而编纂的，其目的并不是传承教派学说。

罗清在著作中引用了各式各样的文献，包括《心经》《金刚经》《涅槃经》《华严经》这类经书。这些经书所宣扬的行为准则当然属于正统的大乘佛教教义，将有关智慧和怜悯的学理融为一体。所有经书都以各种方式关注如何得道成佛，摆脱生死轮回的苦难。

我收藏了罗清所引用的两部前教派宝卷，即《香山宝卷》和《金刚经科仪宝卷》，都是清朝刻本。我所藏的《香山宝卷》于乾隆三十八年（1773年）在杭州出版。[6]这个版本是一卷本，有130页；开首是一幅白袍观音的画像，观音为坐姿，两个侍僧随 224
伺两旁。此后是对皇帝的祝愿（“吾皇万岁，万万岁！”）以及一个叫海印的僧人所写的序。序用文言撰写，没有注明日期，赞美佛学大义的广博和深不可测的精妙，永世万代造福众生，佑护众生，赐福众生。

书的正文开首列出编纂者、发行者、修改者和传播者，所有人都注明为僧人。编纂人据称是杭州天竺寺（坐落在当代浙江）

的普明禅师。引言指出普明在宋代崇宁二年（1103 年）写作此书。

宝卷在开篇引言中叙述此书的源起和旨意，然后讲述关于年轻的妙善公主的故事；在经历了长期争斗之后，公主终于得道成佛，发现她自己原来就是观音。故事实际上表达了人们对无所不见、无所不助的千眼千手观音的信仰，说明了这一信仰起源的神话背景。

我在其他地方概述了宝卷所依据的故事，并讨论了可追溯到 12 世纪初年的传闻逸事。[7] 1978 年，杜德桥（Glen Dudbridge）出版了一本名为《妙善传说》（*The Legend of Miao-shan*）的书来讨论这个题目，书中证明，故事虽然到 1100 年才广为人知，但早在 667 年已有人提到。后人对宝卷文本进行了一些修改，但是杜德桥注意到，文本为 1103 年这个日期提供了确凿的外证，所以他得出结论说，“所出现的……是在故事中保持叙事传统的意识”。于是他将《香山宝卷》归入成书于 1500 年以前的文本之列。[8]

就价值观而言，这个故事描写了对孝悌的两种不同理解以及二者之间的冲突，即传统中国式理解和佛教理解，现世理解和超现世理解。妙善公主是妙庄王的第三女，国王没有儿子，所以试图强迫公主结婚成亲，好让他得到女婿和子孙后代。但公主虔信佛法，决心出家为尼；经过苦苦抗争，她最后被处绞刑。但是神明使公主复活，后来她献出自己的眼睛、手臂，和药医治父亲久治不愈的怪病。最终她救护了全家并顿悟自己是观音菩萨的化身。于是，虽然她拒绝服从父母的命令结婚生子，在某种意义上可被视为不孝，但与此同时，对父母的抗拒却成为她本人得道成佛的基本前提，并使她具有可以超度他人的神力。在这本宝卷中，至高无上的行为准则是在阿弥陀佛的净土重生，因而得救。次一等的要务是献身于佛教象征物和教义，勇于坚持宗教理想，同情怜悯、侍奉佛祖和宽恕罪人。在实际生活中，这本宝卷鼓励 225
禁欲、打坐参禅、念诵佛名并持斋把素。或许最为重要但是并未明言的道理是女人在现世生活中也可以得救，她们甚至能够成为最高品阶的宗教领袖。我们将会见到，这个主题在宝卷文学中持续发挥影响。

在罗清使用的宝卷文献中，最重要的是《金刚经科仪宝卷》，他时常引用此书。这本宝卷可能写于宋代。[9]《金刚经科仪宝卷》全书一卷，有三十二分。在三页的序言之后，便开始引用鸠摩罗什翻译的《金刚经》，每次一节。在每段引文之后都有散文解释，称为“白”。此后有一个简短的问题，叫“问”，问题后面的回答是两行对句，七字一句的诗行，叫“答”。《金刚经》译文使用佛教文言，而诠释说明部分则包括很多白话叙述。所以易于理解的是，罗清的大部分引文来自诠释发挥，而不是经文本身。

这本宝卷是禅宗和佛教净土宗教义的混合物，强调通过内心悟到佛陀真性得道成佛。佛陀真性便等同于阿弥陀佛和西方净土；不过有些段落似乎仍将这些概念表述为字面上的空间想象。超越生活空幻不实和转瞬即逝的关键是运用众生皆有的内在潜力，获得佛陀的认知能力，达到合一无二的境界。如此一来，所有人都有获得解脱的机会。

以下引文指出了《金刚经科仪宝卷》的基本教义：

……四大幻身，岂能长久，每日尘劳汩汩，终朝业识茫茫。(130a)

…………

或有错路修行，而不省这意；岂识菩提觉性，个个圆成；争知般若善根，人人是足。莫问大隐小隐，休别在家出家，不拘僧俗，而只要辩心。本无男女，而何须著相？（130b）

…………

226 佛在灵山莫远求，灵山只在汝心头。
人人有个灵山塔……(131a)

…………

问："且道心华发。明在什么处？"
答：……
西方净土人人有，不假修持已现前。
诸上善人如见性，阿弥陀佛便同肩。(132a)

…………

步步头头皆是道，弥陀原不住西方。法身遍满三千界。(133a)

…………

富贵贫贱皆如梦，梦觉来时归去来。（133b）

…………

法无高下，故诸佛心内众生。时时成道，相离我人。故诸众生心内诸佛。念念证真，所以道。念佛不碍参禅，参禅不碍念佛。至于念而无念，参而不参……了达惟心净土。（140a）

…………

家家有路透长安。（140a）

…………

显而易见，由于得救只是在个人心中洞察菩提真性，所以众生都能够直接轻易得救。佛陀真性主要是保持一种超然的态度，从而接受一切，与世无争。既然如此，那么画像和神话中描绘的传统佛陀便仅仅是一种象征，是众人皆有能力达到的境界。这是一种平等的观念；不需要社会地位或教门中的身份，不需要财富或性别来论证自己的与众不同。不需要住进佛寺庙宇禁欲修行，不需要朝拜想象中居住在另一重天地的佛陀，也不需要经过多年的苦行参禅。

罗清以极大的热情将这些学说化为己说，并屡屡重复。发人
深省的是，早期现代教门经文传统的祖师是如此深受这部持平 227

等观念文本的影响，这位俗界领袖便有了量身定制的经文对百姓传道。

在《金刚经科仪宝卷》中，主要的论点是精神自由即为得救；这部教义性文本并不讨论伦理道德。当然，它以佛教道德观念为基础，但是所强调的重点却超出二元论与佛教道德所暗示的行善积德。作为教派宝卷传统的直接文本基础，这类经书将正统佛学适度通俗化，同时极为关注精神救赎。罗清继续了这个方向，但是更注重提出自己的教义立场，他的教义同各种与之竞争的观点截然有别。

/ 宝卷文献的社会情境

对于罗清以后的宝卷文献来说，其产生的直接社会情境是民间教门；本文注释提到我在 1976 年所出版的著作以及文章和论文，这些出版物讨论了民间教门。绝大多数教门成员的名望、财富和文化水平属于中等偏下阶层。他们大多数是俗界信众，不过也有少数僧人。我们已经提到，诸如《香山宝卷》和《金刚经科仪宝卷》这类最早的宝卷由佛教僧人撰写，而且佛僧也编校评说罗清的经文。在对罗教和其他教派的历史叙述中，常常提到有僧人加入，不过我们并不是总能清楚他们的文化程度。[10]

在晚明时，正如泽田瑞穗所强调的，一些教门得到宦官、官吏和官吏妻室的有力支持。这个时期的一些宝卷由朝廷专事承印道教和佛教经文的内经厂精心印刷。但是在清朝，朝廷巩固了自己的统治之后，便对教门进行了更卓有成效的压制，于是它们同有钱有势阶层的联系被斩断了。到 18 世纪和 19 世纪，仅仅是使用自己的经文都会构成罪名，受到监禁和惩罚，于是某些教门被迫转入地下。对宝卷的出版日渐衰落，很多遗留的书籍被没收、焚毁。[11] 韩书瑞的著作充分阐明了这个时期中各个教派存在的社会情境[12]，并指出了教派同宝卷传统的变化关系。泽田瑞穗指出 228
这类书籍的出版量下降。韩书瑞在为本书撰写的一章（第 09 章）中，提到两类教门之间的区别；可能这同宝卷出版量下降有关。部分原因是不容易得到宝卷，而且持有宝卷极其危险，所以“八卦教”不重视经书文本。

这里自然而然便提出关于宝卷读者的问题。这些书为什么人撰写？什么人背诵并传播宝卷？存在回答这类问题的内证，尤其是附在书后的名单，列出为刻印书籍做出捐赠的施主姓名。需要记住的是这个基本事实，即宝卷并非为受过教育的佛僧而写，宝卷的受众是社会各阶层的俗界信众。最初这类书是为了普及佛教经书和佛教勇士的故事。从罗清开始，宝卷用白话撰写。后来的文本中加入了越来越多民间神明、民间主题和歌曲。戏曲中的词语和人物也出现在书中。[13] 宝卷在小群体中宣讲，如在一个教派团体的祭拜仪式上，在妇女群集的房间中，以及在繁忙市场的一隅。所以正如韩书瑞指出的，宝卷的受众包括不识字的百姓。

或许有关宝卷受众的最与众不同的内证，是宝卷不断向“虔诚的男女”直接传道，而且宝卷否认在寻求超度时应该存在性别差异。在罗清的著作中，这一点尤其正确无误，但是后来的教派经文也对“无生老母的儿女们”承诺救赎。重要的是，教派团体将妇女包括在内；她们是教门中不可分割的一部分，在某种程度上，正统佛教也如此认为。

妇女们的响应并不迟缓。历史叙述表明，自从 13 世纪以来，妇女以及妇女平等就出现在民间教派中。到 19 世纪时有些宝卷专为妇女而作，妇女在宣卷中发挥作用。[14] 因此在中国和在欧洲一样，正如基思·托马斯所说，“妇女 [同] 人数不多的会门教派联手结盟”。托马斯写道：

> 妇女似乎在神秘主义和唯灵宗教的历史中发挥了与人数不符的重要作用。从摩尼教（Manichaeans）到韦尔多派（Waldenses），从多纳图派（Donatists）到清洁派（Cathars），几乎所有中世纪教派都引人注目地得到妇女支持；这些教派欢迎妇女，有时女人是这类教派有影响力的保护人，但是更经常……她们是实际上平等的积极成员……妇女们之所以被这些团体或者这类宗教所吸引，原因并不令人惊讶，因为这
> 229 些教派提供精神上的平等，贬低教育的优势，使她们有机会传道甚至执掌在其他地方得不到的神职……
>
> 在那些活跃于内战时期各种教派（即浸礼派 [Baptists]、贵格派 [Quakers] 等 17 世纪英国教派）的妇女之中，同样的因素必定也发挥作用。[15]

这些因素也在中国妇女中发挥作用。我以前讨论过赞助罗教文本的虔诚俗界施主，他们希望通过施舍为众人积累功德。[16] 泽田瑞穗所著的《宝卷研究》（*Hōkan no kenkyū*）一书中，有关于宝卷的传播、刻印和发行的一章，这一章根据一些宝卷后面的施主名单，较为详尽地讨论了相关证据。他最先以《观音灵感真言》为例，这是一首只有 54 字的短诗祈祷词，印于明代弘治年间（1488—1506 年）。共有 14 位施主在 170 年间捐助刻印了数千份祈祷词印单，名列前茅的是一位济南的都察院御史，他为感谢自己的恩主捐赠一千份。其他施主包括虔诚的妇女、一个省按察司官、一个武官和一个宦官。泽田指出，宝卷比这篇短短的祈祷词更长，更难刻印，所以承印人必须依靠有钱的施主；中国佛教典籍的传播自始至终都靠施主捐助。

泽田也讨论了直隶顺天府西大乘教于 1584 年刻印的两部宝卷。印书的费用由一些明朝官员、王公贵族和他们的妻室所捐助，两部书均由蒋建元撰写序言。蒋为定西侯，前军都督府佥书。

泽田也根据其他各类文本为社会上层资助刻印宝卷提供了实例；弘阳教经文也通过与官吏和宦官的联系得以出版。有些官吏同内经厂有联系，所以很可能弘阳教经书也在那里刻印。

泽田然后表明，清朝时严加盘查，教门不再可能同位高权重者保持联系，因此到 18 世纪时，刻印宝卷的资金来自更多不太有钱的施主。他讨论了康熙时期（1662—1722 年）的一个文本，其中列出了直隶河间府的 47 位施主，没有一位是官宦或者财主。其中 15 位是妇道人家。此外，泽田还描述了一部乾隆时期（1736—1795 年）的宝卷，此书在 1909 年时重印，附录中有 56 页列出超过 1 600 名河北和山西施主的姓名。最高金额为 5 个银元，其他可能只有 25 个铜板。

230 自从清代中期以来，很多宝卷归出版善书的书坊印制和重印，通常为了满足“订购”之需，订购者靠分发这类书籍积累功德。泽田和李世瑜都提供了连篇累牍的表格，列出书坊的名称和所在地，这些书坊绝大部分位于中国东部，如上海、杭州、苏州、宁波等。当然，各方教派也继续出版自己的书籍。泽田进一步叙述说在民国时期的上海，大批量重印了超过 200 种宝卷。[17] 所有这些证据当然都支持罗友枝的观点，即在明朝和清朝时人们已经普遍粗通文墨。[18]

因此，宝卷的受众包括官吏、宦官和教派信徒，以及各种各样的平民百姓。或许受众的五花八门在一定程度上解释了宝卷在风格和内容上的差异。例如，《金刚经科仪宝卷》没有明确提到属于任何教派，所以受众可能是佛寺中的信徒，包括僧人和俗界信众，有些人的文化程度足以懂得书中十分抽象的文字。罗清屡屡引用佛学经书，这说明他必定有一个精通佛学的老师；无疑这些引文对罗教信徒中的僧侣也颇具吸引力。以后的教派文本并不以这种方式引用佛经。

以上提到的弘阳教文本中，有对圣徒的颂扬，他们实际上是宫廷中支持这个教派的宦官。然而数种宝卷对妇女倍加关注，这是受众发挥作用的最明确证据。正如泽田所强调的，从一开始妇女就在这些书的刻印和传播中起到不容忽视的作用，直到 19 世纪后期，宣卷人的角色都往往由妇女充当，她们的听众很多也是女人。从 20 世纪初年起，甚至有证据指出，在节庆时她们到妓院中宣讲宝卷。[19] 换言之，似乎到此时为止，妇女们已经在宝卷传统中发挥了举足轻重的作用；正如我们在以下将要见到，她们的作用反映在文本中。在另一方面，到 19 世纪和 20 世纪初叶，有些通过扶乩撰写的书籍由地方官吏和武人刻印发行。由于社会背景的影响，扶乩文本表达保守的儒学行为准则，对女人进行非常传统的训诫。[20] 总而言之，宝卷显然直接受到社会环境的制约；通过研究特定文本同产生和使用它们的教派的历史关系，可以对 231
这个问题进行更详尽的考察。[21]

/ 三类宝卷中体现的价值观：教门宝卷和文学宝卷

本文开头提到四类宝卷，第一类中包括以上所讨论的《金刚经科仪宝卷》这类经书。在本节中，我在后三类中每类挑选一个主要文本进行讨论，第一本是罗清于 1509 年撰写的《破邪显证钥匙卷》。

罗清是个有文化的俗家佛教徒，出生于山东省东端的莱州即墨县，曾经在北京附近的卫所中服役，因为他家是世袭军户。在罗清所写的书籍中，有关他自传的段落告诉我们，他参禅苦修 13 年，最终悟道明心。此后他“要传真经普度群生”，并写作经卷使“众生参破生死轮回之苦，悟得真性，永脱沉沦”。罗清的一些信徒显然是漕运水手，主要通过这些人，他的教义学说传至浙江，从那里遍及全国。我们不知道罗清曾师从何人，也不知道他从何处得到所引用的众多经书，不过根据其著作的内容判断，他的师尊可能是个禅宗僧人。无论如何，后来讲评罗教经书的是临济宗僧人。罗清和弟子们的陈述以及外证指出，罗教是个独立的教门，对教门的自成一体很有自觉，起初同其他民间教门截然不同。但是在 16 世纪后期，其他教门纷至沓来，一些更激进的派别在组织和教义两方面均同罗教融为一体。虽然罗教起初是个佛教民间团体，但在教派运动的历史中它成为重要的“始祖”源头；罗教信仰和经文被后来的其他教门所擅用，往往做出不同的阐释。对于那些希望使用自己撰写的经书传教，并广收信徒的后代
232 教门领袖而言，罗清是个榜样式的人物。部分由于同其他门派结合，罗教在 16 世纪后期被视为邪教，遭到禁止，不过它一直延续到 20 世纪。

罗清或者说罗祖撰写了五本宝卷，因为有一本分成两卷，所以通称“五部六册”。教派信徒们在 16 世纪后期和 17 世纪中期为这些著作写评加注，直到 19 世纪还重印这些文本。我在另外的著作中较为详尽地描述了这些书[22]，并概括了其中一部名为《正信除疑无修证自在宝卷》的教义。[23]

《破邪显证钥匙卷》分成两卷。我藏有两个版本，第一个版本只有正文，由罗文举在 1615 年校对考证。这个版本只有卷一，分成十一品。装帧精美，有圣贤佛陀画像、献诗以及祈求皇帝长寿的祝愿。然后是目录，列出每章的全名，每章都以“破”字打

头，意为“消灭”或是“驳斥”。

卷一的引文部分开头是四句五言诗：“邪法乱混杂，虚空无缝锁。不著钥匙开，生死何处躲?”

接着写道：“利己利他，为出家在家菩萨，破邪显证。”此后有一节向皇王、公臣、各路菩萨和玄奘表示感恩；这里玄奘称为唐僧，他从印度取回经文。在引文结束时写道，如果国王大臣“护佛法”，他们便能“成佛”，并且“功德永无穷”。第一品开首是从《金刚经》和《圆觉经》中所引的散文。在八行散文之后，便开始遵循十言一句的主体诗偈风格，以三言两组、四言一组排列成句。间或夹杂七言对句的段落。其他品按照相同的基本结构，以数行散文开头，后面是十言一句的诗偈韵文。

我的另一个《破邪显证钥匙卷》的版本是加评注的四卷本全本。开头直接便是标题和目录；每章标题后面是解释性颂诗。批判主要针对一种不明白万事皆空、物物同一的观念，却以不同形 233
式将虔心向佛外在化，关注在家或出家这类虚幻不实的区分。所攻击的其他观点包括强调念诵佛号，寻求长生不死或是依赖超自然力量等。第六品批评打坐参禅，并攻击白莲教的政治野心和它所施行的邪法，如“运气”法、强调预言、烧纸成灰，以及崇拜像日、月这样的非佛教神明。这些办法都不能使人得道，从转世轮回中解脱。

《破邪显证钥匙卷》在思想上传承《金刚经科仪宝卷》，重点是超越所有二元观点。罗清几乎逐字逐句地大段抄录这部早年经书，包括有些以上所引用的段落。此外加上从其他书中找到的论证材料，通过本人的诗偈评注串联成书。罗清的撰写风格使他不曾背离所引用的正统佛学典籍。而且和只详述一部经文的《金刚经科仪宝卷》这类早期宝卷全然不同。

《破邪显证钥匙卷》主要强调精神自由和独立，即“自在”（梵文词是Ísvara）。罗清将自在的概念同“纵横”或是“四面八方”加以结合，对他来说这意味着毫无精神阻碍地天马行空，通行无阻。这种自由以每人心中都具有的救赎能力为基础；如果人在自己内心寻找佛心，便可确保超度，超越生死轮回，将所有虚假的障碍和一分为二抛在身后。众生所需要的只是简便易行的“回心”[24]之术；所有其他万事都是使人误入歧途的“有为法”。因此罗清长篇大论地赞美一种消极无为的“无为法”，这使其教派以“无为教”而得名。

罗教教义使所有那些仔细阅读《破邪显证钥匙卷》，从中寻求明确道德训诫的人颇为失望；与此相反，罗清屡屡明确否定应该因循惯例进行伦理道德区分，甚至认为不应区分善恶。对他来说，所有善行和虔诚同得道相比都属等而下之，因为这些行为仍存在于自我/他人的生死轮回二元论范畴。正如罗清通过引用《金刚科仪》断言，

> 《科仪》云：无我无人，众生自成自觉……（卷一，破四生受苦品第二）。应无所住自在人。应无所住现光明……应无所住独为尊……但有住，就便是，生来死路。应无住，断生死，永断轮回……有为法，就便是，生死大路。（卷一，

破览集方便修三十三天诸天品第四）

之所以如此，是因为这些修行法是为了积德避恶，它们仍然 234
关注自我。对于罗清来说，“修善元无功德，作恶亦无罪过”（卷一，破十样仙品第七）。

罗清敢于直抒这种立场的激进含义：

> 也无字，也无妙，纵横自在。颠来倒，倒来颠，自在纵横。好的歹，歹的好，才得自在。白的黑，黑的白，自在纵横……把万法，都扫了，自在纵横。（卷一，破四生受苦品第二）

罗清接受正统佛家学说，认为居住在天上的仙人不论一时如何快乐，都未从生死轮回中得到解脱。传统积功行善理论的中心部分是托生天堂，所以他指出，即使对于至高至尊的仙人来说，转世重生也会不知所终：

> 诸天虽乐，非解脱，十仙报尽复轮回。（卷一，破十样仙品第七）

于是他便否定了约定俗成的伦理观念。

自家光明你不守，天上脱生入黑暗。守着自己光明现，你入生死灭了光。自己真戒无生死，执着受戒入轮回。五戒十善生死路。执着行善入轮回……自己真戒是西方。（卷一，破览集方便修三十三天诸天品第四）

他同样苛责一般的宗教修行，认为它们迷失在感官和形式之中。所以他写道：

可怜修行不知根，生死到来无投奔。（卷一，破览集方便修三十三天诸天品第四）

…………

可怜坐禅好闷昏，无绳自缚酒醉人，拘心自缚不自在，坐到天明一场空。（卷一，破禅定威仪，白莲无想天品第六）

所以为了"修成正果"而坚持苦行、坚持出家、坚持在家、坚持修寺、坚持念经、坚持成佛、坚持礼拜、拜假像……均背离正道，流于外在形式，背离内心得道的初衷，应被破除（卷一，破禅定威仪，白莲无想天品第六）。于是为寻求最终的解脱，伦理纲常被置于从属地位。

235 布施自始便是虔心向佛的表现，但是正如人们从这类经文中所发现的，罗清所否定的传统宗教活动也包括布施。罗清引用

《圆觉经》写道："纯以七宝，积满三千大千世界，以用布施，不及一句妙义。"（卷一，破不论在家出家辟支佛品第一）"一句妙义"指内心是得道成佛的根本。在《破邪显证钥匙卷》中我们还读到：

> 财施轮回非解脱……布施饮食，济一日之命；施珍宝财物，济一世之乏，增益系缚，说法教化，名为法施，能令众生，出世间道……财施者，为愚人所爱；法施者，为智者所爱。（卷一，破览集金刚科仪，布施咸悟菩提，重办重恁，岂识觉性品第八）
>
> …………
>
> 不应住色布施。（卷一，破览集金刚科仪，布施咸悟菩提，重办重恁，岂识觉性品第八）

之所以如此，是因为"真戒是本性"（卷一，破受戒品第九），而且"本性就是真三宝"（佛、法、僧）（卷一，破览集方便修三十三天诸天品第四）。所以罗清提醒读者，

> 自己原是古弥陀。（卷一，破禅定威仪，白莲无想天品第六）
>
> …………

认得自己是天堂。（卷一，破三宝神通品第五）

…………

认得自己诸佛会，诸佛境界在心中。（卷一，破览集方便修三十三天诸天品第四）

罗清于是确信，获得解脱的途径不在于遵守任何外在形式的戒律。对他来说各式各样的日常的虔诚，包括把斋茹素和重印佛经，都是相对的；清规戒律使人“常受持”（卷一，破受戒品第九）。但是这种激进的反唯名论语言并不是为了放纵，而是为了解脱。因此罗清写道：“时人若未明心地，莫执此言乱作，（如果去作）死去定见阎罗，难免濩汤碓磨。”（卷一，破十样仙品第七）

罗教的其他经书训诫人们严格遵守佛家伦理，尤其是斋戒，佛家戒律同儒家有关孝悌和“仁”的道德观念结合。但是即使在
236 这些文献中，佛家和儒学原则显然也基于信仰，这被视为使众生从生死轮回中得到解脱的正途。行为的效力取决于行为的目的；正如我们在《正信宝卷》中读到的“打鱼人，一念心，归家去了。吃斋人，不信佛，还堕沉沦”[25]。

罗清在俗家教派的环境中教诲人们完全依赖个人内心悟道，明心见性；他将宗教和伦理观念内化，使禅宗和净土宗长此以来所推崇的有关个人得道成佛的追求在俗家信众中传播。人们似乎据此理解他对传统虔诚的攻击，结果是罗教门派以信徒虔诚的社区而闻名。在大多数情况下，罗清伦理观中相关的激进含义似乎

没有产生影响；不过我见过两份简短的历史记录，指出有些明朝的无为派团体拒绝偶像崇拜和祭拜祖先。[26] 高延(De Groot)也指出，19 世纪厦门的无为教信众不使用神像。[27]

大乘佛教哲学从一开始就批判传统的虔诚，因为这种思想设想众生可以通过本人的善举而得救。这种设想以自我为中心，只不过用热衷于宗教活动取代热衷于俗世的成功；二者都未得佛学真谛，即达到一种超凡脱俗、无己无私的境界。佛教领袖们长久以来支持传统仪式和伦理教诲；这是一种手段，以便在百姓易于理解的水平上同他们交流。虽然知识分子们认为，在这种水平上的交流应该是过渡性和暂时性的，但在数个世纪之中这实际上成为民间佛教的主流。罗清的贡献在于，他在中国大众文化内部坚持认为，可以不做出妥协而直接寻求彻悟之道——他的信众们能够达到佛教的最高境界。儒学和佛教长久以来声称，众生皆有觉悟成佛的潜质，但是有关如何直接觉悟成佛的讨论通常在精英文人和僧人中进行。罗清的新颖之处是在新的社会情境中 237
宣布这个旧的真理。诸如“认得自己是天堂”这类宣言之所以重要，是因为听他传道的是商人、手工业者和农民。宣言承诺，至少在宗教领域内人们能够掌握自己的命运。按照觉悟成佛的观点，没有敌对的力量威胁自我，人在死亡时从生死轮回和所有病痛中得到永久的解脱，如此一来便解除了因死亡而困扰人们的焦虑和恐惧。

为了说明第三类宝卷，我将讨论《古佛天真考证龙华宝经》所包含的行为准则；此书在 1654 年问世，被泽田瑞穗称为“《妙法莲华经》的异端文本”。[28] 这部《龙华经》是 17 世纪最重要的教派经文之一，以后的经书引用它的词汇和神话主题。由于采用了一种新的神话框架，晚明经书代表宝卷发展中的一个新的创造性阶段。正如我在以前所说，这些经书的信仰体系以无生老母及其子女伏羲和女娲为中心，伏羲和女娲的结合产生了人类。起初人类居住在乐天福地，但是逐渐失宠于上天，所以除了数人之外，全数“散居各地不见踪迹”。这种“堕落”也体现在空间上：人类男女最初的家乡是无生老母在西天的福地，但是现在他们住在“东土”，在生死轮回的“红尘”世界，沉溺于贪婪和欲望，迷失了自己的真性。无生老母怜悯自己的后代子孙，为他们哭泣，派去神仙和观音菩萨解救他们。传递救赎信息的主要工具是宝卷；宝卷提醒男人们和女人们来自何处，并传授祈祷和祭拜技巧，以便他们回归“家乡”。在这种神话背景中，宝卷呼吁那些听到的人相信经中所讲，成为与经书相关教派的信众。为此有些教派举行入会仪式，讲述有关教派创始人的故事，说他们是传达无生老母书信的使者，并保证那些佩戴特有符咒的信徒们死后能进入天堂。

有些经书称未来佛弥勒是无生老母的使者，二者之间的关联使神话具有更直接的社会意义。弥勒佛又同佛教起源中宇宙时间的三段论模式相关；根据这个理论，佛陀布道的法力每况愈下。在教门神话中，“达摩衰落”的最后阶段近在眼前或是已经来临，此时弥勒佛出现，带来对新世界的承诺。在印度正统佛教经书
238 中，弥勒佛的降临同一个统治俗世的皇帝密切相关。有些中国民

间教门将他们的始祖或是领袖同弥勒佛和新皇帝联系起来，借融合强有力的信仰为名，发展壮大。如果现在表示效忠和支持，教门便承诺信众们在新世界中得到安逸、财富和官职。如此一来，不论是在临死时还是在现世生活中，祭拜无生老母都可以为个人和团体带来希望。

所有这些思想都在佛教框架中进行表述，并屡屡使用佛学词汇，但是同早期宝卷思想相比，却发生了重要的位置转换。诸如《香山宝卷》这样的早期经书中也提到中国民间宗教神明，但是就像巴利经书（Pali suttas）中的印度神祇一样，他们的辅助性作用无足轻重。在《香山宝卷》中，佛教概念、佛陀和观音自始至终主宰一切；至高无上的上帝命令众神和动物们在尼姑庵中帮助妙善公主，并化身老人为她指出去香山的路。但是这一切都是为了帮助一个彻头彻尾的佛教人物觉悟成佛。罗教经书中也提到民间宗教的神明，不过他们总是处于从属地位。实际上，罗教经书将为了眼前需要而直接祈求神明谴责为异端。

在明代后期的宝卷中，佛教同民间宗教的关系发生了逆转。在这些经书中，起主宰作用的是民间神明，尤其是无生老母。她命令观音下凡人间，传送她的书信，解救众生；她在昆仑山上的福地乐土同阿弥陀佛的西天净土极其相似；念诵她的咒语“真空家乡无生父母”在很大程度上取代了背诵阿弥陀佛的名字。此外，经文和其他文献中提到来自民间道教的教派活动，如打坐运气、画符和作法。[29]

据我所知，在讨论无生老母神话的经书中，有案可查的最早一本是《皇极金丹九莲正信皈真还乡宝卷》。1981 年夏天我在北京找到一本，是 1523 年刻印的版本（见本书中韩书瑞对此书的评论）。只有以后才能对这本书做详尽研究，就此文而言，《龙华经》更详细叙述了无生老母的神话。

人们认为一个名叫弓长的教派领袖撰写了《龙华经》。弓长据说是古佛天真转世，而天真又是尊贵真武始祖无量寿佛和阿弥
239 陀佛本人的化身。弓长住在今天的河北省中部高阳县草桥关。经过仔细考证，泽田瑞穗断定，弓长在河北石佛口受到大乘教首领王森（卒于 1619 年）的教化，后于 1624 年创立了圆顿教。这两个教门都属于韩书瑞在本书第 09 章所讨论的“诵经派”。此后弓长跋涉各地，布道收徒，所以到 17 世纪 30 年代中期，他的教派门徒甚众。在旅行途中他搜集各种宗教书籍，在这些经书的基础上，他于 1641 年开始为圆顿教撰写经文。他的信徒们完成了这件工作，在 1654 年出版了《龙华经》。泽田认为，这本书的部分内容是根据名为《古佛天真收圆结果龙华宝忏》的一本忏悔仪式文本。此书由一个佛教僧人在 1599 年献给皇帝。[30]

黄育楩（活跃于 1830—1840 年）在其所著《破邪详辩》（1834 年）一书中长篇摘录了这本书，我以前曾讨论过这些节录。这里我的评论是根据泽田瑞穗的日文叙述和翻译，泽田藏有两部《龙华经》，重印于 1917 年和 1929 年。[31]

《龙华经》分成四卷，二十四品。散文夹杂着七言或十言一句的诗偈，还包括神咒，奉请众神佛菩萨净心净口净体，等等。正文前的导言写道，

无生曰："此一部龙华宝卷者，自从混沌初分，无始以来，是天真古佛打开家乡宝藏库，取一部龙华真经，传留后世，找化人天。总收九十六亿皇胎子女，皈家认祖，达本还源，永续长生。"

正文的基本神话框架如上所述。第一品题为"混沌初分"，描述无极天真古佛横空出世，从混沌中分出天地。在混沌初分之前，无天无地，无日无月，无上无下，无东西南北，无春夏秋冬。陡然从迷茫之中，以神奇之法，清浊分判，在五千四十八载之中，聚足先天真气，以后天真炁具足。一尘妄动，炁中生极，
状如卵形；结光成体，聚气成形。从真空中练出一道金光，光中 240
金身乍现，这便是无极天真古佛。一佛出世化化无穷，他能稳置乾坤安立世界。

第一品结束时赋诗一首：

天真古佛分混元，卵中生极化先天。山水相连光皎洁，一炁通流万法章。（混沌初分品第一）

第二品继续创世的故事，讲述"真空"便是"无生"。无生老母生下一子一女，阳和阴。起名叫作李伏羲和张女娲，这便是人类的祖先。

无极天真古佛从太皇天（指弥勒的乐天福地）都斗宫请来无生老母，同来商议，命女娲、伏羲成婚。

阳和阴成婚之后，化身为男人、女人。女人怀养圣胎，产生下96亿皇胎儿女。无生老母命令这无计其数的儿女到东土(地上)去居住:

儿女听母元令，各带随身宝物，身光罩体，来在东土。无心住世，想起父母。各仗元光，行在东土就到西方，行在西方来在东土。忽来忽去，任意作欢。母设权智，引儿女到隐明山，卸光台。令护法把儿女顶上圆光摘去。收下身中五彩，拘了脚下二轮，贬在东土。无生母在家乡吩咐儿女:“来到东土，昼夜行功时时提念。要想父母，即便回程。到家乡灵山，在古佛前摩顶授偈。”(儿女)来在东土，各配婚姻，一个个尽迷在景界红尘，酒色财气障漫真心……翻来覆去直到如今，轮回生死无尽无穷。老母盼望逐日伤心，叫醒元人同到家中。家书一道皇胎知闻，上咐儿女急早回心，龙华三会早来相逢，收补原数九十六亿人。(古佛乾坤品第二)

无生老母招来众佛陀菩萨，要派一人下凡去捎信超度皇儿皇女。
241 天真古佛中选，转世投生为弓长。由于末世不远，末劫年就要来临，其他诸佛菩萨也被派下凡。正如我们在“末劫众生品第十八”中读到的:

老祖忽然一日，禅床静坐，打断呼吸，顿断灵气，里也不出，外也不入。八一三昧禅定，“空身”出现，刹那竟到家乡都斗宫内，朝见无生老母。母问弓长："下方灾劫，你也知否?"

（弓长回说不知。）老母说："下元甲子灾劫到了。辛巳年，饥荒旱涝，又不收成。山东人民人吃人，人人扶墙而死。夫妻不顾，父子分离。来自北直，又遇饥馑而死。"

弓长叩问老母："到几时好过?"（母答）"壬午年，好复能好过。又遇灾劫。劳病年成，山摇地动，黄河水潮淹死人民，蝗虫荒乱，阴雨连绵，房倒屋塌无处安身。遭此末劫灾年，考证人心。这是五百年前，积聚业愆。斯乃自作自受，无由可释也。若到癸未年间，又遭瘟疫流行。"

弓长复问老母："此劫如何解救?"母曰："学好之人逢灾不灾，修因道子遇难不难。"（末劫众生品第十八）

宝卷继续叙述众佛菩萨神明佑护"皇儿皇女"，传授咒语和打坐参禅的手段避开危险。显而易见，只有那些信奉这卷经文的人才能在末世浩劫中幸免。于是《龙华经》不仅承诺在此生救助信众，而且通过回归无生老母的福地乐土，承诺人们死后得救。经文中还提到"龙华五会"，模仿弥勒佛圣会，这是仙佛菩萨和人类的末世相逢。每次相逢时，无生老母的一些儿女回归家乡。

因此，经文所传达的是一种宗教救赎的基本价值观，是用神话语言所描述的死后新生活，还附加免除现世危险的承诺。虽然《龙华经》神话并不遵循正统信仰，但它所传播的伦理道德将传统佛理和儒家原则融为一体。通过历数应该避免的邪恶，在很大程度上以否定的方式讲经传道。如上所述，沉湎于酒、色、财和世俗之事带来灾难，祸患临头的标志之一是家庭成员反目成仇。242 其他要遭天谴的行为还包括知恩不报，抛洒五谷、米面油盐，剪碎绫罗，毁僧谤法，欺神灭像，不孝父母，六亲无情，欺压良善（地水火风品二十二）。当弓长寻求得道成佛时，他“叹世间迷众生贪尘恋宝，行嫉妒争名利障漫真心”（家乡走圣品第四）。

在更积极的意义上，宝卷的伦理道德观通过儒童佛的形象表现出来，这位“满腹经纶的年少真佛”走马传道，是孔圣人转世。在宣扬三教和谐的背景之中，这卷经文如此形容这个饶有兴味的人物：

> 圣人立教，行程走马传道。后有儒童佛出世，乃是圣人化现，走马传道，周游列国。化愚为贤，挨门送信。教化人天。叫醒天下人民。吃斋念佛，改恶向善。
>
> 因为末劫时年，人心奸巧，精灵古怪，诡计百端。概世男女，心不实固，抬头机谋，低头见识，百中无一好心之人。因此恼怒天神，发下三灾八难，折磨众生，还不回头向善。又不知觉醒悟。见今末劫临头，恐怕失了众生的性命。
>
> 因此家乡老古佛心中不忍，亲差儒童佛临凡下世，普化天下人民，把从前恶心改过，才得风调雨顺，国泰民安。单等佛来，得道收补。诸家宗门，好赴龙华大会。把各家祖师收在龙华卷内。（走马传道品第十九）[32]

这一节继续说老君（老子）立教是为了普度仙道，释迦牟尼设教是为了普度僧尼，孔圣人设教是为了普度俗家。孔圣人有贤能弟子 72 人协助，包括子路、颜回、曾子和孟子（按：孟子受业于孔子之孙子思门人，并非孔子的弟子，原书误）。

我们可以看出，这部宝卷含蓄表达的主要价值观是恢复失去的统一，尤其是人类大家庭的统一。所承诺的是共同的乐土和永生之地，在那里此生的苦难不再重现。 243

第四类宝卷的特点是通过复杂的长篇故事说明轮回报应和持斋念佛的行为准则。我收藏了 31 本这类宝卷，均是民国初年重印本。《何仙姑宝卷》开篇是祈求道教众神的咒语，除此之外，所有其他的故事开篇都祷求佛陀和观音菩萨现身，并允诺赐福和长生。所有完整的文本在结尾要么概括故事的道德教训，要么确保在阿弥陀佛的乐土得到超度。有几本的结尾包括上述两种内容。所有文本的撰写方式都是熟悉的体例，散文和诗偈交替使用，诗句押韵，七言一句。虽然这些故事宝卷可能运用教派神话中的词汇，但它们的来源和内容似乎同教派无关；这些书传播的是更广义的道德和虔诚，如前所述，它们由宗教性书坊为营利而出版。

除了 4 本之外的其他所有这些宝卷所讲的故事都涉及通常地位很高的官宦人家或是富商之家。故事背景都是遥远的古代，一般是唐朝、宋朝或是明朝；其中一个故事声称发生在很早的汉朝。在绝大多数情形下将故事人物安排在某个时间地点，不过写作手法十分老套，而且显然是杜撰。这些书中有 17 本开头是基本相同的故事情节，讲一个有钱而且虔心向佛的朝廷命官（或是商人）和夫人应有尽有，但是没有孩子。通过奉献祭品和乐善好施，他们恳求神明和佛祖赐下后代。他们的虔诚终于得到回报，通常已超过生育年龄的夫人神奇怀孕，所产下的婴儿一般为男性，长大成人后不仅聪慧过人而且极为孝顺，日后官居高位，光宗耀祖。另外的一种故事情节是产下一女，女儿削发为尼，在她的引领下，父母最后得到超度。在某些情形下，所产的婴儿实际上是神明或观音菩萨转世。在故事中主人公可能历经磨难，但所有的结局都是皆大欢喜。故事是为了说明善有善报的道理。

在其余 14 个故事中，有 3 个是关于只有一子或一女的家庭为子女娶亲，最初的问题是找到合适的妻子或丈夫。另外 3 个讲述孤儿如何挣扎生存，终获成功，并为家庭延续香火。在其余的主要人物中有一个是 10 岁的孤女，她是富人家的奴婢，另一个是想出家当和尚的老人，再一个是应继承帝位的太子，因为敌对妃子的儿子抢了理应属于他的位置，他四处躲藏。所以在 31 个故事中，有 26 个是关于家庭生活和维护家庭。女性主角虽然是少数，但不容忽视。

这些故事所表达的伦理观可以通过两本宝卷中的片段进行解
244 释。首先来看《金不换宝卷》中的闭卷结语和一首“十劝人”歌。故事中“金家夫妻年近半百，富豪门第却膝下无子。年年祭祖求神灵，逢庙烧香念佛经；……天公不负良善人，赐下一子续家门。金家夫妻年过半百喜得贵子”。

此后列出对 10 种人的道德劝诫，每种人用故事中的一个人物加以解释。

第一劝来当官人，做官本是为百姓，切勿贪赃来枉法。善恶早晚要分明。

第二劝来有钱人，乐善好施济穷苦，头上三尺有神明（看着你的所作所为）。

第三劝来读书人，书中自有黄金屋，勤学苦读勿患贫；十年寒窗不偷闲，金榜题名迎喜讯。

第四劝来生意人，秤平斗满，买卖要公平；心平气和做生意，招财进宝生意兴。

第五劝来年轻人，敬父母孝双亲，孝子孝女好名声，事迹功德载《孝经》。

第六劝来老年人，娇小子女都心疼，养勿教来父母过，过分溺爱害子孙。

第七劝来少妇人，三从四德记心头，孝顺公婆敬双亲；丈夫不正好言劝，要学贤妻博好名。

第八劝来未嫁女，恭敬父母，勤读《女孝经》，勤工女红，安守家中勿出门。

第九劝来浪荡人，妓院赌场切切勿能进，败光家产害仔爷娘害妻房，脚底淌浓末要丧性命。

第十劝来出门人，走一步来看一步，步步踏实脚跟稳；求财求利求名望，惹来灾祸一场空。

《兰英宝卷》第一页还列出了带来好报的各种善行义举。归纳为：

> 刊印善书劝众缘，收惜字纸敬五谷，修桥铺路造渡船；
> 245 斋僧布施修庙宇，见有贫苦分银钱；春来买物将生放，夏施
> 凉茶送蚊烟；秋来焰口孤魂济，冬舍棉衣结善缘；持斋把素
> 勤念佛，一心思想作佛仙。[33]

贝琳为本书所撰写的一章（第 07 章）中，也讨论了类似的价值观。在宝卷中，传统的中国价值观和民间佛学伦理融为一体，所以救助活人和死者不仅表现出对他人的同情，而且施主也能够积累功德。绝大多数训诫不言自明，不过或许应该指出，放生是古老的佛教习俗，表现出不杀生、非暴力的含义，为人带来好报。在炼狱中煎熬的孤魂得不到活着亲人的关照，所以为他们举行的仪式体现慈悲为怀，解除他们的痛苦，从而使他们不打扰活人。当然，持斋把素自始就是佛教徒的理想，象征着和平处世，标志着献身，而且是积累功德的手段。佛学中道德因果的意识使合乎道德的行为具有连贯性和方向性，因此对施主和受惠者双方都有利。这种对价值观的融会贯通无疑使宝卷具有一种更普遍的吸引力。

我选择《绘图刘香宝卷》作为这类故事宝卷的样本，此书全名为《太华山紫金镇两世修行刘香宝卷全集》，两卷本，1930 年在上海重印。周作人提到一个 1870 年的刻本，雕版保存在上海

城隍庙。[34] 他的概述和摘录的引文同 1930 年版一致。关于这部宝卷，李世瑜列出 21 个版本，出版日期从 1774 年至 1930 年或更晚；除了第一版，所有各版都印于 19 世纪和 20 世纪。[35] 依杜德桥之见，《刘香宝卷》属于“一整类 [探讨] 虔诚的女人过一种同俗世命定格格不入的生活的宝卷故事”，他以“独身生活宪章”(“A chartor for celibacy” ）为题讨论了这部宝卷。他认为，这类书籍同那些“尤其致力于追求独身和斋戒生活女人的生计福利”的小团体密切相关 [36]，对此我会在以下更详尽地讨论。杜德桥教授也认为，这部宝卷的女主人公刘香女继承了妙善公主的故事所开创 246
的传统，在本文开头部分我们介绍了这个故事。所以虽然《刘香宝卷》肯定代表在 19 世纪才广为流行的文学宝卷，但它取材于一个更早的传统，可能同妇女组成的教派团体有关。

故事在开头就承诺听到宣卷的人会得到赐福：“《刘香宝卷》初展开，诸佛菩萨降临来。善男信女全诚听，增福延寿免消灾。”

以下便是故事的正文：

> 恭闻《刘香宝卷》，出在大宋真宗（998—1023 年在位）（按：宋真宗于 997 年继位，次年改元，1022 年去世，原书误）绍元年间。[37] 山东太华山紫金镇上，有一人姓刘名光，一生正直，心性公平。他的祖上，向来斋僧布施忠厚种善人家。近来刘光家中清淡，就……开了一片杀猪卖酒的饭店，做的都是造罪孽的生意。

> 刘光妻室徐氏安人，宽宏大量，贤德慈心。夫妻俩个，十分和爱。(但是）年近四十，并无儿女。幸喜徐氏，福星照临，身怀胎孕，光阴迅速，不觉已是十个月满足。
>
> 将临分娩之时，只见祥云万道，瑞气千条，异香满室，空中鼓乐笙歌，远近皆闻，生下一个女子……此女生得，面如满月，相貌端严。夫妻俩个，十分欢喜，就取名为香女。
>
> …………
>
> 香女到了六七岁时，就晓得持斋把素，孝顺爹娘，爹娘爱惜如珍似宝。光阴迅速，渐渐长成，年方十岁，志量宽宏，谦和仁孝，不贪不爱，慈心念佛。
>
> 近处有一女庵，名唤福田庵。庵内有一位老尼师，法号真空，每日打坐参禅，修心悟道，每逢初一月半之日，讲谈佛法因果，劝化世间男女人等。往来甚多，个个称赞，人人敬服。
>
> 247 一日间，香女坐在店中，只见男女纷纷，手捧香烛而往。就问爹娘："这老公公老婆婆，不知往哪里去的?"刘光说："这都往福田庵里，听老尼师讲佛法因果去的。"(卷一)

香女劝动母亲带她去尼庵听传经讲佛，在那里老尼师讲谈佛家因果，教人善恶报应，解脱得道，还有身为女人的百般之苦。听得香女心中悲切，回到家中便劝说父亲虔心向佛，将肉铺收起，开了一间素面饭店。新饭店生意倒也热闹。光阴似箭，转瞬香女已满 15 岁。

话说紫金镇上有个有钱有势的员外名叫马忻，生了 3 个儿子。马忻不信佛祖，爱杀生命。一日间马忻同儿子们去山中打猎，回来路过到刘光的饭店吃饭。马忻见香女貌美，遂要刘光将她许配给自己的第三子马玉。刘光不加思量，点头应承。

约莫一年之后，马忻派媒婆去刘家订立婚约。但是香女拒收聘礼，要马玉亲自上门。当马玉来时，她说如果他同意遵守 10 个条件（见下文），便好成亲。马玉本心良善，当下应允。

此后不久，香女的父母双双因病归天。守孝数日之后，她同马玉成亲。但是自她入马家门之后就麻烦不断：她的两个妯娌妒忌众人喜欢香女，不断在婆婆面前对她谗言诽谤，婆婆恼怒，但隐忍不发。

一日香女问丈夫终日作何事业，他说为准备科举考试，在家只管攻书；听闻此话，香女对他严词责备。她说："要读书何用？只要你学道，禄在其中矣……一世为官万世仇，冤冤相报几时休。奴奴指你西方路，奉劝夫君趁早修，趁早修。"（卷一）

两位妯娌将香女的话告到婆婆那里，马母怒火中烧，命令儿子搬到学中去住，不再同媳妇见面。马玉伤心地辞别妻子，香女说他应该遵从母亲的命令，自己心想，丈夫在学中读书，妻子在家中念佛，这也无甚不妥。

马玉走后，马母将香女叫出房来，辱骂一场，命令她此后到厨房劳作。香女拒绝烹调猎杀的野味，所以马母便命她烧火，香女一边烧火，一边口唱佛曲（宝卷录出了她所唱的佛曲）。

因为香女唱佛曲教化家中仆佣，马母有两次把她打昏在地。后来她被送到家族坟园种菜，又因保护一只被马金、马银兄弟追杀的白兔，被二人暴打。后来香女被打发去坟庄，和为家族看管
248 墓地的坟公坟婆同住。但是如此一来，香女影响、教化了更多人。坟公坟婆很快拜香女为师，一心要修成正果，以前一个厨房佣人也被香女感化，因此参禅拜佛。

与此同时马玉勤奋攻书，先后中了秀才和举人。每次回到家中，却不得同香女见面。最后他在京中殿试，高中状元，被任命为广东潮州府太守。

马家得报，十分欢喜，但是马金、马银的妻子却愁上心头，现在香女成了诰命夫人，地位在她们之上。所以她们诬告香女在外与人通奸。于是香女又遭婆母殴打，婆母还将她的头发剪落，逐出家门。香女日间乞讨度日，夜间宿在古庙，但是仍然口诵佛名，向身边的人讲佛传道。很快就有很多人皈依佛门，成为她的信徒；书中详细描述了几个例子。她甚至感化了两个企图在破庙中对她图谋不轨的流氓，两人洗心革面，念佛修行。总而言之，香女成了一个很有魅力的宗教领袖。

马玉回到家中，从一个忠心的丫鬟那里发现了所有实情，他急忙跑去坟庄找妻子。但是在情急之中撞到柱上失去知觉，全家见儿子这般光景，急忙出去寻找香女。马玉的一个哥哥在草庵中找到香女，领她到坟庄去同众人相见。虽然状元夫君力促她同回家中，她却执意不肯，回到庵中。于是马母坚持马玉另外讨妾以圆脸面。马玉不敢违拗父母，只得勉强同一个富家女成亲。到广东

赴任之前，带二夫人金枝去向香女辞行。香女祝福金枝，劝告马玉做个仁慈公正的清官，并说等他们返回家中，三人一同修道念佛。

此后不久，紫金镇上的马家为马母祝寿，在寿宴上因为贪食捕到的大团鱼而阖家中毒身亡，这是天庭玉帝对马家的惩罚。香女闻得报信，速即回家，写书信报与马玉。与此同时，马玉在潮州突然人事不省，魂魄游到地狱阴司，见到他全家哭哭啼啼，疼痛难耐，后悔不听香女劝告。他们求告他："儿吓，快快求你妻子超度我们。"

两日之后，当马玉醒来时，恰见家信，告知阖家十二口吃毒物丧生。马玉同二夫人急速赶回山东，求告香女超度全家出阴司地府。马玉同香女金枝一同参禅悟道，香女登座说法，"那些绅乡士女，僧尼道俗"共来听者，不知其数。

我的宝卷到此为止，但是泽田瑞穗的概括指出在故事结尾，因香女虔诚，遂将马家悉数救出地狱阴司。后来她和马玉以及金枝同去西天极乐世界。他们得到阿弥陀佛的祝福，预祝他们得道 249
成仙。[38]

《刘香宝卷》中直言不讳地宣讲虔诚的俗家佛学，老尼师的讲经说法和香女所提出的 10 个成婚条件对此进行了概括。

老尼师讲的是佛法因果，善有善报、恶有恶报的道德信条：

> 要知前世事，今世受者是。要知后世事，今生作者是。为人在世修因而后得果。如若不肯持斋把素、看经念佛，不敬天地神佛，奸盗诈伪，杀生害名，偷骗财物，打僧骂道，

欺压善良，造尽十恶忤逆滔天之罪，命终之后，魂灵解到阴司，落了油锅地狱、雪山地狱、刀山地狱、锯解地狱、活钉地狱、碓捣地狱、石压地狱、抽肠剜肺地狱、拔舌犁耕地狱，在地狱中受了百千万劫的痛苦。

受罪满足，然后转生人世，有变牛马六畜者，有眼目手脚不全者，有饥寒冻饿者，有百病痛苦者，有遭官刑五伤者，都是前生作恶之报。

若前世为人，敬重佛、法、僧三宝，装佛贴金，修桥补路，斋僧布施，周济贫穷，戒杀放生，持斋把素，看经念佛，下世得清福报、成佛作祖，得洪福报、为官为相、富贵荣华、堆金积玉、儿孙仁孝、福禄遂心、万事如意，这都是前生积善之报。（卷一）

香女在马玉求亲时提出的10个条件是:

第一件，劝念佛，敬重三宝。
第二件，孝双亲，和睦乡邻。
第三件，休打猎，莫杀生命。
第四件，不贪小，害众欺人。
第五件，切不可，贪淫好色。
第六件，勿虚言，诓骗他人。
第七件，莫暴躁，忍气和平。
第八件，不贪杯，戒酒除荤。

第九件，发慈心，放生行善。

第十件，救穷苦，周济贫民。（卷一）

这些行为准则在书中屡屡重复。虽然《刘香宝卷》仍然重视最终的得救，但同以教义和神话为中心内容的明代教派宝卷相比，此书很关注详尽的伦理训谕。这本宝卷是传播更一般化的佛学虔诚的工具，对孝悌极为重视。贯穿始终的信条是，报答父母的最佳方式是使他们得到超度。 250

有关“为什么宣讲这些价值观?”“它们意味着什么?”这样的问题当然直接涉及佛教在中国文化中所起的作用，是个更广泛的主题，已经超出本文的范围。表达很多这类行为准则的佛经译本在2世纪中期初次问世，所以在这些宝卷成文时，中国人对这些原则耳濡目染已有1 700年之久；要成为佛教徒，这些是众人认可的条件。把斋持素、不贪淫好色、不打猎杀生是为了使人不耽于声色口腹之乐。这些欲望所导致的行为会不可避免地造成反应和影响，不仅波及此生，而且持续到来世；我们目前的所作所为局限了将来的生活质量。这些训诫的最终目标是准备达到一种完全无牵无挂、无欲无望的境界。当心智处于如此状态，行为便不再造成影响或是留下痕迹，于是当死亡来临时，便从转世轮回中得到解脱，进入涅槃中那种无法言传的境界。可是为了得道成佛可能需要转世投生很多次；与此同时，符合伦理规范的生活使人得到“善果”，确保死后速速通过地狱阴司，在转世投生时平顺快乐。

宝卷是虔心信佛的人为信仰相同的受众所写，所以支持这些道德观念。不过不言而喻的是，撰写、刻印和传播这些书也是行善积德之举，因此宝卷的广泛传播并不仅仅在于它们所宣讲的教义。

虽然《刘香宝卷》直言不讳地支持传统伦理观念，但书中含蓄表达的主要行为准则并非如此。在总体上，这部宝卷推崇妇女的勇气、自由和得救。同妙善公主一样，香女是个顶天立地的宗教女英雄，有足够的力量说服众生，劝告众生。她坚定不移地抗辩比她地位高的人，最终使大家对她信服。她承受了最恶毒的羞辱和惨不忍睹的殴打，但是永远宅心仁厚。她违反社会习俗，坚持不通过媒人说定自己的订婚条件。她反对最根深蒂固的传统观念，不愿丈夫通过科举考试入朝做官。当她最终被夫家逐出家门，她创立了自己的事业，成为宣教者和宗教领袖。最终她成功了，所有其他人都要靠她超度才逃出阴曹地府。

251 从社会观点来看，或许最重要的是香女从未有过正常的婚姻。这本书并没有说在他们短暂的婚姻生活中他们没有同房，但是此后她一直独身一人。她认为最重要的是参禅打坐，而不是性和子女。因此这个故事虽然含蓄不明，但是强烈抵制婚姻以及婚姻所要求女人承受的劳苦和服从。老尼师的宣道已经非常清楚地讲明了这一点，其中长篇大论地讨论妇人在怀孕和生产时所遭受的疼痛、危险，以及一个妇人必须忍受的其他困苦。确实，上述种种都是孝顺自己母亲的理由，而且女人尤其需要虔心向佛，以便来世托生成为男人。但是宣道中包含强烈的怨恨情绪，虽未明言但是相去不远的含义是，最好根本不要结婚，就像老尼师自己一样。

尼师说，当男孩出生时，母亲欢喜，邻里庆贺，诸亲六眷高兴，爹娘爱惜如珍宝。长大后他读书识字，可能会发达、成名、闻名天下。他出门在外时前呼后拥，他回转家门后妻子勤勉侍奉。丈夫成名得志便是光宗耀祖。

但是在女孩出生时，所有人嫌憎她，阖家老小无一欢喜。“嫌我女子累娘身，背娘之心冷如冰。养成女子方得力，抛撇爹娘嫁别人。”（卷一）

> 生男育女秽天地，血裙秽洗犯河神。……若还堂上公婆好，周年半载见娘亲。如若不中公婆意，娘家不得转回程。思想爹娘心中苦，几时能报父母恩。任你千方并百计，女体原来服侍人。这是前生罪孽重……（卷一）
>
> …………
>
> 嫁了丈夫，一世被他拘管，百般苦乐，由他做主。既成夫妇，必有生育之苦，难免血水，触犯三光之罪。我贫尼就将女人生男育女之苦，再细说一番。（卷一）

随后尼师细数十种因前世罪孽所造成的各式生儿育女之苦，包括手脚先出，婴儿同母亲脐带纠缠一起，胎死娘腹，等等。此后又重弹经血和生产血污触犯神明的论调。尼师接着说道： 252

我今讲的临盆生产之苦。还有十月怀胎、三年乳哺之苦。生出之后，移干换湿，日夜辛勤。所谓父母，爱子之心，无所不至矣！

然后老尼师便宣讲《怀胎宝卷》，逐月细说怀孕的疼痛和焦虑，从亲历者的角度讲述；这使人怀疑是否这部宝卷的作者是女人。开篇说道：

娘受怀胎一月初，未知腹内事如何。惟恐自身生病疾，半忧半喜怕身粗。

然后讲述怀孕时的种种不适，包括日夜不眠，四肢无力，不思茶饭，懒于梳妆。

娘受怀胎五月余，孩儿腹内便蹊跷。……一双绣鞋穿不得，脚虚浮肿步难移。……生下孩儿方欢喜，甘甜吐与娇儿吃，干燥席上放儿眠。屎衣屎布浇水洗，腊月寒天苦万千。但愿吾儿无病痛，自身愿吃黄连苦。……一日吃娘三合乳，三日吃娘九合浆。娘吃不是长江水，不是山林树木浆。（卷一）

根据所述种种，尼师得出的明确结论是，为了回报父母所经历的艰难辛苦，孩儿唯有持斋念佛，“报亲但愿度西方”（卷一）。

但是似乎顺理成章的是，这类书籍会使有些女人对婚姻本身提出质疑。正如玛乔里·托普莱（Marjorie Topley）在《广东乡村地区的抗婚》（“Marriage Resistance in Rural Kwangtung”）一文中所写，

> “宝卷”明确地对妇女宣讲，书中包括女杰的生平传记……在我的访谈者中，很多人有“宝卷”……这些书还强调，拒绝结婚并不是道德污点……

那些住在“女儿屋”或是加入“鼓吹男女平等”的宗教团体的女人阅读这类书籍；她们中的绝大多数从事缫丝业，因而可以自给自足。[39] 所以，存在使《刘香宝卷》言之成理的特殊社会环境， 253
也存在自愿的宗教组织，未婚妇女在这类组织中发挥重要的或是主导性的作用。似乎有理由认为，《刘香宝卷》同一个这类团体有关，但是我尚未找到提到这一点的文献。

/ 结论性评论

总的来说，宝卷文学中包含一种令人好奇的二元论行为准则。最早的文本主要强调通过宗教得到超度，传统的伦理训诫只具有第二位重要性，甚至无足轻重。书中并未明言的是，信徒是否只需要一般性虔心向佛，或是为了明心见性而需要超出这个界限。

自从明代后期以来，宝卷所表达的价值观一分为二，一边是清晰表达的传统观念，另一边是隐晦不明的反正统思想。《龙华经》中暗含不露的主要观念是教派神话的整体结构、忠诚和组织；并不强调一般的伦理教义。19世纪的宝卷远为详尽地阐述伦理原则，但是这些原则与为追求明心见胜而摆脱社会束缚之间存在冲突。此外，某些宝卷对妇女倾注了设身处地的同情，这成为书中隐含不露的有力主题。

换言之，这是一种包含儒学和佛学的二元论，其中佛学为异端思想提供理论支持。《破邪宝卷》基本上是通俗化的大乘佛教空宗理论，并不支持儒学伦理的实证主义。这本经文中的伦理学说极为激进，主张相对主义理论；是一种主要教人得道成佛的思想，同社会改革无甚关系。

《龙华经》神话是道家和佛教主题的结合，对儒学原则只是稍微提及。在提到孔子时，将他描述为一个民间的佛教传道僧人。《刘香宝卷》以佛教的独特方式鼓吹孝悌，但也表达了富于抗辩的强力一击。因为民间儒学将行孝解释为百依百顺，所以在书中，佛教强调对孝悌古已有之的伦理学批判。我们已经讨论了香女所表现的强烈佛教倾向和生活方式，正统儒生无法赞同她的大部分举动。

从这个立场来看，民间佛教继续提供一种另类观点，教派团体和悠久的文本传统使这些观点得以制度化。但是在19世纪以扶乩方式写作的书籍中，除了那些延续无生老母神话的文本，残留的冲突已所剩无几。虽然一些佛教影响仍清晰可辨，但自始以来，绝大部分扶乱著作都重复民间儒家道德。

明清宝卷的作者和受众是粗通文墨的中等阶层，既不是文人 254
墨客，也不是目不识丁的劳苦大众。对于我们了解这个文化阶层的观点和行为准则来说，宝卷是重要的资料。此外，对于那些经历了历史晚期动乱年代的中国民众来说，这些书籍证实了他们的宗教虔诚和道德诚恳。当这段历史终结时，有些人仍坚守昔日的行为准则，不过以新的方式表达出来。

注释

1. 有关这些著作的教派背景的描述，见我最近的文章，“Alternatives：Popular Religious Sects in Chinese Society”，*Modern China* 7.2：153-190（April 1981）。亦可参阅我所著的 *Folk Buddhist Religion*：*Dissenting Sects in Late Traditional China*（Cambridge，Mass.：Harvard University Press，1976）一书。
2. Max Kaltenmark，“The Ideology of the *T'ai-p'ing ching*”，in *Facets of Taoism*：*Essays in Chinese Religion*，eds. Holmes Welch and Anna Seidel（New Haven：Yale University Press，1979），pp. 19-52.
3. Anna K. Seidel，“The Image of the Perfect Ruler in Early Taoist Messianism：Lao-tzu and Li Hung”，*History of Religions* 9.2-3：216-247（November 1969/February 1970）.
4. Samuel. N. C. Lieu，*The Religion of Light*：*An Introduction to the History of Manichaeism in China*（Hong Kong：Centre of Asian Studies，University of Hong Kong，1979），pp. 29-30. 在最近的研究中，E. Zürcher

描述了 6 世纪的佛教经文，它们显然是由中国人撰写的。经文中提到世界末日临近，同晚明的宝卷十分相似。一卷经文抨击僧侣，声称在 8 类将要得救的人中，他们会名列最末。虽然不清楚这些书籍的社会来源，但 Zürcher 仍有足够的证据说“我们所讨论的信仰和运动，一是主要属于俗家佛教，二是属于地方性活动”。见 E. Zürcher，“Prince Moonlight：Messianism and Eschatology in Early Medieval Chinese Buddhism”，*T'oung Pao* LXVIII，1-3（1982），pp. 39-44，47。因此可能以俗家信众为主的佛教团体自 6 世纪起开始写作经文。

5. Overmyer，“Alternatives.”
6. 这本书的初版由吉岡義豐（Yoshioka Yoshitoyo）收藏，他在自己和 Michel Soymie 所编的《道教研究》vol. 4（東京：辺境社，1971）中刊入了此书。所给的标题是《观世音菩萨本行经》。清朝的版本记录将此书称为《香山宝卷》。吉岡列出了清朝和民国初期所印的 12 个版本（pp. 118-119），李世瑜在他所著《宝卷综录》（北京：中华书局，1961）56~57 页中列出了 10 个版本，21 次重印，包括 6 个手抄本，其年份均在 1850 年至 1934 年之间。吉岡所列的所有文本都称为“经”，开首为“观音”或是“观世音”，但是给出《香山宝卷》作为替换名称。在《宝卷综录》中，除了两个之外，其他所有文本的标题中都有“香山”字样，最常出现的重印的标题是“大乘法宝香山宝卷”。
7. Daniel L. Overmyer，“Pao-chüan：Types and Transformations”（未发表论文，1978），pp. 7-14.
8. Glen Dudbridge，*The Legend of Misao-shan*，（London：Ithaca Press，1978），pp. 10-50.
9. 在由一个叫作建基的僧人所编的《续藏经》129：129b，144 中，有这本经书的 1835 年版。《金刚经科仪宝卷》的作者似乎是一个名叫宗镜的僧人，引文部分提到了他的名字。澤田瑞穗在其著作《增補宝卷の研究》（東京：国書刊行会，1975）101~102 页中，讨论了此书的一个明代版本，作者为宋代的宗镜。我无法确定宗镜的生辰年月。“科仪”一词在这里指的是对经文的详述和解释。

10. Overmyer，*Folk Buddhist Religion*，pp. 113-115，162-176；Daniel L. Overmyer，“Boatmen and Buddhas： The Lo chiao in Ming Dynasty China”，*History of Religions* 17.3-4：284-288（February/May 1978）；Overmyer，“Pao-chüan”，pp. 15-21.
11. 澤田，《增補宝卷》，35~38 页。
12. Susan Naquin，*Millenarian Rebellion in China*：*The Eight Trigrams Uprising of 1813*（New Haven： Yale University Press，1976），pp. 31-49。参阅本书中 Naquin 教授所著的文章。
13. Overmyer，*Folk Buddhist Religion*，pp. 182-183；澤田，《增補宝卷》，50~51 页。
14. Overmyer，“Alternatives”；Overmyer，“Pao-chüan”，pp.31-38；澤田，《增補宝卷》，65~66 页，81~85 页。
15. Keith Thomas，“Women and the Civil War Sects”，*Past and Present* 13：42-62（April 1958）.
16. Overmyer，*Folk Buddhist Religion*，pp. 115-116.
17. 澤田，《增補宝卷》，70~80 页；李世瑜：《宝卷综录》，“序例”，10~13 页。
18. Evelyn S. Rawski，*Education and Popular Literacy in Ch'ing China*（Ann Arbor： University of Michigan Press，1979）. 参阅本书中她的文章。
19. 澤田，《增補宝卷》，85~86 页。
20. 有关对扶乩文本及其价值体系的讨论，见 David K. Jordan 和 Daniel L. Overmyer，*The Flying Phoenix*：*Aspects of Chinese Sectarianism in Taiwan*（Princeton，N. J.： Princeton University Press，1985）。
21. 然而宝卷中女性主角的相对重要性可能也同早期中国文学中，尤其是元杂剧中的女性角色有关。在几部元曲中，尤其是关汉卿的剧作中，妇女发挥了最饶有兴味而且最重要的作用，是展示道德勇气的典范。有关这个题目，可参考 Liu Jung-en（刘荣恩）所译 *Six Yuan Plays*（Harmondsworth，Eng.： Penguin，1972）中的“Injustice Done to Tou Ngo”（《窦娥冤》），以及杨宪益（Yang Hsien-yi）、戴乃迭（Gladys Yang）所译 *Selected Plays of Kuan Han-ching*《关汉卿杂剧选》（北京：外文出版社，1958）中的其他剧目。参阅王实甫《西厢记》，T. C. Lai 和 Ed Gamarekian 译，译名为 *The Romance of the Western Chamber*（Hong Kong： Heinemann Educational Books [Asia]，1973）。我十分感谢不列颠哥伦比亚大学亚洲研究系的研究生 Jennifer Parkinson 提供的有关资料。

22. Overmyer，“Pao-chüan”，pp. 15-24. 亦见 Richard Hon-chun Shek，“Religion and Society in Late Ming： Sectarianism and Popular Thought in Sixteenth and Seventeenth Century China”（Ph.D. diss. University of California，Berkeley，1980），pp.155-251。

23. Overmyer，“Pao-chüan”，pp. 20-24；Overmyer，“Boatmen and Buddhas”，pp. 285-287；Overmyer，*Folk Buddhist Religion*，pp. 114-129，232.

24. “回心”有一个意思是“忏悔”，但是在这里罗清所说的是心智回复真实的自然。

25. Overmyer，“Pao-chüan”，p. 23.

26. 第一份文献是范濂的叙述，载于他所作《云门据目抄》（按：当为《云间据目抄》，原书误），其序言写于 1592 年，卷二 7a 页见《笔记小说大观》（台北：新兴书局，1962）第一编，1272 页。“无为教者，并佛像香供而废之。父母之丧，不作祭享。”第二份记载来自朱国祯（1557—1632 年）所作《涌幢小品》，其序言写于 1619 年，卷三十二 13 页见《笔记小说大观》第二编，2120 页。朱讨论了一个福建教派领袖“号曰无为”，此人“令人尽卖其产业以供众”，曰：“乱且至。彼蚩蚩业者，皆汝业也。禁人祀祖先神祇，以预绝其心，惟祀教主。”

27. J. J. de Groot，*Sectarianism and Religious Persecution in China*（Amsterdam：Johannes Muller，1903），vol.1，pp. 183-185.

28. 澤田瑞穗,《校注破邪詳辯》(東京：道教刊行会，1972)，164 页。

29. Overmyer，"Pao-chüan"，pp. 26-27.

30. 澤田,《增補宝卷》，192~212 页。

31. Overmyer，*Folk Buddhist Religion*，pp. 135-138；澤田,《增補宝卷》，164~218 页。

32. 将孔子说成游方传道的佛僧并不是教门文学的发明。叶廷珪在他所编的《海录碎事》(序言作于 1149 年）中，引用《清净法行经》时提到了儒童菩萨，这部中国佛教文本现已遗失。这个段落说佛陀派三个弟子去中国传教，第一位是儒童菩萨，又名孔丘，第二位是颜回（历史上孔子的弟子），第三位是老子。书中没有提到《清净经》的写作日期，不过在 12 世纪时本书显然已经存在。这段文字载于卷十三上，引自台北于 1969 年重印的 1598 年版《海录碎事》第三册，1770~1771 页。

33. Overmyer,"Pao-chüan", pp.32-34.(按：译者找到了两部名为《金不换》的宝卷，但是同文中所引故事不符，结果在一篇名为《金不换》的长篇吴歌中，查到了 Overmyer 文中所引的大部分内容。参见《金不换》，见无锡县民间文学《三套集成》办公室编:《中国民间文学集成：无锡县长篇叙事吴歌集》[内部使用，1987]。据悉这个故事在 1949 年以前曾出版宝卷，可能后来在国内没有再版。)

34. 周作人:《瓜豆集》, 45 页，九龙，实用书局，1969(据 1937 年版影印)。

35. 李世瑜:《宝卷综录》，27~28 页。

36. Dudbridge，*Misao-shan*，pp. 85-89. 在佛教中，禁欲象征着一种高度的献身，使信徒从声色之欲中得到解脱，不再被束缚于转世轮回。

37. 宋朝并没有绍元年号，所以这个日期可能是错误的，也可能是故意杜撰的。

38. 澤田,《增補宝卷》，156 页。

39. Marjorie Topley，“Marriage Resistance in Rural Kwangtung”，in *Women in Chinese Society*，eds. Margery Wolf and Roxane Witke（Stanford：Stanford University Press，1975），pp. 71-76. Topley 博士有关这类团体和类似组织的其他讨论见她所著“Chinese Women's Vegetarian Houses in Singapore”，*Journal of the Malayan Branch of the Royal Asiatic Society* 27.1：51-67（1954）；Topley，“The Great Way of Former Heaven：A Group of Chinese Secret Religious Sects”，*Bulletin of the School of Oriental and African Studies*，26.2：362-392（June 1963）；以及 Topley and James Hayes，“Notes on some Vegetarian Halls in Hong Kong Belonging to the Sect of the Hsien-t' en tao：The Way of Former Heaven”，*Journal of the Hong Kong Branch of the Royal Asiatic Society*，8：135-148（1968）。

第 09 章

/ 中华帝国晚期白莲教的传衍*

韩书瑞（Susan Naquin）

/ 白莲教的历史

16 世纪时一个新教门已然出现在中国，这是民间佛教和道教悠久传统的旁支别系。虽然朝廷给它贴上邪教的标签，但是在以后的 4 个世纪中，这个教派不仅生存下来，而且日益流行。 255

---

* 我对“明清大众文化中的价值体系及其交流传播大会”（the Conference on Values and Communication in Ming-Ching Popular Culture）的与会者，尤其对会议组织者表示感谢，我感谢他们的评论和批评。我也感谢台北故宫博物院清代档案馆和北京明清档案馆馆长们的大力协助。
注释中为每个文献所给出的日期根据的是中国阴历，按照年份 / 月份 / 日期排列。皇帝在位年使用缩写：YC 意为雍正（1723—1735 年）；CL 意为乾隆（1736—1795 年），CC 意为嘉庆（1796—1820 年）；TK 意为道光（1821—1850 年）。（按：为便于阅读，注释中皇帝年号均译出。）

信徒们和历史学家们用各式各样混淆不清的名称称呼它的教义和使之代代相传的门派组织；在本文中我沿袭最广泛使用的名称“白莲教”[1]。

新兴白莲教的特点是信仰一个名叫无生老母的女性神明，她
256 缔造了人类；这个教派也确信，为获得超度，个人必须信奉她的
使者们传播的教义。最初是几位传道人[2]清晰表达了这些信仰；
257 16 世纪期间，他们在中国北方和中部城市中向公众传经讲道。后
来他们的思想被记录下来，印成“经书”（scriptures）和“宝卷”（sacred books）出版。[3]白莲教信徒们结成以师徒纽带为基础的小会众，聚在一起拜佛读经。祖师预言当目前的宇宙纪元终结时，将发生大劫难，那时无生老母将派一位救世菩萨下凡。由于受到预言的鼓舞，有些信徒揭竿而起，以造反宣布新世界的降临。明朝（1368—1644 年）和清朝（1644—1911 年）政府下令禁止白莲教，断定这类信仰同官家正理背道而驰，蛊惑暴力政治行动，但是白莲教信众团体生存了下来，并在后来的世纪中成长壮大。

对于信徒而言，白莲教对他们承诺了得救的过程，这个过程既不必依赖民间宗教的寺庙和佛僧道士，也不必仰仗国家崇拜；此外，白莲教为信徒提供了一个团体，成为家庭、村庄、市场和官僚机构的补充。这个教派还做出独具一格的承诺，应允信徒通过神明指引，以启示和千年太平盛世的形式获得立即和直接的解脱。其结果是，这个教派似乎对那些不喜欢或是无法通过正常途径获得救赎，以及那些不属于普通社区结构的个人具有特殊的吸引力。白莲教思想和组织似乎感染了那些在整

个生活或是某一阶段生活中无法完全融入正统机制的人，即那些上了年纪或是孤苦伶仃的男女、游方和尚、流动的劳工、其他走村串乡做工的人、城市移民，以及那些在村庄和庙宇中屈居人下、毫无权力的农民和类似人等。[4]

到 18 世纪初年，白莲教中崛起了各式各样的教门（即信徒们通过师徒关系纽带结成的团体），有些注重经书文本和团体活动，另外一些强调念诵咒语和个人打坐运气。虽然起义造反的信徒为数不多，朝廷的迫害（逮捕信徒、没收书籍、捣毁聚会地点）却逐渐加剧，但是诵经派和打坐运气派均继续吸引信徒。到 18 世纪 60 年代，打坐运气派在练习运气之外又增加了拳脚功夫演练，武术成为这一派别活动中日益重要的部分。在 18 世纪末，由于人口增长，社会经济冲突加剧，信奉白莲教千年太 258
平盛世思想的信徒日益增加，以 1774 年的王伦起义为序幕，一系列白莲教起义（尤其是在打坐运气派中）爆发了，动乱一直延续到下一个世纪。[5]

自 19 世纪中叶开始，社会秩序崩坏，因此教派组织同社区结构融为一体，整个村庄以白莲教为首领，采取教门的自卫手段。明代和清朝初年经书文本供不应求，扶乩作为宗教启示的新手段而流行于世；通过扶乩或是请仙写出的新书由教派神灵口述，成为支持新门派权威的基础。[6] 这些扶乩文本重申白莲教末世理论，但是为了适应 19 世纪晚期和 20 世纪变化的社会而扩充教义。在城市中，聚会诵经的各式团体有很多以扶乩请仙为主要活动，这类团体出现在中国城市和海外华人中，信徒日众。与此同时，农村中的义和团（1898—1900 年）和红枪会（20 世纪 20—40 年代）运动表明在中国北方农村，教派组织和拳脚功夫持续发挥重要作用。直到中华人民共和国在 1949 年成立时，被新政权称为“反动会道门”的各种教派仍遍及中国大地，它们同白莲教的渊源清晰可辨。这类道门会党今天还存在于中国台湾和东南亚。

为了检验白莲教如何使自己适应中华帝国晚期的政治、社会和地理环境，本文着眼于历史发展中的一个时间段——清代中期。因为对 18 世纪和 19 世纪初期有详尽的档案记载，所以我希望对这一时段的考察可以揭示具有更广泛应用性的形态和动力。[7]我将试着指出，对基本行为准则进行交流和传承的不同模式如何
259 使这个教门得以延续，并在不同信众团体中传播。我们有关清代民间宗教的一般知识十分贫乏，为了在这方面做出贡献，我也将简短考察民间教门同民间正教之间的关系，试着指出，在何等程度上白莲教的信仰和行动可以被恰如其分地定性为邪教。

有各种因素影响着白莲教的行为准则在帝国晚期变化的社会中进行传达的方式。由于存在几个不同的教派祖师，他们的教义由信徒（以及他们的信徒）所结成的不断扩展的网络进行传播，所以从一开始白莲教就派别林立。此外，这个教派没有任何统一的宗教组织，没有教堂管理教义和仪式并训练神职人员，所以这进一步加剧了内部多样化。国家的仇视也使信徒之间的联系和协调举步维艰，各式各样的门派于是蜂拥迭起。

而在另一方面，四分五裂的组织之间确实持续存在着可以

识别的相同创世理论和信仰体系。起初，直接依赖于明代末年所撰写的宝卷经文以及写作经文的祖师，教义得以延续。这些经书成为宗教意识形态的库存（正如佛经之于佛教，四书五经之于新儒学）；那些占有并有能力阅读理解经书的人于是获得了相当的宗教权威。于是信徒们便认为需要学习古老的经书，妥善保管经书，并为将来的信众们生产更多的版本；当清朝官府急于没收并焚毁白莲教经文时，上述努力便具有了紧迫性。[8]

强调掌握、保存和重印经书提供了意识形态的延续性，但是这类努力可能也使参加教派活动的人局限于那些粗通文墨、衣食不愁的阶层；白莲教师傅们并未忽视在为数众多的半文盲和文盲民众中传道收徒。为了吸引贫穷或是目不识丁的男女，有些师傅自然而然便不太使用经书，并为了不读书的贫穷受众而力图普及教义，改变宗教仪式。

所以到18世纪时，由于不同的社会环境，教宗内各门派的组织和活动各不相同，但是从五花八门的形式中，我们可以归纳出两种截然有别的模式，以便进行分析。泛泛而言，一种模式的特点是积极的会众活动，以诵读经书为要务；另一模式在组织上更松散无序，主要活动是打坐运气和演练武功。这两种模式之间存在（相对系统性的）各种差异，包括书写文本的作用、口头传教的重要性、仪式的功用、门派结构的性质、同正统民间宗教的关系，以及信徒的社会背景。我们将对每种模式延续 260
变化的动力仔细考察，以便更好地理解清代教派中行为准则传播的一般过程。

/ 诵经派

欧大年以前讲述了虔信佛教的俗家会众和祈祷组织的长期发展[9]，诵经派应被视为这类发展的一部分。一般来说，教派信徒像佛僧尼姑一样终生持斋把素，正式承诺持守明确的佛教戒律，定期聚会举行仪式诵经念佛。他们也为整个社区中的民众举行仪式（尤其是葬礼）。如果有可能，信徒们会聚集在正式指定用作宗教活动的房屋中，会众活动十分重要，所以男人和女人被允许共聚一堂；与此同时，独身生活得到高度评价。在这种团体中，教派门徒之间的横向联系十分密切，信徒的生活通常围绕着宗教活动。但也存在纵向联系，因为同所有白莲宗教门一样，教派的延续依赖于师父向徒弟传授的教义。每门每派都将教义学说追溯到一个祖师（最好是明代的祖师），信徒们一般知道过去掌门师父的姓名。因为诵经是主要活动，所以这些门派的信徒相对能读会写；也因为祈祷需要公共聚会地和印制的经书，他们的活动引人注目，所以这些团体似乎在远离官府密切监视的城市中广收门徒。（在清代中期，最符合诵经派模式的教门称为罗教或是弘阳教。[10]）

诵经派为信徒们创建一种半寺院式生活方式。教派成员正式发愿终生把斋持素（同佛僧道士一样），将“开斋”视为极其严重之举，等同于背弃教门。成员也正式认可关键的佛教戒律。通行的入门仪式程序是发愿遵守佛门五戒，即不杀生，不偷盗，不
261 饮酒，不妄语，不邪淫。信徒们也要守三皈，即皈依佛，皈依

法，皈依僧。[11] 教派信徒也模仿僧尼为自己取法名，同一门派或是同一辈分成员的法名中往往有同样的字，用以强调宗教团体类似一个家族。

虽然并不要求那些希望从虔诚生活中积累功德的男女们放弃家庭，但独身生活仍旧受到鼓励。有的门派只收女信徒，也为信徒们在斋戒期建立斋堂住所（如为离家别居的男人，或者为独身或寡居的女人），使信徒们可能过一种半修行式生活。[12] 实际上似乎这类教门对妇女们尤其具有吸引力，使她们能够参与集体活动，获得受教育和领导他人的机会，并离开自己的家庭。

对于这类白莲宗信徒来说，“会”是他们生活的中心。信徒们聚在会中，会是他们为教门献身的所在。聚会也使教门的祭拜仪式同普通的民间宗教仪式截然不同（释道俗家信众很少有类似聚会）。聚会的次数多寡不一。最多的一个月两次，在新月和月圆时分（初一和十五），再加上一年中其他特殊的日子。有些团体模仿佛寺，每年阴历六月聚在一起晒经。另外一些可能在师傅生日或是忌日时聚会。除了一般百姓寻常祭祖和祭拜特定的家内或村镇神明之外[13]，白莲宗还祭拜自己的神灵；为这类祭拜而举行的聚会强调了自己是个不同的团体。经常定期的教门聚会促进信徒间的团结，并通过集体举行的仪式使团结形式化。（教派提供一种共同体的生活，这或许解释了为什么教门尤其吸引那些没有直系亲属或永久住所的人。）

聚会通常在教派成员或是年长师傅的住所举行，但是信徒们
在可能的情形下也力图为礼拜另辟房间或是房屋。这些地方或许 262

模仿寺庙或是宗族祠堂，它们有不同的名称，称作“斋堂”“庵堂”，或是“经堂”。当官府不进行镇压的时候，似乎存在一种发展周期（对于中国大多数教派来说都是如此），即聚会开始在私人住家中的一个普通房间举行，然后转移到一个特定房间，再转移到附近另外一幢小房屋，最后搬到一个独立的、附带捐赠财产的高大会堂。独立的会堂服务于不同目的，可以作为团体成员的暂时或永久住所，可以为教派祖师和神明设置永久性祭坛。最经常摆设的是祖师像，次之是无生老母像和（未来救主）弥勒佛像。在这类斋堂或经堂中，信徒们也存放礼拜所需的物件：香烛、乐器和经书。但是任何公开的庵堂都对教门团体构成危险。官府明白，教派会堂意味着存在资金雄厚、人数众多的白莲宗会门，一旦发现，官府便占据房屋，将其捣毁或是另作公共用途。[14]

在教门所举行的聚会上（不论在何地举行），主要活动是集体诵经。除此之外还要对教门神灵献上供品，所有参加者还要一起用一顿斋饭。有些教门可能有捐赠的土地维持日常用度，但是通常需要为每次聚会捐赠款项，以便购买香烛、供品和食物。

对诵经的详细描述并不常见，在各团体之间和不同时期，诵经方式肯定有所不同。在大多数情形下，似乎模仿僧尼的诵经模式。[15] 当信徒聚会时，众人对祭坛和经书行礼，点燃香烛，供奉果品或是茶（一般民间释道礼拜时也是如此[16]）。然后大家就座，用木鱼鼓的咚咚声和铜锣的噹噹声敲打出节奏，齐声诵经！聚会时长可能因参加者的空闲时间而有所不同，但是一般每次不超过
263 几个小时。教门信徒们对为何诵经的解释模棱两可，只说是“为

了驱邪祈福”[17]。但是他们当然是为了自己积累功德，而且像佛教僧尼一样，也为了将功德传递给他人。

既然诵经显然是主要活动，那么拥有教派经文便是这些教门活动的关键。有一本经书说：“真经终日亮堂堂，多少迷人错解详。”[18] 虽然自从 16 世纪以来，印刷业在中国发展迅速，民间文学的流通达到前所未见的规模，但到 18 世纪时，教派经书仍不多见。加入教门意味着有机会见到并得到经书，学习诵经并阅读经文，或许还能抄写经书。师傅们像和尚一样，他们讲经说法，通过逐字逐句解释经书而间接教信徒们识字。[19]

清代中期诵经派手中最常见的经书同两位重要的 16 世纪师尊有关，一位是罗清（活跃于 1500 年左右），后来被奉为罗教祖师，另一位是弘阳教祖师韩飘高（活跃于 1580 年左右）。据悉有 5 部经书是罗祖所作，在他死后的数个世纪中，这些经书被名称不同的各式教派珍藏、阅读。最早问世的刻本讨论晚明时期民间佛学的救世学说，使用十分抽象的语言（“无边的虚空是无极身”），但书中并不包括同无生老母神话有关的宇宙论和末世论。[20] 虽然最早的典籍并非如此，但晚明的经书认同韩祖及其教义[21]，阐明了影响白莲宗信徒思想的历史想象：根据无生老母 264
的故事，她对自己人类子女的苦难忧心忡忡，于是决定派一位师尊下凡（这里便是韩飘高），去指明解脱苦难之道，还有未来佛弥勒解救人类的承诺。（后来那些声称宣讲罗清教义的书籍也融汇了这类内容。）一些忏书（尤其在弘阳教派中使用）对举办丧事非常重要（关于这类书见下文），讲述如何从阴司炼狱的苦痛中得到超拔。[22]

晚明时印制的经书在后来的世纪中继续流行。诸如日常遗失、官府没收、信徒人数增加，以及佛教训诫传播、发行宝卷是虔诚之举等因素，都刺激了重印和手抄经书。这里仅举一例，在一份于 1697 年在山东重刻的弘阳派经书中，施主说道：

> ［这个版本］随堂祖明经板一堂，施财合会人等，同一发心，如有印请者，请板成造。[23]

也有新的经书被印制出来。清代早期的经书经常模仿以前的文本，重述明代祖师的故事和教义，再加上对后世弟子的类似描述。例如，《太上祖师三世因由宝卷》在 1682 年刻印，书中先讲述罗祖，然后讲他的两位弟子殷祖（1540—1582 年）和兆祖（1578—1646 年），后两人声称是罗祖转世。[24] 清代朝廷的记载充
265 分解释了教门领袖们希望著书立说的原因（既为了提高自己的声誉，也为了提供经书文本以补缺），但是很多人的受教育程度不足以胜任这类工作。对于那些有能力的领袖来说，印书所带来的危险和需要承受的花费通常意味着经书不得不以手抄本的形式流通，所以不容易广为人知。19 世纪的最初 10 年间出现了例外情形，一个叫方荣升的雄心勃勃的水手写了 6 部书，令人吃惊地包括了 130 册。所有都是手写本。在方被捕之后，手稿最后被官府没收，不再留存于世。[25] 有时候，教门首领为了增加自己教义的权威，使用扶乩的手段撰写经书，但是以这种方式撰写的经书很

少能流传于世。[26]（正如以上所述，到19世纪时，扶乩请仙在沙盘写作成为撰写新书的流行办法。）一般而言，新经书不像明代刻印的旧文本那样久负盛名、装帧精美、刻印考究，所以很少广为流行。

关于白莲教经书在任何特定时期流通的数量，我们很难估算。一般而言，当明代版本数量减少时，手抄本就会增加。1720—1840年，官府至少没收并销毁了2 000部经书（将近400种不同标题）。[27]我们不可能知道未被没收经书的数量。至少直到18世纪中期，大量罗教经书还留存于民间。例如，1734年江西赣县（赣州府府城）县官逮捕了一个教门信徒，他手中有7部罗经，另外一个男人藏有47卷教派经书，还有一人有53卷，一个佛僧有6卷，一个寡妇继承了一个箱子，里面有6卷，有一个教门团体，其成员共有19卷，另外3个男人手中有所有罗经，每部6本。4个月之后，这个县官又发现了另外970本罗经。[28]

在同一时期也发现了同弘阳派有关的经书，但是数量并不如此众多。很少有人拥有一本以上，手抄本的数量同印本不相上下。（这似乎说明教派信徒不太富裕，而且在地理区域上更为分散。）然而19世纪初年官府有几次搜查弘阳派，结果表明教派师傅偶尔藏有相对大量的经书。1817年，在山东省一个靠近大运河的县里，有个男人声称自己是韩飘高老祖的12代门徒，他手 266
里有88卷宗教书籍；因为书籍的教派内容而挑出16部（21卷），它们中只有4部是印本。根据1814年在北京进行的另一次调查，另外一个教派师傅手里有19部不同的经书，一共35卷，但是只有不足半数传达了清晰可辨的教派内容。[29]

根据上述例子，我们得知通常可以得到的宗教书籍的数量。它们也说明诵经派并不只是诵读白莲宗经书。出于必要和体认的兼容性，信徒们经常找到并诵读正统佛经，如《金刚经》《心经》《观音经》。

为了解释一部经书的内容及其历史延续，我们来看一部可以确定时间的早期白莲教经书《皇极金丹九莲正信皈真还乡宝卷》，以下称为《九莲宝卷》。这部书留存于世的一版在1523年刻印，包括两卷长方形大开本（15英寸×4英寸）（按：1英寸约合2.54厘米），是佛经通用的折叠式，大字体，锦缎封面，在每卷开始和结尾有雕版刻印的插图。正文（分为二十四品）叙述某个祖师（称为皇极或无为祖师，但是未给姓名）如何被无生老母派遣下凡，泄天机，传真道，留下此书，然后返回天庭。

> 真祖暗临凡，
> 埋名在世间。
> 密演金丹道，
> 三会总收源。

书中的大部分内容（可能根据的是他生活时代的实际论辩）是祖师回答问题，问题由寻求理解他教义的不同人提出；于是使用相对具体和直截了当的语言解释白莲教的宇宙论和末世论。祖师也劝诫众信徒燃起一根“皈家香”，对他们讲传“三皈五戒”，并传授一种特殊的打坐运气技巧，使他们得以到达“天外之天”去见到无生老母。宝卷中充斥着众多表述，其中简单词汇被赋予特 267 殊的新义，如“认祖皈宗”“赴龙华会”“见吾母，答查对号，登记凡名”“修真养性”“入圣胎永不投生”。[30] 这类用语在白莲教众多经文中屡见不鲜。

我们知道，至少在 1523 年《九莲宝卷》便已存在，但是关于后来版本的细节十分支离破碎。此书在 1693 年和 1899 年曾经重印（都在苏州），在 1909 年又重印一次。在 1775 年、1788 年、1805 年（两部）、1814 年、1816 年和 1823 年，清朝官府没收的《九莲宝卷》不下 8 部，广泛分布在中国各地（甘肃、陕西、山东、直隶、河南、江苏和广西）。有些是印本，有些是手抄本。另外几部逃脱劫难，在 20 世纪辗转到了文人学者手中。有 3 部是明版的两卷本；其余两部为一卷节略本，一部有一篇扶乩写作的新序。[31]

诵经派成员不仅像僧人尼师那样诵读宝卷，一般而言，他们的行为举止也类似佛僧道士。很多教门为成员举行丧葬仪式。在中国社会中，葬礼的目的之一是使死者的亡灵迅速通过阴曹地府（确保转世的过程更迅捷，投生的世界更美满）。葬礼仪式一般各不相同，有些简便易行，有些烦琐冗长。这是佛僧道士为社区举行的一种重要仪式，也是他们主要的收入来源。教派成员们承认，他们弥补正统宗教人士之不足，不仅为本教门信徒承办丧礼，还为那些因贫穷而无力请佛僧道士的人服务。[32]（由于白莲教门徒中不乏佛僧道士，所以很可能其他信徒易于获得这类技巧。）在这类丧葬仪式上可能念诵整部经书（有些是教派经文，有些不是），为了消除死者的劣迹，获得他人所积累的功德，还要念短些的忏文。正如白莲教经堂模仿佛寺传统，教派所举办的仪式效仿那些虽然并不出名但也有利可图的专业宗教丧仪。

268 有些门派还提供一种非正式（也不是尽人皆知）的服务：他们分发可以使亡灵快速通过阴司地府，进入福地乐土的路引。这类路引可能同道士佛僧所制作、出售的十分相似[33]，是一张纸或是一方锦缎，书写着祈求教派神灵保佑的文字，通常加盖一方看似官印的印章。教门成员们大量印制这种路引，留下空白处填写持有者的姓名；然后将路引卖给个人或是逝者的亲属。人们或者将这张纸烧掉，或是放在棺木中尸体的胸前（可能使用一式两份），所以在进入阴司地府时近在手边。任何人，不论教门信徒还是非信徒，都可以使用路引。

也有类似文件专供白莲教信徒使用，这类文件证明信徒属于有缘人，确保此人免于转世轮回，可以进入无生老母的乐天福地。有些教门使用教派经文中的用语，将这类文件称为“合同”。新入教的信徒们收到 4 张纸，两张纸上是诵念的经文，另外两张是合同。两张黄纸合同宣称持有者有权通过阴司地府，并担保此人的信徒身份，以便持有者“挂号标名，接引赴金城，银船普渡（苦海）”[34]。为有缘者提供成员身份证明文件是白莲宗各门派的特有做法，这道程序是先登记信徒的姓名，然后在到达云城参加龙华大会时，核姓名，对合同，这种叙述在白莲教经文中比比皆是。[35]（这种救赎手段也反映了官僚政治实践对中国民间宗教的渗透程度。）

以上讨论笼统列举了白莲教诵经派的一系列典型特征。当然，历史现实不仅远为复杂，而且不断变化。有些门派同典型模式极其相似，并且持续很长时期；另外一些却渐行渐远。初步搜集的资料表明，“古典”诵经派——最好的例证是 18 世纪初叶的罗教门派——在某些条件下兴盛一时。理解这些条件有助于解释为了在异地成功延续，这些门派必须改变的缘由。

为了充分开展活动，诵经派有赖于下述条件：不仅允许公共聚会和修建祈祷用的经堂，而且信徒的文化程度足以阅读和理 269
解经书，有足够空闲经常聚会，有足够财力为修经堂、印经书和置办其他宗教物品而捐赠。由于律令法规屡屡禁止所有白莲教门派，信徒们只有在官府并不严加戒备、监视的时间和地方才能自由安全地信教。初步搜集的证据证实，这类充分发展的教门在城市中最可能存在，尤其是在像北京和长江中下游地区那样繁华的大都市中。在这些城市中，教门广收门徒（数百或是数千人），有很多经书，有经堂院落屋宇，设施良好。（在除北京之外的绝大多数大都市中，官府和士绅阶层显然对教派活动漠不关心。）

出家的佛僧道士们终日诵经打坐，因为他们免于日常生活的烦扰，也因为他们所属的宗教机构要求服从教规，接受训练。诵经派模仿僧院佛寺，但是对俗家生活做出妥协。白莲教团体只是部分地（间断性地）自成一体，只是偶尔有闲暇进行活动，宗教训练也远不如道观佛寺中那样紧张。在俗界维持这种虔诚生活可能十分困难，也十分昂贵。官府搜查、捣毁经堂，没收书籍和其他器物，遣散信徒，此后这些人便需要重新立下誓约，缓慢、谨慎地积聚资金以便恢复昔日活动。位于大运河南端附近地区的罗教门派在18世纪中期遭到彻查，从此便一蹶不振。

在不友善的环境中，诵经派团体甚至难以建立并维持最简陋的基本设施。设想一下在18世纪后期，安徽亳州一个村落中的9个男人所面对的问题。[36] 其中几位在年轻时从家中长辈那里听说过宗教书籍、诵经和持斋把素。1781年当他们上了年纪时，决定起一个会，恢复这些活动。王福拿来他故去祖父曾用过的一本罗教经文和道榜文；刘佩的故母保存有类似文本；李子敬从一个熟人的后代手中得到一本罗教经书；李世登亦从故去表伯那里继承了一卷。我们得知，这些经书记载五戒并敦促众人行善。然后，

> （因为）冀图消灾祈福，遂于每月朔望至王福家中。自
> 270 备香烛，持斋念诵。嗣有赵贵、赵文焕、鲁怀普、张文博、
> 李长生等均与王福熟识，先后至王福家中听念，亦各学念
> 经句。

两个新皈依的信徒为自己寻找经书，一个从朋友处借到一册，另一个从去世的亲戚处得到5本经书，并抄写王福的罗经。此后，除了一个月两次的聚会，如果团体成员家里有人患病，所有人便聚在那人家里诵经，“以冀消灾”，然后一起吃一顿斋饭。

从一开始这个教门便不是高度制度化的团体，信徒们没有独立的经堂，也不拜偶像。在另一方面，由于对昔日实践（组织实

践和仪式实践）的记忆、读写能力和易于得到经书文本，这些男人有可能几乎原封不动地复制已经中断了 20 多年之久的诵经活动。易于得到罗教经书显然对这个团体的成功至关重要。

另外一个教门在山东平原县活动，这个例证解释了教门在更恶劣环境中如何延续。[37] 最迟在 18 世纪中叶，在这个县的一个村子里，有一个孙姓家族就开始从事教门活动。他们拥有刻印经书的雕版、木质印章和一满箱经书，这些物件保留在家族中已有数代之久。在家族领导之下，教门扩大或是收缩自己的活动。1822 年春天，由于信徒们最近只是在家中凭记忆诵经，孙文治（经书和其他物件在 7 年前传到他手中）决定恢复昔日以定期聚会为特征的教门活动。他召集了临近地区的 20 多名信徒，安排每人轮流当会首。每月在一个信徒家中聚会，奉献贡品并诵读孙文治带去的经书。当村里的居民需要做仪式时，教门信徒们便在村民的葬礼上或是到病人家中诵经。（在 20 个月中有 33 人要求这类服务。）虽然孙氏家族在过去曾资助重印一部经书，但团体中大部分成员没有自己的经书。

在以上所列举的两个例子中，教门团体通过举行葬礼赚钱谋利。因为花费时间从事宗教活动和重印经书耗费资金，所以不富有的信徒便需要设法赚取收益。清代朝廷认为这类活动是滥用宗
教，为一己之私而行骗；“为个人牟利而诓骗无知乡愚”是针对 271
白莲教信徒屡见不鲜的指控。[38] 但是经书、神像、供品必须花钱，业余活动的费用也很高。在以上所描述的案例中，信徒团体为公众举行仪式收取费用，个人为团体捐助钱财和食物。所获得的

“收益”大家分享，并用来补贴整个教门。

其他较穷的门派有其他生财之道，在这样的条件下，我们可以理解有些教门印制并应需出售在彼世使用的路引和合同（以上所提到的）。1769 年，在江苏省出售的一种极其昂贵的锦缎路引，售价一两二钱纹银，价值不菲；纸质路引价格要低很多，但是如果大量印制出售的话，收益也颇为可观。[39] 生财有道的教门师傅们模仿佛僧道士，提供这类服务，找到满足门徒之需的新手段，并在民众中广收信徒。

孙家教门的事例也说明一个事实，当无法得到大量经书时，信徒团体的生存延续可能有赖于一个师傅，依靠他的领导、他的资财，以及他关于仪式、门派结构和宝卷经书的记忆。即使没有供所有人聚会的经堂，很多信徒手中无书，这个团体也能够重建聚会的模式，并产生收益。在举行活动和放弃活动之间徘徊，依赖师傅（而不是教派团体）作为经书和教义的主要守护人，以及不招摇过市的活动方式，上述是清代中期在北方普遍存在的诵经派团体的典型特点。直隶东部滦州王氏家族所执掌的教门说明了这些变异；通过变化活动方式，教门得以发展，但往往没有弘阳派和罗教门派那样精心建构的制度机构。[40]

由于经书匮乏，师傅们努力记忆经文片段，即可以唱诵的押韵章节，而不是整本经书。虽然王氏家族有一部《九莲宝卷》（但是把书存放在离家有一段距离的庙里），但王家一个成员承认
272 通过口口相传学习经文大义。他长篇大论地引用书中章节（关于无生老母派遣三个佛陀下凡拯救世人），但是不太诚恳地坚持说，

这也是他祖母口传给他的，是否出自《九莲宝卷》，他并不知道。[41] 为了迅速记住经文，教门成员之间（或者至少是师徒之间）必须保持持久密切的关系。就王氏家族而言，他家的男人们辗转各地，以便同散居各处的会众保持联系。有时门徒们抄写经书，但是常常只限于口头传授。节选的经文段落（至少是那些后来被官府衙门发现的）并不一定同激进的教派主题有关，往往只是重述佛教俗套。一首咒语歌诀告诫信徒为求长生而戒除恶习：

> 酒色财气四堵墙，迷人不识在里藏；有人跳出墙而外，就是长生不老方。[42]

（原诗为七绝；第一句、第二句、第四句押韵。）

希望获得宝卷和赚取日常收入的愿望结合起来，能够在目不识丁的群众中吸引大量信徒，以下例证充分解释了这个过程：18 世纪 80 年代，有个男人叫董敏，他生活在直隶农村。[43]1780 年，直隶南部一个教门信徒重建了同田金台家的联系，田是山西省的著名教门师傅，在 1762 年被官府处决。这个直隶信徒以前曾从田那里得到印刷的诵经材料，现在想要更多。这是些显然顺口押韵的歌词，可能谱上了曲调（晚明时白莲教经文段落正是如此）；根据可得到的样本判断，歌词是真正经文的压缩版。这个信徒得知田家的歌单已被官府没收，便自行决定使用自己保存的歌单，刻版重印。为了确保这些资料的真实性，他付钱给田金台在世的孙子，购买了宣布文本（确实无疑）源自田家的权力。在此后的 10 来年间，他和另一个信徒印刷了几百套歌单，分发给门徒们以换取捐助。董敏也是个教门信徒，他在葬礼上诵经，也为病人诵经。1786 年他听说这些歌单，便花 5 000 文买了 90 套。
273 董将歌单分给自己小组中的信徒，教他们阅读，然后要求捐助。由于可以得到额外的歌单，有佛教徒们分发祈祷文的手段可资借鉴，也因为可能赚取利润，这种种因素显然促使像董这样的师傅将歌单卖给不是教派信徒的百姓。确实，董敏出售了 61 套（每套 100~500 文）歌单给街坊邻里的女人们。

董敏的事例说明了诵经派如何进一步使自己的活动适应那些没有公共场地和书籍的团体，以及那些较为穷苦而且不大识字的信徒们。另一些门派继续简化仪式，使其他社会阶层参与其中。比如说一个山东的教门举行聚会，众人和着锣鼓声诵经，但是在其他人诵经时，那些不识字的信徒们只需要跪下敬一支香便足矣。[44]

正如一般的中国文化，白莲教门对超度和永生的追求同祈求健康长寿融为一体。那些一心追求修院佛寺生活的教门更强调心中有佛，积功行善，从转世轮回中得到解脱；但是其他的教门师傅们（如以上所述孙氏、王氏和田氏家族），他们关注身体和精神两种需要，所以能够影响更广大的信众。在中国，治愈疾病的能力象征着神力，对于白莲教信徒们来说，为人疗伤解痛成为吸引信徒并且确保日常收入的手段。有些教门在病人床边集体诵经，有些只是师傅独自为病人诵经，不包括整个团体。

以上的例证表现出一些诵经派团体所经历的组织变化和活动

变化。因为需要收入，所以鼓励专业精神，奖励经营性人才。当会中信徒之间的横向联系削弱时，师徒之间的纵向联系加强。但是，虽然对仪式和宗教思想加以简化，偶尔用正统文本进行补充，但是传达教派学说的文字资料仍旧举足轻重，基本组织框架持续不变。然而在一个极端，罗教信徒们作为半专业神职人员参与葬礼，熟悉经文仪式，并诵经举行仪式；在另外一个极端，教派成员们所从事的服务只不过是个人向陌生人出售歌单或者路引。诵经派中门派林立，各不相同，有组织严密的半寺庙性团体，信徒生活悠闲，有经堂，拜偶像，经书印刷精美；也有为生计所迫，在私人家中聚会的教门，成员主要唱歌单，或凭记忆背 274
诵经文，为村里百姓治病消灾办佛事。信徒中有识文断字的城里人，也有文理不通的乡下人。就此而言，以下所讨论的打坐运气派代表一种更为背离会众模式的发展。

/ 打坐运气派

我们现在讨论白莲教的第二种主要模式：打坐运气派。这一派的教门团体的特点不同于以上所描述的俗家佛事活动：它们没有经堂，没有经书，不守戒，不持斋把素，不举行丧葬仪式。打坐运气是主要的宗教活动。运气歌诀靠口头传授，仪式简单。有时在传授呼吸运气的同时也教授拳脚功夫；这些锻炼既是为了操练者的现世利益，也是为了他们的来生。各个教派团体的师傅们通常以治病疗伤为手段招揽新门徒。他们所传授的行为准则似乎既有儒学伦理，也有佛教教义，强调融入社会，而不是自成一体。门派成员并不聚集在一个地区，也不举行例行聚会，团体成员间的横向联系微乎其微。最重要的是师徒纽带，所以纵向师徒联系牢固而源远流长。对师傅定期供奉发展成完善的正式体系，增加了师傅的权力和资财。虽然将每个家族奉为千年盛世期待的中心，但晚明的祖师们对这些教门的发展历史无甚影响。打坐运气派成员似乎多是没受过或很少受过教育的村民，绝大多数居住在中国北方的村庄里。这类教门团体大约在 18 世纪初（可能还要早些）诞生于山东省西南部一个家族师傅的门徒中，即单县刘氏家族。虽然教门使用不同名称，但是一般都从八卦中借用一名——八卦是《易经》中的符号，通常用来代表宇宙的基本构造。[45]（因此，我将这些教门团体交替称为八卦教或是打坐运气派。）

关于白莲教打坐运气派的发展历史，我们目前并不是很清楚。在关于林兆恩的著作中，贝琳描述了佛教、道教和新儒学打坐运气的丰富传统，林以这个传统为基础，在 16 世纪时将打坐运气通俗化，以此作为得道明心的手段。[46] 以上三种传统肯定都
275 影响了白莲教。实际上很多晚明时期的白莲教经文很关注打坐运气，认为这是获得超度的手段。（《九莲宝卷》中描述的金丹术便是一种特殊的打坐运气体系。）不过以打坐运气作为主要活动的是八卦教，他们并不掌握这类书籍。（我们还需要对 16 世纪和 17 世纪教派的打坐运气做进一步研究。）

其他书籍已对清代中期白莲教的打坐运气技巧进行了长篇讨论[47]，在此我只简单重述基本之点。在打坐运气之前，信徒需要完成几个简单的动作：奉献贡品，手举一根燃烧的香火下跪（为了吸引神明的注意），叩头数次（跪着以头触地）。不需要香案，也不需要特殊场地。在举行这些仪式时背诵长短不一的咒语，咒语描述（也引导）正在进行的动作（如“一炷香直入天庭”等）。然后信徒（很少是女性）盘腿而坐，开始“运气”。对于八卦教艮卦师傅如何打坐运气，有如下描述（1820 年）：

> 他操练了一套养性蓄命的功夫。他告诉门徒合拢双目，使中气运行，以为养德。命穿五窍，性通五门。在真空中回归家乡，面见无生父母。[48]

打坐运气的目的之一是强身健体，得以长寿；另一个目的是直接面见无生老母。明代后期的经书常说教门老祖们在打坐入定时上达天庭，但是诵经派的一般信徒只有死后才有望同无生老母相见。直接见到最高神明显然具有更大的吸引力，承诺面对面相会（“母子相会”）肯定使打坐运气派相对而言更广为流行。

打坐运气的咒语直接借用儒学和道教概念，这些概念不仅在白莲教经书中比比皆是，而且是整个大众文化的一部分。有些咒语强调打坐运气在人类世界、自然界和超自然世界之间建立基本交流，因此创造了它们之间的和谐：

天为一大天，人为一小天……

276 或者：

天上有八卦，地下有八河，人身有八家……

另一个咒语使人体器官同地理方位（五个方向）、历法（十天干）和自然过程（阴阳五行）相互配合：

耳为东方甲乙木，目为南方丙丁火，鼻为西方庚辛金，口为北方壬癸水……

这个咒语接着指导信徒，“闭四门养真性在两眉间”。两眉间是玄门，是魂魄出窍上天庭见无生老母的通道。[49]

打坐运气咒语似乎通常不超过 50 个字；多数还要短些，因此易于背诵。咒语大多为七言一句（就像白莲教经书的大多数段落一样），通常合辙押韵，在语法结构上工整对仗，因此有助于记忆。头几句有时可以代替整个段落。

最闻名于世、广为人知的打坐运气咒语只有 8 个字，虽然也存在长些的版本。第一句是“真空家乡无生父母”，有时再加上第二句“过去现在弥勒未来”。[50] 这两句便概括了这些教门的核心历史观：他们信奉住在乐土福地的无生老母，认为所有岁月划分成三个历史时期，并相信弥勒佛将超度众生的承诺。最基本的八字真经可能不仅意味着在入定时面见无生老母，而且包含更激进的白莲教千年盛世思想。

与此相反的是，有些真言包括简单的伦理训诫，传达非常正统的道德思想。有一段流行的咒语直接源于明太祖的《六谕》。咒语使用最简单的六言或八言句式，说："孝父母，睦乡里。"一个长些的版本较为详细，说人应该——

> 敬大天地，孝顺父母。尊敬长上，和睦四邻。[51] 277

还教导信徒们敬畏生命，不杀生，遵循"仁、义、礼、智、体贴"的原则，不行恶举，不欺富，不凌贫。[52] 所称道的行为被称为"行好""行好事""行善"，可以积累功德，确保超脱苦海。当然，类似忠告也出现在佛教经文和儒家经典中。[53] 我们的推测是，正如诵经派以强调遵循佛教行为准则来公开吸引百姓，打坐运气派似乎欣然将通俗正理的很多成分融入自己的教义。非正统白莲教思想可以认同约定俗成的行为准则（或是隐藏于其后）：可以将"无生父母"解释为自己的父母，将"真空家乡"解释为自己的村庄，等等。由于这种似是而非的说法，教授打坐运气时传达的教派思想便显得不太异乎寻常，不太令人畏惧，得以促使人们皈依白莲教。

如同不断重复的基督教教义问答手册，最精心演练的打坐运气和背诵咒语箴言是手段和途径，使信徒个人无须通过任何中介，就能复习基本的宗教信条，修正人类同世界之间的交流，从而确保精神和身体健康，并记住如何正确地生活。教派信徒们用以下偈语表达这些目的："健身防病""驱灾延寿""祈福避灾""修来生"。由于没有更正式的经文对教义进行详尽的讨论，所以举行打坐运气仪式时所使用的咒语是这些教门团体得以延续的重要手段，但是显而易见，这些真经也导致信徒们对教派做出简单化的理解。

278 对于这些八卦教门派来说，香案和专门的经堂并非必备之物。信徒们并不拜无生老母的偶像，通常避免直接提到她。有些教门对天叩头（他们承认天等同于无生父母），另外的教门拜天地。（可能因为听来不太离经叛道，所以至少在1724年"无生父母"一词开始广泛使用，实际上指无生老母。）很多打坐运气派举行仪式公开拜太阳（我无法证明太阳也是无生老母的替身）。有些教门将太阳称为"圣帝老爷"或是"圣君老爷"，捐钱"举行祭祀太阳的仪式"。信徒们在日出时分向东方叩头，在正午时分向南方叩头，在日落时分向西方叩头，在举行仪式时背诵咒语描述自己的一举一动："愚门弟子奉请圣帝老爷照应，拜求圣帝老爷照耀"，等等。[54]

加入一个这样的教门可能只是意味着，有一个师傅向新信徒传授运气打坐的技巧和真言。此外，对运气的训练也有高下之别：有些信徒能够参禅入定，其他人只是静坐不动，默念真经。不过即使例行的打坐无法充分实现治疗效果，新信徒们也知道，运气打坐可以使他们在来生和今世得到无生老母的眷顾。在大多数情形下，没有更详尽阐述的教义学说。

可能为了有利于健康，有时在打坐运气训练时还传授拳脚功夫（可能受到参禅和尚们仪式性跑香的影响?)。功夫也是为了在现世自卫防身，以及为所期待的千年盛世来临时提供行之有效的技巧。功夫包括各种拳击、防卫（用棍棒或是刀剑）和足踢招式。同打坐运气一样，操练武术也要举行仪式，先奉上香火，同时念诵咒语。在 18 世纪 70 年代初，王伦教授了下面几句话：

> 千手挡，万手遮，青龙（阳）白虎（阴）来护着；求天天助，求地地灵；枪炮不过火，何人敢挡我?

在理论上，运气打坐和拳脚武功的关系相辅相成：前者称为“文”功，后者称为“武”功。

教派信徒们采纳了精英阶层以及中国大众文化共同接受的设 279
想，认为文武之道是同一体系中相互依存的部分。[55]

就像仪式和伦理观念一样，在八卦教中，最初在白莲教经书中阐述的千年盛世思想以易于记忆的咒语真言来表达。很多短小的对仗句教给信徒们关于未来的思想；目前我们还不可能确定，这些对仗句是否源自经书。

> 换乾坤，换世界，反乱年，末劫年 ……
> 七十二家开黄道，专等一家来收元……
> 紫芽时不至，不敢露真形……[56]

诸如“明道”或是“应劫”这样的偈语同样易于记忆，并唤起对千年行动的想象。但是由于措辞神秘莫测，模棱两可，这些用语实际上并没有传递任何具体信息，这正是打坐运气派传达教义的方式。

这些教派心心念念的是所谓“来生”或是“来世”。这个词既指死后所期待的生活，也指此生或许会经历的千年盛世。信徒们不断声称加入教派是为了“修来世”，“修得来世的名利”，“为来世的名利参禅修炼”等。信徒天天燃香，为“修来世”而背诵以下咒语：

> 从离灵山失迷家，住在娑婆苦痛煞。无生老母捎书信，特来请你大归家。[57]

这类语言，以及通过打坐入定同无生老母相会，练习拳脚武功应付末劫时的灾难等，都表明白莲教的千年思想在这类教门中尤其引人注目。关于未来佛弥勒下凡的预言在教门成员中广为人知，成为这类思想的中心。

280 八卦教门派接受晚明经书和诵经派所信奉的千年启示，但是似乎更愿意将信仰付诸行动。在向千年盛世过渡的阶段，信徒们接受山东单县刘氏家族的领导，并将三个历史时期重新命名为“前天”“中天”“后天”，同绝大多数经书中所说的“青阳”“红阳”“白阳”彼此呼应。指认刘家成员为“白阳”时代的首领，刘氏家族以“后天老祖”，或是“收元之祖”而闻名。其他咒语对句提到紫微星降临，暗示弥勒佛下凡。由于预言久已等候的弥勒佛将会投生刘家，人们关注这个家族，并延续刘家的宗教权威。[58]

同诵经派大相径庭，八卦教门派很少使用经书。官府的调查人员有时发现教门成员登记名册，包括谶语或是符咒图解的手抄本，偶尔找到抄写经书的小册子；虽然师傅们显然能读会写，但他们很少藏有印刷的经文或是整本经书。八卦教仪式中不包括诵读经文的步骤，诸如以上所讨论的咒语通过"口传心授"得以传世。不过在另一方面，有些信徒能够背诵可能是以前从宗教文本中摘录的各式长篇经文（有一段长达 1 800 字），有几本简单的小册子直接同刘氏家族有关。[59]

不过同诵经派相似的是，打坐运气派也注意确保教派信徒们在死后能够被无生老母轻易识别，因此得以超生。可是打坐运气派的注意力并不集中在死时超度亡灵上，这些门派很少举办丧葬仪式。信徒们依赖对无生老母宣告自己的信徒资格而跻身于有缘人之列。理想的形式是，在加入教门时写下自己的宣告（在中国， 281
同神灵的交流往往是通过文字）：师傅在一张黄纸上临摹抄写，填上新门徒的名字，然后将纸烧掉；接着门徒对师傅叩头。在另外一个教门中，

> 在奉上贡品之后，他们要来新门徒的姓名、住址，写在纸上念诵。不识字的人诚心诚意地念。这被称为"拜家门"。[60]

由于程序简单易行、灵活机动，也由于可以用口头表达代替文字形式，那些家境贫寒或是不通文理的师徒可能在任何条件下轻而易举地完成这些仪式。

在组织上，打坐运气派成员比较分散，横向联系不多。最关键的是师徒纽带。不过师徒联系也无须非常密切，传功念咒的过程往往非常简略。所以人人都可以招徒传功，在不长时间内教门就可以发展很多代。辈分众多，参差不齐，迅速扩展的师徒纽带，这些是八卦教的最明显特征。入教仪式以建立师徒关系为要，主要是新门徒向师傅叩头。即使师傅比徒弟年轻或者是女性，门徒也要定期向师傅行礼如仪。所以教门等级制度优先于传统关系。虽然师徒纽带十分重要，但这种关系有时也十分脆弱。除非经常联系，再续前情，否则链条中的环节就很容易断裂。[61]

新信徒们加入教门往往因为一个教派成员以前治好了他们的病痛，所以他们就拜他为师。在这些教派中靠治病疗伤招揽信徒是常见的手段，这可能是为了迎合那些认为宗教只具有第二位重要性的信徒们。强身健体的愿望超越对死后得救的关注，成为入教的主要动机。病人和郎中的关系为师徒间的个人联系奠定了基础。在中国文化中长寿是一种强烈而且受人尊敬的理想。在为人
282 疗伤解痛时，教门师傅们使用种种不同的医疗技术（按摩、针灸、开药、符咒），他们通常从别处学来这些技术。[62]

在诵经派中，集体举行的宗教活动使成员们彼此联系。在打坐运气派中，因为是在私人家中举行仪式，所以学会了打坐运气的新信徒不需要定期与其他信徒见面。师傅们似乎游走四乡（由

于以前的职业或是选择如此），在不同地区广招门徒，有时彼此相距甚远。（白莲教并不是那种能轻易吸引整个村庄的流行宗教，也许是由于需要长途跋涉，八卦教中很少有女师傅享有盛名。）可能教门中有小群成员住在同一个村子，但即使是这些人，也并不定期聚会。对于不吃斋把素的人来说，聚餐并不重要；对于需要勤奋做工的贫寒人家来说，聚会很不方便；在农村修建公共经堂既费钱又引人注目。所以成员们只是在自己家中每天或是一月两次打坐运气，并奉上简单的贡品。在另一方面，练拳脚武术的信徒们居住在同一地区，因为看来更具世俗性，可能也更需要师傅指点，他们非正式地聚在一起操练功夫。那些有时聚会的团体遵循教门会众的模式。信徒们事先捐钱购买所需，然后在傍晚集合，点燃香烛，奉上贡品，练习背诵真言咒语（没有书籍，也没有音乐），运气打坐，并一起吃一餐饭。

在一生之中，师傅可能见证自己的教义迅速传授给辈分众多、散居各地的门徒。教门信徒们最经常的会晤不是为了诵经祷告，而且通常只有师徒二人，因此这种纵向纽带比横向联系更为强韧。不论师傅住得多远，徒弟通常拜访师傅（独自一人或是数人一道）。在这种场合，门徒要对师傅叩头并奉上礼物，以这种仪式来突出师傅的地位。逢年过节或是师傅寿辰时，门徒们拜见师傅。[63] 实际上赠送礼物成为信徒之间定期联络的借口，而且使用特殊名称将赠送的钱财礼仪化，称为“根基钱”“礼钱”“元勋钱”。（正如我在其他书籍中所指出的）每份礼物可能值几十文或是数百文。[64]

283 由于对“来世”的期望，也由于缺少定期集体聚会，教门可能需要保留一个登记册（通常叫作簿），记录信徒的名字和他们捐助的数目。这些簿记有时连篇累牍，记载门徒的活动，以确保日后对他们论功行赏。有些师傅特地不仅记下名字和捐赠，而且列出千年盛世来临后的高官位大荣耀，按照捐赠的数目进行分配。登记这类琐细之事不需要多少文化，象征着团体权力（确实，这证明教门的存在），也是一种集资手段，虽然靠碰运气，但是行之有效。[65]

由于每个师傅都从门徒手中收钱，辈分众多、源远流长的师徒纽带说明可以积聚相当的钱财。这些收入使师傅有时间招徕门徒，并全心全意维系门徒间的联系。对于自己收到的钱财，每个师傅只收取一部分，将其余的奉送给自己的师傅。例如，王锐的父亲（他将渊源追溯到单县刘氏家族）将他带入老理会。从1805年开始，王从自己的门徒那里收了五六吊铜钱；他留了一些，将其余的送给教门中的一个师尊。[66] 刘氏家族在教门中德高望重，所以信徒们很容易为他家集资敛财。1771年，官府发现他家埋藏的银两多达12 400两。在此次搜查之后的半个世纪中，对刘家的供奉仍旧源源不绝。[67] 集资不仅是一种加强纵向联系的手段，也使不通音讯的会门间重建联系。

或许为了弥补很少见面之不足，八卦教运用十分严密的组织结构来使四散各地的教门团体互相联系。虽然像《九莲宝卷》这类经书提到老祖的门徒们支脉纵横，并使用八卦语言，但是只有打坐运气派接受了这些思想，使用正式图表代表各门各派。单县刘氏家族的信徒们按照不同的卦名将众人分成八卦九宫，并使用卦图来记录不同的辈分。官府在 1817 年的搜查中不仅发现了一张坎卦教卦长表，还有一页八卦教教首名谱。像传统的家谱一样，教首名谱列出历代教首姓名以及生卒年月。一位年长的教门师傅主持自己教门的传承，他模仿官僚机构，在一张纸上撰写并填上日期，声明坤卦教卦长的位置将移交给他的主要门徒某某。[68]

打坐运气派的信徒们通常互不相识，他们首先想到的是自己 284
是八卦教某教门某师的信徒。离卦教和震卦教卦长是刘家门徒，这两个教门人数最为众多。他们发明了（也许是借用他人的）联系暗号，以便门徒们彼此识别。两个陌生人相遇问候时使用暗号：用头两个手指做出某种手势表明属于某个卦教。特殊的问题和回答也可以达到同样目的。一人问："在哪一座灵山走过?"如果回答"南方"，即是离卦教门徒，如果回答"东方"，即是震卦教门徒，以此类推。[69] 教门首领有时为自己起名号，这既是为了借助教主刘氏的影响，也是为了提供另一个识别门徒身份的手段。河南商丘的一个郜姓家族说自己是刘氏门徒，但是将自己的教门中人称为"头殿真人离卦教"，声称郜姓家人均为"前天师傅"。[70]

虽然八卦教门派在自己的家乡并不招摇过市，但是他们仍然引人注目。他们并不把斋吃素，也不诵经念佛，所以得不到虔心向佛的好名；也没有寺庙和民间宗教的偶像使他们的所作所为名正言顺，八卦教的行为可能确实有些古怪。每日向太阳或是天空行礼和背诵真经的仪式十分少见（可能更像穆斯林的仪式而不是中国传统）。在一个通常以人类形象来表现神明，将神明安置在庙宇中敬如贵人的文化里，既没有塑像也不设香案确实反常。教门所操练的拳脚武术也可能引起怀疑，不过原因不同。格斗技巧虽然可以强身健体，但是也可以用来打家劫舍。此外，私下训练成群结队的男子舞枪弄棒，侵犯了满人紧紧守护的军事垄断。门徒对师傅表示恭敬的仪式模仿中国社会中专业训练的基本关系，但是这些门派有时却忽略或颠覆了其他约定俗成的等级结构。而且，师徒纽带建构了四处蔓延的网络，与通常以市场和家族为中心的联合并不一致，因此代表一种新的、可能令人不安的联盟基础。

八卦教教门和罗教门派之间的对比引人注目，这似乎反映了资源的多寡和门徒之间不同的入教目的。罗教在一群互相离得
285 不远的信徒中募集足够的资金修建经堂、雕塑神像、印制经书；八卦教依赖散居在十里八乡的众多门徒捐赠的一星半点来筹措资金，相比之下，更为捉襟见肘。八卦教的吸引力不在于会众集体活动所带来的确实益处，而在于某些个人的人格魅力（往往靠为人治病疗伤）、打坐运气的好处和千年预言的效力。由于不聚居一地而不利于宗教活动，信徒们也没有很多闲暇，于是他们从事不复杂的宗教活动，以便在繁忙的日常生活中见缝插针。他们不需要从经书中学习教义，于是目不识丁的人会欣然加入。属于一个教门意味着从口述传统中学到寥寥数字的真言和长些的咒语。最后，仪式所强化的是师徒关系，而不是“会”；师徒关系制约会门结构，构成个人从属于一个较大团体的基础，虽然团体成员之间很少联络。单县刘家的门徒们大多分布在中国北方农村。正

如我们所见，八卦教的特点使之适于在国家严密监视的地区生存发展。教门似乎直接吸引了一大批贫苦而且不识字的乡村百姓。原因是教门师傅向百姓传达包含其教义的简短咒语，解除人们对身体病痛的忧虑；而且强调在此生就可以实现的具体利益。对于八卦教来说，师徒纽带、集资收钱和太平盛世的预言比会众仪式和积功行善更为重要。

为使组织和教义长存于世，这些既少经书又不依赖正式机构的教门会遇到一些问题。现在我们对此进行讨论。

目前我们无法断定到底有多少武术和和运气打坐咒语源于白莲教经书。但是我们很清楚，一旦建立口述传统，有些材料会遗失不见，有些语句会混淆不清，有些字词会被误解或是改动。两句最耳熟能详的咒语所发生的变异（八字偈语和有关孝悌、邻里的真言）说明确实会发生这类改动。[71] 当用一个类似的字取代另一个字时，如用“正”（正确）代替“真”（真实），虽然个别字词的变化改变了重点，但是并没有在很大程度上改变含意。但是当去掉整个短语时，如在八字真言的第二句中完全删掉“弥勒未来”，便失掉了原意。教门为了吸引最大量的百姓而使用容易记住的最简略形式时，便将宗教学说简化成几个关键的思想和几个 286
简易的实践。

然而这些变化可能既反映了宗教边缘组织的传教方式，也说明了一种与时俱进的变质。当教门太缺少宗教内容时，它们毕竟不太可能作为可识别的白莲教团体长期延续（虽然它们能够，也确实变成其他社会组织的框架[72]），在这个传统的核心，虔诚的师傅们以详尽阐述的形式，忠心耿耿地传承教义。

在不严重影响门派教义的情形下，可以改变打坐运气和拳脚武术的手段。从师傅那里只学会基本功夫的能人以后可以发明或者找到（然后传授）目的类似却更为实用的新武功。19 世纪白莲教武术的兴盛一时就是这种情形。同样，治病疗伤表现出精神力量，但是各式各样的手段都具有类似作用，如果行之有效，便能够在教门中延续。当师傅们持续不断地向整个大众文化借用这类益寿延年的技巧时，白莲教传统便得以丰富，而不是损耗。

由于缺少经书来传播、延续教义并论证权威，为了取得合法性，新材料被制造了出来。八卦教卦主们主要依赖将师承脉络直接追溯到单县刘家来论证自己的合法地位。有些卦主声称自己通过巫师方士从无生老母那里得到直接任命。在师傅死后，崔焕企图领导他师傅的其他门徒，但是“害怕同门中人不愿尊重信服自己”。所以他大力劝说一个当巫师的朋友打坐入定，假装传达旨意，任命崔焕为卦长。山东 1774 年起义的首领王伦同样也求助于一个能够“过阴”的朋友，为他的计划求得神力相助。[73]

由于没有“会”作为教门活动的中心，过一段时间八卦教门就需要重建联络，恢复生机。一位有胆识魄力的信徒可能会试图重建因死亡或是地理距离而断裂的师徒纽带。收钱协助自己的师傅（最终回溯到单县刘家），是重建支撑教门纵向系统的最常见手段，这也表明对整个信徒团体的献身。官府在 1748 年、1772 年、
287 1782 年、1786 年、1787 年、1791 年和 1817 年曾搜查教派，起因都是以协助刘家为名的教派复兴活动。[74] 为了表明牵涉其中的

动力，我们详细考察其中一个例证。

孔玉显是坎卦教卦长的侄子，卦长在1772年同刘省过（当时是单县刘家的长辈之一）一起被官府处决。1783年，孔从两个同案犯的儿子处得知刘省过的第二子刘二洪身陷困境，藏在北京。他们决定“以救助刘二洪为名兴教门”。他们还记得过去的预言，所以宣布刘二洪就是弥勒佛转世。孔自称卦长，开始收钱。他联系了以前活跃的信徒，也招收了新的门徒。向每人传授运气打坐的偈语真言，也向所有人要求捐助。每年都将捐赠的铜钱换成银两交给孔玉显（三年共计超过32两）。但是孔并没有寻找刘二洪，也没有帮他的忙。他用这些钱为自己买了一些地。（这种行为似乎仅仅是为了牟利。但是一旦能自给自足，他的确整天以教徒传功为业。）显而易见，仅仅声称帮助刘家便足以复兴教门。[75]

18世纪晚期和19世纪初，八卦教的千年盛世思想甚嚣尘上；可能这不仅同人口增长造成的社会经济后果有关，也由于在正常情形下，这些新兴教派很难作为团体进行集体活动。除了其他行动之外，聚众起义于是成为教派聚会的替代品。记名登记、捐助和奖励等都使信徒们关注只有在“来生”才能实现的团体。虽然彼此素昧平生，而且距离遥远，但知道还存在其他信徒，大家都是无生老母的子女，都是刘家的门徒，确实产生了某种联合的愿望，希望同信徒携手对抗非教门中人。有些教派信徒曾私自寻找并结识其他信徒，但是一般而言，只有当宣告千年盛世的大劫难来临时，世上之人才会“齐聚教中”。王伦的1774年起义聚集了数百名八卦教门徒，他们住在方圆数百里的地区，但是在王

伦预言“收元”之前从未聚集一处。到那天所有信徒离开家参加举事。1813 年，林清将打坐运气派和诵经派团体的门徒们聚在一
288 起，向他们承诺前所未有的团结一致。一面起义旗帜书写着“同心合我，永不分离，四季平安”[76]。

从 16 世纪到 19 世纪初，各种教门活动蓬勃广泛。八卦教可能从诵经派发展而来；正如以上所述，为了吸引不同的信众，这类门派不再集体诵经，他们先是运气打坐，然后舞枪弄棒。随着时间的推移，有些教门专习武功。在另一方面，诵经派和打坐运气派都关注前千年活动，信徒们准备好用暴力迎接新时代；在鸦片战争之前的半个世纪中，这两派都日益深入人心。[77] 但是部分由于教门的受众相当不同，更得人心的形式并不自动取代其他团体形式。此外，当教派学说被压缩得面目全非时，世俗目的便完全将宗教主张取而代之；当信徒们将对千年盛世的想象付诸行动时，他们揭竿而起，于是被朝廷镇压。在清朝后期，我们仍然见到各式各样的教门宗派，它们积极活跃，十分成功，迎合全国各地不同阶层男女的需要；但是所有教门都以不同方式传播通过信奉无生老母的学说得到超度的中心思想。

/ 异端与正统

我们讨论了所有白莲教门派所受到的制约，而这些教门仍旧活动并得以幸存，我们便应该意识到在清朝时，所有民间宗教

在发展机构时都受到限制。教派信徒和他们的邻里街坊都不如精英阶层富足，不如他们饱读诗书；都没有闲暇，都无法轻易资助上层文化机构，都感受到朝廷控制宗教的制约。官府对可疑教派的攻击尤其猛烈，朝廷也禁止不合时宜或是非正统书籍和戏曲（按照官府的定义），试图对佛僧道士进行登记，并限制他们的人数；排斥任何形式的大型宗教集会。对粗俗之举的厌恶充斥于清代精英和朝廷的言谈话语之中，其中包括佛僧道士、乡村巫师以及白莲教师傅们所举行的仪式典礼。在另一方面，重要的是记住，精英阶层的成员们作为官吏参与国家祭祀，经常光顾地方庙宇，邀请和尚道士做法事，一般来说共享地位较低的邻里街坊们 289
所信奉的宇宙论和行为准则。虽然白莲教门派起初得到了晚明宫廷中权贵的庇护[78]，但它们的信徒来自平民百姓，而非统治阶层。正统民间宗教机构和教门会众之间的重要区别在于，前者有办法沟通朝廷和社会之间的鸿沟，而后者无法做到（至少在千年盛世之前无法做到）。

直到 18 世纪之前，白莲教门派都是民间宗教连续统一体中的一部分，它们从民间宗教中脱颖而出，在不同程度上使自己同民间宗教截然有别。如前所述，有些教门认为自己十分正统。虔诚的诵经派成员效仿佛僧尼师，屡次使疑虑重重的官员们确信这些人同邪教毫无牵连。打坐运气派教门为人治病解痛，传授健身长寿的技巧，并支持儒学家族主义的一些伦理观念。各教门将民间等级结构中的神明吸收到自己的神殿之中，使他们成为无生老母的使者，在提到自己的神明时，借用较正统的名字加以掩饰。

例如，在诵经派团体中，观音菩萨的塑像十分常见，他们的经书时常提到她。同样，不论是书写还是口传教派文本，都一贯提到孔子和老子。此外，就日常生活而言，似乎两个白莲教模式派别都没有清晰表述的教派伦理观来表达与众不同的激进观念。不过在另一方面，我在有关白莲教的资料中从未发现只言片语提到最基本的正统社会关系，即规范君臣关系、父子关系和夫妻关系的三纲；我们很需要对这个题目做进一步研究。[79]

教派活动同传统宗教之间联系紧密的一个原因可能是它们可以互相取代。白莲宗教门教派的成功可能确实间接取决于正统宗教机构的效用。教派不仅如欧大年所认为的那样，是民间宗教的替换物[80]，它们可能也试图为信徒们提供同样的服务。所以当无法找到专业宗教人士（如佛僧道士或是巫师）时，老练的教派信徒们便代替他们举行仪式。

290 清朝官府也将中国基督教视为一种异端而予以禁止，就此而言二者间的比较发人深省。为了表明基督教的价值体系同正理之间的差异，一位官吏也强调（写于 1811 年），在很多方面教派成员相对而言并非“背离正统”。

> 基督徒（他写道）不敬天地，不拜祖先，不孝父母，不惧惩戒……不图牟利，不劝人行善……[81]

在另一方面，这个连续统一体的另一端“存在”更激进地背离规范的教门。对于白莲教教义同流行正统观念之间的某些冲突可以默不作声，但是不能一笔勾销。朝廷从未忽略它们的教义中对家庭、村庄和国家的含蓄否定，以及赞成以自愿献身新宗教为基础的异端会众。在所发现的书籍中一个全然非正统神明具有至高无上的神力；在被揭露的教门中女性成员不相夫教子，却发号施令；间歇性爆发的千年起义直截了当地否认国家权力；所有这些都加剧了中国官府对所有宗教机构所怀有的疑虑，使统治阶级对教门宗派的根本上的异端（邪）念念不忘，从而无法分辨各个教门之间的区别。此外，正如有些教门比另外一些更邪，一个教门同样可能缓慢或是迅速地向任何方向发生变化。一个门派可能有意做出努力，使自己更能为人接受，可是另一个教派在一个无所畏惧的首领的说服下，可能暂时采取更激进的立场。

因此为所有白莲宗教门贴上邪教或是正教的标签都不准确；大多数亦邪亦正。确实，甚至对邪教的定义（朝廷的定义）也变化不定。明朝和清朝官府在不同时期以不同方式划分界限。此时被视为无害的佛教团体而不加理会的教门，彼时可能会被告发为煽动性组织。虽然禁止教门的律令格式不断增加，官府整治教门的能力和愿望却时强时弱。想要理解白莲宗教派会门在中国文化中的地位，我们就必须记住邪教定义的变化不定以及社会现实的变化不定。

本文的目的是考察白莲教在帝国晚期延续和适应的种种方式。通过将教派活动分门别类，我力图指出白莲教既非一成不
变，也不是杂乱无章的混合体。它是活生生的传统，根据时代以 291
及信徒聚居地不断变化的性质，教门中发生系统的变异。

在将近5个世纪的进程中，白莲教在不同社会团体和中国的不同区域中缓慢地发展了自己的会众。虽然信徒们从来没有联合成一个统一的社会运动，但他们有共同的语言，共同的历史想象，以及在不同时间和地区都可以辨认的、经久不变的会众组织形式。此外，虽然白莲教教门从精英文化和民间传统中借用材料扩充自己，但是白莲教信众也影响了它们周围的文化。教门在民间宗教文学发展中的核心作用已初见端倪，但是我们还需要研究教门对民间医药、武术和民俗的贡献。白莲教关于千年盛世的教义肯定影响了各个社会阶级中国人的态度，甚至还可能发挥了重要作用。一旦我们明了白莲教的起源和发展，我们也必将考察它的文化遗产。

注释

1. “教”这个字既指“教义”，也指“教派”。虽然Overmyer不称之为白莲宗（White Lotus），但我所说的同他在本书的文章中所讨论是同一宗教传统。为定义起见，我使用“白莲教”（White Lotus religion）一词来表述1500年之后的教派活动，而不包括1500年之前。（在Overmyer所讨论的宝卷编年史中，这是第二个发展时期）。我无意否定这个教派以前的复杂传承，而是仅仅指出，在16世纪，无生老母创世论和千年末世论同教派组织合为一体并写入经文之后，我认为发生了决定性变化。

   关于这个传统的一般历史的英文研究，见Daniel L. Overmyer，*Folk Bud-*

dhist Religion：*Dissenting Sects in Late Traditional China*（Cambridge，Mass.：Harvard University Press，1976）；关于日文研究中比较强调道教传承的其他资料，见 T. H. Barrett，"Chinese Sectarian Religion"（a review），*Modern Asian Studies* 12：333-352（1978）。

2. 这些传道人中最早也最广为人知的是罗清（1443—1527 年），他的五部六册在 1518 年已经刊印。罗清在白莲教早期历史中的关键作用使我们不易对他进行分类。他所著的宝卷并不包括白莲教基本创世论和末世论。因此，Overmyer 将罗教经书列入宝卷发展第一阶段之末。在另一方面，罗清传道说法和撰写宝卷的经历同白莲教祖师们（以下举出姓名）十分类似，这些人可能效仿罗清。此外，很多白莲教信徒后来认罗清（可能并不准确）为教派创始人和老祖。很多那些将自己的宗教称为罗教的信徒采纳了自己老祖从未支持的白莲教思想（至少并未印刷成书）。基于这些理由，我选择将罗清视为白莲教派最早的祖师。关于罗清，见 Overmyer 在本书中的文章（前文第 08 章）和他的文章"Boatmen and Buddhas：The Lo Chiao in Ming Dynasty China"，*History of Religions* 17：284-302（1978）；《太上祖师三世因由宝卷》（以下称为《太上祖师宝卷》），1875 年重印 1682 年版；天津李世瑜私人收藏，第一部分；澤田瑞穗，《宝卷の研究》（東京：国書刊行会，1975），101~104 页；Richard Hon-chun Shek（石汉椿），"Religion and Society in Late Ming：Sectarianism and Popular Thought in Sixteenth and Seventeenth Century China"（Ph.D. dissertation，University of California at Berkeley，1980），pp. 202-251。关于后来祖师们的活动以及他们彼此关系的证据不太充分。最重要的祖师似乎包括以下诸位：《九莲宝卷》未署名的作者，此书在 1523 年重印，这是有日期可查的提出白莲教创世论和信仰的最早文本；李宾，黄天道创立者，16 世纪 60 年代活跃于北京东北部；殷祖，1540—1582 年，罗清的门徒，于 16 世纪 70 年代在浙江皈依罗教；韩飘高老祖，16 世纪 70 年代至 90 年代在直隶一带活动，弘阳教（按：也写作红阳教）经书中记载了他的活动；东直隶滦州的王森，万历皇帝的宫中曾有他的信徒，1595 年被捕。

关于 1523 年的经书，见《皇极金丹九莲正信皈真还乡宝卷》（以下称为《九莲宝卷》），1523 年，北京吴晓铃私人收藏。关于李宾，见《宫中档》（台北：故宫博物院） 14593，乾隆 28/4/1；李世瑜：《现在华北秘密宗教》，14~17 页，成都，1948（台北重印，1975）；石汉椿，"Millenarianism Without Rebellion：The Huangtian Dao in North China"，*Modern China* 8：305-336（1982）。关于殷祖，见《太上祖师宝卷》，第二部分。关于韩飘高，见澤田瑞穗，《弘陽教の試探》，《天理大学学報》24：63-85（1957）；《外纪档》（台北：故宫博物院），嘉庆 22/12/21；James Inglis，"The Hun Yuen Men"，*Chinese Recorder* 39：270-271（1908）；《混元弘阳叹世真经》（无年月，明代版本；北京：中国社会科学院世界宗教研究所）。关于王森，见 *Dictionary of Ming Biography*，*1368-1644*，eds. L. C. Goodrich and Chaoying Fang（New York：Columbia University Press，1976），pp. 587-589；Susan Naquin，"Connections Between Rebellions：Sect Family Networks in North China in Qing China"，*Modern China* 8：337-360（1982）。我对 Overmyer、中国社会科学院世界宗教研究所、李世瑜和吴晓铃深表感激，他们允许我参考以上提到的各种经书。

3. 白莲教门徒使用的书籍在题目的结尾通常有"宝卷"或是"经"等字样；在清代，信徒们通常将这些书叫作"经"或是"经卷"。Overmyer 选择将它们称为"宝卷"；由于并不是所有宝卷都属于教门宗派，因此他是在通俗宗教文学流派崛起和发展的大环境下讨论白莲教经书。根据清代用语，我使用"scripture"（"经"），偶尔也用"sutra"（中文也是"经"）。只有当教派经书像佛经那样明显用于念诵时，我才用"sutra"，毫无疑问，它们这是在效仿佛经。但并不是所有教派经书都像佛经那样念诵。

4. 本文中提出的关于白莲教门派的社会环境的假说只是建议性的，不是确定性的。还需要进一步研究。

5. 关于 1774 年及此后起义的更多资料，见我所著 *Shantung Rebellion*：*The Wang Lun Uprising of 1774*（New Haven：Yale University Press，1981）一书，尤其是 pp. 153-159。

6. Daniel L. Overmyer，“Values in Sectarian Literature：Mid-Ming to Twentieth Century，Part Ⅱ，Spirit-Writing（*fu-chi* 扶乩）Texts”（未发表文章，1981）.

7. 本文中所表述的思想，根据的是数千份有关白莲教派的文献，这是清朝官府在 1720—1840 年查办这一教派的记录。（1820 年之前案件不多，散布各处。）我得以翻阅保存在台北和北京档案馆中几乎所有 1840 年之前有关白莲教的文件，这是绝大部分现存的记录。根据调查，所记录的资料只是那些官府发现的教门，不包括所有的清朝教门。（朝廷搜查教门的努力在不同时期和地区程度不一；比如，朝廷对长江下游地区不太关注，在其他地方，通常在发现企图造反的攻击性团体时便会突击逮捕。）这类证据表明了本文中所指出的类型，但是如果引用我所读到的所有案件来解释每一项概括的话，便会将读者淹没在注释之中。没有更好的办法，因此我只有在文中提到特定材料时才引用档案，只要可能就引用第二手材料。

8. 在这个时期，印刷工业的扩展、教育的发展和都市化可能也有助于扩大书籍的读者群，包括非正统书籍。见本书中 Rawski 的文章（第 01 章）。

9. 除了在注 1、2、6、19、80 中引用的其他材料，还见他的文章“The White Cloud Sect in Sung and Yuan China”，*Harvard Journal of Asiatic Studies* 42：615-642（1982）。

10. 关于罗教已有相当大量的学术研究。见 Overmyer，“Boatmen and Buddhas”，本文中所引其他著作，以及 David E. Kelly，“Temples and Tribute Fleets：The Luo Sects and Boatmen’s Associations in the Eighteenth

Century", *Modern China* 8：361-391（1982）。关于弘阳教，见澤田瑞穗，《弘陽教の試探》。

11. J. J. M. de Groot 在他关于 19 世纪晚期厦门龙华教的描述中，对一个入教仪式做了详尽的长篇说明，他指出仪式同寺院的发愿仪式很类似。见 *Sectarianism and Religious Persecution in China*（Amsterdam，1903-1904；Taipei: Ch'eng-wen，1971），pp. 204-215。在 20 世纪，公开宣布守戒是声明成为虔诚的俗家佛教徒的一种常见方式。见 Holmes Welch，*The Practice of Chinese Buddhism*，*1900-1950*（Cambridge，Mass.：Harvard University Press，1967），pp. 317，358-364。

12. 例如，几位男信徒为表示信守独身而做出极端性举动，他们自愿成为阉人，见《外纪档》，道光 3/12/22。

13. 关于日常的宗教活动，见 Stephan Feuchtwang，"Domestic and Communal Worship in Taiwan"，in *Religion and Ritual in Chinese Society*，ed. Arthur P. Wolf（Stanford：Stanford University Press，1974），pp. 107-111。

14. 在 18 世纪中叶，官府采取极为激烈的手段查找并摧毁教门经堂。见 David E. Kelley 的论文"Sect and Society：The Evolution of the Lo Sect Among Grain Tribute Fleet Boatmen，1700-1850"，提交于 Orthodoxy and Heterodoxy in Late Imperial China：Cultural Beliefs and Social Divisions 大会（Montecito，California，August 20-26，1981）。

15. 关于对和尚诵经的描述，见 J. Prip-Moller，*Chinese Buddhist Monasteries*（Copenhagen，1936；reprinted ed. Hong Kong: Hong Kong University Press, 1967），pp. 365-367；Welch，chap. 3。关于白莲教的活动：Overmyer，*Religion*，pp. 186-188。

16. 一般家庭或是寺庙祭拜时可能供奉各种贡品。见 Feuchtwang，pp. 110-111；Arthur Wolf，"Gods，Ghosts，and Ancestors"，in *Religion and Ritual*，pp. 176-182。根据 Feuchtwang 的标准，这些白莲教的贡品十分"洁净"，这是献给最高神明的特征。

17. 信徒们对宗教活动做出简单回答，很难分辨这是反映出他们对宗教的哲学基础不甚了了，还是记录见证时的敌对环境所致。

18. 《太上祖师宝卷》，第二部分，12 页。

19. 写在文本上的评注（正如写在儒学经典上的），表明了师傅们对门徒解释经书的习惯。例如，《叹世无为卷》上对不常用字注音。见 Overmyer，"Ming Dynasty Popular Scriptures：An Introduction to the Pao-chüan of Lo Ch'ing and His Wu-wei Chiao"（未发表的论文，1976），pp. 11-12。

20. Overmyer 在"Boatmen and Buddhas"与"Ming Dynasty Scriptures"中分析了这些文本。Fou Si-houa（傅惜华）在"Catalogue des Pao-kiuan"中使用了这些书籍中的几页作为插图，见 *Mélanges Sinologiquesé*（Paris：Université de Paris，1951），p. 46。

21. 澤田瑞穂在《弘陽教の試探》中列出 21 本弘阳教经书：有几本是提供了韩飘高本人的材料。至少有 7 本这类经书看来显然撰于明代。亦见黄育楩的《破邪详辩》（1883 年），书中提到或是引用了大部分这类经书。有些经书借用罗清五部六册的标题（可能也包括内容），只是简单地在标题中加上"弘阳"或是"混元"字样。

22. 黄育楩讨论了很多忏文。此外，尤其可参阅《宫中档》45833，乾隆 48/9/17；《宫中档》24036，乾隆 34/1/22；《宫中档》15334，乾隆 28/6/28。

23. 这次印刷中的其中一卷在 1817 年被发现后没收，付之一炬。见《上谕档方本》（台北：故宫博物院）211，嘉庆 22/12/21。1652 年，两个教徒经过校对考订，重印了罗教经书《苦功悟道卷》；此后，在 1798 年，江西的一个印刷工用一个教徒家的雕版再次重印。见《上谕档方本》255-256，乾隆 21/2/22；《随手登记》（台北：故宫博物院），嘉庆 19/5/20；Overmyer，"Ming Dynasty Scriptures"，p. 9。

24. 这本经书清楚地指出到 16 世纪末期，有些罗教门派已完全接受了白莲教创世论。档案资料证实罗教门派一直延续到19世纪初。见《宫中档：秘密结社》（北京：明清档案馆）461，1814年吴子祥案。这里我们了解到吴的一个门徒为了重印罗祖的五部六册，从他的20个门徒手中每人筹集了1 000~2 800钱（总共20~56两银子）。在殷祖和兆祖的生平中，我们见到关于无生老母、三个宇宙时期以及主宰三个时期佛祖的文字，但是罗经中并没有提到这些。

25. 《军机处录副档：农民战争》（北京：明清档案馆）2764，嘉庆20/9/13。

26. 当最明白无误地提到这种著述方法时，显然涉及使用诡计。1766年一个湖北男人坦白他欺瞒他人。他先是自己写了一本书，然后让一个灵媒背下来，假装从神明那里得到此书的内容。见《军机处录副档：农民战争第二补编》54：1，乾隆31/5/19。

27. 这个数字是我根据到目前所见的证据所做的统计。

28. 《宫中档》10568，雍正12/7/21；《宫中档》3445，雍正12/11/20。

29. 《外纪档》，嘉庆22/12/21；《剿捕档》（台北：故宫博物院）435，嘉庆18/12/21。黄育楩是道光年间的一位精力充沛的地方官，他对白莲教经书进行了最为人知的没收行动。黄先后在巨鹿、沧州为官（两地都在直隶），他在1833年收缴了20种不同的宝卷，1839年又收缴了30种（其中只有5种内容相同）。他撰写了《破邪详辩》一书，力图证明白莲教之妄谬，是异端邪说。

30. 《九莲宝卷》。（按：诗句引自中国宗教历史文献集成编纂委员会：《民间宝卷》，3~316页，合肥，黄山书社，2008。）

31. 黄育楩4. 23-27；《军机处录副档：农民战争第二补编》106，乾隆39/4/9；《宫中档》50279，乾隆52/2/27；《宫中档》54485，乾隆53/7/9；《上谕档方本》49-50，嘉庆10/5/7；《外纪档》（北京：明清档案馆）93，嘉庆19/2*/4（按：此处"*"指闰月）；《那文毅公奏议》（1834；台北重印，1968）42.41-45，嘉庆20/12/21；《上谕档方本》53-56，嘉庆22/7/9；《外纪档》，道光，3/11/24；《军机处录副档：农民战争》

2297：6，嘉庆 10/5/21；《宫中档：秘密结社》493：1，嘉庆 21/1/10。关于幸存的文本，见以上注 2；Fou Si-houa，p.61；李世瑜：《宝卷综录》，编号 167，北京，中华书局，1961。

32. 《宫中档：秘密结社》490：2，乾隆 40/2/21。关于佛僧，见 Welch，*Practice of Chinese Buddhism*，pp. 99，491 和 chap.7。俗民不应举行这些仪式。

33. 在 Henri Doré 所著 *Researches into Chinese Superstitions*（Shanghai，1914–1938；reprint ed. Taipei: Cheng-wen，1966）1：69-79 中有这类路引的插图。

34. 《宫中档》47961，乾隆 49/4/26；《宫中档》48013，乾隆 49/5/4；《宫中档》50279，乾隆 52/2/27；《上谕档方本》292-295，乾隆 52/3/2；《军机处录副档：农民战争第二补编》58：7，乾隆 18/8/3。

35. 见《九莲宝卷》第九品和第十九品。

36. 《大清历朝实录》（沈阳，1937；台北重印，1964）980.10-11，乾隆 40/4/10；《宫中档》42617，乾隆 47/9/29。

37. 《外纪档》，道光 3/11/24。

38. 对我来说，更重要的问题不在于信徒活动是否积聚钱财——他们确实也这样做了，而在于他们是将这些钱用于教派集体目的，还是用于私人享乐。由于对不纳税的所有敛财活动都持怀疑态度，因此清朝官府不承认这种区分。

39. 《宫中档》50279，乾隆 52/2/27；《宫中档》54821，乾隆 53/8/21；《宫中档》24036，乾隆 34/1/22。

40. 关于王森的资料见以上注 2 和我所写的“The High Road and the Low Road：Lineage Strategies of the Wangs of Yun-p’ing Prefecture，1500-1800”（为 Family and Kinship in Chinese History 大会 [Asilomar，California，January 2-7，1983] 所准备的论文）。关于王家最容易找到的文献汇编是《清代档案史料丛编》第三辑，1~90 页，北京，中华书局，1979。

41.《上谕档方本》333-336，341-342，嘉庆 20/12/25。

42.《宫中档：秘密结社》476：14，嘉庆 21/3/8。

43.《宫中档》50279，乾隆 52/2/27；《宫中档》50323，乾隆 52/2/30；《上谕档方本》，292-295，乾隆 52/3/2；《宫中档》51168，乾隆 52/6/12。董的获利大约为 13 两银子。他和其他人给田家的银子约为每年 10~20 两。

44.《外纪档》，道光 3/12/22。白莲教派的特点之一是强调特殊的敬香方式。其经书赋予了香很大的权威。比如说，《九莲宝卷》描述了适当的香火的巨大力量，特殊的香气拥有无法抗拒的力量，可以吸引神明的注意（第一品）。“一炷香教”的名称体现了这种想象，教派门徒有时聚会诵经，但是常常只是敬礼，点燃香火，并祈祷。见《宫中档：秘密结社》596：卷 2，嘉庆 19/5/28 中的一幅插图。

45. 关于刘氏家族的资料，见我的文章“Connections”，以及 *Shantung Rebellion* 一书，pp. 51-53。

46. Judith A. Berling，*The Syncretic Religion of Lin Chao-en*（New York：Columbia University Press，1980)，尤其是 chap. 5。在 20 世纪，有些佛寺注重打坐运气（而不是诵经）；佛僧们根据一张打坐和迅速绕行交错进行的复杂日程表，在早晨、中午和晚上进行这类活动。见 Welch，*Practice of Chinese Buddhism*，chap. 2；Prip-Moller，*Chinese Buddhist Monasteries*，pp. 74-77。

47. Susan Naquin，*Millenarian Rebellion in China*：*The Eight Trigrams Uprising of 1813*（New Haven：Yale University Press，1976），pp. 26-29；Overmyer，*Religion*，pp. 188-192. 这些书都没有对诵经派和打坐运气派加以区分。

48.《外纪档》，道光 1/11/16。关于这三种打坐运气传统中使用的词汇，见 Berling，*Syncretic Religion*，pp. 37，43，95-98。我使用了她对“命”的翻译。

49.《外纪档》，嘉庆 23/9/19；《宫中档》1044，道光 17/6/2；《外纪档》，道光 3/11/24。

50.《外纪档》，道光 3/12/20。

51.《六谕》的全文是“孝顺父母，恭敬长上。和睦乡里，教训子孙。各安生理，无作非为”。1652 年朝廷命令将这些告诫刻在石碑上，展示在帝国各地。见《钦定大清会典事例》(1899)，397.1。白莲教版本（有很多版本）包括：1815 年（《宫中档》18834，嘉庆 20/6/1）的“孝父母，睦邻里”；1788 年（《宫中档》54228，乾隆 53/6/8）的“敬大天地，孝顺父母，尊敬长上，和睦四邻”。关于其他版本，见《那文毅公奏议》(70.40-47，道光 7/8/10；《宫中档》41681，乾隆 47/5/28；《外纪档》，道光 5/12/22；《那文毅公奏议》38.67-72，嘉庆 20/9/6；《外纪档》，道光 1/11/16；《军机处录副档：农民战争》2308，嘉庆 18/12/11；《宫中档：秘密结社》779：4，道光 16/1/24；《军机处录副档：农民战争第二补编》295：13，乾隆 51/8/9；《宫中档：秘密结社》458：11，嘉庆 24/4/26。关于清代官府宣传圣谕，见本书中 Victor H. Mair 所著第 11 章。

52. Naquin，*Eight Trigrams*，p. 47.

53. 关于类似的儒学识字课本，见 Evelyn S. Rawski，*Education and Popular Literacy in Ch'ing China*（Ann Arbor：University of Michigan Press，1979），pp. 136-137。

54.《宫中档》8014，雍正 12/3/24；《宫中档》54994，乾隆 53/9/13。

55. 关于战争咒语，见我所著 *Shantung Rebellion* 一书，pp. 59-60。关于文功和武功，亦见此书 p. 186。

56.《大清历朝实录》，980. 11-12，乾隆 40/4/12；Naquin，*Shantung Rebellion*，p. 57；《宫中档》50279，乾隆 52/2/27。

57.《剿捕档》147，嘉庆 5/8/7。

58. Naquin，“Connections”，以及 *Shantung Rebellion*，pp. 57，121-122。

59. 关于“口传心授”，见《大清历朝实录》1158.7-8，乾隆 47/6/9。有一个叫刘照魁的八卦教门徒在 1791 年被捕，被官府审讯。他向官员们背诵了不同师傅教给他的三段经文，所有经文的题目都叫“八卦理条”。第一段有 1 253 字，在不规则的诗句后面是关于孔子的散文故事；第二段有 340 字，诗句和散文交替，总结白莲教的基本末世思想；第三段全部是诗体韵文（150 字），告诫门徒虔诚守戒。《军机处录副档：农民战争第二补编》2327：2，乾隆 56/9/27。显而易见，八卦教具有丰富的口述传统——即使很少人分享这个传统，这个传统不用书籍传承宗教的基本信条。

同刘氏家族有关的两本书是《五女传道书》和《灵山礼采茶歌》。见《大清历朝实录》309.42-44，乾隆 13/2/20；《宫中档》41883，乾隆 47/6/24；《大清历朝实录》900.27-29，乾隆 37/1/13。

60. 《宫中档》54669，乾隆 53/7/28。

61. 关于这些联系纽带，见 Naquin，*Eight Trigrams*，p. 40。在 1816 年，有人曾讲述了他的教门经常中断（但是非常典型）的历史，记载如下：“闻自顺治康熙（1644—1722 年）年间，有河南人张姓，不知何名，始传此教……故后其教不行。至乾隆三十四年（1769 年）间，清河县（直隶）人刘姓人复兴此教……刘姓传给交河县（直隶）人崔大功（崔焕的师傅）……嘉庆十五六年（1810—1811 年）间，崔大功物故，十八年（1813 年）刘姓亦故。崔焕等因清河相距较远，与刘姓俱未见过；刘姓故后，教中无人接管。”《上谕档方本》301-306，嘉庆 21/2/28。

62. Naquin，*Eight Trigrams*，尤其是 pp. 29-31。

63. 例如，在 9 年之中，简七在他师傅过生日以及逢年过节时都要正式拜访他的师傅，给住在临近村庄的师傅带去食物作为礼物。在师傅搬到远处之后，简一年只拜访师傅一次，这样又持续了 15 年。《宫中档》46730，乾隆 48/12/7。

64. 关于收钱的数目，见 Naquin 在 *Eight Trigrams* 一书 pp. 49-53 的讨论和

appendix 2。滦州王家也使用专有名称来称呼礼金。目前我还不清楚谁最先使用这些名称。

65. Naquin，*Eight Trigrams*，pp. 24，84，130，294.

66. 《外纪档》，嘉庆 22/12/22。

67. 《宫中档：秘密结社》508：4，乾隆 37/5/12。

68. 《外纪档》，嘉庆 22/12/22。

69. 《外纪档》，道光 3/11/24；《外纪档》，道光 3/12/20；《宫中档》48843，乾隆 51/9/14；《宫中档》18960，嘉庆 20/6/20。

70. 关于郜家，见《上谕档方本》141-142，嘉庆 21/10/24。另一个门徒称郜家为“透天真人”。

71. 对第二句的其他改动包括“现在将来，弥勒我师”“现在将来，我祖未来”“现在将来，弥勒未来”。见《外纪档》，道光 3/12/20；《宫中档》464，道光 17/1/30；《上谕档方本》89-91，嘉庆 21/3/4；《宫中档》41681，乾隆 47/5/28；《宫中档》18152，嘉庆 20/5/27。关于孝悌的真言，见上文注 51。

72. David Kelley 的研究显示了在漕运粮食的船工中，罗教团体是如何逐渐发展成一个名为“青帮”的俗界组织的。

73. 关于崔焕，见《上谕档方本》141-142，嘉庆 21/10/24。关于王伦，见 Naquin，*Shantung Rebellion*，p. 39。

74. 《上谕档方本》215-218，嘉庆 22/8/26；《大清历朝实录》309.42-44，乾隆 13/2/30；《大清历朝实录》1382.23-27，乾隆 56/7/13；《宫中档》41883，乾隆 47/6/24；《大清历朝实录》1261.18-21，乾隆 51/7*/21；《上谕档方本》322-324，乾隆 52/3/5；Naquin，*Shantung Rebellion*，pp. 52-53。

75. 《宫中档》50189，乾隆 52/2/14；《上谕档方本》322-324，乾隆 52/3/5。

76. Naquin，*Eight Trigrams*，pp. 152，330.

77. 诵经派曾多次清楚地提到对弥勒佛的崇拜，在福建，1725 年和 1748

年有集体祭拜。见《宫中档》11268，雍正 3/6/2;《大清历朝实录》309.38-41，乾隆 13/2/30。首次取得些许成功的起义由王伦（继承刘家教门传统）在 1774 年领导；以后半个世纪中所发生的绝大多数暴动（或是酝酿中的暴动）都由八卦教领导。见 Naquin，*Shantung Rebellion*，pp. 154-158。

78. 关于王森，见上文注 2。宫中也有弘阳教庇护人（李世瑜，个人通信，1981）。

我关于异端和正统的一般性问题的思考得益于 1981 年举行的 Orthodoxy and Heterodoxy in Late Imperial China 大会上的讨论。

79. 关于对这个问题的讨论和明代白莲教派拒绝祭祖的一些例子，见 Richard Shek 的论文"Ethics and Rituals of the Ming-Ch'ing Religious Sects"，提交于 1981 年 Orthodoxy and Heterodoxy 大会。

80. Overmyer，"Alternatives：Popular Religious Sects in Chinese Society"，*Modern China* 7：153-190（1981）.

81. 《外纪档》(北京：明清档案馆）85，嘉庆 16/4/19。

第 10 章

/ 神明的标准化：华南沿海天后的推广，960—1960 年

华　琛（James L. Watson）

可以认为，同其他很多乡民社会相比，中华帝国晚期文化整合的程度之高，确实引人注目。当然，在地方上因为亲属、族群和经济组织而存在种种差异。然而，只要读一下尤金·韦伯对 19 世纪法国的叙述，就可以体会到在晚期帝国时，中国社会的整合程度是何等之高。[1] 同法国领导人一样，中国的政治领袖很难使农民信奉一种基于现代民族主义的意识形态。但是同法国领导人不同，中国的领导人“无须”臆造一种以城市模式为基础、同农村民众格格不入的新型民族文化。 292

绝大多数中国村民们已经认同一种融会贯通的“中国文化”，这是一种他们易于理解的抽象观念。乡村百姓不需要城市精英们提醒，他们知道大家分享重要的文化传统。即使中国人说着彼此

不懂的方言（或是语言），即使他们同地方文化密切相连——似乎类似于韦伯所描述的模式，上述这一点仍然确切无疑。19世纪法国同晚期中华帝国之间存在重要的区别，因为在这两个社会中，地区精英们发挥了截然不同的作用。如果我对韦伯主题的理解正确无误，那么在法国，地区领袖们成为分权论的斗士，竭尽全力抵制巴黎文化帝国主义。与此相反，中国的地方精英具有（由标准化了的教育课程培养出来的[2]）共同的文化传统，热衷于
293 参与国家事务。只要他们忠于大一统的思想，在此过程中他们就可以保持地方认同。在国家一级的中国显贵们本人可能同乡村的族人联系密切，因此效忠朝廷并不一定同忠于自己的家乡彼此冲突。就此而言中国可能与众不同。

本文考察中国传统的一个侧面，即朝廷促使民众祭拜国家政权所“认可”的神明，从而对文化的标准化发挥重要作用。粗看之下，易于得出的印象是，中国的庙宇祭拜表现出文化上杂乱无序的状态，而非一个整体。毫不夸张地说，在帝国每一处想象得到的庙宇中，人们祭拜数千种神明。在绝大部分地区，宗教活动不由专业的佛僧道士组织。当地百姓修建自己的庙宇，安置自己神明的塑像，举办自己的节庆。但是细查之下，我们发现，为了将某种统一性强加于地区和地方性崇拜之上，朝廷显然以微妙的方式进行干预。农民群众甚至经常对这种干预毫无所觉。通过推广祭拜那些由礼部所批准、皇帝亲自认可的神祇，一致性达到了一种令人惊讶的高度。

在本文中，我们将地方精英定义为那些经营土地和商业的

识文断字的男人，他们热衷于同朝廷合作使祭拜标准化。对于这些受过教育的人来说，协助修建朝廷认可的庙宇是使本人及其家乡社群“士绅化”的诸种手段之一。随着朝廷认可的新神祇被安置在庙宇之中，那些未被批准的本地土神逐渐湮灭不见。不可否认，地方神明从未被彻底抹除，那些只是一两个村落居民们信奉的神祇可能仍旧香火不绝。[3] 然而在中国南方，对国家认可的神祇的推广是如此成功，以至于到清朝中期，一小批国家认可的神祇有效地将地方神明取而代之了。

本文的主题是研究对女神天后（粤语发音为 T’in Hau）的崇拜，天后也被称为妈祖。祭拜天后的庙宇散布在中国南方沿海各地，从浙江到广东，也包括台湾。很多读者所知所闻的天后是渔民、水手和从事海上贸易商人的保护神。天后祭拜研究的有趣之处在于，天后本是个 10 世纪左右出现于福建沿海的名不见经传的小神。由于以下所述的种种理由，在 12 世纪时，朝廷为便利之计使她成为平定沿海的象征；仰仗朝廷的支持和庇护，她最终脱颖而出，成为中国南方的主要女神。心存感激的皇帝们顺便授 294
予她一连串显赫的头衔，使她上升到超凡出众的高位（“天后”便是封号之一，西方观察者们常常翻译成“天之后”）。毫不奇怪，天后地位的上升和对天后崇拜的推广，与国家权威在南方沿海地区的逐步扩展齐头并进。

在本文中，我从两方面考察天后崇拜。首先我将南方沿海地区视为一个整体，根据地理和历史资料勾勒出天后崇拜的发展历程。然后我集中考察两个广东沿海的小地区（乡），以揭示地方上如何对天后祭拜进行组织。因此这一研究致力于阐述本书编者们所提出的主题之一：中国官僚精英们的思想和象征物如何“渗透”到各地乡镇？乡村百姓们如何诠释这些象征？我们所面对的是一个有趣的例证：朝廷选择一个无足轻重的小神，将她改头换面，然后使之作为官方承认的女神凌驾于地方村镇之上。于是在权力等级结构中就出现了自下而上和自上而下的双向思想流动。

在研究中国庙宇和寺庙祭拜的著作中，我们不常见到这类研究。正如我在下文中指出的，绝大多数人类学家对国家权力轻描淡写，将注意力集中在参与祭拜的人们的集体行为之上。于是中国人的祭拜活动被视为表现出地方社区的价值观（即合作、团结和社会平等）；埃米尔·涂尔干（Émile Durkheim）对这些著作的影响不容忽视。[4] 正如下文所示，涂尔干的研究方法掩盖了寺庙组织的一些重要方面，很难追溯其变化过程。以下所进行的分析显而易见是历史性的，因为本文勾勒两个地区的祭拜活动，从清代初期的初现端倪到 20 世纪 60 年代的发展变化。

首先，我设想在中国社会等级结构中，各个社会阶层都自觉参与那些最充分代表其利益的寺庙活动。这意味着参与天后祭拜的人们曾经（而且仍旧）明白他们的神明所传递的象征性信息。因此可以将中国神殿中的诸神以及他们所使用的象征符号视为一个复杂传播体系中的基本要素。对中国两个地方祭拜的探讨表明，依据人们在权力等级结构中的地位，神祇对于不同的人意味着不同之物。例如，对于水上人来说，天后承诺控制海洋，保佑他们免受暴风雨的侵袭；对于陆居的精英来说，天后象征着地域性控制和社会安定；对于清朝官府来说，天后代表被认可的“教化”效果。天后崇拜的物质标志（即庙宇和神像）通常——但并非一贯——被那些位高权重、识文断字的男性控制。地方精英牢固掌握本地的祭拜组织（包括庙产），至于哪些神明得到皇帝的批准，朝廷则具有最终的决定权。 295

于是，对宗教崇拜的研究提供了一个机会，使我们得以判断，当跨越不同社会阶层时，价值体系和象征物如何发生变化。在以下的章节中，我将通过传统中国权力等级结构中的几个不同阶层，来追溯天后作为宗教象征所发生的变化。我从分析朝廷官吏入手，然后考察地方精英，接着观察有文化的农民以及目不识丁的佃农，最后是不识字的女人和水上人。

/ 天后神话的起源

在 10 世纪后期，现在以“天后”而为人所知的那位女神，最初被福建省莆田县湄洲的沿海居民奉为神明。同很多中国神明一样，天后实际上是一个真人成神，在其家乡颇有威名。根据绝大多数叙述，这个女人在 960 年出生于湄洲的一个海上人家（姓林），死于 987 年。[5] 据说她在年幼时从来不哭，喜怒不形于色，长大成人之后也没有出嫁。简言之，她与一般人不同，完全不符合中国乡民社会为妇女规定的传统模式。在她短暂生命接近尾声之际，当地人坚信她有超凡神力，她的魂灵能够指引出海的人穿过暴风雨安全返家。人们起初这样想是因为她梦到自己在海上救了她的兄弟，当他们回到家时她才得知，确实有一个神秘的女性魂灵曾对他们施以援手。在她死后不久，福建沿海的水手们开始传说类似的经历，他们为此感谢“林大姑”[6]（大姑是乡民们对杰出女人的尊称；在亲属关系中大姑是对父亲姐姐的称谓）。正如我们将见到的，林姓女神后来被朝廷认可，以其他名号为人所知。但是在她死后的头两个世纪中，这位湄洲女神所受的待遇似乎与其他有超凡神力的当地神明一般无二，这类神祇在中国有数千之多。我要论证的是，由于朝廷的干预，只是在乡间邻里受人敬重的“林大姑”最终变成了举国知名的“天之后”。

296 以上的叙述只是简略概括了天后神话。当然还存在很多冗长的版本，这些版本对林氏女的生活环境和她死后的超凡功绩说法不同。有些故事以文字记录传世，在数个世纪中已形成统一版本。[7]有些则是口口相传，因此直到今天这位女神的故事还在增减演变。因此，对于那些沿袭列维 - 斯特劳斯（Lévi-Strauss）及其弟子们的结构主义传统的人类学家们来说，对中国神话的研究提出了一个特殊的问题。绝大多数关于神话的结构主义理论来自对无文字民族的研究，所以并未探讨与之抗衡的书写文本问题。那些利用文字资料研究神话的人类学家绝大多数钻研古典传统（如古希腊或是希伯来文本），而这些神话已不再流传于世，因此不会在口述传播中发生变化。[8]至少在我们所研究的地区，像天后这样的中国神话还是活生生的，所以很难进行系统性分析。在本文中我将尝试分析天后神话（虽然并不一定是“结构主义”的分析），表明不同阶层的人们如何选择强调女神故事中的某些成分，同时淡化其他成分。那些位于社会等级结构顶端的人接受神话的标准书写文本为“真实的”或是“正确的”；而处于社会底层的人们，尤其是水上人和目不识丁的女人们，对除了口头传说的其他版本漠不关心。

姜士彬研究了一个公元前5世纪的吴国重臣伍子胥的传说，他的工作也涉及类似问题。[9] 根据二者的神话传说，天后和伍子胥都表现出完美的德行，在死后均被封为神。但是二者的共性到此为止。这里值得我们注意的是姜士彬的分析方法，而不是两个传说人物之间的共同之处。据姜士彬说，有关这些人物的记录保留在中国社会的各个阶层中，主要在有文化的精英手中，但是也在文化程度不高的农民中流传。就伍子胥传说而言，文字记录倾向于将众多材料中的方方面面融为一体，于是在几个世纪之后，就已经很难区分一度属于口述传统的那些要素。因为出版神话的作者们并不总是为同类读者写作，所以这种口述和文字传统的混合物变得更加复杂。[10]

我们审视有关天后生前死后的口头和书写版本时，也存在类 297
似问题。正如我们将见到，在神话的基本框架中发生的变异十分重要，因为它们使所有社会阶层的人得以宣称天后是他们中的一员，因此是他们的庇护女神。引人注目的是，有文化的精英使用天后故事巩固自己的地位，他们撰写的文本指出，天后出身于一个正直的下层官吏之家，以此来强调她“值得尊敬的”社会背景。

精英版本也倾向于忽略一个事实，即这个日后成为天后的女人活了 27 年，但是并没有结婚，背离了当时当地的一般习俗。书写文本对天后死亡的细节也闭口不提，只说她超脱肉身成为神明，驾云升天。

同书写文本截然相反，根据台湾乡民的说法，这位女神是一个穷苦渔民的女儿。[11] 当被问起时，香港新界不识字的居民们通常说女神是个水上人家（对水上人家的一种类似种姓的划分用贬义词“疍户”称呼这个群体）的第七个孩子。关于天后传说的很多口述版本含蓄地强调，她除了庇护在海上讨生活的男人，还同自梳女和其她未婚女性有一种特殊的联系。例如，在一些叙事中，她拒绝结婚，因成为卦师或巫神而引人注目。[12] 一个台湾的口述版本说她自愿绝食而死。[13] 新界的几个妇女坚持对我说，天后宁愿自杀也不愿听从父母的安排同一个老头成亲。戴闻达（Duyvendak）在对天后崇拜的研究中委婉地暗示说，天后传说的其他文本可能将自杀视为一种死亡方式。他指出，在死亡之后，这位女神出现时经常身穿红衣。[14] 虽然戴闻达并没有做出解释，但是在中国的乡民社会中，身着红袍的女性魂灵的出现明确地象征自杀。有时无法继续忍耐的女人们身穿红色婚袍结束自己的生命。这种极端手段使死者的魂灵具有令人敬畏的力量。[15]

298 不论她的生活环境和死亡原因到底如何，在有关天后传说的文本中，对这位神祇善行义举的描述都表现出某种程度的一致性。她为保护受到暴风雨和恶浪威胁的出海人而行英雄壮举，为此她引人注目。记载这些壮举的最广为流行的文本 [16] 将天后描写成一个普救众生的神祇，她搭救所有身处困境的人，上到皇帝的宠臣，下到国家中最穷的水手。天后传说的书面版本总是赞美女神镇压海盗和其他趁沿海动乱而“从中牟利”的人（根据字里行间的含义，这说的只能是水上人）。根据以下更详细的概括，一些关于天后传说的口述版本，尤其是那些渔民所讲的故事，天后并未被视为社会动乱的平定者。但是在中国南方从事耕种的农民中，人们崇拜天后，主要因为她驯服海洋和建立沿海秩序的能力。

在讨论朝廷插手天后崇拜之前，我们需要先了解这位女神同其他中国神明的关系。人们现在普遍认为，只讨论三大宗教（佛教、道教和儒教），是无法理解中国宗教中所谓民间传统的。[17]然而，根据天后作为救主和庇护神灵所具有的特性，一些论者推测她主要来自佛教信仰，实际上是更古老的神明的变身。[18]当献给天后的宗教性短文大量出现，而且使用佛教经忏手册的形式撰写[19]，这种印象于是得到了加强。而其他一些论者则同样言之凿凿，声称天后是个为了“抗衡”民间佛教神祇观音菩萨而被有意缔造出来的道教神祇。[20]艾伯华研究了中国南方本土文化，提出关于天后起源的另一个理论；据艾伯华说[21]，人们常常将天后等同于或是混同于（很难区分二者的差别）一些水神，她们在汉人迁徙到南方之前就已存在。这些神明中有一个同河上运输以及插
秧有关，人们称她临水夫人（字义为“靠近水边的夫人”），有 299
关她的传说也来自福建沿海，同属产生天后传说的地区（天后姓林，与“临”同音）。因此很可能天后是一个非汉水神的汉化变身。虽然这类探索饶有兴味，但我在本文中不打算展开。需要做的只

是指出，天后最终成为中国“民间传统”中的主神之一；即便有可能，也很难以任何精确的方式勾勒出天后传说的起源。我们在探讨这位神祇如何被用来为文化大一统服务时，可以找到更坚实的社会学证据。

/ 朝廷干预：塑造一位“被认可”的神祇

同天主教会的封圣一样，一位中国神明在进入朝廷所认可的神谱时，要按照固定的官僚程序进行。第一步是朝廷颁布敕令，说明这位神明对国家做出过哪些特殊贡献。心存感激的皇帝们授予神明各种封号，予以表彰。天后众多封号中的第一个是“灵惠夫人”（字面意思为神圣仁惠的夫人），于 1156 年应一位朝廷使臣之请得到批准。使臣声称这位女神指引他和他的船队安全地通过暴风雨。不久之后（1192 年），她又得到了一个地位略高的封号“灵惠妃”（加赐帝妃尊号）。[22] 在当时这些较低的封号十分重要，不过一直到蒙古人统治时她才成为举国公认的航海庇护神。1278 年，忽必烈汗因她对国家的杰出贡献而亲自挑选出这位女神，封她为“天妃”（天庭的妃嫔）。[23] 在 14 世纪和 15 世纪，一系列相关的封号接踵而至，其中 1409 年所封的尊号“护国庇民之天妃”（按：全称“护国庇民妙灵昭应弘仁普济天妃”）尤其揭示深义。[24] 当清朝皇帝们想方设法加紧对南方沿海地区的控制时，这位女神变得对国家更为举足轻重。清代的立国皇帝（1644—1662 年在位）

认为天妃使自己从一场暴风雨中获救，遂赐予她“天上圣母”这个显赫的名号。最后，1737 年乾隆皇帝将她抬到天后，即“天庭皇后”的高位。[25]

一旦朝廷认可天后的地位，对天后的祭拜就由礼部掌管，确保按照祀典的规章制度对这位女神恩遇有加。正如杨庆堃所指出的，国家赞助制度在未被认可的祭拜和国家认可的祭拜之间划分出界限。[26] 受朝廷支持的很多神明享受特权，包括朝廷出资为他们在帝国境内的行政中心精心修建庙宇。 300

蓝厚理（Harry Lamley）研究了台湾的城市发展，为朝廷如何推广官方认可的崇拜提供了精彩的例证。当清廷最初接管对台湾东部噶玛兰地区的行政权时，官员们发现居民（汉族渔民和农民）没有修建庙宇祭拜朝廷规定的任何神明。官吏们最先着手进行的事务之一就是在地区行政中心宜兰城中资助修建三座新庙。从大陆迁来的天后、关帝（战神）和观音（慈悲女神）的神像，被安奉在宜兰庙中。负责此事的官吏认为兴建寺庙是官府教化台湾边地使命的一部分。[27]

衙门官吏到蓝厚理所描述的官方庙宇中去祭拜，但是官府也希望黎民百姓尾随其后。在春祈秋报节庆日时，中国每个行政中心的高级官员都要负责一年两度的正祀神明。[28] 这些日期由礼部拟定，通常与神明的民间节庆日（即神明的所谓“生日”或是“神诞”）不相吻合。例如，天后诞是每年农历三月二十三日，而在朝廷修建的寺庙中，规定的祭拜日不同于天后主要庆祝日的任何一天。两套祭拜体系意味着在很多中国城市中存在两座主要的天

后庙，一座由官僚精英掌管，另一座由当地商人控制。妈祖（天后）庙在台湾的分布清楚地表现出这一划分。例如在台北，官方
301 庙宇建在城墙围绕的老城之内[29]，但是这并不是民间祭拜的主要场所。城外有另一座庙，被公认为台湾北部顶礼膜拜妈祖的主要中心。[30] 双庙并存的模式在台湾城市鹿港中更显而易见。城中的官方妈祖庙是一座宏伟的石头建筑，朝廷官吏在修建时不惜代价。但是自从 18 世纪寺庙落成到 20 世纪 60 年代，当地人几乎从不踏足。鹿港的非官方妈祖庙位于几条街之外；同国家庙宇截然不同，这里是台湾人朝拜进香的中心之一。[31]

官方庙宇在台湾城市中不受欢迎，表面看来，这似乎同本文的一个中心主题相互矛盾，即国家政权在推广天后崇拜中发挥了首要作用。这里的问题是，在推广特定神明时，国家到底是“领导”百姓还是“迎合”百姓行事。是否官吏们将他们自己的一套宗教象征强加于中国百姓之上，抑或他们仅仅是回应地方压力，支持已经在百姓中广为流行的神明？以下我们将更详尽地探讨这个问题。在蓝厚理所描述的事例中，国家政权似乎处于领导地位，而在港口城市鹿港，国家力图“笼络”神明的努力不太成功。然而重要的是指出，台湾发展的历史环境十分不同。按照汉人的标准，对这个岛屿的移民发生在很晚的历史时期（17 世纪和 18 世纪），移民的先驱主要来自福建沿海，即天后崇拜的发源地。实际上当开拓者们到台湾定居时，他们随身带去了这位女神。因此在台北和鹿港，当百姓还未面对清朝政权时，妈祖（天后）崇
302 拜就已广为流行。[32] 对于当地百姓来说，官方庙宇明确地象征国

家控制。在另一方面，民间庙宇直到如今还代表台湾本土的政治文化利益。[33] 非官方庙宇的“分庙”遍及这个岛屿上的村落。[34]

官方妈祖庙和非官方妈祖庙在台湾的主要城市中以醒目的方式对峙，这可能归因于这个岛屿与众不同的定居历史。然而台湾双庙并立的局面确实解释了本文所提出的主题之一：同中国大多数神明一样，对于不同的人来说，天后象征着不同的东西。官员们（绝大多数并不在台湾出生）将她视为帝国安定和朝廷“认可”文化的象征而广为推崇；台湾人接受妈祖，是因为她体现自身的独特性。就此而言，重要的是在台湾，这位神祇以她熟悉的名字“妈祖”为人所知。人们不称呼她的朝廷封号“天后”。在我进行田野工作的地区，历史环境十分不同。广东的主要城市中也有官方和非官方庙宇[35]，但是二者在 600 年里“共同”发展延续；所以它们之间的区别并不体现我们在台湾发现的对抗情绪。可能正是这个原因，广东的渔民和农民一贯用朝廷封号来称呼这位女神，先是叫她天妃，后来叫她天后。

由于本文的篇幅，我们不能对这个题目进行充分的讨论，不过有必要提到天后崇拜的地理分布，以及她同中国沿海利益的密切关联。我们已知，最早的天后庙（1122 年）坐落在福建沿海她的故乡。[36] 似乎从那里开始，天后崇拜沿着海岸南北扩展。在香港地区，最古老的天后庙建于 1266 年。[37] 如果关于鹿港非官方妈祖庙的说法可信（见注 32），那么在明代早期（14 世纪 70 年代 303
或是 80 年代），对这位女神的崇拜就已传到台湾。至迟在 15 世纪，天后庙已建立在北至山东沿海的威海卫。[38] 但是天后崇拜并不局限于中国沿海地区。一代又一代的福建移民将天后视为他们的庇护女神，并在泰国、爪哇和美国加州建起天后庙，这只是向海外扩展的几个例证。[39]

到明代中期，天后已同从福建到马来半岛以及更远地区的中国的商业利益发生了密切联系。这部分地可以从商人和朝廷官吏的谢辞中得到证明，因为他们将自己的幸运归之于天后的神力所助。在天后的众多拥戴者中，或许最有影响力的是三宝太监郑和，他以海上远航而青史留名。郑和声称这位女神指引他穿越未经勘察的海域，使明朝的商业帝国得以扩大到远离中国海岸之地。在 15 世纪初第一次远航归来之后，他在福建长乐城附近建造了一座天妃（这是她当时的封号）宫。这座天妃宫成为郑和日后每次远征时的集结之地。[40]

天后也成为几个商业性行会的保护神，这些商会的成员遍布于南方沿海城市。例如在台北，主要的天后庙中有一座是厦门会馆的总部[41]；类似的安排也存在于安徽安庆，那里的天后庙也充当福建会馆的会址。[42] 这并不表明来自故乡省份的商人们垄断天后。卢公明指出，在当时福建首屈一指的城市（福州）中，最大的天后庙实际上由来自浙江宁波的商人们修建。[43]

正如我们所见，因为象征着不同的东西，所以天后的作用是多种多样的。毫不奇怪，沿海商人和朝廷官吏选择将她描绘成定海安邦的神祇。海洋是最后的边地；在华南漫长的海湾和岛屿中，各种目无法纪之徒（海盗、明遗民、走私者）总是可以找到
304 暂时的藏身之所。在尚未平定的沿海边地，官府和商业难以长久

维持。以上提到的明朝使臣郑和立了一块碑石，详述天后对朝廷的贡献，碑文中表达了这种情绪，声称这位女神“镇定”明代远征船队所遇到的海上各族，并“教化”他们。抵抗者被杀或是被俘。碑文总结说，有赖于天后的协助，“海波澄镜万里一”。[44] 此后在广东沿海，那些新兴的、势力雄厚的地主宗族接受了这个神话，也将天后看作稳定和秩序的守护神。

/ 两座当地庙宇：经济和社会背景

在以下部分中，我将详细考察两座特定的天后庙以及当地的天后崇拜。这两座庙坐落在香港新界的西北角，临近边界。这些庙宇同主宰这个地区至少已有三个世纪之久的世家大族密切相关。一座叫作东山庙，位于新田村，这是文氏宗族的故乡。[45] 另外一座叫沙江庙，面朝属于邓氏宗族的绵长海岸线。邓氏是广东南部这片地区最早的移民，现在居住在新界的 5 个大村里。沙江庙由邓氏大宗的一个房支控制，这个房支住在厦村乡。[46] 由于中国的宗族在人类学家的著作中已有详尽记载 [47]，所以我在此不打算详述文氏和邓氏的内部结构。只指出一个事实便足矣，即在 1949 年之前，这两个家族是支配广东和福建的大土地集团的代表。

文氏和邓氏各自控制一个占地大约 12 平方英里的乡，环绕着他们的村落。厦村乡是新界面积最大的乡之一，包括一条长达 4 英里的开阔海岸线，面朝后海湾（Deep Bay）。新田乡也位于沿

305 海，但是在数个世纪之中，文氏族人和他们的佃户开垦了数千英亩盐碱滩涂地，所以长此以来海岸就遍布着水中含盐的稻田和鱼塘。[48] 厦村村民发展了一种淡水生态系统，但是那里的田地不够养活所有的人。至迟从18世纪50年代到20世纪60年代，几乎半数的厦村农家从事副业，养蚝，拾贝，并在海边捕鱼。比较富有的邓氏开发了几种有利可图的产业，他们生产石灰、水泥、蚝酱和咸鱼。邓氏的中间商也同定期将船停泊在厦村境内的水上人发展了东家和客户的关系。但是作为地主宗族的成员，邓氏族人同水上人保持距离；他们之间互不通婚，社交关系限于生意往来。有证据指出，除了加工鱼类和养蚝，邓氏从很早就开始从事海盐生产，从南宋开始一直延续到清代中叶。在一度包围着今日厦村的潮滩上还保留着盐田。[49] 据说这些盐田属于一个富有的邓氏商人，但是他同反清复明势力往来甚密，最后他在17世纪40年代从村里逃走，从此杳无音讯。

因此厦村人依赖沿海出产为生。源源不绝的蚝、鱼类、海盐和石灰使人们从一般经济活动中脱颖而出，获得商业成功。文氏甚至更依赖沿海环境。新田村民没有淡水稻田，所以全靠改造的咸水滩地赖以为生。除了每年种植一季红米稻，他们还利用围起的滩涂，大量捕鱼捞虾和捉螃蟹。文氏在堤坝外围设置刺网，然后租给停泊在临近的水上人。坐落在新田的文氏大宗祠占有最大片的围起的滩涂地，所以大宗祠掌管所有这些活动。

文氏和邓氏靠海吃海还有其他途径。两个家族经营着往返于这个地区的主要市场和人口中心的渡船。新田文氏垄断了来去主

要市镇深圳的绝大部分渡船，邓氏则负责从清朝行政中心南头城
到元朗墟的交通。到 19 世纪 50 年代时，厦村乡的几个地主兼商
人家庭也通过多元经营进入沿海航运业。他们使用平底货船，将 306
当地产品（糖、盐、鱼、腌菜等）运到遍布珠江三角洲的市场。
货船水手主要是邓氏族人。

为了宣示他们的入住权，文氏和邓氏选择将各自的天后庙建在自己沿海航运码头附近。新田的东山庙矗立在原先海滩上方的最高水位线上。根据宗族传说，这也是文氏修建第一座码头的地方。在后来的数个世纪中，为了给家族的大规模围海造田工程让路，码头数次搬迁。如今东山庙所在地离海洋已有将近一英里之遥。但是当地居民对它的历史重要性记忆犹新。人们将天后视为围垦滩涂的保护神。在厦村乡，天后庙仍旧面朝开阔海面；蚝床还没有改变这片开阔海岸潮地的生态。在 1819 年版的地方志上[50]，位于附近的沙江码头被列为新安县重要的交通枢纽。虽然在 20 世纪 30 年代，邓氏在沿海岸往南两英里处又修了另外一个码头取代旧的，但是沙江庙仍旧被视为厦村商业活动的庇护神。天后统辖沿海，据邓氏长辈们说，“天后同我们这些本地人关系特殊”。

/ 作为安定海疆象征的天后

新田人和厦村人对天后崇拜的起源，可以追溯到明清改朝换代的动荡岁月。对于广东和福建的沿海居民来说，明朝统治的

崩溃和满洲在南方建立统治的早期努力导致了前所未有的动荡。存在十分确凿的证据，表明可能早在南宋年间（12 世纪），邓氏的祖先就定居在新安县；文氏也声称，他们在 12 世纪和 13 世纪就在当地定居。但是对他们的说法比较难于确认。无论如何，对于我们所研究的地区而言，在大约 1640—1670 年，清代之前的社会结构几乎被毁灭殆尽。地方志展示出可怖的画面，在满洲人统治的头 20 年间，饥荒和动乱让当地生灵涂炭。[51] 不过动乱时代的最高潮出现在 1662 年，康熙皇帝登基时，对南方沿海居民
307 下达了“迁海令”（按：又名“迁界令”）[52]，命令岸边居民内迁 50 里（大约 17 英里），朝廷的军队封锁了这片地区。居民内迁是为了使反清复明的力量无法得到当地居民的支持。邓氏的口述历史充满了家族前辈在改朝换代时期所经历的苦难。（重要的是新田文氏没有讲述同迁徙相关的传说，这使我怀疑这个家族直到 17 世纪 70 年代才在这个地区定居。）最后在 1669 年，皇帝发慈悲允许居民回迁沿海地区。邓氏、文氏和其他宗族匆匆赶到新安县南部，立桩确权新地并索回原有的土地。

我想指出的是，正是在复界之后，沿海的定居者们才将天后奉为社会稳定安宁的象征。我们已经见到，由于在海上经商的商人们和朝廷使臣的推崇，对这位女神的祭拜使她拥有了如此神力。在新界的地主们所修建的众多天后庙中，没有证据指出任何一座建于迁界之前。正如我所指出的，香港地区有祭拜天后的早期庙宇，但是主要是渔民和同水上人做生意的商人们掌管这些庙宇；清代以前的天后庙同大族“无关”。厦村邓氏在 17 世纪 70

年代初建起了沙江庙，在第一次大修时安装了一个钟，上面注明的日期为1707年。[53]新田村东山庙的修建日期是17世纪70年代或80年代；坐落在香港最富有的宗族村落锦田村的天后庙也建于同一时期。[54]新界还有其他很多由土地宗族控制的庙宇，它们同样在复界之后修建。[55]在复界之后的数十年间，新安县沿海地区对天后的崇拜似乎蒸蒸日上。

在这里我们必须暂时停顿，以便提出一个重要的问题：为什么要崇拜天后呢？有数十个神祇可以选择。这个地区有个宗族选择北帝作为保护他家的主神，另一家崇拜洪圣公。[56]但是在香港有6个主要宗族认同天后为庇护神；据我所知在新安县境内，跨 308
过那道在1898年租约签订时所划定的边界，在仍属于中国的领土上还有至少4个宗族也拜天后。天后之所以吸引如此众多的沿海家族，不是因为她同海洋的关系；当地居民也将洪圣公和北帝列为海上神明。在举办天后诞时，寺庙散发印单，从中我们可以发现最相关的线索，说明天后为何在地主家族中深孚众望。以下是我在沙江庙所得印单的要点（与其他宗族所控制庙宇分发的印单相比，内容几乎完全相同）。印单开篇对天后诞生以及她对国家的贡献进行例行描述，然后列举一长串她平定海疆的事迹。

> 宋代年间，海盗作乱沿海，天后化作风暴掀翻海盗船只，使贼人悉数丧生……[另外一次]，天后在一海盗藏身的岛屿岩洞入口处显灵现身，将其堵截洞内直到官府兵丁到来擒之……[另一次] 天后下毒于海盗船队的饮水之中，趁众

> 人熟睡之际尽数杀之……[另一次]清朝初年，天后助皇上大败袭击沿岸的海盗……[57]

印单继续列举更多事例，说明女神协助镇压作乱的盗匪。

在以上的描述中，天后是个积极主动、敢作敢为的神祇，她的怒火降临到破坏秩序的敌人身上。她不仅镇压海盗，还动手剿灭他们。从印单中我们第一次了解到，天后既有能力平息风暴，也能掀起风暴。不难明白为什么具有安定社会的捍卫者形象的女神，吸引了那些在迁界之后的动乱年代中崛起的土地宗族的奠基者们。对于那些居住在最临近海边的居民来说，他们总是受到在珠江三角洲一带游荡的海盗团伙的威胁。在我们所研究的两个乡中，关于海盗、土匪和绑架的历史已有另文进行研究[58]，不过这里应该提到，三角洲地区的海盗直到20世纪40年代还在袭击文氏和邓氏的地盘。新田乡和厦村乡的村民们对于为什么要选择天后作为各自家族的保护神并不感到奇怪。正如一位家族长老对我所说，“我们的祖先需要所有能够得到的帮助”。

无疑还有其他更实际的理由，促使众多宗族为天后立庙。在复界之后崛起的地方精英明白，祭拜朝廷认可的神明会使他们的
309 宗族得到某些利益。国家并不支付修建非官方庙宇的费用，但是朝廷以颁发悬挂在神龛上方的木制匾额（上书朝廷赐给天后的封号）的形式认可庙宇。朝廷认可的最重要举措是在县志上记录这类庙宇。实际上，地方志的编者有权指责那些不遵守国家推广其认可神祇导向的宗族。如果继续信奉清代以前的居民们所供奉的

非国家认可的神明（见下文），像新田和厦村这样的社区便不会有片言提及。而修建天后庙却表明，将社区置于“化内”社会的主流之中；或许更重要的是，这一举动告知朝廷，当地精英并未卷入邪教异端。正如我们所见，由于朝廷怀疑广东沿海居民卷入反清复明活动（对于厦村邓氏的一些族人来说，可能确实如此），当地人曾深受其苦。大族的领袖们选择天后作为自己的庇护神明，就是他们发出的信号，表明他们准备同清廷合作。

与兴建庙宇的高潮齐头并进的是，朝廷力图重新控制广州主要海道的一场战役。康熙皇帝统治年间（1662—1727年）（按：当为1662—1722年，原书误），官府在后海湾沿岸修建了一连串碉堡和炮台。[59]其中两座位于靠近厦村和新田的战略要地。[60]从17世纪70年代到80年代，部分由于这场平定海防的战役，文氏和邓氏（同这个地区的其他宗族一道）享受了一个多世纪的太平年月。[61]在这期间，宗族不仅人口增长，而且巩固了自己对区域经济的控制；这些势力雄厚的大族便利用一些新近赚取的钱财，建起了自己的天后庙。在今天的新界，坐落着精心建造的庙宇，屋舍鳞次栉比，它们便是那个黄金时代的产物。

复界之后，人们蜂拥进入新安县南部。并不是所有人都像文氏和邓氏人那样幸运。在争夺土地的过程中，很多人一无所获。同在后来的年代中进入这个地区的移民一道，这些不走运的拓荒者成为大族的佃户。复界之后的一段时期，土地占有制度中出现了双重所有制，佃户对“田皮”拥有永佃权；而地主——这里指拥有祖产的大族——交纳田赋，所以有“田骨”权。这些世代承

310 佃的佃户们聚居在新田乡和厦村乡腹地较小的“卫星村”中。[62] 下文还要讨论这个卫星村体系。虽然在这个地区的天后崇拜中，世代承佃的佃户们发挥着重要作用，但他们对这位女神的看法和地主宗族的成员们十分不同。

/ 宗教标准化进程

通过对新田和厦村天后庙的认真研究，我们能够了解中国宗教标准化的进程。就当地人对天后的表述来看，她是一位有嫉妒之心、有时甚至施行惩戒的女神，对竞争对手毫不留情。文氏和邓氏的口头传说对此讲得很清楚。1977—1978 年，我在这两个乡里住了相当长时间，力图再现有关当地各种崇拜的微观史。通过与访谈者们交谈，我有了一个有趣的发现，即在复界以后的时代，当天后出人头地时，她实际上“食掉”或是“消化”了以前的神明。在人们的想象中，有关天后“征服”沿海的神话很生动；我们从厦村附近的沙江庙讲起。

邓氏声称，在早些时候，另一个叫沙江妈的神明曾一度主宰现在天后统治的沿海地区。沙江妈只是个当地女神，只有厦村乡的人们拜她。对这位女神和她湮灭无闻的叙事是地区口头传说的一部分，因此必须将其像其他神话传说一样看待。这里我们应该关注的并不是沙江妈故事中的历史事实。我分析当地神话是为了发现线索，了解当地人如何“想象”他们的神祇。据绝大多数访谈者说，在邓氏到达此地之前，沙江妈是厦村沿海土著居民的庇护神。故事说在朦胧不清的过去某时，一块圆锥形石头被人用渔网打捞了上来。人们认为石头象征着神明，于是将它放进一条小溪（沙江）入海口附近的小庙中。故事说渔民和在沿海地区走乡串村的人们祭拜这个小神，那些定居的农民（即邓氏概念体系中的“体面人”）并不祭拜她。当邓氏在复界之后回到这个地区时，他们在同一个地方建起天后庙，将代表沙江妈的石头据为己有。他们并没有将这块石头扔掉，而是用它为他们自己塑造的天后像奠基。讲到这里，当地人坚持说天后“食”了或是“消化”了沙江妈。为了证明他们所讲的故事正确无误，邓氏或非邓氏的很多访谈者指认说，在今天的天后庙里，天后塑像底座附近有一块浮 311
石为核心。在我看来，重要的不是邓氏祖先是否确实使用这块捞起的石头作为塑像的基石，重要的是当地人相信他们用了。

沙江妈可能被天后吞食了，但是她并没有完全消失。在十年一度的厦村乡打醮节庆上，同其他默默无闻的地方神明一道，沙江妈会短暂地出现人前。所有已知曾存在于厦村乡的神明都被放置在一个特殊的庙宇中，一起观看在节庆时上演 5 天的戏曲。像沙江妈一样，绝大多数神明已没有塑像甚至石头代表他们，所以他们的名字被写在红纸片上。香案上摆放着主要神明的小像和开基祖人的牌位，代表小神的是一排排小牌位。根据我的经验，对于从事田野工作的研究者来说，这是唯一有可能目睹出现在当地神谱中的所有神明的机会。在平日，新田和厦村的人们只祭拜寥寥几个在当地有庙的神明，但是可能多达上百位默默无闻的男女神灵会被“请”来参加重要的祭祀。老人们解释说，当举行极为重要的打醮仪式时，他们不敢冒犯甚至最无关紧要的神明。只有在这样的环境中沙江妈才具有自己独立的身份。

这里我们见到的只是最基本的形式，表明朝廷认可的祭祀在各地形成的过程。沙江妈只是其中一个例子。在新田的东山庙，围绕着天后入驻庙宇也流传着类似的神话。文氏也声称将一个水上人的庙宇据为己有，在原址上“起”了一座天后庙。也有迹象表明新田的天后神像合并了代表另一个神明的石头。在新界我所调查的每一个例证（一共 7 个）中，天后都将一个地方神明取而代之，成为乡里祭祀的主神。然而应该指出，天后并不是将以前的神明毁灭或是一笔勾销。用一个访谈者的话说，天后将她所同化的神明的精髓或是“精气”据为己有，所以“每食了一个像沙江妈那样的村镇神明，就变得更加强大”。我在下一节中希望证明的是，可以将天后对广东沿海地区的精神征服视为隐喻，代表真实世界中的政治主宰。

/ 作为宗族霸权象征的天后

在中国的绝大部分地区，天后主要被视为渔民水手的庇护神和沿海地区的捍卫者。但是在我所研究的两个乡里，这位女神还
312 是宗族霸权的象征。通过选择天后作为庇护神，文氏和邓氏将天后转化成一个对土地和海洋均拥有管辖权的地域神。屡屡为天后

举办祭拜仪式，清楚地表明她作为宗族地盘庇护者的作用。限于篇幅，我们不能充分讨论这些仪式，但是其中最重要的是十年一度的净化仪式（打醮），用以抚慰可能骚扰活人的野鬼。[63] 根据传统，新安县的每个乡都周期性举行打醮仪式，当地所有相关居民都予以支持（厦村邓氏在 1974 年主持了一场精彩的打醮，计划在 1984 年还要举办；自从 20 世纪 40 年代以来，文氏就没有举办过正规的打醮了）。这类打醮仪式极为繁复，延续 5 天 6 夜，在这期间当地人观赏戏班演出。天后是本乡的庇护神，人们将她本人从庙里请出，安置在戏棚近旁特地搭建的棚里（用一个小塑像代表天后），占据一个尊贵的席位。据我的访谈者们说，女神不仅主宰仪式，而且欣赏戏曲演出。根据本文所讨论的题目，打醮仪式中最重要的一环是由一队男人所组成的队列，队列中每人捧着一个香烟缭绕的香炉，绕行乡界（“香”和“乡”发音相同）。这种被称为“行乡 / 香”（“在乡里走过”或是“持香行走”）的巡游，目的是净化本家族控制的地区并标明天后的领地。

巡游充分具备军事行动的特征。只有男人才能加入，女人留在村里参加家庭仪式。在厦村，将近 2 000 人参加行香。20 世纪 50 年代，港英政府警察署开始巡视这类活动；在此之前，打醮队列有时导致邻近宗族的械斗。因为械斗的宗族会借此机会宣布自家对有争议的地块的主权。巡游的另一个重要作用是“鼓励”住在本乡的佃户，要他们同东家的宗族成员们一起参与。巡游队伍一如既往经过地主家族所控制的卫星村，如果佃户或其他依附民不表示出适当的敬意和服从，麻烦肯定会尾随而至。

在每年农历三月二十三日举办的天后诞上，天后崇拜的政治因素更为一目了然。在广东的这一地区，天后诞辰时要举办丰富多彩、激动人心的比赛。名为“花炮会”的小会社聚集在主要的庙宇中，年轻男子争夺从小炮中蹦出的喜钱。奖品是参与节庆的花炮会送到庙里的供案，供案用鲜艳的纸张精心制作而成（每一个供案都有编号，因此按照“喜气”程度排列）。花炮会由本乡
313 小村庄里的街坊邻居或是商业企业中的工友组成；每个卫星村至少有一个这样的会。如果一个村庄选择不加入本年度的节庆，这等同于宣布独立，主宰本乡宗族的成员们也将如此认为。

各地区对年度节庆的组织表明了天后崇拜的地域排他性。在广东的陆地居民中，每个乡都在同一天庆祝天后诞。文氏或是邓氏（或是他们的佃户）不可能参加两次节庆。所以当地的祭拜互相排斥。庙宇也不像在台湾地区一样，以等级结构的方式联为一体。此外，新安县的农民并不到本乡以外的天后庙中定期上香。比起任何其他原因，这一点最能解释为什么当地人认为，天后是个怀有嫉妒、报复之心的女神。组织天后诞的方式迫使当地人一年一度、清晰而且毫不含糊地宣告他们的地域性忠诚。

对于广东沿海那些住在船上的渔民来说，情形似乎并不如此。主要吸引水上人的天后诞常常彼此错开，以便使信众能够参加不同地方的花炮会庆典。在香港地区，这些庆典有时在天后众所周知的诞辰日的两三周之后举办。因此，如果说在广东也存在对这位女神的进香朝拜情结的话，那么主要是在水上人之中。[64]水上人偶尔参加大族控制的庙宇举办的庆典，但是他们由于并

不被视为乡里的永久居民，因而无须献上香案。不过一旦渔民到陆地上定居，他们就会被视同其他的客籍群体，被鼓励向当地的天后庙表示敬意。关于水上人如何看待这位女神，下文将要详谈。

/ 地方祭祀组织：领导与控制

不论以前还是现在，大族的天后庙都在少数有钱男人的掌控之下，同和尚、道士无关。有时会雇用庙祝全天经管寺庙，但是庙祝并不参与决策。寺庙档案[65]表明，掌管寺庙的是那些受托经营宗族产业的人。作为这个地区的地主—商人阶级的代 314
表[66]，这些人曾在广州、南头和香港的学堂读书。至于宗族的一般成员，他们只在本地宗祠办的私塾中上过三到五年学。因为他们的读写能力只达到初级水平，借用罗友枝的界定，新田和厦村的绝大多数成年男子是“半文盲”。[67]但是仅仅三五年的教育就已经使他们同世袭佃户和其他客籍群体截然不同，后者几乎毫无例外，都目不识丁。不论来自哪个阶级，社会背景如何，当地的女人们（以下将详述）也大多不识字。

在乡里，只有地主—商人们才能够处理使寺庙组织平稳运作的复杂簿记和烦琐记录。这个阶级的成员构成当地“精英”，这意味着他们主宰本地的经济和政治活动；但是在他们之中，通过朝廷科举考试的人寥寥无几。根据《新安县志》，厦村只有三个人通过低级考试（新田一个人都没有），这些人从未为官。[68] 许舒认为，无须依赖金榜题名的儒生和朝廷命官的协助，居住在香港岛各地区的商人们也能对当地事务管理有方。[69] 只需做出一定的限制 [70]，许舒的概括同样适用于广东大陆上由大族所主宰的乡。

文氏和邓氏所控制的天后庙有庙产来帮助支付花费。例如，新田的东山庙在 1905 年拥有 1.49 英亩土地。[71] 这块地产坐落在本乡的一个商业中心，靠出租铺面而获利颇丰。但是最主要的收入来自资助修缮庙宇和十年一度的打醮节庆的捐款。在中国的这个地区，庙宇修缮所需甚巨，大约每 70~100 年要进行一次。修缮的组织工作靠一个多达 30 人的委员会经管，这些男人都住在本乡。[72] 庙宇所在地区的每一个村落集镇，包括卫星村，都在委
315 员会中至少占有一个席位。但是众人接受的惯例是，做出关键性决定的是那些地主—商人们。

负责收集捐款的是自卫队或者叫巡丁，其成员是从大族中比较贫穷的阶层中征募而来的男人。关于当地自卫队的历史和组织见另文所述（见注 58），不过对于目前的讨论而言，重要的是指出，自卫队的主要作用之一是在本族所控制的地域中，强制推行正统宗教。“鼓励”世代承佃的佃农和其他客籍群体参加沙江庙和东山庙的天后诞便是强制措施。在年度节庆中没有贡献香案的卫星村遭受集体惩罚的威胁（如丢失牲畜，以及财产——包括房屋——被焚毁）。巡丁们也关注住在大族地界上的客民，确保他们参加十年一度的打醮队列。20 世纪 50 年代，港英政府警方制止了很多这类横行霸道的手段，但是巡丁们仍旧挨门挨户，向区

域内所有人家征收修缮庙宇和打醮庆祝的捐款。虽然卫星村的村民们非常憎恨这样的骚扰，但他们还是继续交钱以免激起势力强大的邻居们的怒火。

20 世纪 50 年代之前，统治家族的巡丁队也阻止小庙宇（每个乡里有 20 多座）变成独立运动的中心。很多卫星村祭拜其他神祇，但是信众不多，无法同乡里的主要信仰一争高下。在港英当局调停之前，当小神诞辰时，文氏和邓氏不允许卫星村的村民们游神。近些年，几个卫星村做出微弱努力单独游神；但是他们的巡游路线从未超出本村落的边界。这些小村庄的居民们谨小慎微，害怕自己的行动被说成冒犯天后的传统领地，以至于游神队伍构成对文氏和邓氏霸权的直接挑战。因此卫星村的村民们总是小心翼翼，不愿对自己以前的地主太过强硬。大族的巡丁们仍旧能兴风作浪，使本乡任何人的生活都困难重重。

/ 对天后的认知：对表征矛盾的研究

正如我在前面的部分所指出的，香港乡村的岸上居民们一般将天后设想为一个怀有嫉妒心的女神，她统治一个独占的领地。在很多地区，天后成为宗族霸权的象征，用强制手段迫使人们参与对她的祭拜。如何用这幅当地组织的图景，来印证研究中国宗教的一般著作中所描述的寺庙祭拜景象呢？最广泛接受的看法是，寺庙活动加强社会团结的感情；定时举行的庆典往往被视为 316

对集体价值体系的具体表达。杨庆堃的重要著作《中国社会的宗教》(*Religion in Chinese Society*)总结了这个方法:

> 在这些公共事务(即庙会)中,宗教的基本功能就是提供一个可以超越经济利益、阶级地位和社会背景的集体象征,以便为形成民众对社区的凝聚力创造条件。因而,来自不同阶层的人们可以在共同立场上,接受同样的民间信仰。
>
> …………
>
> ……寺庙自然成为社区及其大众利益具体的表述形式;而且公众在寺庙中举行仪式,表明了定期举行的社区活动聚合了民众的共同利益和共同信仰。[73]

在这些段落中,涂尔干的影响显而易见。很多其他人类学家支持杨庆堃对寺庙祭拜的看法,尤其是那些在台湾做田野工作的学者。焦大卫(David Jordan)将以寺庙为中心的"宗教性的忠诚"视为组织和联合台湾乡村社会的主要手段。[74] 戴玛瑙(Norma Diamond)对一个台湾渔村进行研究,声称当地庙宇是"村中最强大的组织力量"[75]。巴博德(Burton Pasternak)对自己研究的村庄表达了类似看法;但是他的分析中有意思的是,他指出在台湾,并非所有乡村的祭拜都表达集体的价值体系。[76]

至于在香港地区,布里姆(John Brim)认为,主要寺庙的集体祭祀仪式有助于维持政治联盟。在他看来,这些联盟的组织者通过举行这些仪式，解决了其在确保当地人随时捍卫他们的领地的过程中遇到的“潜在问题”[77]。虽然在他的研究中，并非涉及的所有祭拜都支持这个结论，但是就另一方面而言，这确实同地方精英公开表达的观点一致。不过我们必须记住，在布里姆所描绘的“乡村联盟体系”中，并不是所有阶层的人都分享同样的行为准则和期望。正如很多人类学家的著作所表明的，涂尔干式中国祭祀观似乎比较符合那些多姓社区，在那里强宗大族并不主宰当地的政治舞台。[78]

虽然本文所使用的方法同杨庆堃及其他人不同，但我并不认 317
为我的发现必定同以前田野工作者的结论相互矛盾。我更愿意认为这两种方法相辅相成。例如，参加东山庙的天后诞之后，可能会得出一个印象，即所有到场者都有着共同的价值观。当询问他们在当地祭拜中发挥的作用时，不同阶层的人们都表达出下述看法：“我们齐心协力操办庆典”，或是“东山庙属于乡里每个人，天后帮助我们大家”。如果田野工作者愿意将分析研究限制在公开表达的价值观上，那么我所研究的两个庙宇祭拜确实为所有相关人等的需要服务。但是如果仔细观察的话，显然公开表达的团结一致另有深意。

根据我的发现，请人们告诉我他们自己有关天后传说的故事，是研究这个问题的最好方法。尤其重要的是，我请这两个乡里每个村落的访谈者解释他们以及他们的祖先同这位女神的关系。在比较结果时，我发现各个类别或阶层的人将天后描述成不同的形象。我在所研究地区的发现并非独一无二。比如，武雅士（Arthur Wolf）曾主张，中国乡民宗教的一个共同特征是“反映信众们的社会想象。看问题的视角有多少，意义就有多少”[79]。武雅士的见解有助于解释，我们所研究的宗教祭拜是如何将社会背景如此不同的人整合在一起的。只要佃户和客籍居民参加公共仪式，并表现出对天后的敬意，他们就可以自由发挥对天后的想象。那些在地区和国家等级结构中身居高位的人（即地方精英和政府官员）只关注行动，不关心信仰。

在上文中，我的观点是，朝廷推崇天后是因为对于他们来说，天后代表“化内”和官方认可的文化。对天后的这种看法表现在官方文书中，在全国各地流通。政府官员可能对天后自有想法，但是并未在公开文书中提及。在当地，地主—商人阶级的成员们有自己的理由推广天后崇拜。这个阶层的男人们识文断字，所以他们比较容易认同官府文书中的天后形象。这位女神吸引他们主要因为她象征平定海疆，但是她还传递其他“更深层”信息。实际上通过建立天后宫，地方精英声明他们愿意融入中国文化的主流。居住在乡村的这些受过教育的男人渴望让自己的庙宇，间接上还有自己的宗族，被载入县志。因此，天后作为“教化”的
318 载体和社会秩序庇护人的形象，主要吸引了中国政治等级结构中各级识文断字的决策者们。

当我们观察其他社会阶层的人时，看法就会截然不同。对于地主宗族中那些半文盲一般成员来说，天后是地域性控制的象征。地方祭拜在复界之后建立了起来，新田或是厦村的绝大多数人无法阅读有关天后功绩的朝廷文书。这并不是说他们不了解这

位女神同朝廷的关联，而是他们选择不将自己有关天后传说的想象建立在官方观点之上。当被问起时，这个阶层的男人们（女人们的看法以后讨论）只提到女神在附近三角洲地区平定海盗的能力和她对诸如沙江妈这类村镇小神的征服。在他们的故事中，最常见的主题是天后对宗族先祖的帮助。

在很多方面，宗族的一般成员接受那些受教育程度更高的族亲们对宗教的态度。地方精英敏锐地意识到，“不开化”的行为举止会降低整个宗族的地位。依我之见，当地天后崇拜中之所以不包括附体、鞭笞和自虐，这是原因之一。文氏和邓氏确实有能够同死人灵魂交流的女灵媒，但是天后祭拜中并不包括这类活动。[80]而且重要的是，新田和厦村的男人们都不做灵媒。由于关注“体面”的行为（用他们自己的话说），大族的族人同周围村庄中很多客籍居民和邻人截然有别。我在新田做田野工作时（1969—1970年），曾去荃湾城中的潮州移民中参加一个灵媒作法仪式，我回到村里时带回了拍摄的鞭挞和割舌照片。我的邻居们既恐惧又迷惑。他们听说过这些行为，但是从未亲眼见过。他们的反应十分发人深省：“任何称自己是‘中国人’的人怎么会像蛮夷一样行事?”

相较于我在香港其他地方以及台湾的所见所闻，新田和厦村的寺庙庆典之所以引人注目，是因为完全缺少宗教狂热。花炮会的竞争有时会演变成闹剧，打醮游神偶然会引发有组织的暴力，但是在这两个我所研究的地区中，天后祭拜中的宗教内容被极大地淡化了。人们也并不太关心当地的天后庙是否真的灵验。

根据我同文氏和邓氏（男性）老人的交谈，他们显然以一种概括、抽象的方式，设想天后通过神力代表他们做出的干预。他们认为天后帮助了宗族的先祖，但是在他们鲜活的记忆中她并没有创造任何特定的奇迹。正如以下所示，女人们对天后的想象有所不
319 同。不过当地男人们并不特别关心这位保护神到底有何神力。对于大族的男人们来说，她首先是地域霸权的象征。

当我们的视角在权力等级结构中向下移动时，我们必须考虑卫星村的居民。直到此前不久，住在这些小村庄里的村民们还只能参加天后祭拜，他们别无选择。虽然他们已经不是大族佃户[81]，但很多还客居在以前地主的地盘上，在当地政治中发挥次要作用。作为客居他乡的依附民，他们当然不能接受天后作为地域性控制的象征；这样便意味着这位女神代表对他们自身的压迫。因此绝大多数卫星村的村民便重新解读天后神话，以便“说明”自己在社会等级结构中的地位，并掩饰他们在祭拜活动中作用微乎其微的事实。当那些受压迫的少数人发现很难——即使有这个可能——改变政治处境时，便使用这种方法做出思想上的自我论证，这样的情形确实屡见不鲜。[82]因此当被问起时，小村庄里的居民们经常激动地否认天后崇拜具有剥削性的一面。他们并不掩饰对当地巡丁的憎恨，但是他们认为，这同他们与天后的关系完全无关。

在大族地盘上客居的人传统上不上学读书（那些 45 岁以上的人仍旧如此），因此他们的神话传说从未被记录在案。在从卫星村搜集的天后神话中，我发现所有的版本有一个共同之处，即

它们将文氏和邓氏描述为无法操控天后神力的篡权者。厦村的一个卫星村沙江围的老人们告诉我一个饶有兴味、发人深省的神话。正如村名所示，这里的居民宣称同沙江庙关系非同寻常。根据他们讲述的地方史，沙江围村的祖先比邓氏先来此地，并开始了崇拜天后的传统。但是邓家破坏了沙江围的好风水（“风水”为占卜语言），夺走了厦村乡的土地，然后将沙江庙据为己有。可是直到今天女神也不帮助邓氏，只有当那些最先将她安放在庙里的人家的后代提出请求时，她才回应。根据这个故事，每10年邓家长老都要贿赂沙江围的一个男性村民，由此人开始拈阄，挑选主持打醮仪式的首领。除非由沙江围的村民开始这个程序，否则女神不会“合作”；此人躲在夜色中，不让同村人看见他。但是这个接受邓氏贿赂，营私舞弊、欺骗女神的人会受到惩罚，据说他会在下次打醮仪式前死去。当然，实际上无人亲眼见 320
到这样的事，不过沙江围的村民们确信，女神确实是他们的庇护人，而不属于邓氏。作为一种手段，卫星村的村民们用神话传说来证明他们参与当地天后祭拜的合法性。

到此为止，我们的讨论几乎完全集中在当地男性居民身上。正如以上所述，女人们对天后的看法和所有阶层的男人都截然不同，以至于使人怀疑我们是否在谈论同一个神祇。在寺庙祭拜的正式组织中，女人无足轻重，甚至不存在妇女的辅助性组织来协助丈夫和父亲的活动。对于女人来说，祭拜天后是一种个人或是家庭活动。妻子们参加年度庆典，代表家庭献上自家的贡品。男人们不献供奉，据说他们要参加同祭拜相关的集体仪式，因此实在“太忙”。

在考虑乡村妇女的宗教观念时，我们必须记住，直到最近，除了少数人之外，所有人都目不识丁。[83] 绝大多数45岁以上的妇女甚至不认识一般的姓氏或是自家村庄的名字。所以毫不奇怪，她们对文字记载的天后传说几乎一无所知。但是我惊讶地发现，妇女们对天后的看法似乎并不反映她们自己（或是她们丈夫）在社会等级结构中的地位。虽然妇女们告诉我的神话在内容上有所差别，但它们所传递的信息基本一致：她们认为天后是一位人格化的神祇，如果祈求的方式正确，她就会满足个人的祈求。妇女们通常将女神称为天后娘娘，给她加上了一个在当地方言中具有母性含意的女性化后缀。在妇女的想象中，天后主要被视为掌管生育的女神，她是否灵验便成为关键问题。农家妇女（我无法讨论船家妇女）带着妇科和生儿育女的问题去见女神，为个人祈求神力的帮助。用人类学的术语来说，就是在祈求者和神祇之间建立一种双边契约[84]；如果天后信守了她这一方的交易，这位妇女为了报恩就会额外供奉。这种个人约定同对天后祭拜的正式结构毫无关系，供奉并不是在天后的年度庆典之日献上。男人们，至少是那些我所熟悉的男人，不同天后订立个人契约；他们依赖自己的母亲或是妻子处理这类宗教问题。因此，女人们对天后的拟
321 人化想象，并不一定同以上所概括的各种男性表述相互矛盾。然而二者之间的区别是如此醒目，以至于根据我的推测，至少就宗教来说，村中男女生活在不同的观念世界中。

在下结论之前我们还要考虑另一个社会阶层，即那些水上人。[85]

很多香港社会的观察者们认为，在这个地区天后最初是水上人的女神，只是当这一信仰流行开来之后，岸上人才开始崇拜她。正如我在上文中力图解释的那样，天后崇拜的历史渊源很难追溯，虽然这位神祇总是同海洋连在一起，但她并不被一个单独的阶层所垄断。在我研究的两个乡里，水上人在寺庙活动中几乎不起作用。在29个月的田野工作中，我只有两次碰到水上人在当地天后庙里上香。我听到其中一个女人请求庙祝允许她祭拜，因为正如她所说，“庙宇不是我们的”。（与此相反，大族的女人们想拜就拜，将庙祝视为仆从。）即使是那些定期在厦村乡停泊的船家也很少去沙江庙。他们喜欢到香港小岛上的庙宇去上香，那里的当地人对水上人更为友善（见注64）。

我本人考察了自称为水上人的居民们，不过只局限于坐落在厦村和新田沿岸的两个客籍村落（实际上这是用破旧渔船搭建的茅寮区）。这些人不再靠渔船为生，但是他们还在海边打鱼，而且在蚝场做工。但是不清楚是否还应该将这些人视为水上人,(我）也不确定，他们的观点是否可以代表那些住在船上、靠海为生的船家。这些小村中的居民已被纳入文氏和邓氏所控制的天后祭祀，他们有义务为年度庆典献上香案。但是他们也定期参拜属于水上人的庙宇。通过同定居渔民们（不包括妇女）交谈，我得知，他们对天后的看法显然同岸上人的描述非常不同。这些男人认为女神象征着对海洋的掌控；对于他们来说，女神的吸引力主要在 322
于平息风暴的能力，而不是制服作乱的盗匪。实际上，被访谈者们（所有人恰好都不识字）所讲述的传说同社会安定或是平定海疆毫无关系。他们的故事主要涉及天后如何显灵，帮助靠海为生的人们。

因此，在中国的这个地区，对于这个表面看来似乎将人们联合起来的宗教象征，水上人和岸上人的表述的确截然相反。他们都声称天后是自己的保护神，但是这并不说明他们属于同一个“道德共同体”。就此而言，有一些有趣的暗示：在靠海为生的人群中，这位女神同海盗以及其他在中国南方沿海行凶作恶的人有关。很多研究者声称，他们在天后庙和海盗巢穴之间，尤其是那些位于珠江三角洲岛屿上的海盗巢穴之间，发现了关联。例如，达·希尔瓦（Da Silva）指出，至少根据当地传说，18 世纪的著名海盗张保仔对大屿山岛上的天后庙慷慨捐赠。[86] 罗香林也认为，香港的岛屿上有两座庙宇，它们在传说中同海盗有关；其中一个庙里有块 1752 年树立的石碑，是为了纪念“臭名昭著的海盗”郑连昌，他捐助了修缮庙宇的费用。[87] 很可能因为天后以大海女主人的形象出现，她具有平息风暴的能力，所以海盗也拜她为自己的庇护神。这里最大的讽刺在于，广东沿海的陆居精英之所以祭拜同一位神明，将她作为自己特定的保护神，原因恰恰相反：对于他们来说，她是平定海疆、驱逐海盗的象征。

/ 结论

在结论部分，我又回到了中华帝国晚期社会中的文化整合问题。我认为，知识精英在文化标准化的进程中发挥了重要作用，他们确保宗教祭祀符合全国公认的模式。然而还存在问题，即国家在推动对特定神明的崇拜时到底是领导百姓还是迎合百姓？中国乡民到底是如萧公权所说，是“在意识形态上任人摆布的群
盲”[88]，还是其独立性和信心足以抵制那些力图改变他们宗教传 323
统的人？答案当然是在二者之间。国家既引导民众也因应民众的压力，官府既推广也收编诸神。天后就是一个绝妙的研究例证。正如本文开始时所概括指出的，她起初是个在福建沿海名不见经传的地方神明，然后上升为帝国众神中光彩夺目的一位。显而易见，如果国家不干预的话，就不可能发生这样的变化。但是同样正确的是，帝国官员没有力量或是资源将一位众人不欢迎的神明强加于百姓之上。

因此，国家对一般百姓宗教生活的控制采用更巧妙的方法，而不采用强制手段。例如，对于地方精英来说，他们感到信奉朝廷神谱中的神明“有利可图”。像天后这样得到官府认可的神明，承载了所有识文断字、有权有势的人希望向当地社区所传递的正确信息：教化、秩序以及对国家的忠诚。

因此对于中华帝国晚期社会中的文化统一性问题，看法完全取决于个人的立场。在最抽象的层面上，接受诸如天后这样的宗教象征确实表示统一与整合。虽然我没有进行过全面的调查，但

是随便翻翻广东和福建的地方志就可以发现，确实有数千个地方崇拜集中于朝廷认可的三四个神明。国家官员可能认为，这证明他们对民众具有“教化”的影响，他们致力于标准化宗教的努力十分成功。国家精英的成员们并不深究百姓的宗教信仰和观念。这便是中国官府处理文化整合的精明之处：国家只规定结构而不规定内容。对庙宇祭拜的实际组织工作被下放给地方精英，同国家官员维持良好关系是他们的利益所在。这个系统十分灵活，允许社会等级结构中所有阶层的人对国家认可的神明构建自己的形象。换言之，国家只推广象征，而不问信仰。

天后这类神明对不同阶层的人而言代表不同之物，这个事实本身并不使中国文化整合的模式格外与众不同。只需要想一想，欧洲的乡民社会是如何对基督教世界的一个主要象征（圣母）进行种种不同的诠释的。然而中国政治制度确实具有一个与其他传统不同的特点，即国家政权并不试图用法律规定宗教信仰。只要遵守适当的礼仪形式，祭拜国家认可的神明，朝廷便不闻不问。在国家和地区等级结构中的不同层次上，饱学的精英们充分明了规范行为的规则。因此，通过遵守合乎礼仪的形式，地方精英同
324 国家政权通力合作，构造了表面看来非常统一的国家文化，尤其同其他前近代社会相比时更是如此。

必须是在这种全国性的情境中，我们才能理解为何对天后的表述迥然相异，有时甚至互相矛盾。对天后的崇拜就像中国文化的缩影，祭拜使有着各种各样社会背景的人汇聚一堂，他们对这位神明有着自己的想象和信念。但是对于外部观察者来说，天后

庙象征着体面和“开化”。所以基本象征的模糊不清是统一的中国文化传统形成的重要因素。

注释

1. Eugen Weber，*Peasants into Frenchmen：the Modernization of Rural France，1870-1914*（Stanford： Stanford University Press，1976）.
2. Evelyn S. Rawski，*Education and Popular Literacy in Ch'ing China*（Ann Arbor：University of Michigan Press，1979）；亦见她在本书中的文章。
3. 这类小神遍布于广东和福建的村庄中。例如，见 Keith Stevens，“Three Chinee Deities”，*Journal of the Hong Kong Branch of the Royal Asiatic Society* 12：169-195（1972）。
4. 宗教研究的“涂尔干方法”（Durkheimian approach）强调仪式的整合维度。这一方法的首次运用，见 Émile Durkheim，*The Elementary Forms of Religious Life*（1912，reprint ed.，Glencoe：Free Press，1954），对英美的人类学产生了深刻影响。
5. J. J. L. Duyvendak，“The True Dates of the Chinese Maritime Expeditions in the Early Fifteenth Century”，*T'oung Pao* 34：341-412 （1939）对这些叙述做了详实概括。
6. Jen Yu-wen（简又文），“The Southern Sung Stone Engraving at North Fu-t'ang”，*Journal of the Hong Kong Branch of the Royal Asiatic Society* 5：65-68（1965）.
7. 例如，见文宝垒编纂的《天后本传》（福州，1816）。这本小册子是这类书籍中常见的廉价文本，似乎主要根据福建省志的一个早期版本编写而成。标准化的其他证据还有天后庙所散发的印单和为年度庆典所印的小册子。我收藏了几本这类通俗文本。其中一本来自鹿港（台湾）妈祖庙（见下文注 32），另一本得自香港（元朗附近）一个主要天后宫，二者对天后神话的讲述几乎完全一样。（亦见 James Hayes 所著本书第 03 章。）

8. 例如，见 Edmund Leach，*Genesis as Myth and Other Essays*（London：Cape，1969）。

9. David G. Johnson，“The Wu Tzu-hsü Pien-wen and Its Sources”，*Harvard Journal of Asiatic Studies* 40：93-156，465-505（1980）.

10. 同上文，pp. 97-103。

11. Michael Saso，*Taiwan Feasts and Customs*（Hsinchu，Taiwan：Chabanel Language Institute，1968），p. 41.

12. C. K. Yang（杨庆堃），*Religion in Chinese Society*（Berkeley：University of California Press，1961），p. 73；Lewis Hodous，*Folkways in China*（London：Probsthain，1929），p. 105.

13. Saso，*Taiwan Feasts*，p. 42.

14. Duyvendak，“True Dates”，p. 344.

15. 大红婚服象征着一个女人离开娘家到婆家所跨越的界限；见 Rubie S. Watson，“Class Differences and Affinal Relations in South China”，*Man* 16：593-615 （1981）。在这种越界状态中，自杀造就的鬼魂无人能够控制，因为她同任何家族都没有关系。关于中国传统社会中的自杀，见 Margery Wolf，“Women and Suicide in China”，in *Women in Chinese Society*，eds. Margery Wolf and Roxane Witke（Stanford：Stanford University Press，1975）；亦见 Wolfram Eberhard，*Guilt and Sin in Traditional China*（Berkeley：University of California Press，1967），pp. 94-116。据我所知，新界新田村在 20 世纪 60 年代后期至少有两个穿婚服的新娘自杀。发生自杀事件的这两所房屋从此被废弃，再无人居住。

16. 这里所提到的节略印单和小册子见注 7。

17. 会议论文集 *Religion and Ritual in Chinese Society*，ed. Arthur P. Wolf（Stanford：Stanford University Press，1974）对这个问题进行了详尽的讨论。

18. Hodous，*Folkways*，p. 104 及以后诸页论证了天后是早期佛教男性神明的一个女性化身。

19. 亚非学院（the School of Oriental and African Studies）的图书馆收藏了一本这类小册子，名为《弘仁普济天后圣母经忏（海天活佛）》。编者是方行慎，在 1722 年出版。此书列出了一长串针对各种问题的佛教经式的经忏，其书写风格是老练的文言文。

20. 例如，见 V. R. Burkhardt，*Chinese Creeds and Customs*（Hong Kong：South China Morning Post，1953，1955），vol. Ⅰ，p. 13，vol. Ⅱ，p. 105；John Shryock，*The Temples of Anking and Their Cults*（Paris：Paul Geuthner，1931），p. 79。

21. Wolfram Eberhard，*The Local Cultures of South and East China*（Leiden：Brill，1968），pp. 402-403.

22. Duyvendak，"True Dates"，p. 344. 亦见 Von Bodo Wiethoff，"Der Staatliche Ma-tsu Kult"，*Zeitschrift der Deutschen Morgenländischen Gesellschaft*) 116：311-357 (1966) 对朝廷封号的编年讨论。

23. Clarence. B. Day，*Chinese Peasant Cults*（Shanghai：Theological Press，1940），p. 84.

24. Duyvendak，"True Dates"，p. 344.

25. Saso，*Taiwan Feasts*，pp. 45-46 认为这一年授予天后封号，但是他补充说民间早在明朝就使用了天后这一名称。Larence G. Thompson 认为天后的名号是在 1683 年所封，见他所著 *Chinese Religion*（Belmont，Calif.：Wadsworth，1979），p. 61。官方对天后的推崇并不以清朝的覆灭为终结。例如，1929 年国民政府颁布命令，要求将全国各地的天后庙保持完好；见 Chen Ta（陈达），*Emigrant Communities in South*

China（Shanghai：Kelly and Walsh，1939），p. 239。

26. 关于官府和民间崇拜的区别，见 Yang，*Religion in Chinese Society*，pp. 145-146；关于祀典，见 Stephan Feuchtwang，“School-Temple and City God”，in *The City in Late Imperial China*，ed. G. William Skinner（Stanford：Stanford University Press，1977），pp. 584-596。
27. Harry Lamley，“The Formation of Cities：Initiative and Motivation in Building Three Walled Cities in Taiwan”，in Skinner，*The City*，p. 195.
28. Yang，*Religion in Chinese Society*，pp. 145-146.
29. Stephan Feuchtwang，“City Temples in Taipei Under Three Regimes”，in *The Chinese City Between Two Worlds*，eds. Mark Elvin and G. William Skinner（Stanford：Stanford University Press，1974），p. 281.
30. Philip C. Baity，*Religion in a Chinese Town*（Taipei：Orient Cultural Service，1975），pp.25-27.
31. 根据的是 1978 年的个人考察，鹿港的一所民俗博物馆的馆长引导我参观游览，对我也颇有助益。鹿港的著名庙宇是 Donald R. DeGlopper 两篇精彩文章的主题，一篇是“Religion and Ritual in Lukang”，in *Religion and Ritual in Chinese Society*，ed. Arthur P. Wolf（Stanford：Stanford University Press，1974），另一篇是“Social Structure in a Nineteenth-Century Taiwanese Port City”，in Skinner，*The City in Late Imperial China*。
32. 台湾最古老的妈祖庙是鹿港的非官方妈祖庙；见 DeGlopper，“Religion and Ritual”，pp. 50-51。掌管这座庙宇的当地组织声称庙宇建于明代初年（手册名为《鹿港天后宫》，1977）。但是这个日期可能有所夸张，多半建于晚明时期（根据同 W. S. Atwell 和 H. Lamley 的私人通信）。台湾北部最早的妈祖庙建于 1661 年，一个佛僧将她的塑像从福建湄洲的祖庙中带来，在淡水河的关渡建了一座庙宇（见 Baity，*Religion in a Chinese Town*，p. 67）。台湾安平重要的妈祖庙建于 1688 年（见林鹤亭:《安平天后宫志》，载《台湾风物》，1976（26）：37-71；感谢 Harry Lamley 让我注意到这篇饶有兴味的文章）。

33. 根据的是在鹿港和其他地方的个人考察。Emily Ahern 对台湾民众信奉的土地公也提出了类似观点。见她所著“Thai Ti Kong Festival”，in *The Anthropology of Taiwanese Society*，eds. Emily Ahern and Hill Gates（Stanford：Stanford University Press，1981），pp. 397-425。

34. 从主要庙宇的香炉中将香灰移送一些到小庙中便形成“分香庙”。下述著作所研究的村落里发现了“分香庙”：Burton Pasternak，*Kinship and Community in Two Chinese Villages*（Stanford：Stanford University Press，1972），pp. 111-112；Bernard Gallin，*Hsin Hsing*，*Taiwan*：*A Chinese Village in Change*（Berkeley：University of California Press，1966），pp. 251-252；David Jordan，*Gods*，*Ghosts*，*and Ancestors*：*The Folk Religion of a Taiwanese Village*（Berkeley：University of California Press，1972），p. 8；Stuart Thompson，“Ch'ing Han Village，Yun Lin Hsien，Taiwan”，田野调查报告（Field report），School of Oriental and African Studies（University of London，1981）。

35. John H. Gray，*Walks in the City of Canton*（Hong Kong：De Souza，1875）pp. 172-177 指出，广州至少有两座主要的天后宫。同本文中概括的台湾模式不同，广州的天后宫似乎在一个较长的时期内是同时发展的。

36. Eberhard，*Local Cultures*，p. 403.

37. Jen，“Southern Sung”，p. 67.

38. R. F. Johnston，*Lion and Dragon in Northern China*（New York：Dutton，1910），pp. 385-386.

39. G. William Skinner，*Chinese Society in Thailand*（Ithaca：Cornell University Press，1957），p. 84；Chen Ta，“*Emigrant Communities*”，p. 240；Eberhard，*Local Cultures*，p. 403. Skinner 指出，东南亚地区的天后崇

拜标志着族群区别，同来自漳、泉（厦门）地区的福建移民密切相关（私人通信）。

40. 20 世纪 30 年代在长乐天妃宫发现的一块石碑肯定了这一系列事件；石碑立于 1431 年，上有郑和的印章（见 Duyvendak，“True Dates”，pp. 342-345）。有意思的是，郑和本人也成为崇拜的对象，住在爪哇和其他地方的华人将他奉为神明：见 Stevens，“Three Chinese Deities”，pp. 192-195；D. E. Willmott，*The Chinese of Semarang*（Ithaca：Cornell University press，1960），pp. 213-217。

41. Feuchtwang，“City Temples”，p. 274.

42. Shryock，*Temples of Anking*，p. 26.

43. Justus Doolittle，*Social Life of the Chinese*（New York：Harper and Brothers，1865），Ⅰ：262.

44. Duyvendak，“True Dates”，pp. 345，350.

45. 对文氏宗族的全面研究见 J. L. Watson，*Emigration and the Chinese Lineage*（Berkeley：University of California Press，1975）。

46. 关于厦村的历史，见 Rubie S. Watson，“The Creation of a Chinese Lineage：the Teng of Ha Tsuen，1669-1751”，*Modern Asian Studies* 16：69-100（1982）。

47. 除了以上所引，还可见 Hugh Baker，*Sheung Shui：A Chinese Lineage Village*（Stanford：Stanford University Press，1968）；Maurice Freedman，*Lineage Organization in Southeastern China*（London： Athlone，1958），*Chinese Lineage and Society：Fukien and Kwangtung*（London：Athlone，1966）；Jack Potter，*Capitalism and the Chinese Peasant*（Berkeley：University of California Press，1968）；Rubie S. Watson，*Inequality Among Brothers：Class and Kinship in South China*（Cambridge，Eng.： Cambridge University Press，1985）。

48. 关于在新田地区造田的技术，见 J. L. Watson，*Emigration*，pp. 31-42。

49. 关于这个地区的食盐生产，见 Lin Shu-yen（林书炎［音］），“Salt Manufacture in Hong Kong”，*Journal of the Hong Kong Branch of the Royal Asiatic Society* 7：138-151（1967）。注 58 所提到的研究中讨论了这个题目。

50. 《新安县志》（广州，1819；重印于台北：成文出版社，1975），258~259 页。

51. 同上书，270、364~373 页。

52. 关于迁界，见 R. Watson，“Creation”和 Hsieh Kuo-ching，“Removal of Coastal Population in the Early Tsing Period”（谢国桢：《清初东南沿海迁界考》），*Chinese Social and Political Science Review* 15：559-596（1932）。

53. 《厦村乡约十年太平清醮》（厦村，1974），36 页，以及在沙江庙的个人考察。

54. Sung Hok-p'ang（宋学鹏），“Legends and Stories of the New Territories：Kam Tin”，*Journal of the Hong Kong Branch of the Royal Asiatic Society* 14：160-185（1974），p. 184；新田的碑文证据。

55. 例如，根据所刻碑文，屯门的天后庙（由两个宗族控制）于 1698 年在如今的庙址上建立。上水（廖氏宗族）天后庙里的钟上所刻日期为 1721 年（见 Baker，*Sheung Shui*，p. 103）；元朗老墟庙宇的钟上所刻日期为 1716 年（个人所见）。安置钟的日期并不总是同庙宇的实际建造时间一致；新界庙里的钟通常在当地人变得更富裕，对庙宇进行第一次大修时安置。

56. 这里说的是粉岭彭氏和锦田邓氏。

57. 1978 年搜集的印单；引文是对有关章节的大致翻译。

58. J. L. Watson，“The Protection of Privilege：Self Defence Corps and Local Politics on the South China Coast”，手稿。

59. 例如，见 Siu Kwok-kin（萧国健），“The Fat Tong Mun Fort”，*Jour-*

nal of the Hong Kong Branch of the Royal Asiatic Society，18：209-210（1978）。

60. 《广东图说》（广州，1862；重印于台北：成文出版社，1968），156~157页。亦见《新安县志》，350~359 页。

61. 见 R. Watson，"Creation"。

62. 对附属村庄制度的概括，见 J. L. Watson，"Hereditary Tenancy and Corporate Landlordism in Traditional China：A Case Study"，*Modern Asian Studies* 11：161-182（1977）。

63. 关于打醮仪式，见 *Michael R. Saso*，*Taoism and the Rite of Cosmic Renewal*（Pullman：Washington State University Press，1972）。

64. 对于这个地区的水上人来说，坐落在香港沿海岛屿上的两座天后庙是他们朝拜上香的中心地点。其中坐落在青衣岛上的庙宇在天后诞辰后一个星期时举办年度庆典；见 Graham Johnson，"From Rural Committee to Spirit Medium Cult"，*Contributions to Asian Studies* 1：123-143（1971），p. 142。

65. 1910 年以来的手写账本和记录。

66. 对当地阶级制度的讨论，见 R. Watson，"Class Differences and Affinal Relations"。

67. Rawski，*Education and Popular Literacy*，pp. 3ff.

68. 《新安县志》，442、449 页。很多当地男人捐纳功名。

69. James Hayes，*The Hong Kong Region*，*1850-1911*（Hamden，Conn.：Shoe String Press，1977），pp. 181-193.

70. 有证据表明，所研究地区的一些家族深受有功名的士绅影响。比如说锦田邓氏，它在经济上的繁荣昌盛在很大程度上归功于一位祖先——邓豹生（按：邓文蔚，字豹生，于康熙二十四年［1685 年］中进士），在目前成为新界居民的人中，他是唯一一位进士。在复界后的最初年代中，他至少修建了一座天后庙，坐落在元朗老墟。

71. 1905 年土地册，保存于新界元朗区政府。

72. 主要庙宇的碑文提供了证据，表明至少自 19 世纪 40 年代起，就存在这类委员会。关于庙宇修缮的个案研究，见 J. Watson，*Emigration*。

73. Yang，*Religion in Chinese Society*，pp. 81，96.

74. Jordan，*Gods*，*Ghosts*，*and Ancestors*，p. xvii.

75. Norma Diamond，*K'un Shen*：*A Taiwanese Village*（New York：Holt，Rinehart and Winston，1969），p. 77.

76. Pasternak，*Kinship and Community*，pp. 111-112，125-126.

77. John A. Brim，"Village Alliance Temples in Hong Kong"，in Wolf，*Religion and Ritu*al，p. 102.

78. 亦 见 Marjorie Topley，"Chinese Religion and Rural Cohesion in the Nineteenth Century"，*Journal of the Hong Kong Branch of the Royal Asiatic Society* 8：9-43（1968），p. 19，以及 James Hayes，"Chinese Temples in the Local Setting"，in *Some Traditional Chinese Ideas and Conceptions in Hong Kong Social Life Today*（Hong Kong：Royal Asiatic Society，1966），pp. 92-93。Eugene Anderson 也指出，在对很多流行于香港水上人中的天后崇拜进行分析时，涂尔干方法十分有用（私人通信）。

79. Wolf，"Gods, Ghosts, and Ancestors"，in Wolf, *Religion and Ritual*，p. 131.

80. 关于女性灵媒，见 Jack M. Potter，"Cantonese Shamanism"，in Wolf，*Religion and Ritual*。

81. 1905 年，港英政府官员将对土地的全面所有权授予所有租地的佃户，但是直到 20 世纪 50 年代，前佃户才得以行使这些权力。

82. Barrington Moore，Jr.，*Injustice*：*The Social Bases of Obedience and Revolt*（New York：Random House，1978）探讨了类似主题。

83. R. S. Watson 发现在厦村 45 岁以上的妇女中，只有 5 人识字。这些女人来自村里最有钱的人家。在卫星村年过 45 岁的女人中，我没有发现任何人识字。

84. George M. Foster，“The Dyadic Contract：A Model for the Social Structure of a Mexican Peasant Village”，*American Anthropologist* 63：1173-1192（1961）.

85. 关于广东船民，见 Eugene N. Anderson，Jr.，*Essays on South China's Boat People*（Taipei：Orient Cultural Service，1972） 和 *The Floating World of Castle Peak Bay*（Washington：American Anthropological Association，1970）；Barbara E. Ward，“A Hong Kong Fishing Village”，*Journal of Oriental Studies* 1：195-214 （1954），“Varieties of the Conscious Model：The Fishermen of South China”，in *The Relevance of Models for Social Anthropology*，ed. Michael Banton（London：Tavistock，1965）。由于 Barbara E. Ward 讨论水上人本人对于自己在中国社会中的地位所持的观念，所以她所撰的“Varieties”一文尤其同本文主题相关。

86. Armando M. Da Silva，“Fan lau and its Fort：An Historical Perspective”，*Journal of the Hong Kong Branch of the Royal Asiatic Society* 8：82-95（1968），pp. 87-88.

87. Lo Hsiang-lin（罗香林），*Hong Kong and Its External Communications Before 1842*（Hong Kong：Institute of Chinese Culture，1963），pp. 129-130 和图 34。关于同海盗的关联，亦见 S. F. Belfour，“Hong Kong Before the British”，*Journal of the Hong Kong Branch of the Royal Asiatic Society* 10：134-179 （1970）；Dian Murray，“Sea Bandits： A Study of Piracy in Early Nineteenth Century China”，Ph.D. diss.，Cornell University（1979），pp. 159-160。

88. Kung-chuan Hsiao（萧公权），*Rural China*：*Imperial Control in the Nineteenth Century*（Seattle：University of Washington Press，1960），p. 225.

第 11 章

/《圣谕》通俗本中的语言与思想形态

梅维恒（Victor H. Mair）

以使正理家喻户晓。

——正统传播者的原文表述

王又朴诠释康熙圣谕，
用俗语使百姓懂得深意。

——埃兹拉·庞德（Ezra Pound）[1]

/ 文本

众所公认，从 17 世纪 70 年代后期颁布之日，直到清末，康 325
熙皇帝规劝百姓的《圣谕》是对儒家意识形态最言简意赅的权威表述。颁布《圣谕》时，康熙 16 岁，在位已有 9 个年头。《圣谕》一共 16 条，七言一句，语法结构对仗工整，即使翻译成英文也显而易见。以下是圣谕的原文：

敦孝弟以重人伦。
笃宗族以昭雍睦。
和乡党以息争讼。
重农桑以足衣食。
尚节俭以惜财用。
326 隆学校以端士习。
黜异端以崇正学。
讲法律以儆愚顽。
明礼让以厚风俗。
务本业以定民志。
训子弟以禁非为。
息诬告以全善良。
诫匿逃以免株连。
完钱粮以省催科。
联保甲以弭盗贼。
解雠忿以重身命。[2]

关于同一般百姓相关的正统儒学，以上所引是精髓之精髓。但是时过不久，人们就感到需要使文字血肉丰满。在颁发《圣谕》之后的数年间，改写本、评注、释义和注释便开始出现。就这些派生作品而言，最饶有兴味之处在于，很多是用俗言口语撰写的。什么人是这些文本的作者？为什么要撰写这些文本？谁人阅读它们？对于 18 世纪和 19 世纪的中国而言，它们具有什么样的重要性？

用俗言口语对古典文本进行文字阐释的传统似乎在元朝开始发展。[3] 许衡（1209—1281 年）撰写了一本《直说大学要略》、一本《大学直解》、一本《中庸直解》。这些文本还带些书卷气，是为蒙古皇帝讲学所用的提纲。受许衡启发，贯云石（1286—1324 年）于 1308 年撰写了《孝经直解》。这部书使用流利的口语。根据序言所说，目的是教育百姓。但是《孝经直解》的出现，似乎也与一年之前向蒙古皇子们赠送《孝经》文本关系密切。[4] 另外 327
一部这类元代书籍是吴澄（1255—1330 年）的《经筵进讲》。在明代，张居正（1525—1582 年）撰写了《四书集注直解》和《书经直解》。[5] 这些口语释义显然是清代各种《圣谕》通俗本的前身；除此之外，所有书籍的作者都来自精英阶层，这一点也值得我们注意。[6]

对清朝的普及性文本来说，更为清晰的范例是钟化民所著《圣谕图解》，该书写于 1587 年。[7] 钟化民的名字十分引人注目，因为“化民”的意思是“教化人民”。他掌管着山西和其他地方的茶马司。这里提到的《圣谕》并不是康熙颁布的，而是明代《六谕》，通常认为由太祖皇帝颁发。原文如下：

> 孝顺父母，
> 尊敬长上，
> 和睦乡里，

教训子孙，
各安生理，
毋作非为。

钟化民的《图解》包括以下要素：（1）文言的道德训诫；（2）用散文对训诫加以发挥，既包括高度口语化的通俗讲解，也有浅显易懂的文言；（3）用较为纯正的文言写作诗歌表达训诫；（4）图画
328 加标题；（5）每张图配一个夹杂少许文言的白话故事。由于我们在清代普及文本中将会见到以上要素，所以最好记住这个体例。后人主要致力于使不同文化水平的人都能够懂得所传达的信息，所以我们需要尤其注意吸收不同层次语言的书写材料。同样与此有关的是，钟化民显然力图使他的《圣谕图解》广为发行，最好是国内家家户户都有一册。根据此书的碑文所记，刻有《图解》的碑石可以用作拓印复本的巨大石板。拓本被分发给掌管州县的地方官。地方官被要求进行翻刻印刷，以便得到更多文本，分发给各家各户（每甲 10 张）。各坊耆老和村里的保长每月两次（朔望）对各条进行宣讲。显而易见，其目的是使尽可能多的百姓了解《六谕》，不过我们不能肯定，是否全国各地都对这些措施照办不误。

在康熙统治初年，可能同 1652 年顺治皇帝颁发的《六谕》有关，河南蠡城人范鋐撰写了《六谕衍义》。[8] 当时，在“跋”中所描述的乡约宣讲制度尚未完全定型，范鋐遂建议，在兄弟、官吏和乡村保甲成员等中对他的书进行讨论。此外，需要注意的重

要一点是，此时异端邪说尚未引人关注，所以书中只是一带而过。至于佛教和道教，尤其是前者，范认为释道地位合法。[9]

《衍义》的语言无疑十分口语化，但是夹杂众多文言成分（比如，用“此”而不是“这”；用“云”而不是“说”；用“未[曾]”而不是“[从来]没[有]”；用“何”，而不是“什么”；名词化时用“者”，不用“的”，经常用 “而”表示相反；等等）。另外的非白话成分使用骈四俪六的韵文以及其他抑扬顿挫的文言形式。对每条的解释长篇引用文言清代法典，结尾是 12 句七言诗，以 AABACADAEAFA 的方式押韵。

因此到康熙皇帝当政时，对朝廷训谕的通俗化讲解已成为牢 329
固树立的传统。毫不奇怪，普及者们很快便将注意力集中到《圣谕十六条》上。在整个清代，这些人根据《圣谕》源源不断地出版书籍，进行解释或是逐字逐句翻译。我们这里考察的第一部这类文本是《上谕合律直解》。此书出版于 1679 年，在《圣谕》颁布仅仅 9 年之后。《合律》根据现存衍说编纂而成，由浙江的满洲巡抚陈秉直负责编撰，他将其刻印成书分发到帝国各地的村镇。[10]浙江布政使李士桢以及另一位朝廷大员程汝璞为书作序。全书分成两部分：先对《圣谕》做全面综述，然后逐条讨论十六条，并附上相关律法作为指导性例证。以下片段引自第一部分，可以说明陈秉直的方法：

> 本院自到任以来，看见你们百姓良善的固多，奸恶的也不少，好讼喜事，风俗敝坏，就是各处也有兴举乡约，未能

切实详明。如今把这十六条《上谕》讲做乡约，今日先将这十六条大义略说一遍与你们听，仔细听着。

通篇文字自然可亲，使用一种十分家常的白话，一般的听众也很容易明白。毫无疑问，《合律》中的解释是为了在每月两次对《圣谕》的官方宣讲中口头讲述。陈秉直屡屡声明，他和讲生“宣讲（圣谕）是讲与你们听者”。此书的前言和后记也非常清楚地指出了
330 这一点。宣讲材料有相当部分是歌谣，逐字注明音符。陈秉直并没有对佛教和道教表示出特别的敌意，甚至愿意承认这两种宗教明心见性。在对第七条的论述中（只有短短的两页半，而对第一条的讨论却有 7 页半之多），他强调儒学正理的长处。但是陈秉直对未经认可的“左道”十分警惕，在综述中，他说这些邪说“最为可恨”[11]。不过他最尽心尽力之处，是用浅显易懂的语言解释律令如何运作。因此他对第八条的论述有 14 页半之多。

在陈秉直所著《合律》问世之后两年，1681 年安徽繁昌知县梁延年出版了《圣谕像解》。这是一部煌煌大作，共有 20 册。最初的版本可能只在梁本人的辖区内发行。但是在 200 多年之后，满洲官员恩寿将书两次再版，因此正如下文所述，此书得以广泛流传。

《像解》的体例如下所示：（1）引用《圣谕》；（2）用加标点的浅显文言进行直白解释；（3）精美木刻图画；（4）文言标题说明图画；（5）对《圣谕》根据图画做半文半白（介于文言和口语之间）的论述。书中总共有 248 幅图，绝大多数取材于历史中

众所周知的人物和事件。梁延年在“凡例”中声明，使用图画是为了打动那些不识字的百姓。这些图可能曾经被展示给小群围观者。湖北汉阳的叶志诜（1779 年生）在 1856 年重印时保留了此书的初刻版式，开本较大。版心为 61/4 英寸 ×93/8 英寸（而恩寿刻印本是 47/8 英寸 ×71/8 英寸）。以下引文出自梁延年对第十三条的论述，表明此书可能是为了作为实际宣讲的材料：

> 汝等百姓试自思之：边方沙漠，孰与梓里内地之为安也？风餐水宿，孰与早起晏息之为便也？扶老挈幼，孰与仰
> 事俯畜之为逸也？破家荡产，妻啼子哭，孰与脱然无累之为 331
> 愈也？使逃人即属亲知，犹当深拒而力绝之。何则，从井救人，愚夫不为。矧以全无识认之辈而乃愿为居停，俾身家性命存亡莫保，邻里乡党株累无穷。[12]

梁延年及其同僚必定认为自己在遵循一个年代久远的普及化传统。布政使龚佳育（1622—1685 年）在序中写道：

> 昔冯伉（744—809 年）宰礼泉，著《谕蒙书》十四篇，教之务农敦本而礼泉治。张载（1020—1077 年）宰云岩，每月吉，具酒食，招乡人会于庭，论以养老事长之义而云岩治。[13]

《像解》的作者并不反对佛教和道教本身，但是反对滥用它们的教义。由于此书写于 1681 年或者更早，所以梁延年对异端

邪说漠不关心。这同后来那些致力于镇压异教的《圣谕》释义截然有别。正如下文所述，那些在18世纪之后出版各种《圣谕》释义的人，确实常常将《圣谕》视为同宗教运动的直接较量。[14]

恩寿两度再版《像解》一书，一次是他在江苏巡抚任上，另一次是他任安徽巡抚时。他在凡例中声明，他在重刻时根据的是梁延年的初版，完全不做增删修订，只有进呈朝廷的一份誊本是
332 个例外。甚至于最初的刻印错误也保留了下来。恩寿特别声明，采用这一程序是为了迅速完成印刷任务。在出1902年版时附上了一个标出11个谬误的附录（1903年版又略去），这就是对初稿所做的全部修订。

恩寿将一部《像解》呈递皇帝，同时上了一道奏折呈请重刻此书，并在全国境内分发。1902年版的开头附有奏折和御批。御批称《圣谕》为“化民成俗之本。海内士庶固已家喻户晓”。御批还认为《像解》对图画所做的解释文字简明，“俾妇孺皆易通晓。实足辅翼圣谕，启迪愚蒙”。根据恩寿所上奏折中的提议，最后钦定重新石印《像解》，并着该巡抚将石印成书分送各省。各省总督巡抚需指示府州厅县的属下确保每个学堂可得一部。

慈禧太后屡次下旨敦促实施恩寿奏折，对教育制度采取积极措施，以便中止四处蔓延的异端邪说。一致的见解是，迫切需要在幼童发蒙阶段就教导学生，以防他们误入歧途。

恩寿声称，比起唐代李袭誉的《忠孝图》或是宋代朱熹所作《小学外篇》，《像解》尤为浅显，易于感人。可惜这本书发行量不大，湮没弗彰，流传未广。所以他奏请石印三千部，分发到全

国各地初级学堂和中级学堂。皇帝批准了恩寿所奏，因此这本长篇释义加印一版共三千本。由于 1903 年版只是重印了 1902 年版的所有序言资料，没有添加任何解释，所以我们无从知晓印数。

在那些致力于《圣谕》通俗化工作，而且著述最丰的人中，有一位是祖籍河南襄城的李来章（1654—1721 年）。李来章在 1675 年中举。在家乡省份的几所书院中任教并担任山长数年之后，他被派赴广东省连山县（字面意为山连山）任县令。连山县偏僻遥远，李来章单身就道，凡四踰月而至其地。县上人口中有大约一万僮民傜户（按：中华人民共和国成立后改称壮、瑶），汉人不多（民仅七村，丁只二千）。傜人小群聚居，大排居五， 333
小排一十有七。县里重山复岭，瘦石巉削，耕地极少（据李来章估算，田居十分之一）。因有感于穷山恶水，据说李来章写道，

> 傜异类，亦有人性，当推诚以待之。乃仿明王守仁遗意，日延耆老问民疾苦，招流亡，劝之开垦，薄其赋。复深入傜穴，为之置约延师，以至诚相感。创连山书院，著学规，日进县人申教之。而傜民之秀者，亦知向学，诵读声彻岩谷。[15]

根据以上对李来章生活片段的简短概述，著书立说，为促进《圣谕》思想在社会最底层百姓中传播，这恰恰符合他的性格。

李来章撰写了三部关于《圣谕》的著作：两卷本《圣谕图像衍义》、一卷本《圣谕衍义三字歌俗解》和一卷本《圣谕宣讲（乡

保）仪注 / 条约》。[16] 李来章认为连山县的居民中，有些人能够从书中受益，尤其是能够经常将书中所写教与他人，所以官府出资将一些书分赠他们。从李来章普及《圣谕》的努力中可以看出，他显然希望为汉化少数民族出力。

《图像衍义》一书的序言写于 1704 年 12 月 22 日，此书对《圣谕》十六条的每一条都做出如下解释：一曰图像；二曰演说（用浮夸的官话详尽解释）；三曰事宜（用官话列举恰当的行为范例）；四曰律例（使用司法文言从清代法典中摘录相关律例）；五曰俗歌；六曰谣训（用简明文言加口语写成）。李来章声称这种体例
334 安排并非他的独创，而是延续以前的传统。在序言中他继续声明，自己“或用文语，间以乡音，雅俗并陈”。李来章宣称他写作《图像衍义》是因为他感觉圣学高深，训词尔雅，虽学士大夫尚不能仰测万一。他基本上将听众视为童稚。至于宗教，李来章认为佛教和道教迷惑百姓，首谈虚无，自谓出世，因此释道“不可过信”。但是异端邪说威胁社会，是动乱之渊薮，因此“不可误信”。[17]

《三字歌》一书显然模仿广为流行、影响巨大的《三字经》。此书是李来章到连山县的第一年时写成。后来他将《三字歌》编入《图像衍义》，但是为俗歌加上口语注解，也单独成书；若没有注解，一般百姓便无法听懂。在写于 1706 年夏的序言中，他提到宋代新儒家的实践，来论证自己为何使用俗谚村语。他声称《图像衍义》一书在朔望举行的《圣谕》宣讲中已十分成功：“家弦户诵，渐有成效”；受此激励，他从书中抽出三字俗歌一项，“杂用

土音”，注解分析。但是注解既不用瑶话，也不用粤语，而使用略显浮夸的官话。李来章所想的必定是在宣讲中，将官话内容即席翻译成当地的土语方言。文本加标点断句，偶尔夹杂四六韵文对句。李来章声称他力图“使言下洞晓，一如家常说话”。确实，对俗歌逐句诠释，读者便无须费心想象。歌中难读之字还标出读音。每条《圣谕》有48行歌句作解，每四句加上通俗评注。讲解《圣谕》第一条共用12段四句歌诀，其中第一段以及俗解引用如下：

> 免怀抱，必三年，父母恩，等昊天。
>
> 这四句是说：父母生子一二岁时，含饭抱育，何等关心。冬月只怕他寒，夏月只怕他热。甚至去耕种或取柴薪，父母皆襁负同去，不肯丢在家下，何等辛苦！直到三年，口能说话，脚能行走，方稍免怀抱之劳。父母大恩，就如上天一般。“昊天”即上天也。[18] 335

《圣谕宣讲（乡保）仪注/条约》中的序文写于1705年，当年重新刻版；全书用存在连山县衙门的雕版印刷成书。对《圣谕》宣讲仪式的贯彻执行，书中拟定了完备的指示：在何处宣讲（市、镇和乡村各不相同）；如何清扫场地，何处放置香火、烛台、花瓶；如何包裹、储存《圣谕》；不同的听众在何处站立；需要何样的家什器物；何时乐师奏乐；何时是歌班放歌的恰当时间；何时击鼓拍掌；何时听众下跪、鞠躬、叩头；等等。毫无疑问，李来章与他的同道者们力图为《图像衍义》所表述的礼拜仪式内容提供礼仪环境。实际上李来章在《仪注 / 条约》中规定，宣讲《圣谕》时，要在香案上摆放一本《图像衍义》，案上还放置记善、记恶、和处、悔过四簿。李来章在走村串乡宣讲《圣谕》时，命令地方耆老在这四本簿子或是功过格上记录一切所管村民的行为表现。[19] 簿中所记是善举的例证（细分为下善、中善、上善），恶迹的例证（同样细分为小恶、中恶、大恶），悔悟恶举而改过自新的例证，以及通过村中德高望重之人的仲裁，以和睦方式解决争端的例证。李查阅簿记以便衡量自己宣讲的效果，并对善多者奖励花红，恶多者谅加责罚，务使惟公惟平，劝诫得宜。李来章说在他刻印分发《仪注 / 条约》之后，此书在县中所有地区，不论何等偏远，已广为使用，成为每月朔望宣讲之蓝本。由于有朝廷指派的人手，因而在城镇中组织宣讲简便易行。李来章努力设法使《圣谕》宣讲制度超出城镇，深入乡村。

在《仪注 / 条约》和《图像衍义》中，李来章描述了有关《圣谕》宣讲的复杂体例规定和设施安排，似乎很容易根据不同听众改变方式，便宜行事。我们知道，这个时期还有其他官吏积极从
336 事普及《圣谕》的工作，他们确实考虑到了听众不同的文化程度。张伯行在任福建巡抚时（1707—1710 年），使用不同版本的《圣谕》，“一种为文人准备，引经据典、旁征博引；一种为粗通文墨者阅读，以俗言谚语讲解说明；另一种为了无知村民，言语合辙押韵，易于记忆”[20]。

雍正二年（1724 年），皇帝颁布了洋洋近万言的《圣谕广训》。雍正皇帝显然是担心康熙皇帝的 16 条《圣谕》太过简略，一般

百姓无法理解。雍正的序在开首就引用古例说明撰写此书的理由:“每岁孟春,遒人以木铎徇于路……”[21] 显而易见,在使用文言的范围之内,雍正皇帝力图明白易懂:《广训》“意取显明,语多直朴”。[22] 那些受过中等水平文言训练的人不难读懂《广训》。

将《圣谕广训》中的用字频率同中国文言标准词汇表进行比较,这样的统计学结果发人深省。[23] 绝大多数字符联系密切,尤其是那些作语法修饰的虚词更是如此。然而令人惊异的是,《圣谕广训》中“民”字和“兵”字的出现频度极高。而在标准词汇表中,这两个单字位置靠后。与此相反,标准词汇表中“天”字和“君”字名列前茅,排在前 20 个单字中。但是这两个字在《圣谕广训》中并不太常见。雍正皇帝的议论针对谁人显而易见。事与愿违,他所使用的语言对这个阶层的成员来说十分陌生,因此他的受众无法理解。鉴于雍正无法同他的大部分臣民交流,目睹 337
这一点的臣下于是感到迫在眉睫,需要为《圣谕广训》不断提供白话释义。

《圣谕广训》最终还出版了满文版。[24] 至迟在乾隆年间,三种文字(汉字、蒙文和满文)的《三合圣谕广训》问世。[25]

远远超出其他《圣谕》释义,影响最大,也最广为人知的普及本是王又朴(1680—1761 年)撰写的一系列相关文本。王又朴在撰写初稿时任陕西盐运分司,他祖籍天津,1723 年中进士,后授翰林院编修,官至庐州府同知。[26]

虽然王又朴研究《易经》小有文名,但他却因撰写《圣谕》释义而声名显赫;但是似乎十分令人费解的是,他在自己的年谱中对这部书只字未提。显然是要在临终之前评价自己的一生和作为，王又朴在逝世前不久，于1761年3月9日完成了自己的年谱。他声称在撰写年谱时“功过优劣，无所隐匿”[27]。他也颇为详尽地列出了自己的著述。那么为什么他对释义只字不提呢？答案很可能在于，他只是不愿意自己因为这种低水平的通俗之作而为人所知。在《天津府志》[28]和《清史》[29]中为他作传的文人们也所见略同，
338 认为释义不值一提。他们都错了；正是因为编写了这本流传最广的白话《圣谕》释义，王又朴才确立了自己的历史地位。[30]

王又朴的释义的成书过程颇为复杂。初稿写于1726年，在雍正的《广训》颁布仅仅两年之后。最初的书名似乎是《讲解圣谕广训》。[31]再度出版时，经过各地官吏小小的修改增删，更名为《圣谕广训衍》。王又朴《全集》中所收入的文本也用这个题目。[32]后来又经过大改，更加广为流行，此时更名为《圣谕广训直解》。

鲍康宁（F. W. Baller）翻译[33]的王又朴《直解》参阅了
339 1892—1924年出版的不下6个版本。此书在一般书坊中发行，影响颇大。最初出版英译本的目的，是为新教传教士们在学习汉语时提供可靠的资料。但是最终，它对外国租界的影响远远超出发行人的想象。比如说，负责威海卫的英国地方官“在裁定民事和刑事案件时”，喜欢引用《直解》。[34]当一个当地传教士指出，为此目的，《圣经》是“远为适宜的文本”时，这位官员振振有词地为自己的方法辩护。

我认为《直解》中大约有一半内容原封不动照搬《广训衍》，另外的部分也相差无几。但是两书之间存在明显的差异；一是为

了避免冗长啰唆，《直解》通篇力图文言化，另外，《直解》对受众具有一种更严厉、更屈尊俯就的态度。王又朴告诉百姓，官府征收钱粮做官员的俸禄，以便做官的“好料理你们的事”，而《直解》则说官府如此行事是叫官员“管理你们百姓”。[35]《直解》中也较少明确提及康熙皇帝对百姓的挂念。《直解》简单地告诉听众，用缴纳钱粮后剩余的钱“买些东西”，而《广训衍》则使用关心的语言说“买些好东好西”。[36]雍正劝诫文人学者“所读者皆正书”。王又朴的告诫更注重实情：“必须读的都是正经书，那些淫词小说一句也不要看他。”《直解》的编者使劝谕大致恢复雍正的原文，只是有所缓和，说“必须读些正经书”。[37]为了压缩王又朴流畅自如、挥洒不绝的散文书写，《直解》的编者有时写出不合文法的句式。比如说，他们将王文中“这个钱粮最是要紧的”一句重新写成“这钱粮最是要紧”。[38]《直解》比《广训衍》更喜欢使用单 340
音节名词和动词，对口语虚词和补语的运用不太流畅自信。《广训衍》是一篇行文自然、几乎无懈可击的口语散文杰作。而《直解》在背离《广训衍》时，却往往行文笨拙。这两个文本之间还有其他细微差别。《广训衍》重在说服，娓娓劝诱百姓，而《直解》却有些专横恐吓的味道。虽然两个文本对听者都居高临下，但是后者更甚。《直解》称百姓为“愚蒙”“愚夫妇”“颛蒙”；说他们“无知”“识略短浅”“解悟迟钝”。[39]《直解》还连篇累牍地引用文言清代律令，而《广训衍》却没有这样做。

毫无疑问，《广训衍》和《直解》都是为了“对”百姓大声宣讲。文本中往往直接对听众讲话，如“你们百姓”“你兵民们”“我问你”“你看”“你们想一想”“你们为人子者”等。口头问题比比皆是：“你是想说……?”“不是这样……?”“你们自己问心，如何过得去呢?”“怎么是孝呢?”“既然知道父母的恩了，为什么不去孝顺他呢?”等。重复出现的“讲”字和“听”字也表明这些文本用于宣讲。二者均喜用谚语格言，以便在公众演讲中更能打动听众。

《直解》和《广训衍》清楚地说明了它们的听众是谁：“虽《圣谕》讲与兵民者听，余等还望村中士绅、贤达耆老、学中生徒、约正里长询诵服习，因衍释训，以转教其乡里族党之人。”[40]

众所公认，比如说广州或是福建的官员不可能简单宣读王又朴用（直隶）官话写成的释义，就指望当地居民能够听懂。宣讲的实际操作避免了这个问题，“在宣讲时，讲生并不照本宣读；他加上需要的词语使听众易于明白；改动措辞用语，使之符合本省本地的乡音俗谚”[41]。当然前提是，宣讲人能够说本地方言。朝廷指派的官员往往不具备说所辖地区方言的能力。

341 王植（1721 年中进士）同王又朴一样，也来自直隶，他在奏折中再一次提到语言障碍问题。在广东新会县任县令时，王植写了一本《上谕通俗解》。由于他也提到《广训》，所以他将自己诠释的文本称为“上谕”，很明显他指的是《圣谕》。他对自己为何撰写《通俗解》如此说道：

> 余尝演上谕，通俗解以俗言敷衍广训之文。令讲生以土音宣谕，听者颇知领略。新宁尹王君嵩每次自讲一条，反复

开导。余以口音不对，不能为也。

初至约所，令八九十老民得坐于绅士之后，一体吃茶。但不许禀公事。讲约时令平民立听。[42]

直言不讳地承认语言障碍，便揭示出此人的态度；王植无法对他任父母官的县域百姓直接讲话。王又朴在语带轻蔑地谈到“各地的方言俚语”[43]时，表现出自己对口语白话暧昧不明的态度。

王又朴之著名释义的几位编者和出版者曾谈起他们如何听说此书，为何决定负责使此书广为流行；他们提供了有用的信息。1808 年之后不久，江宁布政使王勋臣给广东署理巡抚韩崶看了一本《讲解圣训》(即《广训衍》)。韩崶坦承：“臣受而读之，不禁相悦以解，爰命司铎官遴选口齿清楚佾生四人，于每月朔望即以粤省土语按文宣讲。”由于无法用粤语直接朗读王又朴用北方方言写成的《广训衍》，口头讲解显然至关重要。看来根据王又 342
朴的《广训衍》进行口头讲解，比将雍正的文言《广训》直接翻译成粤语来得容易。韩崶不无夸张地宣布，宣讲十分成功：“一时环而听者争先恐后”，然后接着讲述他对属下官吏的训示：

遂以是书颁布郡邑，俾司牧民之责者广为宣谕，务使海隅苍生罔不率俾。异日或奉命他邦即以其地方言教其众庶……[44]

根据以上和其他评论，看来对《圣谕》白话释义的出版发行取决于京城之外官吏们个人的主观能动性。

在《广训衍》的广东编者王勋臣撰写的序中，我们发现如下段落：

> 及我皇上亲政以来，谆命臣工遵例宣讲，劝导乡愚，臣等未有不各以其方言俗语曲为引谕，但一时宣讲恐未及周，觅得曩日陕西盐运分司臣王又朴所刊《讲解圣训》一本。[45]

王勋臣似乎认为，同他和同僚们自行宣讲相比，印刷出版《讲解圣训》一书可以打动更多的听众。但即使是使用这类普及本，他也并不认真指望平民百姓能真正阅读《圣谕》。作为官员，他只想有责任使更多人，可能是那些当地的识字人，能读到这本书；因为“其讲解辞义令人易晓，诚于愚氓闻之甚为禆益”[46]。基于这样的考虑，他“爰取又朴本复行刊刷，颁发府邑，庶使家喻户晓，互相诠解”[47]。王勋臣的序在结尾处敦促“良有司之善循职守”的官府对百姓“振兴不倦，劝励多方”。

343 1815 年 6 月 21 日，陕西提刑按察使继昌（满洲旗人，1800 年中举）完成著作《圣谕广训衍说》。[48] 此书显然是《直解》一书的删节修改本，将原书中整句整段话弃之不用，对其他部分重新组织改写。虽然语言还称得上是流利的口语官话，却不如《直解》那样自信，更无法同《广训衍》相提并论。这本书也不如前书生动朴实。一言以蔽之，《衍说》虽然尽心尽力，却无法掩饰其对前人名作《直解》的全盘剽窃。但是还不仅止于此，《衍说》还显示出一种不同的态度和语调。《广训衍》和《直解》抨击日渐风行的异端邪说时，声称邪教“就生起邪心，做起歹事来”[49]，而《衍说》一书则警告说，邪教“做出叛逆的事来，直到发觉败露，官兵围剿或是差拿到官”[50]。由于更加强调引自清律的特定刑法[51]，也由于更加坚持个人必须“守安分”，《衍说》比《直解》更具恐吓意味。[52] 提到黎民百姓时，更常使用“愚昧”“无知”等语。[53]

不过在继昌本人所书的结语中，可以发现最充分的证据，指出他出版这本释义的缘由：

> 且恐愚夫妇不谙文义高深，尚不能悉心领略，敬以寻常谚语讲衍王言，俾各州县朔望讲解、各村社教授宣传，妇孺可共闻之，顽懦亦同感奋。惟冀道民诸吏奉行勿怠，容保无疆[54]，以成我国家重熙协洽之休，以翼圣天子法祖牖民之治， 344
> 于万亿年会归之极庶有裨焉。[55]

临近道光朝（1821—1850 年）末年，异端邪教四处滋生，猖獗蔓延。动乱的大部分责任被归咎于地方官吏，认为他们教化不力，过分放纵。于是为了纠正弊端，朝廷要求所有学堂书院都学习《圣谕》。对于非法宗教团体日益发展的公开活动，《直解》1850 年版的编者表示出深深的关注：

> 近来邪教流传，蔓延各省，始不过烧香敛钱，煽惑愚民，渐至聚众滋事，总因地方官平日化导无方，民间父兄师

长又不能随时训迪，俾颛蒙服教畏刑，不致为邪说所惑。

编者不愿被斥责为渎职之官，所以着手重印《直解》，为打击邪教尽一份力。

《直解》1865年版的序言也表示出同样的关注，我将序言全文抄录如下：

古之为民也四，今之为民也六；古之为教也一，今之为教也三。[56] 教愈岐民愈惑，岐之又岐，乃至邪说诬民，出于杨、墨、佛、老[57]之外，而其害有不可胜言者。

我圣祖仁皇帝躬天纵之姿，垂悯愚蒙，特颁圣谕十六条，永为教法，世宗宪皇帝复御制《广训》万言，颁列学宫，朔望宣讲。

345 圣谟洋洋，炳若星日。今天子运际中兴，孜孜求洽，纶音叠布，申明讲约旧章，诚化民成俗之要道也。然而辞文旨远，博士弟子敷词演说，或未曲尽其义，而里巷椎鲁之人未通经训，又难领悟高深，不克尽见圣人之意，非所以宣扬至教也。

曩官京师，闻江西、湖北等省刻有《直解》一书，盖有司养体朝廷善教，期于家喻户晓之一端，惜未获见。及备员皖省，值军务倥偬，不复省忆。今幸兵燹稍平。

深维礼教之兴，必使人目濡耳染，易知易从，偶与前学使马雨农学士谈及此书，学士出箧中藏本相视，熟观详味，其书钦尊《圣谕广训》，细绎义旨，而以民间老孺能解之语疏畅之，往复晓譬，明白如话，使听者入耳会心，娓娓忘倦，于颛蒙颇有裨益，因假归钞录，重加参校，欲广其传。

或曰："大乱初平，疮痍未复，民救死不赡，奚暇治礼义[58]，何以此文具为?"不知大乱之起，起于人心，人心不转，乱不遽止，今江表略定，民困渐苏，皆曰"已安已治矣"。然使悍者挟嚣凌之习，黠者逞机变之工，秀者厌礼法之拘，顽者纵昏冥之乐，甚且言庞事杂，无稽之邪说又从而煽惑之，346
寖昌寖炽，若火焰焰，可忧方大。

《直解》之刻，正以阐扬《圣谕广训》，美教化而正人心也。爰举是书布诸郡邑，凡我有官君子，其各设诚致行，日进其父老、子弟而训之以孝悌忠信之义，宣上德，通下情，庶几经正民兴，邪慝不作，以弼我国家亿万年有道丕丕基，其在斯乎，其在斯乎！

同治四年秋九月留署安徽布政使湖北布政使何璟谨识

黄育楩在他著名的反邪教著作《破邪详辩》的序（1834年）中，提到了《圣谕》和两本不同的《广训》。第一本《广训》所给的日期是1724年，所以显然是雍正颁布的原文。第二本的出版日期是1797年；根据黄的描述，似乎这是某一版《直解》。[59]在这本书的序中，黄对自己的书如此道来："俱用民间家常俚语敷陈注释(《广训》)。各地方官逢朔望日敬谨宣讲，俾无知愚民，亦易通晓。经正明典，尽于此矣。""（此书）除分送邻封外，遍给清邑各村绅士。令与村民时常谈论。行之期年，颇有成效。”[60] 设想对《广训》也沿用同样的方法传播推广，《直解》的目的便
347 是为士绅里长提供一种便利的口语宣讲材料，由他们根据自己的需要和趣味变通使用。

在某种程度上可以根据书籍价格来推断这类书的购买者。1847 年，用优质纸张印刷的《广训衍》在广州售价约为两先令六便士。[61] 按照广州当年的物价，这些钱可以买大约 40 磅大米或是一身衣裤。[62] 当然，文人雅士可以负担，但是对于一般百姓来说，便十分靡费。可能有廉价本，但是我不知道售价几何。即使是这个价钱的一半，对于一般人来说也是一大笔投资。

最令人好奇的是一本小卷释义，名为《圣谕刍言》。作者是简景熙。这本书看来出自一群当地文人之手，他们为自己取了一些古怪的雅号。（比如说，简景熙又自号“桂邨樵者”。）可能因为没有得到官府支持，这本书似乎经费有限，因此发行量不大。好像是为了节省版面，因此节省纸张，每页都排版紧凑。虽然刻版清晰，但是并不出类拔萃。出版花费不多，不过显然经手人仔细上心。我所使用的一本在浙江禺山重刻。两篇序言注明写于 1887 年，由印刷出资人撰写，书法熟练（一篇为隶书，另一篇用草书），有助于我们理解《刍言》的来历和目的。序言充斥着一种令人发笑的自我吹嘘意味。简景熙似乎是个十分成功的《圣谕》宣讲人。可能是个地方士绅，由县官选去宣讲《圣谕》。[63] 他的三朋四友在读过他的文字讲稿后“荆胸顿辟”，于是决定出版发行。在序言中，简景熙的一个叫霍镇的朋友提到他们希望此书产生的

影响，口出狂言（“使薄海内外咸知立道绥动之神”）。

《刍言》之所以谓之“刍”，是因为在对《广训》作解时直言不讳。文字索然无味，如不大加润色修饰，便很难激发听者遵守皇帝的教诲。在引用每条《圣谕》之后，以如下文字作为千篇一 348
律的开场白：“恭按：此条圣谕，皇上欲我百姓……”或是诸如此类的用语。每一节的结束语一般是“某某条《圣谕》或即此意与”。作者对百姓十分居高临下，用“蚩蚩小民”这类带有恩赐意味的用语称呼他们。另一方面却对皇帝奴颜奉承。他极为反对秘密会社和“教匪之徒”，但是似乎对佛教及道教并不公开争论。霍镇在序言中声称，简景熙在使用《刍言》宣讲《圣谕》时，“使十六谕之煌煌天语，合妇孺而共切指南”。其实如果不附带口头解释，简无法达到这个目的。虽然《刍言》并不引用深奥的典故，但是如果高声朗读的话，只有那些受过几年文言训练的听众才能听懂。

《圣谕广训集证》两卷本，跋为江苏阳湖史致谟[64]所撰，注明日期为 1878 年 11 月 16 日。我所使用的那本在 1900 年重新刻印，雕版由江苏吴引孙收藏。吴氏是江苏仪征县人，出版了《有福读书堂丛刻》，《集证》是该丛书的第一种。在序中，吴说他的家族收藏图书七千余种，其中十之五六为寻常坊刊家刻及各省书局通行本，另外十之四五是名家旧本。吴氏族人显然是四处购求的藏书家，所搜集的书籍多有兴味，有些仍是手稿，从他处寄来。吴氏也是出版商，深谙重刻丛书，业内竞争激烈。“余故屡欲选刊”，但是由于无法肯定是否成功，“辄又终止”。他强调自己必须为丛书设想与众不同的主题。最终他决定选择通俗易懂、重视道德规范的图书，近乎善书一类。因为其他出版商忽略了这类书。因此我们应感谢吴氏的经营理念，使《集证》一书得以保留。重要的还因为，存在这类书籍市场，而且市场之大，足以吸引出版商互相竞争。

通过考察《集证》，我们得以在一定程度上了解图书市场的性质。这部书中包括宣讲者用来说明《圣谕》各条的故事。对每条《圣谕》的处理按照下述体例：首先是概括性介绍，然后是说明性故事，最后是扼要重述。最后部分经常卓有成效地比较、对
349 照说明性例子所提出的道德问题。不少故事取材于上海地区，但是有些发生在遥远的山西。有些是历史故事，但是绝大多数是当代故事。为了使叙事真实可信，编者还加上了日期和地名，结果是读者几乎有种《集证》所提供的是某种报道的感觉。一方面，正如这类书中常见的那样，书中绘声绘色地讲述耸人听闻的谋杀案，但是在另一方面，也有两三个关于动物的佳话（纯孝的小牛和小猫）。令人惊异的是，编者竟然能够将如此不相干的东西串联成书，提出融会贯通、打动人心的论点。

就语言学而论，《集证》是一部各式风格的混合物。每一节的头一句用文言，但是此后往往逐渐变成不纯粹的俗语（用“之”代表“的”，“其”代表“他”，“乎”代表“吗”，“此”代表“这”，等等）。有些故事完全使用简单的文言，因此我怀疑编者只是照抄他所用的材料，并没有费心费力统一书写风格。

此书认为佛教徒“以清净自灭为念”，道教徒“所以听其自州者以无害于民也”。[65] 在书中，编者对诸如因果报应和转世轮回

这类佛教观念表示赞同。但是对千年盛世的崇拜却另当别论。同其他撰写《圣谕》通俗释义的文人相同，此书全然反对这类教派的思想活动。

/《圣谕》宣讲

为了介绍清代普及传播《圣谕》的环境机制，按年代顺序简短概述官府的有关举措可能会有所帮助。1652 年，在全国各地颁布《六谕》。[66] 沿袭明朝先例，1659 年朝廷议准，“设立乡约，申明六谕”，在每月朔望之时用平实简单的语言讲解《六谕》。[67] 此后讲生们沿用这个体系宣讲《圣谕》，时盛时衰地持续到清朝末年。[68] 萧公权将乡约制度称为对民众进行思想灌输的手段。[69] 黄培声称，后来在雍正年间，“将各式各样的思想限制……引导至同一 350
个目的，即推行正统意识形态”。为了使儒学正理成为帝国内所有百姓的政治行为方式，而不仅仅是文人士绅的思想准则，朝廷进行了坚持不懈的努力。[70] 官府采取众多措施宣传《圣谕》，包括不断改善乡约制度；这些都是推行意识形态的组成部分。张仲礼同样认为，半月一次宣讲他称作“政治道德信条”的《圣谕》，目的是“对群众灌输官方意识形态”。[71]

1729 年，朝廷颁布敕令，在所有大乡大村人居稠密之处，都要设立宣讲雍正皇帝《广训》的场所。[72] 次年，雍正批准对遥远边地建昌府（四川）的当地儿童实施特殊教育项目。这个地方归顺了朝廷，但是未知汉人的习俗礼教。所以应延请乡村塾师训习儿童。问题是“蛮童不解官语，塾师不能译语，训习似难”[73]。为了克服这个困难，遂建议选择本省文行兼优之生员，延为塾师，并令地方官于汉境内，择大村大堡照义学之例捐建学舍。令附近熟番子弟来学，日与汉童相处熏陶渐染，逐渐除去番邦文化。所学的第一本书就是《圣谕广训》。“俟熟习之后，再令诵习经书。”1732 年又建议，对永绥地区 6 个苗寨的儿童使用同样的教学方法。[74] 在广东省，教授黎人和傜人时，重要的是保证通晓方言的教师。此外，同在苗族地区一样，挑选黎、傜子弟中能力
351 最为卓越者，使他们继续就读。

这里同样强制实行半月一次的《广训》宣讲制度并讲解律典。[75] 通读有关这个题目的官府规章制度，便可以得到清楚的印象，对非汉人臣民的教化不过代表着将精英的行为准则传授给一般百姓时，传播过程中固有难题的极端形式。值得一提的是，不论对汉人还是非汉人，《圣谕》都被认为是传播这些思想的最佳工具。

到 1736 年，已采取措施将宣讲制度推广到所有大大小小的村庄。[76] 在此后的数年中，为了保证全国境内所有约正（宣讲人）和副约正（副宣讲人），可以人手一册《广训》和律令节略本，又采取了额外的措施。此外，这些约正需对《广训》和律令的宣讲实力奉行，不得“虚立约所，视为具文”。1737 年，又特别规定，在宣讲《圣谕广训》之外，并将钦定律条刊布晓谕。[77] 这项规定直接影响了那些致力于《圣谕》通俗本的作者和编者；在讨论《圣谕》诸条时，他们开始日益注重附上律法中的有关段落。1753 年

皇帝又颁布圣旨，敦促官吏除了每月两次例行宣讲《圣谕》，还要尽其所能，对村民教授关于忠信孝弟、礼义廉耻、扶尊抑卑、正名定分等事，当以方言土语，以便在场者明了讲者所言。[78] 一条 1758 年颁布的律条声称：“不妨以土音谚语敬谨诠解，明白宣示。”[79] 这条律令尤其关注制止异端邪说的传播：“并将现禁一切邪教等律例详细刊版印刷，遍贴晓谕。”到了道光皇帝（1821—1850 年在位）时，对那些未经许可的秘密教门的活动，官府似乎已达到风声鹤唳的程度。但是如果想一下 19 世纪下半叶所发生的事件，那么官府的恐惧可能事出有因。无论如何，从 1750 年起，乡约宣讲制度和镇压异端邪教之间就关系密切。通过将《六谕》同《圣谕》加以比较，再将《圣谕》同《广训》以及各种释义加以比较，我们对清朝时日趋强调防范破坏社会的违法行为也就一目了然了。[80]

以下是对宣讲《圣谕》时所规定仪式的叙述：

> 每月朔望，预择宽洁公所设香案。届期文武官俱至，衣 352
> 蟒衣，礼生唱：“序班。”行三跪九叩头礼，兴，退班，齐至讲所。军民人等环列肃听，礼生唱：“恭请开讲。”司讲生诣香案前跪，恭捧上谕登台，木铎老人跪，宣读毕，礼生唱：“请宣讲上谕第一条。”司讲生按次讲“敦孝悌以重人伦”一条毕，退。[81]

以下段落引自 1847 年 9 月 23 日寄自上海的一封信，写信人是一个外国侨民，他对《圣谕》宣讲程序的描述或许更为真实可信。

> 我刚刚听罢中国传道归来，或者也可以说，在中国人里，这是迄今为止我见到的最类似传道的活动。如你所知，每月初一和十五，全国各地的地方官都要按照规定去城中庙宇，在祭拜了庙里的神明和皇上之后，隆重请出《圣谕》，对聚在那里的兵民等人宣读。我刚刚有机会见识了这个仪式。
>
> 今天早上五点一刻，我随同一些朋友动身去城隍庙，这是上海守护神的住处。从小南门进城，沿路叫上另外三位绅士，我们大伙在六点之前到达庙里。很多虔诚的进香拜神者已经聚在那里，绝大多数忙着履行宗教仪式——匍匐跪拜、上香等。官员们还没有驾到。我们在寺庙的各个殿堂中信步闲逛，上台阶下台阶，见到各式各样的神龛佛像。这座庙不仅在上海首屈一指，而且不输给全国任何城隍庙。
>
> 不一会儿，上海父母官和随员到场，很快都司和他的三位
> 353 部下也到了，他们都直奔供着城隍的中央大殿，在跪垫上完成三拜九叩的程序。在他们退到偏殿之后，他们拜过的神像前面一道宽宽的黄缎帘被撤掉，在帘下，突出向前，在案桌上摆放着一个小香案。香案前面放置一个小小的黄绫屏风，我想这是为了避免众人的俗目污了代表圣上之物。小黄屏风前面放置着一些燃烧的香罐，紧挨罐后是一个小匣子。在安置完毕之后便立即告知官吏，于是他们回到大殿，将已经做过的祭拜仪式又重复一遍。然后，当官吏们仍旧站在帝王权力的象征物前，一

位身穿朝服的老者走上前来，表情肃穆地从桌上捧起小匣子，双手将匣子举到同下颚平，转身步出殿门，将匣子放置在大殿门前一个用台子垫高的桌案上。此时另一个男人走上前来，他登上台子，打开匣子拿出一本小书。这便是《圣谕》，此人便是为今早指定的司讲生。他开始宣讲，非常漠不关心地照本宣读，官员们已经退场，聚在这里的是一群乌合之众，吸引众人的显然是在场的六七位外国人，而不是司讲生的流利宣读或是他所讲的重要题目。

……急于耳闻目睹，我模仿中国人的急切，登上矮台，紧挨着司讲人和捧小匣子的男人——二位都站在台上；我把自己安置在他们后面。在这个位置我有机会听清并见证宣讲的效力。他只是在照本宣读，并不多置一词，语速快而清晰，但是语调并不振奋人心。虽然庙里和殿前熙熙攘攘，但是听讲的不会超过 60 人。

官员和他们的主要随从都没有在场“听”讲，他们在一个偏殿里吃茶抽烟。司讲生按照书中所写依次对文人、士兵、农民、商人和工匠这五等人宣讲；但是在座者中这些人寥寥无几，或是一个也没有。听众中几乎全是流民、游手好闲之徒、乞丐和逃学的男童。这天早上讲的是第十条……“务本业以定民志”：或者换言之，“每人兢兢业业于自己的事业，所以便能够心不外驰，意不旁骛，人人口不多言，敦本务实”。宣读这条的释义用去司讲生十分钟。然后他合上书本，放入匣中；当匣子被放回桌上小屏风前时，出席的官员

> 们立刻互相道别，回到他们的车上，此时我们便退场了。[82]

此时官方的《圣谕》宣讲已经名存实亡，这种印象由一篇1832年的报道所印证：“目前在‘省城’里，公开宣讲还在继续，
354 但是在乡村集镇或是县里却被置之脑后。百姓很少参加这种‘朝廷官员’的政治宣讲。”[83] 确实，所有外国观察者所见略同，认为到1850年时，官府的《圣谕》宣讲已成了毫无意义的把戏。[84] 1836年4月30日是阴历三月十五日，这天的《广东清吏司朝报》部分证实了这种看法：“众官员凌晨俱至关帝庙上香，后齐聚‘万岁堂’（祭拜皇帝的大殿）恭听《圣谕》宣讲。七名获罪之徒亦带去受审。”[85] 宣讲《圣谕》似乎成了官府例行公事的一部分。

但是除了每月两次的官方宣讲，还有些信奉儒学的说书先生讲解《圣谕》，他们说的教诲性故事实在引人入胜。我们在郭沫若的自传中发现了以下精彩的描述：

> 我们乡下每每有讲圣谕的先生来讲些忠孝节义的善书，这些善书大抵都是我们民间的传说。叙述的体裁是由说白和唱口合成，很像弹词，但又不十分像弹词。这些东西假如有人肯把它们收集起来，加以整理和修饰，或者可以产生些现成的民间文学吧。
>
> 在街口由三张方桌品字形搭成一张高台，台上点着香烛，供着一道“圣谕”的牌位，在下边的右手一张桌上放着

> 一张靠椅，有时是两人合演的时候，便在左右各放一张。
>
> 讲圣谕的先生到了宣讲的时候了，朝衣朝冠的向着圣谕牌磕四个响头，再立着拖长声音念出十条圣谕，然后再登上座位说起书来。说法是照本宣科[86]，十分单纯的；凡是唱口 355
> 的地方，总要拖长声音唱，特别是悲哀的时候要带着哭声。有的参加些金钟和鱼筒、简板之类以助腔调。
>
> 这种很单纯的说书在乡下人是很喜欢听的一种娱乐，他们立在圣谕台前要听过三两钟头。讲得好的可以把人的眼泪讲得出来。乡下人的眼泪本来是很容易出来的，只要你在悲哀的地方把声音拖得长，多加得几个悲哀的嗝顿。
>
> 在我未发蒙以前，我已经能够听得懂这种讲圣谕先生的善书了。[87]

这段叙事指出，宣讲《圣谕》产生了一种民间娱乐形式，可能同以上所述半月一次的宣讲制度毫无关系。郭氏所说的《圣谕》宣讲先生实际上更像是说书先生。而且应该注意到，这些人很可能游走四乡，因为郭沫若说他们“来到”村里，而不是住在那里。实际上艾奇勒（F. R. Eichler）在19世纪80年代对广州的观察是对郭氏描述的有力支持：

> 几乎每天都在宣讲《圣谕》；不过在很多地方，讲传儒学正理的先生以对百姓讲解《圣谕》为名，告诉他们五花八门的故事来吸引他们；或者充其量，他致力于讲述帝国历史来娱乐众人。[88]

既然《圣谕》"几乎每天都在宣讲"，那么毫无疑问这种表演不再属于官府每月两次举行的宣讲仪式。在本书第 03 章中，许舒描述了文化推广者和中间人，照我估计，郭沫若和艾奇勒所说的这些人当属此列。毋庸置疑，对于儒学思想的蔓延渗透来说，同地方官吏所主持的那种浮华夸张、讲求礼仪，却往往毫无生气的典礼相比，这类社会底层的活动远为有效。[89]

356 **表 1 《圣谕》诠释和释义**

	态度	语调 / 风格	方法	语言
《圣谕》1670 年	专横	简洁	命令	最高水平文言
《合律》1679 年	温和	直截了当	教导	优雅俗言
《像解》1681 年	忠告	讲解	描述	混合
《图像衍义》1704 年	威严	有条理	规定	混合
《三字歌》1706 年	教诲	诗句简练，散文冗长	教诲	文言诗句，俗言评注
《广训》 1724 年	父辈训诫	精练	要求	文言
《广训衍》1726 年	叔伯训诫	冗长	讲理	俗语
《直解》1729 年	裁判	告诫	规劝	俗语
《衍说》1815 年	官僚	独断	宣布	俗语
《集证》1878 年	娓娓讲述	漫无边际	解释	混杂
《刍言》1887 年	倨傲自得	庇护	支配	文言

/ 结论

我们考察了对《圣谕》的一些诠释。为了易于比较，表 1 将这些文本汇集在一起。因为只用一个词来概括特征，自然不能恰如其分，目的只是使人注意这些文本的其他方面。本质上所有文本传递同样的信息，教人做个良善守分的臣民。撰写和印刷这些释义的个人同维持秩序和公共安全利害攸关。虽然向大众宣讲可能十分令人厌烦，但他们有不得不如此而为的理由。他们既负责向百姓灌输儒学行为准则，也从中获利最大。据我所知，所有《圣谕》普及文本的作者都是文人。百姓们既无能力也无动机承担这样的工作。我们研究的是一个显而易见的案例，讨论上层文化的传承者自觉自愿地努力塑造大众文化。

引人注目的是，在本文所提到《圣谕》诠释中，它们的序和跋毫无例外都用文言撰写。如果这些书确实是写给大众读者，那么为什么要用他们无法理解的文体写序和跋呢？恰恰相反，序和 357
跋总是写给与作者类似的士大夫或是其他能读文言的有识之辈，从来不是为了设想中的读者大众。

出版释义文本的动机各不相同。《集证》是商业性出版中的一例；存在一批学问并不精深的读者，他们喜欢阅读书中讲述的教诲性故事，并愿意付钱买书。《刍言》的作者和读者是一些处于《圣谕》宣讲外围的当地士绅。《广训》显然只是直接晓谕士绅，再由他们将信息传达给不精通文言的人。具有讽刺意味的是，这些完全用方言土语所写的普及本并不是为了让百姓阅读。

正如这些书及其序言中屡屡提到的，目的是对乡愚口头宣讲。这些书是为识字的宣讲人所提供的导读，不仅告诉后者对民众说些什么，更重要的是教他们如何措辞。宣讲人本人的思想倾向使前一项工作有些多余。由于社会和语言层次造成的差异，如果希望在统治者和被统治者之间进行任何言之有物的交流，第二项工作就必不可少。正是这个原因，《圣谕》的白话文本使地方官府深感便利。

即使我们无法证明大多数百姓曾读过《圣谕》及其诠释，这些文本的影响也不可小视。通过确保能写会读之人能够人手一册《圣谕》或者某一种圣谕释义，也通过敦促社会中有文化阶层向文盲和半文盲讲述书中的教诲，这个目的才得以实现。在清朝时通过各种方式（包括科举考试的文章、学校课本、宣讲手册以及展示在公共场所的讲板、纸条和卡片等），《圣谕》肯定被抄写或是印刷了千万遍。在18世纪时，清朝统治呈现出令人惊异的长期稳定，这大约在一定程度上归功于对《圣谕》卓有成效的正式宣讲和非正式说教，这些举措宣传了大一统的意识形态。正如上文所述，值得注意的是，宣讲制度在1850年左右已开始分崩离析。不过甚至直到19世纪70年代，广州的反基督教势力还可能建立协会，为反对传教士布道而在各个会堂中宣讲《圣谕》，进行动
358 员。[90] 依翟理斯（Herbert A. Giles）之见，《圣谕》在全国各地
深入人心，“这证明是对基督教迅速传播的沉重打击”[91]。道光年间一位满洲旗人用北京方言写了一本小说《儿女英雄传》，提到《圣谕》时说这个词已家喻户晓。书中尹先生用《圣谕》起

誓，说服十三妹相信他说的是实话：“《圣谕》煌煌，焉得会假！”[92]

清朝末年，地方行政区划包括 214 府、75 直隶州、54 直隶厅、139 散州、57 散厅和 1 381 县。[93] 1902 年印刷《像解》3 000 本，理论上每个行政单位可得至少一本，不过我们不能假定实际如此。如果 1903 年版也印刷 3 000 本，那么 1920 年时每个当地官府衙门和它所管辖的学堂可得 3 本。《直解》印刷了很多版，所以各地分发本数肯定大大超过此数。另外，正如以上所示，《圣谕》的其他众多通俗释义在地方上或是各地区印刷出版。将各式文本加在一起，毋庸置疑从大约 1750 年到清末，百姓的父母官们手里绝不缺少手册，据此他们对治下的臣民们用通俗易懂的语言宣讲《圣谕》。不过对于一般百姓是否得到大量这类书籍，我仍旧心存疑虑。不论他们是出于责任，为了娱乐，还是接受教诲，都没有证据指出一般百姓主动阅读《圣谕》和《广训》的白话本（即使有，也只是在几个官府资助的学堂中）。主要就文字水平来说，这些文本是通俗的白话。但是就立场观点来说，它们实际上既不 359
通俗也不直白。[94] 因为这些文本的作者并不是平民百姓，而是完完全全属于统治阶级。

众所公认，通过村约制度，大量民众接触到《圣谕》，有些还耳熟能详。然而对《圣谕》的讲解绝不局限于官府主办的半月宣讲。才华横溢的说书人在官方制度之外活动，对某些阶层的民众来说，他们对《圣谕》的口头演绎是备受欢迎的娱乐形式。康熙皇帝高高在上的说教式格言警句与《圣谕》的基本受众兵民的头脑之间，存在一道鸿沟。将皇帝所讲的道理转化成百姓能够理解的语言是极其复杂的过程，涉及各色人等。即使有些朦胧，涉足传播过程的绝大多数人也能够领悟语言、意识形态和政治之间的密切关联。他们对这类事务的理解在很大程度上决定了《圣谕》通俗本的性质。

注释

1. *The Cantos of Ezra Pound*（New York：New Directions，1975），canto 98，p. 688. 对 Pound 的广博知识和应用《圣谕》所做的研究，见 Caroll F. Terrell，“The Sacred Edict of K’ANG-HSI”，*Paideuma* 2.1：69-112（Spring 1973）；David Gordon，“Thought Built on Sagetrieb”，*Paideuma* 3.2：169-190（Fall 1974）；以及 David Gordon，“Pound’s Use of the Sacred Edict in Canto 98”，*Paideuma*，4.1：121-168（Spring 1975）。我感谢 Achilles Fang 提供了这些信息。
2. 根据 James Legge，“Imperial Confucianism”，*The China Review* 6.3：150a-b（1877）略加修改。
3. 由于篇幅所限，本文无法讲述中国民间口头教育的先例，如汉朝“三老”机构，六朝和唐代佛教对俗众的宣讲（唱导和俗讲），以及宋朝的乡约讲授方法。
4. 见《元史》（开明书店版）卷二十二，6184 页，第一栏，以及《新元史》（开明书店版），卷一百六十，6927 页，第二栏。
5. 吕坤（1534—1616 年）是一位重要的明朝士大夫，以普及经典文本而引人注目。参见 Joanna F. Handlin，“Lü K’un’s New Audience：The In-

fluence of Women's Literacy on Sixteenth-Century Thought", in *Women in Chinese Society*, eds. Margery Wolf and Roxane Witke（Stanford: Stanford University Press, 1975）, pp. 13-38, 277-283。

6. 本段中的绝大部分材料引自太田辰夫（Ōta Tatsuo），《中国歴代口語文》（京都：江南書院，1957），70~71 页。Wm. Theodore De Bary 讨论了许衡对基本儒学经典的白话释义，见他所著 *Neo-Confucian Orthodoxy and the Learning of the Mind-and-Heart*（New York: Columbia University Press, 1981）, pp. 137, 141-144。

7. Ed. Chavannes, "Les saintes instructions de l'empereur Hong-wou（1368-1398）; Publiées en 1587 et illustrées par Tchong Houa-min", *Bulletin de l'École Francaise d'Extrême-Orient* 3: 549-563 （1903）.1901—1904 年，当 Berthold Laufer 受美国自然历史博物馆的派遣率队远征来到中国时，最初的碑石还立在西安的孔庙。见 entry no. 1066 In Hartmut Walravens et al., eds., *Catalogue of Chinese Rubbings from Field Museum*, Fieldiana Anthropology, n.s., No.3（Chicago: Field Museum of Natural History, November 30, 1981）, p. 256。承蒙 Monika Übelhör 热心阅读并评论了本文的初稿，她也为我提供关于这篇文章的信息。

8. 我使用的是魚返善雄（Ogaeri Yoshio）编,《華語漢文康熙皇帝聖諭廣訓》（大阪：屋號書店，1943）中重印的文本。我使用的这一版本收入了《近代中国史料丛刊续编》第七辑，第 61 册，139~205 页。

9. 见他对《圣谕》第六条的讨论。

10. 素尔纳（18 世纪）等编：《钦定学政全书》（1774），重印于《近代中国史料丛刊》第三十辑，第 293 册，74.3a 页；《大清会典事例》（1899，石印本），397.3ab 页，1679 事例年。《合律》同魏象枢（1617—1687 年）所著《六谕集解》一起问世，称为《上谕合律乡约全书》。在不同的序言（写于 1670 年、1679 年）和一篇本版后记（写于 1678 年）中也被称为"直解"或是"注解"。1693 年，此书用同一书名重印，去掉了魏象枢的《集解》，只有一卷，印刷粗糙。代替《集解》的是汪曾垣写的三篇道德劝喻（关于务农、众人勤奋和妇女的适当的行为举止）；汪曾垣是直隶省广平府邯郸县令。魏象枢的《集解》由杭州府海宁县令许三礼在 1678 年加上跋语。因为在对每条所做解释的后面有歌，还加上了乐谱，所以格外有趣。我所用的 1679 年版《合律》藏于东京大学的东方文化研究所图书馆。

11. 《合律》，4a 页。

12. James Legge，trans., in "Imperial Confucianism"，*The China Review* 6.6：365b（1878）。（按：中文引自《圣谕像解》卷十七，1~2 页。）

13. 《圣谕像解》，2a 页。

14. 乡约宣讲制度自始就具有宗教性的一面。在我完成本文之后，Evelyn S. Rawski 告诉了我一篇很吸引人的文章，作者是大村興道（Ōmura kōdō），文章表明乡约宣讲的目的如何逐渐演变，从宋朝时促进当地人合作变成明清时宣传皇帝的圣旨。尤其在清朝时，宣讲的礼仪和作法形式也日益明显。在清朝初期的一些圣谕宣讲场合，重要的是要求佛僧和道士在场。见《明末清初の宣講図式について》，《東京学芸大学紀要》2，人文科学，30：19-203（1979）。

15. "国防研究院"清史编纂委员会编：《二十六史・清史》卷四百七十九，5152a 页，台北，成文出版社，1961（重印）。清史的编者主要取材于李为自己年谱所作的序言。这里他关于傜人教育的叙述由他的序言所确证。

16. 李来章的作品全集中提到所有这些；他的全集印刷不精，用纸糙劣。见《礼山园全集》，第 25~26、27、28 册。

17. 第 7 条。

18. 《圣谕衍义三字歌俗解》，1a 页。释义有意浅白直露。参见 *The Chinese Repository* 1：244-246（May 1832-April 1833），这里指出，这些三字歌主要引自王又朴的释义。此言有误，因为《三字歌》写成的年代至少比王又朴所作《讲解圣谕广训》早 22 年（见下文）。

19. 可以比较酒井忠雄（Tadao Sakai）在“Confucian and Popular Educational Works”, pp. 342-343 中讨论的“功过格”，以及 *Self and Society in Ming Thought*，ed. Wm Theodore de Bary（New York：Columbia University Press，1970），pp. 331-366。

20. Jonathan Spence，“Chang Po-hsing and the K’ang-his Emperor”，*Ch’ing-shih wen-t’i* 1. 8：3-9（1968），尤其是 p. 5；引自 Evelyn S. Rawski，*Education and Popular Literacy in Ch’ing China*（Ann Arbor：University of Michigan Press，1979），p. 15。

21. *Book of Documents*，“Hsia-shu”（《书经·夏书》），4.3，trans. James Legge，*The Chinese Classics*，vol. 3，pt. I（London：Trübner，1865），p. 164. 范鋐在他所著《六谕衍义》的后记中也引用了这句话。

22. 我的翻译根据的是 A. Théophile Piry，Trans. And annot.，*Le Saint Édit*：*Étude de littérature chinoise*（Shanghai：Bureau des Statistiques，Inspectorat Général des Douanes，1879），p. 7。William Milne，trans. and annot.，*The Sacred Edict*，*Containing Sixteen Maxims of the Emperor Kang-he*，*Amplified by His Son*，*the Emperor Yoong-ching*；*Together with a Paraphrase on the Whole by a Mandarin*（London：Black，Kingsbury，Parbury，and Allen，1817；second ed. by American Presbyterian Mission Press，1870），p.xxii，标点不正确。

23. 根据的是 Piry，*Le Saint Édit* 中提供的图表资料，以及 E. Bruce Brooks and A. Taeko Brooks，*Chinese Character Frequency Lists*（Northampton，Mass.：SinFac Minor，1976）中的文言列表，pp. 6-7。

24. 还有俄文和意大利文译本。A. Agafonov，trans.，*Manzhurskago i Kitaiskago Khana Kan’siya Kniga...*（St. Petersburg，1788；1795 年重新印行，书名不同）；Lodovico Nocentini，trans. and annot.，*Il santo editto di K’añ-hi*，*e l’amplificazione di Yuñ-ceñ*，2 vols. in one（Florence：

Successori Le Monnier，1880-1883）。关于各种满文文本，见王云五编:《续修四库全书提要》第 10 册，1048、1050~1052 页，台北，台湾商务印书馆，1971，包括一本着重专门讨论第 7 条（反对异端邪说）的书。

25. 魚返，《華語》（见注 8），6 页。

26.《介山自定年谱》一卷；此书收入王又朴的全集（《诗礼堂全集》，又名《王介山先生全集》，1751 年出版）以及民国时由金钺再版的丛书（《屏庐丛刻》，1924）。王又朴所著《诗礼堂杂纂》两卷对于确定王有关几个问题的看法颇有用处，其著名的圣谕释义就涉及这些问题。金钺对王又朴的兴趣主要由于他也是天津人。《屏庐丛刻》中包括天津修志局所搜集的材料。

27.《介山自定年谱》，前言，1a 页。

28. 沈家本、徐宗亮编:《天津府志》，43.14b 页（3840 页），台北，学生书局，1968（重印 1899 年版）。

29《清史列传》，68.25b 页，台北，中华书局，1962。

30. 王又朴并不是为《广训》编写“直解”的唯一作者。有个叫吕守曾的人也写了一卷《圣谕广训直解》；见刘锦藻编:《清朝续文献通考》卷二百六十九，10129b 页，商务印书馆万有文库本。

31. 魚返，《華語》（见注 8），后记，3 页。

32. 除了王又朴的《全集》中所收的文本，据我所知《广训衍》最早的现存文本是在广州印刷的四卷本（1808 年以后），刻版粗糙。魚返所作《華語》的活字印刷版中收录了此书，1~101 页。我也使用了这本书的一个重刻善本，一卷本藏于宾夕法尼亚大学 Van Pelt 图书馆。广州版的《广训衍》同王氏《全集》（卷三十七至三十八）中的文本有几个小小差别。其中最引人注目的是，在提到雍正皇帝的时候，广州版始终用“万岁爷”，而《全集》用的是“世宗皇帝”。《广训衍》迟至 1876 年还在继续重印，这次是应云南监察御史吴鸿恩要求重新刻版。在后记中吴声明他使用安徽颍州府学教授夏炘的“赠本”进行重印。

33. F. W. Baller，*The Sacred Edict with a Translation of the Colloquial Rendering*（Shanghai：American Presbyterian Mission Press，1892；later editions published in Shanghai by the China Inland Mission and issued in London，Philadelphia，Toronto，and Melbourne by the religious Tract society of London）。本文所引根据的是第 6 版（1924 年）。Baller 也出版了一部很长的研究辅助读物 *A Vocabulary of the Colloquial Rendering of the Sacred Edict*（Shanghai：American Mission Press，1892）。十分不幸，Baller 选择使用通常以两卷本出版的《直解》进行英文翻译。正如我们以下所述，《广训衍》用不折不扣的俗语写作，《直解》却将它以略微文言化的方式改写，所以这是个不明智的选择。在临近 1815 年底时，Milne（参见注 22）在马六甲传教，他将王又朴释义的《广训衍》译为英文。然而，既然 Baller 对《直解》的翻译在美国众所周知，广为发行，所以引用此书往往比《广训衍》便利。此外，Baller 的英译本包括《广训》和《直解》，而 Milne 的译本不仅少见难得，而且只有《广训衍》。我也考察了《直解》的三个中文版本。第一个版本印于雍正时期，使用木活字，很少见。第二个版本在 1850 年用雕版印刷，第三个版本是对 1865 年版的重印，添加了一篇写于 1876 年的序。《直解》还印刷了很多其他版本。Legge 所作“Imperial Confucianism”（见注 2）p. 149a 声称《直解》行销于中国各地。有一版在光绪年间（1875—1908 年）由苏州府管理档案的笔帖式整部用朱红色印刷。见魚返，《華語》，图 6。

34. R. F. Johnston，*Lion and Dragon in Northern China*（New York：E. P. Dutton，1910），p. 123. 很可能除了 Baller 的翻译，Johnston 自己也读过《直解》，因为他引用的一段（关于村民间的争执）文字，是他自己翻译的，文字有所区别（参见 Baller，*Sacred Edict*，p. 31）。

35. 魚返，《華語》，82 页；Baller，*Sacred Edict*，p. 149。

36. Baller，*Sacred Edict*，p. 151；魚返，《華語》，83 页。

37. Baller，*Sacred Edict*，p. 193；魚返，《華語》，33 页；Baller，*Sacred Edict*，p. 65。

38. 魚返，《華語》，82 页；Baller，*Sacred Edict*，p. 149。目前的用法赞成"这个钱粮是最要紧的"。

39. 例如，见 Baller，*Sacred Edict*，pp. 85，93，95，137，153，177，以及全书各处。

40. Baller，*Sacred Edict*，p. 38，参见 p. 48；魚返，《華語》，17 页。

41. William Milne，"Bibliotheca Sinica"，*The Chinese Repository* 16：504（1847）. 关于将《广训》翻译成各种方言的样本，见 S. Wells Williams，*A Syllabic Dictionary of the Chinese Language*，rev. ed.（Tung Chou：North China Union College，1909），pp. xlii-xlvii。

42. 徐栋编，丁日昌校订：《牧令书辑要》卷六，18a 页，江苏书局 1868 年修订印刷本，序言作于 1838 年。参见 Kung-chuan Hsiao（萧公权），*Rural China：Imperial Control in the Nineteenth Century*（Seattle：University of Washington Press，1960，second printing，1967），p. 619，n. 51。

43. Baller，*Sacred Edict*，p.83；魚返，《華語》，41 页。

44. 本段和之前的引文见 Milne 所译 *Sacred Edict*，pp.xxvii-xxviii（稍有改动）。（按：原文为 Wang Hsun-ch'en，the superintendant of land revenue。查道光《广东通志》卷四十四《职官表三十五》，嘉庆朝任广东布政使皆为旗人，并无此人。与韩崶同时的布政使应为先福。王勋臣另有其人，嘉庆二十二年 [1817 年] 任茂名知县，二十五年 [1820 年] 任顺德知县。文中所说疑即此人。）

45. 魚返，《華語》，100 页；参见 Milne，*Sacred Edict*，p. xxv。

46. 《广训衍》（见以上注 32）。

47. 魚返，《華語》，100 页。

48. 我所使用的是普林斯顿大学格斯特图书馆（the Gest Library of Princeton University）所收藏的善本书。此书同一个标准版的《广训》一起装订成册，《广训》由陕西巡抚朱勋（江苏人）出版，朱勋从 1813 年开始担任这个官职。两个文本的页码单独设置，1a~54a 页是《广训》，1a~93b 页加上 1a~2b 页（后记）为《衍说》。封面钤盖印章，表明这两卷合订本曾归某个叫王义昌的人所有。

49. 魚返，《華語》，43 页；Baller，*Sacred Edict*，p. 84。

50《衍说》，36a 页。

51. 例如，5b~6a、36b~37a 页；参见魚返，《華語》，6~7、42~43 页，以及 Baller，*Sacred Edict*，pp. 16-17，85-86。

52. 例如，见 39a 页，并对比魚返，《華語》，45 页和 Baller，*Sacred Edict*，p.88。

53. 见 6b、33a、34a、34b 页；参见魚返，《華語》，7、37、38、39 页，以及 Baller，*Sacred Edict*，pp. 18，74，76，78。

54. 根据《易经》段落。见《十三经注疏》卷三，7a、59a 页，台北，艺文印书馆，1965（重印 1815 年 [1896 年] 版）。

55《衍说》，2ab 页。

56. 四个阶级是士、农、工、商；六个阶级是除这四个之外，再加上僧、道。一教，理所当然是儒教；三教，则是儒教、释教、道教。

57. 分别代表享乐主义、兼爱、佛教和道家学说。

58. 基于《孟子 · 梁惠王上》第 7 节“此惟救死而恐不赡，奚暇治礼义哉?”参见 James Legge，*The Chinese Classics*，vol. 2（London：Trübner，1861），p. 24。

59. 魚返，《華語》，后记第 15 页提到一本一卷本《直解》，封面仅写《圣谕广训》。在书名页加上注解“附见律令条文”。

60. 澤田瑞穗校注，《校注破邪詳辯》（東京：道教刊行会，1972），8 页和前言 7 页。我要感谢台湾大学的 C.K. Wang（王秋桂）教授提到此书以及注 88 所引一文。

61. William Milne，“Bibliotheca Sinica”，*The Chinese Repository* 16：502（1847）.

62. 根据 *The Chinese Repository* 16：56，297，318（1847）以及 Osmond Tiffany，Jr.，*The Canton Chinese*：*Or*，*The American's Sojourn in the Celestial Empire*（Boston：J. Munroe，1849），p. 222 的数字计算。

63. 在一些地方，受人尊敬的士绅被召集过来帮助讲解《圣谕》。见 Chung-li Chang（张仲礼），*The Chinese Gentry*：*Studies on Their Role in Nineteenth-Century Chinese Society*（Seattle：University of Washington Press，1955），pp. 15，65。

64. 史致谟必定是史致诰（1854 年去世）的兄弟或是堂兄弟，后一位史氏也是江苏阳湖人。关于此人，见陈乃乾编:《清代碑传文通检》，36 页，北京，中华书局，1959。

65. 《集证》卷一，18b 页。

66. 素尔纳:《学政全书》（见注 10）卷七十四，1a 页。

67. 同上书，卷七十四，1ab 页。

68. 在清朝统治前半期，《六谕》同《圣谕》一道继续在乡约宣讲中发挥重要作用。

69. *Rural China*，p.185. Hsiao 用了一整章的篇幅来讨论这个题目，该章标题为“Ideological Control：The Hsiang-yüeh and Other Institutions”（pp. 184-258）。T'ung-tsu Ch'ü（瞿同祖）也认为《圣谕》宣讲是一种意识形态灌输形式，见他所著 *Local Government in China under the Ch'ing*（Cambridge，Mass.：Harvard University Press，1962），p. 162。

70. Pei Huang（黄培），*Autocracy at Work*：*A Study of the Yung-cheng Period*，*1723-1735*（Bloomington：Indiana University Press，1974），p. 188. 参见 John R. Watt，“The Yamen and Urban Administration”，in *The City in*

Late Imperial China，ed. G. William Skinner，（Stanford：Stanford University Press，1977），pp. 353-390，尤其是 pp. 361-362。

71. *The Chinese Gentry*，p. 65. 对圣谕篇幅最长的英文讨论或许是 Leon E. Stover，*The Cultural Ecology of Chinese Civilization*：*Peasants and Elites in the Last of the Agrarian States*（New York：Mentor，1974）。Stover 围绕《圣谕》建构了他的很多论述，其方法同本书中的很多文章颇有关联。

72. 素尔纳:《学政全书》卷七十三，4a 页。

73. 关于需要将《广训》和部分清代律令翻译成本地土语，见上书卷七十四，10b~11a 页。有人建议由通事陪伴官吏一起去当地村落，显然是出于这一目的。

74. 同上书，卷七十三，4ab 页。

75. 同上书，卷七十三，4b~5a 页。

76. 同上书，卷七十四，5a~6a 页。

77. Hsiao，*Rural China*，p. 190.

78. 同上书，p. 186。

79 素尔纳:《学政全书》，卷七十四，11ab 页。

80. Hsiao，*Rural China*，p. 188.

81. 根据 Milne，trans. *The Sacred Edict*，pp. ix-xi 改写；Milne 的叙述是基于广东省地方志。绝大多数其他方志都包括类似的描述。类似的详尽叙述，见孙灏等人所撰《河南通志》（1882 年）10.4a 页。黄六鸿在 1699 年撰写的《福惠全书》中，对宣读和解释《圣谕》的规定方法提供了丰富详尽的细节。此书由 Djang Chu（章楚）译成英文，见 Djang Chu，tran. *A Complete Book Concerning Happiness and Beneolence*：*A Manual for Local Magisrates in Seventeenth-Century China*（Tucson：University of Arizona Press，1984），pp. 530-535。（按：此处译文依据孙灏等撰《河南通志》改写。）

82. *The Chinese Repository* 17：586-588（1848）.

83. Review of Milne，trans.，*The Sacred Edict*，in *The Chinese Repository* 1：299-300（1832）.

84. S. Wells Williams，*The Middle Kingdom：A Survey of the Geography*，*Government*，*Literature*，*Social Life*，*Arts*，*Religion*，*etc.*，*and History of the Chinese Empire and its Inhabitants*（New York：John Wiley，1859，4th ed.；1st ed.，1848），vol. 1，p. 554；Thomas Francis Wade，*Hsin ching lu*（《寻津录》）（Hong Kong，1859），p. 47.

85. *The Chinese Repository* 5：47 （1837）.

86. 字面意思"照着书本吟诵"（照本宣科）。"照本"这个字说明讲生的口头释义最终是根据书写文本。在说书时可能实际上并没有书，不过书在任何情形下都是一种依据，使所讲之物真实可信。《国语词典》将"宣科"（参见该条）一词明确定义为道士或是学者唱诵或是吟咏。郭沫若所形容的种种特征表明他在孩童时代所听到的《圣谕》说书人惯于充当儒学讲生的角色。

87. 《少年时代》，见《沫若文集》第六卷，29~30 页，上海，新文艺出版社，1955；初版由上海海燕书店于 1947 年出版。我要感谢 Milena Doleželová-Velingerová 使我注意到这段文字；参见她的文章"Kuo Mo-jo's Autobiographical Works"，in *Studies in Modern Chinese Literature*，ed. Jaroslav Prušek（Berlin：Akademie Verlag，1964），pp. 45-75，尤其是 pp. 52-53。David G. Johnson 费心寄给我一册中文本，好心地指出几个有趣的特点。

88. F. R. Eichler，"The K'uen Shi wan or，the Practical Theology of the Chinese"，*The China Review* 11.2：94-95（1882）.

89. 不过我们不能否认，官府积极不断地鼓励经常宣讲《圣谕》。根据《大清律集解附例》一书中所提到的众多敕令，这一点显而易见，见此书第 397、398 条。尤其注意关于使用土音谚语的告诫（第 398 条，9a 页，

1746 年；第 398 条，9b 页，1758 年）。

90. Legge，“Imperial Confucianism”，p. 148a. 著名的左宗棠将军在 1868 年被派到新疆地区去镇压回民起义时，表现出了同样的情绪。左宗棠坚定地相信，发行维文版的《圣谕》释义有助于恢复秩序。见 Chu Wen-djang（朱文长），*The Moslem Rebellion in Northeast China，1862-1878：A Study of Government Minority Policy*，Cenral Asiatic Studies，V（The Hague：Mouton，1966）。20 世纪初年，Albert von le Coq 在这个地区的考古探险中发现了几本《圣谕》。他编辑、翻译了其中的一本，名为“Das Lī-Kitābī ”，*Körösi Csoma-Archivum*，1：439-480（1921-1925）。Nikolai Fedorovich Katanov 将一本 *Lī Kitābī* 译成俄文，于 1902 年在圣彼得堡出版。Wolfram Eberhard 在伊斯坦布尔的土耳其学院（Türkiyat Enstitüsü）也见到一本。他对文本的观察见“Bemerkungen zum ‘Li Kitabi’”，in *China und seine westlichen Nachbarn：Beiträge zur mittelalterlichen und neueren Geschichte Zentralasiens*（Darmstadt：Wissenschaftliche Buchgesellschaft，1978），pp. 123-127。

91. Herbert A. Giles，*Confucianism and Its Rivals*，the Hibbert Lectures，Second series（London：Williams and Norgate，1915），p. 254.

92. 文康：《儿女英雄传》第十八回，29 页，上海，亚东图书馆，1932，第 4 版。《圣谕》的家喻户晓也由一个事实加以说明，即很多将中文拼音化的早期努力都使用《圣谕》作为范本。例如，见 *Shin Tarng*，2（January 1983），*Shin Tarng*，3（April 1983），*Shin Tarng*，4（November 1984）封底所印的《圣谕》。

93. H. S. Brunnert and V. V. Hagelstrom，*Present Day Political Organization of China*，rev. by N. Th. Kolessoff，trans. from the Russian by A. Beltch-enko and E. E. Moran（Shanghai：Kelly and Walsh，1912；reprint ed. Taipei: Ch’eng Wen，1971），p. 426；关于行政区划稍少的较早年代，见 T’ung-tsu Ch’ü，*Local Government in China under Ch'ing*，p. 2。

94. 参见 Charles J. Wivell，“The Chinese Oral and Pseudo-oral Narrative Traditions”，*Transactions of the International Conference of Orientalists in Japan* 16：53-65（1971）。

第 12 章

/ 群众文化的发轫：晚清以来的新闻报刊和小说写作*

李欧梵　黎安友（Leo Ou-fan Lee & Andrew J. Nathan）

之前的诸章描述了明清文明，这一文明的标志是繁忙的地 360
方和长途贸易、世界性城市、不断旅行，以及各个地区和社会群体之间的广泛交流传播。按照传统标准，这是一个高度整合的社会。我们见到的是复杂多样、不断变化的大众文化，这个文化既表达地区和阶级群体的特定关注，也将这些群体汇入一个具有共

* 李欧梵希望感谢国家人文科学基金会（National Endowment for the Humanities）在 1979—1980 年提供的资助，使他得以对晚清大众文学进行初步研究。黎安友感谢约翰·西门·格根海姆纪念基金会（John Simon Guggenheim Memorial Foundation）、社会科学研究理事会（Social Science Research Council）和美国学术团体理事会麾下的当代中国联合委员会（Joint Committee on Contemporary China），以及哥伦比亚大学东亚研究所提供的财政资助。

同神话、节日、行为准则和习俗的中国文化。

20 世纪，中国文化变得更加融会贯通，民族文化在人民中深入渗透。由于经济发展、社会动乱、战争和政治革命，实际上所有人民最终都被动员，融入一个团结一致的全国性社会政治组织。传播交流工具集中在少数人手中，大众媒介延伸到国家中最偏远的角落，将参与媒介的义务强加于每个公民。大众文化是一种所有阶级共同拥有的全国性文化，由上层有意识地设计和控制。它使民间文化相形见绌，在某种程度上将民间文化取而代之。在今天世界上的众多大众文化中，中国的大众文化可能最充分地体现这些特色。

虽然 20 世纪的革命影响深远，但就文化而言，革命既是对
361 过去的发展，也是同过去的决裂。传播媒介、流派、风格、口味和信仰，以及明清时的文化问题和困境，以各种方式影响着到 20 世纪时所形成的“文化政治”和“文化政策”。我们在本文中的任务是描述转变的过程，并指出过程中的延续性和变化的成分。

1895 年左右，大觉醒（the great awakening）肇端，在其持续发展的数十年间，报刊几乎是对民众传播政治信息和新思想的唯一途径。20 世纪 50 年代之前，电子媒介非常罕见，对民众传播政治信息的新闻短篇寥寥无几。不存在村中长者和家族长老在茶馆里和年轻人畅谈国事的传统；政客们不到自己的村庄或是选区去拉选票，官府无须为了获得民众支持而设法将公路、电力和公共汽车引进乡村。与此相反，通过这个唯一的宣传手段，政治文化生活就迅速发展到一个令人吃惊的程度。[1] 因此本文第一节叙

述近代政治报刊的崛起，尤其关注报刊在 1895—1911 年形成期所起的特定作用和提出的观点。第二节追溯公众读者的兴起，概括近代报刊读者的发展阶段，他们最终遍及全国。

甚至在公众或是“群众”这一概念充分发展之前，晚清和民国初年的一些评论家和理论家们就已经在讨论一个问题，即设计一种群众文化并且将它强加于人时到底会发生什么。本文第三节讨论这类理论和理论揭示的一些困境，着眼于小说这个重要媒介。这一节着重探讨所有教诲性和操纵性文化形式所引起的长期问题，即文化领袖们希望对民众传达的东西同民众兴趣之间的冲突。在整个 20 世纪，官方认可文化致力于取代民间文化，而民间文化进行抵制的能力为文化领袖们制造了尖锐问题。本文结语综述我们主题，讨论群众文化和政治的相互作用。

/ 晚清时的报刊：兴起、作用和发声

1895 年之后，期刊报纸的增长是如此迅猛，以至于我们可能会夸大其词，认为这个时期同以前截然不同。[2] 至少有三个世纪之久，中国已是个流动性很强而且高度整合的社会。通过民信局和钱庄，人们写信、寄钱回家。朝廷官员通过精心构建的驿站体系
同京城联系。在村庄里，政府的政策通过张贴各处的布告进行宣 362
传，并被高声宣读给目不识丁之人听。通过印刷有插图的手册以及在当地定期举行的集市上进行交流，农业技术创新得到传播。

传统刊物在有限的程度上有助于信息流通。几份北京的朝报（都叫《京报》）转载上报朝廷的奏折和朝廷颁布的敕令，在国内总共发行几万份，想来读者主要是朝廷官员——他们也订阅省会出版的地方邸抄。出现值得报道的耸人听闻的消息时，城市里也不定期发行民间新闻纸，购买者显然是主要为了消遣的店员和小商人。地方行会刊行物价通报，发行量极为有限。

除了这些传统刊物，19 世纪的传教士们和几个最早的中国记者定期出版"现代"风格的报纸和杂志，刊登新闻和杂文。到 19 世纪 90 年代初为止，在主要的租界口岸或许出版有十余份中文报纸。其中最畅销的是上海的《字林沪报》和《申报》，前者发行上万份，后者发行 1.5 万份；这些报纸在当地的主要竞争者是《新闻报》，发行量不到 5 000 份。广州的《循环日报》、香港的《中外新报》和《华字日报》历史更为悠久，但是发行量不大。除了这些日报，还有传教士资助的几份月刊，发行量从几百份到几千份（尤其是《万国公报》和《格致汇编》）不等。[3]

因为报纸的潜在读者主要是通商口岸的中国商人，所以为了扩大发行量，19 世纪后期的中文报纸必须重视商业性新闻，上海《新报》在 1861 年的"创刊号"中宣称：

> 大凡商贾贸易，贵乎信息流通。本行印此新报，所有一切国政军情、市俗利弊、生意价值、船货往来，无所不载。上海地方，五方杂处，为商贾者，或以言语莫辨，或以音信无闻，以致买卖常有阻滞。观此新报，即可知某行现有某

> 货，定于某日出售，届时亲赴看货面议，可免经手辗转宕延 363
> 以及架买空盘之误。[4]

为了扩大销售和盈利，通商口案的商业性报纸在内容、版面和发行方式上引进了一系列创新。比如，《新报》在 1870 年开始使用通栏大字标题代替以前一成不变的各版标题。《申报》接受诗歌和文学论文投稿。对大批量订阅每份给予优惠价，并鼓励外地居民通过邮局订阅。1882 年，《申报》使用新近开通的天津—上海电报线刊登了中国新闻界第一份电讯稿，1884 年，通过对法国海军进攻宁波的战地报道，《申报》提高了发行量。《字林沪报》的特点是独享将路透社电讯翻译成中文刊登的特权，稿件可以同母报《字林西报》同一天见报（其他报纸要在次日才能非法翻印）。电报流行之后，主要报纸争相刊登来自全国的电讯稿，用粗大字体为每篇稿件加上标题，并在每个字旁圈点强调。报纸也刊登邮寄的慢件，并互相竞争，最迅速、最全面地选登转载其他城市报纸的新闻。所有报纸都以可读性为要，不过达到这一点的程度不同。虽然还没有激进到用白话写作（《申报》在 1876 年另行出版白话版），但报纸使用一种通称为“简易文理”的朴实无华的文体，并率先改进排版和标点，从而使繁忙的读者易于浏览。[5]

晚清的商业性报纸所奉行的主张是不拥护政党，也不介入政治论争。报纸不希望惹恼主张不同的读者，也不愿招致官府的骚扰，比如说拒绝它们使用邮局和电报局的特权。[6] 梁启超对报纸评论说：

每一展读，大抵“沪滨冠盖”“瀛眷南来”……“图窃不成”……“甘为情死”等字样。填塞纸面，千篇一律……观其论说，非“西学原出中国考”，则“中国宜亟图富强论”也。辗转抄袭，读之唯恐卧。[7]

由于1895年危机，报刊激增。中国同日本交战，战败后签订了《马关条约》；赔偿200万两白银，开放更多通商口岸，允
364 许日本在中国开办工厂，经营商业，并割让台湾和辽东半岛。这促使很多中国人意识到自己的国家确实濒临灭亡。这类恐惧刺激人们争相阅读新闻，参加政治讨论。年轻的包天笑在苏州的所见所闻十分典型：

我国与日本为了朝鲜事件打仗，上海报纸上连日登载此事。向来中国的青年读书人是不问时事的，现在也在那里震动了。我常常去购买上海报来阅读，虽然只是零零碎碎，因此也略识时事，发发议论，自命新派……（而中国却打败了，苏州也开了日本租界）一班读书人，向来莫谈国事的，也要与闻时事：为什么人家比我强，而我们比人弱？[8]

一般的商业性报纸不论如何沉稳，也要登载人们关心的战事消息以及战后的和谈，所以报纸发行量飙升。就拿上海《新闻报》来说，从1895年的销量5 000份，上升到1899年的1.2万份，居国内报纸之冠。[9]但是更重要的是，一种前所未见的报刊在中国崛起

并迅速发展，这种政治性报刊致力于评论时政，拥戴政党。

新的政治性报刊的出现无声无息。梁启超的《中外纪闻》（1895年）是这类刊物的先声，它同传统的《京报》非常相似。没有辩论性的社论，只限于转述赞成维新派的奏折、敕令，并翻译国外那些传播维新思想的著述。同朝报一样，这本刊物长6英寸，宽3英寸，黄色封面，以线装书的样式装订。这本刊物同朝报如此形似的原因是，它在承印朝报的一个书坊中印刷。此外，杂志所面向的读者是北京的朝廷高官：对大约3 000名真正的《京报》读者免费赠阅。

虽然在崭露头角时并不引人注目，但新的政治性报刊很快就在数量、流通和政治活力诸方面超过1895年以前的刊物。历史学家戈公振记载了216份报纸和122种杂志，它们在1894年之后的数年中出版发行。不过很多寿命不长，所以到了1901年，据梁启超统计，只有80份报纸和44种杂志还在继续出版，不过比起19世纪90年代初的十多份报刊来说，仍使人刮目相看。虽然大多数发行量只有数百份，但较为流行的却刷新了纪录。例如，梁启超办的《时务报》在1896年流通量达到1.2万份，365
这在当时闻所未闻。梁启超的《新民丛报》声称在1906年时发行了1.4万份。[10]

唐・普莱斯（Don C. Price）将梁启超等人称为"变法维新宣传家"[11]，他们继承了一个悠长复杂的传统。自古以来官府就致力于教育百姓尽力服从朝廷的本分。在传统上，这种教育通过树立皇帝和地方官员为道德表率、大张旗鼓惩戒罪犯并推行儒学伦理来实现。私人偶尔也资助出版教诲平民百姓的善书。[12]19 世纪初，中国官府禁止新教传教士们在传教时对人直言相劝，于是他们引进报刊作为公众教育的手段。最早的中文近代刊物是英国传教士米怜（William Milne）所办的月刊《察世俗每月统记传》（1815—1828 年），它在中国发行，在马六甲出版。据米怜说："促进基督教是本刊的要务，虽然其他诸事从属于宗教，本书也不会置之不理。知识和科学是宗教的仆从，可能对德行颇有裨益……"[13]

虽然似乎没有任何教会刊物在中国广为流行，但它们却启发了一些在历史上举足轻重的国人。梁启超是中国新闻界的领军人物，一位近代中国的主要政治思想家。梁启超在 1895—1896 年曾在北京同传教士出版家李提摩太（Timothy Richard）短暂交往。[14] 新闻记者先驱王韬于 1864 年在香港创办《华字日报》；19 世纪 60 年代，王韬在香港时，曾同汉学家传教士理雅各（James Legge）过从甚密。[15] 日后成为太平天国革命领导人的洪仁玕也曾同理雅各交往。[16] 1859 年，洪仁玕向天王呈上条陈，主张建立新
366 闻馆以及其他机构，以便使民众了解自己的法律道德责任：

> 设新闻馆，以收民心公议。……昭法律，别善恶，励廉耻，表忠孝，皆借此以行其教也。教行则法著，法著则知恩，于以民相劝戒，才德日生，风俗日厚矣。[17]

虽然比太平天国革命者圈子中人晚些，但清朝官员也意识

到，政府可以利用出版物激发人们对朝廷政策的广泛热情。1851年，皇帝曾断然拒绝一份奏请，内容是要求发行邸抄使所有官员了解国内各地情形，拒绝的理由是这只能鼓励人们干预与己无关之事。[18] 然而到了 1896 年，在对日战败之后，总理衙门获准刊印两份类似邸抄的刊物，选登奏章、敕令和同变法题目有关的国外翻译资料。虽然并没有社论报评，但刊物的目的是在官员中宣传变法维新思想。[19]

总理衙门的两份刊物未能长期延续，但是在义和团惨败之后，不同地区，以及省府衙门和中央部院，都开始大量发行朝报。1911 年朝廷决定，所有新颁布的律法和规章自在朝报（当时易名为《内阁官报》）上刊登之日起生效。50 年中，朝廷的态度从厌恶朝报，变成发行朝报，到最终依赖朝报实施律令。

正是在这样的背景之下，维新变法宣传家们发展了有关报刊的思想。起初，他们对报刊作用的解释同支持朝报的官员相同。1896 年，梁启超表示，由于报纸增强上下之团结，使民众和朝廷同样洞悉关于商业、技术、外交和其他所有增强国力的重要题目，所以“报馆有益于国事”[20]。但是梁启超在持有这类主张时，仍旧希望能够在北京朝见皇上，以达上听。百日维新失败、流亡日本之后，他开始有了新的看法，认为可以用报纸动员民众，或反对朝廷，或置朝廷之不顾，自行其是。梁启超在日本写的第一
篇杂文是《清议报叙例》。由于朝廷禁止在国内发行任何关于变 367
革的报刊，他在此文中表示，决定在境外出版一份宣传维新的刊物。[21] 当然，这并不意味着当支持改革的政府掌权时，梁启超也

拒绝用报纸鼓励公民和官府的公开合作[22]；不过他不再虚与委蛇，声称当权者不畏惧宣传行动。

独立于国家的报刊是一种宣传工具，可以用来促进很多不同的思想。不论宣传什么，宣传性报刊的主要任务都是说服读者接受它所鼓吹的论点。梁启超曾说——虽然他并不知道自己是在附和马克思——“至立言者必思以其言易天下，不然，则言之奚为者”[23]。梁启超在另一个场合还曾主张：

> 某以为业报馆者既认定一目的，则宜以极端之议论出之，虽稍偏稍激焉而不为病。何也？……若相率为从容模棱之言，则举国之脑筋皆静，而群治必以沉滞矣。夫人之安于所习而骇于所罕闻，性也。故必变其所骇者而使之习焉，然后智力乃可以渐进。[24]

一言以蔽之，即使流于极端，趋于两极，报纸所发表的见解也必须富于论战性。这种观点出于一种勃勃雄心，力图使报纸“为国民之警钟，作文明之木铎”[25]。但是报纸同样很容易堕落成诸如20世纪20年代“套版报”那类受人控制的喉舌。这类报纸通常有四版，大部分内容来自《申报》和《新闻报》，但是有三部分空缺，没有报头，没有“社评栏”，也没有“要闻栏”。仅仅出资几百元，军阀的代理人就可以随心所欲地安排这三栏的内容，发行几百份表达“民意”，支持军阀最近的举措。[26] 当为崇高目的所做的宣传让位于为蝇头小利而叫卖销售时，读者变得小心翼翼，对当今公众生活中仍然引人注目的政治主张产生了怀疑。

但是梁启超的例子也表明，文笔上乘的宣传，加上强有力的论点，可以强烈地打动公众。在一位读者的记忆中，梁启超在 368
1896 年出版的《时务报》就“好像是开了一个大炮，惊醒了许多人的迷梦……不但是梁启超的文章写得好，还好像是他所说的话，就是我们蕴藏在心中所欲说的一般”[27]。1902 年，黄遵宪写信给梁启超，说他的杂志《新民丛报》

> 惊心动魄，一字千金。人人笔下所无，却为人人意中所有。虽铁石人亦应感动，从古至今，文字之力之大，无过于此者矣。[28]

/ 群众读者的兴起

正如表 1 的邮局统计所示，晚清报刊集中在几个通商口岸和海外城市。上海是大型报刊出口地[29]；北京和天津也出口报纸，而且作为很多商场和官场中人的旅居之地，也为其他地区和海外报刊提供了进口市场。像广州这类城市的大部分报刊似乎通过小贩而非邮局在当地销售。宁波同绝大多数城市一样，进口的报刊比出口的多很多。

显而易见，由于政治、技术和文化原因，报刊集中在都市：这是因为对出版的法律保障在中国人辖地实际上形同虚设，为了避免朝廷的镇压[30]，政治性和商业报刊往往以外国代理的名义在通商口岸注册。（著名的《苏报》案说明了如何运作：虽然出版人出庭受审，但这是在中国官府耗费时日的法律程序之后，公共租界公廨才逮捕并审讯他们。）将刊物迅速印刷很多份必须使用现代印刷机，只有大的通商口岸才有；现代印刷机需要进口纸张，也只有大的通商口岸才能得到。[31] 城市的面积扩大、中心地位加强时，文化当然日益繁荣：就此而言除上海之外，晚清中国最大的出版中心可能是东京；那里有数万名留学生和流亡的政治人物，出版的刊物可能有 20 种或 20 种以上。

369 **表 1　收到和寄出的报刊和印刷品的份数**

（在所选择地区，1907 年和 1908 年）

地区	收到		寄出	
	1907 年	1908 年	1907 年	1908 年
北京	1 398 550	2 198 853	1 159 140	3 647 555
开封	627 693	2 756 758	745 257	829 014
东北	422 122	667 853	237 709	239 272
天津	3 596 222	3 262 137	1 942 159	2 155 840
其他北方地区	489 209	792 563	71 080	109 559
汉口	2 079 912	3 656 659	152 257	904 110
九江	1 030 308	195 804	11 712	17 976
其他华中地区	692 767	1 256 024	54 443	87 389
南京	735 407	1 650 505	149 760	794 871
镇江	1 295 552	2 068 812	28 139	43 577
上海	1 069 486	10 595 024	10 961 464	16 656 127

续表

地区	收到		寄出	
	1907 年	1908 年	1907 年	1908 年
苏州	1 190 509	2 052 244	8 935	12 631
宁波	397 180	1 016 444	6 125	15 657
其他长江下游地区	555 229	902 697	45 887	194 460
福州	384 414	864 298	38 361	104 220
广州	155 070	321 074	159 841	215 332
其他华南地区	780 547	1 055 116	83 990	265 933
总计	17 082 697	35 717 555	15 932 850	26 401 031

资料来源：China，Imperial Maritime Customes，*Report on the Working of the Imperial Post Office*，1907 and 1908 editions（Shanghai：Inspectorate General of Customs，1908 and 1909）.

说明：在“报刊和印刷品”中，报刊占大约 69%。大概一半或是少于一半的报刊由邮局发行；其他由小贩和书店在出版地出售。据推测，因为有来自海外的出版物，所以“收到”比“寄出”要多。表格中的一些异常情况无法解释：比如，从 1907 年到 1908 年，开封收到的刊物大增，而九江的剧减；由于各类相加等于所给的总数，出现印刷错误的可能性不大。上述资料的文字部分提到，由于种种因素，比如一个地区邮政所数目或是发行报刊数目变化、政治动乱、经济周期波动、帝国邮政接管民信行等，所以经常在某年营业量发生巨大变化。见 Andrew J. Nathan，“The Late Ch'ing Press；Role，Audience，and Impact”，in *Proceedings of the International Conference on Sinology：Section on History and Archaeology*（Taipei：Academia Sinica，1981），vol. Ⅲ，pp. 1301–1305。

部分由于新建的公路、铁路，中国邮政的扩展及其日益提高的效率，以及不断发展的售书网络，部分上也归功于传统的民信 370
局、湖汉河湾上划桨的小船等类似运输工具，都市出版的报刊在国内各处广为发行。曹聚仁回忆说：

> 《新民丛报》虽是在日本东京刊行，而散播之广，乃及穷乡僻壤。……我们家乡去杭州四百里，邮递经月才到；先父的思想文笔，也曾受梁氏的影响；远至重庆、成都，也让《新民丛报》飞跃（长江）三峡而入，改变了士大夫的视听。[32]

邹鲁描述了大约1902年时广东大埔县城的一个书亭：

> 我家隔壁的崇圣祠，设有书报社，所藏书报，除了保皇派的和欧美新时代的读物外，也有凤毛麟角断简残篇的革命派读物。我常到那儿去看书……[33]

胡适回忆上海学生回家度假时把违禁的《民报》缝在枕头里偷运到内地。[34] 关于上海或是东京的报纸如何到达像东北、甘肃或是四川这样的遥远地区，还有很多传闻逸事。[35] 城市长此以来就是文化中心，但是现在有几个都市开始影响全国读者，在不同地区，读者所体验的文化日益相同。

晚清时期，全国各地的读者到底有多少呢？对这个问题的回答可以成为我们的起点，据此来追溯读者大众在20世纪的增长。可以通过几种不同的方式估算这个数字。首先，关于出版的报刊数目以及每种报刊所声明的流通量存在或高或低的不可靠数字。以此为基础，我们可以估算，在清朝最后10年间的任何特定年期，都出版有大约 100 种较重要的报刊，每种报刊平均每期大约印刷 3 000 份，所以全国流通的报刊是 30 万份。[36] 371

对邮寄数字的分析得出了类似结果。表 1 指出在 1908 年邮局收到供投递的“报刊和印刷品”超过 3 500 万件。根据报刊占 69% 的比例（报刊同其他印刷品分开后得出的数字），我们估算将近 2 500 万份印刷品是报刊。如果有一半或是一半以下报刊通过邮局投递，那么每年流通的报刊超过 4 900 万份。由于清朝的报刊有些是日刊，有些是周刊，有些是旬刊，有些是月刊或是双月刊，所以我们必须用平均发行周期来除这个估算的数字，并估计日刊平均发行量较高。我们没有可靠的数据来解答这个问题，但是如果为讨论起见，假设日刊占报刊年度发行量的五分之二，周刊、旬刊和月刊的出版量各占五分之一，那么得出的加权平均值为一年发行 166 期。用这个数字来除所估算的年度总发行量 4 900 多万份，得到的订购数是大约每期 29.5 万份。

但是所流通的每一份报刊都有很多读者。有些被禁的刊物很受欢迎，比如说梁启超的《新民丛报》和《新小说》；它们被偷运进中国之后，每份都要重印 10 次甚至更多。[37] 每份杂志在一个人读后又传给另外一个人。艾格妮丝·史沫特莱（Agnes Smedley）讲述了朱德年轻时的故事，这是大约 1906 年，当时朱德还是成都高等师范学校的学生；朱德发现了一份《民报》，“不知是谁，在他宿舍的枕头下面，塞进了一小张《民报》。这张小报显然已经几经易手，一部分铅字的字迹已经模糊不清。……朱德把这份小报一读再读，最后塞在另外一个同学的床上”[38]。

1904 年，包天笑在山东青州府的一个学校里当校长时，府衙收到上海的《新闻报》，几天之后再把报纸转交给学校。[39] 一位美国观
372 察者报道了为数更为众多的读者，虽然这时已是 20 世纪 20 年代，而且发生在高度发达的长江流域地区：

> 日报先到达城里人手中，他们读过之后，把报纸交给航行乡间各线的船只，由它们在乡村市镇中分发；然后报纸从镇上再传到村里。当有聚会时，识字多的人非常庄重地把报纸读给众人听。另外一种传播新闻的方式是把报纸贴在墙上或是木板上，以便路人阅读。[40]

所以并不令人惊讶，据张朋园这样的专家估算，有些晚清报刊每份的读者有 10~20 人之多。[41]

如果每份报刊的读者平均是 15 人，那么我们得出的 30 万份发行量便说明有大约 450 万读者。但是有些人可能读很多刊物，而有些人只是偶一为之。为讨论起见，如果我们假设报刊读者定期阅读两种刊物[42]，那么我们必须用读者总数除以 2，得出大约 225 万读者。无疑更精确说来，存在一个核心读者群，其成员定期阅读数份刊物，也存在一个边缘读者群，他们在一年中只能得到几份刊物。但是难以确定不同群体的人数。无论如何，粗略估计的读者总数为 200 万 ~400 万。

这个数字并不背离人口统计学资料。据施坚雅估算，中国在 1893 年的总人口（不含台湾和东北）是 3.94 亿，城市人口为 6%，

或是 2 350 万。人口中大约 63% 为 16 岁及以上者，其中稍过一半为男性。[43] 所以城市中的成年男性大约是 740 万。一位观察者在 19 世纪 90 年代声称：“在 1881 年罕见之事，现在在浙江和内地所有知书达理的人家中却已司空见惯——这是说，每个有知识的成年人都要浏览来自上海的中文日报。”[44] 但是在城市中有多少 373
“知书达理的人家”和“有知识的成年人”（假设这指的是识字的男人）呢？罗友枝认为，在中华帝国晚期，尤其是在都市男人中，读写能力已十分普遍。[45] 如果有四分之一的都市男人偶然读报看书的话，那么城市读者是 185 万。如果住在乡下的识字人中，阅读报刊的人数大致相当，那么读者的总数约为 370 万。

从张仲礼对士绅的数字分析中，可以推论出另一个数据。[46] 张仲礼认为在太平天国之后，士绅人数为 1 443 900。这只包括获得生员、监生资格及以上者。此外还有 200 万童生（在学应试者），他们读书已过十载，文化水平阅读报刊绰绰有余。除此之外还有识字的工匠、妇女，以及曾参加科举考试的前童生，这些人的数目不明。在 350 万童生和士绅中可能有些人忙于阅读典籍，心无旁骛。但是在其他社会阶层中可能有大致同样数目的识文断字者阅读报刊。

这些数字只是非常粗略的估算，计算时的假定会影响结果。但是既然每种证据（都市人口、士绅人数、期刊发行和邮局数据）都表明存在同样规模的读者群（200 万 ~ 400 万），这便支持了我们使用的假设，并使大致的结果言之成理。至少读者人数的上下限似乎相当清楚——不会少于 100 万或是超过 1 000 万。总而言之，或多或少，这是清朝最后10年间中国人口的1%。

大约10年之中，近代报刊便造就了中国历史上人数最为众多、分布最为广泛的读者群。但是他们仍旧属于饱读诗书的少数人。在这样的一个国家中，或许有30%~45%的男人以及2%~10%的妇女具有基本读写能力；在这里文化水平具有很多重要的社会经济用途[47]；这里的报刊往往高唱民主的赞歌并动员民众；在这里，正如我们将要指出的，群众文化的问题已经在广泛讨论之中，而现代媒介还没有触及“群众”。

374 在后来的数十年间，由于教育扩展，劳工流动性日益加剧，以及都市人口增长，读者人数大大增加。表2中的数字虽然既不完全也不可靠，但是也使我们体会到这种增长。即使在那些每年进入初小的人中，只有三分之一坚持下来，完成7年课程的主要部分，那么到1940年，学校制度也为社会增加了大约1 300万中等文化程度的人口。[48] 感谢白话文运动，同清朝末年不同，阅读大部分报刊已不再需要中学毕业的文化水平了。现在为劳工阶级出版很多刊物。20世纪30年代在上海出版的《立报》是通俗小报，报纸针对不同读者出版三种副刊：为“文化界、学校中一般老师们、学生们”出版《言林》，《花果山》副刊专门写给“高、中产阶级，自由职业者与商业界人士”，还有《小茶馆》是为“一般劳动阶级”写的。[49] 在上海还有100种以上“蚊子”小报在街头巷尾出售，只卖几个铜板，靠八卦对政界和娱乐圈进行讽刺挖苦。[50] 20世纪30年代，奥尔加·朗（Olga Lang）在北平调查了58个劳工家庭，其中32家有男人阅读报刊（只有两家的女人读书看报）。[51]

报刊流通量现在相应增加。在清朝的最后10年间，发行量最高的报纸宣称发行了两万份（《湖北官报》在1903年、鼓吹革命的《民立报》在1910年达到这个数字）；20世纪30年代，上海最畅销的报纸声称发行量达到15万份以上。[52] 邮局的统计数字显示出增长曲线（见表3）：1908—1936年，邮寄的报纸每过几年就翻一番，然后在中日战争期间呈下降趋势。但是我们不应得出结论，认为读者以完全相同的速度增长，因为邮寄报纸所占比例、报刊发行周期以及多人分享一份报刊的情形可能发生了变化。

收音机在1922年进入中国。到1937年一共有93个广播电台，几乎一半在上海。据估算收音机达到10万台。[53] 全国的电影院有300座，总计可容纳30万观众，同样集中在上海和其他几个大城市中。[54] 但是日本的侵略战争使广播电台和电影业同报刊一样大受影响。

表2　不同年代的中小学注册人数 375

年份	小学	中学
1907年	918 586	31 682
1909年	1 532 746	85 689
1912年	2 795 475	103 045
1916年	3 843 454	111 078
1918—1920年	5 031 687	132 432
1922年	6 601 802	182 744

续表

年份	小学	中学
1930 年	10 948 979	514 609
1944—1945 年	17 221 814	—
1945 年	—	1 394 844

资料来源：

1907 年：陈启天：《最近 30 年中国教育史》，97、114 页，1930，台北，文星书店重印，1962。

1909 年：多贺秋五郎编：《近代中国教育史资料》（东京：日本学术振兴会，1973—1977），第一卷，103~106 页。

1912 年、1916 年、1922 年、1930 年：教育部编:《第一次中国教育年鉴》，丁编，133、172~173 页，上海，开明书店，1934。

1918—1920 年：舒新城编：《中国近代教育史资料》上册，377 页，北京，人民教育出版社，1961。

1944—1945 年：《统计月报》，113–114：39–40（1947 年，1—2 月）。

说明：小学包括女子半日学校、托儿所，以及初级、中级和高级小学；中学包括师范学校、中等工业学校和中学。有相当数目的学生就读于传统私塾，没有包括在内（见 Evelyn S. Rawski，*Education and Popular Literacy in Ch' ing China* [Ann Arbor： University of Michigan Press，1977]，p. 163）。关于同一年代，不同资料常常给出稍有不同的数字。

直到 1949 年之后，才出现了真正的群众性读者大众。新政权首先关注印刷媒介，到 1956 年，所有报刊已完全由共产党和政府管控。虽然还有很多人无法读书看报（1964 年，人口的 38.1% 是文盲或半文盲；在 1982 年，比例下降到 23.5%），通过小组动员和群众运动，共产党显然已经使报纸杂志发挥了惊人的效力。[55] 保罗 · 西尼科尔（Paul Hiniker）在他颇具新意的研究中估算，大约在 1962 年时，中国的报纸每份有读者 9 人，杂志每份有读者 11.5 人；所以成年人口的 62% 阅读杂志，39% 阅读报纸。[56] 20 世纪 70 年代，报刊持续大量增长。根据官方统计，1979 年中国出版了超过 1 800 种杂志、报纸和其他期刊，总发行量超过 1.5 亿份。[57] 有报道说，计划在 2000 年时，共产党的中央机关报《人民日报》的发行量要从 530 万份提高到 5 000 万份。[58]

表 3　不同年代的邮寄报刊 376

五年间隔	其他年份	邮寄份数
—	1908 年	24 645 112[a]
—	1919 年	47 437 161[a]
1920 年	—	56 318 904[a]
—	1923 年[b]	80 720 326
1925 年	—	107 665 723
—	1927 年	114 543 288
—	1928 年	124 410 600
1930 年	—	163 083 300
1935 年	—	208 946 500
—	1936 年	235 144 600
—	1937 年	124 589 700
—	1938 年	95 845 400
—	1939 年	87 180 410
1940 年	—	131 880 600

续表

五年间隔	其他年份	邮寄份数
1945 年	—	98 120 227
—	1947 年	171 723 007
—	1948 年	160 679 323

资料来源：

1908 年：China，Imperial Maritime Customs，*Report on the working of the Imperial Post Office*，1908 edition（Shanghai：Inspectorate General of Customs，1909），p. 21.

其他：《邮政统计汇辑》，120~121 页，台北，“交通部”邮政总局，1966。

a. 当这一项没有继续细分时，按照“所有报刊和印刷品”的 69% 计算。

b. 在这一年初次对报刊进行单独统计。

377 在 20 世纪 70 年代左右，共产党也着手发挥电子媒介的潜力。到 1974 年，有线喇叭覆盖了 90% 的生产大队、生产小队，以及 65% 的农民家庭；到 1982 年，根据中国的抽样调查，每 100 户农民中有 50.5 台收音机。在 1979 年，11 万座电影院和电影制片单位造就了超过 200 亿人次的电影观众。[59]20 世纪 70 年代末和 80 年代初，中国进入电视时代。1980 年，全国 700 万台电视机可望为 2 亿观众提供节目，每台电视机的观众多得惊人；说明多数电视机归生产单位所有，而不是为家庭所有。1980 年，国内生产的新电视机是 220 万台。官员们预测到 1985 年，电视机的使用量会达到 2 000 万台；到 20 世纪末会达到 2 亿台。[60] 目前一些最流行的刊物讨论对电子媒介的使用，如通俗科学杂志《无线电》，发行量为130万本；电影杂志《大众电影》发行量达800万本；每周电视节目指南《电视周报》发行量是100万份。[61]

中国听众和观众的增长曲线可谓奇峰突起，从在20世纪头10年中占人口的大约1%，到70、80年代，由于收音机和电视机的广泛使用而几近普及。但只是在70年代之后才迅速发展。可能只是在70年代后的大约15年间，当电子媒介推广之后，大多数人口才成为定期受众。所以，虽然酝酿了一个世纪之久，但中国的群众性受众只是在最近才形成。由于当代中国宣传媒介的结构——由中央紧密控制，各部门互相支持，干部和积极分子共同努力，成为“面对面”的传达者——因此这些世界上最新近崛起的群众文化大众，可能接受的是效率最高、力量最强的宣传。

在改变人们的文化信仰，塑造同文同种之民众的工作中，传播媒介并非孤军奋战。20世纪的战争和移民使人们混居一处，制 378
成品四处流通，在一定程度上缩小了各地在衣食住行以及使用工具上的差异。邮局、银行、火车、公共汽车和自行车都增加了思想流通和民众流动。然而，在20世纪的绝大部分年代中，中国经济增长不快，流动过程相对缓慢，所以直到20世纪50年代初，农村中的很多地区仍旧在文化上与世隔绝。在1949年政权更迭之前和之后，中国发展的独特之点在于，政治变化和宣传媒介扩展比物质变化更快、更广。其结果是，可能同着眼于宣传媒介和政治变化得出的结论不同，在中国，文化整合并非如人所愿，发展充分。[62] ……[63] 虽然政府试图禁止，但传统的通俗文学仍然十分流行。认识到这一点之后，政府最近出版了一份全国性月刊《民间文学》，刊登诸如《三国演义》和《水浒传》这类作品的压缩本，并发表同样风格的新作。[64] 另一个新刊物致力于当代版本的说书艺术，登载评书题材的故事。[65]

/ 晚清小说：思想意识和实践

19 世纪晚期，当期刊报纸崛起，成为强有力的传播工具，当群众读者开始成长，一系列新问题便涌现出来。报刊的目的应当是什么？报刊的作者如何才能有效地打动读者？报刊应该设法为读者、对读者做些什么？报刊应该为群众读者提供什么样的文化食粮？简言之，问题归结为创造一种新的思想意识，虽然仍然反映传统的士大夫的精英立场，却代表某种适应民众需要的特定思想。作为作者和编辑而投身于报刊出版业的文人们发现，自己发挥着与以往不太相同的作用，不再是为朝廷做事的士大夫，而是
379 变成为社会进言的“民众”代言人。集中体现这种微妙转化的人物是梁启超。

梁启超的新闻活动中值得注意的特点是赋予“小说”重要地位，由于梁氏的潜在影响，这也成为晚清报刊的特色。为什么选择小说呢？为什么梁启超挑选这个传统上不登大雅之堂的文学流派，并重新赋予它不同的社会政治重要性呢？[66]

考察梁启超和他的同人们关于这个题目所做的最初声明，显然一开始他们怀着极其崇高的政治目的：他们希望用小说来改

良中国当代社会和政府，并将他们关于近代民族主义的新政治概念灌输给读者。激励他们的动力来源于日本和西方：梁启超了解到时兴一种“政治小说”，这是日本人从西方国家借鉴来的。同期刊报纸一样，新的虚构文学模式被证明是另一种有力的宣传媒介，对“民众”进行政治教育。所以在 1898 年所写的《译印政治小说序》（翻译的政治小说将在他办的《清议报》上连载）中，梁启超以西方小说为例，说明自己的观点：新小说为国民之魂，可以充分影响国家生活的各个领域：道德、宗教、举止风习、学问艺术以及民众之性格。梁启超也声称，变革一国之民的前提是变革小说。严复、夏曾佑在天津《国闻报》上发表《本馆附印说部缘起》一文，也表达了类似观点。他们同样强调，作为改造社会和思想启蒙的媒介，一种新型小说在日本和西方曾创造了奇迹，所以需要这样的新小说对中国国民进行再教育。[67]

最后，梁启超在 1902 年发表著名文章《论小说与群治之关系》，这是他关于晚清“新小说”理论常被引用的权威篇章。此文断言，小说是政治教育的主要手段。梁启超指出，小说有四种基本的“力”支配读者：“熏”“浸”“刺”“提”。以梁启超之见，小说的第四种力最为重要，这种力能够将读者提升到故事主人公 380
的境界，劝告读者模仿主人公的表率行为。同严复和夏曾佑一道，梁启超勉力将小说提升到一种思想上受人敬重的上乘地位，这在中国见所未见，闻所未闻。

但是表现在以上理论阐述中的，只是这些人奋力而为的思想和道德意愿，如影随形的是更实际的考虑。虽然力图论证自己关于新小说的思想，但这些精英学者们却希望利用旧流派已经证实的通俗性：他们并没有对一个事实完全视而不见，即在将新小说从外国引入中国之前很久，传统中国小说已深得“群众”之心。他们一致贬低中国传统小说的艺术格调，因其对读者“诲盗诲淫”的普遍消极影响而扼腕叹息，但是他们不得不提出一些不同的、不那么高高在上的问题：为什么“学问不深的人们”对传统小说爱不释手呢？什么东西使小说真正“流行”于世？他们要如何利用这个流行媒介来普及自己的改革思想呢？

在宣布发行小说副刊的那篇学究式通告的末尾，严复和夏曾佑以一种高高在上的方式讨论了为什么有些历史著述比其他流行更广的问题。他们考虑了5种因素，这些因素决定了为什么有些文字材料比其他更易于传播。他们的结论是，虽然篡改了历史事实，但那些使用近似于日常白话的熟悉语言，描写读者熟悉主题的流派在中国人中广为流行。所以小说和野史比官方刊印的二十四史更为普及。比起他的两位同道来，梁启超更愿意为普及做出让步。[68] 他自己的杂文确是为打动广大读者而作。他在1902年写的文章《论小说与群治之关系》提出了小说的“四种力”，文章虽然用意严肃，却是为了帮助新小说触及更多的读者。梁对小说影响力的关注自然导致他试图打动大量读者。

以梁启超之见，小说流行也是因为它能“常导人游于他境界”，能将人所经阅之境界以感人至深的方式表达出来。梁启超认为小说的这两种能力是两大主要文学传统“幻想派”小说（理想主义）和“写实派”小说技巧的源泉。[69] 不久，一些文名稍逊的理论家撰写了一系列文章，更加强调小说的力量。比如说，一 381
位笔名楚卿的作者在 1903 年撰文，使用严复和夏曾佑提出的 5 个因素，讨论以下不同文学技巧对读者的相对吸引力：描述古时之事相对于描述现今之事，含蓄简言相对于宣泄繁琐，风格典雅相对于俗言俚语，写实感人相对于虚言幻想。以楚卿之见，在这南辕北辙之间，小说侧重于后者。楚卿特地为白话文学（第四个因素）请命，声称饮冰室主人曾对他讲，俗语文体之流行，实文学进步最大关键也，亦是文学革命不可避免之结果。[70]（十几年之前，这些先驱们就预见到胡适 1917 年文学革命的主要宗旨。）

《小说林》编辑觉我在 1908 年发表《余之小说观》，这或许是一篇最直抒胸臆的文章。同梁氏相反，觉我主张，小说是社会之产物，并非社会的创造性力量。小说融艺术和生活于一体以便满足读者的要求，所以小说反映现存社会之趋势。根据自己的调查，觉我提供了一系列数据：前一年所出版的作品中，有 80%~90% 是译作。文言小说销行比白话小说为优，因为“今之购小说者，其百分之九十出于旧学界而输入新学说者”，“其真受（新）学校教育而有思想、有才力、欢迎新小说者，未知满百分之一否也?”[71] 根据他所编杂志《小说林》的销售统计，他观察到在各类小说中，“记侦探者售卖最佳”，“记艳情者次之”，“记社会态度，记滑稽事实者又次之”，“而专写军事、冒险、科学、立志诸书为最下”。虽然觉我为读者的品位而叹息，但他却认为小说应该降低价格以便获得广大的读者群。应该努力使学生、军人、商贩和妇女成为小说读者，应该设法迎合他们的趣味。例如，对于女性读者，觉我指出为她们观览之小说，“其形式、体裁、文字、价值”应“与商人观览者略同，而加入弹词一类，诗歌、灯谜、酒令、图画、音乐、趋重于美的诸事”，其旨趣则教之以各式各样文明习惯。[72]

382 不论有意还是无意，觉我无法规避自己议论的言外之意：传播媒介的通俗性先于目的的严肃性；只有当媒介能够触及尽可能广大的读者时，小说的传播潜力才能实现。觉我认为，对小说的改良主要在于手段，而非所传播的信息。他对促销的关注十分清晰地暴露出对商业主义的妥协。

事实证明，觉我的文章不仅代表流行观点，而且颇为先知先觉；只不过在短短几年之后，晚清小说作为一种新商品，其普及性就达到前所未见的程度。维新变法学者们的意识形态严肃性逐渐消失，湮灭在后起之新小说的操作者和推动者们敷衍了事的说理，还有促销叫卖之中。新小说日益获得的商业普及性引发了一阵强烈的抗议，主要以捍卫传统的方式表达。变法维新者的挑战淹没在道德保守主义的叫嚣中。《小说林》另一位编辑黄摩西警告说，虽然中国在诸如群治、教育改良、科学实业等领域内仍欠发达，但小说却似乎过分发达，以至于实际上可以“谓吾国今日之文明，为小说之文明”[73]。此声明中无心使用的双关语强调指出了通俗小说写作中的不切实际。以黄摩西之见，具有讽刺意味的是，“昔之视小说也太轻，而今之视小说又太重也”。另一位评论者于1906年在《月月小说》杂志匿名撰文，尖锐地评论小说作者中一种令人惊恐的趋势，即对有新意的标语口号像鹦鹉学舌一般，枯燥无味地搬用，他甚至嘲弄这些人的严肃目的：

> 今夫汗万牛充万栋之新著新译之小说，其能体关系群治之意者，吾不敢谓必无；然而怪诞支离之著作，佶屈聱牙之译本，吾盖数见不鲜矣……于所谓群治之关系，杳乎其不相涉也，然而彼且嚣嚣然自鸣曰：“吾将改良社会也，吾将佐群治之进化也。”随声附和而自忘其真，抑何可笑也！[74]

作者可能是这本杂志的编辑，可以预见，他宣布要中止这种不良之风，“庶几借小说之趣味之感情，为德育之一助云尔”。由于欲以小说育人，他告诫未来的投稿者们，所有稿件，包括艳情故事在内，要想入他的法眼，都必须“轨于正道”。[75]

然而，不论是这篇文章，还是其他的道德告诫，都无法扭转潮流。商业化进程的势头不减。次年，一个作者在同一杂志上撰文悲叹道：

> 今之为小说者，不惟不能补助道德，其影响所及，方 383
> 且有破坏道德之惧。彼其著一书也，不曰吾若何而后警醒国民，若何而后裨益社会，而曰吾若何可以投时好，若何可以得重赀，存心如是，其有效益与否，弗问矣。其既发行也，广登报章，张皇告白，施施然号于人曰：内容若何完备，材料若何丰腴，文笔若何雅赡，不惜欺千人之目，以逞一己之

私。为个人囊橐计，而误人岁月，费人金钱不顾矣。夫以若斯之人格，而以小说重任畀之，亦安冀有良效果哉！……今日诚欲救国，不可不自小说始，不可不自改良小说始。[76]

面对如此之后果，新小说的开创者们必然为之黯然，然而具有讽刺意味的是，这却证实了他们的成功。在新小说诞生仅仅几年之后，它最初的目的已不知去向，评论者们已经在敦促进行另一轮改革。到底哪里出了差错？如何解释这种令人懊悔的结局？答案可能既在于都市读者，也在于作者或是作品本身。

当我们阅读晚清小说时，不论它是国人写作的还是译自西方，我们都可以发现梁启超的担忧并非空穴来风：这个流派的标志确实是“盗”和“淫”。可归入“盗”一类的有诸如谋杀和侦探故事这类次通俗流派，以及暴露丑闻的“黑幕”小说，情节耸人听闻，过分渲染，还有盗匪和历险故事。“淫”一类作品包括各种“才子佳人”类通俗言情和讲述名妓生活方式的故事。中国文学史家们——著名的有胡适、鲁迅和阿英[77]——认为这类作品从一度严肃的社会批判小说中分化而出，代表这个传统的退化颓废。社会批判小说的代表作是李宝嘉的《官场现形记》、吴沃尧的《二十年目睹之怪现状》和刘鹗的《老残游记》。在这些晚清小说的佳作名篇中，作者们对社会和政治的批判性观点也掺杂着本人感情上的主观认同。社会和情感上的紧张常常融为一体，制造出剧烈的情绪并揭示出作者严肃的目的。然而，作为当代事件的评论者，这些文人记者们也意识到自己的生计有赖于他们所揭露的众生；这些人是朝廷官吏、办“洋务”的行家、通商口岸的买办、商人、追逐地位的暴发户，以及为享乐而从乡村迁入都市的地主阶级的颓废子孙。在无穷无尽的讽刺性描述的字里行间，384
我们无法不体味到作者的自我嘲弄和矛盾心理。他们嘲讽“洋务”和“维新”这类时下流行的趋势，但这些趋势却使他们的作品风行于世。为了作品的通俗普及，他们自甘“堕落”。这个时期最高产的小说家可能是吴沃尧，此人便是明证。他写出了震惊世人之杰作《二十年目睹之怪现状》，但他也是写作侦探小说（《九命奇冤》）和伤感言情传奇（《恨海》《劫余灰》）的行家里手。他为自己多愁善感的小说写下在伦理道德上颇为高尚的序言，但是这些作品之所以流行却别有缘由。《劫余灰》的故事梗概可以对此加以说明：

> 男主人公名陈耕伯，女主人公是朱婉贞。二人订婚以后，男的到省去赶考，竟得中了。哪知他一个恶棍叔叔把他串卖去做猪仔，把他的未婚妻骗到香港，卖到妓院。朱婉贞当然不从，被鸨儿屡次毒打，最后设法将状子递到地方官手中，地方官恰好是陈父的朋友。她因而得救，被派人雇船送了回去。不幸在途中船翻了，她流了很久，被一官舟救起。这官逼她做妾。她反抗，被殴而死。实际上她是暂时气绝，到棺材搁在旷野之后，因暴雨声击打馆木，她竟而苏醒过来，逃到一个尼庵中。但是因种种刺激，她在庵里又病了一场。却想不到因病而找到的医生，竟是一个豪侠，得知婉

> 贞际遇，不但替她医好病，还亲自送了她回去。此时耕伯的父亲正在寻找儿子，恶棍叔叔已因犯罪入狱，他对耕伯父谎称耕伯实到香港，旋染时疫死。耕伯父信以为真，朱婉贞，正如名字所喻，矢志守节，照例抱主成亲。却想不到过了几年，耕伯竟逃了回来，而且已经在外成亲。最后是全家议定，两人平等，不分妻妾，一家团聚，快乐不尽。[78]

仔细阅读小说肯定能发现，在人物刻画和叙事结构上，此书从传统中国小说中吸收了很多程式化技巧。不过以上的梗概已经表明，作者将才子佳人式俗套同难以置信的情节剧式一波三折得心应手地融合在一起，并穿插谋杀、侦查、豪侠义举和历险种种成分，性和暴力的作用显而易见。对于“改善社会的行为准则”，
385 小说显然作用不大（除了对华工在美国的遭遇做间接批判）。作者对善良有德的女主人公的命运巧做安排，讲述她遭受的磨难和痛苦（这是《黑奴吁天录》中伊莉莎逃脱的翻版，或是中国版的“宝林历险记”?），这显然解释了小说对当时一般读者的吸引力。这类俗套在中国传统故事中屡见不鲜（航船和尼姑庵中获救使人想起《三言》话本中几个故事的主线），这些故事的结局同样是皆大欢喜。

这部小说对传统手法的大量借鉴，提出了有关晚清通俗文化表达模式的中心问题。这些俗套显然勾起读者的似曾相识之感，而并无新奇之意。正如罗伯特· 沃肖（Robert Warshow）对美国通俗文学所作的评论指出：“只是从根本上来说，这个流派着眼

于读者的现实体验；在更直接的意义上，它诉诸读者以前对这个流派的体验：它创造出自身的参照体系。”[79] 如果沃肖的评论可以应用于《劫余灰》这样的小说，那么它也指出了通俗作品自命高尚的目的与其粗俗的吸引力之间的差距。在晚清的环境中，这意味着从一开始新小说的鼓吹者们就面临着两难的处境：一方面，政治考虑决定他们主张现实主义，并对当代社会进行现实主义的评价；另一方面，以前关于读者趣味的先例要求他们也注重娱乐性、逃避主义和离奇怪想。具有讽刺意味的是，梁启超关于小说有力量“常导人游于他境界”的见解为他的追随者们所证实，但是杜撰的境界原来并不是梁启超所期望的在自己未完成的小说《新中国未来记》中所描述的政治乌托邦，而是传统通俗话本中熟悉的场景。那么，我们是否可以责备像吴沃尧这样的实践者，认为他们为了吸引观众而背离了梁启超的高标准呢？梁本人对小说四种“力”的论述不也是更关注对读者可能发生的影响，而非作者或是文学作品的质量吗？

简言之，我们认为梁启超可能误判了通俗化的作用。尽管充满改变信仰的热情，借用毛泽东在半个世纪之后提出的著名公式，梁启超本质上还是更关注“提高”，而不是“普及”。梁启超的追随者们没有受过政治训练，也不是干部，他们没有追随梁启超的意图对民众传递政治信息，而选择沿着商业化途径，顺应“流行”趋势。换言之，梁启超也许错误地认为，随其群治思想而生的严肃目的与群众自身文化之间存在关联，群众自身文化指的是群众所喜爱的流派、主题和风格。

梁启超可能也同样低估了晚清文学新闻娱乐性的一面，从一开始娱乐就是文学新闻实践的基本部分。正如这个时期的主要文
386 学史家阿英所示，最早的文学杂志《瀛寰琐记》创刊于 1872 年，撰稿人是《申报》的编辑同人。杂志刊登各类稿件，包括时事评论、诗、民谣、历史人物的非官方传记，以及一部英国翻译小说的片段。[80] 严肃文学和轻薄小品并存。晚清的绝大多数文学杂志沿袭这种体例。而且阿英也指出，新闻业不仅造就了严肃认真的报纸，也产生了专为娱乐读者的“小报”。这类报纸的名称使人一目了然，叫作《游戏报》《笑报》《消闲报》。这些报纸的重要特色是连载小说。虽然我们无法确定它们的平均发行量，但迅速增长的报纸数目（据阿英统计，1905 年左右上海发行了 32 种）显然证明了民众对这类报纸的需求。[81]

如果对晚清杂志和小报中的杜撰文学进行详细研究，那么需要另外写一篇文章。但是初步考察一下这个时期最有名的简编——商务印书馆出版的《说部丛书》，我们可以得到一些有趣的线索。收入丛书的大部分作品是对西方文学的中文翻译，其中占压倒优势的主题是冒险、传奇和通俗历史。包括一些著名作品，如林纾翻译的里德·哈格德（Rider Haggard）的冒险小说，翻译或是模仿英国著名侦探福尔摩斯（Sherlock Holmes）以及他的法国同行亚森·罗萍（Arsene Lupin）的小说。或许严复和梁启超没有预料到这种“通俗”的一面：西方的新小说不仅能够复兴这些国家民众的精神，而且也娱乐他们。在经过翻译之后，这些小说被证明在中国读者中同样流行。

到了 1915 年，梁启超是如此怒气冲天，以至于发出以下的诅咒：

> 呜呼！世之自命小说家者乎？吾无以语公等，惟公等须知因果报应，为万古不磨之真理……公等若犹是好作为妖言以迎合社会，直接坑陷全国青年子弟使堕无间地狱，而间接戕贼吾国惟使万劫不复，则天地无私，必将有以报公等，不报诸其身，必报诸其子孙；不报诸今世，必报诸来世。[82]

是否梁启超所表达的愤怒是承认自己的失败？是否他和他的 387
学者同人们没有达到自己的目的？他谴责商业性庸俗颠覆了新小说的严肃目的，这使他听来像是精英文人和道德保守主义者，也像是蓄意贬低通俗流派的文人。我们以前提到一位通俗小说的诋毁者黄摩西，在某种意义上，黄摩西的指责言之有理：从对小说的“过分强调”中，新小说受害匪浅。改革派文人们比中国历史上的任何人都更严肃认真地看待小说，以至于忽略了所设想的教育作用。毕竟，在中国文学中，性和暴力对民众的感染力源远流长，而且就此而言世界各地的文学莫不如此。为了提高小说销路而依赖屡试不爽的性和暴力公式，并不是什么新鲜事，吴沃尧在小说《劫余灰》中显然就是如此而为。新小说的领军人物和理论家们，而非他们的追随者和实际操作者，对一般读者的所思所想怀有不切实际的想法。他们虽然宣布自己是“群治派”，却并不能得心应手地“普及”自己的事业。实际上有些追随者在很大程度上认同领袖们的观点，对于传播领袖“改革”思想之精髓来说，正是这些人才至关重要，尽管这些思想被简单化和庸俗化。

在另一方面，我们很想证明，晚清小说的通俗实践者们要比那些理想主义的理论领袖们少些虚伪，他们看穿了改革派高谈阔论的外表，描述更真实的现实。这种现实是19世纪英国“另类维多利亚人”（Other Victorians）的翻版：主张改革的高官或是声名远播的文人们私下里沉溺于“颓废的”传统嗜好（抽大烟、逛妓院等），虽然意识到社会政治危机，但仍旧乐此不疲。一部广受赞誉的严肃小说《孽海花》以虚构手法写真人真事，对这种现象做了写实主义的描述，所谓“黑幕”小说也对这类现实做了耸人听闻的揭露；它们的流行说明存在一个很大的市场，销售社会受虐文学，这种文学揭示读者们生活的社会中，腐败所造成的“魅力”。或许是社会政治危机引起败坏道德的情绪，于是追求性和暴力成为必要的心理消遣。也或许是因为读者们并没有像梁启超所期望的那样经历思想变化，他们基本上仍旧恪守传统，自始至终就将整个改革派思想意识视为一种虚伪的外表，掩盖着无法“改革”的世界中存在的诸如犯罪、侦探和才子佳人之类永远令人着迷的主题。在一个危机四伏、逐渐衰败的社会中，“盗”和“淫”似乎获得了更大的魔力。

以上只是对读者反应的推测，并不是对晚清中国一般都市读者心态的确切描述。为了阐明这个朦胧不清、令人苦恼，却又十分重要的问题所造成的困惑，需要做进一步研究。然而根据以上
388 的讨论，我们仍旧能够得出初步结论，即晚清小说表现一种“分

裂”性，折射出小说作者和读者的“自我分裂”：严肃和轻率共存；既有粗糙的写实主义，也有无害的逃避主义；既诚心诚意，又堕落颓唐；既高高在上，也与民同在。正如林培瑞（Perry Link）所说，这种分裂的两面在“晚清的出版物中交错纠缠，直到20世纪前10年才能较为清晰地分门别类”[83]。

可以将中国大众文化后来的历史视为对这个双重遗产的继续发展。一方面是有关大众文化的严肃意识形态，寻求依据“人民”来重新界定民族，贯彻群众教育，通过自上而下扶持的文化来提升人民。这个遗产贯穿于五四运动和延安时期，体现在对“无产阶级文学”和“群众教育”的讨论以及毛泽东“在延安文艺座谈会上的讲话”中。与这个意识形态同时存在的是没那么严肃，但可能是更广泛流传的大众文化和文学遗产，是转移读者注意力的逃避主义娱乐。五四时期的绝大多数思想家将这个派别指责为“传统”或是“因循守旧”。公认对后一遗产争议更多，更难评价；但是在绝大多数中国文学史家看来，这个流派直接导致20世纪前10年和20年代都市通俗小说中“鸳鸯蝴蝶”派的流行。同时这个流派也论证了另一个“革命”——五四运动——的必要性，这个运动再次大力宣传通过严肃文学打动和开导民众。

20世纪的前半叶，这两个潮流继续相互作用：严肃的思想性“浪峰”压倒不太严肃的“通俗化”文学“潜流”，“潜流”对“浪峰”文化所宣扬的行为准则进行商业化和通俗化处理。有待对这个饶有兴味的现象进行详细描述；但是为了鼓励进一步研究，这里可以尝试勾勒一个大概的轮廓。

正如林培瑞才华横溢的研究所表明的那样，初现于20世纪头10年的“鸳鸯蝴蝶”派小说继承了晚清小说娱乐性的一面，甚至在五四运动高潮时也活力不减。他将这类小说的流行归因于“蝴蝶派小说促使人们同西方化保持距离，‘抗议’西方化偏离合乎礼统的行为准则”[84]。在蝴蝶派小说的作者看来，五四运动的“文学启蒙”是上层精英的运动，目的严肃，为新文学奋斗时具有西方化倾向，这使人回忆起梁启超关于新小说的主张。但是总的来说，五四运动成功了：到20世纪30年代初，政府用法律
389 肯定了五四的一些重要主张（如教科书使用白话），都市社会也接受了这些主张。在文学界，诸如个人主义、浪漫恋爱和个人解放这类五四运动所珍视的价值观，发展成吸引人的口号和迷人的生活方式，同维新变法以及“洋务”思想在晚清普及传播的方式非常相似。于是我们发现，在五四以后的文学中，像张资平和章衣萍这类以前的精英作家转入“通俗”阵营，迎合读者好色的趣味，于是他们遭到以前同人们的指责，在绝大多数文学史的道德主义章节中为人诟病。但是当我们翻阅他们的一些作品，我们便能看出他们显然成功地利用了自己五四作家的声誉，在旧文学公式中注入自己特别欣赏的思想意识主题。张资平的三角恋爱故事和露骨描写尤其使人回忆起晚清的才子佳人故事和蝴蝶派作家的小说，只不过他笔下的主人公们是更现代（五四）的产物，理应都具有“新派思想”。具有讽刺意味的是，蝴蝶派小说有助于普及五四社会的精神气质：如果不是在陈旧俗套的舒适中描写现代风格的传奇，张资平的作品便不会在商业上如此成功。是否这意

味着，通俗版的“新文学”抢占了更传统风格的蝴蝶派小说的先机呢？

林培瑞认为，蝴蝶派小说在20世纪20年代和30年代持续流行。实际上这两种传统—— 一种现代，另一种更传统——似乎在都市文学市场中相依相伴。蝴蝶派小说最终衰落的原因可能是中日战争：在中国东部和长江下游城市被日本侵略军迅速攻占之后，现代中国文学被迫转移到乡村和内地。在这关键性时刻，由于蝴蝶派小说从来都是都市文学，所以“继承五四传统的爱国主义战时戏剧和故事”最终为更广大的农民群众所知。[85] 众所周知，在延安这个共产党的革命根据地，毛泽东进一步政治化了这个乡村版的五四传统，指导文学服务于农民、工人和士兵、群众。五四文学的左派传人们成为“现代中国的第一批作家，他们的作品被那些可以真正称为‘群众’读者的人们所知”[86]。

是否蝴蝶派变种的都市通俗文学已永远隐退世间？是否“群众文学”被定义为“革命文学”或是“无产阶级文学”的代名词？ 站在后来中国共产党的立场来看，答案自然是肯定的。然
而最近西方学者的研究表明，至少在日本人占领区，逃避主义通 390
俗文学的传统形式重返人间。武侠故事继续吸引广大读者，这个流派中最畅销的是一部名为《蜀山剑侠传》的小说，这部小说在1937年先在天津的报纸上连载，作者化名还珠楼主。[87] 在上海（一定程度上也在重庆），现代商业剧院发展到国内前所未见的规模。绝大多数上演的戏剧同抗战努力并无多大关系，而是历史题材的古装戏、改编的西方戏剧以及有关爱情和婚姻的喜

剧。据耿德华（Edward Gunn）说，有一出名为《秋海棠》的戏在上海著名的卡尔登大戏院（Carlton Theater）上演，从 1942 年 12 月到 1943 年 5 月连演 135 天，打破了所有演出纪录，后来又被拍成电影。[88] 故事讲的是一个现代派女子被迫嫁给军阀为妾，后来同一个唱京戏的戏子有了婚外情。穿插着欲望、复仇和重逢的曲折情节中充斥着性和暴力。有意思的是，这出戏根据无名作家秦瘦鸥的小说改编，秦似乎属于蝴蝶派；但是将小说搬上舞台的却是三位老于此道的“现代派”艺术家：黄佐临、顾仲彝和费穆。

传统和现代的衔接主要由于政治环境：在日本人占领的上海，审查制度禁止公开表达抗日民族主义。但是即使存在这些限制，一些第一流的“精英作家”也写出了既有艺术性又通俗的作品。在耿德华搜集的众多例子中，这里只提两位，一位是小说家张爱玲，她在 1943 年投给蝴蝶派杂志《紫罗兰》两部长篇故事，大受编辑赞誉。现代敏感性和西方技巧并不妨碍她借鉴传统才子佳人小说的修辞手段（《金锁记》显而易见是最成功的一部）。另一位是剧作家杨绛，杨写出了现代中国文学中最老练成熟的喜剧，作品中包含对五四浪漫主义的讽刺批判，但同时保持一种无害于人的娱乐外表。这里提到的第三位作家并不包括在耿德华对上海和北京战时文学的研究中。这个作家称自己为“无名氏”，他写出了一系列名称怪异的小说，如《塔里的女人》《北极风情
391 画》《露西亚之恋》。[89] 在这些作品中，颓废和活力、异国风情和传统主义、印象派艺术和神秘哲学异乎寻常地混杂交织，这显然

使作者成为追随者众多的偶像式人物。很难将他分门别类，定性为严肃作家或是商业作家。但是同其他作家相比，他的作品最大限度地普及了五四浪漫个人主义的精神气质，与此同时将这种精神发展到美学极致。

1949 年以后，无名氏的作品主要在香港和台湾地区持续走红；那里有一批才华稍逊的“通俗作家”显然步他之后尘，发展了获利颇丰的“流行小说”，讲述爱情和浪漫故事，抵制台北和香港地区的中产阶级商业主义。其中最著名的是女作家琼瑶，她的二三十本小说加上拍成的电影使她成为百万富豪。[90]

然而在 1949 年之后的大陆，社会主义现实主义的新“群众文学”同琼瑶和无名氏的通俗浪漫主义南辕北辙。但是在这里，“提高”与“普及”的两难对立仍未解决。毛泽东关于这两个概念的经典公式当然是出于政治目的。虽然毛泽东将无产阶级当作意识形态的偶像，树立为其他阶级学习的榜样，但他和他在文学艺术领域的追随者们似乎还没能提高人民自身的政治觉悟。在推行社会主义现实主义 10 年之后，20 世纪 60 年代初，作家和批评家们开始争论是否应该描写“中间人物”（即那些政治立场动摇不定或是“没有”立场的人），以便更写实主义地表现那些非政治化的人民群体，从而激起“中间”群体读者的兴趣。然而 20 世纪 60 年代后期和 70 年代初期，“文化大革命”在意识形态上的激进导致了“样板作品”的创作，这些作品中的人物毫不含糊地黑白分明。我们现在得知，不论这类作品的政治目的如何值得赞扬，它们都无法吸引读者。据几位了解内情者

说，“文化大革命”后期最流行的文学流派是口头讲述的“间
谍”和“反特”故事，讲述中国反特人员同国民党或是美国间
谍之间的斗争。[91] 有些故事后来被匿名作者记录下来，以手抄
392 本或是油印形式流传。其中一个故事将间谍活动、浪漫情节以及
科学研究混杂在一起，故事作者曾被监禁，而后平反，于是此书
从地下浮现于世，1979 年正式出版时定名《第二次握手》，出版
后立刻走红。林培瑞指出这本书对诸如蝴蝶派小说这类传统前辈
作品有所借鉴；他也宣称无名氏的小说《塔里的女人》手抄本在
1980 年时出现在广州，至少经过 8 人传抄。[92] 基于这类令人惊叹
的发现，再加上诸如《基度山伯爵》这样的西方翻译作品的持续
流行，我们相信，尽管经过川流不息的意识形态改造浪潮——-从
五四到延安，再到 20 世纪 50 年代的各种运动——思想严肃的“浪
峰”文化并没有压倒真正通俗的“潜流”，不论代表潜流的是晚
清的侦探故事，名妓传说、蝴蝶派小说，还是“文化大革命”中
的间谍和反特故事。或许正是因为“文化大革命”时期过分高涨
的政治气氛，民众比以往任何时候都更迫不及待地寻求消遣和逃
避。……如果说蝴蝶派文学可以使读者们成功地与西方文化保持
距离，那么对于读者来说，新地下文学的魅力只是在于，它至少
暂时减轻了“革命”本身所造成的混乱及其导致的日甚一日的负
担。……

/ 结语：文化的政治与政治的文化

根据我们对晚清到20世纪七八十年代新闻和小说的概括，可以得出几个结论。首先，希望塑造民众精神世界的一批批精英知识分子采纳群治思想意识，他们没有完全达到自己的目的。群治思想意识和民众实践之间存在距离：换言之，群治主义离通俗性相当遥远。在很多方面，现代化的压力复兴而不是摧毁大众文化。正如我们在以上所描述的一些通俗小说中见到，应付变化带来焦虑的手段之一是为作者和读者制造一个杜撰的缓冲区，将他们和外部现实隔离开来；当外部现实变得无法忍耐时，甚至制造逃避主义的避风港。现代群众传播媒介使小说读者和电影观众比以往任何时候都更能得到这种安慰。

但是在90年的进程中，由于报刊的兴起和群众读者的增长，政治和日常生活的文化也发生了巨大变化。比如说，强化的传播交流逐渐改变了中国的时空概念。即使是为娱乐而阅读通俗小说 393
或是报纸，也有越来越多的中国人增加了对中国和世界的了解。他们将自己的地区视为国家的一部分，将自己的国家视为危机四伏的世界中的一个脆弱实体，将自己的文明视为众多文明中的一个，而且不再认为，自己的文明不言而喻是世界文明中的顶尖者。思想和心理上的迷失使人们迫切需要新的世界观，为此梁启超及其同人和对手们都努力满足这一需要。

新闻更迅速地到达读者手中的同时，时间也过得更快。正如曹聚仁注意到，

> 我们观察世变，并不能像孟子那样一口气便是五百年；秦汉以后，一个转变的周期，大约是三百年；到了近代，六十年算是一个周期；后来说到三十年为一世，过了三十年，便是后浪推前浪，人事又是一番新了。此刻……似乎要把十年算得一个段落。[93]

在以前的世纪中，一个政治哲学论点可能要一代或是更长时间才能阐明。然而在东京，从1906年到1908年，改良派和革命派的笔战发生在仅仅数年之间。[94] 这场论战不仅朝廷官吏知晓，当地文人学界知晓，而且全国公众也知晓。所以从19世纪90年代起，中国人开始遭受一种现代经历的独特苦难，因为世界变化太快而无法与时俱进。

精英们在对群众讲话，力图改变他们的世界观时，也改变了自己的政治文化。他们不再是彬彬有礼的官吏，在政治论争中精英们变得偏激，注重意识形态，富于煽动性。同昔日相比，他们更彻底地互不相容，更尖锐地表达不同观点。为了教导不同地区的公众，他们炫耀论争之点，甚至于夸大其词。

报纸自诩为政治工具，为了服务自己的主人可以出卖事实，这促进了意识形态的两极化和极端主义。直到1949年之后，报纸才成为统一的宣传工具。从1895年直到20世纪40年代末，为了不同的事业，有数千种报纸被创办出来。办报纸并不昂贵，报人往往接受政治派别或是外国势力的资助。代表政治派别的报纸不断搅起中国政治的“一盘散沙”。1949年之后所建立的强大政权力图将报刊变成加强团结的力量。

时代使文人扮演新角色。他可能是个职业记者（一种职业身 394
份尴尬的稀有品种）；一个献身革命或是其他事业的宣传者，为了更高的目标利用群众媒介；或者是个绝大多数中国人眼中微不足道的艺人。这些角色中最活跃，也最受人敬重的一种是作为宣传者的文人，因为这意味着政治献身。当局对煽动的回应是书报审查制度。宣传和书报审查共同创造了话语模式——伊索寓言式、冷嘲式、煽动式和异议式，这些话语模式主宰着 20 世纪的公共领域。

公众做出相应的回答。他们阅读新闻就像读小说，寻找流言蜚语和耸听的危言。在很多人看来，他们身边的政治史像是一部充满欺诈和复仇的故事，同古代三国的传说和《水浒传》相差无几。[95] 报刊为动员民众做出努力，但是出乎意料的后果是造成公众对政治漠不关心和玩世不恭，其中夹杂着活跃的、偷窥式的兴趣，这种事与愿违的结果使动员民众更加困难，延迟了对一致公意的缔造，而所有的中国政治领导人都认为这种公意对国家的进步必不可少。“革命”没有解决这个问题，最近揭示出，宣传媒介在“四人帮”的控制下捏造谎言，歪曲事实，所以问题必定变得更加严重。

中国文人一贯认为，上层文化和下层文化之间存在隔阂。但是在 20 世纪，二者之间的差异更加尖锐，几乎彼此疏离。城市和乡村之间的互动减弱。都市知识分子取代了地主文人，对农民的所思所想妄加猜测，犹如村庄坐落在另一个星球。1949 年之后，户口制度使农民在法律上依附于土地。城市居民不愿被遣送到农村，即使被送去，他们也会设法返回城市。在这个世纪中，住在都市中的文化改革者们日益将真正的大众文化视为“落后的”和“封建性”文化，是进步思想的障碍，是不卫生之源，是不合理农业操作的基础，是迷信抵制现代科学的壁垒（鲁迅的小说《药》）；此外，大约在20世纪60年代之后，又成为“小资产阶级”和“修正主义”政治价值观的温床。与此相反，所建议的新文化将由政治家设计指导，以便引进合理的现代价值观，促进科
395 学思想方式，逐步使人民准备好实行民主制度（最近共产党计划分段分层推行对人大代表的直接选举制度）。

以前被视为文化习俗之物的成了政策问题，比如说语言（白话文运动，力图推广全国性语言，简化字），服装（中山装），音乐（从梁启超号召爱国歌曲到解放军在1980年时掀起的歌唱四个现代化运动）。为了解决这些问题，政府需要文化部、中央宣传部，还需要制定“文艺路线”。宣布什么样的价值观，提出什么样的样板，发展什么样的流派，以及尤其是由什么人来控制“宣传工具”，这些成为主要的政治问题，在20世纪60年代和70年代，这确乎是最炙手可热的议题。

但是正如我们所指出的，早在群众受众真正存在之前，文化改革者们就发现了文化设计管理的中心问题：按照长官要求“提高”趣味和内容，与迎合现存的民众趣味和行为准则以便拥有广泛受众之间存在冲突。“文化大革命”及其“革命样板作品”的失败再次表明，创造群众文化比从梁启超到毛泽东这些文化设计

者们所承认的要艰难。在基本方面，民众趣味似乎在改革和提高的数十年中毫无变化。对于希望多种多样、激动人心、享受乐趣的受众来说，官方所设计的群众文化一如既往地太富于论战性，太理想主义，太刻意宣传，太过简单化。20 世纪 70 年代末，昙花一现的“地下小说”和“民间刊物”对官方垄断的群众媒介及其所传播文化的狭隘性提出挑战，从而引起报刊纷纷进行自我批评，并在官方支持下出现了微弱的“解冻”，目的是在丰富文化的同时又不失去政府对文化的管理。如何为群众设计有益的文化，再次成为作家协会和官方发言的主题。就此而言，20 世纪晚期和晚清时期，文化争论的议事日程惊人地相似。

注释

1. 在这一方面，中国同那些在战后的电子和普选时代中实现现代化的国家不同，见 Daniel Lerner 在其经典著作 *The Passing of Traditional Society*：*Modernizing the Middle East*（New York：Free Press，1958）中的描述。
2. 本文的前两节和结论部分引自 Andrew J. Nathan，“The Late Ch’ing Press：Role，Audience and Impact”，*Proceedings of the International Conference on Sinology*：*Section on History and Archeology*（Taipei：Academia Sinica，1981），vol. Ⅲ，pp. 1281-1308。
3. Roswell S. Britton，*The Chinese Periodical Press*，*1800-1912*（Shanghai：Kelly and Walsh，1933；reprint Taipei：Ch’eng-wen，1966），pp. 1-85；

曾虚白:《中国新闻史》，94~100、125~157 页，台北，台湾政治大学新闻研究所。

4. 引自曾:《新闻史》，142 页。
5. 曾:《新闻史》，142~155 页；Britton，*Periodical*，pp. 82-83。
6. 曾:《新闻史》，287~288 页；Britton，*Periodical*，pp. 81-82。
7. 《饮冰室文集》原卷三，新编卷六，52 页，台北，中华书局，1960。
8. 包天笑:《钏影楼回忆录》，135、145 页，香港，大华出版社，1971。
9. 曾:《新闻史》，153 页。
10. 数字分别引自 Britton，*Periodical*，pp. 74，90-91；曾:《新闻史》，106~107、192、198、205 页；戈公振:《中国报学史》，145~150 页，1927，台北，学生书局重印，1964。梁启超的统计表（曾虚白在其书 233~237 页中引用）似乎包括一些海外出版的中文报刊。关于补充说明 1895 年之后期刊增长情况的表格，见张静卢:《中国近代出版史料》卷一，77~97、97~103、103~110 页，卷二，276~297、297~300 页，上海:上海出版社，1953—1954。
11. Don C. Price，*Russia and the Roots of the Chinese Revolution*，*1896-1911*（Cambridge，Mass.：Harvard University Press，1974），p. 27.
12. 见本书中 James Hayes 和 Daniel L. Overmyer 的文章。
13. 引自 Britton，*Periodical*，pp. 18-19。
14. Chi-yun Chen（陈启云），"Liang Ch'i-ch'ao's 'Missionary Education'：A Case Study of Missionary Influence on the Reformers"，*Papers on China* 16：86（December 1962）.
15. Paul A. Cohen，*Between Tradition and Modernity*：*Wang T'ao and Reform in Late Ch'ing China*（Cambridge，Mass.：Harvard University Press，1974），pp. 57-61 以及其他各处。
16. Britton，*Periodical*，p. 36；Cohen，*Between Tradition*，pp. 52-55.
17. 译自曾:《新闻史》，101~102 页。

18. 同上书，104 页。

19. 同上书，106~107 页。

20. 《饮冰室文集》原卷一，新编卷一，100~103 页。

21. 《饮冰室文集》原卷二，新编卷三，29~31 页。

22. 关于这种论点，见《饮冰室文集》原卷三，新编卷六，47~57 页。

23. 《饮冰室文集》原卷四，新编卷十一，47 页。

24. 《饮冰室文集》原卷四，新编卷十一，38 页。

25. 引自赖光临：《梁启超与近代报业》，46 页，台北，商务印书馆，1968。

26. 赵效沂：《报坛浮沉四十五年》，26 页，台北，传记文学出版社，1972。

27. 包：《钏影楼》，150 页。

28. 丁文江：《梁任公先生年谱长编初稿》第 2 册，卷一，150 页，台北，世界书局，1962。

29. 对 1908 年所收到报刊成 10 倍的增长没有做出解释；可能这是由于从海外进口的出版物增加。

30. Lee-hsia Hsu Ting（丁许丽霞），*Government Control of the Press in Modern China，1900-1949*（Cambridge，Mass.：East Asian Research Center，1974），pp. 27-48.

31. 贺圣鼎：《三十五年来中国之印刷术》（1931），重印版见张：《近代出版》卷一，257~285 页。

32. 曹聚仁：《文坛五十年》（正编），32 页，香港，新文化出版社，1976。

33. 邹鲁：《回顾录》卷一，11 页，台北，独立出版社重印，1951。

34. Hu Shih，"An Autobiographical Account at Forty"，chap. Ⅳ（胡适：《四十自述》第四章），William A. Wycoff，trans.，*Chinese Studies in History* 12. 2：27 （Winter 1978-1979）.

35. 《辛亥革命回忆录》第 5 册，442、486 页，北京，中华书局，1961—1963；Mabel Lee，"Liang Ch'i-ch'ao（1873-1929）and the Literary Revolution of Late Ch'ing"，见 A. R. Davis，ed.，*Search for Identity*：

Modern Literature and the Creative Arts in Asia（Sydney：Angus and Robertson，1974），pp. 205-206。

36. 见 Nathan，“The Late Ch’ing Press”，pp. 1297-1299。关于出版和流通数字所参阅的资料见如下所列：嘉治隆一（Kaji Ryūichi），《支那に於ける新聞發達小史》，《経済資料》附录，12.3（3 月 20 日，1927）；戈：《中国报学》；大冢令三（Ōtsuka Reizō），《上海の小報に關する一考察》，《満鉄支那月誌》6.3：63-73（12 月 15 日，1929）；外務省政務局，《支那ニ於ケル新聞紙ニ関スル調査》，1913、1914 年版；曾：《新闻史》。

37. Liang Ch’i-ch’ao，*Intellectual Trends in the Ch’ing Period*（梁启超：《清代学术概论》），trans. Immanuel C.Y. Hsü（徐中约）（Cambridge，Mass.：Harvard University Press，1959），p. 102.

38. Agnes Smedley，*The Great Road*：*The Life and Times of Chu Teh*（New York：Monthley Review Press，1956），pp. 72-73.

39. 包：《钏影楼》，299~300 页。

40. Charles Frederick Hancock，“Introduction and Influence of Modern Machinery in China”，M. A. thesis，University of Texas，1926，p. 82. 感谢 Thomas Rawski 允许引用此文。

41. 张朋园：《梁启超与清季革命》，320 页，台北，“中央研究院”近代史研究所，1964。关于对 20 世纪 20 年代的类似估算，见嘉治，《支那に於ける》，43 页。

42. 不过据梁启超在 1896 年的观察，能够阅读一种以上刊物的读者不多；《饮冰室文集》原卷三，新编卷二，55 页。

43. G. William Skinner，“Regional Urbanization in Nineteenth-Century China”，in *The City in Late Imperial China*，ed. G. William Skinner（Stanford：Stanford University Press，1977），pp. 225-226. 这里将城市界定为人口数 2 000 或以上的中心地区。年龄同性别比例来自 Evelyn

S. Rawski，*Education and Popular Literacy in Ch'ing China*（Ann Arbor：University of Michigan Press，1979），p. 183。

44. Commissioner F. Hirth 报告，*Decennial Reports*，*1882-1891*（Shanghai：Inspectorate General of Customs，1893），p. 315，引自 Ying-wan Cheng（程英万），*Postal Communication in China and Its Modernization*，*1860-1896*（Cambridge，Mass.：East Asian Research Center，1970），p. 49；为符合所引史料，引文做了修正。

45. Rawski，*Education*，pp. 10-13，140-146.

46. Chung-li Chang（张仲礼），*The Chinese Gentry*：*Studies on Their Role in Nineteenth-Century Chinese Society*（Seattle：University of Washington Press，1967），pp. 10，92，97，111，165；参见上文边码页 58~59 中 David G. Johnson 的讨论。

47. Rawski，*Education*，p. 23 以及各处。

48. 我们使用以下方法得到这个数字。我们使用表 2 所给出的注册人数，以及同样资料中所包括的其他年代的数字，通过插值法计算出所缺年代的注册人数。将每一年小学注册人数除以 7，得出新入学班级的规模。我们估算班级的三分之一受到足够多的教育，能够阅读白话报纸。最后，我们将 1907—1940 年中每年达到中等文化水平的人数相加。这个统计方法因为两个原因而十分保守。其一，因为退学比例很高，所以新班级人数必定超过每年学生总数的七分之一。其二，即使退学率很高，也可以相信会有超过三分之一的小学学生在离开学校之前会设法学到足够多的文化，能够阅读白话报纸。

49. 包：《钏影楼》补卷，39 页。

50. 大冢，《上海の小報》。

51. Olga Lang，*Chinese Family and Society*（1946），reprint ed.（no.p.：Archon books，1968），p. 85.

52. 曾：《新闻史》，117、215、355 页。

53. Chu Chia-hua（朱家骅），*China's Postal and Other Communications Services*（London：Kengan Paul，Trench，Trubner，1937），pp. 192-194；亦见 Rudolf Löwenthal，"Public Communications in China before July，1937"，*The Chinese Social and Political Science Review* 12.1：56-57（April-June，1938）；曾：《新闻史》，601~621 页。

54. Löwenthal，"Public Communications"，pp. 47-48.

55. "The 1982 Census Results"，*Beijing Review* 45：20（November 8，1982）.

56. Paul James Hiniker，"The Effects of Mass Communication in Communist China：The Organization and Distribution of Exposure"（Ph.D. diss.，Massachusetts Institute of Technology，1966），pp. 162，165，205，206.

57. *Beijing Review* 47：31（November 23，1979）；新华社对外广播信息服务：*Daily Report*：*People's Republic of China*，1980 年 9 月 18 日，p. L19。

58. 东京共同通讯社英文广播，1980 年 4 月 19 日，载对外广播信息服务，*Daily Report*：*People's Republic of China*，1980 年 4 月 21 日，p. L12。

59. 收音机和扩音器：Godwin C. Chu，*Radical Change Through Communication in Mao's China*（Honolulu：University Press of Hawaii，1977），p. 31；Jack Craig，"China：Domestic and International Telecommunications，1949-1974"，in *China*：*A Reassessment of the Economy*，Joint Economic Committee of the Congress（Washington，D.C.：U.S. Government Printing Office，1975），pp. 304，307；*Beijing Review* 20：8（May 16，1983）；Alan P. L. Liu，*Communications and National Integration in Communist China*（Berkeley：University of California Press，1971），pp. 118-129。电影："Huang Chen Press Conference on Cultural Work"，北京新华社英语广

播，1979 年 9 月 27 日，载对外广播信息服务，*Daily Report*：*People's Republic of China*，1979 年 9 月 28 日，p. L18；Liu，*Communications*，pp. 157-167。

60. Craig，“ Telecommunications”，pp. 304-307；*U.S.-China Relations*：*Notes from the National Committee* 11.1-2：1-2（Spring-Summer 1981）；同前，10.1：3（Spring 1980）。

61. Wu-hsien tien（《无线电》）：北京新华社英文广播，1979 年 3 月 4 日，载 Joint Publications Research Service No. 73085，*Translations on People's Republic of China* 500：50（26 March 1979）；*Ta-chung tien-ying*：*Chinese Literature*（June 1980），p. 130；*Tien-shih chou-pao*：*Beijing Review* 10：27（9 March 1981）。

62. 《人民日报》在 1981 年 6 月报道说，在“十年动乱”的“文化大革命”期间，背离标准普通话，地方话回潮。社论《大家都来讲究语言的文明和健康》，载《人民日报》，1981-06-19。本文为“Let Every One of Us Strive to Make Our Language Refined and Healthy”，载对外广播信息服务，*Daily Report*：*People's Republic of China*，1981 年 7 月 2 日，p. K5。

63. 略。

64. 北京新华社英文广播，1981 年 3 月 12 日，见对外广播信息服务，*Daily Report*：*People's Republic of China*，1981 年 3 月 13 日，p. L16。

65. 《文汇报》1980 年 7 月 13 日第一版宣布出版杂志《故事会》。

66. 在这个时期所使用的“小说”一词仍旧包含从传统时代所继承的广泛含义，指一种杂七杂八的混合体，包括古典诗词和散文之外的所有文字作品。正如晚清小说作者所理解的那样，小说包括各种形式的通俗叙事文学——古典故事、新颖叙事、弹词，甚至于戏剧。但是在光怪陆离的形式中，连载小说崛起，成为晚清文学确切无疑的主要形式。

67. 关于对他们理论的讨论，见 C. T. Hsia（夏志清），“Yen Fu and Liang

Ch'i-chao as Advocates of New Fiction", in *Chinese Theories of Literature from Confucius to Liang ch'i-chao*, ed. Adele Rickett (Princeton: Princeton University Press, 1978), pp. 221-257。Leo Lee 在 *Cambridge History of China* (Cambridge: Cambridge University Press, 1983) 一书中他所撰的一章里简短讨论了这个主题，见 vol. 12, part Ⅰ, "Literary Trends Ⅰ: The Quest for Modernity (1895-1927)", pp. 454-457。

68. 据说梁启超劝说严复使用更通俗的语言，但是严复拒绝接受。阿英:《晚清小说的繁荣》，见张:《中国近代出版》卷一，201 页。
69. 阿英:《晚清文学丛钞：小说戏曲研究卷》，15~16 页，北京，中华书局，1960。
70. 同上书，27~31 页。
71. 同上书，46 页。
72. 同上书，49 页。
73. 同上书，59 页。
74. 同上书，152~153 页。
75. 同上书，154 页。
76. 同上书，38 页。
77. 见 Lu Hsun, *A Brief History of Chinese Fiction*（鲁迅:《中国小说史略》），chaps. 27-28，北京，外文出版社，1964；阿英:《晚清小说史》，香港，太平书局重印，1966。
78. 阿英:《晚清小说史》，174~175 页。（按：英文的梗概为阿英原文的摘译，此处根据阿英原文回译，略有删改。）
79. 引自 John Cawelti, *Mystery*, *Adventure*, *Romance* (Chicago: University of Chicago Press, 1976), pp. 9-10。
80. 阿英:《晚清文艺报刊述略》，7~8 页，上海，古典文学出版社，1958。
81. 同上书，53~89 页。关于连载小说报纸更加详细的讨论，见 Perry Link,

Madarin Ducks and Butterflies: *Popular Fiction in Early Twentieth-Century Chinese Cities*(Berkeley: University of California Press, 1981), chap. 3。

82. 阿英:《晚清文学丛钞》, 21 页。

83. Link, *Madarin Ducks and Butterflies*, p. 143.

84. Link, "Traditional-Style Popular Urban Fiction in the Teens and Twenties", in *Modern Chinese Literature in the May Fourth Era*, ed. Merle Goldman (Cambridge, Mass.: Harvard University Press, 1977), p. 345.

85. 同上书, p. 348。

86. 同上书。

87. Edward M. Gunn, *Unwelcome Muse*: *Chinese Literature in Shanghai and Peking*, *1937-1945*, (New York: Columbia University Press, 1980), p. 109.

88. 同上书, p. 113。

89. 台北远景出版公司最近重印了无名氏的全集。除了几篇报道文章, 对于这位有意思的作家, 还没有用任何语言发表的学术研究。

90. 见 Leo Ou-fan Lee, " 'Modernism' and 'Romanticism' in Taiwan Literature", in *Chinese Fiction from Taiwan*, ed. Jeannette Faurot (Bloomington: Indiana University Press, 1980), pp. 21-30.

91. 见 Lee, "Dissident Literature from the Cultural Revolution", in *Chinese Literature*: *Essays*, *Articles*, *Reviews* 1.1: 78-79 (January 1979)。

92. Link, *Madarin Ducks and Butterflies*, p. 238.

93. 曹聚仁:《文坛》(正编), 83 页。曹所说的是文学大事, 但是泛泛而言也是此理。

94. 亓冰峰:《清末革命与君宪的论争》, 145~151 页, 台北, "中央研究院"近代史研究所, 1966。

95. 见通常重印的通俗作品中演义风格的叙事: 蔡东藩:《民国通俗演义》,

全 8 册，上海，会文堂新记书局，1936。严肃历史作品的方法也相差无几，例如，陶菊隐:《北洋军阀统治时期史话》，全 7 册，北京，生活 · 读书 · 新知三联书店，1957—1959。还存在着为数众多风格类似的传记、回忆和对丑闻的揭露；很多刊登在杂志《传记文学》上。

| 第三部分 |

总结性观点

第 13 章

/ 问题与前瞻

罗友枝（Evelyn S. Rawski）

经过调查研究、长期讨论和长达数年的修正，我们这些 399
1981 年“明清大众文化中的价值体系及其交流传播”会议的参加者们有了比较清楚的认识，更为明了我们仍旧面对的问题，也更加洞悉对中国大众文化的下一阶段考察将会产生硕果的新主题。

本书中的文章首先导论性地概括帝国晚期文化的社会经济背景，以及贯穿于不同文化层次的复杂社会分层，除此之外，还关注涉及行为准则形成和传播的几个关键性领域。绝大多数作者讨论的主题介于书写文本和口头交流之间：比如说有关民间宗教的文章论述大声诵读的宝卷，不依赖经书传教的白莲教教派，以及在南方居民中流行的对天后崇拜的矛盾含意。本书中的一些文章探讨地方戏曲的组织和功用，戏曲是一个重要的文化领域，其自身的性质使书写文本无法完全甚至于完整地涵盖戏曲表演。梅维恒讨论了《圣谕》，他的研究表明，口头宣讲是传播《圣谕》的重要过程；许舒在结束对文字资料的概述时，指出仪式专家是文化中介人，他们向村民传授大文化环境中的文化规范。通过这些文章，我们得以完成重建一种通过口头和书写进行交流传播的文化。

/ 语言和含意

我们关注的是口头和书写领域之间的界限，这使我们立刻注意到语言问题。在文化传播过程中，语言至关重要；姜士彬讨论了不同方言和统一书写文字之间的差距，以及差距所造成的问
400 题；各地方言表现出地区、族群和社会区别，而共同的文字是促进文化整合的主要力量。

对中文每个方面的讨论都揭示出，存在无法简单概括的复杂性。对于中国书写文字来说，有关“什么容易读，什么难读”的问题不可能简单回答。语言学家指出，对于本国人来说，学习写白话比写文言容易；但是由于众多方言区限制了材料的流通，用白话风格撰写的材料受到局限。在欧洲，民族国家的兴起割裂了文化统一性，中国的官僚帝国中却没有出现文化分裂。正统教育课程所强调的，是培养对古典文体或是文言的阅读能力。在帝国晚期，甚至乡民也使用大众识字课本；许舒以及其他人的研究清

楚表明，这些课本用文言撰写，社会各阶层都阅读它们。文言表示地位，是受过教育的人使用的语言。至少《圣谕》的原文必须用文言撰写：皇帝不能用方言土语对臣民讲话。同样的原因，广东粤剧戏台上的官员说官话：这里重要的不是使人听懂，语言在这里标志着社会地位。外国传教士们努力用白话文本传福音时，有时因为言语粗俗而被拒绝，于是他们发现了19世纪流行的这种看法。[1]

所以当回答中文书写文体难易问题时，我们必须考虑的第二个重要因素是文化背景。对于文化程度不高的读者来说，文言小说可能比白话小说要容易读；贴在房门及其他地方的谚语格言和过年的对联都用文言。

书写文字一贯用于对知识进行整理、统一和保存；在传播信息时，口头传统更容易产生变异。在帝国晚期，受教育人口增加，这可能促进了通过书写资料进行文化传播，但是由于大部分人口仍旧目不识丁，书写同口述传统相互作用的交界点仍旧非常重要。例如，韩书瑞分析了社会、地理和经济状况如何影响白莲教的教派组织及其宗教活动，并解释了如何根据政治形势、信众的读写能力和经济地位，将书写和口述模式灵活地融为一体。高延研究了另一个白莲教教派，即福建的龙华教运动，他 401
的研究支持韩书瑞的论点。这个教门既接受文盲，也接受识字的人，为两种人规定不同的教规。[2]韩书瑞和欧大年引证了对文字材料的口头传播，在传播《圣谕》以及有时传播通俗小说时，这种情形也显而易见。

对语言和传播模式的研究十分复杂，但是寻求含意却是难上加难。我们首先遇到的是姜士彬和其他人提出的问题：当我们不知道小说和其他著作的读者身份时，我们要怎样才能通过分析文本来陈述作品的行为准则和信仰呢？第二层次的讨论引进了多重属性概念。克利福德·格尔茨（Clifford Geertz）评论说，对文化的探求即对含意或是“含意结构”的探求。[3]不论研究的对象是小说、戏剧、仪式还是行为模式，都会产生多重含意和社会意义，这虽然显而易见，却很难通过历史考察来说明。关于中国宗教，武雅士声称，“看问题的视角有多少，意义就有多少”[4]。此话也可以引申来说明世俗现象。如果一出戏的观众包括各个社会阶层，我们可以设想他们的知识和教育水平各不相同，他们对当局和现状的态度迥然相异，因此他们对这出戏赋予不同的意义。因为并不一定需要阅读书本，也可以对人群大声朗读，所以小说增加了问题的复杂性。如果“一部著作的受众”指的是所有读到和听到它的公众，那么我们必须设想不同受众的社会特点以及他们赋予特定著作或是事件的含意。我们一定不能假定，一种文化的参与者洞悉一切或是对一切都一无所知，也不能假定所有人的理解在程度和方式上彼此雷同。

作为学者，我们也可能错误地设想，文化参与者们力图理解他们见到或听到的一切。如果“理解”的意思是获得教科书式的知识，那么很多观众对众多文化事件只是一知半解。正如华德英所示，新界的人去看戏，为的是节庆的魅力和激动人心，他们对戏的情节只是略知一二，并不试着去了解所有细节。其他人去赌博，去看朋友，或是为了无数同戏本身只是略微相关的其他理由。在节庆表演的开幕式和闭幕式上有宗教演出，即使是懂得或是观看的人寥寥无几也无关紧要：所有人都知道演出是为神举办的。同样，宗教问题使人们需要这方面的行家。因为神秘莫测的知识 402 使巫师道士具有通灵的能力，不畏惧可怕的超自然力量，所以人们请他们作法。重要的是众人都认为这类巫师术士具有灵丹妙法，至于他们到底如何操纵彼世的种种现象，俗人百姓并不了然。

多重属性也体现在另一个方面。在一个理想世界中，受过教育的人可能是彻头彻尾的理性主义者，但是在现实生活中却很少如此。晚期帝国时代同所有前工业社会一样，人们认为自己的生活受变化无常的力量主宰。比如，像 18 世纪诗人袁枚这样饱读诗书的文人，虽然对其他话题往往具有真知灼见，却相信鬼神。受过教育并不一定意味着是富有创见的学者，很多人必定恪守我们所说的民间信仰。如果我们按照受教育与否来截然划分，以此区分人们的信仰体系，那么便会对具有重要探索潜力的领域视而不见。风水术操控、利用地形特征中的基本要素，这是伪科学，但不管是识字还是不识字的中国人却统统趋之若鹜。道家对得道成仙的信奉也吸引了受教育程度大不相同的人。华琛对天后的研究描述了一位折射出多重属性的神祇，因为天后既受到海盗的崇拜，也受到那些寻求打败海盗的人的崇拜，既受到有权势的大族中金榜题名者的崇拜，也受到住在他们的地界之内，臣服于地主的佃户的崇拜。天后也象征着对家乡的忠实；19 世纪官员林则徐在巡视广州途中，到福建会馆去祭拜她。[5]

/ 比较的模式

行为准则和信仰并不是孤立存在的。当我们试图分析社会成分时，晚期帝国的传统社会显得日益复杂。行为准则展现不断变化的社会经济动力，表现为野心以及对社会流动潜力的信奉；它同时也表现这种时代引起的、日益强烈的个人不安全感，于是造成恐惧和焦虑。我们对这种种表达方式颇感震惊。如果说具有“簿记心理”的善书昭示了锱铢必较的市场精神，随着经济增长这种精神正在深入更多的农村地区，那么有关所有人都是无生老母子女的千年盛世幻想是一种同样有说服力的话语，要求熟悉社会所具有的安全感，那些惴惴不安地生活在社会边缘的人渴望重
403 获这样的社会。我们对晚期帝国社会中基本历史潮流的理解，显然影响我们在中国文化中所发现的事物。

正是基于这个理由，对比较模式进行估价，并对不同的前现代文化之间的相同性和差异性进行鉴别，便显得十分重要。我们在尤金·韦伯的回答中发现，帝国晚期时的中国社会同西欧的前工业化社会，尤其同法国，在一些重要的方面十分不同。这一评估促使我们重新进行思考，考虑是否能用欧洲模式分析中国大众文化，并确定中国舞台上值得进一步强调和研究的种种因素。

同法国相比，中国在帝制晚期所经历的文化整合程度要高很多。这部分是由于在中国，读写能力在各个社会群体中都远为普及。法国的大众文化基本上不具备读写手段。正如韦伯本人所述，直到法语在19世纪晚期渗透到各个方言区中，统一的民族

文化才完全形成。与此相反，正如许舒在他的文章中所示，中国的文盲们居住在重视读写能力的文化中，这种文化以各种方式影响他们的生活。在法国农村大部分人口中，阶级结构在一定程度上造成文盲的长期存在，皮埃尔 - 雅克兹 · 埃利亚斯（Pierre-Jakez Hélias）叙述了自己在布列塔尼度过的童年，颇有说服力地描绘了这种现象；在这个地区，学习法语是向上攀升的手段，使他同布列塔尼文化分离。与此相反，强调才智而非出身的中国制度产生了一个不同的社会，其中有功名的精英们很可能经历衰败的命运，他们的子孙必须通过科举考试，否则便会失去社会地位。虽然大部分金榜题名的士子来自文人世家，但由于科举制度左右个人命运，于是人们普遍相信社会流动的可能性，这极大影响了家族所采取的策略。其他不同之处还包括：在近代初期的法国，城镇同乡村的分裂远比在明末清初的中国深刻；支离破碎的贸易网络、各地方言的长期延续以及按阶级划分的语言加剧了这种分裂，欠发达的法国前近代交通也有利于分裂。尤其是 14—17 世纪，同中国统一的官僚国家相比，在克服有利于地方主义的众多因素时，法国政治制度要远为逊色。[6]

正如施坚雅在其他著作中所评论的，中国也同很多人类学家 404
所研究的西班牙征服前的中美洲农民社会极不相同。通过地方制度分析，施坚雅考察了晚期帝国社会中，使城市传统和农业传统相对整合的潜在机制。中国文化是地理和社会高度流动的产物，但是也受到精英对家乡依附性的制约。在和平繁荣时期（时间周期中的“开放”阶段），中国农民“接触到不同习俗、异邦观念以及外来规范”。有关大传统和小传统的雷德菲尔德模式(Redfield model) 并不适用于中国环境。中国地方文化可能经历过以抵御外部力量为标志的内省时期，但这是闭锁阶段中的暂时性间歇期，一般发生在朝代衰落时期。[7]

因此，中国同法国和中美洲的前现代社会极不相同。中国大众文化的历史必须考虑这些结构性差异，探索诸如国家在文化事务中的作用，以及精英对当地文化的影响这类领域。欧洲模式虽然不能为我们提供解决困境的现成答案，却可以提供线索，指出那些研究中国的学者也应该探讨的问题。我们在讨论将来的研究主题时，会考虑这些问题。

/ 文化的整合与分化

中华帝国晚期的主要进程之一是文化整合，这个主题引起了几个问题。研究现代中国的历史学家们会认为这个主题同他们的工作相互矛盾，因为他们将城乡差别视为 20 世纪的重要特点，反映出不同的态度、可得到的权力，以及对西化文化的参与，在上海和一些大城市中，西化的文化发展起来。我们对明清时代的详尽考察表明，城乡差别是 19 世纪晚期和 20 世纪初叶的产物，此时中国社会开始采纳新的教育模式和新的行为准则。城乡差距一直延续到 20 世纪 80 年代，讽刺性地颠覆了有关现代化缩小而不是加剧城乡差别的预期，这种现象对当代文化的影响成为饶有兴味的主题，有待于继续研究。

文化的整合和分化是高度抽象的词语，我们在讨论过程中对它们进行了十分细致入微的考察。我们所说的文化整合主要不是“同一性”现象，涂尔干将这种现象界定为早期的、相对简单社会的“机械团结”（mechanical solidarity）的特点；我们所说的是伴随经济发展而出现的新式团结；由于市场发展使更多人离开故 405
乡，逗留在中国的大城市中，所以在晚明和清初，同乡意识蓬勃兴起，以阶级为基础的新式团结也开始出现。经济机会也激发了家族意识：清代，遭受战乱摧残的经济在 17 世纪后期得到复苏，于是宗族组织相应增加，宗族组织发展起来也是因为当地团体争夺农村统治权需要组织工具。清朝初年广泛存在农村移民，他们扰乱了既定的社会秩序，不同群体为争夺水源和土地权而发生冲突，族群和亚族群意识因此而发展起来。在岭南、云贵和长江中游地区，当地居民的起义同东南沿海以及岭南地区的村社械斗交杂错综，成为 18 世纪中期经济扩展造成暴力剧增的例证。[8]

分化和互相依附构成背景，衬托着城镇和村庄之间加强的交流，形成更为一致的文化规范。在晚期帝国时代，所有中国人都接受有关家庭的正统文化模式，因此分享共同的社会语汇。虽然在北部和西北部从未存在南方那样精心构造的宗族形式，但整个帝国都知晓宗族组织模式；虽然有些族群实行诸如童养媳这类不同习俗，但他们也认可主要的婚姻形式。四川的商人、湖北的农民和北京的高官都接受这类行为准则，认为家族至高无上，认同家族力图兴旺发达并永世长存的动力。

如果说中国专家们同意，有关家庭的观念在中国放之四海而皆准，那么对其他文化领域之间所存在的共性的调查则发现了明显的差异，这在本书的文章中清晰可见。我们对宗教象征主义的分析揭示了不同之处。《妙法莲华经》同由经文引申而来，但是经过长期适应过程的箴言之间有何共同之处？华德英提出，我们比较容易识别那些由不同社会阶层所广泛分享的思想和信仰；而华琛则认为，像宗教象征这类象征性结构，必定是对不同的人意味着不同之物，所以在重要意义上，人们完全不分享这些象征。当我们对中国行为准则和思想意识的研究日益深入透彻，我们便可以预期会遇到富于挑战的复杂性，我们必须据此来推敲琢磨关于中国文化核心内容的概念。

406 还需要对文化整合过程本身进行认真分析。以上我们提到潜在的社会经济变化，它们影响帝国晚期文化的形成。尽管抚养儿童的方式对于儿童的社会化具有显而易见的重要性，但这类题目还完全是空白。如果我们像菲力浦·阿利埃斯（Philippe Ariès）那样，撰写一部中国版的《儿童的世纪》（*Centuries of Childhood*），应该如何概括中国人的童年概念呢？[9] 我们会认为儿童抚养规范中的哪些变化是重要的呢？是否同欧洲的个案一样，我们会发现在中国根本不存在青春期呢？是否只有婚姻才标志成年的开始，或者对于男性来说，加冠礼也很重要呢？至少在教育领域内，我们可以指出不同的发展趋势，自从17世纪后期，欧洲发展了按阶级划分的学校制度；而中国仍持续统一的课程，在理论上所有能够入学的人学习同样的东西。

这是我们将来需要研究的问题。在本书中我们关注两类自觉致力于文化整合的主要力量：官府和文人。梅维恒的文章强调指出，朝廷在缔造和传播正统文化中发挥重要作用，当朝廷直接干预地方事务的权力逐渐削弱，文化的影响与日俱增。韩书瑞对非法的白莲教异端进行了分析，或许她的研究最充分地见证了官府计划的成功；这个教派将洪武皇帝的《六谕》融入经文咒语，由那些目不识丁的八卦教门徒们吟诵。白莲教在东南沿海的支脉龙华派同样将朝廷和佛教行为准则融为一体，公示于众。[10]

汉学著作探讨国家所进行的文化控制，它们引证科举制度的重要性，说明这是对文人进行意识形态灌输，赢得其效忠的重要手段；它们还引证满洲皇帝做出妥协，顺应汉人对儒学国君的期望，行事治国；它们也引证这些皇帝在同中国内陆边缘的蒙古人和藏族人打交道时，如何巧妙地利用喇嘛教象征安排对外事务。作为佛教庇护者，清朝历代皇帝重修了中国一些最著名的寺院、庙宇和朝拜圣地，同时对寺庙庙宇进行监管，并规定圣职受任。朝廷推行祭天的国教，并力图通过将当地祭拜纳入官方寺庙体系，来驯服桀骜不驯的地方祭拜。[11]

精英们散居四方，依恋故土，于是他们为传播文化出力；但 407
是他们在故乡并不一定助长朝廷利益。华琛有关天后祭拜的文章指出，雄踞一方的大族可以利用官方祭拜加强自己在乡村的势力。自从 17 世纪以来，文人中就存在一种厌倦官府、厌倦官宦生涯肮脏现实的传统。对此贝琳在对《三教开迷归正演义》的研究中加以描述。文人们在思想上背离了传统的科举入仕之途，与此同时发生的是对儒学信奉的强烈复兴，艺术的繁荣昌盛，现在很多文人士子热衷艺术。由于对朝廷所支持的正统新儒学的合法性产生了深切怀疑，清代主要的校勘考据学派应运而生，儒学活动的私人化也是这个学派始料未及的后果。作为当地的掌权者和中国思想传统的继承者，18 世纪的文人们发现，自己同朝廷的关系以紧张和暧昧不明为特征。[12]

华琛和梅维恒的文章说明了另外一个问题，即一方面，精英同国家之间互施援手，努力促进文化规范，另一方面，动力也来自其他社会群体。在朝廷接受天后这位女神并推动对她的崇拜之前，一开始这毕竟只是一种民间信仰。就《圣谕》而言，一位日本学者提出，朝廷有意在对农村的宣讲中加入某些宗教仪式，以便使宣讲《圣谕》具有超自然色彩。[13] 官吏、君主和一般百姓必定分享一种根深蒂固的信仰，相信场地位置的功效，因为直到 20 世纪 80 年代，北京年长的男人们仍旧站在连接天坛和地坛的南北中轴线上锻炼身体，以便得到从这里涌出的力。精英和国家都努力宣传维持文化规范，他们之所以能够成功，在一定程度上是由于他们顺应和兼容不同传统。文化影响肯定是一种双向进程。

华琛和梅维恒的文章提出了另一个极为重要的问题：朝廷到底试图控制什么呢？萧公权和其他人的著作宣称，中国官府力图强制推行对意识形态的控制，以及对思想和行为准则的掌控。[14]
408 与此不同，华琛坚持认为，朝廷只是力图规范行为，并不在意信仰。当我们考察梅维恒的研究中所讨论的《圣谕》各条时，我们发现诸条都关注正当的行为举止，而不是信仰。是否这意味着中国官府对思想控制不感兴趣呢?

官吏和文人们撰写书籍，将在民众中传播教育视为美德，他们公开将行为准则同改变道德的行为连在一起。“当一个男童懂得何为正直，他便能够改变他家里的长者，改变街坊邻居。”灌输正确的行为准则导致正确的行动。这是根据王阳明新儒学思想中知行合一的概念：正因如此，教育是社会控制的有力工具。但是当我们面对清代《圣谕》中对行为的大力强调时，我们必须问这样一个问题：如果行为正确，是否意味着成功灌输了正当的行为准则呢？答案似乎应该是肯定的。孟旦对中国人关于人的概念进行分析，引用自古以来对榜样的信奉。中国人认为，对于教授态度或是行为来说，最行之有效的办法是树立一个人们可以效仿的榜样。这里我们同华琛的观点类似，强调外在的行动；但是我们将榜样视为“行动的原则”。如果正确的思想导致正确的行为，那么反之也言之成理。[15]

/ 宗教与戏曲

通过对帝国晚期文化的考察，我们加强了对两个关键领域内重要工作的认识。第一个是宗教。尽管现代学术否定中国传统社会的世俗性，鉴于同基思·托马斯为欧洲列举的类似理由，宗教主宰着中国人的生活：变化无常的生活加上无法用科学理性的方式控制未来，促使人们乞援于超自然。杰克·波特尔（Jack

Potter）注意到，神祇的操纵完全无损于工作伦理，人们仍旧卖力工作，但是感觉单凭努力工作无法带来好运。有鉴于此，必须求助神明的庇护。[16]

中国人的宗教同生活的方方面面瓜葛重重。宗教是国家建立的基础，朝廷祭祀以及其他国家礼仪肯定了皇帝同宇宙秩序之间
409 的关系。围绕对行业神的崇拜，行会被组织起来，宗族的崇拜则围绕一个重要的祖先，城镇祭拜城隍，村庄有自己的土地庙。宗教是安排事务日程的基础：重要的节庆是宗教性节日。

因为官僚政府长期统治中国，民间宗教无疑打上了它的印记。乡民眼中的彼世是对此世的折射，在灵界的官僚政体中，最低一级是灶神，他主宰每家每户的灶膛。灶神把每家发生的事情报告给他的上司，即主管一方的土地，然后一级一级向上禀报。对神明所做的祷告是书面写就的奏折，很自然，神明的答复也采用朝廷敕令的形式。彼世的生活同此世一样：中国人过年时贿赂灶神，以便他上天言好事；中国人烧纸钱以便逝者在阴间诸事顺遂，死者用这些钱买通管事，后者改动他们的功过簿，或许还减轻对他们的惩戒。武雅士评论说，“乡民可以想象出的最高权力无非是朝廷官僚集团留给他的印象”，关于国家对民众意识的影响，他的结论是，“由于按照自己的形象缔造了一个宗教”，中国的国家“看来是有史以来最强大的政权之一”[17]。

即使在受到国家支持时，宗教也一贯具有潜在的颠覆性。在另一方面，即使当朝廷把教派定为邪教时，中国宗教也很少（或许从未）完全同社会规范背道而驰。欧大年和韩书瑞的研究指出，

正统和邪教异端之间的区分并不是人们有时设想的那样截然分明。据欧大年分析，晚明宝卷的文本公开表达传统行为准则，但是含蓄表达不同的见解：宝卷中包含双重行为准则，即儒学和佛教，后者为异端提供支持。韩书瑞表示，白莲教各派会众及其活动也揭示出他们同正统民间宗教团体之间存在复杂但是并不对立的关系。正如欧大年在另外的著作中指出的，教门团体对正统宗教无法满足的需要做出回应；它们提供修持得道的保障，传播伦理规范和宗教戒律，表达对新的社会政治制度的希望、对个人价值的确认以及在社会中向上流动的机会，并且提高妇女的地位。[18] 教派会门是晚期帝国社会的永久特征。虽然它们被称为邪教，但我们却不应忽略，教门信徒们遵守多数人的伦理规范；此外，思想意识的各种互动跨越正统和异端的界限。

欧大年所研究的宗教文本涉及强大的异端潜流。虽然独身同 410
主流文化的家族观念相矛盾，但信奉正统佛教的善男信女们还是接受独身生活。[19]《刘香宝卷》这类文本的重点却超出对独身倾向的一般表达，致力于女性立场。宝卷的女主角是一个强大的宗教领袖，她摆脱了社会规范的束缚。故事绘声绘色地详尽描述了怀孕的痛苦、生产时所遭受的苦痛，以及经血和生育的污秽。这使我们记起华琛所观察到的，即有些人将女神天后视为一个永志独身的女人，宁愿自杀也不愿嫁人。关于婚姻和生儿育女的这些看法，显然同男性主宰的文化规范南辕北辙；这表明，通过研究民间宗教文本和宗教团体，我们可以加深对妇女文化的了解。

华琛研究了关于大神的创造，这是另一个将来可能会结出硕果的领域。比如说关公（关羽、关帝）这个帝国晚期最流行的神祇，他是个显而易见的研究对象。关公是取材于历史的神明，由于明代小说《三国演义》而家喻户晓，作为忠诚的化身而出现在数不胜数的折子戏中。商人们将战神关羽变成财神，将他视为发财和在商业交易中诚信的象征：山西和陕西的商人们将关羽像立在他们遍布国内主要市场的会馆中。朝廷批准了对关羽的崇拜，但是反对朝廷的秘密会社也拜关帝。[20] 这类崇拜如何流传？它们同社会结构如何发生关联？在对崇拜的宣传中，小说、戏曲和宗教在何等程度上相互作用？

人类学家深入研究礼仪，但是这个领域却被历史学家所忽略。礼仪自下而上地渗透到中国人的生活中。一个人生命历程中的每个阶段，都会在关键的节点举行适当的仪式，其中最重要的是出生、嫁娶和死亡。自从商代以来，死亡和有关死亡的仪式就
411 出现在史料记载中，并因对祖先的祭拜而得到强化。对死亡的祭拜以及与之相关的仪式在历史上如何发展？是否中国人的丧葬仪式根据不同地区、族群或是阶级划分而发生系统性变化？通过仔细分析中国人的死亡方式，历史学家能够大大加深对中国社会的理解。[21]

对于理解晚期帝国文化来说，戏曲是另一个极为重要的手段；戏曲远比小说重要，因为社会上各色人等，不论目不识丁者还是有文化的人都要看戏。中国戏曲的起源同宗教休戚相关，这种关联持续到近现代。正如华德英所提醒我们的，戏曲并不仅仅或者主要依赖文本：戏曲是表演，我们必须身历其境观察，才能

领会戏曲在大众文化中的作用。[22]

田仲一成和华德英的文章主题是人所表演的戏曲，这当然只是中国戏曲表演传统的一部分。在富裕人家女眷们生活的内庭中，上演的可能常常是费用较廉的傀儡戏，傀儡戏也在街头上演。这种戏曲形式确实可能更为古老，通过对这两种戏曲所存剧目和文本进行比较研究，我们从中会受益匪浅。[23]

对于戏曲表演所传达的文化信息，我们显然需要了解更多。正如田仲所示，我们需要研究地方戏，研究主要地方戏曲形式从一个地区向另一地区的历史运动，研究民众对著名戏曲和主要角色的看法。艾伯华关于卦签的著作支持华德英的观察，即一般百姓对戏曲和其中情节所知甚多。在什么时候这类知识变得如此广为流传呢？我们必须考虑这种非官方媒介的影响，因为官府曾在不同时期压制演出。什么人决定上演的剧目？依田仲之见，地主和士绅决定上演哪些剧目，但是他也指出，其他并不适合精英类型的戏曲也广为人知。华德英不赞成田仲的论点，她不认为戏曲主要按阶级划分。她也指出，对于那些不识字的人，看戏相当于读教科书，戏曲是他们汲取中国文化历史知识的源泉。在多大程度上 412
戏曲支持正统观念，在什么地方戏曲背离正统行为准则呢？[24]

宗教、戏曲，甚至于小说，都传播价值观，这些价值观有时支持教育课程所表达的价值观，有时同它们背道而驰。为了发现并且比较对中心问题的看法，我们必须观察涉及两三种文化媒介的共同主题。它们讨论了什么关键问题？这些问题同生活条件以及物质环境有何关系？所提出的是什么样的榜样？如何识别对正统的偏离？如何对偏离进行处理？根据对祭拜、戏曲、小说和识字课本的内容的分析，对中国人的心灵“爆发点”我们能了解什么？

通过对大量不同流派的作品所表现的主题进行研究，比如说有关白娘子或是岳飞的故事，我们可以探讨这些问题。乔治·海登（George Hayden）对包公的研究指出，一个历史人物，就此而言一个11世纪的官员，如何变成口述文学中的英雄，上升为超自然神殿中的（现世报应法庭的）判官，此后又发展成公案戏中的主角。海登声称，包公戏是关于正义的，这个原则将人间世界与天堂阴间融为一体。包公这位杰出的断案英雄既是俗世的官吏，也是天庭的代理。于是公案戏中既存在宗教主题、俗世娱乐，也不乏对共同哲学参照体系的信守。[25]

/ 其他研究题目

许舒的文章引入了关于仪式专家的主题，仪式专家显然是传播文化规范的重要力量。他所描述的专家分成两类，第一类是那些掌握俗界百姓们所不具备的知识的专门家，他们通过提供服务赚取收入；第二类是非正式的专家，他们的经验或是才能使之能够对其他村民提供帮助。风水师、郎中、讼师、代书先生、佛僧道士和巫师属于第一类，他们一般居住在村落以上的中心地区，服务于一个相当大的地理范围。业余专家们一般住在村里。这两类人的教育水平往往不同，从而影响社会对他们的认可程度。我们需要对这两类仪式专家和他们运作的空间环境进行更多研究。

413 妇女文化和妇女在文化传播中的作用是另外一些值得研究的主题。妇女文化在某些主要方面有异于中国多数人的文化，反映出在一个以男性世系为主的社会中，妇女占据的边缘地位。妇女不是完整的人：在家谱中她们只被记载为妻子和母亲；在有些地区，女人死后只在家内香案上受人供奉。中国南方丧葬仪式上的性别分工反映了女人低下的地位。女人们处理被玷污的危险尸体，人们认为它们代表阴性或是女性因素；为男性祖先的尸骨（阳性因素）举行仪式完全是男人们的事。[26]

女人在婚前以及守寡以后理所当然应该持贞守节，但是20世纪初，对台湾汉族人口的调查数据表明，寡妇中生育私生子的现象非常常见，远超儒学规范带给人们的预期。我们应该记得，在清代汇编的《刑案汇览》中，记载的最大量的案件类型就包括丈夫杀死妻子的情夫。对明清时代这类主题的研究虽然不多，但也提供了有关性过失的可怕细节：一个年轻的新娘被她婆婆的情夫先奸后杀，她的娘家还被买通，对此装聋作哑；19世纪时一个江西的寡妇吴氏，为了避免丑闻而嫁给情夫，然后将自己的儿子赶出家族的田庄；侄子同叔叔的妻子通奸，族人将奸夫淫妇双双杀死。此外，还有那些以自杀作为最后复仇手段的女人，她们结束自己的性命以报复专横跋扈的婆婆和丈夫。[27] 似乎有充分的证据证明，存在着一个充满情欲和暴力的世界，它同和谐的儒家家庭模式十分不同。

正如在所有社会中一样，妇女也是重要的文化传承者。根据中国的姓氏外婚原则而确立的新娘地位决定了这一情形。和儿子不同，女儿在婚后几乎总是离开娘家。在单姓村庄比比皆是的东南沿海和岭南地区，必须在外村寻找新娘。如果关于婚姻的现代
414 习俗也适用于帝制晚期，新娘家的社会经济地位一般低于她们所嫁进的夫家。所以婚姻总是涉及地方文化间的差异。

作为母亲和祖母，妇女承担抚养孩子的主要责任。这不仅由于家务劳动的分工，也是家庭动力所致；在孩子过了六七岁之后，父亲对于儿子来说成了一个并不陪伴身边的权威角色。妻子在家中所感受的孤独感，遂强化了母子纽带。正如卢蕙馨（Margery Wolf）指出的，中国女人并不将家庭视为男性世系，而是看成自己和母亲所创造的母性世界。所以女人并不完全忠实于以男性为中心的家族利益。[28] 中国制度如何确保男性的社会化不被女人们所颠覆呢？不仅作为母亲，而且作为富裕人家的保姆、佣人，女人抚养孩子长大成人。她们如何影响孩子的所见所闻呢？

欧洲社会史也为我们提出了继续探索的重要课题。年鉴派学者们表明，物质文化提供了开启历史社会和人类心态的钥匙。在很大程度上，汉学家们还未能对有关生活物质特点的现存资料进行综合，所以我们关于帝制晚期物质文化的知识中，存在很多空白。

村庄看起来是什么样子？村庄在空间上如何布局？我们知道，当代各个地区中的村落模式各不相同，是否这些变化与时俱进？是否住宅建筑为我们提供了有助于社会史研究的认识？我们

知道中国的公共建筑——宫殿、官府衙门和礼仪场所——都仔细规划，表达出对灵界和俗世关系的见解，展示出很多象征性和命理学特征。对住宅建筑的考察表明其间也存在潜在规划，通过工艺传统加以传达，重点在强调空间布局。房屋中最大最重要的房间通常也最高，是房屋的中心，里面安置着拜祖敬神的香案。这里也是接待宾客的客堂，是敞亮（明）的房间，同隔开的“暗”睡房正好相反。中国房屋一般有围墙环绕，把房屋同外部世界分隔开来。生活围绕中心庭院进行安排，这里也接待非正式访客。房屋的空间布局将公共场所和私人空间逐渐分开，便于接待亲疏不同的客人，也为女眷不被外客打扰提供方便。住宅建筑同中国 415
家族制度的联系一目了然。[29]

那么家具和食物又如何呢？ 从服饰中我们可以了解什么？重要的不是使用的纺织品（虽然每个因素都有其社会含意），而是颜色、设计和穿着场合的象征意义。我们知道在清朝，满人将他们的民族服饰强加于汉人官吏，所以辫子和吉服都是视觉形象，提醒着满洲的征服。我们猜测关于发式和服饰存在精细分类的词汇，提供关于年龄、种族、职业或是地位的信息，但是我们还没有对这些资料进行深入分析，尚未将物质文化因素同社会生活的更广泛模式联系起来，比如说工作和闲暇模式，季节和年度变换，以及在生命周期中所举行的仪式。

此外，还存在族群因素。明清时代，汉人同南部和西南部的少数民族，同国内、中亚穆斯林，以及蒙古人和藏族人有广泛联系。如果不了解居住在中国西北部地区的众多少数民族，这个地区的历史便不完整。17、18 世纪，中国穆斯林在汉化之后便成为一个单独的族群，他们穿汉人服饰，使用汉人姓名和言语，因此同中亚绿洲的穆斯林兄弟们截然有别，不过因为信奉自己的宗教而且不吃猪肉，他们也与汉人不同。正如施坚雅所指出的，对环境的回应可以有意强化（或是弱化）族群标志。清代初期众多的经济机会引起激烈竞争，这往往发生在族群和亚族群之间；比如当客家人扩大自己的领地或迁入新区时，不论这发生在他们的传统山间居住地，还是在富饶的珠江三角洲，他们都挑战了占统治地位的本地族群，于是在东南沿海和岭南一带，客家人和其他当地居民之间的冲突加剧。由于与众不同的语言和习俗，客家人意识到自己置身于怀有敌意的环境，这种意识表现为他们独特的多层房屋建筑，他们为集体安全而住在里面。[30]

旅行是文化交流的另一种重要手段。我们这些生活在 20 世纪的人对明代和清初的旅行家们倍感惊异，他们长途跋涉，像徐
416 霞客那样每日记载自己的旅程，留下游记，但是徐霞客的经历似乎并不格外与众不同。[31] 由于官员们从一地调往另一地任职，因此他们常常旅行，而且旅途遥远；商贩们走自己固定的路线，同样，在大运河上做工的苦力和水手们，以及沿着河流和海洋用帆船经商送货的人也走固定的航线。不论是自愿当兵还是被拉夫，士兵们同那些逃荒和躲避战乱的农民们一样，走出了自己市场区的例行范围。农民们也季节性地从一个农业区迁到另一个，工人们从乡村迁移到城市，也在城市之间流动。信徒们到寺院庙宇去向高僧道士学法求道，跋山涉水去拜访教派会门，或是蜂拥到圣

地朝拜进香。当我们追溯这种流动的地理格局并识别不同的流动类型，我们便能够将这个因素更好地纳入我们有关刺激文化扩散机制的理解。

/ 原始资料和各种材料

以上所述提出了相当雄心勃勃的工作日程，等待研究者着手进行。我们如何着手？我们使用什么样的工具？“大众文化”这个题目之下包容众多极为广泛的主题，需要进行跨学科合作，兼容并包多种研究手段和分析方法。

我们在20世纪的中国社会中进行田野工作，人类学家会敦促历史学家使用田野工作所储存的知识，为往往支离破碎的历史资料提供补充。这种建议很有益处，只要我们能够成功地避免与之相依相伴的危险：在没有证据的情形下，不能假定目前的条件流行于以前的时代；也不能假定，在香港和台湾地区对当地文化的观察可以用来概括其他地区或是整个中国。当代研究通过直接观察得到历史学家无法再现却可以学习的丰富细节。这些研究有助于我们识别社会组织或是文化形式中的关键之点，以便通过历史记录加以考察，它们也提供了同早期现象进行比较的模式。

看来历史学家必须向人类学家学习，着手利用当代分析作为寻求历史事实的出发点。而对于人类学家来说，他们可以阅读相关的历史文本，将对特定村庄的研究同中国悠久的文化传统联系

起来，使自己的历史意识变得更加敏锐，将自己的眼界拓宽到观察整个社会，将村庄视为社会的一部分。由于哲学家和文学家不
417 仅考察杰作，也考察平庸一点的作品，由于他们分析那些已经同文化融为一体、不再被人质疑的思想，他们有助于拓宽我们的理解。研究大众文化对我们所有人提出了挑战，让我们在研究取向上更加跨学科。

对于研究中华帝国晚期的大众文化，存在丰富的第一手资料。台湾和北京的明清档案馆里保存着大量的政府档案，对于我们所探讨的这类题目，相关的史料还没有进行广泛细致的梳理。其他由较低级官府衙门所颁布的文献汇编散布在中国各地。[32]文人写作的大量杂文（笔记）中含有与地方习俗有关的资料；不计其数的地方志中也包含这类材料。还有用方言土语所写的文学作品集、民间诗歌集、成语集，也有当代搜集的民族志、民俗、碑刻以及口述史，这些材料可以补充其他类型的记录。我们还有历书、技术手册、导游书、合同契约，以及一个讲求文化的民族所产生的各种其他类型的书写材料：博物馆所藏的绘画告诉人们有关服饰风格、园林设计、室内装饰以及都市规划的大量知识。关于明代和清代，仍有纪念碑、建筑物、工具、服饰和其他人工制品留存。由于可以找到丰富的材料，当社会史家们评估将来的研究机会时，他们所面对的问题是消化不良，而不是无米下锅。

最后，为了具备长远的历史观照，我们必须及时回顾与前瞻。我们如果不加深自己目前对宋元社会动力的理解，就无法充分评价明代发展的重要性。很多学者现在认为，中国的宗族组织

在宋代就达到了我们在帝制晚期所见到的形态。城市化、印刷业和戏剧都根源于宋元时代。

正如李欧梵和黎安友所指出的，在 19 世纪晚期和 20 世纪初叶，同传统形式极为不同的群众文化崛起了。当代群众媒介和它们所创造的文化同年代远为久远的文化遗迹共存。当我们跨越划分帝国晚期和近现代的学科藩篱，我们便能够加深自己对中国文化发展中的长期变化的理解。我们必须根据 20 世纪和当下的发展来调查研究大众文化中的变化和延续。

注释

1. Charles Hartwell，“Remarks on the Early Distribution and Preparation of Christian Literature”，in *Ninth Annual Report and Catalogue of the N. Fuhkien Tract Society for the Year ending Dec. 31，1901*（Foochow：Anglo-Chinese Methodist Book Concern，1902），pp. 7-13；*Chinese Recorder* 25：329-336（1894）.
2. J. J. de Groot，*Sectarianism and Religious Persecution in China*（Amsterdam：Johannes Müller，1903），vol. 1，pp. 197-241.
3. Clifford Geertz，“Thick Description：Toward an Interpretive Theory of Culture”，in Clifford Geertz，*The Interpretation of Cultures*（New York：Basic Books，1973），p. 9.
4. Arthur Wolf，“Gods，Ghosts，and Ancestors”，in *Religion and Ritual in Chinese Society*，ed. Arthur Wolf（Stanford：Stanford University Press，1974），p. 131.

5. Arthur Waley，*Yuan Mei*：*Eighteenth Century Chinese Poet*（Stanford：Stanford University Press，1970），chap. 5；Maurice Freedman，*Chinese Lineage and Society*：*Fukien and Kwangtung*（New York：Humanities Press，1966），chap. 5；关于道教，见 Wei-ming Tu（杜维明），*Neo-Confucian Thought in Action*：*Wang Yang-ming's Youth*（*1472-1509*）（Berkeley：University of California Press，1976），pp. 42-54；关于"非常遵守虔诚习俗"的林则徐，见 Arthur Waley，*The Opium War Through Chinese Eyes*（Stanford：Stanford University Press，1968），pp. 20，40。
6. Eugen Weber，*Peasants into Frenchmen*：*The Modernization of Rural France*，*1870-1914*（Stanford：Stanford University Press，1976）；Pierre-Jakez Hélias，*The Horse of Pride*：*Life in a Breton Village*，trans. and abridged by June Guicharnaud（New Haven：Yale University Press，1978）；Natalie Z. Davis，"Printing and the People"，in her *Society and Culture in Early Modern France*（Stanford：Stanford University Press，1975），pp. 189-226.
7. G. William Skinner，"Chinese Peasants and the Closed Community：An Open and Shut Case"，*Comparative Studies in Society and History* 13.3：270-281（1971）.
8. G. William Skinner，"Urban Social Structure in Ch'ing China"，in *The City in Late Imperial China*，ed. G. William Skinner（Stanford：Stanford University Press，1977），pp. 540-545；刘永成：《论清代雇佣劳动》，载《历史研究》，1962（4）：104-128；Rubie Watson，"The Creation of a Chinese Lineage：the Teng of Ha Tsuen，1669-1751"，*Modern Asian Studies* 16.1：69-100（1982）；Harold Wiens，*China's March Toward the Tropics*（Hamden：Shoe String Press，1954），chaps. 6，8；Harry Lamley，"Hsieh-tou，the Pathology of Violence in Southeast China"，*Ch'ing-shih wen-t'i*（《清史问题》），3.7：1-39（1977）。

9. Philippe Ariès，*Centuries of Childhood*：*A Social History of Family Life*，trans. Robert Baldick（New York：Vintage，1962）.

10. de Groot，*Sectarianism and Religious Persecution*，vol. Ⅰ，pp. 197-241.

11. Harold L. Kahn，*Monarchy in the Emperor's Eyes*：*Image and Reality in the Ch'ien-lung Reign*（Cambridge，Mass.：Harvard University Press，1971），chap. 1；David M. Farquhar，"Emperor as Bodhisattva in the Governance of the Ch'ing Empire"，*Harvard Journal of Asiatic Studies* 38. 1：5-34（1978）；Arthur Stanley，"Putoshan：A Draught at the Well-springs of Chinese Buddhist Art"，*Journal of the North China Branch of the Royal Asiatic Society*，46：1-18（1915）；Kenneth Ch'en（陈观胜），*Buddhism in China*，*A Historical Survey*（Princeton：Princeton University Press，1964），chap. 16；C. K. Yang（杨庆堃），*Religion in Chinese Society*（Berkeley：University of California Press，1967），chaps. 7，8.

12. Willard Peterson，*Bitter Gourd*：*Fang I-chih and the Impetus for Intellectual Change*（New Haven：Yale University Press，1979）；Robert E. Hegel，*The Novel in Seventeenth-Century* China（New York：Columbia University Press，1981）；Benjamin Elman，*In Search of Evidence*：*The Lower Yangtze Academic Community in Late Imperial China*，手稿，未注明日期。

13. 大村興道，《明末清初の宣講図式について》（東京学芸大学），第2部門人文科学紀要，20：193-203（1979）。

14. Kung-chuan Hsiao（萧公权），*Rural China*：*Imperial Control in the Nineteenth Century*（Seattle：University of Washington Press，1960），chap. 6；Chung-li Chang（张仲礼），*The Chinese Gentry*：*Studies on Their Role in Nineteenth-Century Chinese Society*（Seattle：University of Washington Press，1955），pp. 197-202.

15. Evelyn S. Rawski，*Education and Popular Literacy in Ch'ing China*（Ann

Arbor：University of Michigan Press，1979），pp. 34-35；关于中国观点的概念基础，见 Donald J. Munro，*The Concept of Man in Contemporary China*（Ann Arbor：University of Michigan Press，1977），pp. 26-37，93-97，135-138。

16. Keith Thomas，*Religion and the Decline of Magic*（New York：Scribner's，1971），chaps. 1-2；Jack M. Potter，"Wind，Water，Bones and Souls：The Religious World of the Cantonese Peasants"，*Journal of Oriental Studies* 8：139-153（1970）.

17. Wolf，"Gods，Ghosts，and Ancestors"，pp. 142，145.

18. Daniel L. Overmyer，"Alternatives：Popular Religious Sects in Chinese Society"，*Modern China* 7.2：153-190（1981）.

19. 见 Chu-hung，*Record of Self-Knowledge*（袾宏：《自知录》），items 118，167-171，in Chün-fang Yü（于君方），*The Renewal of Buddhism in China：Chu-hung and the Late Ming Synthesis*（New York：Columbia University Press，1981），pp. 250，252-253；Holmes Welch，*The Practice of Chinese Buddhism，1900-1950*（Cambridge，Mass.：Harvard University Press，1967），pp. 116-119，357，365-366。在佛教刚刚传入中国时，独身是个问题，这成为妙善公主传说的首要主题，公主拒绝父亲成婚的安排，因此失去性命，并最终使父亲得救：见 Glen Dudbridge，*The Legend of Misao-shan*（London：Ithaca Press，1978）。据 Dudbridge 说，这个传说起源于宋代河南的一个寺院，那里成为人们朝拜观音娘娘的中心。

20. C. K. Yang，*Religion in Chinese Society*，pp. 159-161；何炳棣：《中国会馆史论》，68~69 页，台北，学生书局，1966。

21. James L. Watson，"Of Flesh and Bones：The Management of Death Pollution in Cantonese Society"，in *Death and the Regeneration of Life*，eds. Maurice Bloch and Jonathan Parry（Cambridge：Cambridge University

Press, 1982), pp. 155-186.

22. Barbara E. Ward, "Readers and Audiences: An Exploration of the Spread of Traditional Chinese Culture", in *Text and Context: The Social Anthropology of Tradition*, ed. Ravindra K. Jain (Philadelphia: Institute for the Study of Human Issues, 1977), pp. 181-203; Ravindra Jain, "Not Merely Players: Drama, Art and Ritual in Traditional China", The Jane Ellen Harrison Memorial Lecture delivered at Newnham College, Cambridge, February 11, 1978.

23. William Dolby, "The Origins of Chinese Puppetry", *Bulletin, School of Oriental and African Studies* 41.1: 97-120 (1978); Kristofer M. Schipper: "The Divine Jester: Some Remarks on the Gods of the Chinese Marionette Theater", 载《"中央研究院"民族学研究所集刊》, 1966 (21): 81-96; Alan L. Kagan, "Cantonese Puppet Theater: An Operatic Tradition and Its Role in the Chinese Religious Belief System", Ph.D. diss., Music, Indiana University, 1978。

24. Wolfram Eberhard, "Oracle and Theater in China", in his *Studies in Chinese Folklore and Related Essays* (Bloominton: Indiana University Press, 1970), pp. 191-199.

25. George A. Hayden, *Crime and Punishment in Medieval Chinese Drama: Three Judge Pao Plays* (Cambridge, Mass.: Council on East Asian Studies, 1978).

26. James L. Watson, "Of Flesh and Bones", pp. 178-180.

27. Richard E. Barrett, "Short-term Trends in Bastardy in Taiwan", *Journal of Family History* 5.3: 293-312 (1980); Derk Bodde and Clarence Morris, eds., *Law in Imperial China* (Philadelphia: University of Pennsylvania Press, 1973), pp. 162-164; 庄司荘一 (Shōji Tadashi),《帰有光逸事——張女事件をめぐって》,《中国文史哲学論集》, 1979:

793-818；Alan R. Sweeten，“Women and Law in Rural China：Vignettes from ‘Sectarian Cases’（Chiao-an） in Kiangsi，1872-1878”，*Ch'ing-shih wen-t'i* 3.10：49-68（1978）；Margery Wolf，“Women and Suicide in China”，in *Women in Chinese Society*，eds. Margery Wolf and Roxane Witke（Stanford：Stanford University Press，1975），pp. 111-141.

28. Margery Wolf，*Women and the Family in Rural Taiwan*（Stanford University Press，1972），chap. 3，以及她所著“Child Training and the Chinese Family”，in *Family and Kinship in Chinese Society*，ed. Maurice Freedman（Stanford：Stanford University Press，1970），pp. 37-62。

29. 刘敦祯：《中国住宅概说》，北京，建筑工程出版社，1957；Nelson I. Wu（吴讷孙），*Chinese and Indian Architecture：The City of Man，The Mountain of God，and the Realm of the Immortals*（New York：George Braziller，1963），chap. 3；Andrew Boyd，*Chinese Architecture and Town Planning，1500 B.C.—A.D. 1911*（London：Alec Tiranti，1962），chap. 3。

30. Myron Cohen，“The Hakka or Guest People：Dialect as a Sociocultural Variable in Southeast China”，*Ethnohistory* 15.3：237-292（1968）；刘敦祯：《中国住宅概说》，44、47~50、113~114、121~126页。

31. *The Travel Diaries of Hsu Hsia-k'o*（《徐霞客游记》），trans. Li Chi（李祁）（Hong Kong：Chinese University of Hong Kong，1974）.

32. *Ming and Qing Historical Studies in the People's Republic of China*，ed. Frederic Wakeman，Jr.（Berkeley：Center for Chinese Studies，1980），pp. 45-60，63-72；Beatrice S. Bartlett，“An Archival Revival：The Qing Central Government Archives in Peking Today”，*Ch'ing-shih wen-t'i* 4.6：81-110（1981）.

撰稿人*

贝琳（Judith A. Berling）：印第安纳大学布鲁明顿分校宗教研究系副教授，美国，印第安纳州，布鲁明顿，47405。

许舒（James Hayes）：香港行政级别公务员，香港大学亚洲研究中心名誉研究员，中国，香港。

何谷理（Robert E. Hegel）：圣路易斯华盛顿大学中文日文系副教授，美国，密苏里州，圣路易斯，63130。

姜士彬（David G. Johnson）：加州大学伯克利分校历史系副教授，美国，加利福尼亚州，伯克利，94720。

李欧梵（Leo Ou-fan Lee）：芝加哥大学远东语言文明系教授，美国，伊利诺伊州，芝加哥，60637。

梅维恒（Victor H. Mair）：宾夕法尼亚大学东方研究系副教授、美国，宾夕法尼亚州，费城，19104。

黎安友（Andrew J. Nathan）：哥伦比亚大学政治学系教授、东亚研究所成员，美国，纽约州，纽约，10027。

韩书瑞（Susan Naquin）：宾夕法尼亚大学历史系副教授，美国，宾夕法尼亚州，费城，19104。

---

* 按：撰稿人信息是此书在 20 世纪 80 年代出版时所提供，中译本保持原貌。

欧大年（Daniel L. Overmyer）：不列颠哥伦比亚大学亚洲研究系教授，加拿大，不列颠哥伦比亚省，温哥华，V6T 1W5。

罗友枝（Evelyn S. Rawski）：匹兹堡大学历史系教授，美国，宾夕法尼亚州，匹兹堡，15260。

田仲一成（Tanaka Issei）：东京大学东方文化研究所教授，日本，东京。

华德英（Barbara E. Ward）：剑桥大学钮纳姆学院研究员，香港中文大学人类学系准教授。

华琛（James L. Watson）：匹兹堡大学人类学系教授，美国，宾夕法尼亚州，匹兹堡，15260。

词汇表—索引

书院 Academies，5，22。亦见学校 *See also* Schools
农业 Agriculture，x，4，6，26，78，362
阿英 Ah Ying，383，385，386
历书 Almanacs：出版 publication of，22，23，28，65；描述 description of，78，82-83，和巫术 and magic，106注；官方 official，98 注
美国 America，303，404。亦见西方 *See also* West，the
阿弥陀佛 Amitābha，224-225，226，233，235，238，243，248，249
《圣谕广训》*Amplified Instructions on the Sacred Edict*。见 *Sheng-yü kuang-hsun*
暗 an [dark]，414
祖先崇拜 Ancestor worship：和族谱 and genealogies，79，80；礼仪 ritual for，100，410，413；和戏曲 and drama，145-146；和罗教 and Lo sect，236；和白莲教派 and White Lotus sects，261，289 注，290；和地方神明 and local gods，311；和宗族 and lineages，409
《本馆附印说部缘起》（严复和夏曾佑）"Announcing Our Policy to Publish a Fiction Supplement" (Yen Fu and Hsia Tseng-yu)，379
庵堂 an-t'ang [halls of retreat]，262
《鳌头杂字》（曾楚卿）*Au t'ou tsa tzu* (Tseng Ch'u-ch'ing)，149
建筑 Architecture，见建筑物 *See* Buildings
菲力浦・阿利埃斯 Ariès，Philippe，406
欧达伟 Arkush，R. David，57
占星术 Astrology。见占卜 *See* Divination
艾维四 Atwell，William，4
受众 Audiences：妇女 Women as，xv，65，86，113，177，374，381；实际 actual，34-35，114；反映在文本中 reflected in texts，40，41，112-142；设想的 intended，42，113；和社会地位 and social status，43，

动 and lay movements，216，222，223；和宝卷 and *pao-chüan*，219，220，221，224-229，241，243-250，409；禅宗 Ch'an，224，225，231，236；净土宗 Pure Land，224，225，226，236，238；和罗教 and Lo sect，230-238，263；和儒学 and Confucianism，242，253；和白莲教派 and White Lotus sects，255，226 260-262，273，274，277，290，406；和官府 and government，288，406；和天后 and T'ien Hou，298；和《圣谕》 and *Sacred Edict*，328，330，331，334，344注，348，349。亦见佛僧；*See also under* Monks；僧侣Priests；经文 Sutras

建筑物 Buildings，x，xvi，103-104，107-108，414-415

官僚政治 Bureaucracy，268，299，409。亦见科举考试制度 *See also* Examination system；官府 Government

丧葬习俗 Burial practices。见葬礼 *See* Funerals

伯克·彼得 Burke，Peter，39

蝴蝶派小说 Butterfly fiction。见“鸳鸯蝴蝶”派小说 *see* “Mandarin Duck and Butterfly” school of fiction

广州 Canton：和岭南 and Lingnan，10；出版业publishing in，24，25，27，83，85，89；戏曲 drama in，146，147，165注，175；天后 T'ien Hou in，302；教育 education in，314；《圣谕》宣讲 *Sacred Edict* lectures in，355；报刊 newspapers in，362，368，369

《广东清吏司朝报》 *Canton Court Circular*，354

广东话 Cantonese，97，163注，171，180，341-342。亦见粤剧*See also* Opera，Cantonese

粤剧艺术家联合会 Cantonese Opera Artists Association，165注

审查制度 Censorship，48，162，227-228，229，288，394

中心地等级结构 Central place hierarchy，5，9

《儿童的世纪》 *Centuries of Childhood*（菲力浦·阿利埃斯Philippe Ariès)，406

典礼仪式 Ceremony。见礼仪 *See* Ritual

斋堂 chai-t'ang [halls for purification]，262

茶马司 ch'a-ma-ssu [tea and horse administrator]，327
忏书 ch'an [penance] texts，264注，267
张仲礼 Chang，Chung-li，54，59，350，373
张心沧 Chang，H. C.，70
张爱玲 Chang Ai-ling (Eileen Chang)，390
张志公 Chang Chih-kung，30
张居正 Chang Chü-cheng，327
张飞 Chang Fei，148注，184
章衣萍 Chang I-p'ing，389
张女娲 Chang Nü-kua，237，240
张保仔 Chang Pao-tzu，322
张伯行 Chang Po-hsing，336
账簿子 chang-pu-tzu [account book]，209
唱导 ch'ang-tao[lectures for laymen]，326注
张载 Chang Tsai，331
张资平 Chang Tzu-p'ing，389
张英 Chang Ying，8
说唱文学或讲唱文学 Chantefable literature (shuo-ch'ang wen-hsueh or chiang-ch'ang wen-hsueh)，113，114，123，124注，125，130注，139。亦见单独作品题目 *See also names of individual works*
咒语 Chants (chou-yü)，275-277，278，279，282，285。亦见咒语真言 *See also* Sutras
兆 chao，祖师 Patriarch，264
潮州 Ch'ao Chou，103注。亦见潮州戏 *See also* Opera，Ch'ao Chou
赵五娘 Chao Wu-niang，153，155
廉价读物 Chapbooks，65，125
符箓 Charms，96-98，106注，210，238，280，282。亦见巫术 *see also* Magic
《察世俗每月统计传》 *Ch'a-shih-su mei-yueh t'ung-chi-ch'uan*，365
这 che[a] [this]，328，349
者 che[b] (虚词nominalizer)，328
这个钱粮最是要紧的 Chei-ke ch'ien-liang tsui shih yao-chin-te [This tax revenue is most important]，339
真 chen [true]，285
镇 chen [local city]，146
真主 chen-chu [True ruler]，120
《枕中记》 *Chen chung chi*，160
正 cheng [upright]，198注，285
正教 cheng-chiao [orthodox way]，201
郑和 Cheng Ho，303，304
《正信除疑无修证自在宝卷》 *Cheng-*

hsin ch'u-i wu hsiu cheng tzu-tsai pao-chüan [The precious book concerning (the truth) which is self-existent, needing neither cultivation nor realization, which rectifies belief and dispels doubt], 232, 236
称呼 ch'eng hu [correct forms of address], 101
城隍庙 ch'eng-huang miao, 352
程汝璞 Ch'eng Ju-p'u, 329
郑连昌 Cheng Lien-ch'ang, 322
正末 cheng-mo [男性主角central male role], 118
郑德辉 Cheng Te-hui, 118
程天放 Ch'eng Tien-fang, 89
程咬金 Ch'eng Yao-chin, 118, 119, 120, 123, 124, 129, 132, 134
成语 ch'eng-yü[set phrases], 57, 417
陈耕伯 Ch'en Keng-po, 384
真空 chen-k'ung [true emptiness], 240
真空家乡无生父母 chen-k'ung chia-hsiang wu-sheng fu-mu [Eternal Progenitor in our real home in the realm of true emptiness], 238, 276, 277
陈妙常 Ch'en Miao-ch'ang, 148
陈秉直 Ch'en Ping-chih, 329, 330
《真宗妙义归空集》*Chen-tsung miao-i kuei-k'ung chi* [The returning to emptiness collection of the excellent purport of the true school], 223
真武 Chen-wu, 238
极 chi [focal point of order], 239
起ch'i [raised], 311
气 ch'i [breath], 233
其 ch'i (代词pronoun), 349
甲 chia [stem], 276
家乡 chia-hsiang [native place], 237
"家礼" *chia-li* [handbooks of family practices], 81, 86
讲 chiang [lecture], 340
讲唱文学 chiang-ch'ang wen-hsueh。见说唱文学 *See* Chantefable literature
讲解《圣谕广训》 Chiang-chieh *Sheng-yü kuang-hsun* (Discussion and explanation of the Amplified Instructions on the "*Sacred Edict*"), 338
蒋建元 Chiang Chien-yuan, 229
《江湖尺牍分韵撮要合集》 *Chiang-hu ch'ih-tu fen-yun ts'o-yao ho-chi*, 86
蒋梦麟 Chiang, Monlin, 93
蒋世隆 Chiang Shih-lung, 151
讲与你们听者 chiang yü ni-men t'ing-che [lecturing for you to hear], 330
教 chiao [teaching, sect], 255注

经 ching。见经书 *See* Scriptures
顷ch'ing [100 mou]，203
《荆钗记》*Ching-chai chi*，150，151
景州 Ching-chou（河北 Hopei），193
经卷 ching-chüan [sectarian scripture]，257注
清朝 Ch'ing dynasty。见官府*See* Government；满洲统治者 Manchu Rulers
称呼 Ch'ing foo。见ch'eng hu
蒸汽 ching hei [steam or essence]，311
清史 Ch'ing history。见 Ch'ing-shih
京戏 ching-hsi。见 Opera，Peking
《清议报》*Ch'ing-i pao*，366-367，379
青帮 Ch'ing-pang [Green gang]，286注
《京报》*Ching Pao* [Peking gazette]，362，364
清史 Ch'ing-shih [Ch'ing history]，337
经堂 ching-t'ang [scripture halls]，262
青阳派 Ch'ing-yang sect，280
《经筵进讲》*Ching-yen chin-chiang* [Lectures presented by the interpreter of the classics]，327
金溪县 Chin-his county（江西 Kiangsi），25
秦雪梅 Ch'in Hsueh-mei，151
金花夫人 Chin-hua，Lady，92注
金一锄 Chin I-ch'u，208-210
《金刚经》*Chin-kang ching* [Diamond sutra]，223，225，232，266
《金刚经科仪宝卷》*Chin-kang ching k'o-i pao-chüan* [The precious volume amplifying the *Diamond Sutra*]，223，225-227，230，231，233
金陵 Chin-ling（江苏 Kiangsu），193
《金瓶梅》*Chin P'ing Mei* [Golden lotus]，183，189
《金不换宝卷》*Chin Pu-huan pao-chüan*，244
进士功名 chin-shih degree，28，53，190，212
秦瘦鸥 Ch'in Shou-ou，390
秦叔宝 Ch'in Shu-pao，118-120，124，127-128，132，134，135，137
《金貂记》*Chin-tiao chi*，148
《钦定古今图书集成》*Ch'in-ting ku-chin t'u-shu chi-ch'eng* [Imperial encyclopedia]。见通书大全 *See under* Encyclopedias
《金丸记》*Chin-wan chi*，152
祭祀 chi-suu [worship]，278
积德 chi-te [accumulated merit]，209。亦见德行*See also* Merit
吉佐 Chi Tso，203
邱琼山 Ch'iu Ch'iung-shan，91

钟化民 Chung Hua-min，327，328
崇德 Ch’ung-te（浙江 Chekiang），193
中天 chung-t’ien [Middle Heaven]，280
《中外纪闻》*Chung-wai chi-wen*，364
《中外新报》*Chung-wai hsin pao*，362
《中庸直解》*Chung-yung chih-chieh* [Direct explanation of the Doctrine of the Mean]，326
君子 chün-tzu [perfect man]，31，214
朱柏庐 Chu Pai-lu，80，83
《曲品》*Ch’ü p’in* [Classification of drama]（吕天成 Lü T’ien-ch’eng），147
居士 chü-shih [lay Buddhist]，231
处士 ch’u-shih [gentlemen]，64，194
朱德 Chu Teh，371
瞿同祖 Ch’ü，T’ung-tsu，54，194注，349注
朱婉贞 Chu Wan-chen，384
祝英台 Chu Ying-t’ai，36，150
屈原 Ch’ü Yuan，46
朱用纯 Chu Yung-ch’un。见朱柏庐 Chu Pai-lu
城市 Cities：社会结构 social structure of，53；文化 culture of，57，193-194，360；读写能力 literacy in，63-64；教派 sects in，71，257，258，260，269，274；文字资料 written materials in，103-106；和戏曲 and drama，146；神祇 gods of，301，409；宣讲制度 lecture system in，335，352，353，355；报刊 newspapers in，362，368-370，373；人口 population of，372；通俗小说 popular fiction in，383-384，389；西方化 Westernized，404。亦见都市化 *See also* Urbanization；城乡对立 Urban-rural dichotomy
阶级 Class。见社会阶层 *See* Social stratification
四个等级 Classes，the four，344注
古典小说 Classical fiction。见 ku-tien hsiao-shuo
女圣经（按：即《女孝经》）Classic of Female Sages。见 Nü-sheng ching
四书五经 Classics，the，79，84-85，192，198，217，259，350。亦见各部单独作品的名称 *See also names of individual works*
《曲品》*Classification of Drama*。见 *Ch’ü p’in*
《三现身包龙图断冤》“Clerk’s Lady，The”（张心沧 H. C. Chang），70
《六谕集解》*Collected Explanations of*

the Hortatory Edict of Six Maxims。见 *Liu-yü chi chieh*
《圣谕广训集证》*Collected Verifications of the Amplified Instructions on the Sacred Edict*. 见*Sheng-yü kuang-hsun chi-cheng*
商业化 Commercialization：农业 of agriculture，4，5，7，9，10；和读写能力 and literacy，28；和行为准则 and values，31，32，402；小说 of fiction，382-392。亦见贸易 *See also* Trade
传播 Communication，34-72；行为准则 of values，x，xi，31-32；体系 systems of，xiii，361-362；城乡 urban-rural，7，174，405；和文化 and culture，76，400-401；和宗教 and religion，258-259，260，279，294；和《圣谕》and *Sacred Edict*，357，359；控制 control of，360，377-378，395；和媒介 and media，362，392；和通俗小说 and popular fiction，382；和流动性 and mobility，415-416
共产主义 Communism，291，389
《上谕合律乡约全书》*Complete Book of the Village Lectures on the Imperial Edict in Combination with the Laws*。见*Shang-yü ho lü hsiang-yueh ch'üan-shu*
《圆觉经》 *Complete Enlightenment*, *Sutra of*。见*Yuan-chueh ching*
《资治通鉴》*Comprehensive Mirror for Aid in Governing*。见*Tzu-chih t'ung-chien*
儒学 Confucianism：文学 in literature，13，141，142，191；和佛教 and Buddhism，14，236，242，253；和出版 and publishing，22，23；行为准则values of 29，31，60，214注，365，413；和《圣谕》 *and Sacred Edict*，32，325，326，330，344注，351，354-355；和大众文化 and popular culture，46，109；和三一教 and the Three Teachings，196，199，200；在教派经文中in sectarian texts，219，220，221，230，235，241，409；和白莲教派 and White Lotus sects，274，277，280注，289；和民间宗教 and popular religion，298；和文人 and literati，407。亦见新儒学 *See also* Neo-Confucianism
意识 Consciousness。见心态 *See* Mentality

契约 Contracts：和经济增长 and economic growth，6，8，193；和读写能力 and literacy，12；类型 forms for，23，79，86-87；家内 within family，215；灵界 spiritual，268，270；作为原始资料 as sources，417
徭役 Corvée。见劳动 *See under* Labor
《基度山伯爵》*Count of Monte Cristo*，*The*，392
联语/对联 Couplets，79，83-84，101；和诗 and poetry，89；庙宇中 on temples，103；新年时 at New Year's，105，106，400；和戏曲and drama，149；咒语 for chants，279，280。亦见诗词 *See also* Poetry
"文化大革命" Cultural Revolution，391，392，395

舞蹈 Dance，159，172，173
阿曼多·达·希尔瓦 Da Silva，Armando M.，322
约翰·弗兰西斯·戴维斯爵士 Davis，John Francis，107
队克勋 Day，Clarence，23
死亡 Death，97，297，413。亦见葬礼 *See also* Funerals
高延de Groot，J. J. M.，236，400
弗洛伦斯·德·鲁佛 de Roover，Florence E.，19
《破邪详辩》*Detailed Disputation against Heterodoxy*，见*P'o hsieh hsiang-pien*
方言 Dialects：与传播 and communication，35-36，45，362，399-400；和文化 and culture，44，56-57，67，292；和白话文学 and vernacular literature，112，113；和戏曲 and drama，130，155；在普及 in popularizations，334，340，341，342；和村约宣讲 and village lectures，350，351；在中华人民共和国 in People's Republic，378注；在法国 in France，403。亦见各种方言名称 *See also names of individual dialects*
戴玛瑙 Diamond，Norma，316
《金刚经》*Diamond sutra*。见*Chin-kang ching*
《圣谕广训直解》*Direct Explanation of the Amplified Instructions on the Sacred Edict*。见 *Sheng-yü kuang-hsün chih-chieh*
《中庸直解》*Direct Explanation of the Doctrine of the Mean*。见*Chung-yung chih-chieh*

《圣谕合律直解》*Direct Explanation of the Sacred Edict in Combination with the Laws*。见*Sheng-yü ho lü chih-chieh*

《讲解圣谕广训》*Discussion and Explanation of the Amplified Instructions on the Sacred Edict*。见*Chiang-chieh Sheng-yü kuang-hsun*

文化多样性 Diversity，cultural，xi，33，111，259，399-400，404-408。亦见文化整合 *See also* Integration，cultural

占卜 Divination：术士practitioners of，60，92，98-100，109；书籍 books of，90注；小说中 in fiction，123，124；和民间宗教 and popular religion，219，221，223；和戏曲 and drama，411

杜为廉 Dolby，William，168，169，171，172，186

统治结构 Dominance，structure of，xiii，41，45-72，313-315。亦见社会分层 *See also* Social stratification

卢公明 Doolittle，Reverend Justus，106，303

林仰山 Drake，F. S.，111

戏曲 Drama，399；书写形式 in written form，ix，22，25注；地区 regional，xiv，57，130，143-160；和宗教 and religion，xvi，162-163，165-166，172，174-176，185，408-412；和精英阶层 and elites，13，194；和价值观 and values，33，107；和文学 and literature，65，129，131，133-142，379注；普及化 popularity of，90注；登广告 advertisements for，104；观众audiences for，113，114，117-118，401；近现代modern，390；起源origins of，417。亦见戏曲 *See also* Opera；个别形式和剧目名称 *names of individual forms and plays*

《红楼梦》*Dream of the Red Chamber*。见*Hung lou meng*

杜德桥 Dudbridge，Glen，224，245

埃米尔·涂尔干 Durkheim，Émile，294，316，404

戴闻达 Duyvendak，J. J. L.，297

东山庙 Eastern Mountain Temple。见Tung Shan Miao

艾伯华 Eberhard，Wolfram，88，298，411

经济 Economy：增长 growth of，x，3-

11；和印刷业 and publishing，21；和行为准则 and values，28，31，402；和社会变化 and social change，33，378，404-405；和读写能力 and literacy，70；荃湾 of Tsuen Wan，78；长江下游地区 of Lower Yangtze region，193；新安 of Hsin-an，304-306，309

教育 Education：扩展 expansion of，x，xiii，3，11-16，28，29，207；和出版 and publishing，21，22，23；和社会地位 and social status，31，57-58，314，403，406，412；和道德 and morality，31，32，48，217，365，408，412；和对社会群体的界定 and definition of social groups，56-67；地区差别 regional differences in，70；和戏曲 and drama，152，182；和宗教 and religion，198-201，402；管理 management of，212-213；和文化整合 and cultural integration，292，400；和《圣谕》and *Sacred Edict*，326，332；少数民族 of minorities，333，350-351；和报刊 and newspapers，365，366，374，375；政治 political，379；和通俗小说 and popular fiction，387，388。亦见科举制度 *See also* Examination system；读写能力 Literacy；识字课本 Primers

艾奇勒 Eichler，F. R.，355

伊丽莎白·爱森斯坦 Eisenstein，Elizabeth，20

《圣谕广训衍》*Elaboration of the Amplified Instructions on the Sacred Edict*。见 *Sheng-yü kuang-hsun yen*

《六谕衍义》*Elaboration of the Hortatory Edict of Six Maxims*。见 *Liu-yü yen-i*

精英阶层 Elites：过分强调 overemphasis on，ix；文化 culture of x，xi，57-58，67-68，72，292-293，294；和经济变化 and economic change，3，9，10，28；分层 stratification among，7-8，57-61，194注，403；行为准则 values of，12-13，35-36，47-48，60-61，214，351，407；所作的通俗文学 popular literature by，15，42-44，114，126，192，327-349，356-357；和出版 and publishing，20，21，22，24，27；和大众文化 and popular culture，63-64，71-72，97，98注，99-100，109，404，406；文学 literature for，113，

法名 fa-ming [religious name]，261
繁昌县 Fan-ch'ang county（安徽 An-hwei），330
方以智 Fang I-chih，9
方荣升 Fang Jung-sheng，265
范鋐 Fan Hung，328，336注
凡例 fan-li [general principles]，191，330
反特故事fan-t'e [spy] tales，391，392
花炮会 fa p'aau ooi。见hua p'ao hui
命运 Fate，93，131，141，209。亦见天堂 *See also* Heaven；因果报应 Karma
科大卫Faure，David，64，66
吕西安·费弗尔 Febvre，Lucien，18，19，20
妃 fei [皇妃 Imperial Concubine]，299
费穆 Fei Mu，390
费用 Fei Yung [Spendthrift]，195
分家 fen-chia [divide the family]，206
风情 feng-ch'ing [love]，148，150
冯伉 Feng K'ang，331
冯梦龙 Feng Meng-lung，25
《封神演义》*Feng-shen yen-i* [Investiture of the gods]，90，127
风水 feng-shui。见Geomancy
风水先生 feng-shui hsien-sheng，94注
节庆 Festivals：和戏曲 and drama，145，147，149；和戏剧 and opera，162-168，172，174，175，176-182，184-185，409；和精英阶层 and elites，194；为天后 for T'ien Hou，300，312，313，315，320；和价值体系 and values，316-322。亦见个别节庆的名称 *See also names of individual festivals*
小说/杜撰文学 Fiction：读者 audiences for，27，401；和行为准则 and values，29，33，412；历史 historical，119-142，189注，380，394，410；和戏曲 and opera，172，182；和意识形态 and ideology，378-392。亦见文学 *See also* Literature；小说 Novels；宝卷 pao-chüan；各类和个别作品名称 *names of individual types and works*
孝悌 Filial piety：识字课本中 in primers，29；《圣谕》中 in *Sacred Edict*，32，325，327，349；“二十四孝”“Twenty-four Examples of”，83，149注；戏曲中 in drama，152，167；戏剧中 in opera，179，184；小说中 in fiction，206；佛教中 in Buddhism，224，253；在教门文献中 in sectarian literature，242，244，

249，250，251，252，276，277；和基督教 and Christianity，290；孝经 classic of，326-327。亦见忠孝 *See also* chung hsiao
民间故事 Folk tales，57，183，291，354。亦见传说 *See also* Legends；口头传统 Oral tradition；故事讲述者 Storytellers
福州 Foochow，303，369
《隋史遗文》*Forgotten Tales of the Sui*。见 *Sui shih i-wen*
罗伯特・福臣 Fortune，Robert，175
算命 Fortune telling。见占卜 Divination
佛山 Fo-shan（广东 Kwangtung），18，25，27，83，108，146，165注
阿诺德・福斯特夫人 Foster，Mrs. Arnold，96
四书 *Four Books, The*。见 *Ssu shu*
狐精 Fox spirit。见 yao
法国 France，292，403。亦见西方 *See also* West，the
诺思洛普・弗莱 Frye，Northrop，47
扶乩（降笔）文书 fu-chi [spirit writing] text，14，221，230，253，258，265
福尔摩斯 Fu-erh-mo-ssu (Sherlock Holmes)，386
伏羲 Fu-hsi。见李伏羲 *See* Li Fu-hsi
傅饶 Fu Jao，203
福建 Fukien：经济 economy of，4，6；和清朝征服 and Ch'ing conquest，10，306；文化culture of，15，24，26，27，44，193，304；戏曲 opera of，163注；和天后 and T'ien Hou，293，295，299，301，303，323。亦见个别地方的名称 *See also names of individual places*
丧葬 Funerals：礼仪 rituals at，81，101，145，264，267-268；和风水 and geomancy，93，94；和门派 and sects，270，272，273，274，280，410-411。亦见死亡 *See also* Death
福田庵 Fu-t'ien an，246

儿女英雄传 *Gallant Maid，The*。见 *Erh-nü ying-hsiung chuan*
西德尼・甘博 Gamble，Sydney，41
戏耍 Games，90注，107
四人帮 Gang of Four，394
地方志 Gazetteers，6，26，309，317，352注，417
克利福德・格尔茨 Geertz，Clifford，401
族谱 Genealogies，24，76注，78，79-81，283

士绅 Gentry，53-54，95，194注，370，373。亦见精英阶层*See also* Elites；文人 Literati

《地理三字经》*Geographical Santzu ching*。见 *Ti-li san tzu ching*

风水 Geomancy (feng-shui)，319，402，407；仪式专家 specialists in，14，39，60，92，93-96，109

翟理斯 Giles，Herbert A.，357

《圣谕广训衍说》*Glosses for the Amplified Instructions on the Sacred Edict*。见 *Sheng-yü kuang-hsun yen-shuo*

神明/神祇 Gods：当地 local，36，46注，96注，310-311，315，409；节庆 festivals for，143-144，149，165-166，176，177注，184-185，401；客家人 Hakka，179；关系 relations with；211，212，281，284，408；在教派经文中 in sectarian texts，221，228，237-241 各处，243；白莲教 White Lotus，233，258，261，262，275，289，290；佛教徒 Buddhist，234；国家认可 state-approved，293，301，309，323，352-353，410；选择choice of，307-308。亦见宗教 *See also* religion；神灵 Spirits；个别神明名称 *names of individual gods*

彼得·戈拉斯Golas，Peter，53

《金锁记》“Golden Cangue，The”，390

《金瓶梅》*Golden Lotus*，*The*。见*Chin p'ing mei*

皮埃尔·古贝尔 Goubert，Pierre，51，52

朝廷/官府 Government：和天后 and T'ien Hou，xv，295，299-304，308-309，317，323；和经济 and economy，5-6；和文人 and literati，13，407；和出版 and publishing，20，22，24-25，26，83；和道德 and morality，31-32，80，365；正祀 cults approved by，46，293-294，322-324，410；同百姓的传播 and communication with people，75，105，361，362；和巫术 and magic，97-98；在小说中 in fiction，140-142，194，195，205，210，211，215，216；和戏剧 and drama，146，147，148-149，411；和戏曲 and opera，162，165，186；和教派经文 and sectarian texts，227，264，265，280；和白莲教派 and White Lotus sects，255，257，259，260，

Three Teachings，216；在罗教中 in the Lo sect，235，237；在白莲教派中in White Lotus sects，239，266-267，275-278各处，280，290；和天后 and T'ien Hou，297；崇拜 cult of，406
天地会 Heaven and Earth Society。见T'ien ti hui
霸权 Hegemony，47，49，50，313-315
黑幕小说 hei-mu[“black curtain”] novels，383，387
戏台官话 hei t'oi koon wa [stage Mandarin]，167注
皮埃尔-雅克兹·埃利亚斯 Hélias，Pierre-Jakez，403
《恒产琐言》*Heng-ch'an so-yen* [Remarks on real estate]，8
《恨海》*Hen Hai* [Sea of sorrow]（吴沃尧 Wu Wo-yao），384
邪教/异端 Heterodoxy：和官府/朝廷 and government，232，351，409；白莲教 White Lotus，237，241，259，266注，278，288-290；《圣谕》*Sacred Edict* on，328，330，331，332，334，343-344，346，348。亦见审查制度 *See also* Censorship；正统 Orthodoxy；教派 Sects
香油钱 heung yao ts'in [incense and oil money]，176
李修善 Hill，David，97注
保罗·西尼克尔 Hiniker，Paul，376
历史 History：出版 publication of，26；读者 audience for，27；正史 standard，120，133-136，138-141；非官方 informal，127，138，139；和戏曲 and opera，172，182，183；和教育 and education，217。亦见小说 *See also* Fiction；个别作品名称 *names of individual works*
何 ho[什么 what]，328
何璟 Ho Ching，346
《何仙姑宝卷》*Ho Hsien-ku pao-chüan*，243
开光神子 hoi kwong shan tsź。见K'ai-kuang shen-tzu
福建方言 Hokkien dialect，163注，178注，179，180，181，303注
福佬方言 Hoklo dialect，97。亦见福佬戏 *See also* Opera Hoklo
香港 Hong Kong：和传统社会 and traditional society，x-xi，416；印刷 printing in，27；仪式专家specialists in，75-111；戏曲 opera in，161-187；天后 T'ien Hou in，302，304-

秀才 hsiu-ts'ai，54注，55，64，194。亦见生员功名 *See also* sheng-yuan degree
西王母 Hsi Wang Mu [Queen Mother of the West]，123，124注
《西游记》*Hsi-yu chi* [Journey to the west]，90，127，148注，183，189
宣传 hsuan-ch'uan [propaganda]，343
宣传工具 hsuan-ch'uan kung-chü [instruments of propaganda]，395
宣卷 hsuan-chüan [preaching and distribution of pao-chüan]，228，230
玄门 hsuan-men [dark gate]，276
玄奘 Hsuan-tsang，232
薛仁贵 Hsueh Jen-kuei，148注，149
许衡 Hsu Heng，326
徐霞客 Hsu Hsia-k'o，416
熏 hsun [to incense]，379
《循环鉴》*Hsun huan chien*，91
《循环日报》*Hsun-huan jih-pao*，362
巡丁 hsun ting (self defense corps)，315
许三礼 Hsu San-li，329注
徐世勣 Hsu Shih-chi（徐茂功 Hsu Mao-kung），118，119，120，130，135，136
许湾 Hsu-wan（江西 Kiangsi），18，25
乎 hu [疑问副词interrogative]，349
《怀胎宝卷》*Huai-t'ai pao-chüan* [Pregnancy pao-chüan]，252
还珠楼主 Huan-chu Lou-chu，390
《皇极金丹九莲正信皈真还乡宝卷》*Huang-chi chin-tan chiu-lien cheng-hsin kuei-chen huan-hsiang pao-chüan* [Precious book of the golden elixir and nine lotuses of the imperial ultimate (which leads to) rectifying belief，taking refuge in the real and returning to the native place]，238，256注，266-267，271，272，275，283
黄氏 Huang family（出版商 publishers），22
黄摩西 (Huang Mo-hsi)，382，387
《黄袍记》*Huang pao chi*，151
黄丕烈 Huang P'ei-lieh，22，25
黄天道 Huang T'ien-tao，256注
黄佐临 Huang Tso-lin，390
黄遵宪 Huang Tsun-hsien，368
黄育楩 Huang Yü-p'ien，239，263注，266注，346
《还带记》*Huan-tai chi*，152
花炮会 hua p'ao hui [flower cannon societies]，177注，312，313，318
话本 hua-pen [short stories]，见故事 *See under* Stories

for daily use]。见通书大全 *See under* Encyclopedias
景苏 Jing Su，52
庄士敦 Johnston，R. F.，339注
焦大卫 Jordan，David，316
新闻Journalism，xvi，361-378，385-386，392，393，394，395
《西游记》*Journey to the West*。见*Hsi-yu chi*
《儒林外史》*Ju-lin wai-shih* [The scholars]，54注，189
儒童佛 Ju-t'ung Fo [learned youth Buddha]，242

求签 kaaù ch'im (divining slips)，98
珓杯 kaaù pooî [divining blocks]，98
开斋 k'ai chai [breaking of the vegetarian fast]，260
开光神子 k'ai-kuang shen-tzu [type of ritual]，96注
金花夫人 Kam fa，Lady。见 Chin-hua，Lady
康熙皇帝 K'ang-hsi emperor，xvi，100，306，325，336，344
庚谱 kang p'o。见keng-p'u
郜氏 Kao family，284
高文举 Kao Wen-chü，151
因果报应 Karma，16，131，211；在教门中 in sects，221，241，243，245，247，249，250，263
庚 keng [干支stem]，276
庚谱 keng-p'u [genealogies]，81
耕读 keng-tu [farmer-scholar]，60，63
江南 Kiangnan，5，10，27
江苏 Kiangsu，6，24
《格致汇编》*Ko-chih hui-pien*，362
戈公振 Ko Kung-chen；364
歌词 ko-tz'u[songs]，272
口传心授 k'ou ch'uan hsin-shou [passed along by word of mouth and retained in the mind]，280
卦 kua [divining blocks]，98注
卦长 kua-chang [Trigram Chief]，287
《官场现形记》*Kuan-ch'ang hsien-hsing chi* [Exposé of officialdom]（李宝嘉 Li Pao-chia），383
广平府 Kuang-p'ing prefecture（直隶 Chihli），329注
关汉卿 Kuan Han-ch'ing，231注
官话 kuan-hua。见 Mandarin Chinese
关公 Kuan Kung，179，410
关帝 Kuan Ti，300，410
观音 Kuan Yin，98注，224，229，289，298，300

《观音经》*Kuan-yin ching* [Kuan Yin sutra]，266
观音灵感真言 Kuan-yin ling-kan chen-yen [Mantra of the spiritual influence of Kuan-yin]，229
关羽 Kuan Yü，147，151，410
官语 kuan-yü。见Mandarin Chinese
贯云石 Kuan Yun-shih，326
忽必烈汗 Kublai Khan，299
《古城记》*Ku-ch'eng chi*，148
顾仲彝 Ku Chung-i，390
贵 kuei [honorable]，204
癸 kuei [干支stem]，276
癸亥 kuei-hai[年 year]，101注
桂邨樵者 Kuei-ts'un ch'iao-che [The wood-cutter of Cassia village]，347
癸未 kuei-wei [年 year]，241
《古佛天真考证龙华宝经》*Ku Fo T'ien-chen k'ao-cheng Lung-kua pao-ching* [The Dragon Flower precious scripture, verified by the Old Buddha Tien-chen]，237，238，239，240，241，242，253
《古佛天真收圆结果龙华宝忏》*Ku fo T'ien-chen shou-yuan chieh-kuo Lung-hua pao-ch'an* [The Dragon Flower precious penance, the results of restoring wholeness by the Old Buddha T'ien-chen]，239
孔飞力 Kuhn，Philip，54，194注
《苦功悟道卷》*K'u-kung wu-tao chüan* [Scroll on enlightenment through religious austerity]，264注
葛学浦 Kulp，Daniel H. II，82，83，89，105
鸠摩罗什 Kumārajīva，225
昆曲 k'un-ch'ü opera。见Opera，k'un-ch'ü
公案 kung-an [crime-case tales]，114注
弓长 Kung Ch'ang，238-239，241，242
龚佳育 Kung Chia-yü，331
功夫 kung-fu [meditational exercise]，275
功过格 kung-kuo ko [ledgers of merit and demerit]，211
功名 kung ming (renown)，148，149
贡生功名 kung-sheng degree，53
孔玉显 K'ung Yü -hsien，287
过去现在弥勒未来 Kuo-ch'ü hsien-tsai mi-le wei-lai [Past，present，Maitreya-to-come]，276
郭沫若 Kuo Mo-jo，354，355
《国闻报》*Kuo-wen pao*，379
过阴 kuo-yin [go over to the nether world]，286

古典小说 Ku-tien hsiao-shuo [classical fiction]，125
鼓词 ku-tz'u [drumsong text]，122
广东 Kwangtung： 和印刷 and printing，25，27；文字资料 written materials in，78-111 各处；戏曲 drama in，164，165注；教派 cults in，302，304，306，309，323

劳动 labor：徭役 corvée，5；工资 wage，6，7，51，53；印刷 for printing，18，25；分工 division of，108-109；价值 value of，214，217，218
来世 lai-shih [the “coming age”]，279
蓝厚理 Lamley，Harry，300，301
《清代山东经营地主底社会性质》*Landlord and labour in Late Imperial China* (景苏和罗仑 Jing Su and Luo Lun)，52
地主 Landlords： 在外 absentee，7，28-29，53；心态 mentality of，45；势力 power of，51，52，55；和戏曲 and drama，145，146，159，160；宗族 lineages as，304，307，308，309-310；和庙宇 and temples，314-315
奥尔加・朗 Lang，Olga，374
语言 Language，风格 style of：和读者 and audience，42-43，113；小说中 in novels，125；普及化in popularizations，328-329，333-334，336，339-340，343，348-349，356-357；村约宣讲 in village lectures，345；报刊中in newspapers，363；和含意 and meaning，399-402。亦见白话 *See also* Vernacular language
《兰英宝卷》*Lan-ying pao-chüan*，244-245
《老君堂》 *Lao-chün t'ang*[The temple of Lao-tzu]，118
老理会 Lao-li Assembly，283
老生角 lao-sheng [upright older male] role，130
《老残游记》 *Lao Ts'an yu-chi* [Travels of Lao Ts'an]，54注，383
老子 Lao-tzu，148注，242，289，344
欧文・拉铁摩尔 Lattimore，Owen，4
法律 Law：和家庭 and family，32，80注，215；和士绅 and the gentry，53；和巫术 and magic，97-98；和《圣谕》 and *Sacred Edict*，329，330，333，343，351；和报刊 and newspapers，366，368；和妇女 and women，413。亦见惩戒 *See also*

Punishment
乡约宣讲制度 Lecture system。见hsiang-yueh
《太微仙君功过格》*Ledger of Merits and Demerits According to the Immortal T'ai-wei*。见 *T'ai-wei Hsien-chün kung-kuo-ko*
李弘祺 Lee，Thomas，64
传说 Legends：在戏曲中 in drama，167，172，182，183；教派 sectarian，219，237，239-240，241，243，253；天后 of T'ien Hou，295-298，311，317，319-320，322；当地 local，310。亦见民间故事 *See also* Folk tales；故事 Stories
理雅各 Legge，James，365
写信Letter writing，35，75，76，79，85-86，90注，101
克洛德·列维-斯特劳斯 Lévi-Strauss，Claude，296
里 li [unit of distance]，307
利 li [profit]，208
礼 [rites]，31，92注，277。亦见礼仪 *See also* Ritual
梁启超 Liang Ch'i-ch'ao：和报刊 and newspapers，363，364，365，366-367，368，371，372注；影响 influence of，370，379-380，381，393；和小说 and fiction，383，385，386，387，388；和群众文化 and mass culture，395
良知 liang-chih [good knowing]，217
两面刀 Liang-mien Tao [Two-edged Sword]，210
梁山伯 Liang Shan-po，36，150
梁延年 Liang Yen-nien，37，330，331
蠡城 Li-ch'eng，328
里甲制度 li-chia [tax collection] system，12
李贽 Li Chih，15，217
立志 li-chih [personal ambitions and commitment]，381
李靖 Li Ching，123，124注
醴泉 Li-ch'üan（诗人 poet），121
连山县 Lien-shan county（广东 Kwangtung），332，333，334，335
联语 lien-yü [couplets]，83
李伏羲 Li Fu-hsi，237，240
李袭誉 Li Hsi-yü，332
礼仪 li-i [rituals]，81
李光明庄 Li Kuang-ming chuang（出版商 publisher），26
李来章 Li Lai-chang，332-333，334，335
李密 Li Mi，魏公 Duke of Wei：xiv，

李世瑜 Li Shih-yü，230，245
识字 Literacy：率 rate of，11，108，110；使用 use of，12，102-103，211，213，283；和印刷 and printing，18，21，24；在欧洲 in Europe，20，403；扩展 expansion of，28，29，207-208；等级结构 hierarchy of，36-38，42，43，55-57，66，132，399；妇女 of women，63，70，320；专门化 specialized，63-64，113注，230；各地区 by region，70；辅助读物 aids to，79，84-85；和戏曲 and opera，130，182；和教派经文 and sectarian texts，227，228，259，269，270，280；在教门中 in sects，260，263，273，274，285，400-401；和地位 and status，314，317，318，319；和普及化 and popularizations，328，330，346，357，358；和报刊 and newspapers，373，374；在中华人民共和国 in People's Republic，375-376。亦见教育 *See also* Education；文盲 Illiterates；未受过教育的受众 Uneducated audiences
文人 Literati，31，32，37-40，183，191，193，221。亦见精英阶层 *See also* elites；士绅 gentry
文学 Literature：和口头传统 and oral tradition，ix，x，38-39，65；作为教育 as education，xiv，xv；和心态 and mentalities；40，44，69-70；受众 audiences for，41-43，112-142；和写信 and letter writing，86；主题 themes from，183；和价值观 and values，188-218；教派 sectarian，219-254；和群众文化 and mass culture，378-395。亦见小说/杜撰文学 *See also* Fiction；小说 Novels；诗词 Poetry
吏动 Li Tung [Shaker]，213
李子敬 Li Tzu-ching，269
刘子健 Liu，James，5，33
刘照魁 Liu Chao-k'uei，280
刘鹗 Liu E，383
刘二洪 Liu Erh-hung，287
刘氏 Liu family (出版商publishers)，22
单县刘氏 Liu family of Shan county，274，280，283，284，285，286，287
刘香女 Liu Hsiang nü，245-251，253
《刘香宝卷》 *Liu Hsiang pao-chüan*，xv，62，69，220，245-253，410
刘光 Liu Kuang，246

琉璃厂 Liu-li-ch'ang (北京Peking)，27
刘佩 Liu P'ei，269
刘省过 Liu Sheng-kuo，287
柳存仁Liu Ts'un-yan，26，27
刘咬脐 Liu Yao-ch'i，148
《六谕》 *Liu-yü* [Six maxims]，276-277，327，349，351，406
《六谕集解》 *Li-yü chi chieh* [Collected explanations of *the Hortatory Edict of Six Maxims*]，329注
《六谕衍义》 *Liu-yü yen-i* [Elaboration of the *Hortatory Edict of Six Maxims*]，328，336注
李惟一 Li Wei-i [Only one principle]，207
李渔 Li Yü，25，147，149，150，160
李渊 Li Yuan，116，117，120，123，124注，128，136
李元霸 Li Yuan-pa，129，134
李颙 Li Yung，58
罗成 Lo Ch'eng，135
罗教 Lo chiao [Lo sect]，39，60，223，227-229，231-238，260；和白莲教 and White Lotus religion，256注，263，268，269，271，273；和八卦教 and Trigram sects，284
罗清 Lo Ch'ing，60，72，和宝卷 and pao-chüan，220，222，223，225，228；和佛教 and Buddhism，226，227，230，233-237；生平 career of，231-232；和白莲教 and White Lotus religion，256注，263，264
罗经 Lo-ching [Lo scripture]，265，270
罗香林 Lo Hsiang-lin，322
罗贯中 Lo Kuan-chung，121
《妙法莲华经》 *Lotus Sutra*，237，405
罗文举 Lo Wen-chü，232
庐州府 Lu-chou prefecture，337
《露西亚之恋》 *Lu-hsi-ya chih lien* [From Russia with love] (无名氏 Wu-ming-shih)，390-391
鲁迅 Lu Hsun，383，394
鹿港 Lukang (台湾，Taiwan)，301，302
吕坤 Lü K'un，30，327注
吕蒙正 Lü Meng-cheng，148，149注
《龙华经》 *Lung-hua ching*。见《古佛天真考证龙华宝经》 *See Ku Fo T'ien-chen k'ao-cheng lung-hua pao-ching*
龙华派 Lung-hua sects，261注，400-401，406
罗伦 Luo Lun，52
亚森·罗萍 Lupin，Arsène，386
吕守曾 Lü Shou-tseng，338注

马丁·路德 Luther，Martin，20
吕天成 Lü Tien-ch'eng，147，148，149
路引 lu-yin [passports]，268，271
赖发洛 Lyall，L. A.，106

吗 ma（疑问副词 interrogative），349
马张 ma-chang[纸神 paper gods]，23，28
马克林Mackerras，Colin，186
巫术 Magic，96-98，106，129，238。亦见符箓 *See also* Charms；占卜 Divination；神灵 Spirits；超自然主题 Supernatural themes
马忻 Ma Hsin，247
弥勒佛 Maitreya：在宝卷中 in pao-chüan，221，237-238，240，241，在白莲教派中in White Lotus sects，262，264，276，279，280，285，287
马冈 Ma-kang (广东 Kwangtung)，18，25，27
满语 Manchu language，30，337
满洲统治者 Manchu rulers，10，186，406，415
普通话 Mandarin Chinese（官话 kuan-hua；官语 kuan-yü)，167注，191，339，350，400
“鸳鸯蝴蝶”派小说 “Mandarin Duck and Butterfly” school of fiction，388，389，390，392
受命于天 Mandate of Heaven。见上天 *See under* Heaven
摩尼教 Manichaeism，222，228
文氏宗族 Man lineage，304-312，314，315，318，319，321
文武庙 Man Mo (Wen-wu) temples，98注
箴言 Mantras。见咒语 *See* Chants
毛晋 Mao Chin，22，25
毛扆 Mao I，25
茅山师傅 Mao-shan shih-fu [拳脚师傅 boxing master]，96
毛泽东 Mao Tse-tung，385，388，389，391，392，395
市场 Markets，4，5，7，9，194，362；和戏曲 and drama，143，144，146，147。亦见贸易 *See also* Trade
集镇 Market towns，xiv，173-175
婚姻 Marriage：形式 forms of，7-8，405，413-414；算命天宫图 horo-scopes for，81，99；规范 regulations for，81；礼仪 rituals for，101，145；小说中 in fiction，206，247，249，251；抵制 resistance to，252-

material culture，414。亦见行为准则 *See also* Values
商人 Merchants，344注；活动 activities of，9，146，194；读写能力 literacy of，63，113，373；在小说中 in fiction，201，383；道德 morality of，244；神明 gods of，303，307，314，410
功德 Merit：格 ledgers of，28，211-212，335；积累 accumulation of，208-212，214，218；在教派经文中 in sectarian texts，227，229，230，245；在门派中 in sects，234，263，267，273，277
迷 mi [delusion]，197注
庙祝 miao chu [广东话： mia chuk][temple keepers]，313
妙善 Miao-shan，224，238，246，250，410注
《中国总论》*Middle Kingdom*，The（卫三畏S. Wells Williams），82
移民 Migration，405，416
《米烂记》*Mi-lan chi*，151
军事组织 Military organizations，190，221，231，309，315。亦见武术 *See also* Martial arts
军事传奇 Military romances，114，121注，130注。亦见武戏 *See also* wu hsi
千年盛世 Millenarianism，x，66，402；在白莲教派中 in White Lotus sects，221，257-258，274，278-280，285，287，288，290
米怜 Milne，William，365
民 min [people]，336
闽 Min[语言 language]，44，57，112注，179，181
《民间文学》 *Min-chien wen-hsueh*[China popular literature]，378
明 ming [bright]，414
命 ming (life store)，275
明清易代 Ming-Ch'ing transition，306
忠于亡明 Ming loyalism，13，305，307，309
明太祖 Ming T'an-tsu。见洪武皇帝 Hung-wu emperor
明道 ming-tao [making known the Way]，279
名字谱 ming-tzu p'u [name registers]，81，99
命运 ming-yun。见Fate
民信局 min-hsin chü [letter-carrying hongs]，370
民人 min-jen [poor man]，203

《民立报》*Min-li pao*，374
少数民族 Minorities，332-333，350-351，357注，405，406，415
《民报》*Min pao*，370，371
传教士 Missionaries，362，365，400
宫崎市定 Miyazaki，Ichisada，30
《末劫众生》 *Mo-chieh chung-sheng* [The people of the last age]，241
近/现代化 Modernization，88，168-170，379，388，392，393，404
秣陵县 Mo-ling country，193
钱Money，3，23，亦见银子 *See also* Silver
蒙古文Mongolian language，30，337
蒙古人 Mongols，406
猴子 Money。见《西游记》*See Hsi-yu chi*
佛僧 Monks，344注；佛教徒 Buddhist，227，230，237，406；禅 Ch'an，231；和白莲教派 and White Lotus sects，257，261-262，267，268，269，279，289；和运气打坐 and meditation，274注。亦见僧侣 *See also* Priests
善书 Morality books (shan-shu)：和社会变化 social change，15-16，28，29，402；作者 authors of，60；发行 distribution of，65，79，91-92，354；心态mentality of，211-212，218，244；publishers of，出版者，230，365
无生老母 Mother，the Heavenly。见 Wu-sheng lao-mu
墨子 Mo-tsu，344
副主教慕雅德 Moule，Archdeacon，105
电影工业 Movie industry，375，377，391
洞庭山 Mt. Tung-ting。见 Tung-t'ing shan
孟旦 Munro，Donald，408
音乐 Music：和戏曲 and drama，130，168，169；在戏剧中 in opera，163注，167，170，172-173，179，180，183；在白莲教派中 in White Lotus sects，262，272；和普及化 and popularizations，329注，330，335，354，355；和群众文化 and mass culture，381，395
芥子园书屋 Mustard Seed Garden bookstore (李渔 Li Yü)，25
《牧羊记》*Mu-yang chi*，149
木鱼书 mu-yü books[woden fish books]，65，88注
神话 Myths。见传说 *See* Legends

和天后 and T'ien Hou，295，303，317；和国家祭拜 and state cults，300，323；和《圣谕》and *Sacred Edict*，328，329，332，335-336，340-343，352；和期刊 and periodicals，361-362，364，366；虚构的 fictional，383，400。亦见科举制度 *See also* Examination system；官府 Government

峨眉山 O-mei，Mount，197

《论小说与群治之关系》"On the Relationship between Fiction and Popular Sovereignty"（梁启超 Liang Ch'i-ch'ao），379，380

戏曲 Opera，xi，xiv，161-187，190，228，231注，311，312。亦见戏曲 *See also* Drama；个别作品的名称 *names of individual types*

粤剧 Opera，Cantonese (Yueh chü)：起源 origins of，147；流行 popularity of，161，163，164注，165注，178，181-182；语言 language of，167注；流派 styles of，170，180；表演 performances of，177，178，184，185；压制 suppression of，186

潮州戏 Opera，Ch'ao Chou，161，163，164注，167注，170，177，178，180-181

福佬戏 Opera，Hoklo，163注，164注，179

昆曲 Opera，K'un-ch'ü，179注，183

京戏 Opera，Peking（Ching-hsi 或是皮黄戏 or p'i-huang hsi），114，165注，170，186；起源 origins of，130，160；流行 popularity of，163，173

绍兴戏 Opera，Shao-hsing，163注

惠州戏 Opera，Waichow，161，163，167注，177，178-179，180

口头传统 Oral tradition： 和文字传统 and literate tradition，35-40，399；和精英阶层 and elites，46，66，120；多样性variations within，57，67，68；和妇女 and women，62-63，67；和书写文本 and written texts，121，122注，124注，125，138，400-401；在教派中 in religious sects，259，271-272，274，280，281，285；和天后崇拜 and T'ien Hou cult，296，297，310；和教育 and education，326注；和《圣谕》and *Sacred Edict*，329-330，340-341，359。亦见大众文化 *See also* Popular culture；说书人 Storytell-

ers；未受过教育的受众 Uneducated audiences
正统 Orthodoxy：和《圣谕》 and *Sacred Edict*，xvi，349-350；在民间文学中 in popular literature，191，201，215；在教派经文中 in sectarian texts，221，230，241，409；佛教徒 Buddhist，223，227，233，234，250，253；和白莲教派 and White Lotus sects，257，259，276，277，288-290；和天后 and T'ien Hou，309，315；和文化整合 and cultural integration，405；和戏曲 and drama，412。亦见审查制度 *See also* Censorship；灌输 Indoctrination
《水浒传》 *Outlaws of the Marsh*。*See Shui-hu chuan*
海外华人 Overseas Chinese，90注，185，258，303

拜假像 pai chia hsiang [bowing to false images]，234
《百家姓》 *Pai chia hsing* [Hundred names]，29-30，83，85
拜家门 pai chia-men [paying respects to the membership]，281
白话 pai-hua [vernacular]，363，381。亦见 Vernacular language
白莲教 pai-lien chiao（宗tsung）。见 White Lotus sects
《白袍记》 *Pai-p'ao chi*，148注，149
《双投唐》 *Pair Shift Allegiance to the T'ang*，A。见*Shuang t'ou T'ang*
《白兔记》 *Pai-t'u chi*，148，149注，151
白阳派 Pai-yang sect，280
《拜月亭》 *Pai-yueh t'ing*，150注，151
巴高 Pa Kao [Reaching High]，213
八卦理条 pa-kua li-t'iao (Eight Trigram Principles)，280
班超 Pan Chao，149注，151
潘镜若 P'an ching-jo，188，189-192，217
《蟠桃记》 *P'an-t'ao chi*，148
包拯或包公 Pao cheng or Pao Kung [Judge Pao]，65，114，412
保甲制度 system pao-chia [police security] 12，205，328
宝卷 pao-chüan [precious scrolls]，xv，65，148注，192，219-254，399，409；和白莲教派 and White Lotus sects，255注，256注，257。亦见经文 *See also* Scriptures；个别作品的名称 *names of individual works*
宝光 Pao-kuang [Precious Ray]，197

包管文卷 pao-kuan wen-chüan [writtern guarantee]，215
包天笑 Pao T’ien-hsiao，364，371
鲍廷博 Pao T’ing-po，22
包头人 pao-t’ou jen [promoters]，143
包子 pao-tzu，204，205
纸张 Paper，18-19，204，205，368
庄延龄 Parker，E. H.，79
分割继承 Partible inheritance，9，215
巴博德 Pasternak，Burton，316
祖师 Patriarchs (tsu)，239，256，257，259-264，266，274，280。亦见老师/师傅*See also* Teachers
农民 Peasants：依附性 dependency of，50-52；和精英 and elites，71注，72，394，404；和戏曲 and drama，145，159，160，168；文化 culture of，291-293，294，296，400；和天后 and T’ien Hou，295，298；和小说 and fiction，389。亦见大众文化 *See also* Popular culture；未受过教育的受众 Uneducated audiences；村庄 Villages
《北极风情画》 *Pei-chi feng-ch’ing hua* [A romantic portrait from the North Pole] (无名氏 Wu-ming-shih)，390
黄培 Pei Huang，349
北帝 Pei Ti，307，308
北京 Peking，112注，168，193，269，368，369；印刷，printing in，24，25注，26，27。亦见京戏 *See also* Opera，Peking
《京报》Peking gazette。见*Ching pao*
彭湃 P’eng P’ai，71注
本虚 Pen-hsu [Originally Void]，195
本地人 pen-ti jen [original settlers]，306。亦见Punti
本地班 pen-ti pan [local troupes]，146
《人民日报》 *People’s Daily*。见 *Jen-min jih-pao*
裴宜理 Perry，Elizabeth，51
裴德生 Peterson，Willard，13
笔记 pi-chi [essays]，417
变文故事 pien-wen stories，39
鄙夫 Pi-fu [Niggardly]，195
皮黄戏 p’i-huang hsi。见京戏 *See* Opera，Peking
兵 ping [soldiers]，336
丙 ping [干支stem]，276
评 p’ing [commentary]，121
评话 p’ing-hua [historical narratives]，121
《琵琶记》*P’i-pa chi*，150注，151，153-159
海盗 Pirates，298，303，308，318，

322，402
《圣谕刍言》*Plain Talk on the Sacred Edict*。见 *Sheng-yü ch'u-yen*
扶乩文本 Planchette。见fu-chi texts
诗词 Poetry：集 collections of，26，79，89；装饰性decorative，103-104；在散文文本中 in prose texts；121，122-123，126，142，192，381；交替 exchange of，151；在宝卷中 in pao-chüan，219，225，232，233，239，243；和白莲教派 and White Lotus sects，272，280；在普及化中 in popularizations，327，328，334；在期刊中 in periodicals，363，386。亦见联语 *See also* Couplets；个别种类的名称 *names of individual types*
《破邪详辩》*P'o-hsieh hsiang-pien* [A detailed refutation of heresies]，239，263注，266注，346
《破邪显证钥匙卷》*P'o-hsieh hsien-cheng yao-shi chüan* [The key to refuting heresy and making truth manifest]，231，232，233，235
政治 Politics：和报刊 and newspapers，364，366，367；和小说 and fiction，378-392；和文化 and culture，392-395
大众文化 Popular culture，67，68，72；和文字资料 and written materials，75-111；和精英 and elites，62，64-65，143，159，356；和宗教 and religion，188-218，219-254；和群众文化 and mass culture，360-361；和小说 and fiction，383-385，388，392；比较模式 comparative models of，403-404。亦见小说 *See also* Fiction；口头传统 Oral tradition；农民 Peasants；未受过教育的受众 Uneducated audiences
《圣谕通俗解》*Popular Explanation of the Imperial Edict*。见 *Shang-yü t'ung-su chieh*
普及化 Popularization：精英文化 of elite culture，xiii，38-39；佛教 of Buddhism，227，228，219-254；《圣谕》of *Sacred Edict*，277注，325-359；和小说 and fiction，385，387，389。亦见灌输 *See also* Indoctrination
通俗读物 Popular reading materials。见 t'ung-su-tu-wu
人口 Population，xi，5，21，77-78，372-373
葡萄牙 Portugal，4，5，15

邮政服务 Postal service，361-362，363，368，369，370，371，374，376
杰克・波特尔 Potter，Jack，408
《破窑记》*P'o-yao chi*，148，149注
《译印政治小说序》"Preface to Published Series of Translations of Political Fiction" (梁启超 Liang Ch'i-ch'ao)，379
《怀胎宝卷》*Pregnancy Pao-chüan*。见 *Huai-t'ai pao-chü*
唐・普莱斯 Price，Don，365
僧侣 Priests，60，96，175，211，267，271，289，344注。亦见佛僧 *See also* Monks
识字课本 Primers，29-31，79，85，277注，400，412。亦见教育 *See also* Eduction；读写能力 Literacy；个别作品的名称 *names of individual works*
《大唐秦王词话》*Prince of Ch'in of the Great T'ang，a tz'u-hua*。见 *Ta T'ang Ch'in-wang tz'u-hua*
印刷 Pringting：传播 spread of，x，xiii，3，110，417；技术 techniques of，17-21，127；在香港 in Hong Kong，85注；教派经文 of sectarian scriptures，228，229，263，264-267，270；《圣谕》文本 of *Sacred Edict* texts，328，332，338注，347；报刊 of newspapers，368。亦见出版 *See also* Publishing
宣传 Propaganda，367-368，378，393，394，395。亦见灌输 *See also* Indoctrination
财产 Property：平均 equalization of，69；管理 management of，208，210，218；教派 of sects，262，270-271，283，285，286，287；宗族 of lineages，215-216，309-310，314
娼妓 Prostitution，12，203，206，213，230
簿 pu [registers]，283
谱 p'u [genealogy]，283
出版 Publishing：发展 development of，16，17-28；成本 costs of，20，21，41，125；政府by government，22，31，227；和灌输 and indoctrination，47；宝卷 of pao-chüan，220，230，250；《圣谕》文本 of *Sacred Edict* texts，348，357，358。亦见印刷 *See also* Printing
普及 p'u-chi [popularization]，385
不经 Pu-ching [Reckless]，195
普明 P'u-ming，224
惩戒 Punishment，105，145，235。亦

见法律 *See also* Law
本地 Punti，77，415。亦见本地人 *See also* pen-ti jen
傀儡戏艺人 Puppeteers，182，411。亦见说书人 *See also* Storytellers
净土宗 Pure Land Buddhism 。见佛教 *See under* Buddhism
莆田县 P'u-t'ien county（福建 Fukien），15，193，196，295

西王母 Queen Mother of the West。见 Hsi Wang Mu

收音机 Radio，374-375，377，378
起义 Rebellion，159，160，258，287，288，290。亦见个别起义名称 *See also names of individual rebellions*
《修改风水记》 *Record of Correcting Feng-Shui，A*。见 *Hsiu-kai feng-shui chi*
《自知录》 *Record of Self-Knowledge*。见 *Tzu-chi-lu*
红船 Red Boats，165注，185
雷德菲尔德模式 Redfield model，404
红枪会 Red Spear society，258
变法维新 Reform，364-367，370，379-384，387，389
地区制度 Regional systems，70，71，100注，175，403-404。亦见施坚雅 *See also* Skinner，G. William；个别大区名称 *names of individual macroregions*
《圣谕宣讲（乡保）仪注/条约》 *Regulations/ Usages for Lectures on the Sacred Edict (by village elders)*。见 *Sheng-yü hsuan-chiang (hsiang-pao) i-chu / t'iao-yueh*
宗教 Religion：和文字材料 and written materials，ix，24，32，79，91，106；和官府 and government，xv，64，162，292-294，406；和戏曲 and drama，xvi，162-163，165-166，172，174-176，185，401，408-412；和精英阶层 and elites，13-15，46；和社会流动 and social mobility，16；和妇女 and women，62，320-321；民间 popular，109，260，261，284，288，289；和大众文化 and popular culture，188-218；在台湾 in Taiwan，301，302；和社会分层 and social stratification，315-316，322，401，405。亦见神明 *See also* Gods；礼仪 Ritual；教派 Sects；个别宗教名称 *names of indi-*

vidual religions

《巫术的兴衰》*Religion and the Decline of Magic*（基思·托马斯 Keith Thomas），46

赖嘉禄Rey，Charles，92

利玛窦Ricci，Matteo，17，28

李提摩太Richard，Timothy，365

礼仪 Ritual：重要性 importance of，xvi，58，109，211，345，410-411；专家 experts in，60，64，76，92，100-103；手册 handbooks on，81-82；占卜 divination for，99；和戏曲 and drama，144，149，165，167-168，174-177，185；为家族组织 for lineage organizations，145；教派 sectarian，219，259，279，281，282，284，285；和文化整合 and cultural integration，294注，316，323；为天后 for T'ien Hou，312；和《圣谕》and *Sacred Edict*，335，352-353，407。亦见葬礼 *See also* Funerals；礼 li[rites]；宗教 Religion；个别礼仪名称 *names of individual rituals*

角色 Roles：戏曲的 dramatic，118，130，147，172，173，182，231注

《隋唐演义》*Romance of the Sui and the T'ang*。见 *Sui T'ang yen-i*

《三国演义》*Romance of the Three Kingdoms*，The（《三国志》*San kuo chih*），27，90，394，410；故事 stories from，105，179，183，189，378

《三教开迷归正演义》*Romance of the Three Teachings*，*The*（*San-chiao K'ai-mi kuei-cheng yen-i*），37，40，188-218，407；作者 authors of，xv，60，69；人物 characters in，54注，64

乔治·吕德 Rudé，George，45注，47，49，50

乡城关系 Rural-urban relations，5。亦见城乡对立 *See also* Urban-rural dichotomy；村庄 Villages

《圣谕》*Sacred Edict*，*The*（Sheng-yü），325-359；普及 popularizations of，ix，xvi，37，39；和道德 and morality，16，408；传播 transmission of，32，64，71注，200，399，401，407；语言 language of，400

西贡市场 Sai Kung Market，77注，99，177

酒井忠雄 Sakai Tadao，41

Heterodoxy；宝卷 pao-chüan；宗教 Religion；经 Sutras；个别教派名称 *names of individual sects*
石秀娜 Seidel，Anna，222
政治小说 seiji sh ō setsu [political fiction]，379
托马斯・塞尔比 Selby，T. D.，108
性欲 Sexuality，213，223，226，249，250，260，261。亦见婚姻 *See also* Marriage；娼妓 Prostitution
沙江妈 Sha Chiang Ma [Sand River Mother]，310，311，318
沙江庙 Sha Chiang Miao [Sand River Temple]，304，306，307，308，310，319，321
晒经 shai-ching [airing the scriptures]，261
善成堂 Shan ch'eng t'ang，26
上海 Shanghai，352，404；传播媒介 media in，362，364，368-370 各处，373，374，375，386
上帝 Shang-ti，238
《上谕合律乡约全书》*Shangyü ho lü hsiang-yueh ch'üan-shu* [Complete book of the village lectures on the *Imperial Edict* in combination with the laws]，329注
《上谕通俗解》*Shangyü t'ung-su chieh* [Popular explanation of the Imperial Edict]，341
单雄信 Shan Hsiung-hsin，124，135
神功戏 shan kung hei ["god revere plays"]，166
神棚 shan p'aang [temporary shrine]，166
善书 shan-shu。见 Morality books
绍兴戏 Shao-hsing Opera。见 Opera，Shao-hsing
沙头镇 Sha T'ou chen（广东 Kwangtung），84注
歙县 She county（安徽 Anhwei），22
社学 she-hsueh [community schools]，11
《升仙记》*Sheng hsien chi*，151
圣帝老爷 sheng-ti lao-yeh（圣君老爷 sheng-chün lao-yeh）[Venerable Sagely ruler]，278
《圣谕》*Sheng-yü*。见 *Sacred Edict*，*The*
生员功名 sheng-yuan degree，37，54，58，59，61，373
《圣谕刍言》*Sheng-yü ch'u-yen* (Plain talk on the *Sacred Edict*)，347，356，357
《圣谕合律直解》*Sheng-yü ho lü chih-*

小排 shiu-paai [brief forecasts]，95注
守本分 shou pen-fen [“mind your own business”]，343
收元之祖 shou-yuan chih tsu [Patriarchs in Charge of the Return to the Origin]，280
《双投唐》 *Shuang t'ou T'ang* [A pair shift allegiance to the T'ang]，130，134-136，138，141
《书经》 *Shu ching* [Book of documents]，98，327
《书经直解》*Shu-ching chih-chieh* [Direct explanation of the *Book of Documents*]，327
《书契便蒙》 *Shu-ch'i pien-meng*，86-87
书房镇Shu-fang chen（福建 Fukien），25
《水浒传》 *Shui-hu chuan* [Water margin]，90，105，115注，150，183，189，378，394
水上人shui shang jen [boat people]，297，305，321
顺德县 shun-te (Shun Tak) county（广东 Kwangtung），25，94，185
说 shuo [say]，328
说唱词话 shuo-ch'ang tz'u-hua，41
说唱文学 shuo-ch'ang wen-hsueh。见 Chantefable literature
《说部丛书》 *Shuo-pu ts'ung-shu* [Collection of fiction]，386
《说唐演义》*Shuo T'ang yen-i*（《说唐前传》*Shuo T'ang ch'ien-chuan*）[Tales of the T'ang]，129，130注，131，132，134-138各处，141
《蜀山剑侠传》*Shu-shan chien-hsia chuan* [Swordsmen of the hills of Shu]，390
塾师 shu-shih [village tutors]，350
书院 shu-yuan。见 Academies
银 Silver，3，4，193。亦见钱 *See also* Money
消化 siu-fa [digested]，310
《六谕》*Six Maxims*。见 *Liu-yü*
施坚雅 Skinner，G. William：关于市场 on markets，4，5，173，174，175；关于仪式专家 on specialists，100注；关于人口 on population，372；关于区域系统 on regional systems，70，71，403-404
奴隶 Slaves，12
艾格妮丝·史沫特莱 Smedley，Agnes，371
社会流动 Social mobility： 和经济增长

and economic growth，x，6，8，33，193，404；和道德 and morality，15，16，28，31；和科举考试and examinations，58，213，402，403；和教派 and sects，409
社会分层 Social stratification：和经济增长 and economic growth，7，33，405；和教育 and education，37，44，56-67，406；和心态 and mentality，41-45，48-50，55，56-57，69-71，401；和功名 and degrees，53-54，194注；仪式专家 of specialists，97，98注，102-103；和文学 and literature，112，113，138-142；和戏曲 and drama，143-160，411；和戏剧 and opera，165，169-170，171-172，178-179，180，181，182，190；和宗教 and religion，211注，288-289，292-294，296-297，316-324，402，405；和行为 and behavior，214；和教派文学 and sectarian literature，221，226，227，228，230，236-237，253-254；和白莲教派 and White Lotus sects，257，259，269，273-274；和《圣谕》and *Sacred Edict*，341，357，358；和报刊 and newspapers，374；和语言 and language，400；和婚姻 and marriage，414。亦见统治结构 *See also* Dominance，structure of；精英阶层 Elites
苏州 Soochow，25，26，27，153，369
东南亚 Southeast Asia，4，104，258，303
东南沿海大区 Southeast coast macroregion：经济 economy of，4，5，193；和清朝征服 and Ch’ing conquest，10；社会 society of，15，405，413，415；印刷 printing in，26，27；大众文化 popular culture of，189，218
苏柯仁Sowerby，Arthur De Carle，111
西班牙 Spain，4，15
仪式专家 Specialists，xiii，75，92-111，399，401-402，412
史景迁 Spence，Jonathan，10
灵媒 Spirit mediums，286，288，289，297，318
神灵 Spirits，93，96，98，297；在戏曲中 in drama，119，120；在小说中 in fiction，209，221，241。亦见神明*See also* Gods
降笔 Spirit writing。见扶乩文本 *See* fu-chi texts
司讲生 ssu-chiang-sheng [orator]，352

297，300-303，313，316
《太微仙君功过格》*T'ai-wei Hsien-chün Kung-kuo-ko* [Ledger of merits and demerits according to the Immortal T'ai-wei]，16
太阳 t'ai-yang [the sun]，278
大儒 Ta-ju [Great Scholar]，197
大姑 ta-ku [aunt]，295
《说唐演义》*Tales of the T'ang*。见 *Shuo T'ang yen-i*
大亮 T'a-liang [big Light]，195
《塔里的女人》*T'a-li te nü-jen* [Woman from the tower]（无名氏 Wu-ming-shih），390，392
"在延安文艺座谈会上的讲话" "Talks at the Yenan Forum"（毛泽东 Mao Tse-tung），388
《达摩血脉金沙论》*Ta-mo hsueh-mai chin-sha lun* [The golden sand discourse of the blood tradition of Bodhidharma]，223
诞 tan [birthdays of gods]，300，312，313，315
趸符 tán foō [placing of charms]，97
《唐书》T'ang histories（*T'ang shu*），115，116注，133
《唐诗三百首》*T'ang shih san-pai shou* [Three hundred poems of the T'ang]，89
《叹世无为卷》*T'an-shih wu-wei chüan* [Scroll on nonaction and lamenting for the world]，263注
弹词 t'an-tz'u [ballads with string accompaniment]，354，379注，381
道教 Taoism：和精英 and elites，14，60，69，402；和《千字文》 and *Thousand Character Classic*，30；在善书中 in morality books，91；和巫术 and magic，96，189；和戏曲 and drama，166，183；在节庆时 at festivals，175；在三一教中 in the Three Teachings，191，196，200；和教派经文 and sectarian texts 219，222，238，242，243，253；和官府 and government，227，288；和白莲教派 and White Lotus sects，255，258，260，267，271，274，275；和天后 and T'ien Hou，298；和《圣谕》 and *Sacred Edict*，328，330，331，334，344注，348，349
套版 t'ao-pan [color printing]，17
套版报 t'ao-pan pao [newspaper set-ups]，367
道士 Tao-shih [the Taoist]，197

《桃园记》*T'ao-yuan chi*，151
《大唐秦王词话》*Ta T'ang Ch'in-wang tz'u-hua* [Prince of Ch'in of the Great T'ang]，122，123，125，132，134-141各处
税 Taxes，3，53，309，339
的 te [修饰名词nominalizer]，328，349
德 te [virtue]，275
老师/师傅 Teachers，102-103；在教派中 in sects，274，278，281，282，283-284，285，286。亦见祖师 *See also* Patriarchs
德州 Te-chou（山东 Shantung），193
电报 Telegraph，363
电视 Television，377
庙宇 Temples：和官府 and government，64，293，300-303，406；当地 local，77，91，92，96注，100，101；对联 couplets in，84，103，104；符 charms from，96；活动 activities at，98，195，217，294，316，352，370；修整 work on，99注，244；戏曲 drama in，143，144，147，149，152，160，174；和节庆 and festivals，166，175，176，177，178，184，185；三一教 Three Teachings，196注；白莲教 White Lotus，262，269，278；天后 T'ien Hou，304-306，307，308，309，310，313-315，317，319，320，321。亦见神明 *See also* Gods
佃户 Tenants，x，6，7，51，309-310，314；和天后祭拜 and T'ien Hou cult，312，315，317，319
邓氏 Teng lineage，304-312各处，314，315，318，319，321
邓豹生 Teng Pao-sheng，314注
邓嗣禹 Teng，Ssu-yü，80
书写文本 Texts，written：和戏曲 and drama，ix，65，411；作为史料 as sources，34，67-72；受众 audiences for，37；和口头传统 and oral tradition，39，296，297，298；和心态 and mentality，40-44；和《圣谕》and *Sacred Edict*，326，354注。亦见宝卷 *See also* pao-chüan；经文 Scriptures；个别文本的名称 *names of individual texts*
剧场 Theaters，163，164注，166，170。亦见戏曲 *See also* Drama；戏剧 Opera
基思·托马斯，Thomas，Keith，46，228，408
爱德华·汤普森 Thompson，E. P.，50

口述传统 Oral tradition；农民 Peasants
农会 Unions，Peasants，52注，71注
都市化 Urbanization：扩展 spread of，5，9，10，193，374，417；精英阶层 of elites，8，28-29；和行为准则 and values，205，215，216，218。亦见城市 *See also* Cities
城乡对立 Urban-rural dichotomy，53，57注，71，173-175，292-293；近现代 modern，394，404；在西方 in the West，403-404

行为准则 Values：的传播 communication of，x，xi，34-72，107；和社会变化 and social change，29，31；和教育 and education，31-32；和文化整合 and cultural integration，33，405；家庭 family，80，81；和社会分层 and social stratification，46-50，112，115，117，288-289，295，401-402；在戏曲中 in drama，118，142，148-150，152，155，159，412；在小说中 in fiction，123，128，129，131，133-142，379；在戏剧中 in opera，172，173，183-187；在《三教开迷归正演义》中 in *The Romance of the Three Teachings*，191，192，196，200-204，208-218；教派 sectarian，219-254，258-259，260，276，279，289，406，409；和民间宗教and popular religion，294，316-322。亦见灌输 *See also* Indoctrination；心态 Mentality；善书 Morality books
《圣谕衍义三字歌俗解》*Vernacular Explanation of the Trimetrical Song from the Elaboration of the Sacred Edict*。见*Sheng-yü yen-ì san-tzu-ko su-chieh*
白话 Vernacular language：在文学中 in literature，112-142；在教派经文中 in sectarian texts，219-254；阐明 explications in，326-359；在报刊中 in newspapers，363，374；和通俗小说 and popular fiction，380，381；在教科书中 in textbooks，389；在中华人民共和国 in People's Republic，395；和多样化 and diversity，400。亦见语言风格 *See also* Language，style of
村庄 Villages：戏曲 drama in，xiv，143-160，164，165注，178，184；和市场 and markets，5，7；社会结构 social structure of，51-53；文化 culture of，56-57，292-293；读

education of，60，61-63，66，70，314，373；和说唱 ballads，89，107注；和戏曲 and drama，151，152，411；和戏剧 and opera，177，179，180，181，182；和婚姻 and marriage，206，410；和贞洁 and chastity，214注，245，410；在教派经文中 in sectarian texts，220，221，228-230，231注，243，244，250-253；和佛教 and buddhism，224，225；教派 sects for，245-246，252-253，261；和天后崇拜 and T'ien Hou cult，295，296，297，312，318，319-320，321；和《圣谕》 and *Sacred Edict*，332。亦见西王母 *See also* Hsi Wang Mu；娼妓 Prostitution；天后 T'ien Hou；无生老母 Wu-sheng lao-mu

我女子 wo nü tzu [we women]，251

书写 Writing，44，103-106，281。亦见读写能力 *See also* Literacy

武 wu [military arts]，278-279

吴澄 Wu ch'eng，327

武城曾氏 Wu-ch'eng T'seng lineage，102注

五戒 wu-chieh [Five Vows]，260，266，269

武戏 Wu hsi [military plays]，179，183

武侠小说 wu-hsia hsiao-shuo [swordsman novels]，125

无线电 Wu-hsien tien [Radio]，377

五行 wu-hsing [five phases]，209注，276

吴鸿恩 Wu Hung-en，338注

吴语 Wu dialect，44，57，112注，155

无量寿佛 Wu-liang shou Fo [Buddha of Measureless Life]，238

武林 Wu-lin（浙江 Chekiang），193

吴明 Wu Ming [Dim]，195

无名氏 Wu-ming-shih [Nameless]，390-391，392

《五女传道书》 *Wu-nü ch'uan-tao shu* [Book of the five women who transmit the way]，280注

五部六册 We-pu liu-ts'e [Five books in six volumes] (罗清 Lo Ch'ing)，232

无生父母 Wu-sheng fu-mu [Eternal Progenitor]，278

无生老母 Wu-sheng lao-mu [Eternal Venerable Mother]：在宝卷中in pao-chüan，220，221，228，237-238，240，241；在扶乩文本中 in spirit writing texts，253；在白莲教中 in White Lotus religion，255-256，257，288，289；在诵经派中

衍说 yen-shuo [glosses]，329
殷祖 Yin，Patriarch，256注，264
阴 yin，240，278，413
祖荫 yin [hereditary privilege]，11-12
阴宅风水 yin-chai feng-shui [geomancy of graves]，94
应劫 ying-chieh (responding to the Kalpa)，279
颍州 Ying-chou（安徽 Anhwei），338注
《应酬便览》*Ying-ch'ou pien-lan*，88
《瀛寰琐记》*Ying-huan so-chi* [Tidbits of the world]，386
应无所住 ying wu so chu [should not reside anywhere]，233
阴阳先生 yin-yang hsien-sheng，94注
欲 yü [desires]，208
《圆觉经》*Yuan-chueh ching* [*Sūtra of Complete Enlightenment*]，232，235
院（试）yuan examination。见生员功名 *See* sheng-yuan degree
袁黄 Yuan Huang，14，15，16，28，212
袁灵明 Yuan Ling-ming [Originally Enlightened]，197
袁枚 Yuan Mei，20，402
圆顿教 Yuan-tun chiao [Religion of complete and instantaneous enlightenment]，239
袁于令 Yuan Yü-ling，127，128
尉迟恭 Yü-ch'ih Kung，148
《玉玦记》*Yü-ch'ueh chi*，151
于君方 Yü Chün-fang，14，28
粤剧 Yueh chü。见广东戏 *See* Opera，Cantonese
越剧 Yueh chü。见绍兴戏 *See* Opera，Shao-hsing
粤语 Yueh dialect，44，112注
岳飞 Yueh Fei，412
《乐府红珊》 Yueh-fu hung-shan，150，152
《月月小说》 *Yueh-yueh Hsiao-shuo* [Monthly fiction]，382
元朗 Yuen Long，（集市中心 market center，新界 New Territories），78，305，307注，314注
《有福读书堂丛刻》 *Yu-fu tu-shu t'ang ts'ung-k'e* [Good fortune library series]，348
《游戏报》*Yu-hsi pao* [Playful news]，386
《玉露金盘》*Yü-lu chin-p'an* [Golden basin of the jade dew]，221
愚昧，无知 yü-mei，wu-chih [stupidity]，343
油蒙心 Yu Meng-hsin (Very Stupid)，207
《谕蒙书》 Yü meng-shu [A book of parables for beginning learners]，331

附录

/ 本书注释涉及英文著作的中译本

1. Ping-ti Ho, *Studies on the Population of China, 1368-1953* (Cambridge, Mass.: Harvard University Press, 1959)

何炳棣著，葛剑雄译:《明初以降人口及其相关问题: 1368—1953》，北京，生活·读书·新知三联书店，2000

2. *The City in Late Imperial China*, ed. G. William Skinner (Stanford: Stanford University Press, 1977)

[美]施坚雅主编，叶光庭等译:《中华帝国晚期的城市》，北京，中华书局，2000

3. Ping-ti Ho, *The Ladder of Success in Imperial China* (New York: Columbia University Press, 1962)

何炳棣著，徐泓译注:《明清社会史论》，北京，中华书局，2019

4. *Ming and Qing Historical Studies in the People's Republic of China*, ed. Frederic Wakeman, Jr. (Berkeley: Center for Chinese Studies, 1980)

[美]魏斐德等著，孙卫国译:《中华人民共和国的明清史研

究》，上海，上海辞书出版社，2008

5. Jerry Dennerline, *The Chia-ting Loyalists*：*Confucian Leadership and Social Change in Seventeenth Century China*（New Haven：Yale University Press, 1981）

[美]邓尔麟著，宋华丽译：《嘉定忠臣——十七世纪中国士大夫之统治与社会变迁》，北京，中央编译出版社，2012

6. Johanna Meskill, *A Chinese Pioneer Family*：*The Lins of Wu-feng, Taiwan, 1729-1895*（Princeton：Princeton University Press, 1979）

[美]乔汉娜·麦斯基尔著，王淑琤译：《雾峰林家——台湾拓荒之家（1729—1895）》，台北，联经出版事业股份有限公司，1986

7. Chung-li Chang, *The Chinese Gentry*：*Studies on Their Role in Nineteenth-Century Chinese Society*（Seattle：University of Washington Press, 1955）

张仲礼著，李荣昌译：《中国绅士——关于其在19世纪中国社会中作用的研究》，上海，上海社会科学院出版社，1991

8. Arthur H. Smith, *Village Life in China* (1899; reprint ed., Boston：Brown, 1970)

[美]明恩溥著，陈午晴、唐军译：《中国乡村生活》，北京，中华书局，2006

9. *Dictionary of Ming Biography, 1368-1644*，ed. L. Carrington Goodrichand Chaoying Fang（New York：Columbia University

Press, 1976）

[美]傅路特、房兆楹编，李小林、冯金朋译:《明代名人传，1368—1644》，北京，时代华文书局，2015

10. Louis J. Gallagher, *China in the Sixteenth Century*: *The Journals of Matthew Ricci, 1595-1610*（New York: Random House, 1953）

[意]利玛窦、[比]金尼阁著，何高济等译:《利玛窦中国札记》，北京，中华书局，1983

11. Lucien Febvre and Henri-Jean Martin, *The Coming of the Book*: *The Impact of Printing 1450-1800*, trans. David Gerard（London: New Left Books, 1976）

[法]费夫贺、[法]马尔坦著，李鸿志译:《印刷书的诞生》，桂林，广西师范大学出版社，2006

12. Thomas F. Carter, *The Invention of Printing and Its Spread Westward*, rev. L. C. Goodrich（New York: Columbia University Press, 1955）

[美]卡特著，吴泽炎译:《中国印刷术的发明和它的西传》，北京，商务印书馆，1957

13. C. K. Yang, *Religion in Chinese Society*（Berkeley: University of California Press, 1961）

[美]杨庆堃著，范丽珠译:《中国社会中的宗教》，成都，四川人民出版社，2016

14. 多賀秋五郎,《宗譜の研究》(東京: 東洋文库，1960）

[日]多贺秋五郎著，周芳玲、闫明广编译:《中国宗谱》，北京，中国社会出版社，2008

15. *Eminent Chinese of the Ch'ing Period*, ed. Arthur W. Hummel,（Washington, D. C：U.S. Government Printing Office, 1943-1944）

[美]恒慕义主编，中国人民大学清史研究所《清代名人传略》翻译组译:《清代名人传略》，西宁，青海人民出版社，1990

16. T'ung-tsu, Ch'ü，*Law and Society in Traditional China*（Paris：Mouton, 1961）

瞿同祖:《中国法律与中国社会》，北京，商务印书馆，2010

17. Kung-chuan Hsiao, *Rural China*：*Imperial Control in the Nineteenth Century*（Seattle：University of Washington Press，1960）

萧公权著，张皓、张升译:《中国乡村：19世纪的帝国控制》，北京，九州出版社，2018

18. Peter Burke, *Popular Culture in Early Modern Europe*（London：Temple Smith, 1978）

[英]彼得・伯克著，杨豫、王海良等译:《欧洲近代早期的大众文化》，上海，上海人民出版社，2005

19. Keith Thomas, *Religion and the Decline of Magic*（New York：Scribner's, 1971）

[英]基思・托马斯著，芮传明、梅剑华译:《16和17世纪英格兰大众信仰研究》，北京，译林出版社，2019

20. Jacques Le Goff，*Time, Work, and Culture in the Middle*

Ages, trans. Arthur Goldhammer（Chicago：University of Chicago Press, 1980）

[法] 雅克 · 勒高夫著，周莽译:《试谈另一个中世纪——西方的时间、劳动和文化》，北京，商务印书馆，2014

21. Antonio Gramsci, *Selections from the Prison Notebooks of Antonio Gramsci*, ed. and trans. Quintin Hoare and Geoffrey N. Smith（New York：International Publishers, 1971）

[意] 葛兰西著，田时纲译:《狱中书简》，北京，人民出版社，2007

22. Raymond Williams，*Marxism and Literature*（Oxford：Oxford University Press, 1977）

[英] 雷蒙德 · 威廉斯著，王尔勃、周莉译:《马克思主义与文学》，开封，河南大学出版社，2008

23. Elizabeth Perry，*Rebels and Revolutionaries in North China, 1845-1945*（Stanford：Stanford University Press, 1980）

[美] 裴宜理著，池子华、刘平译:《华北的叛乱者与革命者，1845—1945》，北京，商务印书馆，2007

24. Philip A. Kuhn，*Rebellion and its Enemies in Late Imperial China*（Cambridge, Mass,：Harvard University Press, 1970）

[美] 孔飞力著，谢亮生等译:《中华帝国晚期的叛乱及其敌人》，北京，中国社会科学出版社，1990

25. T'ung-tsu，Ch'ü，*Local Government in China under the Ch'ing*（Cambridge, Mass.：Harvard University Press, 1962）

瞿同祖著，范忠信等译:《清代地方政府》，北京，法律出版社，2003

26. *Cantonese Ballads from Germany*, ed. Wolfram Eberhard（Taipei：The Orient Cultural Service，1972 [Asian Folklore and Social Life Monographs, vol. 30]）

[美]艾伯华编:《广东唱本提要》，见《亚洲民俗：社会生活专刊》第30辑，台北，东方文化书局，1972

27. Adele M. Fielde, *Pagoda Shadows, Studies of Life in China*（Boston：Corthell, 1884）

[美]斐姑娘著，郭甦译:《真光初临：潮汕实录一八七三》，香港，砚峰文化出版社，2016

28. S. Wells Williams, *The Middle Kingdom, A Survey of the Geography, Government, Literature, Social Life, Arts, and History of the Chinese Empire and its Inhabitants* rev. ed.（London：W. H. Allen, 1883）

[美]卫三畏著，陈俱译:《中国总论》，上海，上海古籍出版社，2005

29. *Studies in Chinese Institutional History*（Cambridge, Mass.：Harvard University Press, 1963）

[美]杨联陞著，彭刚、程钢译:《中国制度史研究》，南京，江苏人民出版社，2007

30. Carl Crow, *400 Million Customers*（New York：Pocket Books, 1945）

[美] 卡尔·克劳著，夏伯铭译:《四万万顾客》，上海，复旦大学出版社，2011

31. Lin Yutang,ed.,*The Wisdom of China and India* (New York: Random House, 1942)

林语堂编，杨彩霞译:《中国印度之智慧》，西安，陕西师范大学出版社，2006

32. Sidney D. Gamble, *Peking*: *A Social Survey* (New York: George H. Doran, 1921)

[美] 西德尼·D. 甘博著，陈愉秉等译:《北京的社会调查》，北京，中国书店，2010

33. Monlin Chiang, *Tides from the West*, reprint of 1947 ed. (Taipei: China Cultural Publishing Foundation, 1957)

蒋梦麟:《西潮》，天津，天津教育出版社，2008

34. R. F. Johnston, *Lion and Dragon in Northern China* (London: John Murray, 1910)

[英] 庄士敦著，刘本森译:《狮龙共舞：一个英国人笔下的威海卫与中国传统文化》，南京，江苏人民出版社，2014

35. Holmes Welch, *The Buddhist Revival in China* (Cambridge, Mass.: Harvard University Press, 1968)

[美] 霍姆斯·维慈著，王雷泉等译:《中国佛教的复兴》，上海，上海古籍出版社，2006

36. Rev. Bernard Upward, *The Sons of Han, Stories of Chinese Life and Mission Work* (London: London Missionary Society, 1908)

[英]余恩思著，邹秀英、徐鸿译:《汉人：中国人的生活和我们的传教故事》，北京，国家图书馆出版社，2013

37. Rev. Justus Doolittle, *Social Life of the Chinese , with some Account of their Religions, Government, Educational, and Business Customs and Opinions, With Special but not Exclusive Reference to Fuchau*（New York：Harper Brothers, 1865）

[美]卢公明著，陈泽平译:《中国人的社会生活》，福州，福建人民出版社，2009

38. John Francis Davis, *The Chinese , A General Description of the Empire of China and its Inhabitants*（London：Charles Knight, 1836）

[英]戴维斯著，易强译:《崩溃前的大清帝国：第二任港督的中国笔记》，北京，光明日报出版社，2013

39. John Lossing Buck, *Land Utilization in China*（Shanghai：Commercial Press, 1937）

[美]卜凯著，乔启明等译:《中国土地利用》，台北，学生书局，1971

40. Patrick Hanan, *The Chinese Vernacular Story*（Cambridge, Mass.：Harvard University Press, 1981）

[美]韩南著，尹慧珉译:《中国白话小说史》，杭州，浙江古籍出版社，1989

41. *The Cambridge History of China*, Denis Twitchett, ed., *Sui and T'ang China, 589-906*, part 1（Cambridge：Cambridge

University Press, 1979）

[英]崔瑞德编，中国社会科学院历史研究所西方汉学研究课题组译:《剑桥中国隋唐史：589—906年》，北京，中国社会科学出版社，1990

42. Chung-wen Shih, *The Golden Age of Chinese Drama: Yuan Tsa-chü*（Princeton：Princeton University Press, 1976）

[美]时钟雯著，箫善因、王红箫译:《中国戏剧的黄金时代——元杂剧》，太原，山西人民出版社，1991

43. 田仲一成,《中国祭祀演劇研究》(東京：東洋文化研究所，1981）

[日]田仲一成著，布和译:《中国祭祀戏剧研究》，北京，北京大学出版社，2008

44. Lin Yutang, *My Country and My People*（London：Heinemann, revised ed., 1939）

林语堂著，郝志东、沈益洪译:《中国人》，杭州，浙江人民出版社，1988

45. Ian Watt, *The Rise of the Novel*：*Studies in Defoe, Richardson, and Fielding*（Berkeley：University of California Press, 1962）

[美]伊恩·瓦特著，高原、董红钧译:《小说的兴起——笛福、理查逊、菲尔丁研究》，北京，生活·读书·新知三联书店，1992

46. Ray Huang, *1587, A Year of No Significance*：*The Ming Dynasty in Decline*（New Haven：Yale University Press, 1981）

[美]黄仁宇:《万历十五年》，北京，生活·读书·新知三联书店，1997

47. Ray Huang, *Taxation and Governmental Finance in Sixteenth-Century China*（Cambridge：Cambridge University Press, 1974）

[美]黄仁宇著，阿风等译:《十六世纪明代中国之财政与税收》，北京，生活·读书·新知三联书店，2001

48. Maurice Freedman, *Lineage Organization in Southeastern China*（London：Athlone Press, 1958）

[英]莫里斯·弗里德曼著，刘晓春译:《中国东南的宗族组织》，上海，上海人民出版社，2000

49. *Religion and Ritual in Chinese Society*, ed. Arthur P. Wolf（Stanford：Stanford University Press, 1974）

[美]武雅士著，彭泽安、邵铁峰译:《中国社会中的宗教与仪式》，南京，江苏人民出版社，2014

50. 酒井忠夫,《中国善書の研究》（東京：国書刊行会，1960）

[日]酒井忠夫著，刘岳兵等译:《中国善书研究》（增补版），南京，江苏人民出版社，2010

51. Daniel L. Overmyer，*Folk Buddhist Religion*：*Dissenting Sects in Late Traditional China*（Cambridge, Mass.：Harvard University Press, 1976）

[美]欧大年著，刘心勇等译:《中国民间宗教教派研究》，上海，上海古籍出版社，1993

52. Glen Dudbridge, *The Legend of Misao-shan*，（London：

Ithaca Press, 1978）

[英] 杜德桥著，李文彬等译:《妙善传说——观音菩萨缘起考》，台北，巨流图书公司，1990

53. Susan Naquin, *Millenarian Rebellion in China*: *The Eight Trigrams Uprising of 1813*（New Haven: Yale University Press, 1976）

[美] 韩书瑞著，陈仲丹译:《千年末世之乱：1813 年八卦教起义》，南京，江苏人民出版社，2010

54. David K. Jordan and Daniel L. Overmyer, *The Flying Phoenix*: *Aspects of Chinese Sectarianism in Taiwan*（Princeton, N. J.: Princeton University Press, 1985）

[美] 焦大卫、[美] 欧大年著，周育民译:《飞鸾：中国民间教派面面观》，香港，中文大学出版社，2005

55. Susan Naquin, *Shantung Rebellion*: *The Wang Lun Uprising of 1774*（New Haven: Yale University Press, 1981）

[美] 韩书瑞著，刘平等译:《山东叛乱：1774 年王伦起义》，南京，江苏人民出版社，2008

56. Henri Doré, *Researches into Chinese Superstitions*(Shanghai, 1914-1938; reprint Taipei: Ch'engwen，1966）

[法] 禄是遒著，高洪兴等译:《中国民间崇拜》（全十卷），上海，上海科学技术文献出版社，2009

57. Bernard Gallin, *HsinHsing, Taiwan*: *A Chinese Village in Change*（Berkeley: University of California Press, 1966）

[美]葛柏纳著，苏兆堂译:《小龙村：蜕变中的台湾农村》，台北，联经出版事业公司，1979

58. David Jordan, *Gods, Ghosts, and Ancestors*: *The Folk Religion of a Taiwanese Village*（Berkeley：University of California Press, 1972）

[美]焦大卫著，丁仁杰译:《神·鬼·祖先：一个台湾乡村的民间信仰》，台北，联经出版事业股份有限公司，2012

59. G. William Skinner, *Chinese Society in Thailand*（Ithaca：Cornell University Press，1957）

[美]施坚雅著，许华等译:《泰国华人社会：历史的分析》，厦门，厦门大学出版社，2010

60. Rubie S. Watson, *Inequality Among Brothers*：*Class and Kinship in South China*（Cambridge, Eng.：Cambridge University Press, 1985）

[美]鲁比·沃森（华若璧）著，时丽娜译:《兄弟并不平等：华南的阶级和亲族关系》，上海，上海译文出版社，2007

61. Thomas Francis Wade，*Hsinchinglu*（Hong Kong, 1859）

[英]威妥玛编著:《寻津录》，北京，北京大学出版社，2017

62. Roswell S. Britton, *The Chinese Periodical Press, 1800-1912*（Shanghai：Kelly and Walsh, 1933；reprint Taipei：Ch'engwen，1966）

[美]白瑞华著，王海译:《中国报纸（1800—1912）》，广州，暨南大学出版社，2011

63. Paul A. Cohen, *Between Tradition and Modernity*: *Wang T'ao and Reform in Late Ch'ing China* (Cambridge, Mass.: Harvard University Press, 1974)

[美] 柯文著，雷颐、罗检秋译:《在传统与现代性之间——王韬与晚清革命》，南京，江苏人民出版社，1998

64. Agnes Smedley, *The Great Road*: *The Life and Times of ChuTeh* (New York: Monthley Review Press，1956)

[美] 阿格尼丝·史沫特莱著，梅念译:《史沫特莱文集 3：伟大的道路——朱德的生平和时代》，北京，新华出版社，1979

65. John King Fairbank, *Cambridge History of China* vol. 12 (Cambridge: Cambridge University Press, 1983)

[美] 费正清编，杨品泉等译:《剑桥中华民国史》，北京，中国社会科学出版社，1998

66. Edward M. Gunn, *Unwelcome Muse*: *Chinese Literature in Shanghai and Peking, 1937-1945* (New York: Columbia University Press, 1980)

[美] 耿德华著，张泉译:《被冷落的缪斯——中国沦陷区文学史（1937—1945）》，北京，新星出版社，2006

67. Clifford Geertz, *The Interpretation of Cultures* (New York: Basic Books, 1973)

[美] 克利福德·格尔茨著，韩莉译:《文化的解释》，南京，译林出版社，1999

68. Wei-ming Tu, *Neo-Confucian Thought in Action*: *Wang*

Yang-ming's Youth (1472-1509)（Berkeley：University of California Press, 1976）

杜维明著，朱志方译：《青年王阳明（1472—1509）：行动中的儒家思想》，北京，生活·读书·新知三联书店，2013

69. Natalie Z. Davis, *Society and Culture in Early Modern France*（Stanford：Stanford University Press, 1975）

[美] 娜塔莉·泽蒙·戴维斯著，钟孜译：《法国近代早期的社会与文化》，北京，中国人民大学出版社，2011

70. Philippe Ariès, *Centuries of Childhood*：*A Social History of Family Life*, trans. Robert Baldick（New York：Vintage, 1962）

[法] 菲力浦·阿利埃斯著，沈坚等译：《儿童的世纪：旧制度下的儿童和家庭生活》，北京，北京大学出版社，2013

图书在版编目(CIP)数据

中华帝国晚期的大众文化 /(美)罗友枝,(美)黎安友,(美)姜士彬主编;(加)赵世玲译．—北京:北京师范大学出版社，2022.4 (2022.11 重印)
ISBN 978-7-303-25757-7

Ⅰ.①中… Ⅱ.①罗… ②黎… ③姜… ④赵… Ⅲ.①群众文化-研究-中国-近代 Ⅳ.G249.2

中国版本图书馆 CIP 数据核字（2022）第 001237 号

北京市版权局著作权合同登记号：01-2022-0181

营 销 中 心 电 话 010-58805385
北 京 师 范 大 学 出 版 社
主 题 出 版 与 重 大 项 目 策 划 部

ZHONGHUA DIGUO WANQI DE DAZHONGWENHUA
出版发行：北京师范大学出版社 www.bnup.com
北京市西城区新街口外大街 12-3 号
邮政编码：100088
印 刷：北京盛通印刷股份有限公司
经 销：全国新华书店
开 本：890 mm×1240 mm 1/32
印 张：23.125
字 数：477 千字
版 次：2022 年 4 月第 1 版
印 次：2022 年 11 月第 2 次印刷
定 价：168.00 元

策划编辑：宋旭景 责任编辑：岳 蕾
美术编辑：书妆文化 装帧设计：周伟伟
责任校对：段立超 责任印制：陈 涛 赵 龙